KB061956

현대 경제사상의 이해를 위한 입문서

죽은 경제학자의 살아있는 아이디어

NEW IDEAS FROM DEAD ECONOMISTS

토드 부크홀츠 류현 옮김 | 한순구 감수

김영사

죽은 경제학자의 살아있는 아이디어

1판 1쇄 발행 1994. 10. 30.
1판 76쇄 발행 2009. 6. 30.
2판 1쇄 발행 2009. 9. 11..
2판 39쇄 발행 2022. 4. 27.
3판 1쇄 발행 2023. 9. 11.
3판 3쇄 발행 2024. 2. 27.

저자 토드 부크홀츠
역자 류현
감수 한순구

발행인 박강휘
편집 박완희 디자인 정윤수 마케팅 백선미 홍보 이한솔
발행처 김영사
등록 1979년 5월 17일(제406-2003-036호)
주소 경기도 파주시 문발로 197(문발동) 우편번호 10881
전화 마케팅부 031)955-3100, 편집부 031)955-3200 | 팩스 031)955-3111

값은 뒤표지에 있습니다.
ISBN 978-89-349-6596-1 03320

홈페이지 www.gimmyoung.com   블로그 blog.naver.com/gybook
인스타그램 instagram.com/gimmyoung   이메일 bestbook@gimmyoung.com

좋은 독자가 좋은 책을 만듭니다.
김영사는 독자 여러분의 의견에 항상 귀 기울이고 있습니다.

경제학자와 정치철학자가 가진 아이디어의 힘은
옳고 그름을 떠나 일반적으로 이해되는 것보다
훨씬 강력하다.
세계는 그 아이디어들이 움직여나간다.
선용이 되든 악용이 되든 궁극적으로 위험한 것은
아이디어이지 사리私利가 아니다.

_존 메이너드 케인스의 《일반이론》 중에서

경제사상사의 거대한 흐름을 꿰뚫는 명강의

우리는 일상에서 항상 정부의 경제 정책과 개인의 사적인 경제 결정의 영향을 받는다. 특히 오늘날에는 경제 관련 지식 없이 투표권을 올바르게 행사하거나 신문에 난 각종 정보를 제대로 이해하는 것이 쉽지 않다. 경제 생활 일반을 규정하는 힘에는 어떤 것들이 있는지 제대로 알지 못한 채 우리와 우리의 아이들이 살아갈 미래를 설계할 수는 없을 것이다.

오늘날 첨예한 논쟁의 대상이 되고 있는 무역 정책, 인플레이션, 정부의 역할, 빈곤 퇴치, 경제성장률을 높이는 각종 수단 같은 경제 정책 이슈들은 사실 지난 2세기가 넘는 긴 시간 동안 경제학자들 사이에서 계속 논의되어온 것이다. 좋든 나쁘든 오늘날 많은 경제 정책은 이런 논쟁에 참여한 경제학자들이 내놓은 아이디어의 산물이다. 따라서 오늘날 경제 정책과 관련한 많은 논쟁은 초기 경제학자들의 아이디어에 어느 정도 정통한 사람들만 이해할 수 있다.

지난 200여 년 동안, 경제학의 거장이라고 불리는 사람들은 당대의 주요 정책 이슈들에 관심을 가지고 있던 사람들이었다. 그들은 더 나은 경제 정책을 제시하기 위해 오랜 시간 공들여 경제의 작동 방식을 연구했다. 그들은 대안 없이 논쟁을 위한 논쟁만을 일삼거나 행동보다 말이 앞서는 정치가는 아니었다. 그들은 전문적인 논쟁의 기준을 충족시킬 수 있는 각종 연구 자료와 증거를 통해, 정부의 요직에 앉아 있는 정책 결정자들과 국민들을 설득하고자 노력했다.

다른 과학 분야와 마찬가지로 경제학은 앞선 아이디어들이 갖고 있는 한계를 발견하고 보완하면서 발전해나간다. 비록 경제학이 자연과학처럼 실험이라는 요소는 갖추고 있지 않지만, 경제학자들은 체계적인 관찰과 경험 분석을 통해 낡은 이론을 버리고 새로운 이론을 발전시킬 수 있다.

기술 변화와 정치적·제도적 변화가 대안적인 경제 정책들에 미칠 영향이 무엇일지 분명하게 단정 짓기란 쉽지 않다. 경제 정책 이슈들이 궁극적으로 해결되기까지 길게는 수십 년이 걸릴 수도 있다. 그리고 과거 세대가 내놓은 아이디어 또는 정책의 결과가 변화하는 오늘날의 환경에서도 여전히 유효하다는 것을 새로운 세대의 경제학자와 정책 입안자가 깨달을 수도 있다.

18세기에 근대 경제학의 발판을 마련한 애덤 스미스는 당시의 통념을 거부하면서 정부가 경제에 간섭하는 것은 해로우며, 국민은 사적인 구매자와 판매자 사이에서 이뤄지는 경쟁을 통해 최선의 이득을 볼 수 있다는 주장을 폈다. 근래 들어 각국 정부는 중앙계획경제와 국유화보다는 민간 기업에 기초한 시장경제가 더 낫다는 것을 깨달았다. 미국의 세율 인하, 영국과 프랑스의 국영 산업 민영화, 중국의 가족 농장 부활,

'페레스트로이카'라고 불린 소련의 경제 재구조화 정책 등은 애덤 스미스의 초기 아이디어에서 직접 가져온 것들이다.

1930년대 대공황 시기 영국에서 등장한 존 메이너드 케인스의 이론은 대량 실업 사태의 재발을 막고자 고심하던 정부의 정책에 일조했다. 하지만 저축보다 소비 지출의 증대를 꾀한 케인스의 논리는 당시와는 사뭇 다른 오늘날의 경제 상황에서는 적합하지 않기 때문에 점차 설 자리를 잃어가고 있다. 우리는 저축 증대가 일반적으로 새로운 공장과 설비에 대한 투자 증대로 이어지는 밑거름이며, 이것이 경제성장을 가속화하고 생계 수준을 끌어올린다는 것을 알고 있다.

미국 연방준비제도이사회 이사들은 통화 정책과 금리 수준을 결정하면서 존 스튜어트 밀 같은 19세기 경제학자들에게서 엿볼 수 있는 아이디어뿐 아니라 워싱턴 정가에서 흘러들어오는 최신 정보에 의존한다. 미국 재무부 관리들은 기업과 개인에게 적용할 적절한 조세 원칙을 논하면서 데이비드 리카도나 앨프리드 마셜 같은 한 세기 훨씬 이전에 살았던 경제학자들의 분석 논거를 끌어다 사용할 수도 있다. 또한 통상 정책 분석, 에너지 및 환경 규제, 반독점법 등은 수 세기에 걸쳐 수많은 경제학자에 의해 발전되어온 아이디어들에 기초한다. 새로운 정책이 경제에 어떤 영향을 미칠지, 어떤 정책이 왜 선택되는지 알고 싶은 사람이 있다면, 우선 긴 역사를 자랑하는 이런 경제 아이디어들에 정통할 필요가 있다.

이 책에서 토드 부크홀츠는 경제학이라는 학문을 수립한 위대한 경제학자들에 관한 연구를 통해 이 학문의 핵심 아이디어들을 생생하고 흥미롭게 설명한다. 일반적인 경제학 교과서들에 수두룩한 수식 모델이나 복잡한 도표를 사용하는 대신, 간단명료한 설명과 적절한 비유, 풍자를 통해 경제학의 주요 아이디어들을 쉽게 전달한다.

내가 처음 토드 부크홀츠를 만난 것은 그가 하버드대학교 경제학과에서 경제학 개론 과정을 가르치고 있을 때였다. 그는 이 과정에서 강의를 맡은 30명의 강사 중에서 최우수 강의상을 받은 실력 있는 강사였다. 그가 강의실에서 보여준 깊이 있는 지식과 놀라운 입담은 이 책에도 고스란히 담겨 있다.

1989년 6월

매사추세츠 케임브리지에서

마틴 펠드스타인(1939~2019)

차례

21세기의 새로운 경제적 도전에
맞서기 위한 핵심 아이디어

빈센트 반 고흐는 죽기 전 2년 동안 무려 28점의 자화상을 그렸다! 하지만 나는 이 책의 개정판을 준비하면서 그런 처절한 자기 성찰은 하지 않았다. 그래서 고흐처럼 귀를 머리에서 떼어내는 짓도 하지 않았다. 1989년 초, 그러니까 초판 원고를 넘긴 이후로는 이 책을 두 번 다시 거들떠보지 않았다. 작가 중에는 자신의 작품을 간간이 다시 읽으면서 재치 있는 문장이나 선견지명에 감탄하며 추억에 잠기는 이도 있을 것이다. 반면에 나는 내 책을 읽어보며 추억에 잠기는 대신, 출간 이후 수십 년 동안 변해온 세계 경제의 추이를 살펴보면서 이 책의 아이디어와 위대한 경제학자들의 아이디어가 현실 경제에 어떻게 접목되고 있는지 짚어봤다.

개정 4판에는 백악관 경제 자문위원과 월스트리트의 투자 자문위원, 펀드 매니저, 그리고 한 가정의 가장으로서 내가 경제 흐름과 위기에 관해 연구한 결과가 새롭게 반영되었다. 그래도 인간은 추억의 동물이 아닌가. 개정판을 준비하면서 나는 이 책이 처음 출간되었을 당시 경제학 개론 강사에 불과했던 옛 시절을 떠올려보았다.

10년이면 강산이 변한다고 했듯이 지금 세상은 어디가 어딘지 분간할 수 없을 정도로 많이 변했다. 물론 대부분은 좋은 쪽으로 변했다. 미국은 신약, 신기술, 더 많은 일자리, 낮은 인플레이션율, 낮은 범죄율 등 많은 은총을 누렸다. 1989년만 하더라도 인터넷이나 탈모방지약 같은 것은 존재하지 않았다. 자동차 에어백도 널리 보급되지 않은 상태였다. 당시에는 실업률이 5퍼센트 이하로 떨어지거나 미국의 주가가 1990년대에 3배 이상 급등하리라고는 아무도 예측하지 못했다. 그 뒤에 미국의 주가는 2000년대 초에 다시 75퍼센트나 폭등했다. 벼랑 끝에 매달리는 위험한 순간이 몇 번 있기는 했다. 2020년에 발생한 코로나19 팬데믹은 1930년대 대공황 때와 달리 대형 은행들이 파산하고 무료급식소가 설치되는 일은 초래하지 않았다. 대신 '대중단'(대공황에 빗대어 코로나 팬데믹으로 인한 중단 현상을 일컫는 표현)으로 사람들이 집에 머물고 상점과 친구들을 멀리해야 했다.

책이 출간되고 나서 몇 년 뒤에는 내가 '가위 경제'(모든 거래에서 중간 상인의 설 자리가 사라지는 현상)라고 부른 현상이 일어나는 것도 목격할 수 있었다. 인터넷 상거래 같은 새로운 기술 개발 덕분에 미국인들은 모든 구매 활동에서 중간 상인을 배제할 수 있었다. 인터넷을 통해 사고자 하는 상품의 가격을 직접 비교할 수 있는 시대에 누가 증권 중개인이나 보험 설계사를 필요로 하겠는가? 당신은 몇 초 만에 알래스카산 홍연어 또는 아프리카 말리 공화국의 팀북투행 항공권을 직접 구입할 수 있다. 소비자들은 과거보다 더 많은 통제력을 갖고 있다. 과거에 군주나 유력자만 가능했던 주문 제작을 쉽게 할 수 있다. 심지어 애견 사료도 개의 나이, 몸무게, 털 종류, 기호에 따라 닭고기, 들소고기, 아니면 비건 단백질 사료를 온라인에서 맞춤으로 주문할 수 있다.

기술 기반 경제에서 소비자는 비디오게임과 스트리밍 엔터테인먼트 같은 디지털 제품에 지출을 많이 한다. 디지털 제품은 '한계비용이 제로'인 경우가 많다. 판매자가 추가로 복사본을 제작하는 데 비용이 많이 들지 않는다. 예전에는 최고급 플라스틱을 기계로 찍고 조립해서 만든 레코드판, 카세트테이프, CD가 판매점에 발송됐다. 음반회사가 음반을 추가로 제작할 때마다 원자재 구매, 가공, 발송에 비용이 들었다. 지금은 좋아하는 아티스트의 곡을 하나 내려받으면 추가로 다운로드하는 데 사실상 비용이 발생하지 않는다. 물론 초기에 곡을 창작하는 데 많은 비용이 들 수는 있다. 나는 '매스 애로우 매트릭스'에* 기초한 아동용 수학 게임을 제작하는 교육 소프트웨어 회사를 공동으로 창업했다. 게임을 설계하고, 소프트웨어 코드를 작성하고, 애니메이터들을 고용해 게임 캐릭터 캥거루 '카일'을 도안하는 데 비용이 많이 들었다. 그런데 부모나 아이가 게임을 하기 위해 파일을 내려받을 때 회사가 부담해야 하는 비용은 거의 없다. 이런 사업 유형은 이 책에서 가장 먼저 살펴보는 위대한 경제학자 애덤 스미스가 1776년에 마주했던 것과는 확연히 다르다. 그가 목격했던 것은 핀 제조 공장이었지 디지털 스트림을 빠르게 지나가는 바이트가 아니었다.

* Math Arrow matrix. 매스 애로우 매트릭스 또는 수학 화살표 매트릭스는 숫자 간의 관련성을 보다 직관적으로 보여주고, 함수를 효과적으로 학습할 수 있도록 고안된 시각 도구다. 개발자인 부크홀츠의 이름을 따서 부크홀츠 화살표라고도 부른다. (본문 주석은 옮긴이의 것이며, 저자의 것은 [저자주]로 별도 표기했다.)

케이블, 위성, 광섬유, 무선 기술이 텔레비전, 스마트폰, 스트리밍 산업에 경쟁적으로 접목되면서 공공 설비들의 독점이 미국 전역에서 붕괴했다. 가정의 지붕에 설치한 태양전지판이 햇볕에 반짝일 때마다 중앙집권적 전력 회사는 눈물을 흘린다. 어느 날 워싱턴 D.C.에 한 신생 통신 회사를 홍보하는 인상적인 광고가 나붙었다. 목에 밧줄을 감고 있는 레닌 동상이 그려져 있는 포스터였고, 이런 문구가 적혀 있었다. "영원한 제국은 없다. 특히 수리공을 5시간이나 기다리게 하는 제국이라면 더 말할 것도 없다."

그렇다고 가위 경제가 모든 중산층을 싹둑 잘라낸 것은 아니다. 현대 경제에서 대다수가 중산층으로 힘겹게 살아가고 있지만, 손으로 딸기를 수확하거나 모루에 망치질을 하며 아침을 보내는 이는 거의 없다. 그런데 가위 경제는 중산층에게 자신의 가치를 스스로 증명해야 하는 새로운 부담을 안겼다. 전통적인 소매업자들은 판매의 '아마존화Amazonization'에 탄식하겠지만, 아마존은 거래를 중개하는 사업에서 곧장 부를 창출하는 길을 스스로 개척했다. 페이팔, 벤모 등도 마찬가지다. 아마존의 성공은 당일 배송, 신속한 환불 처리, 직관적인 고객 평점, 적절한 추천 알고리즘 같은 놀라운 혁신에서 비롯한다. 한때 강력한 경쟁자였던 시어스는 1973년에 세계에서 가장 높은 초고층 빌딩을 건설하고, 1980년대에 미국에서 가장 큰 소매업체로서 '미국이 쇼핑하는 곳Where America Shops'이라는 기치를 올렸다. 하지만 별다른 쇄신을 하지 않았던 시어스는 2018년 초고층 빌딩에서 쫓겨나 파산 법정에 섰다. 아마존이 계속 선두를 고수할 것인가, 아니면 더 민첩한 경쟁자가 나타나 아마존의 기세를 꺾을 것인가?

유럽과 아시아의 정치·경제가 전면적으로 변화하고 있는 것이 이목을 끈다. 유럽은 하나로 통합되는가 싶더니 다시 분리되고 있다. 1989년 베를린 장벽이 무너지면서 수억 명의 동유럽인이 소련의 압제와 굴레에서 벗어나 자본주의 자유시장 체제에 뛰어들었다. 많은 사람이 낯선 체제에 잘 적응해나갔지만, 어떤 이들은 살아남기 위해 안간힘을 써야 했다. 베를린 장벽이 붕괴되고 몇 년 지나지 않아 시장경제를 이해하고자 하는 사람들이 늘어나면서 이 책은 체코와 불가리아에 번역·소개되었다.

2000년에 서유럽 국가들이 독일의 마르크, 이탈리아의 리라, 프랑스의 프랑 같은 주권 통화를 포기하고 유로화를 채택했다. 2020년에 자국의 파운드화를 고집했던 영국은 유럽연합의 정치적이고 법적인 요구 조건에 절망한 채 최종적으로 유럽연합에서 탈퇴했다(브렉시트).

아시아에서는 1980년 말에 세계를 호령한 경제 대국 일본이 1990년대 들어 초라한 난쟁이로 탈바꿈했다. 1989년에 3만 9,000선까지 하늘 높은 줄 모르고 치솟던 도쿄 주식시장의 니케이 지수는 2020년에 1만 9,000선으로 떨어졌다. 우수성을 자랑하던 일본의 관리 기법에 도대체 무슨 일이 일어난 것일까? 한편, 중국이 세계 경제의 견인차 역할을 하기 시작했다. 중국은 다른 어떤 나라보다 많은 상품을 생산하고 있다. 1970년대에 미미한 국내총생산Gross Domestic Product, GDP 수준을 보였던 중국이 이제 당당히 세계 경제의 강대국으로 발돋움했다.

베를린 장벽의 붕괴

소련과 미국이 냉전을 벌이던 시절, 두 국가는 서로를 겨냥해 대륙간 탄도미사일을 배치한 채 조용히 대치했다. 물론 겉으로만 조용했을 뿐, 아차 하는 순간 인류가 흔적도 없이 사라질 수도 있는 불확실성이 지배하는 시기였다. 당시 지정학자들은 이런 교착 상태, 즉 '안정된 냉전'이 21세기까지 이어질 것이라고 낙관적으로 전망했다. 냉전 시대의 가장 낙관적인 전사 레이건조차 소비에트 제국이 1989년 이후 그렇게 빠르게, 그리고 별다른 소란 없이 무너지리라고는 예상하지 못했다. 그를 옆에서 돕던 많은 보좌관과 그의 정적들은 이런 급박한 정세 변화에 주의를 촉구했다. 레이건이 소련을 이끌고 있던 고르바초프에게 "서로의 장벽을 없앱시다!"라고 제안했을 때, 국무부의 '전문가들'은 강력하지만 현실성 없는 레이건의 도전에 반대 입장을 피력했다. 왜 소비에트 제국이라는 잠자코 있는 곰을 흔들어 화나게 만들고, 불가능한 일을 하자고 부탁한단 말인가? 그러나 결국 곰은 생각보다 강하지 않았고, 레이건의 제안도 그렇게 허황된 것은 아니었다. 불과 몇 년 뒤에 베를린 동쪽과 서쪽 사람들은 집 안에서 도끼와 망치를 들고 나와 베를린 장벽을 무너뜨리고 마치 축제라도 열린 것처럼 서로 격려하고 축하했다. 이때 라디오에서는 젊음의 상징이라고 할 수 있는 미국의 로큰롤 음악이 펑펑 울려 퍼졌다. 이어 바르샤바, 프라하, 부다페스트에서도 똑같은 환희의 물결이 파도쳤다.

당시 독일 수상이었던 헬무트 콜의 과감한 리더십 아래 서독은 동독을 끌어안았고, 가난한 동포에게 재원과 물자를 아낌없이 지원했다. 동독의 공산주의 정부가 서독 기업의 주요 기술 정보를 염탐하고 빼돌리지 않았다면 1989년에 더욱 뒤처져 있었을 것이라는 흥미로운 연구가 있다. 오늘날까지도 동독 주민들의 수입은 서독에 사는 주민들보다 적지만, 그들은 서구식 자본주의 방식에 확실히 적응했다. 폴란드, 체코, 헝가리 역시 경제 체제 변화를 위해 안간힘을 썼다. 경제적 불안정에도 불구하고 민주적인 선거 제도가 정착되면서 친시장적인 경향이 강화된 한편, 기존의 소비에트 이데올로기는 점차 자취를 감췄다. 비록 전직 공산당 관료들이 선거를 통해 의회에 진출하고 있기는 하지만, 과거로 회귀하려 하기보다는 전반적으로 친시장적인 정책들을 지지하는 편이다.

최근에 나는 폴란드에서 공산주의 체제를 무너뜨리는 데 결정적인 역할을 한 자유노조운동(연대운동)의 산실인 그단스크를 방문했다. 그곳에서 젊은 폴란드인들이 내뿜는 기업가적 에너지에 깊은 감명을 받았다. 그들은 중세적 느낌이 남아 있는 발트해 연안 항구 도시 곳곳에 가게를 열고 열심히 일했다. 체코 프라하와 헝가리 부다페스트, 에스토니아 탈린도 공산주의 시대의 우중충한 분위기는 찾아볼 수 없을 정도로 도시 전체에 생기가 넘쳤다.

공산주의 체제 붕괴 이후, 러시아는 경제적으로나 정치적으로 부침이 심했다. 1998년, 러시아 경제는 거의 기능 마비 상태였다. 루블화의 가치가 폭락하면서 주가도 덩달아 폭락했다. 한마디로 러시아 경제는 패닉 상태에 빠져들었다. 러시아 채권을 구입한 외국인 투자자들은 그것을 벽지로나 써먹을 판이었다. 당시 러시아의 자본주의 실험은 왜 실패했을까? 러시아가 자유시장으로 옮겨가는 도중에 웃지 못할 일이 한 가지 벌어졌다. 즉, 러시아는 '정실 자본주의'라는 위험천만한 길을 선택한 것이다. 전직 공산당 지도자들은 인맥을 이용해 이전의 국가독점 산업을 민간독점 산업으로 전환한 뒤에 계속해서 통제력을 행사했다. 광산 관리자들은 귀금속을 철도와 트럭으로 운송해, 심지어는 트렌치코트 호주머니에 몰래 넣어 서유럽 국가들로 밀반출하는 식으로 자기 배를 불렸다. 과거 철권을 행사하던 소비에트 경찰은 이빨 빠진 호랑이였고, 이제 갓 자리를 잡기 시작한 민주주의 체제와 법 제도는 범죄를 다스리고 사업 분쟁을 처리하기에는 아직 미숙한 면모를 드러냈다. 부정한 방법으로 재산을 모은 신흥 부호로 들끓는 모스크바의 고급 클럽은 개발도상국의 클럽보다는 갱스터 알 카포네의 수중에 있던 1920년대의 시카고 클럽과 더 닮아 보였다. 억만장자들은 자신의 신변 안전을 위해 따로 병력을 고용했다.

더구나 옐친 정부는 이 억만장자들에게 어떻게 세금을 부과할지 갈피를 잡지 못했다. 결국에 러시아 정부는 예산 적자에 시달렸고, 외국인 투자자들에게 국채를 팔아 돈을 빌려오는 수밖에 없었다. 1996년부터 1997년까지 주식시장이 반짝 활황을 보인 이후, 러시아 경제는 부정부패와 파산자가 속출하면서 붕괴 직전까지 이르렀다. 그러자 러시아인과 외국인은 러시아에서 돈을 빼내기 시작했고, 결국 신흥 중간 계급이 축적한 얼마 되지 않는 부는 순식간에 고갈되고 말았다.

이런 러시아의 경우에서 교훈 같은 것을 얻을 수 있을까? 아니면 그저 우울한 이야기로 치부하고 덮어버려야 할까? 1998년에 일어난 러시아의 경제 붕괴는 시장경제가 제대로 작동하기 위해서는 신뢰할 수 있는 법 제도에 기초해야 한다는 것을 분명하게 보여줬다. '자유시장'은 말 그대로 자유방임을 의미하지 않는다. 그것은 모든 시장 행위자들이 따라야 하는 일정한 규칙을 필요로 한다. 계약의 실행을 강제할 법정, 범죄자와 범죄 집단을 단죄할 경찰, 그리고 세금을 징수할 기관이 없는 상황에서 러시아가 정실 자본주의로 빠진 것은 어쩌면 당연한 귀결로 볼 수 있다. 서구에서는 정의의 여신을 장님이라고 말한다. 그러나 러시아의 문제는 여신이 눈을 뜨고도 정의를 바라보지 못했다는 데 있다. 물론 러시아는 이전에도 실패한 적이 있다. 20세기를 풍미한 소련의 공산주의 경제는 한마디로 실패 그 자체였다. 상트페테르부르크와 우크라이나의 오데사 같은 오래된 왕궁이 있는 도시에 찾아가 웅장한 19세기 건축물과 화려한 오페라 하우스를 보고 있노라면, 공산주의의 문제는 자본주의를 따라잡지 못한 것이 아니라 1917년에 일어난 러시아 혁명의 기치를 제대로 살리지 못한 것임을 알 수 있다.

21세기에 러시아에 새로운 혁명이 일어나기를 희망해보자. 이 혁명은 러시아에 경제적 자유와 법치가 자리를 잡는 계기가 될 것이다. 지난 20년 넘게 푸틴이 러시아 경제의 고도성장을 이끌었지만, 중금속과 원유 찌꺼기 수출 의존이라는 족쇄는 끊어내지 못했다. 석유, 천연가스, 금이 풍부한 러시아는 세계 상품 가격이 오르면 경기가 좋다가 폭락하면 곤두박질친다. 미국 에너지 산업의 부활이 러시아의 장래 이윤을 위협한다. 현재 미국은 다른 어느 나라보다 많은 원유를 퍼내고 있다. 수출을 다각화하지 않는 이상 러시아 경제는 민첩성을 발휘하기 어렵고, 오직 세계 최대 자원보유국이라는 것만 내세울 수 있을 뿐이다.

일본, 지고 있는 해의 나라?

내가 이 책의 초판 원고를 쓰고 있었을 때, 학자들과 저널리스트들은 이구동성으로 일본을 세계 경제의 제왕으로 치켜세우고 있었다.《엔화: 미국에 위협이 되고 있는 신흥 금융 제국 일본》과《자리 바꾸기: 우리는 어떻게 일본에 미래를 넘겨주고 있으며 이를 어떻게 극복해야 하는가》 같은 책들은 일본이 세계 경제를 장악할 것이며, 미국인들은 무역수지를 맞추기 위해 주방에서 햄버거나 뒤집고 있으리라는 전망을 내놓았다. 일본의 투기업자들은 고흐와 모네의 작품, 골프장 회원권을 마치 경제 전쟁의 전리품이라도 되듯 마구잡이로 사들였다. 그뿐 아니라 로스앤젤레스 중심가와 하와이의 최고급 부동산도 사들였다. 일본의 은행들은 금융 산업을 지배했고, 금융 분석가들은 일본 황궁의 땅값이 캘리포니아 전역의 땅값을 합친 것보다 더 비쌀 것이라고 산정했다. 일본의 정치가 이시하라 신타로는 자신의 저서《'노'라고 말할 수 있는 일본》에서 미국의 헤게모니를 비난했다.

이렇게 당당했던 일본이 어느 날 밑도 끝도 없이 추락했다! 일본의 투자자들은 자신들이 귀중한 자산을 건드리기만 하면 값어치 없는 싸구려 물건으로 탈바꿈하는 이상한 미다스의 손을 가지고 있음을 증명했다. 도쿄 주식시장이 폭락하더니 그들이 수집한 인상주의 화가들의 작품과 하와이 부동산 가격이 덩달아 곤두박질쳤다. 그뿐 아니라 영화 산업에 쏟아부은 막대한 투자금도 손실을 내기는 마찬가지였다. 이상 징후를 눈치챈 할리우드 제작자들이 서둘러 손을 뗐기 때문이었다. 일본 내에서는 부동산 가격과 소득이 줄어들면서 거만은 굴욕과 두려움으로 바뀌었다. 급기야 1998년에는 이자율이 0퍼센트로 떨어졌다. 이는 일본 정부로부터 공짜로 돈을 빌려 쓸 수 있다는 의미였다! 유일하게 상승한 것은 실업률이었다.

도대체 일본에 무슨 일이 있었던 것일까? 간단히 대답하면, 1989년 일본 중앙은행은 주식시장의 거품을 없애기 위해 의도적으로 금리를 인상했다. 그리고 그것이 문제의 시발점이 되었다. 그러나 이런 분석만으로는 거의 10년 가까이 계속된 일본의 불황을 설명할 수 없다. 이에 대해 두 가지 원인을 추가로 들 수 있다.

첫째, 일본 정부가 자국의 대기업들이 제조업 부문을 지배하는 것을 장려하고 있을 때, 미국 시장의 중심축은 금융과 보건 의료 같은 서비스 산업으로 옮겨가고 있었다. 비록 일본의 은행들이 규모 면에서 세계 금융 시장을 지배하기는 했지만, 수익성이나 정교함에 있어서는 많이 뒤처져 있었다. 주가지수 연동형 펀드에서 복합 파생금융상품에 이르기까지 새로운 금융 상품 대다수는 미국에서 개발한 것이었다. 왜 일본 기업들은 이런 아이디어를 내놓지 못했을까? 이유는 국내에서 별다른 경쟁 압력을 받지 않았기 때문이었다. 일본 재무성은 예금은행으로부터 보험회사를, 그리고 기업 금융으로부터 예금은행을 보호해주었다. 즉, 미국에서 이들 산업이 서로 피 터지는 경쟁을 벌이고 있을 때, 일본 정부는 관료주의라는 울타리 안에서 자국 산업을 안전하게 보호한 것이다. 재무성은 쥐꼬리만 한 이자를 주는 은행에 돈을 맡기라고 가계를 부추기면서 기업들에 온순한 고객을 잡아먹으라고 바쳤던 셈이다. 애덤 스미스가 지금까지 살아 있다면 그것이 어떤 결과를 가져올지 분명히 알았을 것이다. 일본의 은행들은 자국 내에서 주어진 밥그릇 싸움만 하느라 더 큰 현실 세계에서 싸우는 능력을 잃어버리고 말았다.

둘째, 일본은 정보통신기술에서도 열세를 드러내기 시작했다. 내 일본인 친구는 처음 인터넷을 접했을 때 거의 모든 웹사이트가 영어로 되어 있다는 것을 알아차리고는 머리를 저으며 이렇게 말했다. "우린 망했다." 비록 일본 산업에서 전자제품 같은 제조업 상품의 시장 점유율이 높기는 했지만, 한국과 말레이시아 기업들이 전자 산업에 뛰어들면서 어쩔 수 없이 가격을 낮출 수밖에 없었다. 얼마 지나지 않아 일본의 기업들은 아예 싸움을 포기하고 경쟁력 없는 공장의 문을 닫기 시작했다. 대신 바다 건너 인건비가 저렴한 중국에 공장을 세우기 시작했다. '평생 고용'의 개념이 사라지면서 직장인들의 사기도 꺾였다. 일본의 비평가들은 이런 현상을 '도넛 경제'라고 불렀다. 즉, 경제 한가운데에 구멍이 뻥 뚫려버린 것이다.

이런 구조적 결함과 더불어 느슨한 회계 및 통화 정책이 일본의 경기 침체를 부추겼다. 무엇보다 일본의 중앙은행은 너무 뜸을 들이다가 금리를 인하해야 하는 타이밍을 놓쳐버렸다. 한편, 재무성은 경기 침체가 한창일 때 세율을 인상했다. 존 메이너드 케인스는 대공황 시기에 경제가 침체기에 접어들 때 소비자를 벌해서는 안 된다고 가르쳤다(9장 참고). 1991년에 이 책이 일본어로 번역·소개되었는데도 이 메시지가 최근까지 일본인들에게는 전달되지 않은 게 분명하다! 일본은 아베 신조의 '아베노믹스'로 어느 정도 진전을 이뤘다. 아베는 소비 진작을 위해 중앙은행에 인플레이션을 두려워하지 말고 엔화를 찍어내게 했다. 아베가 직면한 가장 큰 문제는 좀 더 구조적이었다. 햇볕에 내놓은 생선회가 빨리 삭듯이 일본의 인구가 빠르게 고령화하고 있다. 2050년에 일본의 노령 인구는 전체 인구의 40퍼센트를 차지할 것이다. 2100년에는 인구가 2000년에 비해 3분의 1로 쪼그라들 것이다. 아베는 경제성장의 걸림돌인 인구 문제를 해결하기 위해 더 많은 여성을 노동인구로 편입했다. 그는 '아베노믹스는 우머노믹스Womenomics'라고 선언했다. 현재 일본의 여성 고용 비율은 미국이나 유럽보다 높다. 하지만 여성 직장인들도 나이가 들어 결국에는 은퇴할 것이다. 지고 있는 해의 나라가 되는 것을 피하기 위해 일본은 로봇이 부상하는 나라가 되어야 할 수도 있다.

중국의 부활

1990년 이후, 중국이 무서운 속도로 급부상하고 있다. 무엇보다 1990년에서 2012년 사이 매년 GDP가 10퍼센트씩 성장하고 있다는 사실이 놀랍다. 내가 1993년에 상하이를 여행했을 때 고풍스러운 아르 데코* 빌딩들이 와이탄을** 끼고 도시의 스카이라인을 형성하고 있었다. 제2차 세계대전이 끝나갈 무렵 열일곱 살이었던 나의 부친이 항해사로 방문한 적이 있던 '평화호텔'은 여전히 과거의 정취를 그대로 간직하고 있었다. 2005년 무렵, 상하이 푸둥에는 황푸강을 가로질러 미래지향적인 초고층 빌딩이 즐비한 전혀 새로운 도시가 들어섰다. 이들 빌딩은 과거 푸둥의 식민지 유산에 말 그대로든 비유적으로든 긴 그림자를 드리

---

* Art Deco. 제1차 세계대전 이후 프랑스에서 출현한 시각예술 디자인 양식으로, 전통적인 수공예 양식과 기계 시대의 대량 생산 방식을 절충했다. 1930년대에서 1940년대까지 세계 디자인에 영향을 줬다.
** 外灘. 중국 상하이 황푸취에 있는 빌딩 구역으로 상하이의 대표적인 관광지다.

웠다. 1990년과 2005년 사이에 대략 5천만 명이 빈곤에서 벗어났다. 이는 세계사적으로 빈곤과의 전쟁에서 거둔 가장 큰 승리일 것이다.

금융 관련 보도를 읽어보면, 세계 경제와 관련해 제기되는 거의 모든 문제의 책임을 중국에 전가할 수 있음을 알 수 있을 것이다. 높은 유가? 중국은 전 세계 석유 자원을 싹쓸이하고 있다. 낮은 금리? 중국은 미국 국채를 있는 대로 사들이고 있다. 제조업 일자리 감소? 중국은 전 세계 제조업의 메카가 되어가고 있다. 치명적인 팬데믹? 누군가가 우한의 재래시장에서 설익은 박쥐를 먹었을 수 있다. 모두 맞는 말이다. 중국은 오늘날 세계 경제의 매머드 같은 존재다. 30년 전만 하더라도 취약한 경제 구조에 허덕이던 중국의 모습을 떠올려보면 가히 놀라운 변화다.

마르크스를 다루는 6장에서 우리는 덩샤오핑이 어떻게 마오쩌둥주의와 결별했는지, 왜《마오쩌둥 어록》대신 하버드대학교에서 발간한 붉은색 표지의 MBA 편람을 읽으라며 인민들을 어리둥절하게 만들었는지 보게 될 것이다. 지금은 중국이 세계 무역에서 승승장구하고 있지만, 앞으로 10년 이내에 극심한 위기에 직면하게 될 것이다. 중국은 고령화에 따라 부양해야 할 인구가 늘어나면서 일본처럼 인구학적 장벽에 부딪힐 것이다. 중간 계급이 빠르게 성장하면서 해외여행, 보건 의료, 사치재에 더 많은 돈을 지출할 것이다. 빈곤국에서 개발도상국의 지위로 옮겨가는 나라들은 무엇보다 다음 세 가지 항목, 즉 자동차와 단백질(육류와 곡물)과 보건 의료 복지를 추구한다. 중국 정부가 수입을 더 허가한다면, 외국인들에게 관련 상품을 중국에 수출할 엄청난 기회를 제공할 것이다. 이미 중국인들은 너 나 할 것 없이 자동차를 구매하기 시작했다. 베이징에 가본 적이 있는 독자라면 도로가 자전거 행렬과 늘어나는 자동차로 발 디딜 틈 없이 꽉 들어차 있고, 여기저기 매연이 들끓고 경적이 끊이지 않는 풍경을 목격했을 것이다. 중국의 미래는, 불확실하기는 하지만, 지구촌이 공동 번영하는 데 큰 보탬이 될 것이다.

지리적 위치보다 중요한 것은 정신 상태

경제학자를 포함한 많은 사람이 주택을 구매하기 위해 모델 하우스를 둘러보듯 한 나라의 경제를 바라본다. "중앙아메리카의 코스타리카는 너무 더워!" "석유가 풍부한 베네수엘라는 정말 행운의 땅이야!" "안타깝게도 오스트레일리아는 너무 남쪽에 떨어져 있어!" 이처럼 언제나 부동산의 위치를 강조하는 "위치, 위치, 위치" 같은 상투적인 문구는 애리조나주 피오리아에서 미국 건국 초기의 건축 양식이 남아 있는 침실 3개짜리 주택을 매입하는 경우라면 몰라도 한 나라의 경제를 분석하는 경우에는 일고의 가치도 없다.

멕시코의 예를 들어보자. 미국과 국경을 접하고 있는 멕시코는 지리적으로 좋은 위치에 있다. 그리고 이런 사실에는 이변이 없는 이상 변동이 있을 수 없다. 그렇다고 미국의 부와 기술이 멕시코로 흘러들지는 않는다. 반대로 부유한 오스트레일리아는 어떤가? 오스트레일리아는 로스앤젤레스 국제공항에서 비행기를 갈아타고 무려 12시간이나 더 날아가야 도착할 수 있는 먼 곳에 있다. 그리고 유럽의 범죄자들이 난파 직전의 배를 몰아 겨우 도착해 세운 나라다.

경제학 교과서는 '요소 부존 이론'에 많은 지면을 할애한다. 요소 부존 이론은 광물이나 천연자원이 풍부한 나라가 그렇지 못한 나라에 비해 경제적으로 유리하다고 주장하는 이론이다. 정말 그럴까? 홍콩은 나라가 온통 바윗덩이인 데다 삼면이 바다로 덮여 있다. 네덜란드는 세상에 내세울 만한 멋지고 고풍스러운 교량도 스푸모니(과일을 넣어 맛과 향이 충지도록 만든 이탈리아식 아이스크림)도 없는, 가라앉는 북부의 베네치아였다. 하지만 17세기 들어 이런 불리한 여건을 극복하고 발전한 이웃 국가들을 앞질렀다. 이스라엘도 마찬가지다. 이스라엘은 신에게 선택받은 민족일지는 몰라도 이상하게 신은 그들에게 기름 한 방울 주지 않았다. 아라비아의 주변국들에서는 철철 넘쳐나는 기름이 이스라엘에서는 한 방울도 나지 않는다. 불모지에 대해 묘사한 마크 트웨인의 글을 읽어보라. 이스라엘의 영토는 척박하기 때문에 자연 상태에서는 저녁 식탁에 올릴 파슬리 하나 제대로 기르기 힘들지만, 지금은 곳곳에서 파슬리를 재배하고 있다. 여기에서 한 가지 질문을 던져보자. 경제개발 경쟁에서 당신은 아연을 비롯한 천연자원이 풍부하게 매장되어 있는 나라와 자원은 풍부하지 않지만 뛰어난 두뇌와 아이디어로 넘쳐나는 나라 중 어느 나라가 앞서 나갈 것이라 생각하는가?

오히려 풍부한 자원이 한 나라의 경제성장에 걸림돌이 될 수도 있다. 아프리카 대다수 지역은 각종 금속이 풍부하게 매장되어 있다. 그러나 경제는 저 멀리 뒤처져 있다. 40년간 짐바브웨를 통치한 무가베 같은 독재자들이 자금줄을 쥐고 있기 때문이다. 각국의 천연자원 매장량을 보여주는 학생용 지리부도를 떠올려보자. 어렸을 적 나는 악랄한 소련이 알루미늄의 원광인 보크사이트를 비롯한 모든 주요 자원을 풍부하게 보유한 것이 참으로 불공평하다고 생각했다. 그리고 슈퍼맨(미국)

의 목숨을 앗아갈 수 있는 크립토나이트(슈퍼맨의 고향인 크립톤이 폭발하면서 만들어진 물질)가 실제로 적(소련)의 무기 창고에 쌓여 있는 것처럼 들렸다. 그러나 소비에트 체제 역시 이상한 미다스의 손을 갖고 있었다. 귀중한 금속과 기름진 토양을 가지고 있는데도 별다른 성과를 내지 못하고 기근과 빈곤에 허덕였다.

원나라풍의 화병이 계속 구워지던 1500년경에 중국은 산업혁명을 향해 나아가고 있던 영국을 무찌를 수 있는 모든 기술력을 이미 갖추고 있었다. 그러나 당시 중국의 보수적인 관료들은 무역과 돈의 흐름을 막았다. 현대 중국의 공산당 관료들은 소련이 "정신 상태가 지리적 위치를 이긴다"라는 생각을 거부했기 때문에 70년 동안 그늘 속에서 살아온 것에 대해 유감스러워하면서도 자신들의 실패에 대해서는 구차한 변명만을 늘어놓았다. 레이건이 말했듯이, 공산주의식 농업에는 네 가지 잘못된 것이 있다. "봄, 여름, 겨울, 그리고 가을fall."

그렇다면 가장 중요한 것은 무엇일까? 그것은 태도, 즉 정신 상태이지 지리적 위치가 아니다. 한 나라가 지녀야 하는 가장 중요한 태도는 위대한 경제학자들을 찾아 길을 묻는 지혜일 수 있다.

경제사상의 역사는 종종 배고픈 사람들, 누추한 사람들, 그리고 재빠른 사람들이 성공한다는 것을 가르친다. 이 책에서도 여러분은 이를 배우게 될 것이다. 1990년대와 2000년대 초반에 우리는 위대한 경제학자들의 지혜를 시험해보고 그들의 생각을 평가해볼 새로운 기회를 풍부하게 얻었다. 21세기 중반으로 향하면서 우리는 더욱 새롭고 영문을 알 수 없는 난제에 직면하게 될 것이다. 그리고 죽은 경제학자들의 살아 있는 아이디어가 우리 앞의 위기를 극복하는 데 큰 도움이 될 것이다.

곤경에 처한 경제학자들

경제학자가 되는 일은 쉽지 않다. 기업의 임원들은 경제학자들이 비용과 이익을 정확하게 계산할 줄 모른다고 비난한다. 이타주의자들은 경제학자들이 비용과 이익에 대해 너무 까다롭게 군다고 나무란다. 한편, 정치가들에게 경제학자들은 단 한 사람의 희생도 없이 모두가 공동 번영할 수 있다는 유토피아적 공약에 찬물을 끼얹는 머저리이자 바보 천치다.

영국의 극작가 조지 버나드 쇼와 스코틀랜드의 수필가이자 역사가인 토머스 칼라일 등을 포함해 여러 재치 있는 문필가들도 경제학자들을 모욕하는 데 주저하지 않았다. 칼라일이 경제학을 '우울한 과학'이라고 비판한 이래 실제로 경제학자들은 정말 저주라도 받은 듯이 우울한 나날을 보냈다.

그러나 경제학자들은 이런 비난에 억울함을 호소한다. 왜냐하면, 그들은 자신이 경제라는 기상에 그늘을 드리우는 나쁜 뉴스를 만드는 장본인이 아니라 있는 그대로의 사실을 알리는 단순한 전달자에 불과하다고 생각하기 때문이다. 그들이 전달하는 메시지 또한 간단하다. 그들은 항상 인류가 어려운 선택을 해야 한다고 이야기한다. 즉, 우리는 더 이상 에덴동산에 살지 않는다. 세계는 젖과 꿀이 넘쳐나는 곳이 아니다.

우리는 더 맑은 공기와 더 빠른 자동차, 더 큰 주택과 더 넓은 주차장, 더 많은 노동 시간과 더 많은 여가 시간 사이에서 선택을 해야 한다. 경제학자들은 이 가운데 어느 것이 나쁘고 어느 것이 좋다고 말하지 않는다. 그들은 우리가 그것들을 한꺼번에 모두 가질 수는 없다는 사실을 말해줄 뿐이다. 경제학은 선택의 학문이다. 하지만 무엇을 선택해야 할지 가르쳐주지는 않는다. 단지 선택이 가져올 결과를 설명해줄 뿐이다.

물론 위대한 경제학자들은 단순한 전달자 역할에 만족하지 않았다. 비록 스미스는 사고뭉치bumbler, 밀은 꼴불견egghead, 케인스는 식도락가bon vivant같이 모욕적인 별명으로 조롱과 멸시를 받기는 했지만, 그들의 순수한 동기까지 나쁘게 말해서는 안 된다. 케인스의 지적처럼 거의 모든 저명한 경제학자가 세상을 좀 더 나은 곳으로 만들고 싶은 순수한 목적에서 그 방법을 찾아 나섰을 뿐이라고 할 때, 오늘날까지도 그들이 그런 악의적인 비판을 받고 있는 것은 아이러니하다.

특히 앨프리드 마셜은 경제학을 빈틈없이 치밀한 과학과 사람에 대한 헌신이 한데 어우러져야 하는 전문 분야로 간주했다. 마셜은 중세 시대에 의학, 법학, 신학을 각각 육체적 건강, 정치적 건강, 정신적 건강과 관련이 있는 세 가지 성스러운 학문으로 간주했던 것에서 한 걸음 더 나아갔다. 그는 경제학을 부자만을 위해서가 아니라 인류 전체를 위해서, 물질적 복지와 관련이 있는 네 번째 성스러운 학문으로 만들고자 했다.

마셜은 경제학의 저변에 흐르고 있는 두 가지 극단적인 흐름(현실에 접목할 수 없는 무미건조한 수학적 계산이 난무하거나, 혹은 신중한 이론적 성찰이 결여된 채 순전히 감정에 치우쳐 있거나)을 중재하고자 노력했다. 그가 케임브리지대학교에 개설한 경제학과 교과 과정에는 과학적 사고방식과 열정을 겸비한 학생들이 몰려들었다. 케인스가 대표적인 인물이었다.

경제학과 현실 세계를 잇는 가장 강력한 연결 고리는 정치다. 실제로 20세기 이전까지만 하더라도 경제학은 '정치경제학'이라는 이름으로 불렸다. 거의 모든 경제학자는 정부 요직에서 활동했다. 그중 데이비드 리카도와 존 스튜어트 밀은 영국의회 의원으로 선출되기도 했다. 위대한 경제학자 사이에서 우리는 불꽃 튀는 과학의 향연뿐 아니라 굽이치는 열정의 파도를 본다. 그리고 수많은 미적분과 통계학 기호 사이에서 우리는 그들이 남긴 자취와 숨결을 느낀다.

경제사상사를 통해 우리는 정부와 경제학자 사이에서 대치와 협력이라는 애증의 관계를 발견할 수 있다. 근대 경제학은 애덤 스미스가 유럽의 군주와 상인 사이에 맺어진 모종의 정략적 관계를 폭로하면서 태동했다. 애덤 스미스, 독일의 사회주의자이자 혁명가 마르크스, 노르웨이계 미국인 경제학자이자 사회학자인 베블런 사이에 공통점이 한 가지있다면, 상인들이 자기 이익을 위해 정치를 교묘히 이용했다는 사실을 알았다는 것이다. 스미스는 "상인들은 모이기만 하면 소비자들을 등쳐먹을 모종의 계약을 꾸미는 무리"라고 공공연하게 경고한 바 있다.

이런 일은 오늘날에도 심심치 않게 볼 수 있다. 지역 상공회의소 석상에서는 자유시장을* 소리 높여 찬양하던 사람들도 시장 독점, 정부와의

---

* Free market. 보통 자유시장은 '자유방임시장'으로 번역하기도 하는데, 여기에서는 자유시장으로 통일한다. 왜냐하면 아무리 자유시장이 '자유'를 강조한다고 하더라도 극단주의자들이 주장하는 것처럼

독점 계약, 또는 자신의 이익을 보장하는 규제 조치라도 취해지면 언제 그랬냐는 듯이 발뺌한다.

고맙게도 정치가들은 이런 상인들의 요구를 항상 들어주지는 않았다. 제2차 세계대전 이후, 영국의 사회주의자들은 영국과 아일랜드의 연합 통일을 도모하는 연합주의(통일주의)와 국유화를 통해 지상 낙원에 가까운 번영을 약속했지만, 영국 경제는 나아지기는커녕 계속해서 수렁으로 빠져들었다. 영국의 정치가 처칠의 전기를 보면 하원 건물 밖에 있는 화장실에서 노동당 당수와 마주쳤던 흥미로운 일화가 나온다. 노동당 당수가 먼저 들어와 소변기 앞에 섰다. 잠시 뒤에 볼일을 보기 위해 들어온 처칠은 정적인 노동당 당수가 그곳에 있는 것을 보고 멀찌감치 떨어져서 볼일을 본다.

"윈스턴 씨, 뭐 내게 꺼림칙한 거라도 있소? 왜 그리 멀리 가시오?"

노동당 당수가 먼저 말을 붙이자 처칠이 답했다.

"물론이오. 당신은 큰 것만 보면 뭐든 국유화하려고 들지 않소!"[1]

역대 미국 대통령 가운데 경제 원리를 제대로 이해한 사람은 별로 없었다. 케네디는 자신이 연방준비제도이사회가* 재정 정책fiscal policy이 아닌 통화 정책monetary policy을 관장하는 곳임을 기억할 수 있었던 이유가 당시 연방준비제도이사회 의장이었던 마틴Martin의 이름 첫 글자가 통화를 뜻하는 'monetary'의 첫 글자 M과 같기 때문이라고 고백한 적이 있다. 이것이 사실이라면, 케네디는 폴 볼커나 앨런 그린스펀, 제

'방임'을 뜻하는 것은 아니기 때문이다.

* Federal Reserve Board. 연방준비제도이사회(연준)는 1913년 연방 준비법에 의해 설립된 미국의 중앙은행으로, 12개의 연방준비은행을 총괄한다. 7명의 이사로 구성되어 있고, 2018년 2월부터 제롬 파월이 의장직을 맡고 있다.

롬 파월 같은 사람들을 절대 그 자리에 앉히려 하지 않았을 것이다.

경제학자에게 가장 큰 시련의 시간은 바로 선거운동 기간이다. 정치가가 유권자에게 공약으로 더 풍요로운 밥상과 더 튼튼한 국방을 내세울 때마다 경제학자들은 그로 인해 초래될 나쁜 결과를 경고해야 한다. 경제학자들은 유권자에게 경제 문제를 이해시키고자 발 벗고 나서지만, 후보자의 달콤한 공약에 묻혀버리기 일쑤다.

정치에 있어 선거철, 특히 선거 유세 기간은 텔레비전으로 치면 황금 시간대와 같다. 대통령 후보가 방송에 나와 연설을 할 때, 그는 자신의 흉내를 그럴듯하게 내어 시청자들을 웃음바다로 몰아가는 코미디언보다 생각이 많거나 똑똑하게 보여서는 안 된다. 그것은 코미디언이 코미디를 하면서 너무 심각한 표정을 지으면 시청자들을 웃길 수 없는 것과 마찬가지다. 물론 코미디언 못지않게 이런 연기를 식은 죽 먹듯이 해내는 정치가들도 있다.

정치가가 자신에게 경제 문제에 대한 조언을 아끼지 않는 경제학자들을 오해하는 이유는 뻔하다. 경제학자들은 대중에게 이야기할 때와는 달리 서로에게는 전혀 다른 언어로 말한다. 그들이 주고받는 언어는 '모델'이다.* 정치가뿐 아니라 일반인에게 경제학자들의 모델은 이해하기 어렵다. 오늘날같이 수학 공식으로 가득한 경제학 모델은 정치가와 일반인에게 도통 이해할 수 없는 외계어와 다름없을지도 모르겠다.

경제학자들은 복잡한 세계를 설명하면서 우선 일정한 기간 동안 가

---

* **Model. 부크홀츠는 이 책에서 'model'을 여러 의미로 병행해서 사용하고 있다. 뒤에 보면 알겠지만, 이것은 모형으로도 번역될 수 있고, 법칙을 뜻하기도 하며, 또는 패러다임을 지칭하기도 한다. 특별한 언급이 없는 이상 '모델'로 번역했다.**

장 중요한 몇 가지 요인을 간추려내야 한다. 왜냐하면 모든 경제 현상은 수많은 사건의 영향을 받기 때문이다. 예를 들어 미국 소비자의 소비 수준은 날씨, 음악 취향, 체중, 소득, 인플레이션율, 선거, 올림픽에 출전한 국가대표팀의 성적 등에 영향을 받을 수 있다. 이 가운데 어떤 것이 가장 중요한 영향을 미치는지 알아내고 우선순위를 정하기 위해 무수히 존재 가능한 부차적인 원인을 배제한 모형을 설계해야 한다. 훌륭한 경제학자란 가장 오랫동안 효력을 입증할 수 있는 모델을 설계하는 사람이다.

물론 경제학자뿐 아니라 모든 과학자는 모델을 구축해야 한다. 꽤 오랜 세월 물리학은 뉴턴의 만유인력 법칙에 의존했다. 천문학자들은 아직도 코페르니쿠스의 패러다임을 사용한다. 많은 논란을 일으켰던 토머스 쿤의 대표작인《과학혁명의 구조》는 이런 모델의 발전 과정을 추적한다.[2]

그렇다면 경제학은 왜 이런 '어려운 과학'보다* 더 어려운가? 다음 예가 이 질문에 대한 대답이 될지 모르겠다. 신장 수술을 집도하는 한 외과 의사를 떠올려보자. 의사는 엑스레이 검사를 통해 환자의 오른쪽 신장이 결장에서 2.5센티미터 정도 아래로 내려와 있음을 발견한다. 그런데 의사가 수술을 위해 막 절개를 시작한 순간 신장이 제자리로 돌아가는 일이 벌어졌다.

경제학에서는 이런 일이 비일비재하다. 경제학자가 주요 원인을 분석하고 그것이 미치는 영향을 평가하려는 순간, 그것이 미치는 영향력이

---

* Hard science. 보통 하드사이언스는 물리, 화학 등 자연 과학을 뜻한다. 반대로 소프트사이언스는 사회 과학 또는 행태 과학을 뜻한다. 여기에서는 문맥의 어감을 따라 '어려운'이라는 의미로 해석했다.

달라진다. 인간관계와 사회제도가 바뀜에 따라 과학적 의문의 대상도 동시에 바뀐다. 경제학은 어려운 과학이 아니다. 그러나 이것이 경제학이 쉬운 과학임을 의미하지는 않는다. 경제 현상은 너무 유동적이기 때문에, 어떤 한 곳을 점찍어서 연구하는 것이 어렵다.* 케인스는 경제학의 대가란 기사 작위나 성인聖人 칭호를 얻기 위해 필요한 것보다 더 뛰어난 능력을 가지고 있고, 그것을 몸소 보여주는 사람이라며 다음과 같이 역설했다.

> 경제학자는 수학자이자 역사가이자 정치가이며 동시에 철학자여야 한다. (…) 그는 경제학의 복잡한 수식을 이해하고, 그것을 말로 설명할 수 있어야 한다. 특수한 것을 일반적인 것으로 생각해야 하며, 추상적이고 구체적인 것을 동일한 사고의 지평에 놓고 다루어야 한다. 그뿐 아니라 미래를 위해 현재를 과거의 경험에 입각해 연구해야 한다. 인간의 본성이나 여러 사회제도를 하나라도 간과해서는 안 된다. 그는 뚜렷한 목적의식을 가져야 하고, 개인적인 감정에 치우쳐서는 안 된다. 예술가처럼 초연하고 순수하면서도 간혹 정치가처럼 냉혹한 현실을 냉철한 시선으로 직시할 줄 알아야 한다.³

---

* [저자주] 양자 물리학과 하이젠베르크의 불확정성의 원리(어떤 물질의 위치와 운동량을 동시에 정확하게 측정할 수 없다는 원리)가 등장하면서 '자연' 과학조차 기존의 아성이 흔들리고 있다.

경제학의 기원

그렇다면 어디서부터 경제사상사를 공부해야 할까? 가장 먼저 성서에서 시작할 수 있다. 성서에는 토지, 노동, 자본, 채무 면제에 관한 수많은 언급이 나온다. 그러나 주의 깊은 분석보다는 계율이 더 많이 나온다.[4] 비록 애덤 스미스가 성서를 통해 자신의 이름과 도덕적 마음가짐을 얻었을지라도, 경제 이론에 관해서는 별로 얻은 것이 없을 것이다.

사적 소유를 찬양하고 부를 위한 부의 축적을 분명하게 비난한 기원전 4세기의 그리스 철학자 아리스토텔레스의 언급에서 시작할 수도 있다. 하지만 아리스토텔레스의 경제학 이해는 시간이 희소 자원이라는 것을 깨닫는 정도에 그쳤다. 따라서 그는 경제학보다는 철학을 탐구하고 알렉산드로스 대왕을 가르치는 일에 더 많은 시간을 할애했다. 그 결과 그는 철학의 거장으로 후대에 이름을 남겼다. 대학에서 찬란한 서구 문명의 역사를 공부하는 학생과 학자 들에게 모욕적인 언사로 들릴 수도 있겠지만, 아리스토텔레스는 경제학이라고 하는 학문의 연보에 이렇다 할 족적을 남기지 못했다.

중세 시대에 신학자들은 구원 이외에도 세속적인 경제 문제를 두고 열띤 토론을 벌였다. 11~15세기에 가톨릭 교단의 스콜라 학파는 시장의 정의와 도덕 문제를 두고 고민했다. 특히 그들은 '공정 가격'이라는*

---

* Just price. 공정 가격 또는 가격의 공정이라는 개념은 플라톤이나 아리스토텔레스까지 거슬러 올라갈 수 있지만, 이것을 체계화한 사람은 토머스 아퀴나스다. 그는 《신학대전》에서 인간관계를 지배하는 것은 정의 또는 공정이므로 교환에 있어서도 중용에 의한 정의로운 가격, 즉 공정 가격의 원칙을 따라야 한다고 주장한다. 여기에서 말하는 정의(공정)란 '분배적 정의'와 '유통적 정의'를 뜻하며, 교환에 있어서 공정 가격을 지배하는 것은 유통적 정의다. 정의의 일반적 형태는 균등이며, 따라서 교환은 등가 원칙을 요구한다. 그러므로 가치 이상으로 판매하거나 혹은 그 이하로 매입하는 것은 부정이자

개념을 고안했고, 고리대금업에 대한 교회의 반대 입장을 분명히 했다. 특히 구약은 동족끼리 이자를 받고 돈을 빌려주는 행위를 금지했다. 그럼에도 불구하고 중세의 신학자들은 이자를 위험, 기회비용, 인플레이션, 불편 등 여러 요소로 세분화하면서 고리대금업을 금지하는 계율에 흠집을 내고 빠져나갈 구멍을 만들기 위해 애썼다.

이 과정에서 신학자들은 괴로운 선택에 직면했다. 즉, 신학자들의 상행위를 금지하는 정통적인 교리 해석을 계속 따를 경우, 스스로 자기 무덤을 파는 것과 마찬가지였다. 왜냐하면, 많은 성직자와 신도가 천벌을 받을 때 받더라도 공공연하게 고리대금업에 나섰기 때문이었다. 한편, 각종 상행위를 묵인할 경우 교회 지도자로서 그들의 위신은 설 자리를 잃을 수밖에 없었다. 그들은 성聖과 속俗의 세계에 양다리를 걸치는 식으로 자신의 입맛에 맞는 대다수 경제 이론을 고안했다. 이런 태도는 경제학 연구 및 발전에 아무런 도움이 되지 못했다.

신학자들은 자신을 따르는 선한 양들에 대한 의무감으로 경제학을 설교했다. 그런데 그 의무란 선한 양들을 천국으로 인도하는 것이었지 그들의 생계 수준을 높여주는 것은 아니었다. 16세기에 종교개혁으로 교회가 구교와 신교로 갈리면서 이런 임무는 더 요원해지고 말았다.[5]

중상주의자들도 무시하고 그냥 지나칠 수 없다. 일반적으로 중상주의자들은 16세기에서 18세기까지 유럽의 군주들을 섬겼던 작가와 궁정 고문이었다. 그들에게는 중세 신학자들에게 주어진 성서 같은 경전도

불법이며, 가치와 일치하는 경우에만 공정한 가격이다. 그러나 이것이 이윤을 부정하는 것은 아니다. 이윤은 도덕적인 목적과 필요를 위해 쓰이면 무방하다. 또, 이윤은 노동과 비용을 보상하는 경우에만 정당한 것이다. 공정 가격은 이윤 추구만을 목적으로 한 투기를 막고 상거래를 정착시키기 위해 자연법적 사상에서 도출된 가격 이론이다.

없었고, 각자의 관심사도 너무나 달랐다. 영국, 프랑스, 스페인, 포르투갈, 네덜란드의 왕족이 영토를 강화하고 바다 건너 식민지 쟁탈에 나서면서 법률가와 상인이 왕족 앞에서 경제 운영에 대한 조언을 시작했다.

돌이켜보면 우리는 중상주의자들이 왕족에게 한 충고들에서 몇 가지 공통적인 견해를 끄집어낼 수 있다.

1. 국가는 왕족에 복종하는 충신에게 독점권, 특허권, 보조금, 그리고 각종 특권을 보장해 왕족의 권위를 세우고 유지해야 한다.
2. 국가는 국부의 척도라고 할 수 있는 귀금속과 원자재를 확보하기 위해 식민지를 개척해야 하며, 또한 그것들이 있어야 식민지 전쟁도 치를 수 있다.
3. 국가는 대외 무역을 엄격히 규제해 수입보다 수출을 늘려야 한다. 무역에서 계속 흑자를 내야 채무국으로부터 황금, 즉 부를 가져올 수 있기 때문이다.

중상주의 시대 국가들은 이런 식으로 영토를 확장할 수 있었다. 그러나 동시에 길드(장인 및 상인의 동업 조합), 독점권, 관세 등 경제 권력을 왕실이나 귀족 등 측근에게 분배함으로써 국내 경제에 대한 통제를 강화했다. 자국의 국경을 넘어 다른 나라에까지 이런 통제를 가한 나라도 있었다. 프랑스 루이 14세 치하에서 재무장관을 지낸 콜베르는 상품 제조에 대해 각종 규제를 단행하고, 길드에 막대한 권한을 부여했다. 그는 루이 14세의 위세를 등에 업고 프랑스 동부의 디종(원래는 신성로마제국에 속해 있었으나 1678년에 프랑스로 귀속되었다)에서 생산되는 직물은 1,408수여야 한다고 공표하기도 했다!

　이런 중상주의자들은 애덤 스미스의 비판의 표적이 되었다. 그래서 스미스에서 근대 경제사상사 공부를 시작하는 것이 좋을 것 같다. 물론 내 의견에 반대하는 사람도 있을 것이다. 다만, 내 생각이 그렇다는 뜻이다. 그는 다음 세 가지 측면에서 중상주의자들의 이론을 비판했다.

1. 중상주의자들은 화폐와 귀금속에 기초해 부를 측정했다. 스미스는 실제 부는 국민의 생계 수준을 기준으로 측정해야 한다고 생각했다. 황금 자루가 아무리 많다고 한들 그것이 언제나 쌀가마니로 바뀌는 것은 아니기 때문이다.
2. 스미스는 한 나라의 부가 소비자 관점에서 측정되어야 한다고 말했다. 국가 통치자나 그에게 아첨하는 상인들에게 돈을 쥐여주는 얄팍한 술책은 국민에게 아무런 도움이 되지 않기 때문이다.
3. 스미스는 개별적인 동기 부여, 발명, 혁신이 경제 번영의 원동력이라는 것을 알았다. 소수 특권층에게 독점권이나 보호 정책 같은 혜택을 부여하고자 했던 중상주의자들의 정책은 부의 총량을 늘리기는 했지만, 정치 체제는 마비시켰다.

18세기 무렵 스미스의 아이디어로부터 근대 경제학이 태동했다.

우리는 경제학자들을 무시해야 하는가?

애덤 스미스 이후, 경제학의 대가라고 부를 수 있는 사람은 생각보다 많지 않다. 그리고 주류 경제학이 경제 현상의 모든 것을 설명해주는 것도 아니다. 특히 오늘날 경제학자들은 노동시장이나 1970년대 초에 시작해 1990년대 초까지 장기간 이어진 생산성 하락을 해결할 방법이나 정부 부채를 상환할 최적의 방법을 제대로 설명하지 못한다. 그러나 경제학자들은 국가든 개인이든 실생활에 꼭 필요한 경제 이론의 기본 원리를 무시하는 어리석은 행태를 보이고 있다고 이구동성으로 한탄한다.

안정된 중상주의라는 시대착오적인 열망을 실현하기 위해 보호무역의 기치를 올리는 국가는 자국의 소비자들에게 피해를 주게 마련이다. 농민을 보호하기 위해 농산물 가격을 높게 유지하는 국가는 자국의 소비자들에게 피해를 주게 되고, 잉여 농산물은 시장에서 팔리지 않은 채 창고에서 썩어 악취만 풍길 것이다. 경제학자 대부분이 내 의견에 동의하리라 생각한다. 그러나 이 의견에 귀를 기울이거나 관심을 보이는 정치가는 거의 없을 것이다.

비록 정부가 경제학자들의 충고를 항상 받아들이지는 않을지라도, 우리는 경제학자들의 말을 귀담아들어야 한다. 그들은 현재 우리의 생계 수준이 어느 정도인지, 그리고 그것이 어떻게 변할지 이야기해줄 수 있다.

18세기 후반 영국에서 산업혁명이 시작된 이래 미국인들은 경제가 시간이 흐를수록 더 발전하고 번영할 것으로 기대했다. 우리는 현재를 최고점이 아닌 최저점으로 간주한다. 그래서 미래는 지금보다 더 나을 것이라고 상상하며 스스로 위로하는 것이다. 그런데 중단 없이 계속해서 발전하는 것이 가능할까? 역사상 그런 유례는 아직 없다. 매년 선진국들은 새로운 중세 시대로 접어드는 것을 가까스로 피하고 있지만, 솔직히 말해 우리는 후퇴와 발전을 거듭하며 인류의 역사를 조금씩 갱신하고 있다.

어쨌든, 암흑기라고 불리는 중세 시대로 다시 돌아갈 수는 없지 않은가! 11세기 유럽을 묘사한 프랑스의 역사학자 조르주 뒤비의 설명에 귀를 기울여보라. 그렇게 혹독한 세기가 상대적으로 풍요로움을 누렸던 고대 그리스, 로마, 바빌론, 이집트 시대 이전이 아닌 이후에 왔다는 것은 생각만 해도 끔찍하다.

서기 1000년의 유럽. 배고픔에 허덕이던 야만의 세계. 거의 모든 유럽 인구가 기아에 허덕인다. 사람들은 가차 없는 자연과 척박한 토양에 속박된 노예가 되어 맨손으로 생명을 부지하기 위해 몸부림친다. 어떤 농부도 밀알 하나를 심어 세 알 이상 수확을 기대하지 않는다.

그런데 세 알 이상이라도 거둔 해는 그나마 낫다. 보름달을 지나 부활절까지 연명할 빵은 얻을 수 있으니까. 그러나 그때부터는 풀, 나무뿌리, 숲이나 강기슭에서 주워 온 먹을 것들에 의지해 목숨을 부지해야 할 것이다. 이렇게 허기진 배를 움켜쥐고 한여름의 고된 노동을 견뎌내며 오는 가을을 기다릴 것이다.

간혹 폭우가 쏟아져 경작지가 잠기고 가을 경작을 방해하기라도 하면, 폭풍우가 몰아쳐 애써 가꾼 작물을 망쳐놓기라도 하면, 식량 부족은 기근으로 이어지고 곳곳에서 아사하는 사람들이 들끓는다. 모든 역사가는 당시의 이런 기근을 암울한 필치로 묘사했다. "사람들은 서로를 잡

아먹기 위해 쫓고 쫓기는 싸움을 벌였다. 많은 사람이 인육을 먹기 위

해 동료의 목을 잘랐다. 늑대처럼."[6]

선진국들은 과거의 이런 소름 끼치는 역사를 기억하고 있을까? 혹시

제3세계 국가 중에 이런 무서운 상태로 후퇴하는 나라가 나오지는 않을

까? 케인스라도 그것은 알 수 없다. 하지만 우리는 위대한 경제학자들

의 목표가 다시는 이런 어두운 나락으로 떨어지지 않도록 가르치는 것

임을 알고 있다.

위대한 경제학자들의 많은 가르침이 지금까지도 우리에게 호소력이

있다는 것은 놀라운 일이다. 그들이 고심 끝에 내놓은 훌륭한 이론은 오

늘날까지 유효하다. 이 책은 주류 경제학을 살펴보고, 누가 먼저 어떤

통찰을 통해 오늘날까지도 유효한 모델을 만들었는지 자문하면서 그들

의 지혜를 탐구한다. 우리는 경제학의 대가들로부터 많은 것을 배울 수

있다.

이 책에 나오는 몇 가지 최근 사례는 딱딱한 경제사상사를 좀 더 쉽

게 이해시키고자 하는 차원에서 끌어온 것이다. 데이비드 리카도가 비

교우위론을 설명하기 위해 〈길리건의 섬〉을* 예로 들었을 리는 없다.

하지만 과거의 위대한 경제학자들에게 결례가 되지 않는 한 이런 예들

이 오늘날의 독자들이 난해한 경제학 이론을 이해하는 데에 조금이나

마 도움이 되었으면 한다. 경제학이 많은 사람이 생각하는 것처럼 지루

해야만 할 이유는 없다. 죽은 경제학자들을 불러내 그들의 실추된 명예

---

* Gilligan's Island. 1964년부터 1967년까지 미국 CBS를 통해 방영된 시트콤. 한 난파선에서 타고
 있던 사람들이 무인도에 도착해 겪는 일들을 다뤘다.

를 되찾아주고, 그들이 우리에게 남겨준 교훈을 배우면서 경제학을 '우울한 과학'이라고 폄하한 칼라일에게 한 방 먹이는 것도 통쾌한 일이지 않은가?

우리가 그들의 위대한 업적을 망각하고 살아가는 것에 낙담한 나머지, 그리고 이 사회가 그들이 그토록 벗어나고자 했던 암울한 11세기로 다시 후퇴하는 것은 아닐까 두려운 나머지 경제학자들이 저세상에서도 편히 눈감지 못하고 전전긍긍하도록 만들기보다는, 이렇게라도 해서 그들이 무덤 속에서 배꼽을 잡고 웃으며 데굴데굴 구르게 만들어보자.

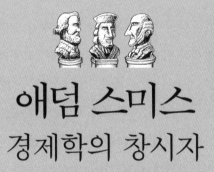

애덤 스미스
경제학의 창시자

Adam Smith
(1723~1790)

레이건이 1980년 미국 대선에서 승리했을 때, 워싱턴에 모여 있던 공화당 당원들은 일제히 환호성을 질렀다. 그들은 각종 칵테일 파티와 모임을 열어 승리를 자축했으며, '레이거노믹스'를* 통해 경제 부흥을 이룰 수 있을 것으로 기대했다. 그런데 흥미로운 것은 그들이 하나같이 애덤 스미스의 옆모습이 그려진 넥타이를 매고 있었다는 것이다.

평소에 애국자를 자처하던 정치가와 활동가 들이 왜 자신의 나라와는 아무런 관련도 없는 18세기 스코틀랜드인의 옆모습을 자랑스럽게 목에 매고 다녔을까? 미국 건국의 아버지이자 제3대 대통령인 토머스 제퍼슨, 제26대 대통령 시어도어 루스벨트, 또는 애리조나주 출신으로 다섯 번이나 상원의원을 지낸 배리 골드워터도 있는데, 왜 굳이 스미스였을까? 그가 오늘날의 경제 위기를 해결하는 문제에 있어 후대의 수많은 경제학자와 정치가보다 더 적임자라고 말할 수 있을까?

---

*   Reaganomics. 레이건이 1981년에서 1989년까지 임기 동안 수행한 시장 중심적 경제 정책 또는 이와 유사한 정책을 가리킨다. 라디오 뉴스 해설가인 폴 하비가 레이건과 이코노믹스를 조합해서 만든 말이다. 레이거노믹스의 중심 내용은 정부 지출의 축소, 노동과 자본에 대한 소득세 한계세율 인하, 각종 규제 철폐, 인플레이션율을 낮추기 위한 화폐 공급량 조절 등이다.

스미스는 시대가 바뀌어도 자신의 아이디어가 계속 유효할 것이라고 믿었다. 물론 이는 인류 역사상 진정한 혁명의 세기라고 할 수 있는 18세기 지식인들이 공통적으로 가지고 있던 생각이었다. 당시 프랑스와 미국에서 정치적 소요가 들끓고 있었다. 스미스가 그의 역작《국부론》을 집필했을 때, 상인들은 영국 제도와 7대양을 누비며 전방위적인 무역을 하고 있었고, 인구는 급격히 팽창했으며, 세계 각지에 공급할 물건을 생산하기 위해 소규모 공장이 우후죽순처럼 들어서기 시작했다. 그뿐 아니라 교역이 활성화되면서 영국과 유럽 대륙 전역에 은행이 들어섰다. 그러나 계몽주의* 시대에 가장 근본적인 혁명을 초래한 것은 자신을 둘러싼 세계를 다른 시각에서 보기 시작한 사상가들이었다. 스미스는 강의에서 "인간은 갈망하는 동물"이라고 말했다.[1] 이는 당시 시대 상황으로 볼 때 그리 놀랄 만한 언급이나 통찰은 아니다.

중세 시대 초기부터 콜럼버스가 신대륙을 발견한 15세기까지 유럽의 지성사를 지배한 이들은 신학자였다. 교회의 장로들은 자연 현상을 종교 교리에 따라 해석했다. 그러나 애덤 스미스가 태어나기 직전인 17세기, 사람들은 점차 종교 교리보다는 합리적 이성에 근거해 자연 현상을 설명하고자 한 베이컨과 지동설을 주창한 천문학자 코페르니쿠스의 생각을 받아들이기 시작했다. 그리고 마침내 교회의 권위로부터 자유로운 과학자들이 등장했다. 그들은 결과를 떠나 자연법칙을 설명하기 위해 '과학적 방법'을 고안해 적용했다.

이탈리아의 천문학자 갈릴레이는 신이 인간에게 오직 '성서'와 '자연'

---

* the Enlightenment. 16세기 말에서 18세기 후반에 걸쳐 유럽 전역에 일어난, 구시대의 묵은 사상을 타파하려던 하나의 혁신적 사조.

이라는 두 권의 책만을 주었다는 진부한 종교적 언사를 공격했다. 자연이라는 책의 언어는 수학이라고 주장한 갈릴레이는 성서의 도움 없이 수학과 실험만으로 자유낙하 법칙(물체가 낙하한 거리는 시간의 제곱에 비례한다는 법칙)을 증명했다. 거의 모든 사람이 신의 존재를 경외하던 1632년, 그는 천체망원경 실험을 통해 지구가 태양의 주위를 돈다는 코페르니쿠스의 지동설을 증명하고, 자신의 위대한 과학적 업적을 당당하게 교황에게 헌정했다. 지구가 태양의 주위를 돈다는 그의 실험 결과는 옳았다. 그뿐 아니라 이 일로 교회가 자신을 파문할지도 모른다는 예감도 그대로 적중했다. 얼마 뒤에 그는 '이단' 혐의로 종교 재판에 회부됐다.

프랑스의 철학자이자 수학자인 데카르트는 《방법서설》 말미에 인간은 실용 학문을 통해 '자연의 지배자이자 소유자'가 될 수 있다고 주장함으로써 18세기 인간 사유의 폭발적인 발전을 일찌감치 예견했다.

뭐니 뭐니 해도 계몽주의 시대를 대표하는 인물은 영국 태생의 물리학자이자 수학자인 뉴턴이다. 갈릴레이의 과학적 탐구 방식을 이어받은 뉴턴은 성서에 나와 있지 않은 숨은 진리를 추구했다. 그렇게 해서 발견한 것이 중력 법칙, 가속도의 법칙, 그리고 미적분이다. 뉴턴은 신이 태초에 세상을 창조하는 일에 중요한 역할을 하기는 했지만, 전당포 주인이 전당 잡힌 시계를 쳐다보듯 오늘날의 세계에 별다른 신경을 쓰지 않는다고 생각했을지 모른다. 독일의 철학자 라이프니츠는 뉴턴이 신을 솜씨가 서툰 시계공으로 묘사함으로써 신에 대해 씻을 수 없는 불경죄를 지었다고 생각했다.

애덤 스미스는 이런 어수선한 계몽주의의 시기에 태어났다. 갈릴레이나 뉴턴처럼, 스미스는 인과관계를 중요시했다. 그러나 그는 자연과학자들과 달리 관심의 초점을 행성이 아닌 사람에 두었다. 경제학을 접하기 전, 스미스는 천문학에 정통하려고 노력했고 코페르니쿠스에 대해 강의했다. 그러나 그는 행성의 궤적을 보던 렌즈를 곧장 인간에게로 돌렸다. 그에게는 길거리, 부두, 새로 건설되는 공장에서 들려오는 부산한 소리에 의미를 부여하고 싶은 바람이 있었다.

애덤 스미스는 1723년 스코틀랜드 포트만을 사이에 두고 에든버러와 마주하고 있는 작은 항구 도시 커콜디에서 태어나 어머니 손에 자랐다. 세관원이었던 아버지는 그가 태어나기 몇 달 전에 세상을 떠났다. 유복자로 태어난 이들은 대개 미국의 소설가 마크 트웨인의 '톰 소여'와 미국 현대 문학을 대표하는 솔 벨로의 '오기 마치'처럼 스스로 자신의 세계를 개척한다. 또는 다른 곳에서, 예를 들어 천상에서 아버지상을 찾는다. 스미스는 두 경우 모두에 해당했다. 뒤에서 살펴보겠지만, 스미스의 '보이지 않는 손'은 그가 주변에서 목격한 모든 혼란에 자연스러운 질서를 부여했다.

몸이 허약했던 스미스는 평생 독신으로 어머니와 함께 살았다. 그래도 어머니 마거릿은 아들에게 지극정성이었다. 어머니가 아흔 살에 돌아가셨을 때 스미스는 비통한 마음으로 이렇게 적었다. "나는 다른 누구보다 어머니를 더 사랑하고 존경했다. 어머니의 죽음은 내게 엄청난 충격일 수밖에 없다." [2]

워싱턴 정가에서 유행한 넥타이에 그려진 스미스의 옆모습에서는 분명하게 드러나지 않았지만, 그는 좀 묘한 분위기를 풍기는 스코틀랜드인이었다. 커다란 매부리코에 눈은 툭 튀어나왔고, 아랫입술은 도드라질 정도로 불쑥 나와 있었으며, 안면 경련에 말더듬증까지 있었다. 한때 스미스는 자신의 이런 별스러운 외모를 언급했다. "나도 내 책에서는 멋지게 나오는데."

  뛰어난 두뇌의 소유자였던 스미스는 열네 살의 나이에 글래스고대학교에 들어갔고, 뒤에 옥스퍼드대학교 발리올 칼리지에 장학생으로 들어갔다. 당시의 여느 대학생과 마찬가지로 그는 신학을 공부한 뒤에 성직자가 될 생각을 하고 있었다. 또한, 예나 지금이나 많은 대학생이 그렇듯이 스미스도 교수들에게 불평불만이 많았다. 그리고 "옥스퍼드에서 건강을 해칠 정도로 지나치게 열심히 공부하는 사람이 있다면 그것은 본인 과실"이라고 쓴 바 있다.[3] 그는 당시 교수들을 다음과 같이 비난했다. "옥스퍼드대학교의 거의 모든 교수는 가르치는 척하는 것조차 이미 포기한 자들이다."[4] 더 중요한 것은 그가 대학의 검열 제도를 맹비난했다는 점인데, 그는 대학 당국이 자신이 소지하고 있던 스코틀랜드인 철학자 흄의 명저《인간 본성에 관한 논고》를 압수해 갔다고 친구들에게 불평을 늘어놓았다. 대학에서 고대 그리스어와 라틴어 고전들을 두루 섭렵한 스미스는 대학 당국의 검열로 인해 당대에 가장 영향력 있었던 저서 중 하나는 읽지 못한 채 졸업했다.

  대학의 이런 엄격한 규제에도 불구하고, 스미스는 흄의 회의주의에 강한 영향을 받았다. 흄의 회의주의는《인간 본성에 관한 논고》의 부제 '실험적 추론 방법을 도덕적 주제들에 도입하기 위한 하나의 시도'에서도 엿볼 수 있다. 결국, 성직자가 되는 길을 거부한 스미스는 고향인 커콜디로 돌아갔다. 그리고 얼마 뒤에 수사학과 법학을 주제로 유명한 대중 강연을 시작했다.

  1748년, 그는 모교인 글래스고대학교로 돌아가 논리학을 가르치기 시작했다. 이듬해에는 그의 은사였던 아일랜드인 계몽주의 철학자 프랜시스 허치슨이 강단을 떠나면서 공석이 된 도덕 철학 교수직을 이어받았다. 흄의 친구이자 캠퍼스의 이단아였던 허치슨은 라틴어로 강의하는 것을 거부하고 영어로 강의해 대학 당국을 발칵 뒤집어놓은 전력의 소유자였다. 이때 대학 장로회는 그를 아래의 '그릇되고 위험한' 두 가지 교리를 공공연하게 유포하고 다녔다는 혐의로 기소했다.

1. 도덕적 선의 규범은 다른 사람의 행복을 증진하는 것이다.
2. 신의 존재를 몰라도 선과 악을 구분할 수 있다.

앞으로 살펴보겠지만, 애덤 스미스는 허치슨의 위험한 주장 가운데 많은 것을 받아들였다. 허치슨은 지배적인 종교 교리에 맞서 학문의 자유를 한결같이 외친 인물이었다. 갈릴레이와 달리, 그는 자신의 학술적 업적을 교황에게 헌정함으로써 검열을 피하려는 얄팍한 짓은 하지 않았다. 물론 그렇게 했더라도 신교를 받아들인 스코틀랜드에 호의적이지 않았던 교황이 달가운 시선으로 냉큼 받아들이지는 않았겠지만.

스미스의 아이디어가 오늘날 정치적 보수주의와 궁합이 맞아떨어진다는 사실은 흥미롭다. 왜냐하면, 앞서 살펴본 대로 그의 지적 뿌리는, 그가 흄이나 허치슨에게 영향을 받은 만큼, 우리가 생각하는 것보다 훨씬 급진적이었을뿐더러 현대의 보수주의자 중에서도 스미스에게 호의적이지 않은 사람이 많기 때문이다. 국제무역을 비난하는 반세계주의자anti-globalist와 급진적 민족주의자über-nationalist는 자신들이 겪고 있는 어려운 상황을 스미스 탓으로 돌린다. 어쨌든 많은 보수주의자가 그의 자본주의 이론을 신(근대 경제학을 정립한 것에 빗대어), 어머니(근대 경제학의 모태로서), 애플파이(가장 미국적인 것에 빗대어), 민주주의(자유주의 또는 시장경제와 한 축을 이루는 것으로서)와 같은 선상에 올려놓고 입에 침이 마르도록 칭송하고 있는 것은 엄연한 사실이다.

글래스고대학교 교수가 된 스미스는 옥스퍼드대학교 재학 시절 자신이 맹비난했던 수면제처럼 졸음을 몰고 다닌 교수들과는 달리 유창한 강의, 그리고 학생을 향한 관심과 배려로 명성을 얻었다. 그는 강단에서 강의하고 학생들을 지도하며 공개 토론을 여는 등 교수로서 바쁜 시간을 보냈다. 또한 대학 회계과장과 교수부장을 역임하기도 했다.

많은 사람이 애덤 스미스를 경제학의 창시자로 칭송하지만, 유감스럽게도 그는 경제학을 가르친 적이 없다. 그보다 그는 경제학 자체를 배운 적이 없다. 물론 당시에 경제학을 배우거나 가르친 사람은 아무도 없었다. 19세기까지만 하더라도 학계는 경제학을 철학의 한 하위 분과로 생각했다. 1903년이 되어 케임브리지대학교에서, 더 정확하게는 앨프리드 마셜의 노력으로 처음으로 경제학이 윤리학에서 분리되어 새로운 학과로 자리 잡았다. 그럼에도 불구하고 스미스는 그전에 자신이 맡은 법률 강의 시간에 경제학에 관한 자신의 예비 지식을 이미 틈틈이 풀어 놓았다. 그의 법률 강의를 수강한 한 학생이 받아 적은 노트에서 볼 수 있듯이, 그는 나중에《국부론》에서 정교하게 다듬을 노동에 관한 핵심 분석의 단초를 정립해두고 있었다.

노동분업은 국민의 부를 증대시키는 가장 중요한 원인이다. 부란 통념과 달리 금과 은의 양에 비례하는 것이 아니라 국민의 근면 성실에 비례한다.[5]

여기까지 우리는 스미스의 대학 교육과 외모를 살펴보았지만, 그의 별스러운 성격에 대해서는 말을 삼갔다. 한 사람의 개성에 대해 왈가왈부하는 것은 민감한 사안이다. 오스트리아의 정신분석학자 프로이트는 사람들이 자기 조상의 과거 행적이나 사회적 지위를 과장해서 이야기하는 경향이 있음을 간파하고, 이것을 가족 로맨스family romance라 불렀다. 경제학도로서 풍운의 꿈을 품고 있는 분들에게는 미안한 말이지만 경제학의 선조는 뉴턴만큼 지적이지도 않았고, 프랑스 계몽주의 사상가 볼테르만큼 재치 넘치지도 않았으며, 영국의 낭만파 시인 바이런만큼 스캔들이 많은 호방한 인물도 아니었다. 사실, 가족 로맨스 경향에도 불구하고 경제사가들은 스미스가 실수를 다소 많이 하는 사고뭉치였다는 사실을 인정한다. 강의에서는 존 밀턴이 구두끈을 허리띠 삼아 허리에 두르고 다녔다는 것을 지적할 만큼 관찰력이 뛰어났지만, 스미스는 자신의 인생에 대해서는 전혀 주의를 기울이지 않았다.

거의 모든 경제학자는 얼빠진 사람처럼 행동했던 스미스의 과거 행적과 일화를 귀가 닳도록 들어 잘 알 것이다. 그럼에도 불구하고, 이제 막 경제학을 공부하기 시작한 학생들에게는 솔깃한 이야깃거리가 될 것 같다. 여기에 그의 성격을 엿볼 수 있는 몇 가지 일화를 소개한다.

하원의원 찰스 타운센드가 글래스고를 방문했을 때의 일이다. 하루는 스미스가 그를 한 제혁 공장으로 안내했다. 그리고 안내 도중 자유무역의 가치에 대해 정신없이 열변을 늘어놓던 스미스는 앞에 놓여 있던 고약한 악취가 나는 거대한 웅덩이를 발견하지 못하고 그만 거기에 푹 빠지고 말았다. 노동자들이 다가와 그를 웅덩이에서 꺼내 옷을 벗기고 담요를 덮어주자 그제야 숨을 돌린 스미스는 하는 일마다 제대로 되는 일이 없다며 신세 한탄을 했다.

　하루는 한밤중에 스미스가 잠을 자다 말고 집 밖으로 걸어 나와 무작정 걷기 시작했다. 그는 걷고 또 걸었다. 그렇게 24킬로미터를 걸었을까. 그는 교회 종소리에 정신이 번쩍 들었다. 나이트가운 차림에 새벽이슬을 맞으며 넋을 잃은 채 걷고 있는 자신을 발견한 당대 최고의 경제학자는 마을 사람들에게 들키지나 않을까 노심초사하며 허겁지겁 집으로 돌아갔다.

철학자 스미스

　애덤 스미스는 《국부론》을 쓰기 전에 인간의 윤리적 행동을 다룬 《도덕감정론》을 출간해 명성을 얻었다. 이 책은 출간되자마자 날개 돋친 듯이 팔려나갔고, 이로 인해 그는 '철학자 스미스'라는 칭호를 얻었다. 《도덕감정론》은 계몽주의 사조의 전통을 이어받았다. 무엇보다 이 책은 그에게 도덕 철학 교수직을 물려준 은사이자 계몽주의 철학자인 프랜시스 허치슨의 《도덕철학체계론》과 내용과 목차가 거의 비슷했다. 과학자들이 태양계의 기원을 탐구했듯이, 스미스는 이 책에서 도덕적으로 인정되는 행동과 그렇지 못한 행동의 기원을 탐구했다.

　주로 자기 자신에게만 관심이 있는 사람이 어떻게 다른 사람을 위하는 도덕적 판단을 할 수 있을까? 사람들은 보통 태양이 행성들의 중심에 놓여 있듯이 자기 자신을 모든 사고와 행동의 중심에 놓고 생각한다. 그런데 태양은 자기 주변에 위치한 작은 행성들이 무엇을 생각하는지 관심이 있을까? 스미스는 홉스의 주장대로 사람의 본성이 이기적이라면, 각 마을과 도시, 즉 사회 전체는 왜 홉스가 《리바이어던》에서 묘사한 사악한 자연 상태와 닮지 않았는지, 왜 혼란스러운 상태에 놓여 있지 않은지 스스로 물으면서 이런 역설과 씨름했다. 홉스는 인간의 삶은 정부가 출현할 때까지는 '고독하고, 가엾고, 역하고, 잔인하며, 짧다'고 주장했다.

그리고 마침내, 스미스는 한 가지 그럴듯한 대답을 찾아냈다. 그는 사람들이 도덕적 선택의 순간을 맞닥뜨렸을 때, 그것에 대해 주의 깊게 생각하고 충고하는 '공평한 관찰자'를 마음속으로 상정한다고 생각했다. 즉, 그들은 단지 자신의 사리만을 추구하는 것이 아니라 관찰자를 상정하고 그의 의견을 묻고 충고를 받아들인다. 이런 식으로 사람들은 이기심이 아닌 동정심에 기초해 도덕적 선택과 판단을 내린다.

많은 비평가가 근대 경제학자들은 인간의 이기적인 동기만을 가정하고 비용과 이익의 측면에만 관심을 두며, 반대로 인간이 가지고 있는 더 고귀한 측면은 무시했다고 신랄하게 비판한다. 또한, 경제학자들이 도덕적으로 발육이 멈춘 난쟁이라고 단언한다. 이런 비난은 몇몇 경제학자들에게는 타당할지 몰라도 애덤 스미스에게는 가당치 않다. 그는 인간이 가진 동정심과 기본 정서에 관해 잘 알고 있었을 뿐 아니라, 자신의 저술 전반에서 인간의 이런 감정을 탐구하고 분석했다. 더구나 《도덕감정론》은 프로이트의 정신분석학보다 1세기 이상 앞서 그와 관련한 많은 개념을 다뤘다. 프로이트의 '초자아', 즉 우리에게 특정 행동을 못 하게 하고, 다른 사람의 말에 귀를 기울이지 않는 것에 죄의식을 갖게 하는 양심을 뜻하는 개념은 스미스가 설명한 '공평한 관찰자'와 크게 다르지 않다.

애덤 스미스의 명성은 그의 책이 영국을 넘어 유럽대륙에까지 알려지면서 급상승했다. 프랑스, 스위스, 모스크바 등지에서 학교에 다니던 부잣집 자제들이 그의 명성을 전해 들은 부모에게 등 떠밀려 글래스고 대학교로 몰려들었다. 그중에는 잠수용 물갈퀴와 프랭클린 난로를 발명하고 천둥 번개가 치는 날씨에 연을 날리는 데 성공한 벤저민 프랭클린도 있었다. 스미스가 21세기에 살았더라면, 팟캐스트와 텔레비전 토크쇼에 나와 자신의 책을 선전하며 유명세를 치렀을 것이다. 물론 그의 덜 떨어진 엉뚱함, 예를 들면 심야 토크쇼에 나이트가운을 입고 나오는 등의 기이한 행동으로 시청자들을 더 매료시켰을지도 모를 일이다.

확실히 스미스는 상아탑에 갇혀 지내는 것에 만족하지 않았다. 그는 상아탑 밖에서 은행가, 상인, 정치가 등과 자주 모임을 가졌다. 정치경제클럽에서는 상인들이 실제로 어떻게 돈을 버는지, 그들의 습성은 무엇인지 알아내려고 했다. 뒤에서 보겠지만, 그가 알아낸 것은 상인들의 동기를 어떤 경우에서건 신뢰해서는 안 된다는 것이었다.

프랑스 중농주의자들과의 만남

하루가 다르게 명성을 쌓아가던 애덤 스미스에게 국제적인 도시 글래스고는 어느덧 상아탑만큼이나 지루한 곳이 되어갔다. 그는 1764년에 교수직을 사임하고 버클루 공작의* 장남 헨리 스콧의 개인 교사가 되

---

* 찰스 2세의 서자로 왕위 계승권을 주장하며 1685년에 제임스 2세의 왕위 등극에 반대하는 반란을 주도했으나 실패해 네덜란드로 쫓겨난 몬머스 공작 제임스 스콧(1663년에 버클루 공작이라는 칭호를 얻었다)의 아들, 프랜시스 스콧을 말한다.

었다. 이때 헨리 스콧은 어머니 댈키스 백작 부인이* 스미스가 존경해 마지않았던 찰스 타운센드와 재혼한 상태였기 때문에 그의 의붓아들로 들어가 있는 상태였다. 잘 알려져 있듯이, 타운센드는 뒤에 영국의 재무 장관이 되었는데, 이때 추진한 조세 정책으로 인해 대서양 건너 식민지 미국에서 보스턴 차 사건이** 발생했다.

그렇다면 어떤 조건에서 스미스는 개인 교사 자격을 받아들였을까? 바로 타운센드의 의붓아들 헨리 스콧과 유럽 여행을 함께 하면서 귀족 으로서 가져야 할 교양과 품위를 쌓도록 돕고 귀족들의 호화스러운 무 도회에 참석하는 대가로 여행 경비 일체와 300파운드의 연봉, 그리고 300파운드의 연금을 매년 받는다는 것이었다. 이는 글래스고대학교 재 직 시절 그가 받던 봉급의 2배에 가까운 금액이었다. 스미스는 오늘날 '갭이어'라고*** 부르는 것을 좋아하지 않았다. 아들이나 아버지의 심정 을 알 턱이 없었던 그는 "아버지가 아들을 해외로 보내는 것은 실직자 로 무시당하면서 폐인이 되어가는 추한 꼴을, 적어도 얼마간은 지켜보 고 싶지 않아서"라고 생각했다.[6] 아마 스미스는 개인 교사 제안서를 손

---

* 캐롤라인 타운센드를 말한다. 프랜시스 스콧의 아들인 댈키스 백작 프랜시스 스콧과 1742년에 결혼 해 댈키스 백작 부인이라는 칭호를 얻었다. 1750년, 댈키스 백작이 사망하자 1755년에 찰스 타운센 드와 재혼했다.

** Boston Tea Party. 미국 독립 운동의 서막을 알린 사건. 영국은 1765년 인지조례(각종 증서와 증권 류에서 신문, 광고, 달력 등까지 인쇄물에 인지를 붙일 것을 규정한 조례로 영국은 그 수입으로 미국 주둔군의 유지비를 충당하고자 했다)와 1767년 타운센드법을 통해 식민지 미국에서 영국에 세금을 내게 하는 정책을 실시했다. 특히 타운센드법은 종이, 유리, 차 등에 대한 수입세를 신설하고 그 징수 를 위한 세관 설치 등을 정한 것으로 찰스 타운센드가 제안한 법안이었다. 그러나 식민지 미국의 반발 로 1770년 차에 대한 세금만 남기고 철폐했으나 이에 대한 반발은 줄어들지 않았다. 이 와중에 보스 턴항에 동인도회사의 차를 실은 배가 들어와 하역 준비에 들어가자 하역 전날인 1773년 12월 16일, 50여 명의 보스턴 주민이 아메리카 인디언으로 위장한 뒤 배를 습격해 15,000파운드어치의 차를 바 다에 던져버렸다.

*** Gap year. 고등학교를 졸업하고 대학에 진학하기 전에 얼마간 휴식 기간을 갖는 것을 지칭한다.

에 쥐었을 때 이런 조건에 대해 우선 자신의 공평한 관찰자에게 의견을 물었을 것이다. 그런데 잘 다니던 대학교 교수직을, 그것도 학기 중간에 그만두고 개인 교사의 길을 택한 것을 보면, 아마 순순히 승낙을 얻은 게 분명하다. 그래도 도덕 철학 교수답게 학기 중간에 교수직을 그만두는 것이 학생들에게 미안했는지 그는 자신이 받은 수업료를 돌려주려고 했다. 그러나 그를 존경했던 학생들은 한사코 받으려 하지 않았다. 스미스는 젊은 학생들의 코트를 부여잡고 호주머니에 돈을 밀어 넣은 뒤 세차게 밀쳤다. 학생들은 거절하면서 호주머니에서 돈을 꺼내 스미스의 호주머니에 다시 집어넣었다.

1764년 시작된 유럽 여행길에서 가장 먼저 들른 곳이자 여행 중 가장 지루했던 곳은 프랑스 남서부의 도시 툴루즈였다. 스미스가 이곳에서 체류하며 느낀 무료함은 1주일 동안 뉴욕 브루클린에서 지루한 나날을 보내던 한 보드빌(춤과 노래 등을 곁들이 풍자적인 통속 희극) 배우가 어느 날 밤 무료함과 외로움을 달래기 위해 부른 노래를 상기시킨다. 스미스가 이 보드빌 배우처럼 브루클린에서 1주일을 보냈다면 그나마 행복해했을 것이다. 왜냐하면, 적어도 그곳에서는 프랑스와 달리 말이라도 통했을 테니까. 그런데 더 참을 수 없었던 것은 그곳에서 1주가 아니라 1년하고도 반년을 더 체류했다는 사실이다. 영국의 시인이자 비평가인 새뮤얼 존슨은 2주 뒤에 교수형을 당한다는 사실을 떠올리는 것보다 더 좋은 정신 집중 방법은 없다고 말한 바 있다. 툴루즈라는 곳이 스미스가 교수형을 당할 교수대는 아니었지만, 정신을 집중해 경제학책을 집필하기에는 가장 안성맞춤인 곳이었다. 그는 이곳에 체류하는 동안 데이비드 흄에게 보낸 한 짤막한 편지에 이렇게 썼다. "저는 무료한 시간이나 때울 생각으로 책을 한 권 쓰기 시작했습니다."[7]

이후 프랑스 남부 지방을 떠난 스미스 일행은 스위스 제네바로 향했다. 스미스는 그곳에서 볼테르를 만났다. 그리고 마침내 파리에 도착했다. 지금도 그렇지만, 당시 파리는 예술가와 지식인으로 넘쳐나던 곳이었다. 스미스는 극장에 가서 연극을 관람하고, 당시 유럽을 여행 중이었던 미국의 정치가이자 과학자인 벤저민 프랭클린을 비롯한 유명 인사를 만났다. 그리고 중농주의라고 불린 당대를 풍미한 한 경제학파를 알게 된다.

중농주의는 루이 15세의 궁정 주치의로서 막강한 정계 인맥을 보유하고, 누구보다 자기주장이 강했던 프랑수아 케네가 창시했다. 중농주의자들은 비교적 간단하게 설명할 수 있는 아이디어들을 자신들조차 알아먹지 못하는 알쏭달쏭한 언어와 '경제표'라고 불리는 수수께끼 같은 도표를 이용해 표현하기를 즐기는 현학자들이었다. 그들은 특히 중농주의 학파의 창시자인 케네를 스승, 아버지, '유럽의 공자', 또는 '현대판 소크라테스'[8] 등으로 부르며 극진히 떠받들었다. 중농주의자들은 자연법을 추구한 계몽주의 사조를 누구보다 적극적으로 받아들였지만, 인간이 자연을 완전히 통제할 수 있다고는 생각하지 않았다. 오히려 그들은 인간인 우리가 자연법을 이해함으로써 더 풍요로운 삶을 살 수 있다고 보았다. 실제로 중농주의를 뜻하는 'physiocracy'는 '자연에 의한 지배'를 의미한다. 즉 'physio'는 '자연', 'cracy'는 '지배'를 뜻한다.

경제표는 중농주의의 사상이 무엇인지 가장 잘 대변한다. 프랑스의 생리학자 클로드 베르나르 같은 의사들이 인체를 해부해 혈액 순환계의 밑그림을 그리기 시작했던 것처럼, 케네는 도표를 경제에 접목해 소득의 순환 과정을 그리고자 했다. 경제표는 이 순환 과정을 그린 도표다. 인체가 손, 발, 팔, 다리로 이뤄져 있듯, 케네는 한 나라가 3개의 상호의존적인 계급, 즉 농민(생산 계급), 장인 또는 상공인(비생산 계급), 그리고 소유자(지주와 그 외 다른 지배자들, 즉 소유 계급)로 이뤄져 있다고 보았다. 그런데 불행하게도, 경제표는 지그재그형으로 복잡하게 그려졌기 때문에 그것을 이해하는 사람은 창시자인 케네밖에 없었다. 흥미로운 것은 케네 자신도 이 사실을 인정했다는 점이다. 그는 수제자였던 미라보 후작조차 "경제표의 지그재그에 빠져 헤어 나오지 못하고 있다"라고 말했다.[9] 그럼에도 불구하고, 미라보 후작은 경제표가 인류의 문자 발명에 비견할 만한 위대한 발명이라고 치켜세웠다.

중농주의자들은 다음 두 가지를 강력하게 주장했다. 첫째, 부는 상인들이 생각하는 것처럼 금과 은의 획득에서 비롯하는 것이 아니라 생산에서 비롯한다. 둘째, 농민만이 부를 생산할 수 있으며 상인, 제조업자, 그 외 다른 노동자는 그러지 못한다. 그들이 오늘날 경제학 시험을 치렀다면, 아마 잘 줘도 50점밖에 받지 못했을 것이다. 재화를 생산하는 국가가 단지 귀금속을 보유하고 있는 국가보다 더 부유하다는 그들의 주장은 옳다. 하지만 제조업, 상업, 서비스업은 무익하고 비생산적이며 단지 부를 이전할 뿐이라는 그들의 주장은 옳지 않다. 어쨌든 중농주의의 총아 미라보 후작처럼 경제표를 앞에 두고 뚫어지게 쳐다보며 고개를 갸우뚱하는 대신, 그들이 유일하게 생산적인 부문이라고 여긴 농업을 더욱 생산적인 분야로 만들기 위해 여러 가지 정책들을 주장했다는 사실에만 주목하자.

예를 들어, 중농주의자들은 토지 임대료를 인위적으로 낮추고, 토지에 대한 투자를 위축시키는 각종 무역 규제를 철폐해 경제를 활성화할 것을 정부에 촉구했다. 더구나 그들은 무역 규제 등으로 지주 계급을 응징하기보다는 정당하게 세금을 부과할 것을 제안했다. 즉, 지주 계급은 경제에서 유일하게 '생산적인' 부문을 소유하고 있기 때문에 유일하게 세금을 낼 여력이 있다는 것이었다. 종합하면, 중농주의자들은 사적 소유private property와 사적 이득private gain이라는 개념을 적극적으로 수용했지만, 그에 따른 여러 가지 책임도 중요하게 생각했다. 결국 그들의 분석이 의미하는 것은 유일하게 생산적인 농업에만 세금을 부과하는 것이 당연하다는natural 것이다.

애덤 스미스는 이런 프랑스인들의 논리를 귀담아들었다. 물론 그들의 분석이 자신의 아이디어 몇 가지를 명확히 하는 데 도움이 되었지만, 그는 중농주의의 생산적인 부문과 비생산적인 부문에 대한 구분 기준은 받아들이지 않았다. 흄 역시 중농주의자들의 이런 구분에 동의하지 않았다. 오히려 한 친구에게 심한 말로 "그들을 발로 짓밟고, 뭉개고, 가루로 만들어 먼지와 재로 날려 보내"라고까지 부탁했다.[10] 아마 흄 못지않게 스미스 자신도 턱밑까지 올라오는 심한 말을 공평한 관찰자 덕분에 참았을 것이다. 스미스가 인정했듯이, 중농주의는 "불완전하기는 하지만, 지금까지 정치경제 분야에서 가장 진실에 가까운 주장과 논리를 폈다." 하지만 다음과 같이 정중하게 비아냥거리는 것도 잊지 않았다. "중농주의는 지금까지 인류에게 무해했고, 아마 앞으로도 무해할 것이다."[11] 이렇게 스미스는 세상에 아무런 해가 되지 않는 학설을 내놓은 중농주의자들의 분칠이 된 가발을 다소곳이 쓰다듬어주었다.

1766년, 같이 유럽 여행길에 오른 버클루 공작의 동생이 병을 얻어 파리에서 사망하는 일이 일어났다. 결국 이 일로 스미스의 유럽 여행은 끝이 나고, 무거운 발걸음으로 런던을 경유해 커콜디로 돌아왔다. 이후 10년 동안, 스미스는 프랑스 툴루즈에서 시작한 책을 집필하는 일에만 전념했다. 간혹 런던의 '문인 클럽'에* 가서 역사가 에드워드 기번과 정치가이자 사상가인 에드먼드 버크 등과 술잔을 기울이며 토론을 하거나, 새뮤얼 존슨이나 스코틀랜드의 법률가이자 저술가 제임스 보즈웰(새뮤얼 존슨의 전기를 썼다) 등과 입에 올리기 힘든 음담패설을 주고받으며 머리를 식혔다. 존슨은 스미스를 '아둔한 개'라고 불렀고, 보즈웰은 그를 '주머니 가발을 쓴 이교도'로 간주했다. 스미스에 대한 그들의 신랄한 비평에도 불구하고, 그는 이국땅 파리를 방문할 때마다 이야기하기 좋아하는 좌담가들로부터 호평을 받았다.

《국부론》을 쓰다

1776년 3월, 애덤 스미스가 무료한 시간을 달래기 위해 프랑스에서 쓰기 시작했던 《국부론》이 드디어 출간됐다. 스미스의 영원한 우상 흄은 이 책을 극찬했지만, 대중의 인기를 얻는 데는 다소 시간이 걸릴 것 같다고 조심스럽게 평가했다. 그러나 흄의 예측은 보기 좋게 빗나갔다. 《국부론》은 흄의 이런 예측을 비웃기라도 하듯 출간되자마자 날개 돋친 듯이 팔려나갔다. 초판이 6개월 만에 모두 판매됐다. 스코틀랜드의 서

---

* the Literary Club. 보통 '클럽'이라고도 칭하며, 1764년 영국 태생의 화가 조슈아 레이놀즈와 새뮤얼 존슨에 의해 설립됐다.

정 시인으로 〈석별의 정〉과 〈생쥐와 인간〉이란 시를 남긴 로버트 번스는 "스미스 씨가 그의 책에서 발견한 지식의 절반을 평범한 사람의 공적으로 돌렸는데" 자기였다면 "그렇게 하지 않았을 것"이라고 단언했다.

200년도 훨씬 전에 출간된 《국부론》은 어떤 책일까? 괜찮은 책일까? 《국부론》은 괜찮은 책일 뿐 아니라, 위대한 책이다. 그리스 비극에 등장하는 영웅들을 단숨에 때려눕히는 오만 가득한 신들처럼, 스미스는 세상을 한눈에 내려다보면서 무려 900페이지에 걸쳐 세상사에 대한, 특히 경제에 대한 사실·분석·예언·우화 등을 펼치며 자신의 위력을 뿜어냈다. 무엇보다 스미스는 가장 명료하고 매력적인 방식으로 독자들의 이해를 돕고자 했다.

《국부론》은 철학, 정치학, 상업의 세계로 독자들을 안내한다. 안내자는 날카로운 분석력과 회의적인 태도를 지녔지만, 누구보다 낙관적인 세계관을 가진 스미스 자신이다. 때는 바야흐로 산업혁명이 일어나기 바로 직전, 스미스는 농민, 수사, 상인, 화주shipper 등을 사회적 대변동을 일으키고 이끌어갈 주체로 호명한다. 더구나 스미스는 경제 정책은 특정 정파나 계급에 대한 편견 없이 추진되어야 한다는 입장을 견지했다. 따라서 누구도 그를 특정 계급의 시녀니 위선자니 하며 비난할 수 없다. 비록 그가 부르주아 계급의 등장을 역사적 필연으로 간주했지만, 사회가 그들의 농간에 순진하게 놀아나서는 안 된다고 준엄하게 경고했다. 여하튼 1776년에 출간된 《국부론》은 경제학자들에게는 하나의 독립선언문과 같다.

《국부론》의 원제 《국가의 부의 본질과 원인에 관한 연구》는 스미스가 이 책에서 무엇을 다루고자 했는지 분명하게 보여준다. 우선, 스미스가 부를 창출하는 방법을 설명해줄 인과법칙을 찾아내는 데 특별히 주안점을 둔 것에 주목하자. 원제의 '원인'이니 '연구'니 하는 단어에서 스미스가 계몽주의 전통에 서 있음을 알 수 있다. 그러나 이것은 그가 경제 행위자economic actor가 이끄는 경제 법칙을 설명하고, 이들의 행동 법칙이 사회에 미치는 영향을 자세하게 묘사하고 있는 부분에서 더욱 분명하게 드러난다. 여기에서 경제 행위자는 다소 전문적인 용어처럼 들리지만, 사실은 사람들 일반을 의미할 뿐이다.

스미스는 모든 사람을 경제 행위자로 간주한다. 그리고 주인공 없는 연극을 생각할 수 없는 것처럼, 스미스에게 사람과 사람에 대한 이해가 누락된 경제학은 있을 수 없는 것이었다. 이런 면에서 스미스는 이탈리아의 정치가 마키아벨리와 홉스의 전례를 따른다. 두 사람은 인간을 당위적인 존재가 아니라 현실에 있는 그대로의 존재로 직시했다. 홉스에 따르면 생명은 "팔다리의 움직임에 불과하다. (…) 왜냐하면 심장은 태엽이고, 신경은 수많은 끈으로 되어 있고, 관절은 몸이 움직일 수 있도록 하는 수많은 바퀴에 불과하기 때문이다."**12** 인간은 분석이나 해부를 통해 해독이 가능한 존재이자 잘못을 저지르기 쉬운, 또는 잘못될 가능성이 있는 존재다.

애덤 스미스가 인간의 본성에서 발견한 중요한 자연적인 충동 또는 성향propensity이 그의 분석 토대이자 고전파 경제학의 기초를 이룬다. 스미스가 첫째로 발견한 인간의 자연적 충동 또는 성향은 모든 인간은 지금보다 더 잘 살고 싶어 한다는 것이다. 그는 모든 인간이 "지금 처해 있는 상황을 개선하고자 하는 욕구, 비록 공공연하게 드러내놓고 이야기하지는 않지만, 요람에서 무덤까지 우리를 줄곧 따라다니는 욕구"를 가지고 있다는 것을 발견했다. 요람에서 무덤까지 "어떤 변화나 발전을 바라지 않을 만큼, 자신의 주어진 상황에 한순간이라도 완벽하게 만족하는 사람은 거의 없다."[13] 스미스가 그다음으로 발견한 "인간의 본성이 갖는 분명한 성향은 (…) 자신이 가진 것을 다른 사람의 것과 교환하고, 교역하고, 거래하고자 하는 것이다. (…) 이것은 모든 인간에게 공통적인 성향이다."[14]

스미스는 국가의 부를 증대시키기 위해서는 이런 인간의 자연적인 충동을 적극적으로 계발하고 활용해야 한다고 주장한다. 정부는 이기적인 인간 또는 인간의 이기심을 억압해서는 안 된다. 왜냐하면, 이기심은 풍부한 천연자원이기 때문이다. 반대로, 인간의 자비나 이타심에만 과도하게 의존하다 보면, 사람들은 바보가 되고 국가는 빈곤해질 수 있다. 스미스는 인간은 항상 다른 사람의 도움이 필요하지만 "무작정 타인의 자비만을 기대하는 것"은 헛된 바람이라고 주장한다. 경제사상사에서 가장 자주 인용되는 다음 구절에서 스미스는 이렇게 선언했다. "우리가 저녁 식사를 기대할 수 있는 것은 정육점 주인이나 양조장 주인, 또는 빵집 주인의 자비 때문이 아니라 그들이 자신의 이익, 즉 돈벌이에 관심이 있기 때문이다."[15] 소를 도축하고 맥주를 양조하고 빵을 굽는 것을 즐겨 하는 사람도 그에 따른 아무런 보상이 없다면 결코 그것을 하고 싶어 하지 않을 것이다.

물론 스미스는 그들이 이기심에 의해서만 움직인다고 주장하지 않는다. 단지 이기심이 친절, 이타심, 또는 희생정신보다 더 강력하고 꾸준하게 동기를 불러일으킨다고 말할 뿐이다. 간략히 말해, 사회는 인간의 이타심과 같은 고귀한 동기에 미래를 믿고 맡겨서는 안 되며, 그보다 더 강력한 동기를 최선의 방식으로 적극 활용해야 한다.

그러나 모든 사람이 자기 자신만을 앞세워 행동하고 생각한다면, 사회는 신호등이 고장 난 고속도로 교차점처럼 난장판이 되지 않을까? 각각의 이해관계가 충돌할 때마다 사회에 균열이 생기는 무시무시한 소리가 들리지 않을까? 교통정리를 돕는 신호등이나 경찰관이 없으면 도로가 안전할 수 없는 것처럼 누가 생산을 하고, 무엇을 생산할지 결정하는 중앙 계획 당국 없이 한 사회가 존속하는 것이 가능할까?

물론 가능하다. 존속 가능할 뿐 아니라, 중앙에서 경제활동을 통제하는 사회보다도 더 번성하고 번창할 것이다. 더 놀라운 것은 이런 사회는 이타주의에 기초한 경제 체제보다도 생산성이 더 높을 뿐 아니라 사회적 조화나 화합도 한층 더 잘 이뤄진다. 한때 스미스는 천문학에 심취한 적이 있었는데, 그때 그는 각각의 행성이 자신의 정해진 궤도를 따라 움직임에도 불구하고 조화를 이룬다는 것을 알고 인간 사회 또한 그와 다르지 않다는 생각을 했다. 그는 사람들이 각자 다른 길을 가면서도 서로 조화를 이룰 수 있고, 서로 도울 수도 있다고 생각했다. 물론 이런 조화는 인위적인 것이 아니라 자연적인 것이다.

스미스는 《국부론》의 한 유명한 구절에서 모든 사람이 자신만의 이익을 추구한다면, 사회 전체가 번영할 것이라고 선언한다. 얼핏 들으면 다소 모순되게 들리지만, 잘 들어보면 정말 그럴듯한 말이다. 즉, "그는 (…) 공익을 증진하려는 의도도, 자신이 그것을 얼마나 증진할 수 있는지도 알지 못한다. (…) 그는 자신의 이익만을 추구할 뿐이며, 그리고 이런 경우에, 다른 많은 경우에서처럼 자신이 의도하지 않은 목표를 증진하기 위해 보이지 않는 손에 이끌린다."[16] 이 '보이지 않는 손'은 애덤 스미스 경제학의 뚜렷한 상징이 된다.

그렇다고 스미스가 자신의 주장을 모두 이런 보이지 않는 유령에게 맡긴 것은 아니다. 보이지 않는 손은 사회적 조화를 끌어내는 진정한 지휘자, 즉 자유시장을 상징한다. 20세기에 그 누구보다 자유시장 질서를 옹호했던 오스트리아의 경제학자이자 철학자인 프리드리히 폰 하이에크는, 만일 시장 제도가 자연스럽게 등장하지 않았다면 그것은 아마 인류 역사상 가장 위대한 발견으로 칭송되었을 것이라고 말했다. 왜냐하면, 시장 경쟁은 한 이기적인 인간이 아침에 일어나 창밖으로 세상을 바라보며 원료를 이용해 자신이 원하는 것이 아닌 다른 사람이 원하는 것을 생산하도록 인도하기 때문이다. 그리고 자신이 원하는 만큼이 아니라 이웃이 원하는 만큼 생산하고, 자신이 꿈꾸는 가격이 아니라 이웃이 지불할 만한 가치가 있다고 인정하는 가격에 판매한다. 즉, 자유시장에서는 자신의 이익만을 추구하는 행동으로 사회 전체가 번성할 수 있다. 애덤 스미스는 그렇게 생각했다.

보이지 않는 손, 자유시장의 작동 원리

우선 하나의 예를 들어 설명해보자. 이웃에 욕심 많은 존이 살고 있다고 하자. 그런데 존은 애덤 스미스가 생각하는 인물과는 조금 다른 구석이 있다. 무엇보다 그는 마을 광장을 자기 집 안방처럼 생각하는 인물이다. 어느 날 아침, 식탁에 앉아 신문을 읽고 있던 그의 눈에 자신이 조각해 벽에 걸어놓은 아름다운 독수리 조각상이 들어온다. 독수리는 식탁 위에 놓여 있는 고기 부스러기를 주워 먹기 위해 당장이라도 내려올 것처럼 생동감이 있어 보인다. 존은 독수리 조각을 즐겨 하는 편이었다. 순간 한 가지 아이디어가 그의 뇌리를 스친다. 독수리 조각을 많이 해서 내다 팔면 어떨까? 그는 이 아이디어를 실천에 옮길 생각을 한다. 일단 조각에는 개당 50달러 하는 특수 처리된 오스트레일리아 태즈메이니아 산 목재를 사용할 계획이다. 그리고 독수리 하나를 조각하는 데 1주일이 걸린다. 그는 재료비와 인건비를 고려해 개당 200달러의 가격을 매긴다. 만일 그의 생각대로 독수리 조각을 개당 200달러에 팔 수 있다면, 그는 큰 마진으로 곧 부자가 될 것이고, 큰 차도 사고 태평양 연안의 멕시코의 휴양 도시 아카풀코로 멋진 여행도 가는 꿈을 실현할 수 있을 것이다. 더구나 다른 것도 아니고 자신이 좋아하는 조각으로 돈을 버는 것이니 이보다 안성맞춤인 일도 없다.

존은 바로 작업에 착수했다. 그리고 얼마 뒤에 가게를 하나 빌려 시제품 전시회를 열고 이웃들과 지역의 미술 비평가들을 초대했다. 그런데 그들은 그의 조각을 보고 엉성하다느니 누가 이런 물건을 사겠냐느니 하며 하나같이 혀를 찬다. 존의 안색이 변한다. 한편 그들은 한 걸음 더 나아가 존의 독수리 조각이 오싹하니 섬뜩하게 생겼다며 소곤댄다. 존은 더 이상 참지 못하고 울음을 터뜨린다. 그의 독수리 조각을 구매한 사람은 아무도 없다. 아들을 옆에서 지켜보던 어머니가 안쓰럽게 생각했는지 재료비에도 못 미치는 49달러에 하나 사주마, 하고 말한다. 그는 한숨을 푹 내쉬며 어머니에게 조각 하나를 판다. 그리고 바로 가게 문을 닫는다. 이때 보이지 않는 손은 엄지손가락을 치켜세우며 잘 결단했다고 칭찬한다. 왜 그랬을까?

그것은 존이 이웃들이 원하는 것을 생산하는 대신 자신이 원하는 것을 생산했기 때문이다. 그리고 그들이 기꺼이 지불할 수 있는 가격을 매기는 대신 터무니없는 가격을 매겼다. 그런데 존의 경우에 주목해야 하는 것은 독수리 조각에 들어간 실제 비용으로도 그것을 구매하려는 사람이 아무도 없었다는 점이다. 실례로 그를 측은하게 여긴 어머니만이 목재 가격에도 못 미치는 49달러에 하나 사주마, 하고 말했다. 그렇다면 존은 독수리 조각에 들어간 실제 비용보다 높게 가격을 책정하지 말았어야 했을까? 그렇지 않다. 문제는 가격을 높게 책정한 것이 아니라 아예 생산을 하지 말았어야 했다는 것이다.

왜 보이지 않는 손은 존이 가게 문을 닫도록 해야 했을까? 독수리 조각을 위해 존은 희소 자원을 써서 없앴다. 지구상의 자원은 한정되어 있다. 즉, 존이 조각을 위해 귀하고 비싼 태즈메이니아산 목재를 사용했기 때문에 그것을 당장 필요로 했던 누군가는 그럴 수 없었다. 보이지 않는 손은 처음 생산을 위해 투입된 재화의 가치보다 더 많은 가치를 갖는 재화를 생산하지 못할 경우 생산을 중단하도록 강제한다. 존은 50달러짜리 목재를 구매해 조각했지만, 그것은 50달러에도 팔리지 않았다. 같은 목재로 스트라디바리우스 바이올린이나 장애인을 위한 목발을 만드는 사람은 자원의 가치를 높이고 사회를 풍요롭게 한다. 그들은 보이지 않는 손으로부터 박수갈채를 받을 만하다. 반면 자원을 낭비한 존은 보이지 않는 주먹을 맞아야 마땅하다.

실의에 빠져 있을 존에게 다시 돌아가자. 그는 찻잔에 차를 따르며 식탁 위에 걸려 있는 독수리 조각을 저주 어린 눈길로 쳐다본다. 그것으로도 분이 풀리지 않았는지 주먹으로 식탁을 쾅 내리친다. 찻잔이 쓰러지면서 차가 엎질러진다. 순간 존은 아차 싶어 한다. 한 달 전에 새로 만든 식탁에 차를 엎지르고 만 것이다. 후회해봐야 이미 엎질러진 물. 그냥 분을 삼키며 넘겨버리려던 순간 다시 새로운 아이디어가 그의 뇌리를 스친다. 식탁을 만들어 팔면 어떨까? 보이지 않는 손으로부터 값비싼 경험을 치른 그는 이전과 달리 조금 현명하게 대처한다. 이번에는 비싼 수입 목재 대신 이웃 제재소에서 상대적으로 저렴한 목재를 식탁 개당 100달러에 공급받을 생각을 짜낸다. 그렇게 구매한 목재를 재단하고 대패질하고 사포로 다듬은 다음 최종 조립하는 데까지 2주일이 걸릴 것으로 예상한다. 그리고 전에 목수로 일했던 것을 바탕으로 자신의 인건비를 주당 200달러로 잡는다. 여기에 공구 구매비, 임대료, 기타 잡비를 계산해보니 식탁 하나를 만드는 데 대충 575달러 정도가 소요될 것으로 추산된다.

우선 존은 본격적인 제작에 앞서 인근 가구점과 백화점을 둘러보고 자신이 만들고자 하는 식탁과 비슷한 것들이 어느 가격 선에서 판매되는지 알아보기 위해 시장 조사를 나간다. 알아본 결과 가구점에서는 590달러, 백화점에서는 600달러 선에서 판매되고 있었다. 그는 자신이 만든 식탁을 이보다 저렴한 585달러에 판매하면 승산이 있을 것이라는 확신이 든다. 만일 이 가격으로 판매할 수 있다면, 자신의 주급 200달러를 보상하고, 추가로 10달러의 이윤을 남길 수 있을 것이다.

마침내 보이지 않는 손이 존에게 엄지손가락을 치켜세운다. 존은 희소 자원을 이용해 처음보다 더 많은 가치를 갖는 것을 만들었다. 그것도 자신의 취향이 아닌 사회의 취향에 맞춰.

지금까지 우리는 보이지 않는 손이 생산을 격려하기도 하고 단념시키기도 한다는 것을 살펴봤다. 그러나 애덤 스미스는 시장이 가격을 어떻게 규제하는지도 보여준다. 스미스에게 인간은 기본적으로 이기적인 존재라는 것을 기억하자. 그렇다면 존은 왜 이윤을 높이기 위해 식탁 가격을 585달러 이상으로 높게 책정할 수 없을까? 그도 그렇게 하고는 싶다. 그러나 바람대로 그렇게 할 수는 없다. 만일 존이 더 많은 마진을 남기기 위해 가격을 대폭 올린다면, 이윤을 얻는 것은 고사하고 식탁 자체를 판매하지 못할 수도 있다. 왜냐하면, 사람들은 그의 가게를 지나쳐 가격이 더 저렴한 다른 전문 가구점이나 백화점에서 식탁을 구매할 것이기 때문이다. 물론 모든 가구 제조업자가 한자리에 모여 가격을 올리자고 담합을 할 수도 있다. 하지만 그럴 경우, 다른 이기적인 사람들은 이때가 기회라고 생각하고 높은 이윤을 바라보고 가구 산업에 진출해 곳곳에 가구점을 개업할 것이다. 그들은 가구 제조업자들의 카르텔을 역으로 이용해 저가의 상품을 판매함으로써 엄청난 이윤을 벌어들일 수 있다.

가격과 이윤은 사업가에게 무엇을 생산하고, 가격은 어떤 수준에서 책정할지 신호를 보낸다. 높은 가격과 높은 이윤은 사업가의 귀에 대고 특정 제품을 생산하도록 커다란 경종을 울린다. 낮은 이익 또는 손실, 적자는 그가 특정 제품의 생산을 중단할 때까지 그의 멱살을 잡고 가차없이 흔들어댄다.

그러나 가격과 이윤은 그저 추상적인 개념이 아니다. 이윤이 높다는 것은 무엇을 의미할까? 그것은 사람들이 어떤 상품을 필요로 하거나 원한다는 것을 의미한다. 주택 소유자들과 자동차 운전자들이 CD 플레이어보다 스트리밍 오디오 장비를 선호하자 스트리밍 장비 기술의 수요가 증가하면서 제조업자들이 가격을 올렸다. 이에 대응해 CD 제조업자들은 플레이어의 생산량을 줄였다. 노동자들은 이 공장에서 저 공장으로 일자리를 옮겼다. 그러다 가격이 평소대로 돌아왔다. 2000년과 2018년 사이에 CD 판매량이 90퍼센트나 뚝 떨어졌지만, 노래 한 곡을 듣는 비용 역시 줄었다.[17] 소비자들은 영화 〈더티 댄싱〉의 수록곡들이 절정의 인가를 누리던 1987년에 비해 2018년에 CD 구매를 별로 하지 않았다. 마찬가지로 2004년에 블록버스터 비디오는 전 세계에 9천 개가 넘는 대여점을 가지고 있었지만, 지금은 오리건주 벤드에 남은 단 한 곳만이 1990년대를 추억하는 관광객들을 끌어들이는 전초 기지 역할을 하고 있다. 비디오 산업이 쇠퇴하기는 했지만, 가정에서 영화 한 편을 감상하는 비용은 더욱 저렴해졌다. 지난 10년 넘게 개인용 컴퓨터와 평면 TV의 가격이 상당히 떨어졌다. 그 이유는 제조 단가가 떨어진 것도 있지만, 많은 첨단 기술 제조업자들이 이윤 경쟁에 뛰어들었기 때문이다. 결국에는 적정 이윤 이상으로 더 많은 이윤을 남길 수 있는 산업은 없다. 자유시장은 이기적인 존이 고객들을 만족시키도록 유인한다. 여기에는 중앙 계획 입안자도, 시장을 감독할 감독자도 필요 없다.

노동분업

이상에서 살펴보았듯이, 애덤 스미스는 보이지 않는 손이 생산, 가격, 이윤을 어떻게 조절하는지 보여주겠다는 약속을 충실히 지켰다. 그런데 이 스코틀랜드인은 이것에 그치지 않고 무엇이 국가의 부를 증대시키는지를 가르쳐주겠다고 약속했다. 만일 그가 제대로 답을 제시하지 못한다면, 그의 경제학 시험 점수는 중농주의자들보다 나을 것이 없을 것이다. 다행히 그는 단 네 글자, 즉 '노동분업'이라는 명쾌한 답을 제시했다. 스미스는 노동분업에 대해 매우 논리적이고 경험적으로 분석했다. 그는 핀 공장을 예로 들어 경험적인 분석과 접근을 시도했는데, 이것은 경제사상사에서 가장 유명한 비유 중 하나로 남아 있다.

미국의 소설가 마크 트웨인은 고전을 '모든 사람이 소장하고 있지만, 아무도 읽고 싶어 하지 않는 책'이라고 정의한 바 있다. 그런데 더 비참한 것은 고전은 시간이 지날수록 처음 출간 당시 가졌던 신선한 감동을 잃고 진부하고 상투적인 것으로 되어간다는 데 있다. 아래 《국부론》에서 직접 인용한 스미스의 핀 공장 사례는 당시에 공장이라고 하는 것이 좀처럼 찾아보기 쉽지 않았고, 더구나 서너 명이 짝을 이뤄 거의 모든 제품을 생산하던 시절에 쓰인 것이다. 이것이 처음에 독자들에게 어떤 충격을 주었을지 떠올려보며 읽어보도록 하자.

핀 제조업에 관해 (…) 교육을 받지 못한 노동자는 (…) 아무리 노력해도 하루에 핀 20개는커녕 단 한 개도 만들지 못할 것이다. 그러나 오늘날 핀 제조업이 운영되는 방식을 보면, 작업 전체가 하나의 특수한 직업일 뿐 아니라 그것이 다수의 부문으로 나뉘어 있고, 그것이 또한 각각 특수한 직업을 이루고 있는 것 같다. 한 사람은 철사를 잡아 늘이고, 다른 사람은 그것을 곧게 편다. 그러면 세 번째 사람은 그것을 자르고, 네 번째 사람은 끝을 뾰족하게 만들고, 다섯 번째 사람은 핀 머리를 붙이기 쉽게 다른 쪽 끝을 갈아낸다. 핀 머리를 만드는 데도 두세 가지 다른 공정이 필요하다. 핀 머리를 핀에 올려놓는 것과 이렇게 만들어진 핀을 표백하는 것도 각각 특수한 작업이다. 심지어 완성된 핀을 포장하는 것도 하나의 작업이다. 이런 식으로 핀 하나를 완성하기까지 약 18개의 공정을 거쳐야 한다. 어떤 공장에서는 이 세분화된 공정을 한 사람씩 각각 분담해서 하는 곳이 있다. (…) 나는 이런 공정을 열 사람이 나누어서 하는 작은 공장을 견학한 적이 있는데, 이곳에서는 한 사람이 (…) 하루에 평균 4,800개의 핀을 생산했다. 그런데 만일 그들이 이 모든 공정을 혼자서 독자적으로 한다면, 그리고 핀 제조업에 대해 교육을 받지 않았다면, 하루에 핀 20개는커녕 단 한 개도 만들지 못할 것이다.[18]

작업을 전문화하고 세분화함으로써 하루 생산량이 40만 퍼센트까지 폭증할 수 있다니! 스미스는 어떻게 이것을 설명할 수 있을까? 우리가 잠든 사이에 우리를 대신해 일하는 보이지 않는 발이나 다른 공평한 귀신이라도 있단 말인가? 솔직히 말해 스미스는 작업을 전문화하고 세분화함으로써 모든 생산이 40만 퍼센트 증가한다고 약속한 적이 없다. 그러나 그는 노동분업으로 생산량을 높일 수 있는 세 가지 방식이 있다고 공언했다. 첫째, 노동자는 분업을 통해 자신이 맡은 일에 대해 숙련도를 높일 수 있다. 둘째, 노동자들의 작업 전환이 필요한 경우 소요되는 시간을 줄일 수 있다. 특히 작업 전환 과정에서 작업복, 공구, 또는 위치까지 바꿔야 할 경우에 더 효율적이다. 마지막으로 전문화된 노동자들은 매일 같은 작업을 반복함으로써 작업 효율을 높일 수 있는 공구나 기계를 발명할 수도 있을 것이다. 스미스는 분업화된 노동자들이 전문 기술자보다도 더 많은 발명을 내놓는다고 생각했다.

노동이 가장 세분화되어 있는 공장에서* 만들어 사용하는 대다수 기계는 원래 일반 노동자들이 발명한 것이었다. 단순 작업을 반복하는 그들은 자연히 일을 손쉽게 할 수 있는 방법을 찾는 데 관심을 둔다. 이런 공장을 견학한 적이 있는 사람이라면 누구나 그런 노동자들이 발명한 정교한 기계들을 본 적이 있을 것이다.[19]

스미스가 노동분업이 생산성을 높일 수 있다는 사실에서 시작해 그것이 기술 개발에 도움을 준다는 언급으로 끝을 맺고 있다는 것에 주목하자.

1970년대 중반에서 1980년대 후반까지 일본 주식시장이 호황을 누리던 시절, 비즈니스 컨설턴트, 경제학자, 비즈니스 작가 등이 일본의 성공 비결을 알아내기 위해 너 나 할 것 없이(디트로이트의 3대 자동차 회사로 불리는 포드, 제너럴모터스, 크라이슬러를 쓰러뜨리고, 폴라로이드와 컴팩 같은 미국의 기술 기업을 파산시킨) 일본의 공장을 연구하기 시작했다. 그런데 의외의 결과가 나왔다. 여러 면에서 일본의 공장은 일관 작업assembly line보다는 작업반work circles 식으로 되어 있어 분업이 세분화되어 있지 않았다. 한마디로 스미스적이지 않았다. 그런데 일본 기업인들은 자신들의 노동자들이 미국의 노동자들에 비해 더 많은 발명을 하고, 더 혁신적이라고 주장했다. 일본의 이런 작업 방식이 알려지기 시작하면서 나라마다 고유의 작업 방식을 두고 경쟁이 일어났다. 그리고 이를 두고 많은 우스갯소리가 떠돌았는데, 그중 하나가 사형 집행을 앞둔 일본인, 프랑스인, 미국인

---

* Manufacture. 보통 매뉴팩처는 우리말로 제조업을 뜻한다. 그러나 매뉴팩처는 자본주의 발전 단계의 하나 또는 생산 형태의 하나를 지칭하기도 한다. 이 책에서는 공장으로 번역했다.

임원들의 이야기였다.

재미있는 이야기니 한번 살펴보고 넘어가자. 사형 집행인이 이들에게 죽기에 앞서 마지막으로 하고 싶거나 남기고 싶은 말이 있는지 물었다. 프랑스인이 이렇게 부탁했다. "달팽이 요리와 꿩 요리에 까베르네 쇼비뇽 와인 한 병을 곁들여 먹고 싶소. 물론 디저트로는 크렘 브륄레를 빼놓을 수 없겠지요." 일본인은 이렇게 대답한다. "저는 일본의 기업 관리 방식이 갖는 여러 장점에 대해 강연을 한번 했으면 좋겠습니다." 마지막으로 미국인이 이렇게 부탁한다. "저 일본인이 강의하기 전에 제발 저를 죽여주시오!"

작업이나 생산의 효율성을 높이기 위해 작업은 공정에 따라 분화되어야 한다고 애덤 스미스는 주장했다. 그러나 그는 노동분업으로 인해 작업에 따라 임금율이 차이가 날 수 있다고 경고했다. 하지만 임금에 관한 스미스의 가설은 노동분업보다 간결하고 명쾌한 맛이 떨어진다. 그럼에도 불구하고 스미스의 임금론은 경제학자들에게 한 집단이 다른 집단보다 더 높은 임금을 받는 이유를 설명할 수 있는 설득력 있는 토대를 제공한다.

1. 어떤 일은 작업 환경이나 조건이 열악한 것도 있다. 따라서 그런 일은 임금으로 적절한 보상이 이뤄지지 않는다면(보상격차),* 일을 하려고 하는 사람이 없을 수도 있다. 엠파이어스테이트 빌딩 꼭대기

---

*   Compensating differentials. 보상격차란 노동경제학에서 임금율과 작업 환경, 예를 들어 불쾌하고, 위험하고, 또는 여러 달갑지 않은 작업 환경 사이의 관계를 분석하기 위해 사용하는 개념이다. '보상임금격차' 또는 '평등화격차'로 부르기도 한다.

에서 유리창을 닦는 청소부는 식당에서 빈 그릇을 치우는 '버스보이'보다 더 높은 임금을 받는다. 물론 그는 더 좋은 전망도 즐길 수 있지만.

2. 특수한 훈련이 필요한 일들이 있다. 법정 속기사는 일반 서기보다 더 많은 돈을 번다.

3. 비정기적이거나 불안정한 직업은 더 많은 임금을 받을 수 있다. 건설 노동자들은 다른 비슷한 분야에서 일하는 노동자보다 시간당 더 많은 임금을 받는다. 이유는 날씨 상황에 따라 일할 수 있는 시간이 줄어들 수도 있기 때문이다.

4. 높은 신용도가 요구되는 직업의 임금이 높다. 왜냐하면, 귀금속에 문외한인 사람들은 다이아몬드의 가치를 감정할 수 없기 때문에 많은 사람이 값은 조금 비싸더라도 일반 도매상이나 소매상보다는 티파니 같은 믿을 만한 보석상에서 구매하고 싶어 한다.

5. 성공 가능성이 낮은 일에서 성공했을 경우 그에 따른 보상은 클 것이다. 민사 소송을 맡는 변호사는 종종 조건부로 변호 업무를 수락한다. 즉, 소송에서 승리할 경우에 한해 수임료를 받는 것이다. 물론 승소할 경우에 받는 수임료는 속기사가 받는 것보다 훨씬 더 많을 수 있다. 애덤 스미스는 모든 경제 행위자들이 철저하게 합리적으로 행동한다고 생각하지는 않았다. 그는 위험한 직종에 종사하는 사람들이 성공 기회를 너무 과대평가하고, 따라서 기대에 못 미치는 낮은 수입을 올린다고 보았다.

도시와 국가 간의 노동분업

물론 스미스는 노동분업이 국가의 부를 증대시킨다고 하지는 않았다. 제조업자, 공급업자, 마을, 도시 간의 자유 교역 역시 이를 위해 필요하다. 핀 10만 개를 생산한들 각종 규제나 높은 운송비용 때문에 판매할 수 없다면 무슨 소용이 있겠는가? 물론 제조업자가 이런 사실을 알고 있다면, 핀을 20개만 만들거나 아예 만들지 않을 수도 있다. 더구나 노동분업은 한 공장의 노동자들 사이에서뿐 아니라 도시 사이에서도 일어날 수 있다. 개개인이 전문화될 수 있듯이, 도시도 전문화 또는 특화될 수 있다. 미국 아이다호주의 보이시는 밀 생산을 주력으로 하고 있고, 보스턴은 보스 헤드폰을 전문으로 생산하는 곳으로 특화할 수 있다. 결국 여기에서 스미스가 말하고자 하는 것은 시장이 확대되면, 다시 말해 더 많은 지역이 교역 관계를 맺으면 맺을수록 국가의 부는 증가한다는 것이다.

1750년의 미국을 예로 들어보자. 볼티모어에서 보스턴에 이르는 동부 해안을 따라 형성된 통상로를 따라 상품 교역이 비교적 원활하게 이뤄졌지만, 펜실베이니아 서쪽 지역들은 외부와의 교류 없이 거의 자급자족했다. 이렇게 외부와 교역이 잦지 않아 자급자족해야 하는 지역의 사람들은 혼자서 철사를 잡아 늘이고, 곧게 펴고, 자르고, 뾰족하게 간 다음, 핀 머리를 붙이는 작업을 하는 핀 노동자와 다를 게 없다. 그러나 미국에서 강과 육로를 이용한 운송로가 발달하고 운송비용이 줄어들면서, 더 많은 도시가 공동 시장에 편입될 수 있었고, 그 결과 도시의 부가 늘어나기 시작하면서 국가 전체의 부도 자연히 증가했다. 사실 해운업 발전으로 규모가 크고 더 안전한 선박이 건조되고, 항해술이 발전함에 따라 대서양을 횡단하는 선박의 운임도 저렴해졌다. 그리고 이로 인해 18세기에 영국과 식민지 간의 교역이 활기를 띠었다. 물론 이런 해상 무역을 보호하기 위해 함대가 조직되고 해적 떼를 소탕함으로써 국부 증진에 일조하기도 했다.

미국의 사상가이자 시인 에머슨이 말한 '자립'이* 미국 정신을 이루는 한 부분일 수도 있지만, 이 때문에 미국인의 지갑이 두둑해진 것 같지는 않다.

애덤 스미스는 자유무역을 옹호하면서 어떤 상품이 영국에서 생산하는 데 드는 비용보다 다른 나라에서 수입하는 비용이 더 저렴하다면 그렇게 하는 것이 더 낫다는 주장을 폈다. 영국인들이 프랑스인들을 싫어하는 것은 잘 알지만, 영국에서 백포도주 한 병을 생산하는 데 2파운드가 들고, 반면에 프랑스산을 수입하는 데 병당 1파운드가 든다면, 영국이 굳이 그것을 생산하려고 할 필요가 있을까. 정말 그렇게 한다면, 바보 같은 짓일 것이다. 이 경우 프랑스는 와인에 관한 한 '절대우위'에 있다. 반대로 프랑스의 와인 가격이 영국에 비해 2배나 높은데도 영국이 프랑스 와인을 수입하는 것은 어리석은 짓이다. 스미스가 지적하고 싶은 것은 영국은 프랑스보다 저렴한 비용으로 양모를 생산하는 데 사용될 수 있는 희소 자원을, 왜 더 높은 비용이 들어가는 포도 재배에 낭비하고 있는가 하는 의문이다. 잘 알려져 있듯이 당시 영국의 양모는 프랑스에 비해, 또는 주변 유럽 국가에 비해 절대우위에 있었다. 그에 따르

---

* Self-reliance. 에머슨은 이와 같은 제목의 저서에서 미국인의 세계 인식과 사유의 전환을 촉구했는데, 자립 또는 독립이란 개개인이 자신의 영혼의 힘을 깨닫고 직관적으로 세계와 사물을 인식함으로써 세계의 당당한 주인이 되는 것을 의미한다. 이 책은 국내에 《자기신뢰》란 제목으로 소개되었다.

면, 국가는 다른 나라가 절대우위에 있는 제품만을 수입해야 한다. 스미스의 이 논리를 기억해두기 바란다. 뒤에 살펴보겠지만, 데이비드 리카도는 스미스의 절대우위론을 수정해 다른 나라가 어떤 상품에 대해 자국에 비해 절대우위를 가지고 있지 않아도 교역을 통해 나라가 부유해질 수 있다는 것을 후대 경제학자들에게 증명했다.

애덤 스미스는 자신이 걸치고 있는 외투를 예로 들어 자신이 한겨울에도 따뜻하게 지낼 수 있는 것은 여러 노동자, 즉 양치는 사람, 양모 선별자, 염색공, 방적공, 직공, 상인, 그리고 선원(외투를 만드는 데 들어간 재료 중 수입된 것이 있다고 할 경우)의 노동이 하나로 결합된 결과라고 말했다. 더 놀라운 것은, 이들 노동자가 아무도 서로의 존재에 대해 모른다는 것이다. 물론 스미스가 누구인지도 모르고, 그가 왜 외투를 원하는지도 모른다. 여기서 그들이 반드시 알아야 하는 것은 목장에서 양을 치거나 염색하는 일로 임금을 받으며 노동의 보람을 느낀다는 것이다. 다시 말해, 그들은 자신들이 노동을 통해 최종 생산물에 기여한 것에 누군가가 기꺼이 대가를 지불할 것이라는 것만 알면 된다.

하이에크는 한 논문에서 스미스의 주장을 발전시켜 정보(지식)의 확산이야말로 사회 발전의 가장 큰 장애 요소 중 하나라고 지적했다. 중앙 계획 입안자는 애덤 스미스를 위해 사회가 외투를 생산해야 하는지 아닌지 결정하는 데 필요한 모든 정보를 수집할 수 없다. 그리고 비록 그가 모든 정보를 수집할 수 있다고 하더라도, 이미 수집된 정보는 시간이 지남에 따라 바뀌게 된다. 그러나 시장가격 체계는 개인들에게 그들이 알 필요가 있는 모든 것을 알려준다. 하이에크는 금속의 하나인 주석 파동을 예로 들어 이런 논리를 부연 설명한다.

세계 어느 곳에서 주석의 수요가 증가했다거나, 주석의 공급원 중 하나가 없어졌다고 가정하자. 이 때문에 세계 곳곳에서 주석 품귀 현상이 일어났다. 그러나 이 가운데 어느 쪽이 주석 파동의 원인인지는 우리에게 중요치 않다. 오히려 그것이 아무런 문제가 되지 않는다는 것이 더 중요하다. 이런 상황에서 주석 수요자들이 알아야 하는 것은 그들이 소비하던 주석이 다른 곳에서 더 수요가 많아졌다는 것, 따라서 그것을 절약하는 수밖에 없다는 것이다. 물론 그들은 어디에서 주석에 대한 수요가 그렇게 갑작스럽게 증가했는지 알 필요도 없다. (…) 만일 그 가운데 주석의 과잉 수요를 예측하고, 그것을 다른 금속으로 대체하려는 사람이 있다면, 또는 주석 품귀 현상이 지속되면서 계속해서 사람들이 그 대체 자원을 사용한다면, 그것은 경제 체제 전반으로 퍼져 주석 수요뿐 아니라 주석을 대체하는 다른 자원의 수요와 그 자원을 대체할 다른 자원의 수요에도 영향을 줄 것이다. 한편, 상황이 이렇게 되면 주석으로 만든 제품의 공급에도 영향을 줄 것이고, 그렇게 되면 그것을 대체할 다른 제품의 공급에도 차질을 주는 등 그 파급 효과는 걷잡을 수 없을 것이다. 그런데 여기에서 중요한 것은 이런 파급 효과를 낳은 장본인들이 그 시발점이 된 주석 파동의 원인에 대해서는 몰라도 된다는 것이다. 왜냐하면, 그들이 그것을 알든 모르든 이런 파급 효과는 일어날 것이기 때문이다.

영국의 수학자이자 철학자인 앨프리드 화이트헤드 또한 이와 비슷한 논리를 역설했다. "많은 책과 유명 인사들의 연설에서 반복되는 문구 중에서 한 가지 잘못된 것이 있다. 그것은 우리가 무엇을 하고 있는

지 생각하는 습관을 길러야 한다는 것이다. 나는 그 반대가 맞다고 생각한다. 우리가 별다른 생각 없이 해낼 수 있는 주요 기능들이 늘어날수록 문명은 발전한다." [20] 우리는 우리가 이해하지 못하는 상징과 기호를 통해 다른 사람의 지식을 이용한다.

또한 하이에크는 완벽한 이타주의에 기초한 경제라는 유토피아적 발상을 비판하기 위해 이와 같은 무지의 논리를 대입한다. 세상에서 자신이 원하는 것이 무엇인지 가장 잘 아는 사람은 자기 자신이다. 그것에 대해 나보다 더 잘 아는 사람은 없다. 자신이 원하는 것을 성취하는 데 다른 대안적인 선택이 미칠 영향을 제대로 판단할 수 있는 사람도 자기 자신밖에 없다. 따라서 사람들은 자신의 관심사를 스스로 돌봐야 한다. 만일 모든 사람이 '공공선'을 행사하려고 한다면, 자기 자신에 대해 아는 만큼 다른 사람들에 대해서도 알아야 한다. 착하디착한 줄리는 옆 동네 잭을 사랑할 수 있다. 그러나 줄리는 잭을 만난 적이 없다. 그럼에도 줄리는 잭이 무엇을 원하는지, 그가 원하는 것에 얼마나 많은 가치를 부여하는지 알아야 할까? 잭과 줄리 모두 이타주의자라고 가정하자. 줄리는 자신이 살고 있는 집을 팔려고 한다. 줄리는 잭을 사랑하기 때문에 10만 달러 정도만 받고 팔고 싶다. 잭은 줄리를 사랑하기 때문에 그 가격으로 사고 싶지 않다. 잭은 10만 달러를 더 얹어 20만 달러에 사겠다고 줄리에게 제안한다. 하지만 줄리는 그것에 부담을 느낀다. 그래도 정 그렇게 하고 싶다면, 11만 달러에 팔겠다고 다시 말한다. 하지만 자신의 호의가 무시당했다고 생각한 잭이 이번에는 처음보다 1만 달러가 더 많은 21만 달러에 사겠다고 고집을 부린다. 이런 두 사람의 실랑이가 어떻게 끝날지 우리는 모른다. 이것이 하이에크가 지적하고자 한 것이다.

시장 신호(시장가격 체계 또는 가격 신호)가 나타나지 않으면, 사회는 희소 자원을 적절하게 분배하는 능력을 상실한다. 왜냐하면, 앞의 사례에서 볼 수 있듯이 집 가격을 어떻게 책정할지 아무도 모르고 있기 때문이다. 애덤 스미스는 다음과 같이 주장했다. "자신의 이익을 추구함으로써 실제로 의도하는 것보다 더 효과적으로 사회의 이익 증진에 기여할 수 있다. 나는 공공연하게 공공선을 추구한다는 사람들이 실제로 공공선에 얼마나 많이 기여했는지, 또는 하고 있는지 모르겠다." [21]

하이에크의 이런 논리는, 1920년에 효율적인 경제를 달성하는 데 필요한 모든 계산을 수행할 수 있는 정부는 있을 수 없다는 논거로 사회주의를 비판했던 오스트리아의 경제학자이자 자신의 은사인 루트비히 폰 미제스의 영향을 받은 것이었다. 미제스는 오스트리아학파의* 수장이었다. 오스트리아학파는 자유방임주의를 주장했고, 경제학의 수학적 모델(수리경제학)에 매우 비판적이었다. 미제스는 경제적 진리는 자명하다고 믿었고, 데이터에 기초한 모델에 반대했기 때문에 오랜 기간 경제학자들에게 관심을 얻지 못했다. 그러나 뒤늦게 신오스트리아학파는 미제스와 그의 스승이자 오스트리아학파의 창시자인 카를 멩거, 그리고 오스트리아학파의 또 다른 중요한 이론가인 오이겐 뵘바베르크의 업적을 기리는 작업을 하고 있다.

미국 태생의 경제학자이자 통화주의자 밀턴 프리드먼은 애덤 스미스

---

*   the Austrian school. 오스트리아 경제학자 멩거가 창시한 근대경제학파. 경제 현상에 대해 개인적이고 주관적인 입장을 강조하고, 한계효용이라는 개념을 통해 상품의 가격을 설명해 한계효용학파라고 불리기도 한다. 멩거 밑에서 공부한 미제스와 그의 제자 하이에크는 신오스트리아학파로 불린다. 특히 신오스트리아학파는 개인주의와 자유주의를 신봉하고, 자유주의 시장 경쟁 원칙에 입각해 사회주의의 중앙 계획 경제를 비판했다.

와 하이에크의 전통을 따른다. 그의 저서 《선택할 자유》를 보면, 책 표지에 자유무역의 불가사의를 상징하는 연필을 손에 쥐고 있는 그의 사진이 실려 있다. 프리드먼은 누구도 연필을 만드는 방법을 알지 못한다고 주장했다.[22] 연필을 만들기 위해서는 오리건주의 큰 나무를 베어 쓰러뜨리는 방법을 배워야 한다. 하지만 먼저 톱을 만들 강철이 필요하다. 따라서 브라질의 철광으로 날아가서 안전모를 쓰고 철광석을 캔다. 그런 다음 철광석을 어떻게 철로 바꾸는지 알아내기 위해 피츠버그로 간다. 연필에 금속 팁, 흑심, 지우개가 붙어 있는 것을 잊지 말자. 이것들을 만들려면 스리랑카와 인도네시아로 가야 한다. 이런 모든 여정을 마치고 화학·공학·무역에 필요한 외국어를 배우고 나면, 멋진 그래픽이 인쇄된 종이 상자에 담겨 판매되는, 충성스러운 고객층을 확보한 13센트짜리 딕슨 타이콘데로가 연필 한 자루를 만들 수 있을까? 미국의 영화감독 조지 루카스는 〈스타워즈〉의 주인공 루크 스카이워커에게 광선검을 쥐여주기 전에 딕슨 타이콘데로가 연필을 휘둘렀고,* 〈찰리와 초콜릿 공장〉을 쓴 영국의 동화 작가 로알드 달은 아침마다 이야기를 끄적이기 전에 딕슨 타이콘데로가 연필 여섯 자루를 뾰족하게 깎고는 했다.[23] 놀라운 것은 광산업자, 벌목업자, 고무 생산자를 포함한 누구도 그래픽 디자이너가 연필의 기적을 만들어내기 위해 회의실에 모일 필요가 없다는 것이다. 이런 공정 전반을 중앙에서 계획하고 관리할 사람이 필요하지 않다. 시장의 가격 체계와 보이지 않는 손이 모든 것을 조정한다. 그리고 지금까지 살아오면서 연필이 부족하다는 소리를 들어본 적

---

* 조지 루카스는 〈스타워즈 에피소드 1: 보이지 않는 위험〉의 시나리오를 쓸 때 딕슨 타이콘데로가 연필을 사용했다고 한다.

이 있는가? 아니면 연필 제조업자들이 연필 값에 바가지를 씌운다는 이야기를 들어본 적이 있는가? 연필은 그냥 평범한 물건이다. 수능시험 당일 아침에 연필을 가져가는 것을 깜박하는 일만 없다면. 하지만 아스피린(알약 하나에 1페니)에서 항공기 엔진(1,100만 달러)에 이르기까지 연필보다 훨씬 더 복잡한 물건도 생산되는 과정은 같다. 시간이 지나면서 시장은 생산자가 적절한 가격에 더 좋은 제품을 내놓도록 유도한다.

일반인을 위한 변론

비록 애덤 스미스가 자유무역과 상인의 동기를 칭송했지만, 그는 부르주아지의 꼭두각시 노릇은 하지 않았다. 《국부론》은 상인에 대한 비판으로 가득하다. 그뿐 아니라 부자들을 옹호하거나 변론하지도 않는다. 스미스는 자유무역과 노동분업이 왕이나 군주보다는 보통 사람들에게 도움을 줄 것이라고 확신했기 때문에 적극 옹호했다.

> 문명화된 국가에서 가장 초라하게 사는 사람들은 다른 사람의 도움이
> 나 협력 없이는 삶을 지탱해갈 수 없다. (…) 온갖 사치품으로 치장한 왕
> 과 군주에 비해 그들의 생활은 매우 단출해 보일 것이다. 그러나 아무
> 리 유럽의 왕과 군주의 생활이 근면하고 성실한 농부의 생활보다 훨씬
> 좋다고는 해도, 그 격차가 이 농부와 수많은 헐벗은 야만인의 생명과
> 자유를 좌지우지하는 아프리카의 족장들 사이에 존재하는 격차만큼은
> 크지 않을 것이다.[24]

그의 추종자들과 마찬가지로, 스미스는 자유로운 시장경제 체제에서는 가난한 사람, 그리고 위정자들과 아무 연고가 없는 사람도 부자가 될 수 있다고 주장한다. 반대로 중앙계획경제 체제에서는 정치 권력이 경제적 지위를 결정한다. 그래서 왕과 군주와 가까이 지내는 사람들만이 부자가 될 수 있다. 다시 밀턴 프리드먼의 논의로 돌아가자. 그는《자본주의와 자유》에서 스미스의 논점을 확대해 시장경제 체제는 인종 차별 문제도 효과적으로 줄일 수 있다고 주장했다. 즉, 소비자들은 종교나 인종에 상관없이 가장 좋은 가격을 제시하는 사람의 물건을 구매할 것이기 때문이다. 한편, 그는 사회주의 체제에서 소수 민족 출신자는 당 고위 간부의 정치적 신임을 얻어야 출세할 수 있다고 지적했다.[25]

프리드먼의 이와 같은 주장은 아직도 논란의 대상이 되고 있다. 특히 그의 주장을 반박할 수 있는 예들은 많다. 비평가들은 자본주의의 기업 임원들은 리더십이나 성격 같은 정성적 변수들을 잣대로 소수 민족 출신 노동자들의 진급을 방해한다고 주장한다. 더구나 그들은 경제 권력은 정치 후원금을 통해 정치 권력과 결탁할 수 있다고 주장한다. 이 과정에서 경제적 약자는 정치적 발언 기회조차 박탈당한다. 프리드먼은 경제적 약자가 정치적 발언 기회를 박탈당할 수 있다는 것을 인정하지만, 오히려 그는 비평가들에게 이렇게 맞받아친다. 즉, 정부가 경제 문제에 관여하는 것을 막기 위해 작은 정부가 필요하다는 것이다. 이렇게 프리드먼과 비평가들 사이에서 촉발된 논쟁은 지금까지도 계속 반복되고 있다.

비록 스미스가 부를 증가시키는 비밀을 밝혀냈다고 자신했지만, 그것이 보편타당한 진리라고 생각하지는 않았다. 그는 노동분업에 몇 가지 결함이 있다는 것을 순순히 인정했다. 그뿐 아니라 그는 비용과 이익보다 이 결함에 더 주의를 기울였다. 그의 첫사랑이 도덕 철학이었다는 것을 상기하자. 물리적 환경이 인간의 정신에 영향을 미친다고 생각했던 스미스는 일관 작업이 노동자들의 지능과 정신에 나쁜 영향을 줄 수 있다고 우려를 표시했다. "한평생을 몇 가지 단순 작업을 하며 보내는 사람은, 비록 그 결과는 불 보듯 뻔하지만 (…) 자신의 지력을 발휘하거나, 어려운 작업을 손쉽게 하기 위한 방법을 고안하고자 하는 등의 기회를 얻지 못한다. (…) 자연히 그는 머리를 쓰는 습관을 상실하게 되고, 그리고 인간이 도달할 수 있는 가장 낮은 지능 수준으로 떨어진다." 이렇게 노동자들에게 온정적이었던 스미스는 노동분업에 따른 대중의 우둔화 경향을 치료하기 위한 방편으로 공교육을 제안한다. 왜냐하면, 노동자들이 교육을 받음으로써 육체노동을 하면서도 정신을 수양하고 발전시켜 나갈 수 있다고 생각했기 때문이다. 스미스는 이렇게 말했다. "공교육은 매우 적은 비용으로 거의 모든 사회 구성원들에게 기본 교육을 받아야 할 필요성을 이해시키고, 격려하며, 심지어는 강제할 수 있다." [26]

그럼, 이제 《국부론》을 요약해보자. 애덤 스미스는 노동을 경제성장의 주요 엔진으로 보았고, ①노동력 공급이 증가할 때, ②노동이 분화될 때, ③새로운 기계의 도입으로 인해 노동의 질이 상승할 때 경제성장이 가속화될 수 있다고 보았다. 수익을 창출할 수 있는 새로운 투자 아이디어와 발명이 계속해서 상상력을 자극하고 자유로운 교역이 허용되는 한, 경제는 꾸준히 성장해나갈 것이다. 그리고 여기에서 무엇보다 중요한 것은 경제성장으로 일반 국민이 높은 생계 수준을 향유할 수 있다는 것이다. 미국 태생으로 노벨경제학상 수상자인 경제학자 폴 새뮤얼슨은 스미스의 성장 이론을 현대 수리경제학의 수리 기법을 동원해 재조사했다. 밀턴 프리드먼과 걸핏하면 논쟁했던 그는 이 과정에서 만일 "계속해서 발명이 이뤄진다면 (…) 이윤율과 실질 임금 수준은 평균적으로 생계 수준을 상회한다"라는 것을 발견했다. 새뮤얼슨은 "애덤 스미스가 오늘날 시행된 사후 검사를 성공적으로 통과한 것이 기쁘다"라고 선언했다.[27]

정책과 실행

애덤 스미스는 상아탑에 틀어박혀 지낸 이론가가 아니었다. 그는 세상이 자신의 가르침을 따르기를 원했고, 정계와 재계의 유력 인사를 열심히 만나면서 자신의 이론을 설득하려고 했다. 그는 피트 수상(아들에게 자신의 이름을 물려준 채텀 백작으로 알려진 윌리엄 피트 주니어)이 그의 충고를 받아들이거나 야당인 휘그당의 지도자 찰스 폭스가 그의 말을 인용하고 그의 저술을 "논쟁의 여지가 없는 진실"이라고 말했을 때 가슴 벅차했다. 더욱이 그는 폭스 수상이 그의 저서는 한 번도 들춰보지 않은 채 떠다니는 풍문만 듣고 이런저런 문구를 인용한 것에 대해 너그럽게 받아들였다. 《국부론》에서 스미스는 미국 식민지들에 동정을 보내면서 영국 지도자들이 이들 식민지가 독립 전쟁에서 승리해 "역사적으로 가장 위대하고 견고한 제국들 가운데 하나가" 될 수 있다는 것을 보지 못하는 것에 실망했다.[28]

미국의 트루먼 대통령이 한번은 참모들에게 한손잡이 경제학자는 없는지 찾았다고 한다. 왜 그랬을까? 전후 사정을 여기에 다 이야기할 수는 없지만, 당시 트루먼은 "한편으로는on the one hand 이렇게 할 수 있습니다. (…) 하지만 다른 한편으로는on the other hand 저렇게도 할 수 있습니다"라고 말하는 경제학자들에게 진절머리가 났기 때문이었다. 애덤 스미스는 양손잡이였지만, 그의 손가락은 정치가 추구해야 하는 최선의 정책만을 부단히 가리켰다. 그는 특수한 이익집단들이 국가의 부를 증대시키기 위해 도입하는 정책들에 강하게 반대할 수도 있다고 입법자들에게 경고했다. 모든 나라의 의회나 국회는 그의 이런 경고를 귀담아들어야 한다. 스미스가 주장한 자유시장 논리는 볼테르의 소설 《캉디드》에 등장하는, 자신을 둘러싸고 있는 모든 좋지 않은 사실들에도 불구하고 '가장 좋은 세상에서' 살고 있다고 생각한 팡글로스 박사의 순진한 낙천주의 같은 것이 아니었다. 다른 한편, 그는 미국의 대표적인 보수 논객이자 칼럼니스트 윌리엄 새파이어가 미국의 정치가이자 닉슨 대통령 시절 부통령을 지낸 스피로 애그뉴의 입을 빌려 은유적으로 표현했듯이, '부정주의negativism의 태수'도 아니었다. 오히려 그는 자유시장의 걸림돌이 무엇인지 알았고, 그것을 제거하는 방법을 보여줬다. 그가 우려했던 두 가지 정책을 살펴보고 넘어가자.

국내 교역 제한

앞서 설명했던 경쟁적인 시장 체계를 상기하자. 경쟁적인 시장 체계는 어떤 한 산업의 가격과 이윤을 적정 투자 수익이 상정된 생산 가격 수준으로 끌어내린다. 그런데 스미스는 간혹 상인들이 국내 시장에서 엄청난 이윤을 남기는 것을 목격했다. 이 경우 그의 모델, 즉 보이지 않는 손은 왜 작동하지 않은 것일까? 스미스는 두 가지 가능성을 통해 초과 이윤을 설명했다.

첫째, 수익성이 높다는 것을 뻔히 알면서도 자연조건 때문에 사업가들이 뛰어들지 못하는 산업이 있다. 예를 들어, 스페인의 헤레스는 셰리(스페인산 백포도주)용 포도 재배에 가장 알맞은 기후 조건을 가지고 있다. 제아무리 수완 좋은 영국인 사업가라고 해도 버킹엄 궁전 주변에서 셰리용 포도를 재배할 수는 없다. 더구나 왕족들이 고귀한 발로 포도를 짓이기는 일을 도와주겠다고 발 벗고 나서도 가능한 일이 아니다. 따라서 헤레스의 지주들은 이런 자연조건으로 인해 높은 이윤을 올릴 수 있다. 물론 사업가들은 소비자들에게 셰리 대신 포트와인(포르투갈산 적포도주)을 마시라고 할 수도 있다. 그리고 이것이 기존에 헤레스의 지주들이 누렸던 엄청난 이윤을 잠식할 것이다.

만일 영국 왕실이 버킹엄 궁전의 정원에서 셰리용 포도를 재배할 수 있었다면? 이 술을 '셰리'로 불렀을까? 유럽연합은 많은 농업 제품을 다른 지역이 모방하지 못하도록 보호해야 한다고 주장한다. 예를 들어, 샴페인은 오직 프랑스 샹파뉴에서만 생산할 수 있다. 이탈리아의 포도주 제조업자들도 포도를 숙성해 샴페인을 생산하는 방법을 알지만, 상표에 '샴페인'이란 단어를 표기하면 체포될 수 있다. 대신 그들은 베네치아 북쪽 지역에서 자라는 포도를 숙성해 생산하는 과실 향이 풍부하고 기포가 이는 포도주를 '프로세코'라고 부른다. 그렇다고 이탈리아 사람들에게 미안한 감정을 갖지는 말자. 그들만이 법적으로 파르마 햄을 생산할 수 있고, 프랑스 사람들만 블루치즈를 '로크포르'로 부를 수 있다. 우리에게 파르마산으로 알려진 치즈를 생산하는 이탈리아의 파르미자

노-레지아노 치즈 제조자 협회는 젖소의 젖을 얼마나 많은 시간 짜내고, 치즈를 만드는 데 얼마만큼의 우유를 사용하는지 정확하게 계량한다.[29] 그리고 짐작하겠지만, 모든 대륙에서 구멍 뚫는 기계를 사용할 수 있는데도 스위스 사람들만 구멍이 숭숭 난 스위스 정통의 에멘탈 치즈를 생산할 수 있다.

이러한 '지리적 표시'와 상표들은 경쟁을 제한함으로써 전통적인 생산자들에게는 높은 이윤을 보장하고, 소비자들에게는 높은 가격을 전가한다. 2012년에 이러한 규정으로 보호받은 상품의 가치가 720억 달러였다.[30] 미국의 종합식품 제조업체 크라프트의 캔에 담긴 값싼 치즈 가루는 파르마산 치즈를 사용하는 이탈리아의 피자 가게에서는 환영받지 못한다. 프랑스의 샴페인 생산자들은 이탈리아의 프로세코와 캘리포니아의 스파클링와인이 가격도 저렴하고 맛도 좋아 블라인드 테이스팅에서 높은 점수를 받는다는 것을 안다. 유럽이 철저하게 농업보호를 고집하는 것은 '떼루아의 지배'로 부를 수 있다. 떼루아terroir는 토양의 특성을 의미한다. 이는 생산이 토양이라든가 한 장소의 문화적 전통과 밀접하게 결부되어 있다는 마음에서 우러나는, 회고적 정서에서 기인한다. 그리스 남부에서 생산되는 칼라마타 올리브는 특유의 고유한 맛이 난다. 이 지역의 토양, 빗물, 농민이 흘린 땀방울이 그런 맛이 감돌게 하기 때문이다. 굳이 애쓰지 않아도 농업agriculture의 어원에서 문화culture라는 단어를 찾는 것은 어렵지 않다.

유럽만 지리적 표시를 강제하는 것은 아니다. 미국 뉴저지주에서 켄터키 버번위스키를 양조하려고 했다가는 켄터키주 서부 도시 퍼두커의 보안관에 쫓기다 총에 맞아 죽을 수 있다. 하지만 대체로 미국은 지리적 표시에 관대한 편이라 WTO를 통해 규제를 완화하고자 협상해왔지만 여의치 않다. 현대 유럽의 정치가들은 이런 규정과 규제를 완화하려고 하는 경우 무시무시한 반발에 직면한다. 2019년, 프랑스 농민들은 에마뉘엘 마크롱 대통령이 남미산 소고기에 대한 수입 규제를 완화해줬다고 의심했다. 이에 항의의 뜻으로 덜덜거리는 트랙터 부대를 이끌고 보르도 일대를 행진했다. 마크롱은 운이 좋았다. 1990년대에 프랑스 농업부 장관은 파리 시내에서 건초용 갈퀴를 휘두르는 농민들에게 쫓겨 도망을 다녔다. 이런 갈퀴 추격전이 1790년대가 아니라 1990년대에 일어난 것에 주목해야 한다.

과거에 대한 향수가 이런 반발을 일으킨다. 프랑스의 대문호 프루스트의 《잃어버린 시간을 찾아서》에서 주인공 마르셀은 구운 마들렌을 차에 적시다가 주체할 수 없는 감정에 빠져든다. 그는 젊은 시절의 추억을 떠올린다. "사람들이 죽고 나면, 물건들이 부서져 흩어지고 나면, 한동안 맛과 향만이 (…) 남은 잔해더미를 떠나지 못하고 추모하고, 기다리고, 기대하는 영혼들처럼 오랜 시간 그대로 남아 있다." 현대 경제에서 무역과 과학 덕분에 풍족한 식량, 긴 수명, 높은 생계 수준을 누리고 있지만, 마치 중요한 뭔가를 잊고 있다는 느낌을 떨쳐내기 어렵다. 마르셀은 갓 구운 마들렌을 떠올린다. 여러분은 오늘 스타벅스에 대량으로 배송된, 또는 나비스코 포장지에 싸인 마들렌을 먹을 수도 있다. 그런데도 우리는 초창기의 마들렌 맛을 그리워할 수 있다. 아니면 그 맛을 만들어낸 장인들을 그리워하거나. 생계 수준이 높아졌다고 해도 우리는 향수병을 앓기도 한다. 나는 이런 향수병을 '마들렌 우울증'이라고 부른다. 현대 사회의 번잡스러움과 온갖 기계 장치의 소음에 파묻혀 살면서도 우리는 가끔 마르셀의 감성을 느낀다.

그렇다면 현대성을 없애고 국제무역을 중단하는 것이 더 낫지 않을까? 유럽이 처음으로 지역 상품 구매를 장려한 때는 중세시대였다. 하지만 이때조차 지역 주민들은 이곳저곳 떠돌아다니는 행상을 불러 마을 광장에서 상점을 열도록 했다. 현대 소비자들은 1년 내내, 즉 하루 24시간씩 매일 모든 대륙에서 기르고, 수확하고, 바느질하고, 또는 단조한 제품을 구매할 수 있는 호사를 누린다. 물론 남극 대륙은 '파퍼 씨'처럼* 펭귄을 찾아다니지 않는 한 예외다. 1940년대에 미국의 작곡가 콜 포터는 자신의 곡에서 헤어진 연인을 '철 지난 아스파라거스'만큼의 값어치도 없다고 떠올렸다. 이제 아스파라거스는 키위, 생선회, 양식 농어와 마찬가지로 1년 내내 먹을 수 있지 않은가?

두 번째 가능성은 다소 비열해 보인다. 소규모 상인들은 담합을 통해 가격을 높게 책정함으로써 비정상적인 이윤을 남길 수 있다. 스미스는 "동종 업종에 종사하는 사람들은 기분 전환 차원에서라도 좀처럼 모이는 경우가 드물지만, 일단 모였다 하면 소비자인 국민을 대상으로 모종의 음모를 꾸미거나 가격 담합을 논의하기 일쑤"라고 썼다.[31] 스미스에 따르면, 상인들 사이의 이런 밀약은 그 자체로는 별다른 효력을 갖지 못한다. 따라서 상인들은 어떻게 해서든 정부를 구슬려 자기편으로 끌어들이려고 한다. 즉, 정부가 상인들 사이에 이뤄진 모종의 카르텔을 지지하지 않는 이상 그들의 음모가 시장에 개입할 수 있는 여지는 없을 것이다.

---

*   Mr. Popper. 미국의 코미디 영화 〈파퍼 씨네 펭귄들〉의 등장인물 파퍼 씨를 말한다. 짐 캐리가 주연을 맡았다.

애덤 스미스는 특정 집단의 이익을 위해 교역과 노동분업을 제한하는 많은 모순적인 규제 조치들에 대해 신랄한 비판을 가했다. 특히 도제법과 길드는 경쟁을 제한했다. 스미스는 이런 경쟁 제한이 가져온 어이없는 결과를 설명한다. 즉, 마차 제조업자는 자신의 마차에 달 바퀴를 자체 제작하는 것이 불법이기 때문에 따로 구매해서 달아야 하지만, 바퀴 제조업자는 자신이 만든 네 개의 바퀴 위에 마차를 얹을 수 있기 때문에 마차를 자체 제작하는 것이 가능하다! 만일 바퀴 제조업자들이 법을 이용해 경쟁 업체의 시장 진입을 막을 수 있다면, 그들은 자신들이 만든 바퀴에 높은 가격을 매길 수 있을 것이다.

이런 도제 제도 외에도 스미스는 영국의 빈민구제법을 비판한다. 이 법은 구제 대상이 되는 빈민들의 주거지 이동을 철저히 금지했다. 이것은 그들이 노동력 수요에 따라 한 산업에서 다른 산업으로, 또는 한 도시에서 다른 도시로 자유롭게 이동할 수 없다는 것을 의미했다. 스미스는 정부가 승인하는 독점 사업들에 대해 가차 없는 비판도 서슴지 않았다. 즉, 독점 사업들은 "시장을 계속 공급 부족 상태에 둠으로써, 또는 유효 수요를 충족시키지 않음으로써 자신들의 상품을 자연가격보다 높은 가격에 판매하며, 따라서 그들의 (…) 보상 또는 이윤을 높인다." [32]

그렇다면 상인들 사이의 담합 또는 모종의 음모에 대한 스미스의 우려에 대해 대서양 건너 미국에서는 어떻게 받아들였을까? 미국은 유럽과 아시아에 비해 일반화되어 있지 않았던 도제 제도보다는 독점 및 과점(소수의 생산자가 시장 또는 산업을 지배하는 시장 형태)을 감시하는 데 더 많은 신경을 썼다. 모든 고등학생이 노상강도 귀족robber baron에 대해 배운다. 노상강도 귀족이란 밴더빌트, 카네기, 록펠러처럼 경쟁자들을 무참히 짓밟으면서 철도, 철강, 석유를 지배한 19세기의 산업가들이다. 1898년, 미국 제25대 대통령을 역임한 윌리엄 매킨리가 독점 해체 시대를 열어젖히고 당대의 대기업들을 무릎 꿇렸다. 하지만 많은 교과서가 빼먹은 것이 있다. 1865년에서 1900년까지인 노상강도 귀족 시대에 미국의 소비자 물가는 최저 수준으로 떨어졌고, 반대로 1인당 GDP는 꾸준히 상승했다. 이들 귀족이 자신들의 압도적인 힘을 생산은 늘리고 가격은 낮추는 데 사용했는지 알 길은 없다. 경제학 이론은 독점기업들이 이와 반대로 행동한다고 가르친다. 정답은? 그들의 시장 지배력은 영원하지 않았고 침입자들을 무찌르기 위해 끊임없이 싸워야 했는데 그러기 위해서는 가격을 낮게 유지할 필요가 있었다. 미국의 경제학자들과 정치가들은 대기업들이 경쟁 질서를 해치면서 높은 수익을 올리는 것을 우려했다. 따라서 오랫동안 미국 정부는 셔먼반독점법(셔먼법)과* 클레이튼반독점법(클레이튼법)** 등을 제정하고, 가격 조작 및 경쟁 억제 등 경쟁적인 시장 질서를 해치는 많은 기업들의 위법 행위에 대해 법정 소송도 불사했다.

이 과정에서 미국 정부는 변호사를 고용해 정부의 과도한 시장 규제 및 개입이 오히려 시장 질서를 헤치고 있다고 비판하는 기업들과 치열한 싸움을 벌였다. 게다가 미국 법무부는 종종 기업 합병을 금지하기도

---

* Sherman Anti-trust Act. 1890년 미국 의회에서 각 주 간 또는 국제 거래에서의 독점 및 거래 제한을 금지하기 위해 제정된 법률. 총 8개 조로 된 간단한 법률이지만 이후 제정된 클레이튼법이나 연방거래위원회법 등과 더불어 각국의 독점금지법의 모델이 되었다.

** Clayton Act. 1914년 미국 의회가 셔먼법의 결함을 시정하고 독점을 방지함으로써 기업 간의 경쟁을 촉진하기 위해 제정된 법률. 가격차별, 경쟁기업 간의 중역 겸임, 한 회사가 다른 회사의 주식을 취득하는 이른바 지주회사를 금지했다. 반면 이전에 셔먼법이 독점이라 금지했던 근로자의 단체교섭권은 허용했다. 한편, 이 법의 위반 행위를 조사하기 위해 연방통상위원회의 설치가 결정되었으나, 실제 시행에 있어서는 거의 효과를 거두지 못했고, 그 후에도 기업의 합동·독점의 경향은 계속 증대했다.

했다. 독점기업 해체는 20세기에 계속됐다. 닉슨 행정부는 '빅 블루'로*
불리는 IBM이 컴퓨터 산업을 독점하고 있다고 주장하며 13년간 해체
싸움을 벌였지만 1982년에 흐지부지 끝났다. IBM은 이제 개인용 컴퓨
터를 생산하지 않는다. 2005년, 미국 연방거래위원회가 블록버스터 비
디오와 할리우드 엔터테인먼트의 합병 시도를 저지했다. 이들 운 없는
기업들이 VHS와 DVD 시장에 족쇄가 될 것을 염려했다. 연방거래위
원회는 "12:00"만 계속 깜박이는 골칫덩어리 VHS 플레이어로부터 소
비자를 보호하고 있던 걸까? 그런데 1970년대 들어, 몇몇 경제학자들
과 법학 교수들이 대기업을 옹호하고 나서기 시작했다. 그들은 시카고
대학교의 밀턴 프리드먼, 경제학자이자 노벨경제학상 수상자인 조지 스
티글러, 그리고 미국 태생의 법경제학자이자 연방항소법원 제7구역 판
사로 있던 리처드 포스너 밑에서 가르침을 받았던 학자들로 가격 조작
이 나쁘기는 하지만 합병을 통한 기업의 몸집 불리기가 나쁜 것은 아닐
수 있다는 견해를 피력했다. 왜냐하면, 기업이 거대하다고 해서 다른 중
소기업의 시장 진입을 반드시 저해하는 것은 아니고, 오히려 시장의 효
율성을 극대화할 수 있기 때문이라는 것이다.

아마존과 월마트는 전 세계 소매업을 양분하는 대기업이다. 월마트
는 미국 아칸소주 출신의 샘 월튼이 창업했다. 그는 부지런한 수완가
였지만 엄청난 구두쇠이기도 했다. 초창기 가게 이름이었던 '샘 월튼의
5-10 Sam Walton's 5-10'의 철자를 다 적는 데 드는 비용이 아까워 첫 가
게 이름을 짧게 월마트라고 불렀다.³³ 제프 베조스는 차고에서 서적을

판매하는 것으로 아마존을 시작했다. 이때 그는 투자자들에게 자신이 파산할 확률이 70퍼센트라고 경고했다. 베조스는 세계 최고 부자가 됐다. 처음 시작했을 때는 별스럽지 않았지만, 이들 양대 소매업체는 소매업의 규칙을 다시 써가며 토이저러스, 바니스, K마트 같은 창고형 대형 할인점을 파산시킬 만큼 큰 파급력을 가진 기업으로 성장했다. 그런데도 이들이 소비자에게 미치는 영향력이 상당하다 보니 상품 가격을 낮추도록 유도하고 있다.

이들 외에도 현대의 많은 학자가 철 지난 반독점법들이 시장을 너무 협소하게 바라보고 있다고 주장한다. 지금의 시장 경쟁이란 단지 국내 기업 간의 경쟁이 아니라 외국 기업들을 포함한 전 지구적 경쟁이다. 그 증거로 1980년대 한국의 현대자동차에 일격을 당한 제너럴 모터스를 들 수 있다. 현대자동차는 미국의 서부 해안에 상륙한 지 얼마 지나지 않아 디트로이트까지 진격하더니 제너럴 모터스를 적자의 구덩이로 밀어 넣었다. 텔레비전 시장에서 소니는 제니스와 RCA를 짓밟았지만, 뒤이어 삼성과 샤프에 시장 점유율을 잠식당했다. 모토로라는 1990년대에 초기 핸드폰 시장을 지배했지만, 지금은 퀴즈 게임에 나오는 것을 제외하면 좀처럼 힘을 못 쓰고 있다.

1990년대 미국 법무부는 세계 최대 규모의 소프트웨어 개발 업체 마이크로소프트를 상대로 반독점법 위반 소송을 제기했다. 미국 정부의 반독점 규제 기관은 컴퓨터 운영 체계 시장을 독점하고 있는 마이크로소프트가 다른 경쟁 업체들의 시장 진입을 막고 있다고 주장했다. 많은 저널리스트가 마이크로소프트의 설립자 빌 게이츠를 미국의 석유왕이라 불렸던 존 록펠러와 비교한다. 그들은 빌 게이츠가 컴퓨터 운영 체계

시장을 독점함으로써 스탠더드 오일이* 석유 시장 독점으로 기업 해체의 길을 밟은 것처럼 그 전철을 되풀이할 수 있다고 우려한다. 마이크로소프트의 소프트웨어 시장 독점에 반감을 품고 있던 업체들은 시카고 학파를 대표했던 법학자로 예일대학교 법학 교수, 법무부 차관, 워싱턴 D.C. 항소법원 판사를 역임한 로버트 보크가 마이크로소프트의 시장 독점을 비판하는 요지의 발언을 하자 큰 박수갈채를 보냈다.**

이후 세계 최대 갑부인 빌 게이츠가 법정에 출두해 증언하는 등 마이크로소프트와 법무부 사이에 치열한 공방전이 이어졌지만, 얼마 뒤에 마이크로소프트와 법무부는 화해 협상을 통해 마이크로소프트의 반독점 위반 소송을 마무리했다.*** 더구나 마이크로소프트에 반감을 품고 있던 업체에는 안됐지만, 화해안에는 마이크로소프트가 생산하는 소프트웨어의 코드 공개를 명령하거나 새로 개발하는 소프트웨어를 윈도우

---

* 록펠러가 1870년에 설립한 미국의 석유 회사로 미국 내 석유 시장을 독점했다. 이에 미국 정부는 스탠더드 오일을 셔먼법 위반으로 제소했고, 1911년 최종 재판에서 결국 패함으로써 기업 해체의 길을 걸었다. 우리가 익히 들어 알고 있는 엑손(뉴저지 스탠더드 오일), 모빌(뉴욕 스탠더드 오일), 아모코(인디애나 스탠더드 오일), 쉐브론(캘리포니아 스탠더드 오일) 등이 모두 스탠더드 오일에서 떨어져 나온 기업들이다.

** 로버트 보크는 미국 법무부 주도로 1998년 10월 시작된 마이크로소프트 반독점 소송 사건이 한창 진행 중일 때 마이크로소프트가 패할 경우 3개 회사로 기업을 해체하는 것이 가장 바람직하다는 요지의 발언을 한 적이 있다. 이게 불가능하다면 최소한 인터넷 익스플로러를 운영체제인 윈도우에서 분리하고, 경쟁사에 해가 되는 자사 파트너들과의 독점적 계약을 금지하는 방안도 대안이 될 수 있다는 의견을 내놓았다.

*** 마이크로소프트 반독점법 위반 소송을 담당했던 토머스 펜필드 잭슨 판사는 2000년 4월 3일 마이크로소프트가 PC 시장에서 자신의 독점적 지위를 남용함으로써 연방독점금지법을 위반했다고 판결을 내렸다. 이후 법무부 주도로 마이크로소프트에 대한 기업 분할안이 제출됐고, 이에 잭슨 판사는 마이크로소프트에 대해 2개사 분할 명령을 내렸다. 그러나 2001년 11월, 마이크로소프트는 법무부의 화해안을 받아들여 3년 동안 지속된 법무부와의 반독점 소송을 일단락지었다. 화해안에는 향후 5년 동안 소프트웨어 개발 및 라이선스 방법, 독립적인 소프트웨어 공급 업체들과의 협력 방법, 마이크로소프트 소프트웨어에 대한 파트너 및 경쟁 업체와의 내부적인 업무 진행에 대한 커뮤니케이션 등에 대한 규제 및 제한을 담고 있었다.

에 끼워 넣는 것을 금지하는 조항은 들어 있지 않았다. 사실, 이 화해안은 마이크로소프트에 자사의 인터페이스를 다른 업체들, 즉 다른 업체들이 생산하는 소프트웨어와 '공유'하도록 강제하는 것 외에 별다른 주목할 사항은 없었다. 자주 있는 일이지만 법정 공방이 이뤄지는 동안, 새로운 기술 개발로 인해 법정 판결을 통한 해결이 무용지물이 되거나 헛된 일이 되는 경우도 있다. 게이츠가 시애틀의 반독점 재판에 볼모로 잡혀 있던 바로 그때, 스티브 잡스는 캘리포니아주 쿠퍼티노에서 아이맥을 공개하고 아이폰과 아이팟으로 시장에 뛰어들 계획을 세우고 있었다.

애플의 창업자 중 한 사람인 스티브 잡스는 스탠퍼드대학교의 졸업식 축하 연설에서 IBM에 도전하기 위해 대학까지 중퇴했던 일을 떠올리며 이렇게 말했다.

> 당시 저는 마땅히 거처할 곳이 없었습니다. 그래서 친구들 집에 찾아가 거실 바닥에서 잠을 청하고는 했지요. 돈도 없었습니다. 그래도 배가 고픈데 어떻게 하겠습니까. 하는 수 없이 공병 하나에 5센트씩 하는 콜라병을 주워다 팔았지요. 매주 일요일 밤에는 8마일 정도를 걸어 힌두교 사원인 하레 크리슈나에 갔습니다. 그곳에 가면 따뜻한 저녁 식사 한 끼를 무료로 먹을 수 있었거든요. 저는 그것을 무척 좋아했습니다. 그리고 저는 많은 경우에 호기심과 직관에 따라 행동했는데, 그것이 다른 무엇보다 좋은 결과를 가져다주었습니다.[34]

애플이 컴퓨터 업계의 리더로 등장하기까지 30년 넘게 미국 법무부는 독점기업 IBM을 흔들어 댔다. 그러나 아이러니하게도 실질적으로 IBM에 위협이 된 것은 까다로운 반독점 변호사가 아니라 PC 시장을 강력한 경쟁 시장으로 만든 스티브 잡스 같은 대학 중퇴자였다.

세계 경제는 이전보다 더 경쟁이 치열하다. 많은 진입 장벽이 현대 경제에서 높아지기보다는 붕괴하고 있다. 침략자들이 곳곳에서 시장 점유율을 빼앗으려고 몸을 도사리고 있다. P&G는 한 배짱 가득한 업체가 달러셰이브클럽이라는 제품을 출시하기 전까지 남성 면도기 시장의 70퍼센트를 점유했었다. 달러셰이브클럽은 "우리의 면도날은 [비속어] 위대하다"라는* 저돌적인 유튜브 광고로 2012년에 입소문을 타면서 수백만 명의 구독자를 끌어들였다. 아마존은 높은 가격이 아니라 저렴한 가격과 빠른 배송, 심지어는 드론 배송으로 다양한 분야에서 기업들을 위협하고 있다.

'긱 경제'도** 가격을 떨어뜨리고 있다. 에어비앤비는 미국 전역에서 숙박 가능한 숙소의 수를 25퍼센트나 늘렸다. 우버의 가치는 허츠나 에이비스보다 높다. 반독점법이 한창이던 1960년대와 1970년대에 스타트업이 공장을 설립하고 직원을 고용하려면 수천만 달러를 마련해야 했다. 오늘날 독보적인 지적 재산권과 강력한 리더십을 가진 기업들은 홈페이지, 회전의자 몇 개, 싱글 서브 커피메이커만으로도 시장의 주도권을 잡을 수 있다.

민간에 전혀 허락될 것 같지 않았던 영역에서도 경쟁이 일어나고 있

---

* 달러셰이브클럽의 유튜브 광고를 보면 이 문장에 아무 뜻이 없는 거친 비속어를 사용하고 있다.
** Gig ecoonomy. 기업들이 인력이 필요할 때마다 단기 계약직 또는 임시직으로 충원하고 대가를 지불하는 경제 형태를 뜻한다. '긱'이라는 단어가 일시적인 일을 의미한다.

다. 영화 〈히든 피겨스〉는 나사가 미국 최초의 우주비행사 존 글렌을 우주 궤도에 올릴 수 있도록 수학 계산을 도운 흑인 여성들의 감동적인 이야기를 담고 있다. 너무 위험천만해서 이전에는 경쟁 상대가 없던 우주 영역도 초경쟁 영역으로 성장했다. 베조스의 블루 오리진, 리처드 브랜슨의 버진 갤럭틱, 일론 머스크의 스페이스 X, 보잉, 아리안스페이스가 우주 분야에서 경쟁하고 있다.

반독점법의 집행은 합병으로 인해 가격이 계속 올라 소비자들에게 피해를 주는 것에 초점을 두어야 한다. 예를 들어, 지역 병원들의 합병은 의료비를 올리는 경향이 있고, 그러면 찾아갈 병원이 마땅치 않은 환자들은 신체적으로나 정신적으로 이도 저도 못 하는 상황에 부닥치게 된다.

지난 10년 동안 낮은 인플레이션 환경에서도 트럼프 행정부는 전임자들보다 독점기업 해체에 더 공세적으로 나섰다. 예를 들어, 트럼프 사법부는 AT&T와 타임워너의 합병이 소비자들이 가정에서 영화와 텔레비전을 시청하는 비용을 높일 수 있다고 주장하면서 저지하려고 했다. 물론 성공하지는 못했다. 연방거래위원회는 퀄컴이 애플에 불리한 계약 조건을 부과하려고 한다고 보고 고소했다.* 대기업에 대한 이런 새로운

---

* 2017년 애플은 퀄컴이 표준필수특허 관행을 위반했다며 제소했다. 스마트폰 특허 기술의 일부만을 제공하는 퀄컴이 스마트폰 전체 가격을 기준으로 특허료를 산정한 것도 잘못됐다고 지적했다. 이에 맞서 퀄컴은 애플이 영업 기밀을 인텔에 유출하고, 외주 업체를 포섭하는 등 계약을 위반했다며 150억 달러의 배상을 요구했다. 애플이 특허료 지불을 중단하자 퀄컴은 애플 아이폰의 외주 업체를 추가로 제소했다. 하지만 애플과 퀄컴은 공개변론을 진행하던 중 특허분쟁에 전격 합의해 화해했다. 하지만 이와 별개로 연방거래위원회는 퀄컴이 우월적 지위를 이용해 과도한 특허료를 받아 시장 경쟁을 저해하고 있다면서 소송을 제기했다. 2019년에 1심을 담당한 지방법원은 연방거래위원회의 손을 들어준 반면, 2심 법원은 기술이 빠르게 변화하는 기술 시장에서 반경쟁적 효과에 대해 뚜렷한 증거가 없다며 퀄컴의 손을 들어줬다. 이에 대해 연방거래위원회가 상고하지 않음으로써 최종적으로 퀄컴이 승소했다.

우려가 몇 년 동안 일부 경제학자들의 지지를 받았다. 그들은 다양한 산업에서 시장 점유율이 집중되는 현상을 지적했고, 이로 인해 가격 상승이 일어나고 있다고 경고했다.[35]

그런데도 기술이 너무 빨리 발전하다 보니 기업 합병이 미칠 영향을 예측하는 일은 극히 어렵다. AT&T와 타임워너의 합병이 언젠가 놀라운 위력을 발휘할 수도 있겠지만, 밀레니얼 세대의 30퍼센트가 기존에 이용하던 케이블 사업자들과 '코드 커팅'을* 한다는 사실을 깊이 생각해봐야 한다. 넷플릭스, 디즈니, 훌루, 유튜브, 아마존, 그 외 6개 회사가 스트리밍 서비스를 제공한다. 한편, 신생 콘텐츠 기업으로 급성장한 스냅챗은 1억 6천만 명의 시청자들이 매일 100억 개가 넘는 동영상을 시청한다. 과연 누가 언더독일까?

그러나 이보다 더 큰 아이러니가 있다. 영국 태생의 경제학자이자 포스트-케인스주의자로 케임브리지대학교 교수를 역임한 조앤 로빈슨, 미국 태생의 경제학자이자 하버드대학교 교수를 역임한 에드워드 챔벌린, 그리고 캐나다 태생의 미국인 경제학자이자 신제도주의자로 하버드대학교 교수를 역임한 갤브레이스 같은 20세기의 저명한 경제학자들은 애덤 스미스의 완전 경쟁이라고 하는 이상적인 세계는 세월이 흐르고 기업이 늘어남에 따라 더 이상 타당하지 않게 되었다고 선언했다. 하지만, 한편으로 많은 경제학자가 국제 경쟁 강화로 인해 애덤 스미스의 자유시장 논리가 더욱 빛을 발하고 있으며, 오늘날에 더 잘 들어맞는다고 주장한다! 심지어 MIT의 경제학자이자 프리드먼의 적수인 레스터 서

---

* Cord-cutting. 기존에 유료 방송을 시청하던 가입자가 이를 해지하고 인터넷 TV나 OTT 등 새로운 온라인 플랫폼으로 이동하는 현상을 가리킨다.

로는 이러한 이유로 미국 정부에 의한 AT&T 해체에 반대했다.[36]

국제 교역 제한

애덤 스미스는 "각 가정에서 신중하게 처신해야 하는 것을 영국 전역에 접목한다고 해서 어리석거나 한 것은 아니다"라고 썼다.[37] 국제 교역에서 절대우위론을 주장한 스미스는 외국 생산자들로부터 자신들을 보호하기 위해 로비를 벌이는 상인들과 그것에 넘어가는 정부의 어리석음을 신랄하게 비판했다. 이때 정부는 관세 정책이나 수입 쿼터(할당)를 통해 자국 소비자들에게 국내 상인들의 물건을 구매하도록 강제한다. 이 경우 소비자들은 물건을 구입하면서 필요 이상으로 높은 비용을 지불하게 된다. 외국 기업이나 상품과의 경쟁이 없다면, 국내 상인들은 가격을 올려 더 높은 이윤을 추구할 것이다. 자유무역을 반대하는 세력들은 "강력해진 상비군처럼 (…) 정부에 필적할 만하고, 많은 경우에 입법부를 위협한다." 스미스는 자유무역에 반대하는 관료들은 인기를 누리며 의기양양한 반면, 공공의 이익을 위해 싸우는 관료들은 온갖 수치와 모욕을 받는다며 한탄했다.[38]

긴급한 토론에서 반자유무역론자들은 보통 간결한 문장으로 논점을 이야기한다. 버몬트주 상원의원으로 사회주의자를 자처하는 버니 샌더스는 자유무역을 '바닥을 향한 경쟁'이라고 부른다. 트럼프는 자유무역협정을 '미국 노동자들에 대한 무역 전쟁'이라고 불렀다.[39] 몇 년 전, 나는 한 난폭한 노동조합 지도자와 토론을 벌였다. 그는 말 그대로 신발을 벗어 들어 연설대를 내리치며 시카고의 거대하고 거무칙칙한 호텔 앞에 모인 군중의 환호성을 자아냈다. 이 신발이 해외에서 만들어진 것은 분명했고, 이 점이 그의 주장을 뒷받침했다. 자유무역 옹호론자들은 신발이 있든 없든 자신들의 주장을 다소 장황하게 이야기하는 경향이 있다.

무역이 사람들을 즐겁게 하는지는 데이터가 증명하지는 않지만, 무역이 생계 수준을 높인다는 것은 분명하다. 무역의 혜택을 알 수 있는 최선책은 보통 사람이 살아가는 데 충분한 식량을 구하고 갖고 싶은 것을 구매하기 위해 얼마나 많은 시간을 일해야 하는지 알아보는 것이다. 1870년에 아이들은 대체로 13세에 일을 시작했다. 은퇴 연령은 몇 세였을까? 죽음. 사람들은 들판이나 공장에서 연간 대략 3,000시간을 일했고, 집안 허드렛일로 1,800시간을 또 짜내야 했다. 그들은 깨어 있는 시간의 60퍼센트를 일하며 보냈다. 1950년경, 아이들은 17.6세에 일을 시작했다. 어른들은 직장에서 하루의 45퍼센트를 보냈다. 지금은 20세에 일을 시작하고, 퇴직 이후 16년 정도 은퇴 생활을 하며, 눈을 뜨고 있는 시간의 28퍼센트만 직장에서 보낸다.[40] 1900년대 초에 아동노동법이 등장했다. 오늘날에는 부모들이 자식들이 시간제 일자리조차 경험해볼 기회가 없어 제대로 된 직업윤리를 갖지 못하는 것은 아닌지 걱정하는 판이다.

인터넷이 등장하기 전, 쇼핑하려고 차를 타고 나가고 싶지 않았던 미국인들은 시어스와 제이씨페니의 카탈로그를 펼쳐본 뒤 주문을 넣었다. 고맙게도 이런 오래된 카탈로그들이 아직도 도서관에 소장되어 있어 경제학자들은 시기에 따라 상품 가격을 비교할 수 있다. 예를 들어, 1959년에 일반적인 노동자는 대략 2주를 일해야 냉장고를 구매할 돈을 벌었다. 요즘은 며칠만 일하면 된다. 진공청소기를 사려면 1주일 이상 일해야 했다. 오늘날은 꼬박 하루를 일하지 않아도 구매할 수 있다.[41] 그리고 미국의 소득 불평등이 만연하지만, 가난한 집들도 확실히 혜택을 누리고 있다. 1971년에 미국 가계의 약 20퍼센트만 식기세척기를 보유했고, 40퍼센트 정도만 컬러텔레비전을 시청했다. 2005년에 가난한 가정도 40퍼센트는 손으로 접시를 닦지 않아도 됐고, 78퍼센트는 에어컨을 가지고 있었으며, 거의 모든 가정이 적어도 컬러텔레비전 한 대씩은 보유하고 있었다. 놀랍게도 다른 나라들의 상황도 비슷했다. 1960년대 중반에 영국 가계의 3분의 1은 냉장고가 없었다. 그러니 오랫동안 미적지근한 맥주를 참고 마셨을 것이다.[42]

무역을 터부시하는 국가들은 정체하거나 쇠퇴한다. 1991년에 소련이 붕괴한 이후 나는 백악관에서 하던 일을 며칠간 내려놓고 '레닌그라드'를 찾아갔다. 옛 명칭인 상트페테르부르크로 다시 부르기 시작한 지 얼마 안 된 때였다. 페인트 조각이 떨어져 내리는 에르미타슈 미술관의 복도를 걸으며 나는 공산주의의 문제가 1980년대 미국의 생계 수준을 따라오지 못한 데 있는 것이 아니라 1917년의 러시아 생계 수준을 유지하지 못한 데 있다는 것을 깨달았다. 피델 카스트로가 혁명을 일으킨 1959년 이전에 쿠바의 1인당 GDP는 라틴아메리카에서 가장 높았다. 혁명 이후 쿠바의 지도자들이 사유재산을 몰수하고 기업가들의 영리 활동을 금지하자 경제가 곤두박질쳤다. 카스트로의 부하들은 이런 하락을 미국의 금수 조치 탓으로 돌리겠지만, 내 생각은 다르다. 자의든 타의든 무역을 중단하는 국가는 정체한다. 1959년 이후 라틴아메리카의 생계 수준은 평균적으로 2배나 상승했다. 쿠바의 1인당 GDP는 꿈쩍도 하지 않았다.[43] 비쩍 마른 농민들이 비포장도로에서 1956년식 자동차 쉐비

벨에어를 손으로 밀고 있는 사진을 보고 있자면, 정작 그걸 밀어야 하는 사람이 누군지 알 수 있다. 라울 카스트로의 후임자들이 기업인들의 영리 활동을 허가한다면 언젠가 쿠바의 발전을 기대할 수 있을 것이다.

1800년대에 일본의 도쿠가와 막부 지배자들은 석탄을 태워 동력을 얻는 영국과 포르투갈의 상선들이 뿌연 연기를 내뿜으며 항구로 들어오는 것을 보고 충격, 경외, 공포를 느꼈다. 수백 년 동안, 일본을 외부와 차단했던 지배자들은 그 순간 자신들의 나라가 경제적으로나 군사적으로 굉장히 뒤처져 있다는 것을 깨달았다.

세계은행이 1980년대와 1990년대에 전혀 다른 경로를 선택한 국가들을 한 쌍씩 비교했다. 베트남 대 미얀마, 방그라데시 대 파키스탄, 코스타리카 대 온두라스. 한쪽은 세계화를 선택한 나라이고, 다른 쪽은 기존 경로를 고수한 나라다. 개방을 선택한 국가들은 1980년대에 평균 3.5퍼센트씩, 1990년대에 평균 5퍼센트씩 성장했다. 고립을 선택한 국가들은 1980년대에 0.8퍼센트, 1990년대에 1.4퍼센트 성장하는 데 그쳤다.[44] 어떤 나라가 자신을 거품 속에 가둔 채 외부와 단절하는 경우 경제는 시간이 지나면서 환기가 거의 되지 않는 '테라리움'이나* 눅눅한 감옥처럼 퀴퀴한 냄새가 날 것이다. 북한이 딱 이에 해당한다. 1953년에 한국전쟁이 끝난 이후 북한은 한국보다 조금 더 잘살았다. 1950년대와 1960년대에 소련, 중국, 폴란드, 심지어는 알바니아가 38선 이북에 대규모 원조를 보내 식민지 시절 일본인들이 건립한 공장을 발판으로 북한의 재건을 도왔다. 공산주의 국가들이 힘을 합쳐 북한을 도왔지

---

* Terrarium. 라틴어로 땅을 뜻하는 'terro'와 방을 뜻하는 'arium'의 합성어로 밀폐된 유리그릇이나 입구가 작은 유리병 속에 작은 식물을 재배한다.

만, 지금 한국은 북한보다 20배 이상 부유하다. 한국인들은 북한 사람들보다 수명이 10년이나 길고, 키도 몇 센티미터나 더 크다. 한국인들은 이것을 '한강의 기적'이라고 부른다. 몇 가지 분야에서는 북한이 한국을 앞서기는 한다. 재판 없는 사형 집행 건수와 유아사망률이다. 북한의 유아사망률은 한국의 6배가 넘는다. 한국은 세계 최고인 삼성 평면 텔레비전, 정말 스마트한 LG 냉장고, 부드럽게 잘 나아가는 현대와 기아 자동차를 생산한다. 그리고 카리스마 넘치는 K팝 가수들은 전 세계 관객들을 사로잡고 열광시킨다. 북한은 무엇을 생산하는가? 〈디 인터뷰〉 같은 멍청한 영화에 출연한 할리우드 배우들을 위협하는 죽음, 그리고 김정일이 한때 착용했던 낙하산 강하용 의류 같은 것들이다.

고통을 수반하는 자유시장

자유시장은 고통이 없는 시장이 아니다. 한 국가가 자국 시장을 개방하면 일자리를 잃는 이들이 생긴다. 미국산 신발을 찾는 것은 어렵다. 2015년에 오바마 대통령이 오리건주 나이키 본사를 방문해 자신이 미국인들에게 도움이 될 거라고 이야기한 새로운 글로벌 무역협정을 독려했다. 만일 그가 연설 시간을 확인하려고 손목에 찬 시계를 내려봤다고 해도 'Made in USA'란 글자는 보지 못했을 것이다. 미국의 손목시계 산업은 쪼그라들었다. 처음에는 스위스에, 다음에는 일본과 중국에, 그리고 또다시 스위스에 무너졌다. 한때 유명했던 구두약의 이름을 딴 디트로이트의 샤이놀라나 애플의 아이워치가 그 명성을 되찾을 수도 있다. 이들 회사가 대다수 부품을 아시아에서 수입하지만.

비록 우리가 스미스의 기본 이론을 수용한다고 하더라도, 그는 여전히 자유무역에 어떤 예외 규정을 두는 것을 인정할까? 많지는 않겠지만, 분명히 그럴 것이다. 스미스는 유치 산업infant industry을 육성하기 위해 초기 발전 단계에 한해 일시적으로 그 분야의 수입품에 대해 관세를 부과해 보호해야 한다는 주장에 대해 깊이 숙고했지만, 끝내 수용하지 않았다. 이런 유치 산업 보호론은 몇 년 뒤에 미국 건국의 아버지라 불리는 알렉산더 해밀턴에 의해 수용되었고, 그리고 그로부터 200년 뒤에 일본은 반도체 산업을 육성하기 위해 이런 논리를 적극적으로 받아들였다.

스미스는 유치 산업이 성장한 뒤에 정부에 기존에 폈던 관세 정책 등 보호 정책을 철회할 정치적 의지가 있는가에 대해 매우 회의적이었다. 그런 산업은 다 큰 뒤에도 어린애처럼 응석을 부리고, 젖을 달라고 떼를 쓰며 울부짖을 것이다. 아니면 논점이나 전략을 바꿔, 이제는 임종을 앞둔 늙은이처럼 숨을 헐떡이거나 침을 흘리면서 무조건적 보호를 요구할 수도 있다. 미국의 철강 산업은 이상의 두 가지 전략을 모두 사용했다. 처음에는 노망든 사람처럼 행동하더니, 나중에는 다시 태어난 어린애처럼 응석을 부렸다. 그러나 철강 산업 보호는 다른 산업 분야에 대한 보호와 달리 엄청난 피해를 초래할 수 있다. 왜냐하면, 철강의 가격이 상승하면 냉장고에서 자동차에 이르기까지 철강이 사용되는 모든 제품의 가격이 상승하고, 그에 따라서 기계류의 수출에도 막대한 피해를 줄 수 있기 때문이다.

2018년에 트럼프는 해외 철강 업체들이 보는 앞에서 수입 철강에

25퍼센트의 관세를 부과해 미국 철강 시장의 빗장을 걸어 잠갔다. 그런데 오히려 이것이 미국의 자동차와 전자제품 제조사들에게 족쇄가 됐다. 미국의 철강 가격이 10퍼센트가량 올랐기 때문이다. 트럼프는 관세가 미국 철강 업계가 설비 개선에 10억 달러를 투자하고, 12,700개의 일자리를 새로 창출했다고 자랑했지만, 싱크탱크 경제학자들은 자동차·오토바이·세탁기 같은 품목의 가격을 끌어올려 소비자들에게 부담을 줬고, 결과적으로 철강 산업에서 새로운 일자리를 하나 창출하는 데 약 90만 달러의 비용이 들었다고 계산했다.[45]

애덤 스미스는 다른 나라의 보호주의에 대한 보복 차원에서 관세 정책을 사용하는 것을 달갑지 않게 생각했다. 왜냐하면 보복 관세는 세상의 잠재적인 부를 잠식할 뿐이라고 생각했기 때문이었다. 물론, 이런 보복 관세로 처음에 문제를 일으킨 나라의 보호주의를 철회할 수 있도록 할 수 있다면 더없이 좋겠지만, 오히려 사태를 악화시켜 상대방이 또 다른 보복 조치를 들고 나올지 어떻게 알겠는가? 오바마는 저가의 중국산 타이어에 35퍼센트의 관세를 물렸다가 중국이 미국산 닭고기에 50퍼센트에서 100퍼센트까지 보복 관세를 부과하자 깜짝 놀랐다. 고무 분쟁으로 메릴랜드주와 아칸소주의 가금 농가들이 10억 달러의 손실을 보았다.[46]

1930년대 일어난 대공황도 사실은 각 나라가 서로에 대한 보복 차원에서 높은 관세를 부과함으로써 더욱 악화되었다. 스미스는 신랄하게 이렇게 말했다. "그런 보복 조치가 기대했던 효과를 초래할 수 있는지 여부는 입법가의 재량보다는 (…) 속칭 정치가라 불리는 교활하고 간사한 동물의 잔재주에 달려 있다."[47]

미국은 자국의 특정 산업을 보호하기 위해 다양한 보호 정책을 펴고 있는 국가다. 그럼에도 불구하고 미국의 정치가들과 경제학자들은 자유 무역을 저해하는 대표적인 국가로 주저 없이 일본을 지목한다. 대표적인 무역 보복 조치 두 가지만 언급하고 넘어가자. 일본은 불가사의한 여러 규제를 통해 자국 산업을 보호하고 있는데, 이에 대한 보복 조치로 하버드대학교 경제학과 교수를 역임한 헨리 로소브스키는 다음과 같은 우스운 제안을 내놓았다. 즉, 일본에서 수입하는 제품을 아이다호의 보이시 세관을 통해 미국에 들여오자는 것이었다.* 그리고 세관원들을 추가로 고용해 통관 수속을 강화하고, 무엇보다 통관 업무는 끝 글자가 'R'로 끝나는 달의 월요일에만, 그것도 9시에서 5시까지만 하자고 제안했다. 한편, 텍사스 주지사를 역임한 존 코널리는 1980년 공화당 대통령 후보 경선 중에 일본에 대해 더 강력한 규제 조치가 필요하다고 역설했다. 그는 무슨 생각이었는지 일본 제품의 수입을 전면 중단하자고 제안했다. 그리고 일본인들을 향해 "요코하마 부두에서 도요타 자동차에 올라타 소니 워크맨이나 들어라"라고 외쳤다. 그럼에도 후보 경선에서 수백만 달러를 지출한 코널리는 미국에 출마했는지 요코하마에 출마했는지 분간이 힘들 정도로 저조한 득표율로 고배를 마셨다.

애덤 스미스의 자유무역 논리가 보호주의자들의 요구에 고개를 숙인 경우는 그렇게 많지 않다. 예를 들어, 그는 국내 상품에 부과되는 내국세와 형평성을 고려해 수입품에 관세를 부과하는 것은 인정했다. 그뿐 아니라 영국의 안전을 위해 조선 산업의 육성이 필요하다는 것을 인정

---

* 보이시는 미국 북서부에 위치해 있지만, 바다와 인접해 있지 않다. 따라서 일본에서 수입하는 제품을 보이시 세관을 통해 들여온다는 것 자체도 일종의 무역 보복 조치에 들어간다.

하면서 국방을 목적으로 하는 보호 정책에 대해서는 적극 지지했다. 그는 1600년대에 베네치아가 몰락한 이야기를 알았다. 한때 '가장 고귀한 베네치아 공화국'으로 불렸던 베네치아는 아시아와 유럽을 잇는 무역 요충지로 향신료, 유리, 서적 교역과 금융 업무를 통해 막대한 부를 쌓았다. '무라노섬'에* 남아 있는 유리 제품을 보면 감탄이 절로 난다. 그런데 베네치아의 총독들은 국방을 프랑스와 네덜란드 용병에게 맡겼다. 용병의 문제는 분명하다. 적이 돈을 더 주면, 총구의 방향을 돌린다. 오스만 제국이 베네치아의 해군 용병에게 금을 내보이자 단숨에 배의 깃발을 바꿔 달았다. 베네치아는 해외 자산을 잃었고, 1615년에 용병들이 총독의 궁전을 파괴하고 의원들도 살해하겠다고 위협했다. 영국의 위대한 극작가 셰익스피어는 《오셀로》에서 이 용맹한 무어인이 신분상의 제약과 용병이라는 처지에도 베네치아와의 약속을 지킨 것에 경의를 표했다. 비록 스미스가 자유무역에 그런 예외를 부여하기는 했지만 어떠한 경우에도 자유무역을 저해하는 국내 산업 보호 정책이 '부의 성장'을 가로막는다는 것은 분명히 했다.

애덤 스미스 시대에 국방은 대포와 소총에 대한 것이었다. 오늘의 기술 세계에서는 무엇이 국가안보인지 물어야 한다. 2020년에 코로나바이러스가 미국을 강타했을 때 많은 미국의 정치인들과 일반 시민들은 자신들이 복용하는 항생제가 중국산이라는 것에 충격을 받았다. 인공호흡기도 마찬가지였다. 만일 이 치명적인 바이러스가 중국과 미국을 순차적이 아니라 동시에 타격했다면, 중국은 자국민을 위해 이들 품목의

---

* 이탈리아 북동부 베네치아 본섬 북동쪽 마라니 운하를 따라 위치한 섬으로 유리 세공으로 유명하다.

수출을 금지했을 것이고, 그러면 미국의 병약한 환자들은 질식사했을 것이다. 숨이 막힐 듯한 글로벌 팬데믹 상황에서 자유무역론자들조차 이런 중요한 상품이 아이들 장난감과는 다르다는 것을 고려해야 했다.

만약 정부가 자국의 산업을 보호하지 않고, 노동을 규제하지 않으며, 상인들에게 호의를 베풀지 않는다면, 정부의 역할은 무엇이란 말인가? 스미스는 정부의 '보이는 손'에 채운 수갑을 언제 풀어줄 것인가? 스미스가 정부의 역할에 대해 무관심하거나 소홀하게 다룬 것은 아니다. 그는 정부의 역할은 첫째 국방, 둘째 법치를 통한 사회 질서 유지, 셋째 도로·수로·교량·교육 제도 같은 공공시설 및 자원의 관리, 그리고 마지막으로 군주의 존엄을 유지하는 것이라고 보았다.

애덤 스미스의 재림

1980년에 애덤 스미스의 옆모습이 그려진 넥타이를 매고 다녔던 사람들은 연방정부 규모 축소, 복지 예산 삭감, 가격 규제 완화, 주정부에 대한 연방정부의 개입이나 지원 축소를 정책 목표로 내세웠다. 그리고 자유시장이 국민들이 일상에서 필요로 하는 대부분을 공급해줄 것이라고 생각했다. 레이건이 1981년에 대통령에 공식 취임했을 때, 그의 경제수석 비서관은 농담 삼아 이렇게 말했다고 한다. "그냥 가만히 있지만 말고, 아무 규제나 하나 잡아서 해제하도록 하세요!" 비록 규제 완화 흐름이 1978년 항공산업규제완화법을 필두로 카터 정부에서 시작되기는 했지만, 레이건 정부는 이것을 가속화해 천연가스·석유·항공 요금 등을 보이지 않는 손에 완전히 맡겨버렸다. 그뿐 아니라 카터 정부의 임금 및 가격 가이드라인도 폐지했다.

이런 규제 완화 조치는 초기에 그런대로 성공적인 것 같았다. 그러나 해운, 트럭 운송, 그리고 건설 분야에서 정부의 규제 완화 조치에 반발하고 나오면서 주춤하기 시작했다. 아이러니한 것은 레이건의 첫 번째 임기가 끝난 이후, 규제 완화 바람이 거세게 분 곳은 워싱턴 D.C.가 아니라 오히려 모스크바였다. 예를 들어, 케이블 방송 산업은 규제를 했다가 다시 규제를 완화하는 조치가 내려진 대표적인 분야였다. 정부 입장이 오락가락했던 것은 정치인들이 케이블 방송 요금에 민감하게 반응하는 유권자들의 표를 의식했기 때문이었다. 은행 산업처럼 증권 업무를 취급하기 위해 직접 나서서 규제 완화 조치를 이끌어낸 분야도 있었다. 한편, 연방정부는 민간 부문에서 당시로서는 가히 혁명적이라고 할 수 있는 인터넷이 도입되고 있었음에도 불구하고 어떤 규제 장치나 법안을 마련할 생각은 하지 않고 수수방관하고 있었다. 이처럼 연방정부의 규제 완화 조치로 인해 많은 부문이 치열한 경쟁에 빠져들면서 미국 기업들은 수익이 악화되어 갔다. 그래도 정부의 수수방관이 전혀 무익하지는 않았다. 많은 기업이 이 시기를 지나면서 글로벌 무한경쟁에서 살아남을 수 있을 만큼 강해졌기 때문이다. 즉, 1990년대에 글로벌 무한경쟁에서 유럽과 일본 기업들이 고전을 면치 못하고 있었을 때, 미국 기업들이 승승장구 했던 것은 바로 이런 연유 때문이었다.

정부의 규제 완화에 반대하는 논자들은 오스트리아와 노르웨이 같은 나라들은 미국보다 규제가 심하지만, 가계 수입은 미국과 거의 비슷하고 삶에 대한 만족도 역시 비슷하다고 자주 지적한다. 따라서 그들은 정부의 규제 조치가 경제성장을 가로막는 것은 아니라고 주장한다. 혹시, 그들이 나에게 이런 주장에 대한 답을 듣고 싶어 한다면, 이렇게 말하고 싶다. "미국과 같이 상대적으로 규제가 완화된 경제가 그렇지 않은 경제보다 더 시장 혁신적이다." 결론적으로 이야기하면, 규제가 심한 국가들도 경쟁이 치열한 미국 시장, 다시 말해 미국의 탈규제로 인해 이익을 본다. 예를 들어, 인터넷이 널리 보급되면서 전 세계적으로 많은 소비자가 인터넷에 접속한다. 티베트같이 미국에서 멀리 떨어져 있는 나라에서도 캘리포니아 산타클라라에 본사를 두고 있는 인텔이 개발한 최첨단 프로세서가 장착된 컴퓨터를 사용한다. 만일 미국 기업들이 티베트의 기업들처럼 심한 규제에 묶여 있었다면, 사람들은 이런 컴퓨터나 인터넷을 사용하지 못했을 것이다. 따라서 나라들 사이의 경제 수준을 단순 비교하는 것은 가장 자유로운 경제에서 퍼져 나오는 이런 파급 효과를 간과하게 된다. 특히 아이디어와 기술은 지리적 국경에 상관없이 자유롭게 넘나들 수 있다.

화가이자 영화 제작자인 앤디 워홀은 미래에는 모든 사람이 15분 동안은 유명해질 수 있을 것이라고 했다. 애덤 스미스는 15분이 아니라 200년 넘게 유명세를 떨쳤다. 그렇다면 우리는 지금 그를 어떻게 기억하고 있을까? 사회적 소요, 지식 혁명, 폭발적인 경제성장으로 서구 문명에서 가장 혁명적이었던 시기에 그는 세상이 나아갈 방향을 제시했다. 그렇다고 그가 시장을 발명했다는 이야기는 아니다. 또한 그가 경제학을 발명한 것도 아니다. 하지만 그는 시장과 경제학이 무엇인지 세상 사람들에게 똑똑히 보여줬다. 《국부론》은 출간되고 나서 거의 75년 동안, 모든 경제학자의 교과서, 즉 성서와도 같았다.

그리고 200년이 훨씬 지난 뒤에 애덤 스미스의 아이디어가 되살아나 찬양을 받았다. 《국부론》 출간 이후, 아버지를 찾다 대신 천직을 찾은 남자 애덤 스미스에게는 무슨 일이 있었을까? 무엇보다 그는 정말 행복하게 살았다. 스미스는 당대의 저명인사들과 계속 교분을 나눴고, 자신의 책이 유럽 각국의 언어로 번역되는 것을 지켜봤으며, 영국뿐 아니라 유럽 전역에서 많은 찬사와 존경을 받았다. 그뿐 아니라 정부 관료들이 자신이 말을 할 때마다 열심히 받아 적는 것을 흐뭇하게 지켜봤다. 그런데 아이러니한 것이 하나 있다. 스미스가 1790년 세상을 떠나기 전까지 13년 동안 관세청장을 지냈다는 것이다.* 부친이 역임했던 지위와 비슷한 이 자리를 수락한 스미스는 독신답게 벽장을 열고 적당히 입을 만한 것을 찾았다. 그는 자신이 "희귀한 스타킹, 목도리, 프릴 한 쌍, 손수건을 가지고 있는" 것을 발견하고 "엄청 놀라워했다." 해외에서 몰래 들여온 밀수품들 같지는 않았다.[48] 이런 웃긴 상황에서 그는 두 가지 행동을 했다. 첫째, 이 의류를 불태웠다. 둘째, 아일랜드와 미국의 수입품들에 대한 "부당하고 억압적인 금수 조치"를 철회하도록 수상과 보좌관들을 설득하기 시작했다.

이처럼 직업에 대한 인지 부조화에도 불구하고 애덤 스미스는 본인의 일을 자랑스러워했고, 명예 도시경비 대장이 되어서는 자신의 소총을 휴대하듯 어깨에 걸치고 마치 군인처럼 도시를 당당하게 걸어 다녔다. 그는 1790년 7월 17일에 사망했다. 그가 친구들에게 이 방을 떠나지만 "다른 곳에서" 만날 수 있겠지 하며 감회에 젖은 뒤였다. 다른 곳

---

* 애덤 스미스는 《국부론》이 출간된 지 2년 뒤인 1778년에 스코틀랜드 에든버러 관세청장에 부임했다. 참고로 앞서 이야기했지만, 그의 아버지 역시 세관원이었다.

이란 사람들이 시장에 모습을 드러내는 곳이면 어디든, 그리고 언제든 찾을 수 있다. 그곳은 시장 모퉁이일 수도 있고, 온라인 경매장일 수도 있으며, 밝게 불이 켜진 슈퍼마켓일 수도 있다. 무역을 향해 당당히 앞서 나아감으로써 애덤 스미스는 국부 증진에 이바지했다.

3

맬서스
암울한 예언가

Thomas Robert Malthus
(1766~1834)

1908년 어느 날, 시카고 커브스는 내셔널리그 우승 패권을 놓고 뉴욕 자이언츠와 중요한 일전을 벌이고 있었다. 9회 말 자이언츠의 마지막 공격, 양팀 모두 손에 땀을 쥐게 하는 숨 막히는 순간, 자이언츠의 젊고 장래가 촉망되는 1루 대주자가 그만 2루 베이스를 밟지 않고 지나가는 어처구니없는 실수를 범했다. 이에 커브스는 강력하게 항의했고, 결국 앞선 플레이가 무효가 되면서 그날 경기는 무승부로 끝났다. 물론 커브스는 이후 치러진 재경기와 남은 경기에서 승리함으로써 그해 월드시리즈에 올라 우승했다.*

---

* 시즌 막바지이던 1908년 9월 23일, 뉴욕 자이언츠는 커브스와의 이날 경기에서 승리할 경우 월드시리즈(정식 명칭은 월드 챔피언십 시리즈) 진출을 확정 지을 수 있었다. 당시 19세로 메이저리그 최연소 선수였던 프레드 머클은 양 팀이 1–1로 팽팽히 맞선 9회 말 2사 1, 3루 상황에서 1루 주자로 나가 있었다. 마침 다음 타자가 중견수 쪽 끝내기 안타를 쳤고 3루 주자가 홈을 밟았다. 뉴욕 자이언츠가 승리하면서 월드시리즈 진출을 확정지었다. 승리의 기쁨에 도취한 관중이 외야 담장을 넘어 그라운드로 쏟아져 들어오기 시작했다. 그런데 이를 본 머클이 관중들에게 시달릴 게 두려워 2루 베이스를 밟지도 않고 클럽하우스로 발길을 돌려버린 것이다. 이를 본 커브스 수비진이 공을 2루에 송구했고, 3아웃이 되면서 뉴욕 자이언츠의 득점은 무효가 됐다. 심판은 난장판이 된 그라운드에서 경기를 속개하기가 힘들다고 판단, 이 날 경기를 무승부로 처리했다. 이후 내셔널리그 우승을 눈앞에 두고 있던 자이언츠는 연패를 당해 정규 시즌을 커브스와 동률로 마감했고, 재경기에서 커브스에 패해 다 잡은 리그 우승을 놓쳤다.

이 젊은이의 이름은 프레드 머클이었다. 그러나 그날 그 순간부터 죽을 때까지 그에게는 '본헤드'* 머클이라는 별명이 붙어 다녔다. 그는 이런 오명을 씻기 위해 온갖 노력을 다했지만, 결국 떨쳐버리지 못했다.

오늘날 많은 사람이 오스트리아의 정신분석학자 프로이트와 프로이트적 실언,** 성적 상징 등의 개념에 대해 알고 있을 것이다. 혹시, 프로이트가 누구냐고 반문하는 교양인이 있다면, 그는 분명 무의식적인 욕구를 억누르고 있는 사람이 틀림없다.

맬서스는 야구를 해본 적도 없고, 정신분석학자를 만난 적도 없었다. 하지만 그는 프로이드만큼이나 유명했고, 본헤드 머클만큼 많은 오명을 안고 살았다. 맬서스보다 정신분석학자를 더 필요로 했을지도 모르는 영국의 낭만파 시인 바이런조차 그를 조롱하는 시를 지었고, 아이들마저 그를 놀리는 노래를 흥얼거리고 다닐 정도였다. 그가 세상을 뜬 지 수십 년 뒤에 사회주의 혁명가 마르크스는 그를 신랄하게 비판했다. 하지만 1세기가 지난 뒤에 비로소 그는 케인스에 의해 명성을 되찾았는데, 케인스는 그의 사후 200년이 되어서야 "인류가 그를 명예훼손 없이 온당하게 기억할 것이다"라고 예언했다. 그렇다면 그는 도대체 어떤 명예훼손을 당했단 말인가?

맬서스는 어떤 파렴치한 범죄를 저질렀기에 영국의 낭만파 시인 새뮤얼 테일러 콜리지조차 "이 위대하고 거룩한 국가와 그 지배자들, 그리고 지성인들조차 맬서스의 말에 귀를 기울이다니! 오호통재라!"라고

---

* Bonehead. 바보, 멍청이라는 뜻이지만, 전문 야구 용어의 하나로 선수가 어이없게 저지른 서툰 플레이를 뜻한다.
** Freudian Slips. (진실이 담긴) 무의식적인 과실 또는 실언 등을 의미하며, 실착 행위 또는 착행이라고도 한다.

했을까?

1798년, 맬서스는 19세기를 유토피아적 신념으로 바라보고 있던 사람들의 낭만적인 꿈을 하루아침에 앗아가 버렸다. 그는 인구 과잉으로 인해 인류의 미래는 기쁨과 환희로 넘쳐나기보다는 사회적 소요와 붕괴를 맞게 될 것이라고 전망했다. 언론은 즉각 그의 예측에 반발하고 나섰다. 그리고 얼토당토않은 예측으로 사람들을 혼란에 빠뜨렸다는 죄목으로 그에게 유죄를 선고했다. 새로운 세기를 불과 2년 앞두고 있던 시점에서 맬서스는 기대에 부풀어 있던 사람들의 마음에 재를 뿌렸다. 아니면 적어도 그의 이론은 그랬다.

맬서스는 1766년 2월 13일, 보통 사람과는 달리 뭔가 유달랐던 아버지 다니엘 맬서스의 대저택이 있던 영국 서리의 루커리에서 태어났다. 그의 아버지는 흄과 프랑스 태생의 철학자이자 계몽주의 사상가인 루소와 친분이 있었는데, 맬서스가 태어나고 3주째 되었을 때 두 사람이 직접 찾아와 그의 탄생을 축하해주기도 했다고 한다. 일찍부터 총명함을 드러내기 시작한 로버트(맬서스의 어린 시절 별칭)는 집에서 개인 교사를 두고 호사스러운 교육을 받았다. 어느덧 키가 훤칠한 청년으로 자란 그는 1784년에 성직자가 될 꿈을 품고 케임브리지대학교 지저스 칼리지에 들어갔다. 물론 그는 수학과 철학에도 관심이 많았다.

애덤 스미스와 마찬가지로 영국의 물리학자이자 수학자인 아이작 뉴턴에게 깊은 인상을 받은 맬서스는 그의 주요 저서인 《프린키피아》를 주의 깊게 읽었다. 누구보다 지적 관심과 성직자가 되고자 하는 열망이 컸음에도 불구하고, 맬서스는 다른 사람의 얼굴 표정이나 목소리 흉내를 잘 내 친구들 사이에서 인기가 많았던 위트 넘치는 케임브리지맨이었다. 당시 맬서스는 돼지 꼬리같이 생긴 길게 땋아 늘인 머리 스타일이 유행할 때, 혼자서 목까지 내려오는 곱슬곱슬한 고수머리를 하고 다녔는데, 그로부터 10년 뒤에 거의 모든 학생이 돼지 꼬리를 잘라내고 고수머리를 하고 다닌 걸로 봐서 그는 아마 유행을 앞서 나가거나 선도했던 사람이었던 것 같다. 더 충격적인 것은, 대다수 학생이 머리에 흰색 분가루를 뿌리고 다닐 때, 그는 유독 혼자서 분홍색 분가루를 뿌리고 다녔다는 것이다. 아마 그는 시대를 앞서간 펑크족이었을 수도 있다. 사람들의 시선을 사로잡은 맬서스의 용모를 확인할 수 있는 그림은 안타깝게도 남아 있지 않다. 그는 초상화 그리는 것을 꺼렸다. 성격은 활달했지만, 타고난 언청이었기 때문이다. 그가 머리를 물들인 것도 사람들의 시선을 다른 데로 돌리기 위해서였을 것이다. 사망하기 1년 전에야 겨우 기념으로 초상화 그리는 것을 허락했다. 하지만 화가의 능숙한 붓질 덕에 실제와 달리 진지하고 범상하고 당당한 모습이다. 흥미롭게도 손에 책을 들고 있는데, 검지로 책 절반을 정확히 가르고 있다.

1788년 졸업을 앞두고 있던 어느 날, 지저스 칼리지 학장이 그를 불러 선천선 구개 파열증으로 인한 언어 장애 때문에 성직자로 출세하는 데는 어려움이 있을 수도 있다는 우려 섞인 충고를 해준다. 하지만 케임브리지대학교 시절 희랍어, 라틴어, 그리고 영어 연설 대회에 나가 여러 번 수상한 경력이 있는 맬서스였다! 결국 맬서스는 이런 충고를 무시하고 성직자의 길을 택해 잠시 동안이기는 했지만 오크우드에 있는 한 교회에서 성직자 생활을 했다. 그리고 1793년에 연구원 신분으로 모교인 지저스 칼리지로 돌아왔다. 이후, 비록 맬서스가 두 번 다시 성직에 몸담지 않았음에도 불구하고, 경제학자들이 계속해서 그를 맬서스 사제라 부르는 것은 청교도적 비관주의가 행복하고, 유머러스한 보통 사람들보다는 그의 인구론에 더 잘 들어맞기 때문일지도 모른다.

미국의 저널리스트이자 풍자가인 헨리 루이스 멩켄은 청교도를 "지금 이 시각, 누군가가, 어디에선가 쾌락에 빠져 재미있게 놀고 있을지 모른다는 생각이 뇌리에서 떠나지 않아 두려워하고 괴로워하는 사람"이라고 정의했다. 정신분석학적으로 볼 때, 그가 청교도이건 아니건 상관없이 그와 그의 경고를 무시하는 편이 우리 정신 건강에 더 좋을 수도 있다.

일순간에 날아간 유토피아적 환상

맬서스가 지저스 칼리지로 돌아왔을 무렵, 대륙에서는 혁명의 파도가 거세게 일고 있었다. 1793년, 프랑스에서는 혁명가들이 루이 16세를 베르사유 궁전에서 끌어내 교수형에 처하고 공화정을 선포했으며, 그리고 이어 영국에 대해 전쟁을 선포했다.* 이런 혼란스러운 시국에도 불구하고, 몇몇 작가들과 설교자들은 폭풍 뒤에 고요가 찾아오듯이 머

---

* 1789년 7월 14일 구체제에 대한 불만으로 파리 시민들이 바스티유 감옥을 습격하는 사건으로 시작된 프랑스 시민 혁명을 말한다. 1793년 1월 루이 16세가 단두대에서 처형되고 공화정(제1공화정)이 선포됨으로써 끝이 났다. 프랑스 혁명은 엄밀히 말해 1830년 7월 혁명과 1848년 2월 혁명을 함께 일컫는 말이지만, 보통 1789년 혁명을 가리킨다. 그래서 어떤 사람은 1789년의 혁명을 다른 두 혁명과 비교해 프랑스 대혁명이라 부르기도 한다. 영국에 대한 선전 포고는 혁명에 반대하는 왕당파가 영국군을 불러들임으로써 벌어진 것으로 1793년 프랑스의 대표적인 군항인 툴롱에서 양국 군대가 전투를 벌였다. 당시 포병 연대장으로 나폴레옹 보나파르트(나폴레옹 1세)가 선봉을 맡아 영국군을 몰아냄으로써 일약 국민적 영웅으로 떠올랐다. 이후에도 영국과 프랑스는 나폴레옹이 최종 실각하는 1815년까지 여러 차례에 걸쳐 전쟁을 치렀다.

지않아 에덴 이후 가장 평화롭고 풍요로운 시대가 올 것이라고 단언하고 다녔다. 일찍이 루소는 인간은 행복하고 자유롭게 태어났지만 사회에 의해 부패하고 타락했다고 썼다. 이에 볼테르는 루소의 초자연주의가 그의 작품을 읽는 이로 하여금 네 발로 걸어 다니고 싶은 충동을 불러일으킨다고 비꼬았다. 영국에서는 윌리엄 워즈워스가 환희에 사로잡혀 "그날 새벽에 살아 있던 것은 축복이었지. 하지만 젊었다는 것은 바로 천국이었네!"라고 썼다.[1] 그러나 맬서스는 이런 유토피아적 환상에 거부감을 드러냈다. 특히 그는 영국 태생의 소설가이자 정치철학자, 그리고 1793년에《정치적 정의와 그것이 일반 미덕과 행복에 미치는 영향에 관한 고찰》을 저술한 윌리엄 고드윈에 반발심을 갖고 있었다.

고드윈은 "인간은 완벽해질 수 있으며, 또는 다른 말로 부단히 향상 발전할 수 있다"는 믿음을 갖고 있었다. 그의 딸이자 소설《프랑켄슈타인》의 저자인 메리 셸리는 아마 이 말에 동의하지 않았을 것이다! 그리고 "진리는 전능한 것"이기 때문에 인간은 자신을 더 행복하고 이웃과 조화를 이룰 수 있는 존재로 탈바꿈시킬 수 있다고 생각했다. 즉, "모든 인간은 열정을 가지고 인류를 위해 선을 추구할 것이다."[2]

시민 사회의 역사는 인간 질병의 역사라고 주장한 루소를 따라 고드윈은 인간이 완벽해짐에 따라 정부, 왕실, 범죄, 전쟁, 슬픔, 그리고 분노 같은 것들이 사라질 것이라고 내다봤다. 그가 페미니즘 사상의 창시자 가운데 한 명으로《여성의 권리 옹호》(1792)를 쓴 메리 울스턴크래프트와 결혼했지만, 결혼 자체는 사악한 것으로 간주했다. 심지어는 죽음과 잠도 없어질 것이라고 보았다. "세대교체는 일어나지 않을 것이다. (…) 죽음이 없어지기 전에 우리는 죽음과 흡사한 잠부터 없애야 한다. 잠은 인체가 지닌 가장 두드러진 결점 중 하나다. 그것은 신체가 (…) 비정상적이고 병적인 상태에 있는 것을 의미한다."³ 프랑스의 철학자이자 수학자이며, 1794년에 《인간 정신의 진보에 관한 역사적 고찰을 위한 개요》라는 책을 출간한 콩도르세의* 머릿속에도 이와 비슷한 유토피아적 발상이 넘실대고 있었다. 이 책에서 콩도르세는 프랑스 대혁명 당시 혁명을 주도했던 자코뱅파(프랑스 대혁명 당시 혁명을 이끌었던 급진적 공화주의자들을 일컬음)의 우두머리 로베스피에르에게 붙잡혀 영원히 잠들 처지에 놓여 있던 사람치고는 정말 놀라울 정도로 낙관적인 모습을 보여주었다.

맬서스를 가장 불쾌하게 만들었던 고드윈과 영국 태생의 철학자이자 가톨릭 부주교였던 윌리엄 페일리는 누구보다도 앞장서서 인구 증가가 총체적인 행복의 증대를 의미하기 때문에 인류를 위해 좋은 징조라고 주장했다. 페일리는 인구 감소가 한 나라가 겪을 수 있는 가장 큰 불행이라고 선언했다. 18세기가 끝나갈 무렵, 일부 학자들은 변변치 못한 자료에 근거해 지난 100년 동안 인구 성장 속도가 매우 낮았다고 평가했다. 한편, 개중에는 인구가 늘지 않고 오히려 감소했다고 주장하는 이들도 있었다. 경제성장을 위해 무엇보다 노동력 확충이 중요하다고 생각한 윌리엄 피트 수상은 부양 자녀에 대해 2배의 빈민구제수당을 지급하는 법안을 도입하기도 했다. 이 법안은 오늘날 도입된 부양아동가족제도(대공황 시기인 1935년 도입)와 이를 대체한 빈곤가정한시지원제도 같은 프로그램의 시초가 됐다.

예상했겠지만, 맬서스의 아버지 다니엘 맬서스는 고드윈-페일리-콩

---

* 본명은 마리 장 앙투안느 니콜라 드 카리타. 나중에 콩도르세 후작 칭호를 얻었다. 프랑스 대혁명 당시 로베스피에르에게 붙들려 감옥에서 자살했다.

도르세(특히 그의 유작)-루소의 유토피아적 견해에 고개를 끄덕이며 동의했다. 하지만 아들은 아버지와 달랐다. 그는 고개를 설레설레 저었다. 아버지와 아들은 숲을 걸으며 설전을 벌였다. 두 사람은 각자의 생각과 논리에 근거해 서로를 설득하려 들었다. 마침내 감상적이고, 앞뒤 꽉 막힌 공상가 아버지에게 화가 치민 맬서스는 그 길로 후대에《인구론》으로 알려진《인구의 원리가 미래의 사회 발전에 미치는 영향에 대한 소론-고드윈, 콩도르세, 그리고 그 외 작가들에 대한 고찰을 포함해》라는 제목의 책을 써내려갔다. 이번에는 아들의 지적 능력에 감동을 받은 아버지는 이 논문의 익명 출간을 준비했다.

무시무시한 이론

이전까지 이보다 더 충격적인 논문은 없었다. 지구가 무서운 속도로 줄어들고 있는 것을 상상해보라. 즉, 지구가 25년마다 반으로 쪼개져 반은 현재의 궤도를 계속 돌고, 나머지 반은 태양계를 돌다가 불이 붙어 폭발한 뒤 사라진다고 생각해보라. 아마 사람들은 살아남기 위해 나머지 반쪽으로 아이들, 부모들, 그리고 그들이 나를 수 있는 모든 소중한 것을 옮기며 아우성을 칠 것이다. 하지만 그들은 지구의 어느 쪽 절반이 제 궤도를 유지할 수 있을지 알지 못한다. 맬서스의 예언은 이것과는 사뭇 달랐지만, 어쨌든 당시 사회에 이에 못지않은 충격을 안겨 주었다. 다시 말해, 그는 지구가 쪼개져 폭발할 것이라고 말하는 대신, 지구의 인구는 폭발적으로 팽창하지만, 식량 공급은 이에 미치지 못할 것이라고 예견했다. 맬서스는 일반적으로 농부들은 가장 비옥한 토지부터 쟁기로 갈고, 씨앗을 뿌리고, 수확한다고 가정했다. 그러다 인구가 증가하면 자갈투성이의 척박한 땅을 개간하고 수확 체감을 겪는다. 맬서스가 14세기에 흑사병이 유럽을 휩쓴 지 한참 뒤에 태어났지만, 줄곧 이어져온 기억에서 흑사병 이후 임금이 상승했다는 것을 알았다. 흑사병은 유럽 노동인구의 3분의 1을 앗아갔다. 노동자 수가 줄었기 때문에 지주는 생존자들에게 대가를 더 지급해야 했다. 높은 대가를 받는 농부들이 단백질 소비를 늘리자 고기를 얻고 가죽과 양모 교역을 위해 곡물 경작은 줄고 소와 양 사육이 늘었다. 헨리 8세의 대법관이었던 토머스 모어 경이 이런 경향을 비판하며 "온순하고 길들인" 양들이 "인간 (…) 온 들판, 주택, 도시"를 먹어 치우고 있다고 묘사했지만, 축산업으로의 이동은 여성들에게 새로운 기회를 열었다. 여성들이 결혼을 늦췄고 남편들을 밀어냈다. 역설적으로 흑사병이 생계 수준을 올린 것 같았다! 흑사병의 긍정적인 면을 볼 수 있었던 맬서스 같은 사람은 그것의 어두운 이면도 볼 수 있었다.[4]

벤저민 프랭클린이 미국에서 제공한 자료를 토대로 맬서스는 인구가 25년마다 2배로 증가할 것이라고 주장했다. 물론, 인구는 그가 예상한 것보다 더 빠르게 증가할 수도 있었다. 실제로, 맬서스는 좀 더 급진적인 사례를 인용할 수 있었음에도 불구하고 비교적 온건한 쪽을 선택했다. 프랭클린은 15년 만에 인구가 2배로 증가한 마을도 있다고 보고했다! 비록 프랭클린이 제공한 자료에는 식량 공급에 관한 자료는 들어 있지 않았지만, 맬서스는 식량 생산이 결코 인구 증가를 따라올 수 없을 것이라는 결론을 어렵지 않게 내렸다. 맬서스는 인구가 억제되지 않을 경우 기하급수적으로 증가하지만, 식량은 산술급수적으로 증가할 뿐이라는 입장을 내놓았다.

그렇다면 기하급수니 산술급수니 하는 말은 무엇을 뜻할까? 기하급수는 어떤 하나의 수에 같은 수를 곱해 계속 배가 되는 것을 의미한다. 따라서 기하급수는 계속해서 배로 증가한다. 산술급수는 어떤 하나의 수에 상수를 더하는 것을 의미한다. 이것을 쉽게 이해시키기 위해 맬서스는 다음과 같은 훌륭한 예를 들었다. 그는 현재 인구가 10억 명이라고 할 경우, 인구는 1, 2, 4, 8, 16, 32, 64, 128, 256의 속도로 증가하는 반면, 식량 생산은 1, 2, 3, 4, 5, 6, 7, 8, 9의 속도로 증가한다고 했다. 이것을 좀 더 쉽게 설명해보자. 10억은 너무 큰 수니 현재 인구가 1명이고, 인구가 25년마다 배로 증가하며, 그리고 처음에 한 사람이 쌀 1가마니씩을 가진다고 가정하자. 맬서스의 계산대로라면, 100년 뒤에 인구는 16배, 200년 뒤에는 256배 증가한다. 반면 식량 생산은 산술급수적으로 증가하기 때문에 100년 뒤에 5가마니, 200년 뒤에는 9가마니밖에 생산되지 않는다. 즉, 200년 뒤에 인구 256명이 쌀 9가마니를 나누어 가져야 하는 계산이 나온다. 그리고 또다시 100년 뒤에 인구는 4,096배로 증가하고, 쌀은 13가마니밖에 생산되지 않기 때문에 그 격차는 더욱 벌어지게 된다!

이렇게 기하급수는 매우 위력적이고 놀랍지만, 한편으로는 오해의 소지도 안고 있다. 다음 예가 기하급수의 기만적인 성격을 이해하는 데 도움이 될 것이다. 스콧이 2월 2일에 방송되는 슈퍼볼 경기를 보기 위해 데니스에게 텔레비전을 빌리고자 한다. 그 대가로 스콧은 데니스에게 1월 1일부터 경기가 시작하는 1월 21일까지 21일 동안 매일 2배씩 비용을 지불하겠다고 약속한다. 즉, 1월 1일 첫날에 1페니를 지급하는 것으로 시작해, 둘째 날에는 2페니, 셋째 날에는 4페니, 넷째 날에는 8페니씩 기하급수로 지불하는 것이다. 스콧이 돈이 많은 건지 데니스가 조금 영리한 건지 정확히는 모르겠지만, 어쨌든 둘 사이에 계약이 성사됐다. 하지만 슈퍼볼 경기가 시작되는 1월 21일, 스콧은 아마 땅을 치고 후회할 것이다. 왜냐하면 그날 그가 지불해야 하는 돈은 무려 42,949,672달러 96센트이기 때문이다!

은행의 복리 이자 또한 이런 기하급수의 기만을 보여준다. 오늘날 세계 금융의 중심지가 된 맨해튼은 네덜란드인들이 인디언들로부터 24달러에 구입한 섬이었다. 그런데 만일 인디언들이 이때 받은 돈을 쓰지 않고 은행으로 달려가 복리 계좌에 넣어 두었다면, 아마 지금 그 계좌에는 그들의 자손들이 엠파이어스테이트 빌딩과 링컨 센터, 센트럴파크의 스케이트장, 그리고 17세기 이후 맨해튼에 들어선 모든 건물을 포함해 그것을 되사고도 남을 천문학적 액수의 돈이 쌓였을 것이다.

복리 이자가 얼마나 기만적인지 최근의 사례를 하나 더 들어보겠다. 1981년, 미국 의회는 개인퇴직계좌를 허용하는 법안을 통과시켰다. 이것은 퇴직연금제도의 일환으로 개인이 퇴직할 때까지 과세 부담 없이 매년 2,000달러 한도에서 예치할 수 있도록 허용한 법안이었다. 법안이 통과되자마자 은행들은 저마다 고객을 유치하기 위해 일제히 신문 광고를 내보내기 시작했다. 무엇보다 눈에 띄는 것은 현재 만 25세 직장인이 개인퇴직계좌에 매년 2,000달러씩 은퇴할 때까지 예치할 경우 은퇴 시에 무려 100만 달러 이상을 보장받을 수 있다는 글귀였다. 그리고 으레 은행들의 수법 또는 광고의 수법이 그렇듯이, 복리라는 마법에 의해 지상에서 발사돼 하늘 높이 치솟아 오른 돈뭉치의 궤적을 진하게 그리고 있는 그래프가 친절하게 그려져 있었다. 그러나 광고 하단에는 아주 작은 글씨로 이렇게 적혀 있었다. "상기 보장 금액은 예금 이자율이 향후 40년 동안 평균 12퍼센트라는 것을 가정해서 산정한 것입니다. 따라서 보장 금액은 예금 이자율에 따라 다를 수 있습니다." 하지만 이보다 더 중요한 것은, 만일 이자율이 40년 동안 평균 12퍼센트를 유지한다면, 인플레이션 역시 40년 동안 똑같이 오를 것이기 때문에 이자의 대부분을 까먹게 된다는 사실이다. 그러나 은행 광고 어디에도 이런 이야기는 찾아볼 수 없었다.

이 광고를 보자마자 은행으로 달려가 개인퇴직계좌를 개설하고, 행복한 노후를 머릿속에 그리며 사무실로 돌아와 40년 동안 외부 세계와 거의 접촉을 끊고 자기 책상에 파묻혀 죽어라 일만 한 소박한 여피(고학력으로 직업상의 전문적인 기술을 가지고 있고, 도시 근교에 살며, 높은 소득을 올리는 젊은 엘리트를 말함)를 떠올려보자. 그렇게 40년을 일한 그는 2021년 마침내 은퇴한다. 마지막으로 회사 문을 나서기 전, 자신의 한평생을 바쳐 일한 자기 책상에 앉아 이미 누렇게 퇴색한 1981년 신문광고를 손에 들고 부들부들 떨면서 부푼 가슴으로 기쁨의 눈물을 흘린다. 그리고 밖으로 나온 그는 이 세상에서 마지막으로 남은 동전 주입식 공중전화로 은행에 전화를 걸어 40년 동안 부은 계좌의 돈을 찾으러 갈 예정이니 현금 수송용 장갑차를 준비해 달라고 부탁한다. 은행은 그의 계좌에 입금되어 있는 돈이 거의 1,000만 달러에 가깝다고 친절하게 설명해준다. 그는 그 돈으로 이탈리안 레스토랑을 운영할 생각을 하며 감격의 눈물을 흘린다. 순간 공중전화에서 "짤까닥" 하는 소리가 들려온다. 무슨 영문인가 하고 어리둥절하던 찰나, 녹음된 전화교환원의 목소리가 들린다. "1분 더 통화를 원하시면, 40만 달러를 넣어주십시오."

사실, 1980년대 초에 시작한 광고들은 아주 기만적이다. 1981년과 2020년 사이에 은행들이 예금주들에게 돌려준 수익은 연평균 12퍼센트가 아닌 4퍼센트 정도였다.

《인구론》의 결론은 맬서스에게나 다른 사람들에게 전혀 새로운 것이 아니었다. 이미 벤저민 프랭클린과 제임스 스튜어트 경이* 인구 증가에 대해 불길한 예언을 담은 저술을 출간한 적이 있었기 때문이었다. 물론 맬서스도 비록 출간은 하지 못했지만,《인구론》보다 2년 앞서 비슷한 내용을 담은 글을 쓴 적이 있었다. 이 글에서 맬서스는 "나는 한 나라의 행복의 척도가 인구수에 비례한다고 주장하는 페일리 부주교의 말에 동의할 수 없다. (…) 실제 인구가 행복의 척도가 될 수 있다면, 그것은 시간상으로 지나간 과거(상대적으로 인구가 적었던)에만 해당될 수 있을 것이다"라고 썼다. 비록 독창적인 것은 아니었지만, 맬서스의 인구 논리는 간결하고 인상적인 문체로 읽는 이로 하여금 매우 설득력이 있어 보였다. 맬서스와 그의《인구론》은 출간되자마자 엄청난 반향을 일으키며 많은 관심을 받았다.

만일 지구가 계속해서 반의 반으로 쪼개진다면, 사람들은 서로 살아남기 위해 이쪽에서 저쪽으로 옮겨 다니며 우왕좌왕 난리를 칠 것이다. 이와 반대로 인구가 기하급수적으로 늘어난다면 무슨 일이 벌어질까? 그 전에 실제로 인구가 기하급수적으로 늘어나는 것이 가능할까? 그렇

---

* 애덤 스미스의 라이벌이던 제임스 스튜어트 경은 애덤 스미스의 《국부론》보다 9년 앞서 출간한 《정치경제의 원리에 대한 연구》에서 계몽주의 사조에 입각해 중상주의에 대한 정치경제학적 분석뿐 아니라 인구 문제에 대해서도 우려 섞인 분석을 하고 있다.

지 않다. 다음 두 가지 억제 요인이 인구 증가를 저지한다. 하나는 '적극적positive' 억제이고, 다른 하나는 '예방적preventative' 억제다. 맬서스에게 적극적 억제는 낙관적인 것을 의미하지 않았다. 왜냐하면 그에게 억제 개념은 사망률을 높이는 것을 의미했기 때문이었다. 그렇다면 기하급수적인 인구 증가에 따른 위기에서 우리를 '구해'줄 수 있는 적극적인 힘은 무엇일까? 다름 아닌 전쟁, 기아, 역병이다. 흑사병은 이미 도처에서 우리를 구하기 위해 기회가 오기만을 호시탐탐 노리고 있다. 유아 사망률은 과잉 인구로부터 우리를 해방시킨다. 그리고 기근은 항상 물귀신처럼 우리를 졸졸 따라다닌다. 맬서스는 이렇게 말했다.

> 기근은 자연이 자신을 보호하기 위해 사용하는 마지막이자 가장 치명적인 수단처럼 보인다. 인구 성장률은 지구상의 인구를 부양하는 데 필요한 식량을 생산하는 땅의 지력, 즉 생산력을 뛰어넘기 때문에 인류는 어떤 식으로든 때 이른 죽음을 맞이할 수밖에 없다. 자체적으로 인구를 조절할 수 없는 인류의 결함이 인구를 감소시키는 최적의 수단이 된다. 그것은 인구 감소의 특명을 받은 대규모 학살 부대의 선봉장이며, 자체적으로 이런 무시무시한 임무를 완수할 수도 있다. 하지만 이것이 실패로 돌아갈 경우, 다음으로 유행병, 페스트 그리고 역병 등 지원 부대가 맹렬한 속도로 진격해 수천수만의 목숨을 일순간에 앗아간다. 이것으로도 임무가 완수되지 않을 경우, 대규모 기근이 불가피하게 뒤따라 일어나고, 따라서 인구는 단번에 식량 생산량 수준으로 떨어질 것이다.[5]

출산율을 낮추는 것을 목표로 하는 예방적 억제는 적극적 억제에 비해 엄격하지 않고, 따라서 성과도 그렇게 높지 않다. 만약 사람들이 성적 욕구를 억제하고 결혼을 늦춘다면, 결국 그들 자신들에게 이익이 될 것이라고 맬서스는 주장했다. 즉, 맬서스가 보기에 아이를 많이 갖는다는 것은 가족의 생계 수준을 낮추는 것밖에 되지 않기 때문이다. 하지만 맬서스는 이것에 별다른 기대를 걸지 않았다. 오히려 그는 그 반대가 될 것이라고 내다봤다. 물론 자신의 책을 읽은 중간 계급과 상류 계급은 자신의 논의를 받아들일 수도 있을 것이다. 하지만 부양 자녀가 많을수록 빈민구제수당을 더 많이 받는 이때 하층 계급에게 결혼을 늦추라거나 아니면 결혼은 하더라도 아이는 적게 낳거나 늦게 낳으라고 어떻게 설득할 수 있단 말인가? 맬서스는 자연의 엄격한 견제에 의해 통제되는 인구 성장이 임금을 최저 생계 수준으로 유지시킬 것이라고 예견했다. 만일 임금이 상승하면, 노동자들은 더 많은 아이를 낳을 것이고, 그 결과 식량 부족이 뒤따르면서 생계 수준이 자연적으로 하락할 것이다. 물론 임금도 다시 최저 생계 수준으로 떨어질 것이다. 그는 이런 악순환이 계속해서 반복될 것이라고 내다봤다.

맬서스는 《인구론》의 한 구절에서 짤막하게 자신의 이런 예측이 '우울한 색조'를 띠고 있다는 것을 인정한다. 그런데 암울한 검은색을 색조로 인정하는 사람이 있을까? 뒤에 맬서스는 "이렇게 반복해서 일어나는 인류의 불행을 막는 것이 인간의 능력 밖의 일이라니 참으로 애석한 일이다"라고 탄식한다. 설교사의 귓가에 울리는 창세기 3장 17절이 떠오른다. "너로 인하여 땅이 저주를 받았으니 너는 사는 동안 슬퍼하며 그것의 소산을 먹으리라." 그럼에도 불구하고 그는 입가에 미소를 잃지 않으면서 성직자를 꿈꿨던 사람답게 이렇게 설교한다. "인생은 미래가 어떻든 하나의 축복이다. (…) 그리고 우리는 세상에는 꼭 필요 이상으로 악이 존재하지 않는다는 것을 잘 알고 있다."[6] 인류가 동정과 미덕을 보여줄 것이라 바라면서 '맬서스의 덫'을* 놓은 것은 맬서스 자신이 아니라 신이다.

이 익명의 책자(앞서 언급했듯이,《인구론》은 처음에 익명으로 출간됐다)는 영국 사회에 역병처럼 퍼져 나가 페일리와 고드윈의 집을 덮쳤고, 그것도 모자라 그의 추종자들을 감염시키면서 그들의 유토피아적 이론이 마치 지적 기근intellectual famine에서 비롯된 것인 양 보이도록 만들었다. 페일리는 바로 고개를 숙이고 자신의 입장을 철회했으며, 더 이상의 언급은 피했다. 하지만 고드윈은 역으로 맬서스의 주장을 반박하고 나섰다. 그는 자신의 유토피아적 논의는 잠시 접어둔 채, 그리고 오히려 맬서스의 비관적인 논의에 기초해 인간의 도덕적 자제력이 인구 성장에 따른 재앙을 막을 수 있으리라 주장했다. 맬서스의 논리에 말려든 것이었다. 그런데 무엇보다 극적인 사실은 피트 수상마저 맬서스의 덫에 걸려들었다는 것이다. 앞서 언급했듯, 1796년 피트 수상은 의회에서 노동력 확보를 위해 빈민구제수당을 늘리는 법안을 지지했다. 하지만 그로부터 4년 뒤에 그는 맬서스의 논리를 받아들여 새로운 법안에 대한 지지를 철회했다. 피트 수상은 빈민구제법이 오히려 가난한 사람들에게 더 많은 자녀를 갖도록 조장함으로써 인구를 증가시키기 때문에 얼마 안 있어 인구 감소를 위해 '예방적 억제책'을 도입할 수밖에 없고, 그렇게 되

---

* 보통 맬서스의 인구론을 맬서스의 덫이라고 표현하기도 한다. 즉, 사회적 또는 자연적 생산력 이상으로 인구가 증가할 경우 인류 전체의 생활 및 생계 수준이 떨어질 것이라는 맬서스의 비관적인 예측을 의미한다.

면 하층 계급은 재차 황폐화되고 빈민구제법은 무용지물이 될 것이라는 맬서스의 주장을 그대로 받아들였다. 게다가 맬서스는 예방접종을 달가워하지 않았다. 에드워드 제너라는 시골 의사가 그의 정원사 아들에게 천연두 면역을 성공시키는 것을 목격했는데도 말이다.

이상의 내용으로 맬서스를 하층 계급을 멸시하거나 증오하는 사람으로 보는 이도 있을 것이다. 찰스 디킨스가 가난한 사람들이 얼른 죽어야 "남아도는 인구가 줄지"라며 큰소리치는 에베네저 스크루지의 입을 빌려 맬서스적 표현을 쓰기는 했지만 사실은 그렇지 않다. 맬서스의《인구론》은 예방적인 억제가 실패해 적극적인 억제, 즉 전쟁이 일어나고 기근이 난무하며, 역병이 창궐할 경우 가장 큰 피해와 고통을 입는 것은 가난한 사람들이라고 생각할 만큼 그들에 대한 온정어린 시선이 가득하다. 후일 케인스가 주장한 것처럼, 맬서스가 인구 성장에 대해 비관적인 결론을 내린 것은 사실 그의 진리에 대한 사랑과 인류애 때문이다. 하지만 피트 수상은 1796년 빈민구제수당을 늘리는 법안을 지지하면서 했던 자신의 주장을 다시 주워 삼키면서 아마 목이 따끔했을 것이다. "빈민구제를 권리이자 명예로 생각합시다. (…) 이것은 대가족이 저주가 아니라 축복이 되도록 만들 것입니다. 그리고 자신의 노동으로 스스로를 부양하는 사람들과 자녀를 많이 낳아 나라를 부유하게 만든 뒤 그에 대한 정당한 대가로 보조금을 주장하는 사람들 사이에 분명한 선을 그을 것입니다." [7]

피트 수상의 분명한 지지를 받았음에도 불구하고, 맬서스는 여전히 미래에 대해 회의적이었다. 아름다운 여성을 보고 성적 욕구를 느끼지 못하는 사람이 있을까? 맛있는 술을 눈앞에 두고 입맛을 다시지 않는 남자가 또 있을까? 그리고 설교자들은 잘 알겠지만, 아무리 훌륭하고 그럴듯한 설교인들 아무도 들어주지 않는데 무슨 소용이 있겠는가?

예상치 못하게 온 나라에 그가 울린 경종이 알려지자 맬서스는 그가 사용한 치밀하지 못한 과학적 방법에 불안해하기 시작했다. 앞서 언급했듯이, 그의 인구론의 논리를 뒷받침하는 근거가 된 자료는 벤저민 프랭클린이 미국에서 보내온 것이었다. 그런데 그 자료는 정확한 조사를 바탕으로 한 것이 아니라 여기저기 흩어져 있던 것을 한데 모은 것에 지나지 않았다. 더구나 미국은 한때 영국의 식민지였다. 게다가 맬서스는《인구론》전반에서 감도는 숙명적 비관주의도 불만스러웠다. 그렇다면 대안은 좀 더 엄격한 과학적 방법과 신빙성 있는 자료를 통해 보안된《인구론》의 개정판을 내는 것이었다.

맬서스는 다시 포괄적인 연구를 시작했다. 그리고 가능한 많은 광범위한 조사와 자료 확보를 위해 스웨덴, 노르웨이, 핀란드, 러시아, 그리고 심지어는 1802년에 잠시 영국과 평화 관계를 유지하고 있던 프랑스와 스위스까지 돌아다녔다. 이렇게 그는 여러 나라를 돌아다니며 인구 자료와 관계 법률을 조사했고, 그 과정에서 빈민들의 결혼을 금지하는 17세기와 18세기에 내려진 칙령들이 오스트리아와 독일 바이베른에서 여전히 지켜지고 있는 것을 알아내기도 했다. 1801년, 영국이 처음으로 전국적인 통계조사를 실시하여 책자로 발간했다. 그런데 놀랍게도 그 결과는 맬서스의 예측과 완벽히 맞아떨어졌다. 인구 성장 속도가 높지 않았을 것이라는 사람들의 예상과 달리, 1700년대 후반에 인구는, 기하급수적으로는 아니라고 해도 매우 빠르게 증가했던 것이다. 그보다 100년 앞선 1696년, 영국 태생으로 통계학의 선구자라고 할 수 있는 그레고리 킹은 인구가 600년 안에 2배로 늘어날 것이라고 예측했는데, 그것은 보기 좋게 빗나갔다.

1803년, 맬서스는 《인구론》의 개정판을 출간했다. 제목도 약간 수정해 《인구의 원리에 대한 소론 또는 그것이 인류의 과거와 현재의 행복에 미친 영향에 대한 고찰─그것이 야기하는 해악의 제거 또는 완화에 관한 앞으로의 전망에 대한 탐구를 포함해》로 정했다. 바뀐 제목에서 알 수 있듯이 고드윈과 콩도르세의 이름이 흔적도 없이 사라졌다. 그리고 당연한 수순이겠지만, 이들 두 사람의 주요 입장이었던 유토피아적 전망에 대한 논의가 줄어들었다. 대신 초판에서는 다뤄진 적이 없는 내용들이 질적이고 양적인 측면에서 대폭 늘어났다. 맬서스는 초판에서 자신의 주요 논거로 인용한 기존의 미국 자료에 아메리카 인디언들의 자료를 보강하고, 아프리카, 시베리아, 튀르키예, 페르시아, 티베트, 중국의 자료를 실례로 들면서 자신의 이론적 논점을 뒷받침했다. 때문에 《인구론》의 개정판을 두고 경험적인 분석이 미약하다고 비판할 수 있는 사람은 없을 것이다.

전체적인 어조나 분위기에서도 약간의 변화가 있었다. 초판이 철저하게 암울하고 비관적이었다면, 개정판에서는 다소 분위기가 완화됐다. 무엇보다 맬서스는 노동자 계급이 자신들의 생활 습관을 바꿀 수 있고, '도덕적 자제력'을 통해 출산율을 낮출 수 있을 것이라는 낙관적인 전망을 내놓았다. 물론, 그들의 인식이나 태도를 바꾸는 데는 많은 시간이 걸릴 것이다. 빈민구제법에 대해서도 이전과 달리 비판의 수위를 낮췄다. 즉, 무조건적이고 즉각적인 폐지를 주장하기보다는 지금 막 태어났거나 앞으로 2년 이내에 태어날 아이들에게 피해가 가지 않도록 '신중하고 점진적인 폐지'를 제안했다.⁸ 그리고 장애인들에 대해서는 예외를 두고 빈민구제수당을 계속 지급해야 한다는 입장을 피력했다. 식량 공급을 늘리기 위해 맬서스는 식량의 수출입에 대한 엄격한 규제를 촉구했다. 이런 엄격한 규제가 국내의 식량 가격을 높이고, 자연스럽게 국내 식량 생산을 자극하리라는 생각이었다. 비록 맬서스가 자유무역을 지지하기는 했지만, 식량에 대해서는 예외를 둘 것을 제안했다. 이에 대해서는 데이비드 리카도를 다루는 다음 장에서 깊이 있게 다룰 것이다.

《인구론》의 개정판이 나오자 이번에도 저명한 저술가들과 정치가들은 그의 설득력 있는 주장에 고개를 끄덕였다. 주요 신문과 잡지에 맬서스(개정판에서 그는 본명을 썼다)의 통찰력과 수고를 칭찬하는 논평들이 실렸다. 하지만 그의 장점인 간결하고 인상적인 문체에 대해서는 별다른 언급이 없었다. 그의 저서는 이탈리아의 토리노에서 오스트레일리아 태즈메이니아에 이르기까지 두루 읽혔고, 미국에서는 공식 출간되기도 전에 해적판이 나돌았다. 개정판이 나온 지 채 2년이 안 돼 〈먼슬리 매거진〉은 맬서스가 《인구론》 제3판을 준비하고 있다는 소식을 전했다. 제3판은 1806년에 출간됐고, 이듬해에 제4판이 나왔다. 물론 새로운 판이 나올 때마다 논쟁은 끊이지 않았다. 맬서스의 인구론에 반감을 가지고 있던 지식인들이 개정판이 나오자 개떼같이 몰려들어 그와 그의 책을 물어뜯기 시작했다. 더구나 맬서스가 개정판에서 본명을 사용함으로써 그들은 손쉽게 공격 대상을 찾을 수 있었다. 영국 낭만파 시인이자 계관 시인이었던 로버트 사우디는 친구에게 보낸 편지에서 이렇게 썼다. "맬서스가 영국 비평단과 여자들 뒤꽁무니나 쫓아다니는 작자들 사이에서 큰 인기를 끌고 있다네. 마음 같아서는 당장 달려가서 이놈의 멱살을 잡고 흠씬 두들겨 패주고 싶네만 (…) 우리 둘이 힘을 합치면 그를 끌어내리는 데 며칠 걸리지 않을 걸세."⁹ 낭만파 시인이 쓸 만한 아름답고 멋진 시 아닌가! 사우디의 독설은 앞서 언급한 영국의 낭만파 시인 새뮤얼 테일러 콜리지의 그것을 능가했는데, 그는 맬서스를 "극악무도한"이라고 불렀다. 콜리지가 맬서스에게 원한을 품은 데는 나름의 이유가 있다고 해도 사우디의 독설은 이해할 수 없다. 이때부터 그의 원한은 더욱더 심해졌다.

콜리지는 당국의 허가 없이 군에 입대해 퇴학 처분을 받았는데, 그때 누구보다 앞장서서 찬성표를 던진 사람이 맬서스였다. 이런 신랄한 비판에도 불구하고, 맬서스는 경제학자들로부터 후한 점수를 받았고, 얼마 지나지 않아 학계의 대표 주자가 되었다. 스코틀랜드 태생의 역사가이자 경제학자 제임스 밀, 데이비드 리카도, 그리고 이후 제임스 밀의 아들로 철학자이자 정치경제학자인 존 스튜어트 밀과 앨프리드 마셜이 그의 《인구론》의 논리를 수용했다. 비록 그들이 자신들의 저술들에서 이 책이 담고 있는 함축적인 의미를 간과하기는 했지만.

맬서스의 저술이 영감을 주기도 하고 질색하게 만들기도 한 것은 경제학자들만이 아니다. 몇 년 뒤, 그는 왕립해군함 비글호에 승선해 갈라파고스까지 항해한 거칠 것 없던 곤충 수집가 다윈의 지지를 받았다. 맬서스의 재앙이 일어난다면, 누가 살아남게 될까? 물론 적자the fittest다. 자기 자신이 적자가 아니었고 우울증, 무기력, 소화 불량, 고질적인 가려움증에 시달렸던 다윈은 "재미로" 맬서스의 책을 읽다가 생존 경쟁이 "새로운 종의 형성"으로 이어질 수 있다는 생각이 "번뜩 들었다"고 썼다. 한편, 다윈의 경쟁자였던 앨프리드 러셀 월리스는 자서전에서 맬

서스가 진화를 이해하기 위해 "오랫동안 찾아다닌 실마리"를 제공했다고 썼다.[10]

개정판이 출간되고 얼마 지나지 않아 맬서스는 도덕적 자제력을 팽개치고, 서른여덟에 해리엇 에커설이라는 여자와 결혼했다. 그리고 지저스 칼리지 연구원 자격 조건에 결혼을 금하고 있었기 때문에, 맬서스는 연구원 자격을 포기하고 1805년에 헤일리버리 칼리지로* 자리를 옮겼다. 헤일리버리 칼리지는 영국 정부를 대신해 식민지 인도를 관리하던 동인도회사 파견 인력을 양성하는 곳이었다. 역사 일반, 정치학, 상업, 그리고 재정 담당 교수 직함을 얻은 맬서스는 영국 최초로 '정치경제학' 교수가 되었다. 따라서 맬서스를, 비록 그가 한때 성직자를 꿈꾸기는 했지만, 역사상 최초의 직업 경제학자로 간주할 수도 있을 것이다. 한 가지 첨언하면, 애덤 스미스의 제자들은 동인도회사를 악덕 독점기업이라고 비난했다. 하지만 영국 태생의 공리주의 철학자 벤담을 포함해 그의 추종자들은 동인도회사를 옹호하고 나섰다. 즉, 동인도회사 외에 다른 새로운 영국 회사가 인도 사업에 뛰어들거나 허용될 경우, 인도인들에 대한 착취가 더 심해질 것이라는 것이 이유였다.

헤일리버리 칼리지에서 맬서스는 지저스 칼리지 학창 시절 그랬던 것처럼, 역병과 기근의 비참함을 묘사한 사람이라고는 믿기지 않을 정도로, 유쾌하고 즐거운 나날을 보냈다. 한 친구는 당시 맬서스를 학생

---

* 1862년에 설립된 헤일리버리 칼리지는 영국 남동부에 위치한 하트퍼드셔에 위치한 칼리지다. 사실, 1805년에 맬서스가 지저스 칼리지를 그만두고 자리를 옮긴 칼리지는 헤일리버리 칼리지가 아니라 그해 신설된 이스트 인디아 컴퍼니 칼리지였다. 그런데 이 칼리지는 1858년 문을 닫았다가 1862년에 지금의 헤일리버리 칼리지라는 이름으로 재탄생했다. 그리고 1942년에 헤일리버리 칼리지는 1906년에 유나이티드 서비시스 칼리지(1874년 설립)와 통합된 임페리얼 서비스 칼리지(1845년 설립)를 흡수해 지금에 이르고 있다.

들에게 학문을 장려하면서 동시에 스스럼없이 그들의 게임이나 놀이에 동참할 정도로 개방적이고 유쾌했다고 썼다. 맬서스는 결혼하고 3년 만에 자식을 셋이나 두었다. 도덕적 자제력이 없어서였을까? 아니면 자신의 인구론을 서둘러 입증해 보이고 싶어서였을까? 어쨌든 왕성한 생식력이라 하지 않을 수 없다. 그래서 비평가들은 정작 맬서스 자신이 인구증가에 기여했다고 조롱하기도 했다. 그리고 어디에서 오해가 있었는지 모르지만, 1958년과 1967년에 애브리맨스 라이브러리 출판사에서 출간된 《인구론》에는 그의 자식 수가 8명이나 더 많은 11명이나 됐다고 잘못 기록하고 있다. 그것도 모두 여자로!

족집게 점쟁이의 진실

맬서스는 수많은 제자를 키워냈는데, 그중 대다수는 그의 사후 100년이 훨씬 더 지난 1960년대와 1970년대, 그리고 2000년대에 등장했다. 그들은 스승이 내놓은 예측이 지금까지도 유효하다며 적극 변호하고 나섰다. 인구 증가와 관련한 최근의 관련 문헌을 검토하기 전에 맬서스의 예측을 대충이나마 평가하고 넘어가자. 맬서스는 대략 본인이 살았던 시대까지는 99.99퍼센트 옳았다. 다른 말로, 호모사피엔스가 직립보행하는 방법을 알아낸 기원전 30만 년경부터 인간이 아이를 더 낳았지만 먹을 것이 충분하지 않아 비참하게 살았던 1700년대까지. 그러나 맬서스가 태어난 즈음부터 그의 예언이 궤적을 벗어나기 시작했다. 인구는 기하급수적으로 늘어나지 않았다. 산술적으로 늘어날 것이라던 식량 생산 및 공급은 예상과 달리 바닥을 기지도 않았다. 가난한 사람들이 여전히 비참한 생활을 하고 있을지는 모르지만, 맬서스가 제시했던 이유 때문은 아니다. 반대로, 맬서스가 관심을 두었던 영국과 유럽대륙에서 사람들은 더 잘 먹고, 더 잘 살고, 더 오래 살았으며, 맬서스 자신이 기대했던 것보다 더 높은 '도덕적 자제력'을 보였다.

맬서스는 역사상 가장 중요한 몇 가지 흐름을 놓쳤을 뿐 아니라 몇 가지 분명한 통계학적 실수를 범했다. 사소한 실수이기는 하지만, 맬서스는 벤저민 프랭클린이 제공한 인구통계조사 자료에서 미국의 인구 증가율이 해외에서 유입되는 이민자 수와 본토에서 태어나는 신생아 수를 구분한 것인지 사전에 확인하지 않았다. 다른 말로, 맬서스는 이 둘을 분명하게 구분하지 않고 하나로 뭉뚱그려 계산함으로써 이미 미국 본토에 정착한 영국의 어머니들이 뉴욕항을 통해 입국하는 네덜란드계 이민자들의 자식까지 낳고 있는 치명적인 계산상의 실수를 범했다. 자신이 범한 이런 통계학적 실수는 까마득히 모른 채, 프랭클린이 제공한 자료를 토대로 미국 인구가 빠르게 증가하고 있다는 사실에서 영국 어머니들이 엄청난 속도로 아이들을 낳고 있다고 간주했던 것이다. 아마 그는 영국 어머니들이 다른 일은 하지 않은 채 별다른 고통 없이 평생 아이만 낳는 기계 장치로 생각했을지도 모른다. 그런데 이보다 더 결정적인 실수는 맬서스가 의학의 발전, 농업 혁명, 그리고 산업혁명의 시작을 간과했다는 것이다. 이런 실수는 그를 족집게 예언가에서 거짓말쟁이 점쟁이로 추락시켜버렸다.

맬서스의 아버지 다니엘 맬서스가 루소와 함께 숲속을 거닐며 인간의 완전성에 관해 이야기를 나누고 있었을 때, 18세기 유럽의 농민들은 식량 생산을 늘릴 수 있는 강력한 방법을 터득해가고 있었다. 18세기 초에 유럽의 농업 생산성은 20세기 초에 비하면 정말 보잘것없었다. 그러나 1700년에서 1800년 사이에 영국에서 농민 1인당 농업 생산량은 2배 가까이 증가했다. 프랑스에서는 혁명(프랑스 대혁명)과 전쟁(영국 견제를 위한 미국 독립전쟁 참전)에도 불구하고 맬서스가 태어난 즈음에서《인구론》 초판이 출간되는 시기 사이에 농업 생산량이 25퍼센트 정도 증가했다. 이렇게 농업 생산량이 증가할 수 있었던 것은 윤작, 종자 개량, 농기구 개량, 그리고 경작에 소 대신 말을 사용함으로써 경작지를 가는 시간을 50퍼센트까지 줄이는 등 몇 가지 농업 혁신이 일어났기 때문이었다. 특히, 1750년에 들어 영국은 농업 생산성이 빠르게 증가하면서 식량을 자급자족할 수 있게 되자 13퍼센트에 달하는 잉여 곡물과 밀가루를 해외에 수출하기 시작했다.

한 나라의 농업이 발전하게 되면, 기존에 농업에 종사했던 인구는 도시로 유입되거나 비농업 분야로 옮겨간다. 1760년에 영국의 농업 인구는 전체 인구의 75퍼센트를 차지했다. 그러나 1840년에 이르러 이 인구는 25퍼센트로 급감했다.[11] 오늘날 미국에서는 전체 인구 중 소수만이 농업에 종사하고 있는데, 그럼에도 불구하고 미국 전체를 먹여 살릴 뿐 아니라 매년 수백만 톤에 달하는 식량(옥수수, 돼지고기, 밀 등)을 해외에 수출하고 있다. 지난 50년 동안, 미국의 인구가 1억 3천만 명이나 늘어나 3억 3,100만 명이 되었지만, 이들이 소비하는 콩은 미국 농민들이 재배하는 콩의 절반밖에 되지 않는다. 많은 원두와 두유가 배에 선적돼 해외로 수출된다. 최근에 새로운 농업 방식들이 등장했고, 현재 생선과 어패류 양식이 낚시나 그물을 사용하는 전통적인 어업보다 더 많은 해산물을 생산한다. 식량 생산은 산술적으로 증가하지 않았다. 그리고 식량 생산이 인구 성장의 발목을 잡기는커녕 오히려 인구 성장을 부추겼다. 더구나 허리둘레도 커졌고, 성인의 평균 몸무게도 11킬로그램 이상 늘었다.

물론 그렇다고 해서 맬서스가 예견한 대로 출산율과 인구가 기하급수적으로 늘어났다는 이야기는 아니다. 맬서스는 인구통계조사 자료를 검토하면서 인구가 사망률 감소로 인해 증가할 수도 있다는 것을 보지 못했다. 1740년 이래, 유럽에서는 농업 혁명에 따른 식량 생산 증가, 보건위생 및 보건 의료 발전으로 인해 사망률이 크게 감소했다. 18세기까지만 하더라도 의사들은 치료받으러 온 환자들을 치료하기는커녕 죽이는 경우가 더 많았다. 다시 말해, 의사랍시고 수술용 칼을 휘두르며 '흡혈귀처럼 달려드는' 의사에게 수술을 받다 죽느니 무당에게 가서 굿을 하고 마음의 위안을 얻는 것이 목숨 부지에 더 나았을 것이다. 1700년대에 유럽인들의 기대 수명은 30세에 불과했지만, 1850년에는 40세로, 1900년에는 50세로 늘어났다. 오늘날에는 기대 수명이 70세를 훌쩍 넘어 80세를 바라보고 있다.[12] 농업 혁명 덕분에 항상 오르내림이 심했던 수확량도 안정을 찾았다. 그리고 1840년대 아일랜드를* 제외하고, 서유럽에서는 기근이 자취를 감췄다. 영국의 경우, 기록으로 남아 있는 대기근은 《인구론》이 출간되기 약 100년 전에 일어난 것이 마지막이었다.

그렇다면 왜 인구는 기하급수적으로 증가하지 않았을까? 경제학자들은 '인구 변천'에 네 가지 단계가 있다고 지적한다. 첫 번째 단계인 전前

---

* 1847년 발생한 아일랜드 대기근을 말한다. 당시 아일랜드 주식이었던 감자에 '감자마름병'이 돌면서 수확량이 급감하자 전국적으로 기근이 돌았다. 이로 인해 당시 아일랜드 인구 800여만 명 중 200여만 명이 사망하고, 200여만 명이 해외로 이주했다고 한다. 하지만 아일랜드 대기근의 실제 이유가 감자마름병에 따른 감자 기근이 아니라 영국 지주들에 의한 수탈이 주원인이었다는 설도 있다.

산업 사회에서는 높은 사망률이 높은 출산율을 상쇄함으로써 인구를 일정한 수준으로 유지했다. 두 번째 단계, 즉 초기 산업 사회에서는 보건 위생의 발전으로 사망률이 감소함으로써 자연스럽게 출산율이 높아졌으며, 그 결과 인구가 빠르게 증가했다. 맬서스가 바로 이 시기에 인구 자료를 수집했고, 그것을 토대로 인구 변화를 예측했기 때문에 잘못된 예측을 내놓을 수밖에 없었다. 세 번째 단계에서는 도시화와 교육이 출산율을 낮추는 데 실질적으로 기여했다. 이렇게 사망률도 계속 떨어지고 출산율도 떨어지면서 인구는 완만한 성장 곡선을 그렸다. 마지막으로 사회가 완숙 단계에 이른 네 번째 단계에서는 성공적인 산아 제한과 맞벌이 부부의 등장으로 자녀를 많이 두려고 하지 않으면서 인구가 안정된 수준을 유지한다.

아이들의 역할은 역사적으로 변해왔다. 소농 사회에서는 많은 아이가 들판이나 광산의 일손으로 필요했다. 우리의 증조부와 고조부는 여섯, 일곱, 또는 그보다 많은 자식을 낳았다. 소농 사회에서 아이 숫자는 생식 능력의 징표였다. 잘 사는 부부가 더 많은 아이를 가졌다. 리처드 로저스와 오스카 해머스타인이 19세기 시암(태국)의 몽쿳 왕을 소재로 쓴 〈왕과 나〉(1956)에서 왕은 자식이 106명이라고 자랑한다. 브로드웨이 관객들은 자식들이 종종걸음으로 왕의 발밑으로 가서 넙죽 절하는 것을 보고 놀라워하지만, 웬일인지 왕은 싫어하는 기색이 없다. 오늘날 왕족은 왕자와 공주를 몇 명만 낳는다. 수가 적어도 왕위 계승을 놓고 충분히 소란이 일 수 있다. 고소득과 중간소득 가구 중에는 아이들이 생식 능력의 징표이기보다는 샤넬 핸드백이나 테슬라 전기자동차 같은 액세서리일 수도 있다.

나는 경험적으로 다음과 같은 일반적인 법칙을 내놓고자 한다. 산업화의 뒤를 잇는 지금 시대에 어떤 국가가 두 세대 연이어 GDP가 연평균 2.5퍼센트 이상 성장하면 출산율은 여성 한 명당 2.5명인 대체율 수준까지 떨어질 것이다. 만일 GDP가 세 번째 세대에도 성장한다면 출산율은 2.1명 아래로 떨어질 것이고, 그러면 인구를 안정적인 규모로 유지하기 위해 이민을 받아들여야 할 것이다.

마르크스는 역사라는 기차가 굽은 길을 돌 때마다 모든 지식인이 차창 밖으로 튕겨 나간다고 말한 적이 있다. 맬서스는 첫 번째 단계와 두 번째 단계는 직접 목격했지만, 세 번째 단계와 네 번째 단계는 보지 못했다. 그가 그려 놓은 인구 예측 도표에서 수치가 떨어졌을 때, 그는 벌써 기차 밖으로 튕겨 나온 상태였다.

이런 그를 우리는 비난할 수 있을까? 뭐니 뭐니 해도, 맬서스에게는 연구에 필요한 충분하고 정확한 자료가 없었다. 게다가 그가 논박했던 유토피아적 주장들은 너무 이상적이었던 반면, 그의 분석은 상대적으로 치밀하고 논리적이었다. 하지만 그가 1820년에 출간한 《정치경제원리》에서 언급한 잣대를 그에게 그대로 적용할 경우, 그는 비난받아 마땅하다. 그는 이 책에서 다음과 같이 말했다. "현재 정치경제학자들과 저술가들이 자주 범하는 오류, 그리고 의견 불일치의 주된 원인은 조급한 단순화와 일반화에 있다. (…) 그리고 포괄적인 경험에 근거해 자신들의 이론이 갖는 정확성이나 유용성을 검증하려고 하지 않는다." [13] 농업 혁명을 간과하고, 너무 조급하게 인구가 성장하는 원인을 분석함으로써 자신이 당대의 학자들과 저술가들에 대해 지적한 똑같은 오류를 범했다.

맬서스의 오류가 주는 가장 중요한 교훈은 다음과 같다. 절대, 두 번다시, 정확하지도 않고 신뢰도 가지 않는 과거의 자료를 토대로 논거를삼지 말라는 것이다. 만일 그리스의 비극 시인 아이스킬로스가 오늘날의 세계에 살았다면, 그는 이렇게 불확실한 자료를 자신의 논거로 삼고,미래를 자신 있게 예단하다가 신에게 날벼락을 맞는 학자의 비극을 썼을 것이다. 그리고 아마 주인공으로는 그리스 신화에 나오는 흉사凶事의 예언자 카산드라처럼 인류의 종말을 외친 맬서스의 제자들을 눈여겨봤을 것이다. 카산드라가 트로이 전쟁을 예견해 맞췄지만, 맬서스와그의 후예들의 예측은 맞지 않았다는 차이가 있지만.

사실, 아이스킬로스는 다가올 인구 변화의 실마리를 가지고 있었을수 있다. 고대 그리스와 고대 로마를 조사해보니 이들 부유하고 유서 깊은 사회는 부를 축적하면서 맬서스의 모델을 거부하기 시작했다.[14] 기원전 480년에 스파르타인 300명이 크세르크세스 대제* 휘하의 페르시아 군인 수천 명과 전쟁을 한 이야기가 책, 영화, 비디오게임으로 다뤄진다. 스파르타에서 군인이 되는 것은 요람에서부터 시작했다. 철저한적자생존 방식이었다. 국가가 아이를 검사해 양육해도 될 만큼 건강한지 결정했다. 사내아이는 일곱 살에 야영지로 보내져 공동 식당에서 식사하고 병영에서 잠자면서 전투 훈련을 받았다. 성인이 되면 붉은 외투를 거치고, 청동 방패를 들고, 청동 창을 휘두르며 전투에 나갔다. 스파르타의 밀집 대형은 난공불락이었다.

---

* 크세르크세스 1세 또는 크세르크세스 대제로 불린다. 기원전 485년부터 기원전 465년까지 페르시아를 통치했다. 크세르크세스라는 이름은 고대 페르시아의 왕위를 그리스식으로 표현한 것으로 '영웅들의 지배자'를 뜻한다.

그런데 용맹한 스파르타인들은 모두 어디로 갔을까? 유전자 검사로 스파르타인들을 찾아낼 수 없다. 그리고 별다른 기록을 남기지 않았다. 아리스토텔레스와 일부 역사가들이 몇 글자 적어 놓은 것이 있다. 요컨대 스파르타인들은 다른 나라들, 예를 들어 라코니아(펠로폰네소스 반도 남단에 있던 고대 왕국)와 메세니아(펠로폰네소스 반도 서남부에 있던 고대 왕국)를 정복한 뒤 피정복민들을 데려와 노예로 부리면서 농사를 짓게 했다. 한편, 맘대로 부릴 노예가 있었던 여성들은 집안일은 하지 않는 대신 가족 농장 관리를 거들었다. 스파르타의 법은 여성들이 재산을 상속받고 교육받을 권리를 인정했다. 이런 점에서는 아테네의 법보다 앞섰다. 하지만 노예들이 고된 일을 대신했음에도 스파르타인들은 자식을 많이 낳지 않았다. 재산과 토지가 소수의 상속자에게 집중됐다. 아리스토텔레스는 스파르타의 인구가 여러 전쟁에서 승리한 이후 줄어들기 시작했다고 지적했다. "이 나라는 1500명의 기병과 3만 명의 중무장한 병력을 유지할 수 있는데도 실제 병력은 1천 명이 채 되지 않는다."[15] 기원전 4세기 초에 스파르타의 인구가 80퍼센트나 줄었다. 테베(아테네 북서쪽 보이오티아 평원 동쪽에 있던 고대 그리스의 주요 도시) 사람들이 기원전 371년에 스파르타로 진군했을 때 무기고에 쌓아둔 청동 창을 들고 싸울 스파르타의 전사들은 거의 남아 있지 않았다.

고대 로마의 법률가들도 영토 정복과 풍작이 몇 차례 있은 뒤로 로마의 출산율이 떨어진 것을 알았다. 대플리니우스는* 아이 한 명조차 부양하기 버겁다고 불평했다. 이를 우려한 로마 제국의 초대 황제인 옥

---

* 고대 로마의 박물학자이자 군인이었던 가이우스 플리니우스 세쿤두스를 말한다. 역사상 최초의 백과사전으로 불리는 《박물지》를 남겼다.

타비아누스 아우구스투스는 원로원에 미혼자들, 독신자들, 자식이 없는 사람들을 엄벌하는 법을 제정하라고 촉구했다. 이때 제정한 법 가운데 하나인 파피아 포파이아 법은* 아이가 없는 남성에게 상속세 50퍼센트를 부과했다. 효과는 없었다. 결국 로마 제국은 게르만족을 육군과 해군에 편입했다. 이들은 로마 황제에 대한 충성심이 없는 이방인barbarian이었다.

이즈음에 고대 그리스의 지리학자로 그리스와 로마 문화에 정통했던 스트라보는 이들 고대 영토에 사람보다 조각상이 더 많아 보이는 것에 주목했다. 유아 한 명당 조각상 비율은 고도로 산업화한 세계에서 출생률이 대체율을 밑돌고 있는 오늘날 눈여겨볼 가치가 있다.

연기된 종말?

1960년대와 1970년대, 환경오염, 인구 증가, 그리고 유가 상승에 자극을 받은 일군의 학자들이 세계의 미래를 예견하기 시작했다. 또다시 어두운 그림자가 지구를 뒤덮었다. 현재 추세를 감안할 때, 자원은 바닥날 것이고, 그에 따라 산업 생산성은 떨어질 것이며, 그리고 인구는 식량 생산량보다 빠르게 증가할 것이라고 예측했다. 이런 우울한 사실을 아무렇지 않게 떠들어댔던 사람들은 누구일까? 다른 누구보다 디즈니가

---

*   아우구스투스 황제는 로마 상류층의 윤리 수준을 높이고 혼인을 장려해 아이를 갖도록 함으로써 인구를 늘리기 위해 각종 법을 제정했는데 결혼을 권장하고 강화하고자 했던 파피아 포파이아 법 외에 사회계층 간의 혼인 제한 규정을 담은 정식 혼인에 관한 법률, 사내아이 셋을 낳은 이들에게 존경심을 갖도록 한 세 아이법 등을 제정했다.

1968년에 도널드 덕이 나오는 10분짜리 만화 영화를 공개했다. 아이를 많이 낳으면 엄마들이 "피로에 지쳐 쓰러지고 (…) 아이들은 병에 걸려 불행해질 것이며", 가족은 일소를 먹일 사료가 충분치 못해 아빠가 쟁기를 대신 끌어야 한다고 경고하는 내용이었다. 게다가 투박한 라디오가 나오는 지점에서는 "현대 문명의 이기"를 구매할 여력이 없을 거라고 말한다.[16] 그리고 유럽의 권위 있는 학자들로 이뤄진 '로마클럽'이라는* 단체가 있다. 이 단체는 출간 직후 바로 베스트셀러 목록에 오른, 인류의 미래를 암울하게 그리고 있는 《성장의 한계》라는 보고서를 출간했다.[17] 이 보고서에서 로마클럽은 앞선 컴퓨터 기술을 활용해 현재의 세계사적 추이를 분석하고 나서, 만일 맬서스가 제한했던 것보다 더 강력한 예방적 조치를 취하지 않는다면, 100년 이내에 세계에 큰 재앙이 닥칠 것이라고 예측했다. 이 단체가 제시한 예방적인 조치로는 다음과 같은 것들이 있다. 가장 시급한 것은 경제성장을 중단하고, 인구 팽창을 멈춰야 하며, 그리고 자원을 재활용해야 한다는 것이었다.

그런데 또한 아이러니한 것은 맬서스도 그랬듯이 이들도 자신들이 내놓은 예측이 너무 충격적이라고 생각했는지 로마클럽은 그것을 다시 평가해 얼마 후 좀 더 희망 섞인 결과 보고서를 내놓았다. 로마클럽의 이런 행태를 두고 어떤 경제학자는 "늑대를 외친 컴퓨터"(늑대가 나타났다는 거짓말을 외치던 양치기 소년에 빗댄 표현)라고 비아냥거렸다. 이처럼 우울한 예측을 담고 있음에도 불구하고, 로마클럽의 초기 보고서는 엄청난 관심을 끌었다. 1973년, 미국 태생의 정치가로 당시 세계은행 총재

---

* the Club of Rome. 1968년 4월 서유럽의 정계, 재계, 학계의 지도급 인사들이 이탈리아 로마에 모여 결성한 국제적인 미래 연구 기관을 말한다.

를 맡고 있었던 로버트 맥나마라는 '인구 폭발'을 핵전쟁 위협과 비교했다. 그만큼 인류에게 치명적이고 위협적인 것이라고 생각했던 것이다. 1974년에《인간에게 미래는 있는가》라는 책을 낸 미국 태생의 경제학자 로버트 하일브로너는 이 책에서 현대 세계에서 인류에게는 아무런 희망도 없다고 주장했다.

그는 당시의 산업화 추세를 근거로 지구상의 자원이 더 이상 산업 수요를 따라갈 수 없을 것이라는 비관적인 전망을 내놓았다. 비록 자원이 당장 고갈되지는 않는다고 하더라도, 대기 오염과 온난화로 모든 생명체가 지구상에서 사라져 없어질 것이라고 내다보았다. 그리고 이런 위기에서 벗어나기 위해서는 인류가 지금의 생활 습관을 버리고 수도승처럼 금욕적인 생활을 하는 것이 가장 바람직하다고 제안했다. 그렇다면 사람들은 그의 제안에 어떤 반응을 보였을까? 지금까지 사람들 대다수는 무관심하거나 할리우드의 유명한 영화 제작자였던 새뮤얼 골드윈의 다음과 같은 충고를 더 잘 따랐다. "난 좀 빼줘."

1980년에 미국 국무성과 환경질위원회는 카터 대통령의 요청에 따라 조사 작성된《지구 2000년 보고서》를 발간했다. 로마클럽의 보고서에 비해 훨씬 더 희망적이고 그럴싸해 보였지만, 그렇다고 아주 낙관적이지는 않았다. "만일 현재의 추세가 계속된다면, 2000년에 세계는 지금 우리가 살고 있는 세계보다 인구 과잉, 환경오염, 생태 파괴, 그리고 사회 붕괴 등의 위험이 더욱 커질 것이다. (…) 과학 기술의 혁명적인 발전을 상정하지 않는다면, 지구상에 살아가는 사람들 대다수의 목숨은 지금보다 2000년에 더 위태롭게 될 것이다. (…) 특히 세계 각국이 현재의 추세를 바꾸려고 적극적으로 나서지 않는다면." [18] 〈워싱턴포스트〉는 "이 보고서가 담고 있는 예측은 정확성을 떠나 꽤 낙관적이다"라고 평가했다.

아직도 경제학자 대부분은 이상의 보고서들에 대해 회의적인 반응을 보이고 있다. 특히 이런 비관적인 보고서 작성에 참여하고, 그에 따라 인류의 미래를 암울하게 예측하는 모델을 내놓은 사람들은 200년 전에 맬서스가 사용한 비관적이고 정적인 가정들을 그대로 따른다. 그래서 어떤 사람들은 이 모델을 'PIPO'라고 부르며 비꼬기도 했다. PIPO란 Pessimism In, Pessimism Out의 약어로 투입–산출 모델에 따라 "비관주의를 투입하면, 비관주의가 산출된다"는 것을 의미한다. 즉, 기본 전제가 비관적이기 때문에, 그 결과 또한 당연히 비관적일 수밖에 없다는 것이다. 그런데 이 모델의 핵심 가정 중에 경제학의 주요 원리를 위반한 것이 있다. 즉, 경제 행위자들에게 경제활동의 주요 준거가 되는 가격 신호(또는 시장 신호)를 무시했다. 앞서 논의한 애덤 스미스와 하이에크의 주석의 예를 떠올려보자. 만일 주석의 수요가 증가했다면, 그것의 가격은 오를 것이고, 사람들은 주석을 덜 사용하려고 할 것이다. 그리고 사업가들은 주석을 대체할 자원을 찾거나 추가로 주석을 공급받기 위해 혈안이 될 것이다. 그런데 이런 시장 신호를 무시한 로마클럽의 초기 보고서에서는, 만일 주석의 수요가 증가하면, 그것은 완전히 바닥나거나 고갈될 뿐 다른 일, 즉 그것을 대체할 다른 자원을 찾는 등의 일은 일어나지 않을 것이라고 결론 내렸다. 물론 공급이 한정되어 있거나 대체 불가능한 자원도 있다. 그런 자원은 가격이 아무리 상승해도 수요는 줄어들지 않는다. 하지만 이런 자원은 분명히 예외적인 것에 속한다.

1973년에 노벨 경제학상을 수상한 소련의 경제학자 바실리 레온티예프는 1977년에 유엔의 요청으로 이 문제를 연구한 뒤에 다음과 같이 보고했다. "세상에 알려진 광물과 화석 연료는 금세기 말까지 앞으로 수십 년 동안 세계 수요와 (…) 상대적으로 높은 성장률을 보이고 있는 세계 경제 발전을 감당하고도 남을 만큼 충분하다. 하지만 (…) 이들 자원의 가격은 아마 상당히 높아질 것이다."[19]

되돌아보면, 레온티예프 역시 매우 비관적이었다는 것을 알 수 있다. 1980년대 시작된 에너지 가격의 점진적인 하락은 20세기 말까지 지속됐다(1990년에 이라크의 사담 후세인이 쿠웨이트를 침공했을 때 반짝 오른 것을 제외하면 말이다). 1990년대 중반까지, 석유 가격은 인플레이션을 감안했을 때 세계 석유수출국기구가 1973년에 석유 수출 금지 조치를 내리기 훨씬 이전이었던 1960년대 초보다도 낮았다. 2020년에 인플레이션이 반영된 원유 가격은 1970년대 형성됐던 가격과 거의 같았다. 1970년대에 에너지, 특히 석유 가격의 상승으로 1온스당 400달러까지 덩달아 치솟았던 금 가격조차 1998년에는 300달러 이하로 떨어졌다가 최근에서야 다시 오르기 시작했다. 1980년에 세계 경제를 낙관적으로 전망하던 미국의 경제학자 줄리안 사이먼은 나비 연구로 학계의 신임을 얻었지만, 저서 《인구 폭탄》(1971)과 《풍요의 종말》(1975)로 세계적인 명성을 쌓은 미국의 생물학자 폴 에얼릭에게 미래에 대한 서로의 예측 가운데 누구의 것이 들어맞을지 결판을 내자며 공개적으로 내기를 제안했다. 1970년대에 에얼릭은 NBC 〈투나잇쇼〉에 스무 번이나 출연해 세계가 즉각 "제로 인구 성장"을 추구하지 않으면 10년 안에 수억 명이 굶어 죽을 수 있다고 전망했다. 사이먼은 에얼릭에게 원하는 상품 또는 자원을 고르도록 하고, 그 가격이 시간이 지날수록 오르지 않고 하락한다는 쪽에 걸었다. 다시 말해, 그는 에얼릭이 선택한 상품 또는 자원이 비관주의자들이 예측하는 대로 미래에 부족하거나 고갈되지 않는다는 것을 보여주고 싶었다. 조건은 사이먼 자신의 예측이 빗나가서 가격이 올랐을 경우 그 차액만큼을 에얼릭에게 지급하고, 반대로 가격이 떨어졌을 경우 에얼릭이 그 차액만큼을 사이먼에게 지급한다는 것이었다. 물론 여기에는 세계 경제와 세계 인구의 팽창 같은 변수는 고려하지 않으며, 에얼릭이 선택한 상품 또는 자원의 가격 변동에만 국한하기로 했다.

에얼릭은 사이먼의 제안을 수락했고, 다섯 가지 금속 자원을 1,000달러에 구입했다. 그리고 10년이 지난 1990년, 두 사람은 에얼릭이 구입한 다섯 가지 금속 자원의 가격을 조사했다. 결과는 어땠을까? 놀랍게도 사이먼이 에얼릭에게 576달러의 수표를 받았다. 어떻게 해서, 왜 사이먼이 승리할 수 있었을까? 무엇보다도 '오일 소동' 모델은 중동의 석유 자원에만 눈길을 두었지 북해나 멕시코 등에 막대한 양의 석유 자원이 매장되어 있으리라는 것을 꿈에도 생각하지 못했다. 두 번째, 맬서스 같은 비관주의자들은 녹색 혁명을 간과했다. 앞서 언급했듯이, 녹색 혁명은 농업 생산성 증대에 지대한 공헌을 했다. 1950년대, 농학자이자 식물병리학자인 노먼 볼로그는 대가 튼튼한 난쟁이 밀과 이삭이 많은 밀을 교배시켜 새로운 품종을 개발해 냄으로써 녹색 혁명의 단초를 놓았다. 그의 연구 성과 덕분에 밀 생산량이 70퍼센트까지 증가함으로써 인구가 많은 인도, 멕시코, 그리고 아프리카 등지의 많은 인구를 먹여 살릴 수 있었다.

세 번째, 비관주의자들은 희소 자원을 대신할 대체 자원 개발을 고려하지 못했다. 현재 알루미늄, 철강, 플라스틱 등을 제조 생산하는 기업들은 자동차 산업에서 새로운 활로를 찾기 위해 치열한 경쟁을 벌이고 있다. 즉, 그들은 기존의 철강을 대체할 새로운 소재 개발에 많은 투자를 하고 있다. 1967년에 개봉한 마이크 니콜스 감독의 영화 〈졸업〉을 보면, 한 중년의 신사가 졸업 후 진로를 고민하는 주인공 벤저민 역의 더스틴 호프만에게 '플라스틱 산업'이 투자 가치가 있는 유망한 사업이라고 귀띔한다. 실제로 플라스틱 산업은 당시 전문가들이 예상했던 것보다 훨씬 더 빠른 속도로 발전했고, 지금은 일상생활 곳곳에서 플라스틱이 사용되지 않는 곳이 없다. 석기 시대가 역사에서 자취를 감춘 것은 더 이상 사용할 돌덩이가 없었기 때문이 아니었다. 역으로 인류가 석유나 석탄 같은 화석 연료를 사용하지 않게 될 경우, 그것을 화석 연료가 고갈되었기 때문이라고 가정할 수는 없다. 인류는 지금도 화석 연료를 대체할 새로운 에너지 개발에 많은 시간과 공을 들이고 있다. 화석 연료는 값싼 대체재의 등장이나 정부 규제로 인해 상대적으로 비싸지면 사용하지 않을 것이다.

종말 모델은 기술 개발이 자원의 수요를 앞지를 수 없을 것이라는 부정적인 가정에 기초해 있다. 기술technology이 고대 그리스 희극에 자주 등장하는 데우스 엑스 마키나나* 할리우드의 서부극에 나오는 자주 나오는 기병대 같은 것은 아니지만, 이 둘을 깔보거나 업신여길 수는 없다. 예를 들어, 종말 모델은 자동차가 환경오염의 주범이라고 비난하고, 석유 같은 화석 연료가 고갈될 것이라고 경고한다. 이 모델에 따르면, 석유와 자동차는, 비록 현대 사회에 없어서는 안 될 중요한 요소이지만, 환경을 파괴한다. 하지만 이것들이 지난 세기에 대체한 것들은 무엇인

---

* 고대 그리스극에서 자주 사용하던 작법. 초자연적인 힘을 이용해 극의 긴박한 국면을 타개하고, 이를 결말로 이끌어가는 수법이다. 라틴어로 '기계에 의한 신' 또는 '기계 장치의 신'을 의미하며, 무대 측면에 설치한 일종의 기중기 또는 그 변형으로 보이는 시올로가이온을 움직여서 그것에 올라탄 신이 하늘에서 내려오도록 연출한다 해서 이러한 이름을 붙였다.

가? 운송 수단이었던 말과 에너지원이었던 나무를 대체했다. 뉴욕의 센트럴파크 인근에는 오늘날까지도 많지는 않지만 말이 끄는 마차가 운행되고 있다. 그러나 말이 내뿜는 냄새는 그렇게 유쾌하지 않다. 100년 전에 말이 주요 운송 수단이었던 도시들에 악취가 진동하고 질병이 나돌았던 것을 생각해보라!

나무가 석유보다 재생 가능한 에너지이기는 하지만, 화석 연료는 나무보다 비용 면에서 훨씬 더 저렴했다. 석유가 나무를 대체한 것은 가격 때문이지 나무가 고갈되어 가고 있었기 때문은 아니었다. 인류의 미래를 비관적으로 내다보는 종말 모델은 인류의 구원을 하늘에만 맡겨두고 있다. 즉, 비관주의자들은 고갈되어 가는 자원이나 기술을 대체할 어떤 신성한 것이 하늘에서 떨어지지 않는 이상 그것에서 벗어날 방법이 없다고 이야기한다. 그들은 내가 누차 강조하는 시장 신호나 인간의 노력은 간과하고 있다.

그럼, 이것이 경제학자들은 바보 같은 웃음을 지으면서 환경오염이나 저개발 국가들의 식량 부족 문제를 보이지 않는 손에 맡겨두어야 한다는 것을 의미할까? 그렇지 않다. 환경오염에 대해서는 뒤에서 자세히 살펴보겠지만, 일단 경제학자들이 인정하고 넘어가야 하는 것은 오염 문제가 애덤 스미스의 단순 모델(자유시장 또는 보이지 않는 손)에서는 전혀 고려되지 않는다는 것이다. 환경오염을 기업의 생산 활동, 즉 생산비용의 일부라고 생각해보자. 그렇다면 기업의 생산 활동에서 초래되는 오염이 노동 비용(임금)이나 기계의 감가상각 또는 지대와는 어떻게 다를까? 기업은 이들 비용에 대해서는 정상적으로 지불한다. 즉, 그것들은 기업의 생산 활동에서 '본질적internal'이다.

하지만 기업은 자신의 생산 활동에서 비롯하는 오염에 대해서는 어떠한 비용도 지불하지 않는다. 그것은 사회 전체가 오염된 공기를 들이마심으로써 지불하는 '비본질적인external' 요소다. 그럼 이로 인해 초래되는 결과는 무엇일까? 환경오염이 생산비용으로 산정되지 않기 때문에 실제보다 낮게 책정되고, 따라서 기업은 같은 비용으로 더 많은 제품을 생산할 수 있다. 따라서 기업이 적정량의 제품을 생산하도록 하기 위해서는 통상적인 생산비용 외에 환경오염 비용까지 그것에 포함시켜 환경오염에 따른 사회적 비용을 부담하도록 강제해야 한다. 이것을 위해 경제학자들은 자주 '공해세'를 도입할 것을 주장한다.

앞서 언급한 맬서스의 덫은 보건 의료 서비스의 향상으로 사망률은 줄어들었지만, 그로 인해 높은 출산율을 유지하고 있는 저개발 국가들에나 적용하는 것이 더 적절할 듯하다. 그러나 비관적인 시각에도 불구하고, 지난 20년 동안 많은 가난한 나라들에서 출산율은 교육 정책,* 산아 제한, 그리고 경제 발전에 따른 자연적인 '인구 변천' 등으로 감소세를 보였다. 브라질의 경우, 1970년대 비관주의자들의 예측과 달리 출산율이 놀라울 정도로 급속히 떨어졌는데, 그 원인에 대해 일부 사회학자들은 텔레비전 프로그램을 통해 중산층의 출산 및 육아 등에 대한 의식이 전파를 타면서 자연스럽게 하층 계급들의 의식에도 영향을 주었기 때문이라고 분석했다.** 다른 한편, 출산율을 낮추려는 노력이 사회

---

* 보통 개발도상국과 저개발 국가들에서 이뤄지는 산아 제한 정책은 상대적으로 교육 기회가 박탈된 여성들에 대한 교육 정책을 함께 실행한다. 교육 내용은 기초적인 읽고 쓰기 능력이 중심이 된다. 실제로 여성에 대한 교육은 출산율을 낮추는 데 상당한 효과가 있었다.

** 원래 이런 아이디어를 처음 내놓은 것은 멕시코 국영방송사인 텔레비사의 부사장을 역임한 미구엘 사비도였다. 사비도는 텔레비전 시리즈가 다양한 사회적 이슈에 대한 사람들의 의식과 태도를 바꿀 수 있다는 것을 알았다. 그리고 '함께 갑시다'의 뜻을 가진 〈아콤파넴므〉라는 제목의 시리즈에서 피임

적 논쟁을 야기하는 곳도 있다. 중국에서는 1979년에서 2015년까지 정부의 한 자녀 정책으로 출생률을 크게 낮췄다. 물론 이 정책은 여아 해외 입양, 영아 살해, 젊은 세대의 성비 불균형이라는 부작용을 초래했다. 지금은 규제를 철회했지만, 출생률은 크게 반등하지 않고 있다. 중국의 부부들은 정부 규제와 상관없이 자발적으로 한 부부당 대략 1.6명의 아이를 낳는다. 다른 나라들에서도 산아 제한 정책은 전통이나 종교적 교리와 부딪히기 십상이었다. 그럼에도 불구하고 스리랑카, 인도네시아, 그리고 인도 여러 주에서 출산율은 급격히 하락했다. 세계은행의 조사에 의하면, 1960년과 2000년 사이에 183개국에서 출산율이 떨어졌다. 차드, 콩고, 적도 기니, 동티모르 4개 국가만 상승했다. 맬서스는 높은 교육 수준이 출생률을 억제할 수 있다고 했는데 맞는 말인 것 같다. 이들 나라에서 문맹률이 급격하게 떨어졌다. 출생 기근birth death은 지나친 표현일까? 이 문제는 뒤에 퇴직 프로그램과 정부 부채를 다루는 장들에서 살펴볼 것이다. 현재 싱가포르에서는 화교의 출산율이 너무 빠르게 감소해서 오히려 인구 부족을 걱정할 정도다. 과거 20년 동안 전역에 퍼졌던 "둘만 낳아 잘 기르자"라는 정책 구호가 이제는 "셋도 좋고 넷도 좋다. 낳을 수 있는 대로 낳자"라는 구호로 바뀌었다. 출생률을 높이기 위해 러시아 정부는 젊은 부부들에게 숙박업소 무료 이용과 심지어는 신형 냉장고를 받을 기회를 약속했다.

문제를 정면으로 다룬다. 이 시리즈에는 가난한 한 젊은 부부가 나오는데 성적인 문제로 항상 불화를 겪는다. 아내는 자신을 위해 자식을 셋까지만 낳고 그만 낳고 싶지만, 남편은 별다른 생각이 없다. 오히려 생리 주기를 따지며 잠자리에 드는 부인에게 불만이 많다. 이 시리즈는 회를 거듭하면서 가족의 규모나 가정 내 여성의 역할에 대한 사람들의 인식을 바꿔놓기 시작했다. 그리고 이 시리즈가 방영되고 10년이 지난 뒤에 멕시코의 출산율은 34퍼센트나 떨어졌다는 결과가 나왔다. 이후에 이런 식의 노력은 중국, 인도, 브라질, 파키스탄, 나이지리아 등으로 널리 보급됐다.

이와 동시에 저개발 국가들의 농업 생산량은 빠르게 증가하고 있다. 중국과 인도는 세계 인구의 40퍼센트 이상을 차지할 뿐 아니라 그만큼 가난한 사람들도 많다. 그러나 지난 25년 동안, 이 두 국가는 거의 식량 자급자족 수준에 도달했다. 현재 인도는 세계 최대 밀과 쌀 수출국이다. 끔찍한 굶주림과 영양실조에서 벗어나기 위해 인도는 미국의 농학자 노먼 볼로그가 녹색 혁명으로 개발한 '기적의 종자' 18,000개를 수입했다. 이것이 싹트고 성장해 인도는 10년 만에 만성적인 굶주림에서 벗어나기 시작했다.[20] 1978년에 중국은 농업 부문을 재구조화하기 시작해 중앙 집중적인 계획 생산에서 탈중앙 집중화된 시장경제 구조, 일명 사회주의 시장경제로 이행했다. 즉, 농산물 가격을 시장에 맡기면서 가격이 중국의 경제 행위자들에게 신호를 보내기 시작했고, 그 결과 생산량이 빠르게 증가했다.

그러나 아프리카 국가들은 인구 감소나 농업 생산량 증가에서 별다른 성과를 내지 못하곤 한다. 비록 출산율은 1950년대에 비해 많이 떨어졌지만, 전반적인 인구 성장률은 기대 수명이 늘어나면서 더 높아졌다. 한편, 에티오피아같이 가뭄과 전쟁이 끊이지 않는 나라들에서는 이 두 가지가 적극적인 억제 기능을 하면서 인구가 감소했다. 그럼에도 불구하고, 이들 나라들은 자국의 국민을 부양할 수 있는 잠재력을 가지고 있다. 그렇다면 그런 잠재력을 발휘하지 못하는 이유는 무엇일까? 경제학자들은 두 가지 근본적인 문제를 지적한다.

하나는 가난한 나라들은 소득이 낮기 때문에 저축할 여유가 없고, 따라서 새로운 투자에 필요한 자본이 없다. 소득이 낮은 이유는 생산 기술이 불충분하고 낙후되어 있기 때문이다. 따라서 이들 국가는 악순환에 빠져 있고, 해외 원조는 이런 악순환의 고리를 끊는 데 있다. 다른 하나는 이보다 훨씬 더 중요한 것으로 이들 국가에서 정치적 기반이 약한 지배자들이 식료품 가격을 낮게 유지함으로써 도시 소비자들을 지지 기반으로 끌어들이고 있다. 하지만 식료품 가격을 시장에 맡기지 않고 인위적으로 낮춤으로써 농민들의 투자 의욕을 저하시키고, 그 결과 생산량이 떨어진다. 결과적으로 소비자들은 낮은 식료품 가격에 좋아하겠지만, 시간이 갈수록 상점의 선반은 비어갈 것이다.

제3세계 국가들은 수입을 장려하고 수출을 억제하기 위해 통화를 남발함으로써 문제를 더욱 심각하게 만든다. 지난 10년 동안, 많은 학자가 인구 성장이 제3세계 국가들에 어떤 해를 주는지 전면적인 재조사를 벌였는데, 결론은 일부 국가, 특히 경작지가 풍부한 국가에서는 빠른 인구 증가가 사회적으로 큰 파장을 주지는 않을 수도 있다는 것이었다. 높은 인구 밀도가 상품의 운송 비용을 낮출 수 있고, 국내 수요를 촉진할 수도 있다. 세계은행은 대다수 개발도상 국가들이 생계 수준의 실질적인 하락 없이 2퍼센트 정도 인구 성장은 감당할 수 있는 여력이 있다고 전망했다.[21] 아프리카 국가들의 연평균 인구 성장률은 대략 3퍼센트 정도지만, 아시아와 라틴아메리카 국가들은 연평균 2퍼센트 정도밖에 되지 않는다. 그렇다고 희망이 없는 것은 아니다. 즉, 생산적인 경제 정책을 통해 상거래 등 경제를 활성화하고, 미래를 위해 아이들에 대한 교육에 힘쓸 필요가 있다.

이 책의 초판이 출간된 1989년 이후, 일부 아프리카 국가들은 자국의 국민들을 기아선상에서 허덕이게 만들었던 잘못되고 비뚤어진 정책들을 하나둘씩 걷어내기 시작했다. 예를 들어, 에티오피아는 1970년대와

1980년대 가뭄과 잦은 전쟁으로 기아에 허덕이던 나라라고는 믿기지 않을 정도로 완전히 다른 나라로 변모했다. 무엇보다 1990년대 곡물 생산량이 두 배 증가했다. 그리고 2000년 이후에는 1인당 GDP가 4배 이상이 되었다. 공산주의 독재자 멩기스투 하일레 마리암* 지배 아래 농지를 국유화하고 협동 농장화함으로써 농산물 가격을 중앙 정부 차원에서 낮게 유지했지만, 1991년 군사 쿠데타로 축출된 이후 그의 후임자들은 협동 농장을 폐지하고 시장경제를 도입함으로써 농민들의 생산 의욕을 고취시켰다.[22]

해외투자가 유입하면서 에티오피아는 세계에서 가장 높은 성장률 중 하나를 달성하게 됐다. 다행히 에티오피아뿐 아니라 가나와 우간다도 농민들에 대한 전쟁보다는 굶주림에 대한 전쟁을 선포했다. 최근 수십 년 동안, 사하라 사막 이남 아프리카인들의 1일 식량 섭취량이 100칼로리나 증가했고, 기대수명은 10년가량 늘어났다.[23] 그러나 안타깝게도 40년 동안 로버트 무가베의 지배를 받은 짐바브웨는 이런 흐름에 합류하지 못했다.

---

* 소수 민족인 쿠로족 빈민 출신으로 흘레타육군사관학교를 졸업했다. 1974년 소령으로 육군 제3사단에 근무 중 군대의 항명(抗命)이 혁명으로 발전되는 과정에서 군사조정위원회 부의장에 이어 의장이 되었으며, 그때부터 실질적인 지도권을 행사했다. 황제의 폐위와 동시에 성립된 군사정부인 임시군사행정평의회를 배후 조종했다. 이후 마르크스주의 혁명 노선을 추구하면서 반혁명 분자를 숙청하고, 1977년 스스로 제3대 임시군사행정평의회 의장에 취임했다. 1979년 노동자당 조직위원회 의장, 1984년 노동자당 서기장, 1987~1991년 대통령 겸 국가평의회의장을 지내다가 1991년 5월 말 쿠데타로 실각, 짐바브웨로 망명했다.

맬서스와 이민자들

맬서스가 유럽의 경제 성장이 인구 과잉을 촉발할 수 있다고 경고했을 때 독자들이 곧바로 재치 있는 해결책을 내놓았다. 가난한 사람들을 배에 태워 인구 밀도가 낮고 드넓은 평원이 펼쳐져 있는 신세계로 보내자는 것이었다. 실제로 북아메리카와 오스트레일리아는 경작 가능한 토양이 무궁무진했다. 맬서스는 회의적이었다. 이들이 북적이는 배에 오르자마자 새로운 가난한 사람들이 몰려와 그들이 떠난 마을과 동네를 다시 채우리라고 생각했다. 게다가 북아메리카에 정착한 사람들이 나무를 잘라내고, 환경을 파괴하고, 원주민들을 착취할 것으로 봤다. 이전에 그는 스페인 개척자들이 많은 원주민 마을을 파괴한 것을 비난했다. 맬서스는 사람들을 다른 나라로 보내는 이민은 자연과 이어진 "연결고리를 끊는 것"이고, 험난한 바다를 건너는 일은 "이전에 관계 맺었던 모든 것과 죽음으로 분리되는" 것과 같다고 말했다.[24] 하지만 맬서스는 저서의 새로운 판을 낼 때마다 이민에 대한 견해를 완화했고, 궁극에는 가난한 아일랜드와 스코틀랜드의 농민을 아메리카로 보내는 정부 계획을 지지했다. 그는 가난한 켈트족에게 동정을 보내면서 그들의 생계 여건과 정부 정책이 후퇴하고 있다고 생각했다. 하지만 이민에 대한 견해를 완화하는 대신 조건을 달았다. 정부가 고국을 떠나는 사람들의 집을 없애야 한다는 것이다. 다른 가난한 사람들이 들어와 다시 채우지 않도록.

맬서스가 당대인들에게 '지구 전체의 인구'가 과도하게 증가하는 것을 경고했다면, 현대 정치가들은 '자국의 인구'가 늘어나는 것을 걱정하고 있다. 특히 서방 선진국들은 넘쳐나는 이민자들 때문에 골머리를 앓고 있다. 이탈리아, 스웨덴, 독일에서는 정권이 바뀔 때마다 이민자의 신규 유입을 제한하고, 기존의 외국인들을 국외로 몰아내겠다고 말한다. 제 2차 세계대전 이후, 독일은 전후 재건과 산업화를 위해 700만 명이나 되는 외국인들을 받아들였다. 그중 대다수가 튀르키예인들과 아랍의 '산업 연수생'이었다.* 그러나 뒤에 그들은 오히려 불청객처럼 받아들여졌고, 심하게는 불법 체류자로 취급되기 일쑤였다. 오스트레일리아에서도 영국계 이민자들은 아시아인들의 유입을 달갑지 않게 받아들이고 있다. 한 때 영국의 범죄자들로 넘쳐났던 영국 이민자들에 의해 세워진 나라가 도리어 이민족에게 배타적이라니, 역사적 아이러니가 아닐 수 없다.

2015년에 독일의 앙겔라 메르켈 총리가 난민 100만 명, 특히 시리아 난민들에게 국경을 개방했다. 이후 유럽의 상황이 지난 몇 년 동안 위태롭게 변했다. 메르켈과 경제 보좌관들은 두 가지 이유로 그들의 결정을 옹호했다. 첫째, 전쟁 난민을 돕는 것이 독일과 유럽의 도덕적 책무다. 둘째, 독일의 출생률이 줄어들고 있어서 노동자들이 더 필요하다. 그러나 독일은 난민 유입을 다룰 방안은 마련하지 않았다. 한 정부 발간 보고서에 의하면 폭력 범죄가 난민 수용 첫해에 10퍼센트 증가했고, 그중 90퍼센트를 젊은 남성들이 저질렀다.[25] 쇄도하는 난민이 영국에서 브렉시트 운동을 촉발했다는 것은 분명하다. 영국의 유권자들은 본인들의 나라가 국경을 통제하고 늘어나는 범죄와 싸울 권리를 포기했다는 것을 깨달았다. 시리아 위기와는 별개도 이탈리아는 북아프리카에서 몰려

---

*   Guest worker. 직역하면 초청 노동자 또는 손님 노동자쯤 되지만, 적절한 번역어가 없어 우리나라 의 외국인 산업연수생 제도가 떠올라 이렇게 번역했다. 따라서 정확한 번역어는 아니며, 독일이 통일 되기 전 다른 나라에서 서독으로 돈벌이하러 온 노동자를 일컬었던 말이라고 한다.

오는 난민을 막는 데 애를 먹었다. 2016년과 2018년 사이에 30만 명의 난민이 구멍 난 배를 타고 시칠리아를 통해 이탈리아 본토로 들어왔다. 이로 인해 공공 서비스 부담이 가중하면서 시민들이 분노를 표출했다. 아프리카의 항구들에서 시작하는 필사의 탈출과 지중해를 건너는 도중에 1만 5천 명의 사망자가 발생했다는 유엔의 보고는 맬서스적 악몽 같았다. 그러나 이들 난민은 기근이 아니라 전쟁, 테러, 암울한 경제 상황에서 도망치고 있었다는 것을 기억하자.

대표적인 이민자들의 나라인 미국에서도 간혹, 특히 경기가 좋지 않아 실업률이 올라갈 때, 사람들 사이에서 새로 이민 오는 사람들에게 볼멘소리를 하는 것을 들을 수 있다. 노예제 폐지론자였던 벤저민 프랭클린도 독일 개신교 이민자들을 팔라틴 촌놈이라며* 비하했다. 오래전에 미국으로 이민을 와서 정착한 토착민들은 이민자들이 자신들이 일용할 양식을 모두 먹어 치울지 모른다고 맬서스를 향해 징징대지는 않는다. 대신 그들은 이민자들이 미국에서 태어나 자란 사람들의 일자리를 빼앗음으로써 생계 수준을 떨어뜨리고 미국의 '문화적 통합성'을 해친다고 주장한다. 물론 이런 주장이 새로운 것은 아니다. 1845년과 1855년 사이에 100만 명이 넘는 아일랜드인이 감자역병으로 발생한 기근을 피해 대서양을 건넜다. 그들은 곧바로 뉴욕 인구의 4분의 1 이상을 차지했고, 그렇다 보니 환영을 받지 못했다.[26] 아일랜드계 미국인들은 할아버지뻘 되는 동향 사람이 "아일랜드인은 뽑지 않음"이라고 쓰여 있는

---

* Palatine Boor. 팔라틴은 영어로 독일의 팔라티네이트 지역을 가리킨다. 팔라티네이트의 독일어 지명은 팔츠로 프랑스와 인접한 라인란트팔츠주의 남부 지역에 해당한다. 1709년 팔츠 지방에 기근이 들자 이곳 주민들이 처음에 영국으로 이주했다가 다시 미국으로 건너가 정착하면서 독일계 미국인들의 이주 물결이 형성되었다.

구인 광고를 쳐다보고 있는 것만으로 심하다 싶을 정도로 핀잔을 준다. 1991년에 개봉한 영국 감독 앨런 파커의 영화 〈커미트먼트〉의* 한 주인 공이 "아일랜드인은 유럽의 흑인이야"라고 말한다. 그리고 이렇게 크게 외친다. "나는 흑인인 것이 자랑스럽다!" 하지만 오늘날 멕시코 이민자들의 눈에 아일랜드계 미국인들은 미국 식민지 개척자로 알려진 마일 스 스탠디시와 함께 메이플라워호(1620년에 '순례자'라 자칭한 청교도들이 종교 박 해를 피해 망명지 신대륙, 즉 미국으로 갈 때 타고 간 배의 이름)를 타고 온 이민자들과 다르지 않다. 미국의 역사학자 노엘 이그나티예프의 1995년 저서 《아일 랜드인은 어떻게 미국의 백인이 되었나》는 온갖 핍박을 받던 초기 아일 랜드 이민자들이 어떻게 미국에 정착해 지금에 이를 수 있었는지 잘 보 여준다.[27] 미국의 배우이자 극작가인 조지 코핸 같이 미국 사회에서 큰 성공을 거둔 애국자들은 이민자들의 정착과 지휘 향상을 위해 적극적 으로 나섰다. 코핸은 자신이 7월 4일 미국의 독립기념일에 태어났다고 주장했고, 심지어는 이를 자신의 노래 〈양키 두들 댄디〉에** 가사로 넣

---

* 2007년에 한국에 개봉돼 많은 인기를 끈 아일랜드 감독 존 카니 감독의 〈원스〉의 남자 주인공 글렌 한사드가 기타리스트로 출연하는 영화. 〈커미트먼트〉는 음악을 배경으로 하고 있다는 점에서 〈원스〉 와 비슷하지만, 〈원스〉가 음악과 남녀의 사랑을 소재로 하고 있다면, 〈커미트먼트〉는 소울 밴드를 만 들어 가는 아일랜드 청춘들의 이야기가 중심을 이룬다는 점에서 조금 다르다. 그리고 이 밴드의 리더 인 지미 래비트(로버트 아킨스)는 친구들이 많고 많은 음악 장르 중에 왜 소울이냐고 질문하자 "아일 랜드인은 유럽의 흑인이고, 더블린 사람은 아일랜드의 흑인이고, 북더블린 사람은 더블린의 흑인이기 때문"이라고 대답한다.

** 미국의 포크송으로 원래 '양키 두들'이란 곡이 있는데 군가로 많이 불렸다. '양키'는 잘 알려진 대로 미 국인, 특히 북아메리카에 정착한 백인 이주민들을 칭하고, '두들'은 얼간이란 뜻이 있어 양키 두들은 다소 자기 비하적인 어감이 있지만, 좋게 해석하면 양키 녀석이라고 할 수 있을 것이다. 여기에 코핸 이 멋쟁이란 뜻의 댄디를 더해 애국심을 고취하려고 만든 노래가 〈양키 두들 댄디〉, 굳이 해석하면 멋 쟁이 양키 녀석이라고 할 수 있다. 원래 노래 제목은 "양키 두들 보이"이고, 가사에 "양키 두들 댄디" 가 나온다. 그리고 그의 일대기를 다룬 전기 영화가 있는데 제목이 〈양키 두들 댄디〉(1942)다. 우리나 라에서는 〈성조기의 행진〉으로 번역되었다.

었다. 뒤에 노예들의 손자인 루이 암스트롱도 애국심을 고취하는 활동을 하기는 했지만, 한 달 만에 그만뒀다.

그러나 원주민 보호론자들은 "지금은 그때와 다르다"라고 주장한다. 먼저, 지난 수십 년 동안 미국으로 흘러들어온 이민자들은 20세기 전환기에 거대한 물결을 이뤘던 수백만 유럽 난민들과 다르게 미국 사회에 빠르게 동화되지 못했다. 왜 그러지 못했을까? 불협화음cacophony, 통신communication, 굳은살callus 세 요소를 고려하자.

20세기 초에 아메리칸 드림을 꿈꾸며 대규모 이민 물결을 이뤘던 사람들은 다양한 언어권을 이루고 있던 유럽인들이었다. 1910년에 이민자들의 언어는 영어를 제외하면 모두 소수 언어였다. 독일어가 18퍼센트로 가장 높았지만, 견고한 문화권을 형성할 수 있을 만큼 충분한 "점유율"을 가진 집단은 없었다. 1915년에서 1965년까지 미국으로 온 전체 1,100만 명 이민자 가운데 75퍼센트인 825만 명이 유럽인이었다. 반대로, 근래에 미국으로 건너오는 이민자들의 거의 절반은 라틴아메리카 출신들이다. 특히 멕시코 이민자들이 다수를 차지한다(한편 유럽에서 건너오는 사람들은 15퍼센트밖에 되지 않는다). 그들은 수적으로 다수를 차지하고 있기 때문에 특별히 영어를 사용하지 않더라도 스페인어를 사용하며 일하고 생활하는 데 별다른 지장을 느끼지 않는다. 플로리다주와 텍사스주, 캘리포니아주는 스페인어로 케이블과 위성 방송을 내보내고 있을 정도다. 스페인어 방송사인 유니비전이 황금시간대에 18세에서 34세 사이 시청자들의 시청률에서 영어 방송사인 폭스, NBC, CBS, ABC를 누르기도 한다.

그뿐 아니라 정보통신 기술의 발달로 그들은 고국에 있는 가족들과 친지들에게 쉽게 전화를 하고, 팩스를 보내고, 이메일을 주고받을 수 있으며, 심지어는 원할 때마다 비행기를 타고 날아갔다 올 수도 있다. 장거리 전화 요금도 분당 10센트 이하로 떨어지면서 하루 벌이로 어렵게 생활하는 노동자들도 멀리 떨어져 있는 고향 집에 전화하는 데 별다른 어려움을 겪지 않는다. 반면, 1912년에는 함부르크 해운이 미국과 독일을 오가는 정기 배편을 통해 우편 행낭을 실어 날랐다. 당시만 하더라도 이 배편은 독일에서 미국으로 건너온 이민자들에게 고향에 남아 있는 가족과 연락을 취할 수 있는 유일한 방법이었다.

다인종과 다문화로 구성된 미국 같은 사회를 은유적으로 표현했던 '용광로'는 '샐러드 그릇'으로 바뀌면서 찬장 한구석으로 처박혀 먼지만 뒤집어쓰고 있은 지 오래됐다. 샐러드 그릇이란 서로 문화적 통합성을 이루기보다는 각각의 인종 집단이 각자의 정체성을 유지하면서 서로 동화되길 거부하는 모습을 뜻한다. 동족들 사이에서 아이들에게 영어는 가르치라는 압력을 받기도 하지만, 중국의 젊은이들조차 그들이 미국 문화에 너무 빠르게 동화되면 서로 '바나나'(원래는 미친놈이란 뜻의 속어지만, 여기에서는 겉은 중국인이지만, 속은 백인처럼 생각한다는 뜻에서)라며 놀려댄다.

경제학자들은 다음과 같은 문제에 더 많은 우려를 표한다. 즉, 라틴아메리카 등지에서 새롭게 몰려오는 이민자들의 소득수준이 아일랜드인, 독일인, 이탈리아인, 폴란드인, 유대인들이 그랬던 것처럼 토착민들의 소득수준을 따라잡을 수 있는가, 아니면 그것에 미치기는커녕 공적 부조에 의존해야 하진 않을까? 대다수 경제학자는 이민 정책이 엄격하지 않은 것에 다소 위안을 삼기는 하지만, 최근의 데이터에는 큰 우려를 표한다. 그들은 왜, 어떤 우려를 표시할까? 기술적인 발전으로 인해 경제가 빠르게 성장했지만, 비숙련 노동자들이 주류 사회에 포함되거나 상류 계급으로 올라갈 가능성은 거의 없다. 1880년대에 리투아니아 이민자들이었던 아이작 브레이크스톤과 조지프 브레이크스톤 형제는 미국에 도착하자마자 낙농 제품을 손수레에 싣고 돌아다니면서 팔기 시작해 돈을 모아 얼마 뒤에 뉴욕 시티에 작은 가게를 열었다. 그리고 그 뒤에 가게는 크게 번창해 사업적으로 세계적인 성공을 거두면서 아메리칸 드림을 실현했다. 하지만 이런 '손수레 자본주의'가 오늘날에도 가능할까? 가능하다고는 해도 큰돈을 벌거나 사업적으로 크게 성공하는 것은 쉽지 않거나 불가능할 것이다. 초기 이민 물결에 올라탄 이민자들의 손에는 굳은살이 박여있었다. 1900년에 미국은 손에 굳은살이 박인 사람들이 필요했다. 인구의 69퍼센트가 농장, 숲, 탄광, 또는 공장에서 일했다.[28] 새로 도착한 이민자들은 배에서 내리자마자, 비록 차별을 당하기는 했지만, 굳은살로 일자리를 얻을 수 있다는 것을 알았다. 나의 조부인 샘 루이스는 영국에서 건너왔다. 아일랜드에서 출항한 배가 뉴욕 맨해튼에 닿으면 3등실 남성 승객들은 "갈고리나 곤봉?" 중 하나를 선택하라는 제안을 받았다고 한다. "갈고리나 곤봉?"은 부둣가 인부로 뱃짐을 나르거나 경찰관이 되어 경찰봉을 휘두를 수 있다는 의미였다. 당시에는 아일랜드 고용주들이 두 업종을 지배했다.

1900년에 고등학교 졸업자가 드물어 학위를 가지고 있는 미국인들은 14퍼센트가 되지 않았다. 대학교에 가는 비율은 3퍼센트 미만이었다. 오늘날의 반도체, 클라우드, 인공지능 혁명은 고사하고 아직 산업혁명조차 겪어보지 않은 나라에서 온 이민자에게 기회가 있을까? 예를 들어, 일부 중국 및 인도 출신 이민자 가운데 사업 수완이 뛰어난 사람들은 실리콘밸리에서 컴퓨터 장비, 소프트웨어, 그리고 뉴미디어를 디자인해서 큰돈을 번 경우가 있다. 하지만 남부 캘리포니아로 건너와서 정원사로 일하는 멕시코 이민자들에게 이런 성공 신화는 자신들과는 거리가 먼 다른 사람들의 이야기일 뿐이다. 인종별로 소득 차이를 나타내는 데이터가 있다. 이런 차이는 인종차별이나 가족 내력, 법적 구조, 아니면 교육 수준으로 설명할 수 있다.

최근에 라틴아메리카계를 비롯해 미국으로 건너온 이민자들은 처음에 토착민들이 받는 평균 임금의 70퍼센트만 받고 일을 시작했고, 그 이상 소득이 오르지 않았다. 1980년대 이민 온 과테말라인들은 1990년대까지만 해도 평균 임금의 72퍼센트만 받고 일했다. 흥미로운 것은 그때 당시 중국인들이 토착민들과 동등한 평균 임금을 받고 일했다는 점이다. 반면 라오스인들은 78퍼센트를 받고 있었다.[29] 몇몇 연구자들의 연구 결과에 따르면, 별다른 기술이나 자격증이 없는 이민자들은 같은 조건의 토착민들, 특히 대도시 흑인에 비해 2.5퍼센트에서 5퍼센트까지 낮은 임금을 받는다.

물론, 데이터는 바뀔 수 있다(그리고 교육 시스템의 일대 혁명이 도움을 줄 수도 있다). 그렇다고는 해도 데이터란 하나의 집계이기 때문에, 그것으로 이민자들 개개인이 미국의 경제 및 사회에 기여하는 정도를 알아낼 수 없다. 만일 아인슈타인이 미국으로 오지 않고 독일에 체류하면서 제3제국을* 돕도록 동원됐다면 어떻게 됐을까? 아마 그는 지금 역사상 가장 나쁜 과학

---

* 제2차 세계대전 이전의 독일을 말함. 제1제국은 신성 로마 제국(962~1806), 제2제국은 오토 폰 비스마르크에 의한 통일 독일 제국(1871~1918), 제3제국(1933~1945)은 히틀러에 의한 전체주의 독일을 말한다.

자로 기억될지도 모를 일이다. 다행히 그는 미국을 선택했고, 특히 그의 천재성은 1930년대 적대국 독일과 독일인 이민자들에 대해 반감을 품고 있던 영국계 미국인들을 불식시키기에 충분했다. 어쩌면 당시 미국인들에게는 그의 미국행과 천재성은 최대의 축복이자 최고의 선물이었을 것이다. 스티브 잡스의 친부는 시리아를 떠나 캘리포니아주 새크라멘토에 정착해 작은 커피숍을 운영했다. 이 이민자의 아들이 우리가 음악과 이야기를 공유하는 방식을 새롭게 창조했다. 어쨌든, 뉴욕항에 우뚝 서 있는 자유의 여신상은 평화의 상징이지 경제의 상징이 아니다. 간혹 이민자들에 대해 반감을 표시하기도 하지만, 그래도 미국은 파도처럼 밀려 들어오는 이민자들을 환영했다. 그들은 자유를 갈망했고, 그에 대한 보답으로 우리를 더욱 부유하게 만들어 주었다.

경제학자들이 미국에 대해 희망을 품는 한 가지 이유가 더 있다. 즉, 수백만 명에 달하는 베이비 붐(제2차 세계대전 이후 미국에서 출생률이 급격히 상승한 현상) 세대가 앞으로 20년 뒤에 은퇴할 경우, 이들을 부양하기 위해 미국은 더 많은 노동자를 필요로 할 것이라는 점이다. 이것은 미국으로 건너오는 새로운 이민자들에게 또 다른 기회가 될 것이다. 경제학자들은 그들이 이 기회를 어떻게 살릴지 계속 지켜볼 것이다.

지구 온난화, 맬서스의 복수인가?

어머니 같은 자연Mother Nature(만물의 창조주로서 자연을 의인화한 말)은 변덕이 심하다. 지금 우리가 배를 띄우고, 수영을 하고, 물보라를 가르며 제트스키를 타는 바다는 한때 펄펄 끓는 용암이었다. 미국 북서부에 자리한 몬태나에는 열대 양치류 화석이 남아 있는 지층에서 공룡 화석도 같이 발견된다. 실제 쥐라기 공원이라* 불러도 손색이 없는 남극 근방 지층에는 열대 양치류가 묻혀 석탄층을 이룬 곳도 있다. 그로부터 수천만 년 뒤에 바이킹들(8세기에서 10세기 사이에 전 유럽을 공포에 떨게 함)은 이름 그대로 푸르디푸른 그린란드를 정복했고, 영국인들은 잉글랜드 중부 지역에서 포도를 재배해 직접 와인을 주조해 마셨다.

뒤에 르네상스 시기에 '소빙기'(16세기에서 19세기 중반까지 유럽과 북미지역에 닥친 혹독한 추위)가 닥쳤다. 당시 날씨가 얼마나 추웠는지 플랑드르(현재의 벨기에 서부, 네덜란드 남서부, 프랑스 북부를 포함한 북해에 면한 중세의 국가)의 화가 브뤼헐은 〈눈 속의 사냥꾼〉이라는 독창적인 작품을 그렸다. 이 그림에는 네덜란드인들이 추위에 꽁꽁 언 수로에서 스케이트를 타는 장면이 담겨 있다. 하지만 오늘날 이런 장면을 보기는 쉽지 않다.[30]

카터 행정부가 환경 재앙과 에너지 가격 상승에 대한 예측을 담은 《지구 2000년 보고서》를 발간하기 바로 직전, 미국 의회는 여러 차례에 걸쳐 기후와 관련한 공청회를 열었다. 특히 1960년대와 1970년대는 기온이 최고점에 도달한 1940년대 이후 계속 하락해 강한 눈보라와 함께 맹추위가 기승을 부렸던 시기로 일부 과학자들은 새로운 빙하 시대의 도래를 경고했다. 컴퓨터의 기후 변화 예측 모델 역시 지구의 온도가

---

* 2억 년 전부터 1억 4,500만 년 전까지 지속된 지질 시대로 독일, 스위스, 프랑스의 국경에 있는 쥐라 산맥에서 발견된 지층에서 이름이 유래했다. 이 시대를 대표하는 동물이 공룡으로 가장 번성한 것으로 알려져 있다. 이 시기에 공룡 외에도 다양한 파충류가 번식한 시기로 다양한 동물을 모아 놓은 공원 같다고 하여 쥐라기 공원이라 불린다. 그러나 스티븐 스필버그 감독의 1991년 영화 〈쥐라기 공원〉에 나오는 공룡들은 대다수 쥐라기 이후 시기인 백악기 것들이다.

하강 국면으로 돌아서 장기적으로 하락할 것이라고 내다봤다. 어쨌든, 1만 년 전 있었던 마지막 빙하기의 평균 최저 기온과 지금 우리 시대에 기록한 평균 최저 기온 간의 차이는 −12.2도 정도밖에 나지 않는다. 수백만 년 전에 그랬던 것처럼, 약간의 온도 하락으로 인해 빙하가 극지방에서 퍼져 나와 뉴욕 전체를 수백 피트나 되는 푸른빛을 머금은 얼음으로 뒤덮을 수 있다.

이런 새로운 빙하 시대의 도래를 우려하는 목소리가 나온 지 얼마 지나지 않아 놀랍게도 지구의 온도는 다시 올라가기 시작했다. 1990년에 유엔의 지원 아래 지구 온난화 문제를 연구한 국제 과학자들은 지구의 온도가 위험할 정도로 빠르게 상승할 것이며, 2100년까지 3도 정도 상승할 것으로 예측했다. 지구 온난화로 인해 더 많은 사람이 더위에 죽어갈 것이고, 지구 곳곳에서 홍수와 가뭄이 만연할 것이다. 그리고 그 결과 식량 및 물 부족에 시달릴 것이다. 그럼, 이런 재앙을 초래하는 원인은 무엇일까? 스웨덴의 화학자 스반테 아레니우스의 연구 결과에* 기초해 유엔 산하 기후 변화에 대한 정부 간 패널Inter-governmental Panel on Climate Chang, IPCC은 화석 연료는 연소 과정에서 이산화탄소를 방출하고, 이것이 지구에 도달하는 태양의 적외선이 복사되는 것을 방해하는 층을 만들면서 지구의 온도를 상승시킨다는 가설을 내놓았다. 지난 100년 동안, 전 세계적으로 자동차 수가 증가함으로써 대기 중의 이산화탄소 농도도 올라갔다. 이미, 북유럽의 빙하가 녹아내리면서 그 속에 얼어 있던 마지막 빙하기 이전 생물들의 화석이 하나둘 모습을 드러내

---

* 스반테 아레니우스는 1896년 한 연구를 통해 이산화탄소의 생성 원인의 하나로 화석 연료의 연소를 주장했다.

고 있다. 또한, 지구 온난화로 극지대의 빙하가 녹아내리면서 해수면이 올라갈 것이고, 강한 폭풍우가 몰아칠 것이다. 많은 지역이 습지대로 바뀔 것이고, 그 결과 말라리아 같은 열대성 질병이 창궐할 것이다. 또한 세계 농업은 황폐화할 것이다.[31] 사실, 이상의 이야기는 인간의 삶을 지탱하는 지구의 능력을 파괴하는 인구 증가라고 하는 가망 없는 맬서스적 이야기와 하나도 다를 것이 없다.

그런데 이것이 전혀 엉뚱한 주장일까? 아닐 수도 있다. 회의주의자들은 이런 종말 시나리오에 반대되는 여러 사실과 주장을 제기한다. 예를 들어, 그들은 지구의 온도는 지난 세기에 1.8도 정도밖에 상승하지 않았으며, 이 또한 매우 부정확하다고 주장한다(위성 자료를 보면 상승 폭은 이보다 훨씬 더 작다). 일부 과학자들은 지난 세기 지구의 온도 상승은 화석 연료 사용에 따른 이산화탄소의 배출 증가가 아니라 그동안 태양의 밝기가 밝아졌기 때문이라고 설명한다. 또한 그들은 구름의 형성은 매우 유동적이기 때문에 컴퓨터로 모델화하는 것 자체가 아직 쉽지 않다고 주장한다. 게다가, 일부 빙하는 과학자들이 주장하는 것과 달리 줄어들기는커녕 오히려 확대됐다.

마지막으로 회의주의자들은, 비록 기온이 IPCC가 금세기 중반에 예측한 대로 4.5도 상승한다고 하더라도, 많은 지역에서 경작 기간 증가로 더 이득을 볼 것이라고 주장한다. 일군의 낙관적인 경제학자들은 이런 자신들의 분석을 다음 장에서 살펴볼 데이비드 리카도의 이름을 따서 '리카도적' 접근이라 불렀다.[32] 리카도적 분석에서 농민들은 지구 온난화에 무방비 상태로 놓여 있기보다는 따뜻한 기후에서 자라는 곡물을 경작함으로써 이득을 볼 수 있다. 예를 들어, 기존의 냉대 지역에 밀집해 있는 밀 경작지에 목화(열대와 온대에서 주로 경작)를 경작할 수 있을 것이다. 이미 서늘한 기후로 포도 경작에 제약이 많았던 영국에서도 최근에는 재배지가 북쪽 지방으로 확대되고 있다. 물론, 이미 지리적으로 덥고 습한 나라들에서는 별다른 새로운 선택의 여지가 없을 것이다. 계절풍이 불어올 때, 미국 중부 캔자스주 농부에게 이로운 상황이 베트남에서 벼를 경작하는 농부에게는 그렇지 않을 수 있다.

그러나 경제학자들은 부유한 세계가 더 많은 행동을 취해 지리적 위험을 흡수할 여지가 있다고 지적한다. 허리케인 조기 경보 시스템이 수천 명의 생명을 구한다. 1900년 9월, 강력한 폭풍이 텍사스주 갤버스턴을 강타해 8천 명의 무고한 목숨을 앗아갔다. 미국 역사에서 가장 치명적인 자연 재앙이었다. 왜 희생자들의 목숨이 무고했을까? 레이더, 라디오, 위성이 발명되지 않아서였다. 가뭄과 기상 이변으로 인한 사망률이 지난 100년 동안 90퍼센트 정도 늘었다. 1982년과 2002년 사이에 미국에서 큰 지진이 18번 발생해 총 143명이 사망했다. 허름한 건물들, 조잡한 하수처리 시스템, 있으나 마나 한 소방인력을 보유하고 있는 인도는 큰 지진이 발생한 횟수는 14회이지만 사망자는 32,117명이었다.[33] GDP가 오른다고 인도의 지진 발생 강도를 낮추지 않겠지만, 지진 잔해에서 더 많은 사람을 구할 것이다. 전 세계의 GDP가 상승하면서 기후변화에 대처할 선택지도 많아졌다. 마이애미 비치는 주기적으로 발생하는 범람 수위에 맞춰 도로와 다리의 높이를 높였다. 세계은행에 의하면, 1990년까지만 해도 전 세계 인구 3명 중 1명이 절대 빈곤에서 살았다. 지금은 3분의 2로 떨어졌다. 이는 인류가 역사적으로 거둔 가장 놀라운 성취 가운데 하나다. 이렇게 경제성장은 우리에게 기후변화에 맞서 싸우고 버틸 수 있는 수단을 제공한다.

지구온난화에 대처하는 많은 전략이 이산화탄소 배출에 과세하는 방안을 제안한다. 윌리엄 노드하우스가 처음에 제기했는데, 그는 기후변화의 경제적 효과에 관한 연구로 2018년에 노벨경제학상을 받았다. 오염 물질 배출에 세금을 부과한다는 생각은 영국의 경제학자 아서 세실 피구로 거슬러 올라간다. 그는 빅토리아 시대 중기에 태어나 엘리자베스 2세 여왕이 1950년대에 왕위에 오르는 것을 보고 죽었다. 피구는 외부효과externalities라는 개념을 발전시켰다. 이는 어떤 기업의 활동이 이웃하는 사람들에게 파급 효과를 미친다는 의미다. 생각해보라. 영국 총리 처칠이 담배를 피우고 있을 때 옆에 앉아 있거나 미국의 래퍼 스눕 독이 공연하는 공연장 옆에 산다면 어느 정도 연기를 들이마시게 된다. 핫도그 회사가 고기를 굽느라 연기를 내보내 숨쉬기 어렵다면 이는 회사가 이웃에게 비용을 전가하는 것이다. 피구는 핫도그 회사가 이런 불쾌한 일에 비용을 내지 않기 때문에 냈을 때보다 더 많은 핫도그를 생산한다고 지적했다. 요약하면 세상은 엄청 많은 핫도그를 생산하고 있고, 따라서 엄청난 연기를 내뿜고 있다. 피구는 이런 공장이 거둬들이는 총 이득과 총 지출에 맞게 과세를 한다면 시장이 더 효율적일 수 있다고 주장했다. 이런 모델을 따르고 있는 하버드대학교 경제학과 교수 그레고리 맨큐는 탄소세를 포함해 외부효과들에 세금을 부과해야 한다고 주장하는 경제학자들과 사상가들의 모임인 '피구 클럽'을 이끌고 있다.

지구 온난화 그 자체로는 맬서스가 옳다는 것을 입증할 수 없다. 그가 옳은지 아닌지는 인류가 자기 자신에게 갈수록 위협이 되어가고 있는 지구 온난화에 적절히 대응할 수 있을 때 판가름 날 것이다. 인류는 계속 대기 중에 이산화탄소를 배출함으로써 식물을 질식시키거나 파괴할까, 아니면 지구상의 다양한 종을 살릴 수 있는 기술적 도구를 발견할까? 우리 후손들이 그 해답을 찾아낼 것이다.

예언가의 말년

자신이 사망한 지 150년이 넘은 이후까지도 자신의 인구론을 두고 열띤 논쟁이 벌어지고 있는 현실을 맬서스가 알게 된다면 아마 깜짝 놀랄 것이다.

맬서스는 사망하기 마지막 30년 동안 자신이 몸담고 있던 헤일리버리대학교와 런던을 오가며 유명 인사들과 술잔을 주고받는 등 여유로운 나날을 보냈다. 영국의 시인이자 비평가 새뮤얼 존슨의 말을 빌리면, 그는 "클럽 사람들과 어울리는 것을 좋아clubbable"했으며, 제왕클럽과* 정치경제클럽의** 회원이 되었다. 1824년, 런던에서 발간하는 〈젠틀맨스 매거진〉은 왕립문학협회가 맬서스와 그의 앙숙이던 콜리지를 "회원"으로 지명했고, 두 사람이 평생 연구비를 받았으며, 아마도 서로 티격태격했을 것이라고 보고했다.[34] 맬서스는 《정치경제원리》를 비롯해 여러 권의 책과 소책자를 집필했다. 그리고 흥미로운 것은, 우호적이면

---

* King of Clubs. 스코틀랜드의 법학자이자 정치가 제임스 매킨토시의 주도로 1798년에 만들어진 오찬 클럽으로 친목 단체였다. 맬서스는 1799년에 회원이 되었다.
** Political Economy Club. 1821년 제임스 밀에 의해 런던에서 결성된 친목 단체로 정치경제의 주요 원칙들을 논의하는 것을 목적으로 했다. 데이비드 리카도 또한 이 클럽의 회원이었다.

서도 단호한 어조로 데이비드 리카도와 무역 정책 및 경제 공황에 대해 논쟁을 벌였다는 사실이다. 이에 대해서는 뒤에 다시 논의할 것이다.

1834년 심장병으로 죽는 날까지, 맬서스는 자신이 인류의 적이라는 사실을 부인하고 다니지 않으면 안 됐다. 유족으로는 부인과 두 자녀가 있었다. 10대인 딸이 하나 있었는데 그보다 10년 앞서 죽었다. 학자들과 저자들은 아직도 그를 기껏해야 고집이 센 성직자로, 나쁘게 봐서는 핼러윈에나 어울릴 법한 악마 정도로 취급한다. 하지만 맬서스는 그를 비평하는 사람들이 세상을 직시하지 못하고 자신들의 시야를 가로막는 가면을 쓰고 있다고 생각했다. 터널 끝에 희미하게 보이는 빛이 그들을 향해 전속력으로 달려오는 기관차의 불빛이라는 것을 보지 못하도록 방해하는 가면 말이다.

4

데이비드 리카도
자유무역의 화신

David Ricardo
(1772~1823)

이 책에서 다루는 위대한 경제학자들 가운데 특이하게도 데이비드 리카도만 대학 문턱을 넘어본 적이 없는 사람이다. 하지만 그는 다른 어떤 학자보다도 뛰어난 실력으로 경제 이론에 파고들었다. 또한 그는 금융 시장을 정식으로 공부한 적이 없었다. 그런데도 주식 투자를 통해 수백만 파운드를 벌어들였다. 명석한 두뇌와 실용적인 지식을 겸비한 리카도는 어떤 논쟁에서도 상대에게 눌린 적이 없었다. 그는 상대의 주장을 "어리석은 대학 교수나 그렇게 생각할까 아무도 그렇게 생각하지 않는다"라며 단칼에 눌러 버리곤 했다.

이런 리카도에 반기를 든 상당히 어리석은 대학 교수가 있었으니 그가 바로 앞서 말한 맬서스였다. 그러나 비평가들은 맬서스가 리카도의 신중한 공격을 내심 즐겼다며 그를 강하게 비난했다. 자신에 대한 사우디와 콜리지의 비난에 비하면 리카도의 공격은 그에게 세레나데처럼 들렸을 것이다. 그리고 적어도 리카도는 그의 인구론에 동의했다.

리카도와 맬서스의 관계는 책 출간에서 비롯했다. 두 사람이 서로의 통화 및 무역 정책을 비판하는 내용이 담긴 논문을 정식으로 출간했던 것이다. 1811년, 마침내 맬서스가 리카도에게 편지를 보냈다. "주장하는 바는 서로 다르지만, 같은 문제에 관심이 있으니 지면을 통해 지루한 논쟁을 계속하기보다는 직접 만나 이야기를 나누어보는 것이 어떻습니까" 하는 내용이었다. 마침 리카도도 같은 내용의 편지를 보낼 참이었다. 그렇게 해서 두 사람은 며칠 뒤에 만났고, 이후 평생지기가 되었다. 리카도는 이 의외의 친구에게 간간이 정책의 요점들을 상세히 설명하는 내용을 포함해 매력적인 편지를 다수 썼다. 두 사람이 처음 만나고 얼마 지나지 않아 리카도는 "맬서스 부인과 리카도 부인을 서로 소개하고 싶은데"라는 편지를 쓰며 이렇게 덧붙였다. "그리고 항상 당신이 이용할 수 있게 침대가 마련되어 있으니 런던을 처음 방문하는 길에 들러 자고 갔으면 합니다." [1] 1823년, 리카도는 사망하기 직전 맬서스에게 이런 내용을 편지를 보냈다. 그는 맬서스와 수많은 이견이 있었음을 언급하면서 "나는 당신이 내 의견에 순순히 동의했더라면 지금만큼 좋아하지는 않았을 겁니다"라고 말했다. 리카도의 유산 상속인은 모두 세 명이었는데, 맬서스는 그중 한 사람이었다. 뒤에 맬서스는 이렇게 선언했다. "내 가족 이외에 그렇게 사랑했던 사람은 아무도 없었다."

맬서스와 리카도만큼 서로 다른 환경에서 성장한 사람을 찾기도 어렵다. 영국의 유서 깊은 가문 출신이었던 맬서스가 대학 졸업 후 영국 국교회 소속의 성직자가 되었던 반면, 리카도는 1772년에 유대인 이민자의 아들로 태어났다. 리카도의 가족은 포르투갈에서 박해를 피해 달아나 이탈리아 피사 근처의 리보르노에서 산호 따는 일을 했다. 그러다가 조류에 떠밀려 네덜란드로 흘러갔고, 그곳에서 배를 타고 북해를 건너 영국에 도착했다. [2] 리카도의 아버지인 에이브러햄 리카도는 런던에서 주식 중개인으로 활동할 수 있는 허가를 받은 12명의 유대인 브로커 중 한 명이었다. 19세기 초에 제작된 왕립증권거래소 도해를 보면, 거래소 내부를 민족과 인종에 따라 구획을 나눈 것을 볼 수 있다. 현대 쇼핑몰의 식당가를 보는 것 같은데, 유대인 구역은 증권거래소 남동쪽 구석, 즉 프랑스인 구역 건너편의 스페인 구역과 포르투갈 구역 중간에 끼어 있다.[3] 리카도 집안의 험난한 여정의 끝이 그들이 한때 도망쳐 나온 포르투갈의 깃발 바로 아래였다니 얼마나 아이러니한가. 왕립증권거래소만이 아니라 아버지 에이브러햄은 게러웨이 커피하우스를 사무실 주소로 등록했다. 1657년에 게러웨이라는 담배상이 문을 연 찻집으로 1666년 화재로 소실되었다가 재건됐다. 상인, 서적상, 법률가 들이 쓰디쓴 커피를 마시면서 권력자들과 돈 이야기로 수다를 떨었다.

맬서스가 집에 가정교사를 두고 공부하고, 케임브리지대학교에 입학해 수학하고 있었을 때, 14살의 리카도는 아버지 손을 잡고 같이 일을 하러 다녔다. 다시 말해, 그는 일찌감치 학업을 포기하고 아버지를 따라다니며 복잡한 금융 시스템과 투자 전략을 익히기 시작했다. 얼마 지나지 않아 그는 업계에서 두각을 나타냈다. 투자하는 곳마다 성공을 거둔 그는 20대 중반에 독립해 주식, 채권, 그리고 부동산 투자 등을 통해 오늘날의 달러 시세로 수억 달러의 가치가 나가는 엄청난 부를 쌓았다. 리카도 집안이 주식과 상품 거래로 성공하고 신뢰를 쌓으면서 영국 정부를 대신해 국채를 일반인에게 판매하기 시작했다. 맬서스도 주식 투자를 통해 돈을 번 적이 한 번 있었는데, 사실은 리카도가 중간에서 손을 써서 벌어준 것이었다.

두 사람의 투자에 대한 감각은 프랑스 나폴레옹 보나파르트 통치 당시 정세를 읽고 판단하는 능력에서 이미 차이를 드러냈다. 리카도가 자신과 맬서스를 위해 영국 정부의 주식을 사 둔 것이 있었는데, 프랑스에서 새로운 헌법이* 선포되자 맬서스는 혹시 자신이 산 주식의 가격이 떨어지지 않을까 노심초사하기 시작했다. 맬서스는 리카도에게 자신의 주식을 팔아달라고 부탁했다. "자네에게 무례한 부탁일 수도 있고, 번거로운 일일 수도 있네만, 그리고 앞으로 주식 시세가 어떻게 변할지 모르지만, 내 주식은 처분해주게. (…) 자네 수고는 잊지 않음세. 그리고 뒤에 어떤 결과가 나와도 불평하지 않을 걸세." 리카도는 맬서스의 주식을 팔았지만, 자신의 주식은 조금 더 가지고 있다가 맬서스보다 2배 더 많은 차익을 남기고 매각했다.⁴ 이 일화에서 엿볼 수 있듯이 소심한 성격이었던 맬서스에게 주식 투자는 적성이 아니었다.

데이비드 리카도의 아버지는 부지런하고 똑똑한 아들을 자랑스러워했다. 하지만 부자가 크게 다투면서 관계에 금이 갔다. 글자 그대로 싸웠다는 것이 아니라 종교적인 이유였다. 데이비드가 맬서스 부인에게 소개하고 싶어 했던 그의 부인 프리실라는 유대인도 아니었고 맬서스 집안처럼 영국인도 아니었다. 퀘이커 교도였다.** 프리실라의 부모도 데이비드의 부모도 그들의 결혼을 허락하지 않았다. 데이비드가 부모의 바람을 순순히 따르지 않자 그들은 아들을 죽은 자식 취급하며 애도의 기도를 올렸다. 데이비드의 부모는 아들에게 두 번 다시 말을 걸지 않았

---

* 1799년(프랑스 혁명력 기준 8년) 11월 9일, 나폴레옹은 쿠데타(보통 브뤼메르 18일이라 불리는데, 브뤼메르란 프랑스 혁명력으로 '안개의 달', 즉 2월을 뜻한다)를 일으켜 프랑스 대혁명에 의해 수립된 공화정을 뒤엎고 권좌에 올라 3명의 통령을 두는 새로운 헌법을 선포했다. 물론 2명의 통령은 명예직에 불과했고, 제1통령인 나폴레옹이 실권을 장악했다.

** Quaker. 17세기에 영국 태생의 조지 폭스가 창시한 기독교 교파로 종교친우회로도 불린다. 퀘이커라는 이름은 '하나님 앞에서 떤다'는 폭스의 말에서 유래했다.

다. 데이비드가 맬서스와의 우정을 소중하게 여긴 것도 가족과의 불화 때문일 것이다.

퀘이커 교도와 결혼하면서 리카도는 상류 사회와 거리를 뒀다. 퀘이커 교도들은 사회적으로 의심을 받아 법적 권리가 제한되어 있었다. 데이비드의 개인적 매력과 재산이 아니었더라면 두 부부는 완전히 고립되어 살았을 것이다. 그는 글로스터셔에 토지를 매입하고 런던의 번화가인 그로스베너 스퀘어에 주택을 사들일 만큼 충분히 성공했다. 두 사람은 이곳에서 아이 여섯을 낳아 길렀고, 그중 한 아이는 커서 글로스터셔 고위 보안관이 됐다.

이처럼 리카도는 항상 돈에 둘러싸여 살았지만, 그가 애덤 스미스의 《국부론》을 접한 것은 스물일곱 살 무렵에, 그것도 아주 '우연한 기회'를 통해서였다. 1799년, 리카도는 영국 남서부 온천 휴양지 바스에서 지루한 휴가를 보내고 있었는데, 마침 그때 고전파 경제학의 창시자가 쓴 이 위대한 역작을 접하게 된다. 사실, 흥미로운 것은 이때가 리카도가 태어나서 처음으로 경제학을 접하는 순간이기도 했다는 것이다. 애덤 스미스가 유럽 여행길에 프랑스에 들러 체류하는 동안 무료함을 달래기 위해 《국부론》을 쓰기 시작했다는 것을 상기하자. 경제학이 다른 어떤 학문보다 지루함에 빚을 많이 지고 있는 것 같은데, 경제학과 학생들은 교수들이 간혹 수업을 지루하거나 따분하게 한다 해도 불평하지 말지어다.

1809년, 리카도는 통화와 인플레이션에 대한 신문 기사 및 소논문을 쓰기 시작하면서 경제학 작가로 데뷔했다. 경제학자이자 철학자였던 존 스튜어트 밀의 아버지 제임스 밀의 권유로 리카도는 런던의 지식 집단에 발을 들여놓게 되었고, 뒤에는 맬서스가 회원으로 있던 정치경제클럽과 제왕클럽의 회원도 되었다. 달변가에 좌중을 이끄는 능력이 탁월했던 리카도는 특히 영국의 소설가 마리아 에지워스에게 깊은 인상을 남겼다. 그녀는 리카도에 대해 이렇게 썼다. "그와 나누는 대화는 주제의 깊이와 상관없이 언제나 즐겁고 유쾌했다. 매사에 침착했던 리카도 씨는 언제나 생동감이 넘쳤고, 모든 대화가 새롭고 신선했다. 앞뒤 치우침 없이 공정하게, 그리고 언제나 진실되게 자기주장을 펼치는 사람과 어떤 문제를 두고 논의해본 것은 그 사람이 처음이었다." [5]

이민자의 아들로 가방끈마저 짧았던 리카도는 곧 영국 신사의 대표적인 모델이 되었다. 더구나 그는 산업혁명 동안 투자의 귀재답게 주식투자를 통해 엄청난 돈을 벌었고, 또한 사교계의 총아로 많은 이의 선망을 받았다. 1817년, 제임스 밀의 성화에 못 이겨 마침내 《정치경제학과 과세의 원리》를 출간했다. 이 책은 애덤 스미스의 경제 이론뿐 아니라 당대의 주요 경제학 관련 이슈들에 대한 포괄적인 논평을 담고 있다. 그로부터 2년 뒤에, 역시 밀의 등에 떠밀려 리카도는 하원의원이 되었다. 그 뒤 하원에서는 정치적 자유과 자유무역을 외치는 그의 목소리가 쩌렁쩌렁 울려 퍼졌다. 비록 '그리스도인의 참된 믿음'을 맹세했지만, 그가 소원해진 가족을 생각해 남몰래 이 맹세를 지켰는지는 알 길이 없다.

난해하지만 뛰어난 이론

당시에 얼마나 많은 의원이 리카도의 생각, 특히 그의 무역에 대한 의견을 납득했을지 알 수는 없다. 그것은 그의 생각이나 의견이 명확지 않았거나 말에 조리가 없어서가 아니라, 그가 가장 복잡하고 직관적으로 이해할 수 없는 한 경제학 원리(비교우위론)를 의원들에게 설명하려고 했기 때문이었다. 한번은 미국의 제럴드 포드 대통령이 재임 시절 텔레비전을 통해 연방 예산 적자에 대해 대국민 홍보 방송을 한 적이 있었다. 그는 시각적 이해를 돕기 위해 일람표를 준비하고, 머무적거리는 실수를 하지 않기 위해 여러 번에 걸쳐 리허설을 했다. 그러나 현대의 그 어떤 최고 통치자도 리카도처럼 어려운 이론을 일반인들에게 이해시키려고 노력한 적은 없다. 그런데 불행하게도 이 복잡한 원리가 오늘날의 경제를 이해하는 데 있어 매우 중요하다.

한번은 좀 무례한 자연과학자가 한 유명한 경제학자에게 중요하면서도 뻔하지 않은 경제 규칙이 하나 있으면 말해보라고 요청했다. 그 경제학자는 두서없이 리카도의 비교우위론이라고 대답했다. 하지만 유감스럽게도 예나 지금이나 정치가들 가운데 그의 비교우위론을 제대로 이해할 수 있는 사람은 거의 없다. 결과적으로 무분별한 수입 쿼터, 관세 정책, 그리고 무역 전쟁 등이 세계 경제사를 망쳐놓는다.

비교우위론을 살펴보기 전에 리카도가 왜 그것을 애써 정치가들에게 설명하려고 했는지 살펴보고 넘어가자. 앞서 애덤 스미스가 지적했듯이, 기업가들은 지역 상공회의소 석상에서는 자유 경쟁 원칙을 즐겨 외치지만, 막상 의회에 출석하면 정치가들의 귀에 대고 각종 특혜를 요청하기 일쑤다. 리카도가 살았던 시대에 누구보다도 돈을 뿌리면서 의원들에게 특권과 특혜를 요청했던 계급은 지주들이었다. 그들은 나폴레옹 전쟁 이후 곡물 수입이 재개되면서 곡물 가격이 하락하자 이에 따른 대책을 세울 것을 줄기차게 요구했다. 하지만 그들은 나폴레옹 전쟁* 당시, 부분적으로는 대륙봉쇄령으로** 인해 천정부지로 치솟았던 곡물 가격으로 톡톡히 재미를 봤던 사람들이었다. 그런데 전쟁이 끝나고 곡물 가격이 급락하자 두려움을 갖기 시작한 것이었다. 이들과 반대 입장에 서 있던 계급은 산업혁명으로 역사의 전면에 부상하기 시작한 부르주아지라고 하는 산업 자본가들이었다.

부르주아지는 임금을 지급하고 노동자를 고용하기 때문에 그것에 실질적인 영향을 미치는 곡물 가격에 민감하게 반응했다. 곡물 가격 상승은 임금 인상 압박 요인이 되기 때문에 곡물 가격 하락은 그들에게 희소식이나 마찬가지였다. 결국 나폴레옹 전쟁 이후 곡물 수입 재개를 두고 두 계급은 세력 싸움을 벌였고, 최종적으로는 지주 계급의 승리로 돌아갔다. 의회는 1815년에 일정 가격 이하로 곡물을 수입하는 것을 금지하는 법안을 통과시켰다. 사실상 농민들(지주들)에게 곡물 독점권을 주는 것이었다. 보통 옥수수로 번역되는 'corn'이 영국에서는 귀리, 호밀, 참밀, 그리고 보리를 통칭하는 곡물을 뜻하기 때문에 이 법안은 '곡물법Corn Laws'이라 불렸다. 19세기에 상인과 농민이 모여 가격을 흥정했던 낡은 곡물거래소 건물들이 현재 영국 전역에 남아 있다. 리즈에는 로마의 판테온을 닮은 멋진 돔 형태의 곡물거래소가 있는데, 지금은 쇼핑

---

* 나폴레옹이 프랑스 혁명 정부 아래에서 사령관으로 활약했던 시기와 이후 제1 집정기와 제1 제정기를 통해 유럽의 여러 나라와 벌인 전쟁을 통틀어 일컫는 말이다. 대표적인 전쟁으로는 이집트 원정(나일 해전 혹은 아부키르만 해전), 러시아 원정(보로디노 전투), 그리고 나폴레옹의 최종 실각으로 이어진 워털루 전투가 있다.
** 1806년에 당시 산업혁명이 한창 진행 중이던 영국에 경제적 타격을 주기 위해 유럽대륙과 영국의 무역을 금지하도록 한 명령으로 베를린에서 내려졌다 해서 베를린 칙령이라고도 불린다. 1812년, 나폴레옹이 러시아 원정에서 패함으로써 해제됐다.

몰로 사용되고 있다.

리카도는 영국의 미래에 대해 다음 두 가지 길을 가정했다. 첫 번째, 보호무역주의를 표방하면서 외국 물품의 유입을 차단하는 고립된 섬 나라가 된다. 두 번째, 세계의 공장world's workshop으로 기능하면서 외국 물품의 자유로운 유입을 허용하는 무역 국가가 된다. 리카도가 활동했던 시절, 영국은 어느 쪽으로 가야 할지 선택해야 하는 중대한 기로에 서 있었다. 왜냐하면, 만일 영국이 전자를 선택한다면 자급자족 경제는 얼마 지나지 않아 쇠락할 수도 있기 때문이었다. 여기에서 우리는 리카도가 왜 개방 정책을 선호했는지 알아본 다음, 리카도가 정체 상태stationary state라고 부른 다소 아리송한 문제를 살펴보고자 한다.

먼저 애덤 스미스의 절대우위론을 상기해보자. 그리고 그가 자신의 이론을 주장하면서 다음과 같이 프랑스인들을 모욕하는 모습을 떠올려보자. "우리는 그들을 좋아하지 않아. 그들은 개구리와 달팽이를 잡아먹지. 그리고 툴루즈에서 무료하게 보냈던 때를 생각하면. 음, 말도 하기 싫군. 어쨌든, 싫은 것은 싫은 것이고 그들이 생산한 와인이 우리 것보다 저렴한 것은 분명한 사실이지. 그래서 그들을 다독이며 그들이 만든 와인을 수입해서 마시는 거고. 하지만 우리가 저들보다 더 저렴하게 와인을 생산할 수 있다면, 그땐 영국 해협 너머 저들의 귀에 들리도록 큰 소리로 야유를 퍼부을 거다." 얼핏 듣기에는 감정이 격앙되어 있기는 하지만, 논리적이고 올바른 주장처럼 들리기도 한다.

데이비드 리카도가 이에 대해 어떻게 반응했을지 알아보기 전에 한 가지 비유를 들고 넘어가자. 어느 날 돈키호테와 산초가 요트를 타고 바다 여행에 나섰다가 도중에 폭풍우를 만나 배가 난파되면서 한 섬으로 떠밀려온다. 항상 자신의 애마 로시난테만을 타고 다니다가 생전 처음 나온 바다 여행에서 배가 난파되는 사건을 당한 돈키호테는 어떻게 대처해야 할지 몰라 어리둥절하다. 하지만 돈키호테의 시종으로 온갖 궂은일을 도맡아 했던 산초는 다르다. 산초의 눈에는 다소 여유로움이 배어 있다. 산초는 돈키호테를 바라보며 우선 살아남을 궁리부터 하자며 다독인다. 먼저 두 사람은 은신처를 짓고 물고기를 잡기로 했다. 그런데 여기에서부터 두 사람 사이에 문제가 발생한다.

즉, 산전수전 다 겪은 산초는 10시간 걸려 물고기를 잡고, 20시간 걸려 움막을 지을 수 있는 데 반해, 모든 일에 서툰 돈키호테는 물고기를 잡는 데 15시간이나 걸리고, 움막을 짓는 데도 45시간이나 걸린다. 애덤 스미스의 논리대로라면, 산초는 자기가 해야 하는 일도 제대로 못 하면서 옆에서 성가시게 굴지 모를 돈키호테와 협력하기보다는 가능한 멀리 떨어져서 고기를 잡고, 움막을 짓는 편이 좋을 것이다. 하지만 리카도는 생각이 달랐다. 왜냐하면 이런 상황에서도 산초는 돈키호테와 두 가지 일을 서로 나눠서 해야 하는 이유를 보여주었기 때문이었다. 사실, 지금까지도 경제학자들이 리카도의 이름을 거론하면서 입에 침이 마르도록 칭송하는 이유가 바로 이 이유에 있다.

먼저 그들이 시간의 절반씩을 할애해 각자 혼자서 물고기를 잡고, 움막을 짓는다고 할 경우 얼마나 많은 물고기를 잡고, 움막을 지을 수 있는지 계산해보자. 전체 기간은 1년으로 하고 산초는 총 2,000시간, 돈키호테는 3,600시간을 일한다고 가정하자. 만일 산초가 물고기를 잡는 데 1,000시간을 사용한다면 물고기 100마리를 잡을 수 있다. 그리고 움막을 짓는 데 나머지 1,000시간을 쓴다면, 50채의 움막을 지을 수 있다.

한편 돈키호테가 물고기를 잡는 데 1,800시간을 들인다면 모두 120마리의 물고기를 잡을 수 있고, 움막을 짓는 데 나머지 1,800시간을 쓴다면 40채의 움막을 지을 수 있다는 계산이 나온다. 따라서 두 사람이 잡을 수 있는 물고기는 모두 합해서 220마리, 움막은 90채가 된다.

그렇다면 그들이 각자 가장 잘하는 분야를 전담할 경우 어떤 결과가 나올까? 만일 산초가 움막 짓는 일에만 전념한다면 100채의 움막을 지을 수 있다. 그리고 돈키호테가 물고기를 잡는 일에만 전념한다면 그는 240마리의 물고기를 잡을 수 있다. 물론 산초가 물고기 잡는 일에서나 움막을 짓는 일에서나 돈키호테보다 능숙하지만, 두 사람이 각자 가장 잘하는 분야만 전담해 전력을 다할 경우, 그 성과는 훨씬 더 크다는 사실을 알 수 있다.

이제 앞서 프랑스인들에게 욕을 보였던 애덤 스미스에 대해 데이비드 리카도가 어떤 식으로 대응했을지 상상해보자. 아마 그는 "저도 애덤 스미스만큼 프랑스인들을 싫어합니다. 하지만 저들이 우리보다 아무것도 저렴하게 생산하지 못하더라도 혀를 내밀며 야유를 보내지는 않을 겁니다. 그리고 비록 저들이 우리보다 못하기는 하지만, 저들과 거래할 것입니다."

리카도의 의중을 알았다면 남은 문제는 다음과 같다. 즉, 누가 무엇을 생산해야 하는지 결정하는 것은 무엇일까? 다시 돈키호테와 산초 이야기로 돌아가자. 산초는 물고기 한 마리를 잡는 것보다 움막 한 채를 짓는 데 2배나 시간이 더 걸린다. 따라서 움막 한 채를 지으면서 물고기 2마리를 포기하는 셈이다. 하지만 움막 한 채를 짓는 데 물고기 한 마리 잡는 것보다 3배나 시간이 더 걸리는 돈키호테는 움막 한 채를 지으면서 물고기 세 마리를 포기하는 꼴이다. 따라서 움막 한 채를 지으면서 포기해야 하는 물고기 수가 적은 산초가 움막을 지어야 한다. 이것을 근거로 리카도는 사람이든 국가든 가장 적은 것을 포기하도록 하는 분야를 전문화해야 한다는 것을 보여주었다. 이것이 각자의 '비교우위'다. 그리고 서로 포기해야 하는 것, 즉 산초에게는 물고기, 돈키호테에게는 움막이 각자의 '기회비용'이다. 그러므로 전문화는 기회비용이 더 낮은 쪽에 의해 결정된다.*

리카도가 비교우위를 통해 이야기하고자 했던 핵심은 무엇이었을까? 자유무역은 교역 상대국이 경제적으로 앞서 있든 그렇지 않든 두 나라 모두에 이롭다는 것이다. 왜냐하면 두 나라의 국민이 더 많은 제품을 소비할 수 있기 때문이다. 사정이 이렇다면, 리카도가 곡물법에 대해 어떻게 생각했을지는 불을 보듯 뻔하다. "프랑스 농민들이 우리보다 더 적은 비용으로 우리를 먹여 살릴 수 있다고 하는데, 프랑스 식량을 먹지 않을 이유가 없다. 우리는 그 시간에 다른 유용한 일을 하는 편이 낫다."

보호무역론자들과의 설전

산타클로스 할아버지가 루돌프 사슴이 끄는 마차를 타고 무료 장난

---

*   [저자주] 만일 기회비용이 같다면, 거래를 통해 이득을 볼 가능성은 없다. 그렇다면 자급자족하는 편이 더 나을 수 있다. 이런 기회비용 모델은 자원이 재할당되지 않고 가격이 '탄력적이지 않다'면, 바로 설득력을 상실한다. 헥셔–올린–새뮤얼슨 정리 같은 좀 더 복잡한 접근 방식은 노동 시간 외에도 기회비용과 비교우위를 결정하는 것이 무엇인지 조사한다.

감, 과자, 의류를 미국 전역에서 나눠준다고 하자. 미국이 더 좋아질까? 그렇다. 아이들이 선물을 가지고 노는 동안 다른 물건을 만드는 데 시간을 보낼 수 있기 때문이다. 여기에 다음과 같은 질문이 필시 따라온다. 모든 사람이 더 좋아질까? 장난감 회사인 마텔과 해즈브로의 직원들은 일자리를 잃고 실업 급여를 신청하기 위해 주 실업청 앞에 줄을 설 것이다. 그들이 보기에 산타클로스는 아주 불공정한 거래자다.

바로 리카도와 모든 '자유무역론자'가 직면한 문제가 여기에 담겨 있다. 그들은 산타클로스 할아버지와 루돌프 때문에 손해가 이만저만이 아니라며 그냥 놔뒀다가는 모두 길바닥에 나 앉을 판이라고 하소연할 것이다. 하지만 그들은 자신들의 입장만 생각하지 이것이 국가 전체로 봤을 때는 소비자들, 특히 하층 계급에게는 이득이 된다는 것은 생각하지 않는다. 왜냐하면 그들에게 값싼 음식은 곧 삶의 질이 높아지는 것을 의미하기 때문이다. 평범한 가족에게 삶이 얼마나 힘겨울지 기억하자. 성경에 이르길 "사람은 빵만으로는 살 수 없다."

리카도가 《정치경제학과 과세의 원리》를 출간하고, 하원의원으로 선출돼 의회에 나가 자유무역을 외쳤을 무렵, 노동자들은 식료품 구매에 임금의 75퍼센트 그리고 곡물을 사서 짓찧어서 가루로 만들고 반죽해서 빵을 굽는 데 임금의 절반 이상을 지출하고 있었다. 남은 돈으로는 빵에 얹어 먹을 베이컨, 양고기, 또는 치즈와 차를 겨우 살 수 있었다. 차는 빵을 적셔 먹을 찻물을 우려내기 위한 것으로 하루에 약 3그램이 채 안 되는 양이었다. 평균 식사량은 2,300칼로리로 1800년에 수렵과 채집에 의존하던 콩고와 뉴기니의 원주민 식사량과 같았다. 오늘날과 비교해서는 40퍼센트 정도 칼로리 소비가 적어 성인 남성의 신장이 평균

약 167센티미터로* 발육이 부진했다. 노동자와 농민은 일주일에 6일, 해가 뜨고 나서 해가 질 때까지 죽기 살기로 일했다. 셰익스피어는 희곡 〈당신 뜻대로〉에서 전원생활을 마법과도 같은 한여름날로 찬양했지만, 맬서스는 시골 "농부의 아들과 딸은 낭만적으로 묘사되는 것과 달리 실제로는 얼굴이 뽀얗거나 통통하지 않다. (…) [그들은] 발육이 지체하기 쉬워 온전히 발달하는 데 한참 걸린다"라고 지적했다.[6]

리카도는 값싼 곡물의 수입을 막는 것이 노동자에게 얼마나 손해이고 고용주를 곤란하게 하는지 쉽게 알아챘다.

더구나 보호무역론자들은 소비자의 피해를 넘어서 다른 나라에 더 많은 재화와 용역을 판매함으로써 더 많은 일자리가 창출된다는 것을 고려하지 않았다. 리카도는 "지주 계급의 이익은 항상 사회의 다른 계급의 이해와 대립한다"라고 했는데, 이로 인해 그는 지주들의 미움을 샀다.

그의 치밀한 논리와 설득력 있는 주장에도 불구하고, 리카도는 의회를 설득하지 못했다. 그렇게 해서 통과된 곡물법은 리카도가 세상을 떠난 지 20여 년이 지난 1846년이 되어서야 폐기됐다. 하지만 리카도는 후대 경제학자들을 설득하는 데는 성공했다. 그들은 보호 무역 정책은 거의 항상 경제 전반에 좋지 않은 영향을 미치며, 특정 계급이나 집단에게만 이득이 될 뿐이라는 리카도의 견해에 동의했다.

간혹 사람들은 최선의 정책 처방을 두고 서로 협력하기는커녕 자신의 견해만을 고집하는 경제학자들의 행태에 대해 핀잔을 주거나 실망을 금치 못한다. 영국의 극작가 조지 버나드 쇼는 이렇게 예견했다. "만일 모

---

* 현재 영국 성인 남성의 평균 신장은 177센티미터 정도다.

든 경제학자는 한 줄로 나란히 세워 놓는다고 해도, 결론에는 도달하지 못할 것이다." 하지만 20세기에 많은 경제학자는, 쇼의 예측과 달리 여러 차례에 걸쳐 미국 정부에 수입 규제 정책을 펴지 말 것을 요청하는 탄원서에 서명하기도 했다. 국내 경기가 침체 상황을 보일 때마다, 일부 정치가들은 다른 나라에 대해 수입 규제(또는 무역 규제)를 외침으로써 유권자들을 회유하려고 한다. 특히 미국은 1930년대 대공황 시기, 즉 미국 자신뿐 아니라 세계 전체가 그 어느 때보다도 자유무역을 필요로 할 때, 앞장서서 가장 높은 수입 관세를 부과한 나라였다. 경제가 국내로 향할 경우, 경기는 거의 항상 하향 곡선을 그리게 된다. 경제가 내부로 향하면서 경기가 상승 곡선을 그리는 그런 상황은 경제학에 존재하지 않는다.

1980년대 일본의 자동차 제조업체들은 미국 의회의 수입 규제라고 하는 강경한 조치를 피하기 위해 미국에 대한 수출을 '자발적으로' 제한하기 시작했다. 일제 자동차의 공급이 줄어들고, 그로 인해 일제 자동차의 가격이 상승하자, 미국의 자동차 제조업자들은 덩달아 자신들이 생산하는 자동차의 가격을 인상했다. 경제학자들은 일본의 자동차 제조업체들의 자발적인 수출 제한으로 첫 3년 동안 미국산 자동차의 가격이 거의 3천 달러 정도 상승했고, 그 결과 미국의 소비자들은 첫해에만 3억 5천만 달러의 금전적 손해를 입었다고 추산했다. 솔직히 말해 기껏해야, 일본 자동차 제조업체들의 자발적 수출 규제로 1만 개의 일자리를 '유지할 수' 있었지만, 이로 인해 미국 경제가 입은 경제적 손실은 할 일 없이 집에서 놀고 있는 실업자들에게 1인당 연간 3만 5천 달러씩 무상으로 지불할 수 있을 만큼 큰 액수였다.

그뿐 아니라 자동차 가격이 상승함으로써 그만큼 수요가 줄어들었고, 자동차 구입에 따른 재정 압박으로 다른 제품에 대한 수요가 줄어들면서 다른 부문에서 일자리가 줄어드는 결과를 초래했다. "국내 자동차 제조업자들은 가격을 내릴 수도 있었고, 아마 그렇게 해야 했을 것이다. 하지만 정부는 이것을 본체만체하며 오히려 국내 소비자들을 큰 접시에 올려 그들의 식탁에 갖다 바쳤고, 국내 자동차 제조업자들은 그들을 거리낌 없이 먹어 치웠다"고 브루킹스연구소의 선임 연구원 로버트 크랜들은 미국 정부와 자동차 제조업자들을 비난했다.[7]

1989년에 미국의 자동차 로비스트들은 SUV 차량의 등급을 일반 차량과 구분해 달라며 재무성에 계속해서 졸라댔다. 만일 재무성이 이들 로비스트의 압력에 넘어갔더라면, 이들 차량에 부과될 수입 관세는 10배로 증가했을 것이다. 영국 정부는 자국의 로버를 대신해 미국의 이런 움직임에 대해 강력하게 항의했다. 미국 주재 영국 대사관은 여왕은 손수 레인지 로버는* 몰지언정 트럭 운전대는 절대 잡지 않을 것이라며 백악관을 압박했다.

---

* 원래 로버가 1948년에 하나의 브랜드로 개발했다가 뒤에 자체 독립 법인으로 발전한 랜드로버가 1970년에 첫 선을 보인 4륜구동의 스포츠 유틸리티 차량의 이름. 랜드로버는 모기업이었던 로버와 함께 1968년 설립된 영국의 자동차 제조업체 브리티시 레이랜드에 흡수되었다가 브리티시 에어로스페이스로 넘어갔고, 1994년에 다시 독일의 베엠베에 흡수됐다가 2000년에 포드에 매각됐다. 그리고 포드는 앞서 1989년에 인수한 영국의 또 다른 유명 자동차 브랜드 재규어와 함께 2008년에 랜드로버를 인도의 대표적인 자동차 제조업체인 타타 모터스에 매각했다. 한편, 랜드로버의 모기업이었던 로버는 영국항공우주로 넘어가면서 회사명을 로버 그룹으로 바꾸었고, 2000년에 베엠베에 매각됐다가 벤처 캐피털 기업인 피닉스 컨소시엄으로 재매각되면서 엠지 로버 그룹으로 다시 회사명을 바꿨다. 이후 다시 베엠베가 로버 상표를 사들이면서 엠지 로버 그룹은 베엠베의 라이선스를 받아 차량을 생산했다. 하지만 2005년, 엠지 로버 그룹이 적자로 인해 파산하면서 로버 브랜드가 들어간 차량의 생산이 전면 중단됐다. 그 후 엠지 로버 그룹은 중국의 난징자동차그룹으로 넘어갔고, 2007년 난징자동차그룹이 상하이자동차그룹에 합병됨으로써 지금에 이르고 있다. 그리고 베엠베는 로버의 브랜드 이름을 이미 랜드로버를 소유하고 있던 포드에 매각했고, 앞서 말한 대로 포드는 로버의 브랜드 이름과 랜드로버를 재규어와 함께 인도의 타타 모터스에 매각했다.

미국 제16대 대통령 링컨은 다음과 같은 간결한 문장으로 보호무역주의를 설파했다. "저는 관세에 대해 아는 게 별로 없습니다만, 제가 미국에서 외투를 한 벌 사면, 저는 외투를 갖게 되고, 미국은 제가 지불한 돈을 갖게 된다는 것은 압니다. 만일 제가 외투를 영국에서 산다면, 저는 외투를 갖게 되지만, 돈은 영국이 갖게 되겠지요."

이런 그의 주장은 옳다. 하지만 관세에 대해서는 몰라도 너무 몰랐다. 링컨은 한 나라가 많은 재화와 용역을 소비하면 소비할수록 부유하다는 것을 이해하지 못했다. 오히려 그는 중상주의자들처럼, 역대 대통령들의 얼굴이 그려진 달러 뭉치를 많이 보유하면 할수록 부유하다고 생각했던 것이다. 링컨이 영국에서 자신이 좋아하는 외투를 산다고 하자. 그는 미처 환전을 하지 못해 파운드 대신 달러를 지불한다. 그렇게 하면 런던에 사는 누군가가 링컨이 바꾼 달러를 가지게 된다. 그렇다면 이 사람은 달러를 어디에 쓸까? 아마 자신이 살고 있는 아파트를 도배하는 데 쓰지는 않을 것이다.

이 사람은 이 돈으로 미국산 제품을 구입하거나 다시 파운드로 환전할 것이다. 만일 이 사람이 미국산 제품을 구입한다면, 링컨은 자신이 좋아하는 영국산 외투를 산 것을 기뻐할 것이다. 한편, 이 런던 사람은 자신이 좋아하는 미국산 제품을 구매했기 때문에 행복해할 것이다. 다른 한편, 런던 사람이 달러를 파운드로 환전한다고 해도, 다른 사람이 달러로 미국산 제품을 살 수 있기 때문에 링컨은 행복해할 것이다.*

---

* [저자주] 만일 영국인들이 보유하고 있는 달러를 매각한다면, 달러의 가치(환율)는 떨어질 것이다. 이렇게 어떤 한 화폐의 가치가 떨어지는 것을 '평가절하'라고 한다. 보통 무역 적자는 그 나라의 통화의 가치를 떨어뜨린다. 그러나 달러 가치의 하락으로 미국의 제조업자들 또는 수출업자들은 해외에 자국 제품을 더 손쉽게 내다 팔 수 있는 반면, 외국의 제조업자들은 미국에 제품을 수출하는 데 어려움을

영국산 제품을 가득 실은 현존하는 초호화 여객선 퀸 메리 2세와 미국 달러를 가득 실은 작은 보트 100만 개와 맞바꿀 수 있다면 어떨까? 아마 재무성은 밤낮으로 쉬지 않고 5달러짜리 지폐를 수십억 장 가까이 찍어내야 할 것이다. 링컨의 논리대로라면, 미국인들은 아름다운 스웨터, 찻주전자, 그리고 트위드 정장을 갖게 될 것이고, 반면 영국인들은 달러 뭉치를 갖게 될 것이다! 비록 링컨이 인식하지는 못했지만, 이런 거래를 할 수 있다면 정말 멋지지 않은가! 우리의 자랑스러운 링컨을 너무 놀려먹은 것 같은데, 한 가지만 더 이야기하고 끝내겠다. 링컨은 영국인들이 미국의 달러를 받는 이유는 이해하지 못했다. 그들이 미국의 달러를 받는 이유는 그것으로 미국산 상품과 금융 자산을 구입할 수 있기 때문이다. 돈이 세상을 돌아가게 할 수는 없지만, 돈은 분명히 전 세계를 돌아다닌다. 이런 돈의 흐름을 막는 것은 가장 저렴하게 제품을 생산한 곳에서 그것을 가장 필요로 하는 곳으로 옮겨가는 것을 막는 꼴이다.

문제는 외투가 미국에서 생산되느냐 생산되지 않느냐가 아니다. 즉, 문제는 더 높은 또는 더 낮은 기회비용으로 제품을 생산하기 위해 우리의 귀중한 자원을 사용할 수 있느냐다. 교역을 허용함으로써 각 국가는 자국민들에게 한정된 자원을 생산성이 낮은 산업에서 생산성이 높은

겪게 된다. 이 과정에서 무역 적자는 결국 줄어든다. 이렇게 달러의 가치가 하락할 경우, 그리고 미국 경제 상태가 양호하고 자국에 투자하는 것보다 더 높은 수익이 예상될 경우, 외국인들은 보유하고 있는 미국 달러를 미국 내 부동산이나 공장 같은 자산을 구입하는 데 사용할 수도 있다. 이런 외국인 투자자들의 '침입'으로 이들에게 미국 내에서 더 큰 정치적 발언권을 줄 수도 있지만, 아직은 외국인 소유의 미국 자신이 많지 않기 때문에 정치적 영향력 또한 미미한 수준이다. 오히려 이런 외국인 투자자들로 인해 미국인들은 더 많은 일자리 창출, 연방 정부나 주 정부 차원의 세수 증가, 그리고 앞선 기술 이전 등으로 이득을 본다.

산업으로 옮겨가도록 강제한다. 이렇게 각 나라가 한정된 자원을 효율적으로 사용할 수 있다면, 각 나라의 국민은 적은 희생으로 더 많은 재화를 소비할 수 있을 것이다.

그러나 이와 같은 산업 구조 조정이 일어날 경우 생산성이 낮은 산업에 종사하는 노동자들과 경영자들에게는 고통이 따를 수밖에 없다. 그러나 생산성이 낮은 산업을 보호할 경우 더 큰 대가를 치르게 되는 것은 소비자들이다. 따라서 정부는 산업 구조 조정에 따라 어쩔 수 없이 발생하는 실직자들에게 실업 수당을 지급함으로써 직접 보상을 하거나, 아니면 재교육을 통해 다른 일자리를 구할 수 있도록 기회를 주는 것이 더 나을 것이다. 1980년대 초에 미국은 철강 노동자의 일자리를 보장하기 위해 철강 노동자 1인당 10만 달러가 넘는 손실을 보았고, 한편 제화공의 일자리를 보장하기 위해 제화공 1인당 7만 7천 달러의 손실을 감당해야 했다.[8] 그리고 2002년에서 2006년까지 캐나다산 목재에 대해 보복성 관세를 부과함으로써 이 시기에 새로 지은 가옥의 건설비용이 평방미터당 1천 달러까지 상승하는 일도 있었다.[9] 결국 누가 손해를 보았겠는가!

게다가, 생산성이 떨어지는 산업을 보호할 경우 경제 전반에 걸쳐 침체가 일어날 수 있다. 지금까지 산업의 역사를 되돌아보면, 우리의 생계 수준을 높여준 대다수 산업과 발명은 다른 한편으로 피해자를 만들어냈다. 다시 말해, 생산성이 떨어지거나 비효율적인 산업 분야에서 생산성이 높고 효율적인 산업 분야로 옮겨가는 것은 필연적으로 실업자를 양산할 수밖에 없다. 복사기 제조업체로 유명한 제록스가 텔레비전 광고 한 편을 내보낸 적이 있다. 한 수도승이 오래된 사원에서 고문서를 조심스럽게 필사하는 일을 하고 있다. 어느 날, 수도원장이 그가 손으로 쓴 문서를 칭찬하면서 500장을 더 써달라고 부탁한다! 순간 당황했지만, 수도승은 이내 가벼운 발걸음으로 구석에 놓여 있는 새로운 복사기 앞으로 걸어간다. 그리고 순식간에 복사를 끝낸다. 그가 500장을 복사해서 건네자 수도원장은 만족스러운 표정으로 하늘을 보며 "기적입니다!"라고 외친다. 그런데 기적은 기적이라고 하더라도, 그가 이 사태를 마냥 즐거워하고 있을 형편일까? 왜냐하면 이런 획기적인 복사기의 발명으로 그는 일자리를 잃을 수도 있기 때문이다. 그런 일이 정말 일어난다면, 수도승 위원회가 자신들의 일자리를 보장해 달라며 정치적 행동에 나설 수도 있지 않을까? 수많은 수도승이 자신들의 일자리를 보장해 달라며 워싱턴을 향해 시위행진을 하는 것을 상상해보라.

자유시장이라고 해서 고통이 뒤따르지 않는 것은 아니다. 보이지 않는 손은 어머니가 아이를 돌보거나 보호해주는 식으로 우리를 보호해주지 않는다. 만일 사람들이 안정을 더 선호한다면, 아마도 그들은 보호받는 쪽을 선택할 것이다. 그러나 경제성장과 발전에서 얻는 이득은 외국에서 각종 선물과 판매할 물건을 등에 짊어지고 항구를 통해 들어오는 자국민들을 정부가 못 가지고 들어오도록 금지할 경우 코너에 몰릴 수밖에 없는 이들에게는 돌아가지 않는다.

일반 사람들은 경제학자들의 유머 감각을 별로 탐탁지 않게 생각한다. 하지만 다음 글은 한 번쯤 읽어볼 만하다. 1840년대 프랑스 정부가 수입 관세를 올려 자국 산업을 보호하는 조치를 내리자 프랑스 태생의 정치경제학자 클로드 프레데릭 바스티아는 다음과 같은 풍자를 통해 프랑스 정부의 보호무역주의 정책을 비판했다. 사회과학의 역사에 길이

남을 뛰어난 풍자 글이다.

양초, 양초 심지, 랜턴, 촛대, 가로등, 촛불 끄개, 그리고 소화기 제조업자들과 석유, 동물성 기름, 송진, 알코올 생산업자들, 그리고 기타 조명 제조와 관련이 있는 업자들로부터 고명하시고 존경하옵는 하원의원님들께.
의원님들, 우리는 지금까지 빛을 생산하기 위해 우리보다 월등히 좋은 조건에서 작업을 하고 있는 한 외국의 경쟁자와 피 말리는 싸움을 하느라 온갖 고초를 다 겪고 있습니다. 그는 정말 믿기지 않는 엄청 저렴한 가격으로 국내 빛 시장을 휩쓸고 있습니다. (…) 이 경쟁자는 다름 아닌 태양입니다. (…) 따라서 우리는 이 경쟁자로부터 국내 빛 제조업자들을 보호하기 위해 한 가지 법안을 통과시켜 주실 것을 부탁드리는 바입니다. 그것은 다름 아니라, 각 가정이나 건물의 모든 창문, 지붕 창, 채광 창, 집 안팎의 덧문, 커튼, 여닫이창, 채광을 위한 둥근 창, 현창 그리고 블라인드 등, 간단히 말해 빛이 새어 들어올 만한 모든 문과 창문, 구멍, 틈새, 그리고 균열을 닫거나 막도록 하는 법안입니다. (…) 이렇게 자연광이 집안이나 건물 안으로 새어 들어오는 것을 가능한 차단할 수 있다면, 인공광에 대한 수요를 창출할 수 있고, 그렇게 되면 프랑스 산업은 더욱 번성하지 않겠습니까? (…) 그리고 인공광을 생산하기 위해 동물성 기름을 소비할수록, 소와 양에 대한 수요도 덩달아 늘어날 것입니다. (…) 이런 원리는 해운업에서도 마찬가지입니다.[10] *

---

* [저자주] 이외에도 바스티아는 모든 사람의 오른팔을 잘라내면 일자리 수요도 2배로 증가할 것이라며 프랑스 당국의 보호무역주의 정책을 신랄하게 비꼬았다.

리카도의 분석이 우리 시대에 가장 크게 시사하는 것은 부유한 국가들이 채택하는 보호무역주의가 저개발 국가들에게는 경기 침체의 원인이 될 수 있다는 것이다. 저개발 국가들에 대한 해외 원조와 융자 명목으로 수백만 달러씩 제공하면서 동시에 이들 국가에 대해 무역 장벽을 두는 것은 일견 모순처럼 보인다. 예를 들어, 미국 연방 의회는 국내 설탕 제조업자들의 압력에 굴복해 설탕 수입을 제한함으로써 설탕, 특히 설탕의 주원료인 사탕수수가 주요 수출품인 카리브해 연안 국가들의 개발 의지를 좌절시켰다. 1977년에 600만 톤에 달했던 설탕의 수입 쿼터가 1998년에 120만 톤으로 급격하게 제한됐다. 이쯤 되면 남아메리카의 농민들이 수출 길이 막힌 사탕수수 대신 코카나무(남아메리카산 약용 식물)를 재배해서 미국의 마약 밀매업자들과 거래를 한다고 해도 전혀 놀랄 일은 아니다. 그들도 먹고살아야 하니까.

보호무역주의자들의 주장이 이해가 잘 가지 않는다면 다음과 같은 사소한 실례가 도움이 될 것이다. 이렇게 자문해보자. 부자인 사람이 가난한 사람과 거래를 한다고 해서 반드시 손해를 입을까? 일론 머스크같이 돈 많은 사람은 자신이 손수 신발을 만들어 신는 것이 나을까, 시장에서 사서 신는 것이 나을까? 부자인 사람이 가난한 사람과 거래를 해서 손해를 입지 않고, 시장에 가서 신발을 사 신는 것이 낫다고 한다면, 이렇게 반문할 수도 있지 않을까? 미국이 말레이시아에서 신발을 구매한다고 해서 손해를 입을까? 모든 국민이 자급자족할 수 있는 나라가 더 부유한 나라일까? 이를 위해 각 카운티마다 따로 무역 장벽을 설치해야 할까? 이에 "그렇다"라고 대답하는 사람은 거의 없을 것이다. 물론 이런 조치는 법 시행에 앞서 이미 헌법에 저촉되는 일이다. 그런데 왜 국가는 해외에서 더 값싸게 만들어진 제품은 외면하면서까지 더 부유해지려고 할까?

제2차 세계대전 이후, 많은 국가가 오늘날 WTO의 전신이자 자유무역을 장려할 목적에서 설립된 가트, 즉 관세 및 무역에 관한 일반협정을 맺었다. 이후 각국의 각종 무역 장벽을 낮추기 위해 국가들 사이에서 무역 협상이 진행됐다. 하지만 아직도 강경하게 보호무역주의를 외치는 논자들이 항상 잠복해 있다. 보호무역주의자들은 세계 최정상의 이론가들이 리카도의 분석에 구멍을 내기 시작한 1980년대와 1990년대에 공격의 실탄을 그러모았다. 노벨경제학상 수상자이자 유명한 칼럼니스트인 폴 크루그먼이 날카로운 질문을 던지기 시작했다. 예를 들어, 리카도가 거론한 일반적인 사례들은 잠재 역량과 천연자원에서 공통점이 없는 두 국가를 비교한 것으로 영국의 방직기에 왜 이집트산 양모가 필요한지 설명하는 식이다. 그러나 크루그먼은 제2차 세계대전 이후 두 국가 사이에 무역이 증가한 사례를 보면 소득과 천연자원이 비슷한 경우라고 지적했다. 오늘날 세계에서 두 번째로 무역이 가장 활발한 나라는 미국과 캐나다다. 두 국가는 한쪽은 아이스하키를 좋아하고, 다른 한쪽은 총기를 좋아하는 것을 제외하면 상당히 닮았다. 유럽에서는 독일과 스웨덴이 서로 닮았다는 것을 글로벌 기술 역량 지수가 보여주지만, 독일은 스웨덴에 포르셰를 판매하고, 비록 중국 자본이 소유하고 있지만 스웨덴은 독일에 볼보를 수출한다.[11] 서로 닮은 구석이 있는 두 나라가 왜 똑같이 자동차를 생산하고 있을까? 이는 리카도의 이야기와 정반대다. 전략적 무역이론과 신경제지리학의 이론가들은 기업이 전문화를 통해 규모의 경제를 달성함으로써 평균 비용을 줄일 수 있다고 설명한다. 두 이론은 19세기 후반과 20세기 초에 앨프리드 마셜과 스웨덴 출신인 엘리 헥셔와 베르틸 오린의* 연구에 기초한다. 그러나 비용을 낮게 유지하기 위해 기업이 모든 사람의 요구 조건을 충족하려고 하지는 않는다. 볼보는 무엇보다 안전을 소중하게 여기는 사람들의 눈높이에 맞춘다. 볼보는 '사커 맘과 대디'에게** 광고하고, 수동 기어를 후다닥 5단으로 올리는 것을 상상하는 '팬보이'를*** 마다하지 않는다. 포르셰도 마찬가지다. 포르셰는 빠르다. 그리고 독일의 교통사고 사망률은 스웨덴보다 40퍼센트나 높다. 페라리 역시 빠르다. 이탈리아가 안전띠를 의무화하는 법을 통과시켰을 때 나폴리 상인들이 검은색 대각선 줄무늬가 들어간 흰색 티셔츠를 만들어 판매하기 시작했다. 교통경찰을 눈속임하려는 것이었지만, 운명의 여신은 속이지 못했을 것이다.[12]

기업들은 대체로 자국의 소비자들을 대상으로 영업한다. 전부를 대상으로 할 수 없어 일부는 해외 기업들이 들어와 상대하게 열어 둔다. 상품이 다양해질 수 있는 이유다. 미국의 자동차 구매자들은 사우스캐롤라이나 스파르탄버그든 인도 첸나이든 상관없이 어느 곳에서나 생산된 수백 종의 차량 중에서 하나를 고를 수 있다. 스스로 자유무역과 담을 쌓은 소련의 주민들은 기껏해야 몇 종류 되지 않는, 그마저도 배송받자마자 고장 날 수 있는 구식 차종 중에서 하나를 고를 수 있었다. 레이

---

* 스웨덴 출신의 두 경제학자인 헥셔와 오린은 비교우위를 생산요소 부존량의 차이로 설명하면서 생산요소의 상대가격이 세계 시장에서 균등화하는 경향이 있다고 주장한다. 이를 두 사람의 이름을 따서 헥셔-오린 정리라고 한다.
** Soccer Moms and Dads. 사커 맘 또는 사커 대디는 미국의 도시 교외에 사는 중산층 여성 또는 남성으로 학교에 다니는 아이의 방과 후 체육활동이나 다른 활동에 많은 시간을 투입하는 열성 엄마 또는 아빠를 지칭한다.
*** Fanboy. 어떤 대상이나 인물을 무작정 좋아하는 사람을 비하하는 뜻이 있다.

건은 소련에서 차량 구매자가 비용을 내면 10년 뒤에 찾으러 오라는 말을 듣는다고 농담했다. 차량 구매자가 물어본다. "아침에 올까요, 아니면 점심에 올까요?" 판매자가 대답한다. "10년 뒤에나 오세요. 누가 하루 중 언제를 신경 씁니까?" 구매자가 말한다. "그런가요. 배관공은 9시에 오기로 했는데요."

어떻게 전문화가 비용을 낮출 수 있을까? 두 국가, 기업, 또는 개인이 같은 선상에서 출발한다고 해도 그럴 수 있을까? 뉴저지 저지쇼어 출신의 서퍼들로 친구 사이인 마이크와 매니가 있다고 하자. 둘은 30센티미터짜리 샌드위치를 만드는 법을 안다. 그것을 서브머린, 히어로, 지로, 포보이, 호기로 부를지 아니면 그라인더로 부를지는 중요치 않다. 이름과 상관없이 두 사람은 기다란 빵, 얇게 썬 고기, 치즈를 사고, 머스터드를 짜서 바르고, 올리브유와 식초를 뿌리고, 토마토와 양상추 등등을 올리는 것을 안다. 마이크와 매니가 같은 슈퍼마켓으로 장을 보러 갔다고 하자. 두 사람의 시간이 같은 가치를 갖는다면, 샌드위치를 만드는 데 정확히 같은 비용이 든다.

그런데 마이크가 샌드위치 만드는 일이 너무 재미있어 친구들, 이웃들, 손님들에게도 만들어 나눠주고 싶어 한다면? 슈퍼마켓 진열대를 지나가며 필요한 수량만 소매가격으로 소량 구매하는 대신 도매가격으로 대량 구매한다. 샌드위치 써는 기계도 마련한다. 이제 훨씬 빠른 속도로 서브머린 샌드위치를 만든다. 곧이어 그는 자신을 저지 마이크라고 부르면서 음식점을 열고 가맹점을 모집한다. 가맹점은 빠르게 늘어나 미국 전역에 1,600개나 된다. 여전히 슈퍼마켓에서 물건을 사는 매니는 가격에서 경쟁할 수 없다.

나는 음식점 연구에서 단백질 그램당 단가Cost Per Protein, CPP라는 지수를 개발했다. 그리고 바비큐 치킨, 슬라이스 칠면조, 햄버거, 생선 샌드위치 같은 즉석식품과 간편식이 소비자들의 단백질 구매 비용을 낮춘다는 것을 알아냈다. 테이크아웃 전문점들이 맛에 있어서는 천차만별일 수 있지만, 저지 마이크의 가맹점들이 갖는 상대적 효율성은 이견이 있을 수 없다.[13] 재능과 자금에서 마이크와 같은 선상에서 출발했지만, 고기를 얇게 써는 일에 흥미가 없었던 매니에게는 무슨 일이 일어났을까? 매니는 자동차 오일을 교환하는 일을 좋아한다. 그래서 차량용 리프트와 타이어 탈착기를 사서 미국 전역에 1천여 개의 체인점을 운영하는 자동차 정비업체 펩보이즈의 지점장이 된다.

전략적 무역이론가들은 대기업이 효율성도 높이면, 일부 분야에서 소수 기업만 세계적 수요를 충족할 수 있기 때문에 지속적으로 이익을 얻을 거라고 지적한다. 가장 좋은 예가 항공기 분야다. 항공기 분야는 에어버스와 보잉이 대형 여객기 시장을 양분한다. 브라질의 엠브라에르는 출퇴근용 소형 항공기 시장을 고집한다. 국제경제학에 대해 자주 인용되는 논문 중 하나에서 캐나다 브리티시컬럼비아대학교 경제학과 교수 바버라 스펜서와 제임스 브랜더는 행위자들이 얼마 되지 않는 분야에서 정부가 특정 기업을 지원하면, 이 기업이 경쟁자들을 시장에서 몰아낼 수 있다고 경고한다. 더욱이 이 기업과 경쟁해야 하는 다른 기업은 몸집이 줄어든 채 정부 보조금을 받고 '협상의 근육'까지 키워 체급을 불린 기업과 같은 링에 올라가서 싸워봐야 승산이 없다는 것을 깨닫는다.

이제 시장에 소수의 행위자만 남았다. 이런 시장은 행위자가 상대의 대응을 예측해야 하는 게임을 닮아간다. 에어버스가 가격을 올리면, 보잉이 따라올까? 아니면 기습적으로 가격을 인하할까? AT&T가 국제전화를 무료로 전환하면, 버라이즌이 똑같이 응수할까? 비디오게임이 엔터테인먼트 시장에 출시되기 한참 전인 1940년대에 미국 동부 애팔래치아에 살던 존 내시라는* 10대 소년이 두각을 나타냈다. 영화 〈뷰티풀 마인드〉(2002)의 주인공이 바로 그다. 그는 영화에 묘사된 대로 천재였지만 정신분열이 심했다. 내시는 불완전 경쟁 시장을 이해하는 열쇠로 게임 전략Game Strategy에 매달렸다. 오늘날 경제학, 수학, 정치학, 철학 교수들이 죄다 "죄수의 딜레마"를 언급한다. 죄수의 딜레마는 프린스턴대학교에서 내시의 박사논문을 지도한 앨버트 터커 교수가 붙인 이름이다. 이것은 다음과 같이 작동한다. 두 명의 범죄 용의자가 있다. 경찰이 둘을 체포해 한 곳에 가둔다. 둘은 범죄를 부인하기로 입을 맞췄고, 다른 증거가 없어서 풀려난다. 그런데 경찰이 둘을 따로 가두면? 당연히 입을 맞출 수 없다. 그러면 미국의 영화감독으로 갱스터 영화의 거장인 마틴 스콜세지의 영화에 흔히 나오듯, 한쪽이 감형을 대가로 다른 쪽을 비겁하게 배신할 수 있다. 서로 떨어져 있는 죄수들은 내 동료가 비밀을 지킬지 아니면 밀고할지 계산해야 한다. 이와 비슷하게 우버와 리프트가** 공모해 가격을 담합하면 수익을 극대화할 수 있다. 하지만 반독점법 때문에 공모할 수 없으면, 둘 중 하나는 가격을 낮춰 시장점유율을 높이려고 할 수 있다.

　전략적 무역이론과 죄수의 딜레마는 리카도의 분석이 틀렸다는 것을

---

* 　미국 태생의 수학자로 한 사람의 행위가 다른 사람의 행위에 미치는 상호의존적이고 전략적인 상황에서 의사결정이 어떻게 이루어지는지를 다룬 게임이론을 정립한 공로로 1994년에 노벨 경제학상을 수상했다.
** 　우버는 자동차 배차 웹사이트 및 배차 응용 프로그램이고, 리프트는 승차 공유 서비스 기업이다.

증명하지 않는다. 이것들은 특정한 상황에서는 다른 선택을 하는 것이 최적일 수 있다는 것을 상정할 뿐이다. 가장 유명한 전략적 무역이론가이자 실천가인 크루그먼은 리카도를 멀찌감치 제쳐두고 직감을 따르려는 정부를 우려한다. 2009년, 오바마 행정부는 미국 정부가 태양광 패널 산업을 소유해 중국의 경쟁자들을 몰아내기로 했다. 에너지부와 국방부가 솔린드라라는 스타트업에 5억 달러 이상을 지원했다. 솔린드라는 재빨리 캘리포니아 사막에 축구장 5개 면적의 번쩍이는 공장을 건립했다. 휘파람으로 디즈니 노래를 부르는 로봇들도 있었다. 아마 디즈니의 《백설공주와 일곱 난쟁이》에 삽입된 '노동요' 〈휘파람 불며 일해요〉였을 것이다.

솔린드라는 2년 만에 파산했다. 재고로 남은 태양광 패널 유리는 캘리포니아대학교 버클리 캠퍼스 식물원의 야외 조각상으로 전시되었다. 전기를 생산하지는 못했지만, 최소한 시각적 재미는 선사했다. 정부 관료들은 폴리실리콘 같은 태양광 패널용 원자재의 가격 변동을 이해하거나 예측할 수 없었다.

'리카도의 난해한 사상'이라는 제목의 논문에서 크루그먼은 캘리포니아대학교 버클리 캠퍼스 정책대학원 교수이자 노동부 장관을 역임한 로버트 라이시 같은 인기영합적 정책가들이 리카도에 대해서는 굳이 알고자 하지 않으면서 무역의 방향을 재정립하고 승자의 손을 들어주는 일이 정부의 역할인 것처럼 말한다고 신랄하게 비판한다. 크루그먼의 논문은 이렇게 끝난다. "리카도의 사상은 정말로, 미치도록, 철저히 난해하다. 하지만 완전히 진실이고, 굉장히 정교하며, 현대 세계에 정확히 들어맞는다."[14]

선택의 기로

앞서 우리는 리카도가 영국의 미래에 대해 두 가지 길을 가정했다는 것을 살펴봤다. 즉, 보호무역주의를 표방하면서 외국 물품의 유입을 차단하는 고립된 섬나라의 우울한 미래와 외국 물품의 자유로운 유입을 허용하는 자유로운 무역 국가의 밝은 미래. 물론 리카도의 선택은 두 번째였다. 특히 리카도는 비교우위를 통해 영국이 세계의 공장으로 우뚝 설 것이라고 내다봤다. 그리고 의회에 출석해 의기양양하게 이렇게 선언했다. "만일 우리가 국채와 곡물법이라고 하는 두 가지 해악만 제거할 수 있다면, 영국은 세계에서 가장 부유하고 행복한 나라가 될 것이며, 상상을 뛰어넘는 번영을 구가하게 될 것입니다." 리카도는 종말을 점치기는커녕 오히려 의원들에게 영국의 희망을 보여주었다. "사람은 태어나 어른이 되면 늙어 죽습니다. 하지만 국가는 그렇지 않습니다. 한 나라가 정치적으로나 경제적으로 최고 전성기에 도달하면, 물론 더 이상의 발전은 어려울 수도 있겠지만, 그런 경향은 오래도록 계속될 것이고, 한번 쌓은 부와 인구 역시 대대로 유지될 것입니다."[15] *

국제 교역에 대한 이런 낙관적인 주장에도 불구하고, 일부 논자들은 여전히 리카도를 염세주의적인 분석가로 여긴다. 그리고 이런 측면에서 암울한 예언가 맬서스와 자주 비교되는데, 그래도 맬서스보다는 리카도가 똑똑했다는 것이 일반적인 평가다. 사실, 리카도가 의원들 앞에서 영

---

* [저자주] 19세기에 등장한 독일의 역사학파는 뒤에 리카도의 이런 견해를 거부하고 국가에 대해 유기적인 모델을 적용한다. 이 학파의 대표주자인 빌헬름 로셔와 구스타프 폰 슈몰러는 나라도 태어나 성장하고, 그리고 궁극에는 소멸한다고 주장했다. 따라서 한 국가의 성장-발전-소멸 어느 한 단계에서 제대로 작동하던 정책이나 원리도 다른 단계에서는 제대로 작동하지 않을 수 있다.

국의 장밋빛 미래에 대해 호언장담하기는 했지만, 뒤에서는 영국이 고립된 섬나라가 될 경우 어떤 우울한 일이 일어날지 논리적으로 풀어내기 위해 상당한 시간과 노력을 투자했다. 그러나 이것은 정치가들에게 겁을 줘서 좀 더 자유방임적인 정책을 추진하도록 유도하기 위한 술수 차원이었지 다른 목적이 있었던 것은 아니었다는 것을 명심하자.

그렇다면 영국이 고립된 섬나라를 택했을 경우 어떤 일이 벌어질까? 다시 리카도의 말에 귀를 기울여보자. 그러나 본격적인 분석에 앞서, 리카도가 이런 경우 어떤 일이 일어날 것이라고 예상했는지 발생할 일들을 한번 순차적으로 정리하고 넘어가자. 맬서스의 인구론을 토대로 리카도는 이렇게 전망한다. ①인구 증가로 인해 곡물 수요가 증가하고, ②이로 인해 농민들은 비옥도가 떨어지는 농지를 개간하게 되고, ③그 결과 농사를 짓는 데 비용이 더 들어가며, ④곡물 가격 또한 상승한다. ⑤곡물 가격이 상승하면서 노동자들의 임금도 상승하고, ⑥이로 인해 사업가들의 이윤은 줄어들며, ⑦반대로 가장 비옥한 토지를 소유한 지주들의 이윤은 증가하게 된다.

이상의 예상을 통해 리카도가 이야기하려고 했던 것은 무엇일까? 본격적인 분석에 들어가 보자. 우선 하나의 게임을 상정하자. 일종의 돈 놓고 돈 먹기 게임이다. 리카도가 심판으로 나섰다. 먼저 심판인 리카도가 참가자들에게 게임의 규칙을 설명한다. 규칙은 그의 절친한 친구 맬서스의 인구 법칙(또는 인구론)이다. 이제 참가자들의 면모를 자세히 알아보자. 가장 대표적인 참가자는 노동자다. 수에서도 다른 참가자들을 압도한다. 맬서스의 인구 법칙에 따르면, 노동자들의 임금이 상승하면 출산율이 증가하고, 출산율이 증가해 노동 인구가 늘어나면 노동력 공급

과다 현상이 발생해 임금은 다시 하락한다.* 그래도 이 법칙은 장기적으로 노동자들이 생계를 유지할 수 있을 정도의 임금 수준은 유지해줄 것이다. 여기에서 생계를 유지할 수 있을 정도의 임금 수준이라고 하는 것은 남루한 옷을 입고 단지 입에 풀칠할 수 있는 정도의 수준을 말하는 것이 아니라 한 시대의 사회적 관습 및 기대 수준에 따라 그것이 유지된다는 것을 의미한다.

식량과 생필품 가격에 기초해 산정한 '노동의 자연가격'은** 절대적으로 고정되어 있거나 항상 불변적인 것으로 이해해서는 안 된다. 노동의 자연가격은 한 나라에서도 시대에 따라 다르며, 국가들 사이에서는 더욱 현격한 차이가 난다. 그것은 본질적으로 사람들의 습관이나 관습에 달려 있다. 만일 영국의 노동자가 자신의 임금으로 감자 외에 다른 식량은 구하지 못하고, 집도 진흙으로 지은, 한기나 막을 수 있는 허름한 오두막에서밖에 살 수 없다고 해도, 그는 자신의 임금을 자연율(또는 자연 임금)이라 생각하며 받아들일 것이다. 그런데 이것으로는 가족을 제대로 부양할 수 없다.[16] ***

---

* 맬서스는 인구 법칙을 토대로 임금은 노동의 공급에 의해 결정된다고 했는데, 이것을 임금생존비설이라고 한다. 리카도 역시 맬서스의 임금생존비설을 따랐다.

** 리카도는 장기적인 견해에서 볼 때 노동의 시장가격은 자연가격에 일치하게 된다고 주장했다. 여기서 노동의 자연가격이란 노동자 또는 인간의 생존과 유지에 필요한 최소 가격으로서 장기적으로 결정되는 임금이다. 만일 시장임금이 자연임금, 즉 생계비 수준 이하로 떨어지면 노동자의 생활은 곤궁해져 인구가 감소하게 되고, 이제 이것이 기업의 노동수요를 증대시켜 임금은 다시 상승한다. 반대로 시장임금이 자연임금보다 높으면 노동자의 생활이 향상되어 인구가 증가하고 이로써 임금은 하락한다. 이처럼 노동의 시장가격은 자연가격을 중심으로 변화하면서 차츰 그것에 일치되는 경향을 보인다. 임금생존비설이 풍미하던 시대에는 실제로 노동자 대부분이 자연 임금 수준에서 살고 있었기 때문에 이 이론이 현실과 부합될 수 있었다.

*** [저자주] 여기에서 한 가지 드는 의문. 오늘날 '생필품'을 정의할 경우, 여기에 꼭 포함되어야 하는 것으로 무엇이 있을까? 라디오? 텔레비전?

두 번째 참가자는 소작농이다. 여기에서 주목할 것은 그들은 자신들이 경작하는 토지의 소유자가 아니라는 것이다. 리카도는 그들을 토지를 임차하고 노동자들을 고용해 상품을 생산 판매함으로써 이윤을 획득하는 자본가(농업 자본가)로 묘사한다. 단, 이들 농민은 공장 노동자들이 공장에서 상품 생산에 필요한 도구를 소유하는 대신, 논과 밭을 가는 쟁기를 소유한다.* 리카도는 애덤 스미스의 주장에 따라 자본가들과 농민들은** 시장 신호에 따라 가지고 있는 자본을 이윤이 가장 많이 남는 다른 사업으로 전환하고자 하는 '부단한 욕구'를 가지고 있다고 말한다. 따라서 그들은 사회를 위해 매우 중요한 임무를 수행하지만, 그들이 자신들이 살아가는 사회를 너무 사랑하고 아끼기 때문에 그렇게 하는 것은 아니다.

세 번째 참가자는 가장 강력한 경쟁상대인 지주다. 지주는 (소작) 농민들, 즉 농업 자본가들에게 토지를 빌려준다. 그들은 평소에 여유로운 생활을 하면서도 농민들에게 토지를 임대하고 꼬박꼬박 지대를 받아 챙긴다. 따라서 그들은 본 게임의 참가자 중에서 지갑이 가장 두둑하다.

리카도는 당시의 경제적 관례를 개선하고, '지대'에 대한 새로운 정의를 내리기 위해 시도했다. 앞서 살펴본 곡물법 논쟁을 상기하자. 어떤 사람들은 곡물 가격이 높은 것은 지주들이 농민들에게 지대를 과다하게 부과하기 때문이라고 주장했다. 그러나 리카도는 달랐다. 그는 전쟁으로

---

*   토드 부크홀츠는 여기에서 소유한다는 의미로 'own'이라는 단어를 사용했는데, 자본주의 발전 단계의 하나인 매뉴팩처 단계에서부터 공장 노동자는 자신의 생산 수단을 소유하지 않는다. 물론 예외는 있을 수 있다. 다만, 봉건적 의미의 소작 농민을 포함한 농업 노동자는 상황이 다소 다를 수 있다. 그런데 여기에서 중요한 것은 리카도가 당시 소작 농민을 농업 자본가로 간주했다는 사실이다. 즉, 리카도에게 있어 소작 농민은 봉건적 의미의 소작 농민이 아니라 지주에게 토지를 임차하고 (농업)노동자를 고용해 생산 활동을 하는 자본가들인 것이다.

** 여기에서 자본가는 농업 자본가를, 농민은 봉건적 소작농과 자영농을 뜻하는 것으로 이해해야 한다.

인한 식량 부족으로 곡물 가격이 상승했다고 주장했다. 오랜 전쟁으로 인해 식량 공급이 부족해지고, 그에 따라 곡물 가격이 상승하면서 여기에서 기회를 포착한 농업 기업가들이 계속해서 농업에 뛰어든다. 순간, 지주들의 저택에는 땅을 빌리고자 하는 이들로 문전성시를 이룰 것이고, 그 결과 지대는 자연스럽게 오를 것이다. 다시 말해, 곡물 가격이 높기 때문에 지대가 높은 것이지 그 반대는 아니다. 그런데 이런 상황에서 곡물법이 통과된다고 하면 어떻게 될까? 지대는 한층 더 탄력을 받아 천정부지로 치솟을 것이다. 반대로 곡물법이 통과되지 않아 곡물 수입이 허용된다면? 곡물 가격은 하락할 것이고, 지주들은 울며 겨자 먹기로 지대를 낮춰야 할 것이다. 이제 상황이 역전돼 지주들은 농업 자본가들에게 지대를 낮춰 줄 테니 제발 토지를 빌려 가라고 통사정을 해야 할지도 모른다. 현대의 경제학 용어로 토지를 빌리고 빌려주고자 하는 이런 욕구를 '파생 수요'라고* 한다. 이것은 곡물의 수요와 공급에 의해 결정된다.

그다음 리카도는 지주들이 자신들의 토지에 대한 수요가 꾸준히 있는 한에서 지대를 부과할 수 있다고 주장했다. 일부 지주들이 소유한 토지는 다른 지주들이 소유한 토지에 비해 더 비옥할 것이고, 따라서 지대 수준은 이런 비옥도의 차이에 따라 결정될 것이다. 만일 앨버트가 연간 곡물 1천 톤을 소출할 수 있는 토지를 가지고 있고, 부근에 조앤이 같은 면적에서 연간 500톤을 소출할 수 있는 토지를 가지고 있다면, 당연히

---

* 유발 수요라고도 한다. 파생 수요는 여기에서 예로 들은 곡물에만 한정되는 것이 아니라 산업 생산물 전반에만 아니라 노동력 수요에도 적용된다. 다시 정의하면, 파생 수요란 어떤 상품의 수요가 그들이 생산한 제품에 대한 최종 소비자의 수요로부터 파생되는 현상을 말한다. 토드 부크홀츠는 여기서 파생 수요를 곡물의 수요와 공급에 의해 결정된다고 했는데, 엄격한 의미를 적용하면 파생 수요는 2차 수요를 말하는 것이기 때문에 수요 측면에 더 무게가 실린다.

앨버트는 이 땅을 빌리는 소작농에게 또는 농업 자본가에게 더 높은 지대를 부과할 수 있을 것이다.

지대가 오르는 이유는 토지의 비옥도가 각각 다르기 때문이다.

> 사회의 발전 과정에서 비옥도가 2등급에 해당하는 토지가 경작되게 되면, 1등급 토지에서 지대가 발생하기 시작한다.* 이때 지대는 1등급과 2등급 토지의 비옥도 차이에 의해 결정된다. 이제 시간이 지나 3등급 토지가 경작될 경우, 2등급 토지에 대한 지대가 바로 상승한다. 물론 지대는 앞서와 마찬가지로 2등급 토지와 3등급 토지의 비옥도, 다시 말해 생산력의 차이에 의해 결정된다. 이와 동시에 1등급 토지의 지대 역시 상승할 것이다.[17]

만일 리카도의 주장이 옳다면, 지대는 인구가 성장하면서 발생한다. 인구가 적어 식량 수요가 많지 않을 경우, 1등급 토지만 경작해도 인구를 충분히 부양할 수 있다. 한편 인구가 증가하기 시작하면, 곡물 수요는 늘어날 것이고, 따라서 이를 충족하기 위해 농민들은 2등급 토지를 경작하기 시작한다. 2등급 토지의 소출이 많지 않기 때문에 소출이 많이 나는 1등급 토지의 소유자들, 즉 지주들은 이제 지대를 부과할 수 있다. 노동자들의 임금과 2등급 토지의 정상 이윤이** 곡물 가격을 결정할 것이다. 그리고 1등급 토지에서는 생산비용이 적게 들기 때문에 차액이

---

* 리카도는 만약 모든 토지가 동일한 속성, 즉 토지가 무한하고, 비옥도가 같고, 위치상의 이점이 없다면, 토지의 사용에 대해 아무런 지대도 부과할 수 없을 것이라고 가정했다.

** Normal profit. 기업가로 동일한 상품을 계속 생산하게 하는 유인으로서 충분한 정도의 이윤을 의미한다.

발생한다. 이 차액은 지주의 몫이다.

그런데 리카도의 이런 주장이 다른 사람들의 눈살을 찌푸리게 하고 경악하게 했던 이유는 무엇이었을까? 그의 주장대로라면, 경제성장은 잘 나가다가 엉뚱하게도 도랑에 빠질 가능성이 있기 때문이다. 이것을 글자 그대로 받아들이든 비유적으로 받아들이든 의미는 마찬가지다. 그런데 왜 그럴까? 멀쩡히 가던 경제가 왜 도랑에 빠지는가? 리카도의 앞선 주장을 다시 따라가 보자. 잠시간, 자본가들은 산업 생산을 늘릴 것이고, 노동자들에게도 높은 임금을 지급할 것이다. 하지만 높은 임금으로 생계수준이 나아진 노동자들은 자식들을 많이 낳게 될 것이고, 따라서 임금은 다시 하락할 것이다. 이 경우 영국은 자국의 배고픈 군중을 어떻게 먹여 살릴 것인가? 대답은 더 많은 땅을 경작하는 것이다. 그러나 기억해 둘 것은 추가로 경작하는 토지는 2등급 아니면 그보다 낮은 등급의 토지이기 때문에 소출이 낮을 뿐 아니라 경작하는 데 비용도 더 든다는 사실이다. 왜? 농민들이 소출도 높고 비용도 적게 드는 비옥도가 가장 높은 1등급 토지부터 경작하기 때문이다.

어쨌든 곡물 가격은 상승할 것이다. 하지만 곡물 가격이 올랐는데도 농업 자본가들에게는 남는 것이 없다. 왜냐하면 농업 노동자들이 생존할 수 있도록 곡물 가격이 상승한 만큼 더 많은 임금을 지급해야 하기 때문이다. 이것은 산업 자본가들에게도 마찬가지다. 만일 자원이 "농민(봉건적 소작 농민과 자영 농민)과 노동자(농업 또는 산업 자본가에게 고용된 노동자) 사이에 분배되는데, 후자에 더 많이 분배된다면 자연히 전자에게는 그만큼 적게 분배될 것이다."[18] 더구나, 1등급 토지를 소유한 지주들은 농민들이 차등지를 경작하기 시작할 때 더 높은 지대를 수취한다.

이제 게임은 끝났다. 최종 승자는 누구일까? 눈치챘겠지만, 처음부터 지갑이 두둑했던 지주들이다. 그럼 패자는? 지주들에게 굽실거리며 토지를 빌려야 하는 농업 자본가들이다. 즉, 앞서 리카도의 정의대로라면 소작 농민들은 패자다. 무승부 판결을 받은 사람은? 노동자들이다. 물론 이들은 농민들이 모든 경작 가능한 토지를 경작할 경우 가장 먼저 기아를 겪게 될 것이다. 리카도는 노동자들이 겪는 이런 곤란한 상황을 "정체 상태"라 부른다. 앞서 언급한, 경제성장은 잘 나가다가 결국 도랑에 빠질 것이라는 것을 글자 그대로 해석하면, 한 사회가 굶주림 때문에 도랑까지 파 엎는 사태가 올 수 있다는 것이다. 이것을 비유적으로 해석하면, 자본가들과 노동자들이 어느 순간 도랑에 빠져 허우적대며 살려 달라고 외칠 수 있다는 것을 의미한다.

왜 리카도는 무덤에서 단잠을 자고 있는 애덤 스미스를 억지로 깨워 기분을 언짢게 하려고 했을까? 애덤 스미스는 농업 생산성은 장기적으로 현재 수준을 유지할 것이고, 반면 산업 생산성은 계속해서 증가할 것이라고 가정한다. 이것을 현대 경제학 용어로 옮기면, 그는 농업에 대해서는 수익 불변의 법칙을, 그리고 산업에 대해서는 수확 체증의 법칙을 적용한다. 그리고 이 결과 사회의 모든 부분이 번성할 것이라고 내다봤다. 그런데 리카도는 이와 반대로 산업에 대해 수익 불변의 법칙을, 농업에 대해 수확 체감의 법칙을 적용했다. 물론 리카도는 주기적인 기술 개발이 경제가 정체되는 것을 막아줄 수 있을 것이라는 희망적인 전제를 다는 것을 잊지 않았다. 이윤(率) 저하 경향은 "생필품 생산과 관련이 있는 기계의 향상에 의해, 그뿐 아니라 농업 분야에서 노동력의 수요를 줄이고, 따라서 노동자의 주요 생필품의 가격을 떨어뜨리는 기술 발전으로 인해 어느 정도 시간 차이를 두고 계속해서 저지된다."**19** 그렇다고 해서 기술이 항상 우리를 구해줄 것이라고 믿고 마냥 정신줄을 놓고 있을 수는 없다.

하지만 찰스 디킨스의 소설 《크리스마스 캐럴》을 떠올려보자. 이 책에 등장하는 한 유령은 구두쇠 스크루지 앞에 나타나 기아, 공포, 그리고 절망으로 가득한 섬뜩한 미래의 크리스마스 이야기를 들려준다.* 스크루지는 떨리는 목소리로 이렇게 묻는다. "정말 크리스마스가 그렇게 된단 말인가?" 전생에 지은 죗값으로 온몸에 쇠사슬을 치렁치렁 감은 채 고통에 겨워하는 유령은 미래를 스크루지의 수중에 맡긴 채 사라진다.

리카도가 일부 논자들이 묘사하는 그런 악마는 아니지만, 《크리스마스 캐럴》에 나오는 이 유령과는 어느 정도 닮은 구석이 있다. 물론 모습이 닮았다는 것이 아니라, 그가 영국이 보호무역주의를 표방하면서 외국 물품의 유입을 차단하는 고립된 섬나라로 갈 경우 우울한 미래가 닥칠 것이고, 반대로 외국 물품에 대해 자유로운 유입을 허용하는 자유무역 국가가 될 경우 '세계의 공장'이 될 것이라고 경고했다는 측면에서.

리카도는 "나는 곡물에 대한 자유무역을 강력히 주장한다. 왜냐하면 무역이 자유로울 때 곡물 가격은 내려가고, 아무리 자본이 많이 축적되어 있더라도 이윤이 떨어지지 않으리라 생각하기 때문"이라고 썼다. 이런 가정에 따르면, 경제성장은 도랑에 빠질 염려가 없다. 그리고 비록 자원 부족, 그리고 그에 따른 곡물 및 원자재 가격의 상승 같은 장애물이 나타날 수도 있지만, "제품을 만들어 해외에 판매하고 부족한 곡물 및 원자재를 수입할 수 있도록 한다면, 간단하게 부를 축적하는 일이 어

---

* 이 유령은 스크루지의 옛 친구이자 동업자로 먼저 세상을 뜬 '말리'를 말한다. 그는 구두쇠 스크루지에게 나타나 마음을 고쳐 착하게 살지 않으면 자기처럼 죽어 고통스러운 삶을 살게 될 것이라고 경고한다.

느 순간 정체될 것이라고 이야기하기란 쉽지 않다."[20]

 이상 리카도의 분석은 많은 비판과 논란의 여지를 남겼다. 토머스 맬서스처럼 그는 노동자들의 도덕적 자제력을 과소평가했다. 다시 말해, 맬서스의 인구론을 아무런 의심 없이 그대로 받아들였던 것이다. 하지만 노동자들은 그가 두려워했던 것만큼 빠르게 많은 자식을 낳지 않았다. 앞서 지적했듯이, 밀턴 프리드먼은 경제적 자유의 상징으로 손에 연필을 쥐고 있는 모습을 보여주었다. 반면 간혹 고전파 경제학자들은 마치 자신들이 '토끼의 발목'을 잡고 있어야 한다는 식의 말을 하고는 했다. 물론 여기에서 '토끼의 발목'은 행운을 뜻하는 것이 아니라 인간의 번식 능력을 상징적으로 보여준다.* 리카도 역시 맬서스처럼 빈민구제법에 반대했다. 그는 빈민을 구제하겠다는 빈민구제법이 오히려 빈곤을 초래한다고 생각했는데, 그래서였을까, 그는 "빈민들의 친구들이라면 이 법의 폐지를 적극적으로 원해야 한다"라고 주장했다.

 지주 계급에 대한 리카도의 비판과 지대에 대한 설명은 미국 태생의 경제학자이자 사회개혁론자인 헨리 조지가 1879년에 쓴 《진보와 빈곤》을 통해 격정적인 어조로 미국에 소개됐다. 더구나 예언가적 소질이 있는 언론인이기도 했던 조지는 많은 제자를 이끌고 토지에 대한 '단일세 운동'을** 전개했다. 지대라고 하는 지주들의 부당한 수입에 격분한 조지는 노동자들이 부를 생산하기 위해 고군분투할 때 그들은 아무 하는 일 없이 가만히 앉아 지대만 날름 거둬간다며 나무랐다. 이렇게 지대

---

* 토끼는 그 빠른 번식속도 때문에 서구에서 번식의 상징으로 여겨지기도 한다.
** Single-tax movement. 토지의 가치에만 조세를 부과하는 세제안. 토지세를 유일한 국가조세수입의 원천으로 삼자고 제안했던 방법으로 그 밖의 다른 모든 조세는 폐지한다.

를 수취하는 토지에 대해 과중한 세금을 부과할 것을 주장했던 조지는 구약의 어떤 예언가보다도 더 열성적으로 빈곤을 퇴치하고, 탐욕을 억누르고, 죄악과 고통의 용암을 닦아내고, 지식의 빛으로 어둠을 밝히고, 발명에 힘을 쓰고 발견을 자극하며, 정치적 약점을 강점으로 대체하고, 독재의 폭정과 무정부 상태가 나타나지 않도록 하라고 당부했다.[21]

그러나 그의 단일세 운동은 몇 가지 문제점이 있다. 첫 번째, 경제학자들은 리카도가 논의했던 '경제 지대'와* 소작인들이 지주에게 지불하는 단순 지대를 구분했다. 리카도에 따르면, 경제 지대는 현재 사용하고 있는 토지 또는 노동 또는 자본을 유지하는 데 필요한 비용을 초과해서 지불하는 비용을 말한다. 리카도의 분석에서 토지는 곡식을 생산하는 데만 사용될 수 있기 때문에 그것을 농지로 유지하기 위해 다른 비용은 전혀 지불하지 않아도 된다. 토지 소유자들은 그것을 곡식을 생산하는 데만 사용할 수밖에 없고, 따라서 지주에게 지불되는 비용은 모두 경제 지대다. 미국의 유명 프로야구 선수였던 윌리 메이스는 자신이 아무런 보수도 받지 않고 공짜로 경기를 할 용의가 있다고 말하고는 했다. 만일 정말로 그가 그랬다면, 그가 받은 연봉은 모두 경제 지대일 것이다. 왜냐하면 그는 연봉을 받지 않고도 경기에 나설 수 있는데 연봉을 받았기 때문이다.

영화배우 역시 경제 지대를 받는다. 할리우드의 대표적인 액션 배우 실베스터 스탤론이 버는 돈보다 나가는 돈이 더 많은 배우로 계속 연기

---

* Economic rent. 한 요소가 현재의 용도에서 다른 용도로 옮겨가지 않도록 지불해야 하는 보수 또는 비용을 그 요소의 이전 수입이라 한다. 한 요소의 경제 지대란 그 요소가 받는 총비용에서 이전 수입을 뺀 것이다. 다시 말하면 이전 수입을 초과해 요소에게 지불되는 비용이 경제 지대.

를 할지, 아니면 벌이는 적지만 씀씀이 또한 적은 재봉사로 전향할지 결정을 못 하고 계속 망설이고 있다고 가정하자. 스탤론은 자신이 여러 편의 영화에서 액션 배우로 인기를 끈 만큼 편당 출연료로 3만 달러 이상을 받지 못하면, 미련 없이 할리우드를 떠나 지금까지 남들에게 숨겨왔던 재주를 발휘해 재봉사로 나설 참으로 마음을 다잡고 있다. 그러던 어느 날, 정말 뜻하지 않게 그의 전작들을 3차원 영상으로 재구성한 패러디 영화 '록키 대 람보'(실제 만들어진 영화가 아니라 부크홀츠의 설정임)에 1인 2역으로 출연하는 조건으로 무려 500만 달러의 출연료를 제안받았다. 우리는 이미 그가 영화 편당 3만 달러에도 출연할 용의가 있다는 속내를 알고 있다. 그런데 500만 달러라니! 그는 당장 계약서를 쓰자고 성화를 부릴 것이다. 이때 우리는 그가 마음에 두고 있던 3만 달러를 '이전 수입', 나머지 497만 달러는 경제 지대라고 할 수 있다. 토지에 대한 단일세 운동을 전개했던 헨리 조지는 아마 이 경제 지대를 모두 세금으로 거둬들여야 한다고 주장할 것이다.

다시 부연 설명을 하면, 현재 특별한 목적을 위해 사용 중인 토지, 노동, 또는 재화를 유지하는 데 들어가는 비용의 일부는 경제 지대가 아니라 이전 비용이다. 역으로 이런 유지 비용을 초과하는 비용은 경제 지대가 된다. 독자들의 분명한 이해를 돕기 위해 한 가지 예를 더 들어 설명하면, 어떤 토지 소유자가 지대를 더 받기 위해 자신의 토지를 기존의 농경지에서 사육제를 위해 천막을 칠 공간으로 변경해 임대했다고 하자. 그는 이 토지를 농경지로 빌려줄 때 지대로 매달 1천 달러를 받았다. 그런데 지대를 더 받을 수 있을지 모른다는 생각에 토지를 용도 변경까지 하며 사육제 행사에 빌려줬건만, 임차인은 그것에 대한 사용료,

즉 지대로 매달 1천 달러 이상은 줄 수 없다고 한다. 오히려 1천 달러도 많다고 깎아 달라고 떼를 쓴다. 여기에서 토지 소유자가 토지를 농경지로 임대해서 매달 받은 지대 1천 달러는 이전 소득이다. 그런데 토지를 용도 변경까지 해가며 임대를 해주었건만 농경지로 빌려줄 때보다 더 낮은, 토지를 유지하는 비용도 채 되지 않는 지대를 받는 경우, 경제 지대는 없게 된다. 그렇다면 당연히 부과할 세금도 없게 된다. 헨리 조지는 경제 지대에 과세를 하자고 주장했는데, 과연 얼마만큼이 이전 지대이고, 얼마만큼이 경제 지대인지 구분할 수 있는 기준은 무엇일까? 그런 구분이 가능할까? 가능하다고 하더라도 그것을 찾아내기 위해서는 많은 난관을 극복해야 할 것이다. 물론 영원히 불가능할 수도 있다. 어쩌면 헨리 조지에게는 두 번 태어나도 해결하기 어려운 문제였을 것이다. 그리고 이것이 단일세 운동이 봉착한 가장 큰 문제이기도 했다.

이외에도 토지에 대한 단일세 운동은 뛰어넘어야 할 여러 도덕적 문제에 직면했다. 경제 지대에 세금을 부과하자고 주장할 수 있는 근거가 객관적이지 않고 주관적이라면, 토지, 노동, 자본에 경제 지대를 부과하는 것도 주관적인 근거에 기초할 수밖에 없다. 여기에서 말하는 주관적 근거란 공정성이다. 조지는 스탤론의 이전 수입과 경제 지대를 공정하게 구분할 수 있을까? 또한, 정치가의 보수와 유명 경제학자의 보수에서 이전 수입과 경제 지대는 어떻게 구분할 것인가? 이런 측면에서 윌리 메이스만큼 자신이 받는 연봉이 모두 경제 지대라고 공공연하게 선언하고 다닌 정직한 사람도 없다. 아니, 세상의 모든 사람이 메이스처럼 정직하다면 얼마나 좋을까. 그러면 쉽게 이전 수입과 경제 지대를 구분할 수 있을 텐데.

비록 조지가 끝내 그의 꿈은 실현하지는 못했지만, 단일세 운동 하나로 그는 미국과 영국에서 일약 유명 인사로 등극했다. 그를 지지하는 사람들은 곳곳에서 단일세 협회를 조직하기도 했다. 그뿐 아니라 그의 저서 《진보와 빈곤》은 노동자들의 출산율보다 훨씬 빠른 속도로 인쇄 부수를 늘려나갔다. 단일세 운동이 궁극적으로 실패하기는 했지만, 조지를 지지했던 사람들은 연방 정부와 주 정부 예산의 주요 재원으로 토지에 세금을 부과할 것을 공공연하게 요구했다. 그러나 《진보와 빈곤》이 출간되고, 단일세 운동이 본격화된 지 채 6년도 되지 않아 그것을 주장하는 대중의 목소리는 온데간데없이 자취를 감추고 말았다.

조지는 연방 정부와 주 정부 예산에서 지대와 지대 수입이 차지할 비중을 너무 과대평가한 측면이 있었다. 20세기에 들어서면서 각국의 정부 규모는 모든 측면에서 엄청나게 비대화되었다. 비록 각국의 정부가 아무런 반발이나 심각한 경기 후퇴 없이 모든 지대(경제 지대)를 세금으로 거둬들일 수 있다고 하더라도, 이런 상황에서는 지대만으로 계속해서 늘어나는 정부 예산을 충당할 수 없을 것이다. 즉, 조지는 토지에 대한 단일세만으로 정부 예산을 충당할 수 있을 것으로 예상했지만, 현실은 그렇지 않았던 것이다. 1929년, 토지에 대한 지대는 전체 국민 소득에서 6퍼센트 정도를 차지했다. 이 수치는 계속 떨어져 지금은 채 1퍼센트도 되지 않는다. 한편, 한때 연방 정부 및 주 정부 예산의 65퍼센트를 차지했던 재산세는 현재 17퍼센트 정도밖에 되지 않는다.

지난 20년 동안, 오프라인 소매점들이 온라인 상점들에 시장을 빼앗기면서 도시의 보도를 따라 즐비한 점포들 앞이 많이 비었다. 예전에 텅빈 점포 앞은 경기 후퇴의 신호였다. 지금은 기술과 기호의 변화를 대변하고, 그곳을 다른 용도로 사용하지 못하는 상상력의 부재를 드러낸다. 소규모로 건축자재를 판매하는 구멍가게들이 대규모 소매 체인점 홈디포와 로우스의 당일 배송과 경쟁하기 어렵다. 샌프란시스코와 오클랜드 같은 도시가 지주들에 대한 세금을 올려 텅 비어있는 점포 앞 문제를 해결하려고 한다. 다소 기상천외한 네오 조지식Neo-Georgian이다. 도시의 지도자들은 지주들을 임대료 수금 날짜만 기다리는 탐욕스러운 자산관리자로 치부한다. 하지만 이와는 별개로 도시 곳곳이 활기를 잃어가고 있다. 지주들도 할 말은 있다. 한때 유명했던 의류 체인 포에버21, 서점 체인 보더스, 전자기기 체인 라디오셰이크 같은 소매점이 쇠퇴한 시기에 임대료를 낼 능력이 있는 임차인을 찾기가 쉽지 않다. 그들은 자신들이 시장이 오프라인에서 온라인으로 전환하는 구조 변화의 희생양이라고 생각한다. 2015년과 2018년 사이에 샌프란시스코는 지역 경기가 좋아 일자리 증가율이 13퍼센트였다. 하지만 소매업 일자리는 8퍼센트나 하락했다.[22] 또한 지주들은 도시의 각종 규제로 인해 충분히 임차가 가능한 사람에게도 임대를 꺼린다고 지적한다. 많은 점포 앞을 식당으로 전환하지 못하도록 하는 것이 대표적인 규제다. 2019년에 샌프란시스코의 팔라펠* 식당이 시 당국의 괴상한 규제를 내세워 인근에 새로 식당을 열려던 경쟁자를 막아섰다.[23] 이런 공실세 논쟁이나 팔라펠 전쟁과는 상관없이 헨리 조지는 자신의 이론적 소산이 지대에 과세하는 대신 지대의 부재absence에 과세하는 현실에 흥미로워할 수도 있다.

헨리 조지가 리카도가 던진 공을 잡고 미친 듯이 내달렸다고 한다면,

---

* 병아리콩이나 잠두를 다진 마늘이나 양파, 파슬리, 커민, 고수씨, 고수잎과 함께 갈아 만든 반죽을 둥근 모양으로 튀긴 음식이다

리카도의 친구였던 맬서스는 그것을 붙잡기보다는 되받아치려고 했다. 그는 곡물법 문제에 있어서 리카도의 두 가지 주장인 지대 분석과 그의 농업 생산에서의 수확 체감 현상은 상당 부분 수용했지만, 다음 네 가지 근거를 토대로 그의 분석을 비판했다.

첫째, 곡물법이 곡물 가격을 상승시켜 국내 곡물 생산량을 사실상 증가시킨다. 둘째, 곡물은 국가 차원에서 매우 중요한 상품이기 때문에 해외 수입에 의존하거나 외국 생산자들의 손에만 맡길 수 없다. 셋째, 노동자의 임금은 곡물 가격에 따라 지불되기 때문에 곡물 가격이 상승하면 사실상 노동자의 임금도 상승한다. 따라서 맬서스는 임금은 항상 곡물 가격을 상쇄하고도 남을 것이라고 주장했다. 하지만 리카도는 이에 동의하지 않았다. 현대 경제학 용어로 바꿔 말하면, 리카도는 '명목 임금'이 아무리 높다고 하더라도 '실질 임금'은 그렇지 않을 것이라고 생각했다.* 즉, 곡물 가격 상승으로 임금이 올랐다고 하더라도 전보다 더 많은 것을 살 수 있는 것은 아니다. 리카도에게 맬서스의 주장은 군중을 향해 미소를 지으면서 봉급을 두 배로 인상해주겠다고 약속하는 독재자처럼 들렸을 것이다. 군중들은 일제히 환호한다. 다음 날, 군중들은 흥분된 마음으로 식료품 등 생필품을 사기 위해 근처 상점으로 발길을 향한다. 그런데 이게 웬일인가? 상점에 진열되어 있는 물건의 가격이 전날의 2배로 오른 것이 아닌가!

넷째, 맬서스는 리카도에게 다음과 같이 경의를 표하면서 간접적으로 지주들을 옹호했다.

---

* 명목 임금이란 임금의 화폐량을 가리키고, 실질 임금이란 임금으로 구입할 수 있는 상품의 수량을 말한다.

리카도는 타고난 재능과 성실함으로 상당한 토지를 보유한 대지주가 되었다. 그리고 누구보다 그가 존경스럽고 훌륭하게 느껴지는 것은 명석한 두뇌와 따뜻한 마음씨를 겸비하고 있는 사람으로서 지주가 될 충분한 자격이 있기 때문이다. (…) 사실, 나는 내가 알고 있는 지주 중에 그만한 지주는 아직 보지 못했다.[24]

대지주 리카도에 대한 이런 경의의 표시로 맬서스가 얻은 것은 무엇이었을까? 사실 그는 아무에게도 별다른 환영을 받지 못했다. 특히 지주들에게. 오직 리카도만이 은퇴해 말년을 보내고 있던 시골 저택에 그를 초대했을 뿐이었다. 비록 그 역시 지주였지만, 그는 지주가 의도적으로 국가의 피를 빨아먹는다고 말한 적이 없었기 때문에 맬서스의 언급에 크게 신경 쓰지 않았다. 오히려 흡혈귀처럼 지주들은 자신들이 감당할 수 없는 힘에 이끌려 그렇게 할 뿐이라고 두둔했다. 아이러니하게도 부유한 지주였던 리카도는 지주들을 화나게 했고, 한편 조심성 있는 교수였던 맬서스는 가련한 대중의 심기를 자극했다.

공급 과잉, 그리고 리카도와 맬서스의 방법 논쟁

그러나 리카도와 맬서스의 의견 대립은 곡물법과 지주에 대한 입장 차이에 그치지 않았다. 두 사람은 경기 침체에 대해서도 생각이 달랐다. 현실 세계에 대해 항상 염세주의적이었던 맬서스는 시장에서 소비자들이 구매할 수 있는 것보다 더 많은 재화와 용역이 공급되는 '일반적 공급 과잉' 상태가 나타날 수 있다고 생각했다. 그러나 리카도는 반대였다. 그가 언제부터 미래에 대해 낙관적인 입장을 갖게 되었는지 모르지만, 미래의 시장 상황에 대해서는 고드윈의 유토피아적 전망을 따랐다. 사실, 리카도는 '세의 법칙'을* 신봉했다. 세의 법칙은 프랑스 태생의 경제학자 장 바티스트 세의 이름에서 따온 것으로 그는 일반적 과잉 공급이란 순전한 환상에 불과하다는 것을 논리적으로 입증했다. 과학자들은 다른 누구보다 법칙이나 그래프 곡선을 좋아하는 것 같다. 아마 법칙이나 곡선에 발견자의 이름을 갖다 붙이는 것이 관례화되었기 때문인 듯싶다. 경제학에서도 '로렌츠 곡선'이니 '오쿤의 법칙'이니 '하버거 삼각형'이니 하는 많은 법칙과 곡선이 있다.

세의 법칙이란 무엇인가? 노동자들과 토지 및 자본의 소유자들은 각각 임금과 지대, 그리고 생산물의 판매 가격에 더해지는 이윤을 받는다. 상품 생산 과정에서 발생하는 모든 비용은 누군가의 소득이 된다. 따라서 이런 소득의 주체인 소비자들은 생산된 모든 상품을 구매할 수 있는 여력을 가지고 있다. 당연한 이야기이지만, 생산 과정에 참여하는 노동자, 지주, 자본가 역시 일터나 공장에서 집으로 돌아온 뒤에는 소비자로서 행동한다. 세의 법칙은 일반적으로 다음과 같은 모토로 잘 알려져 있다. "공급은 스스로 수요를 창출한다."

세는 '부분적 공급 과잉' 상태가 일어날 수 있다는 것은 부정하지 않았다. 부분적인 공급 과잉은 특정한 상품이 예상대로 판매되지 않고 시

---

* Say's Law. 경제 전반에서 볼 때 공급이 이뤄지면 수요는 그에 따라 자연스럽게 생겨나므로 유효 수요 부족에 따른 공급 과잉은 발생하지 않는다는 논리. 이런 세의 법칙은 공급 중심의 경제 정책을 주장하는 고전파 경제학자들의 주요 논거가 되었다.

장에 남아도는 현상으로 소비자가 그 상품에 대해 이전보다 소비를 축소할 때 발생한다. 물론 판매자는 상품의 가격을 낮춤으로써 이런 현상을 해소할 수 있다. 그러나 세, 애덤 스미스, 흄, 그리고 리카도 모두 일반적 공급 과잉은 일어날 수 없다고 보았다. 왜냐하면 소비자들은 자신들이 번 돈으로 뭔가를 사야 하고, 그리고 인간은 일반적으로 더 많은 물건을 수중에 넣고 싶어 하는 무한한 욕구를 가지고 있기 때문이다.

이에 맬서스는 그렇지 않다고 항변한다. 무엇보다 그는 나폴레옹 전쟁 이후 발생한 1818년의 경기 침체 시기에 실업률이 매우 높았던 사실에 주목했다. 그런데 이 사실만으로 그는 어떻게 세가 밑그림을 그리고 리카도가 덧칠한 논의의 고리를 끊을 수 있을까? 우선 맬서스는 세의 법칙이 무엇이고, 리카도가 그것을 왜 그렇게 맹신하는지 뒷조사를 벌인 다음, 소비자들이 공급되는 모든 상품을 구매할 수 있다는 그들의 기본 전제는 받아들였다. 그런데 이 가정에 허점이 있었다. 만일 소비자들이 자신들이 벌어들이는 돈을 모두 지출하고 싶어 하지 않는다면? 오히려 은행에 가서 저축을 하거나 집 안의 금고에 쌓아두는 것을 좋아한다면? 정말 이런 일이 벌어진다면, 세의 법칙에는 막지 못할 구멍이 생기고, 상인들은 판매되지 않고 남은 상품 더미 위에 앉아 지나가는 사람들에게 물건 하나 팔아달라며 애걸복걸하며 하소연해야 하지 않을까?

리카도는 바로 반격에 나섰다. 만일 소비자들이 돈을 쓰지 않고 저축을 한다면, 일반적으로 집안의 금고보다는 이자가 발생하는 은행에 맡길 것이고, 은행은 그 돈을 소비재나 투자재를 구입하고자 하는 사람들에게 대출해줄 것이다. 그것이 어느 쪽이든, 누군가는 은행의 돈을 쓰게 되어 있다는 것이 리카도의 재반론이었다. 애덤 스미스도 누군가 저축을 하면, 그 돈을 다른 사람이 사용하게 되어 있다는 것은 알고 있었다. "연간 저축되는 돈은 연간 지출되는 돈만큼 규칙적으로, 그리고 거의 동시에 소비된다. 그러나 다른 사람들에 의해." [25] 한편, 리카도는 "맬서스 씨는 이런 단순한 사실조차 모르는 것 같습니다"라며 친구인 맬서스를 호되게 꾸짖었다.

여하튼, 맬서스는 저축과 투자 사이에 간극이 존재한다는 것을 분명히 인식했지만, 그것이 무엇인지 정확하게 입증하지 못했다. 그러나 그는 일반적 공급 과잉이 일어날 수 있다는 자신의 입장을 굽히지 않았다. 그리고 일반적 공급 과잉을 막기 위해 다음과 같은 정책을 제안했다. "가난한 사람들을 도로나 항만과 같은 공공사업에 고용하고, 지주들과 재산을 많이 가지고 있는 사람들에게 뭔가를 건설하도록 함으로써 기술자들과 하인들을 고용하도록 하는 것"이 "우리 능력으로 할 수 있는, 그리고 이런 사회적 해악을 가장 직접적으로 치유할 수 있는 최선의 방법"이다. [26] 눈치챈 독자들도 있겠지만, 어딘지 모르게 케인스의 입 냄새가 나는 것 같지 않은가! 바로 맞췄다.

그러자 리카도는 맬서스의 《정치경제원리》는 "매 페이지가 오류로 가득"하다고 한 차원 더 강도 높게 응수했다.

비록 리카도가 맬서스와의 설전에서 한판승을 거두기는 했지만, 한 세기 뒤에 뒤늦게 심판을 자처한 케인스는 승패를 뒤집어 맬서스의 손을 들어 주었다. 케인스는 대학 선배이자 '케임브리지대학교 출신 최초의 경제학자'인 맬서스의 공황론에 대해 입에 침이 마르도록 찬사를 늘어놓았고, 반면 리카도에 대해서는 공공의 적으로 매도해버렸다. "19세기 경제학이 리카도 대신 맬서스를 모태로 했었다면, 지금의 세계는 훨

썬 더 풍요롭고 살기 좋은 곳이 되었을 텐데!" [27]

한편, 리카도에 대해서는 "중세의 종교재판이 스페인 하늘에 거대한 그늘을 드리웠던 것처럼, 그는 영국 사회 전반에 짙은 그림자를 드리웠다"라고 평가했다. 그러나 여기에서 케인스는 리카도가 19세기 영국 사회에 미친 영향, 그리고 자신의 분석과 맬서스의 분석이 갖는 유사성에 대해 분명히 과장하고 있다. 비록 케인스와 맬서스 두 사람이 세의 법칙을 거부하고 있지만, 맬서스는 케인스가 했던 것처럼, 저축과 투자의 관계에 대해 별다른 이론적 공헌을 하지 않았고, 공공사업 역시 투자의 속도를 늦추기 위한 것이었지 수요를 촉진하기 위한 것은 아니었다. 그럼에도 불구하고, 케인스가 자신의 입으로 맬서스에게 깊은 영감을 받았다고 하는데, 누가 나서서 아니라고 할 수 있겠는가?

맬서스와 리카도의 진정한 차이는 공급 과잉, 지대, 또는 보호무역주의에 있지 않고, 오히려 그것들을 논증하는 방법에 있었다. 두 사람은 과학적 발견의 시대에 살았다. 그리고 모든 경제 현상을 인과 관계로 설명하고자 했다. 그리고 그것에 기초해 미래에 일어날 일을 예측했다. 하지만 리카도는 단지 미래에 어떤 일이 일어날 것이라고 예측하는 것에 그치지 않고, 그것의 복잡한 진행 과정을 단계적으로 그리고 논리적으로 철저하게 분석했다. 앞서 리카도가 정체 상태를 설명하기 위해 모두 7단계에 걸쳐 주의 깊게 분석했던 것을 떠올려보라. 애덤 스미스도 토머스 맬서스도 그런 엄밀한 모델은 만들어내지 못했다.

제임스 밀의 지도를 받았던 리카도는 긴 연역적 추리를 시도했다. 그는 유클리드 기하학 또는 뉴턴 역학만큼 분명한 명제들을 추론해내고 싶어 했다. 물론 그의 가정이나 제1 전제가 항상 옳은 것은 아니었다.

그러나 전제를 올바르게 세웠을 경우, 그의 이론은 상당히 견고하고 치밀했다. 논리가 견고하고 치밀한 것이 좋을 수는 있지만, 그렇다고 그것이 반드시 유용한 것은 아니다. 케인스와 오스트리아의 경제학자 슘페터는* 리카도가 자신이 의도하는 결과를 도출하기 위해 가설과 사례를 임의로 선택했다고 비난했다. 슘페터는 이것을 "리카도식 악행Ricardian Vice"이라 불렀다. 나아가 슘페터는 20세기에도 리카도식 악행을 저지르는 경제학자가 또 있다고 지목했는데, 그것은 다름 아닌 케인스였다.

데이비드 리카도는 친절하게도 자신의 방법과 맬서스의 방법의 차이를 다음과 같이 설명했다. "방법론에 있어 당신과 저의 차이는, 개인적인 견해이지만, 당신이 내 책《정치경제학과 과세의 원리》를 저자인 제가 의도했던 것보다 더 실용적인 것으로 받아들인 데서 비롯했을 수 있다고 생각합니다. 제가 이 책을 저술할 때 목표로 두었던 것은 정치경제학의 주요 원리들을 명확히 밝히는 것이었습니다. 그래서 이를 위해 어쩔 수 없이 지금 논란이 되고 있는 사례들을 인용할 수밖에 없었지요." 또한 리카도는 단기적인 설명보다는 장기적인 분석을 선호했다. 그는 맬서스에게 "당신은 항상 특정 변화의 즉각적이고 일시적인 결과에만 신경을 씁니다. 하지만 저는 당신과 다릅니다. 오히려 저는 그런 결과에서 초래하게 될 어떤 것들의 장기적이고 영속적인 상태에만 관심을 둡니다." [28]

그리고 당연한 것이었겠지만, 리카도는 맬서스와 주고받은 편지에서 그의 경험적 관찰과 분석에 대해서도 인정하지 않았다. 연역적이고 논

---

* 슘페터를 오스트리아 태생으로 많이 알고 있는데, 실은 1867년 수립된 오스트리아-헝가리 제국의 지배하에 있던 체코슬로바키아의 모라비아 출신이다. 체코슬로바키아는 1918년 오스트리아-헝가리 제국이 붕괴하면서 독립했는데, 1991년에 체코 공화국과 슬로바키아가 따로 분리되면서 모라비아는 체코 공화국으로 편입되었다.

리적인 추론을 선호했고, 이를 증명하기 위해 강력한 사례를 근거로 들었던 리카도에게 맬서스의 경험적 관찰과 분석은 전혀 이치에 와닿지 않았을 것이다. 그러나 맬서스가 복잡한 분석 모델을 만든 적이 한 번도 없었기 때문에 논자들 사이에서 분석이 일관적이지 않다는 비판도 받았다. 맬서스와 동시대 인물이었던 아일랜드의 경제학자 로버트 토렌스는 "경제학의 주요 문제들과 관련해 맬서스 씨는 자신이 중요하게 생각했던 원리를 수용했다가 내던지기를 항상 밥 먹듯이 한다"라고 썼다.[29] 나중에 케인스 역시 맬서스와 같은 평가를 받았는데, 비평가들은 그의 절충주의를 두고 최선에서 최악의 결과를 선택하는 비상한 재주라며 비꼬았다. 어쩌면 리카도를 지지하는 학자들로부터 뒤늦게 맬서스의 손을 들어준 대가를 호되게 치른 것이었을 수도 있다.

비록 리카도가 케인스와 슘페터로부터 공격을 받기는 했지만, 카를 마르크스, 레옹 마리 에스프리 발라, 앨프리드 마셜, 그리고 스웨덴 출신의 경제학자 크누트 빅셀을 포함한 저명한 경제학자들은 오히려 리카도를 위대한 경제학자로 높이 떠받들었다. 20세기의 한 경제학 방법론 연구자는 이렇게 선언했을 정도다. 즉, "만약 경제학이 본질적으로 분석 기관engine of analysis, 다시 말해 모든 결과의 집합체가 아니라 결과를 도출해내는 사고방식이라고 한다면, 리카도는 경제학 기법의 창시자라고 할 수 있다."[30]

맬서스가 죽었을 때, 많은 이들이 그의 장례식에 참석했다. 그런데 개중에는 진심으로 애도를 표하러 온 사람도 있었지만, 그가 진짜로 죽었는지 확인차 온 사람도 있었다고 한다. 반면 지성, 품성, 인격의 소유자였던 리카도는 많은 사람으로부터 존경을 한몸에 받았다. 그는 생전 마지막 해이던 51세에 노예제 옹호론자들과 논쟁을 하면서 그들의 주장이 국가의 품격에 오점이라고 비난했다. 그는 한적한 시골 별장에서 호사스러운 생활을 누리고 세계를 여행하며 유유자적하게 보낼 수 있을 만큼 부유한 사람이었다. 하지만 그는 복잡하고 까다로운 문제를 연구하고, 그리고 추상적이고, 난해할 뿐 아니라, 스스로 옳다고 생각한 해결책을 도출해내기 위해 많은 시간을 보냈다. 세상에 관해 독학하면서 그는 책, 신문, 또는 의회 연설을 통해 다른 사람들을 가르쳤다. 그의 비교우위론과 경제 지대는 아직도 경제학 교과서에서 비중 있게 다뤄지고 있다.

비록 리카도의 이론이 전 세계적으로 잘 알려져 있기는 하지만, 그의 이론적 유산을 제대로 검증해볼 수 있는 곳은 다름 아닌 유럽 국가들일 것이다. 20세기에 자신들의 대륙에서 일어난 두 번의 세계대전이 다시 재연되는 것을 피하고자 스스로 단단히 결속한 유럽연합 국가들은 1992년에 기존의 남아 있던 모든 무역 장벽을 철폐하고 단일 시장(유럽 공동체)을* 출범함으로써 죽는 그날까지 자유무역을 외쳤던 리카도에게 부분적인 승리를 안겨 주었다. 그렇다면 언제 리카도에게 완전한 승리가 돌아올까? 그것은 유럽 연합이 두 번째 약속, 즉 미국과 일본 같은 역외 국가들과의 무역 장벽을 완전히 철폐할 때 아메리카, 아프리카, 아시아 대륙의 국가들, 그리고 브렉시트 이후 영국이 그들의 모두를 위한 자유 프로그램Free for All Program에 참여하는 것으로 비로소 가능할 것

---

* European Community. 1992년에 네덜란드 마스트리히트에 모여 유럽연합 조약으로 불리는 마스트리히트 조약에 합의하면서 유럽연합을 출범시킨다. 유럽연합의 출범은 1987년에 '단일 유럽 의정서'에서 합의된 대로 단일 시장의 출범을 공식화하는 것으로 실질적인 경제적 통합을 넘어 정치적 통합으로 나아가는 것을 의미했다. 그리고 1999년에 유로화가 출범하고 2002년부터 본격적으로 통용되기 시작하면서 경제 통합을 완료했다.

이다.

　지금까지 이런 두 번째 단계의 약속은 부분적으로만 이루어지고 있다. 금융 분야에서는 미국의 기업들이 강세를 보이고 있지만(주로 기존의 유럽 기업들에 대한 인수 합병을 통해), 농업에 있어서는 프랑스 농부들이 미국과 오스트리아 농산물의 수입을 정치적으로 막고 있다. 유럽연합 회원국들은 카리브해와 아프리카의 가난한 농민들을 돕는다고 자랑하지만, 자국 농민들에게 보조금이 지급된 설탕 수백만 톤을 세계 시장에 쏟아내 가격을 억제한다. 독일의 감자 농가들은 외국산 감자 수입을 반대한다. 프랑스의 와인 생산자들은 남아프리카의 샤르도네 와인을 몰아내려고 투쟁한다.

　그중 가장 논란이 되고 있는 문제는 바나나일 것이다! 전 미국 국무장관 매들린 올브라이트는 코소보 내전으로 긴박하게 회의하고 있는데 중단된 적이 있다며 이렇게 썼다. "살면서 그렇게 많은 시간을 바나나에 쏟으리라고는 생각하지 못했다."* 유럽은 카리브해 연안 국가들과 라틴아메리카의 바나나 재배업자들로부터 과거에 식민지였던 아프리카 국가들을 보호해주고 있다. 흥미로운 것은 바나나가 지금까지 자유무역의 발목을 잡은 가장 강력한 무기 중 하나라는 점이다. 리카도가 이 사실을 알면 크게 실망하겠지만, 희망을 버리지 않을 것이다. 리카도의 유산을 바라보는 세상의 시선을 가늠할 방법이 있다면, 다음과 같다. "바나나를 따라가라."

---

*　미국과 유럽연합의 바나나 분쟁을 말한다. 1993년 유럽연합은 바나나 수입 총량을 제한하기로 하고, 수입량 중 일부는 영국과 프랑스가 식민지 지배했던 아프리카, 카리브해, 태평양 지역 국가들에서 우선 배정했다. 미국은 이런 조치가 중남미 지역에 진출한 돌 같은 자국의 플랜테이션 기업들을 차별하는 것이라고 지적하고 시정을 요구했다.

존 스튜어트 밀
경제학계의 풍운아

John Stuart Mill
(1806~1873)

애덤 스미스 이후 거의 모든 영국의 저명한 경제학자들은 혈연이나 지연, 학연으로 연결되어 있었다. 스미스보다 나이는 많았지만 가까운 친구 사이였던 데이비드 흄은 토머스 맬서스에게는 대부godfather였다. 앞서 살펴본 대로 맬서스는 데이비드 리카도의 절친한 친구였고, 리카도의 동료였던 제임스 밀은 학문과는 거리가 멀었던 그에게 경제학을 공부하도록 고취했다. 그리고 제임스 밀은 지금 우리가 다룰 존 스튜어트 밀(이하 밀로 표기)의 아버지였다.

밀 이후에 이런 맥이 잠시 끊겼다가 앨프리드 마셜이 뒤를 잇는다. 하지만 마셜은 밀과 영국 태생의 경제학자이자 리카도의 친구였던 소설가 마리아 에지워스의 조카였던 프랜시스 에지워스의 영향을 받았고, 케임브리지대학교에서 케인스를 가르쳤다. 케인스는 제2차 세계대전까지 영국 경제를 주름잡으며 많은 저명한 제자들을 양성해냈다. 케인스의 사상은 20세기 말까지 서구 경제학을 지배했다.

밀의 생애는 다른 무엇보다 사상의 힘이 한 사람의 인생에 얼마나 많은 영향을 주는지 보여준다. 그의 생애를 통해 우리는 고전파 경제학의 저변에 있는 다양한 철학적 갈등을 확인할 수 있다. 비록 경제학자들 사이에서 그가 경제학 이론의 발전에 어떤 독창적인 기여를 했는지를 놓고 의견이 분분하지만, 그가 경제학과 자본주의의 윤리적 기초에 대해 껄끄러운 문제를 제기했다는 것에 대해서는 이의가 없다.

미국 태생의 전설적인 코미디언이자 가수였던 지미 듀랜트가 한 유명한 대사 중에 이런 말이 있다. "모든 사람은 뭔가에 기대거나 끼어들고 싶어 한다." 뉴턴 이후 거의 모든 지식인은 과학 또는 과학적 행동에 기대어 자신들이 품고 있는 의문에 대해 분명한 해답을 얻고 싶어 했다. 애덤 스미스, 데이비드 리카도, 토머스 맬서스 모두 자연의 법칙을 발견해 경제학계의 뉴턴이 되고 싶어 했다. 리카도의 비교우위론, 세의 법칙, 그리고 인구 법칙 모두 이 시기에 나온 것들이었다. 비슷한 시기에 영국의 공리주의 철학자 벤담은 도덕 세계의 뉴턴, 즉 도덕과학자가 되고자 했다. 제임스 밀은 한동안 도덕과학자뿐 아니라 경제과학자들이 처방한 몸과 마음을 충만하게 하는 약을 꾸준히 복용했다. 누구보다 벤담이 달여 주는 약의 쌉싸래하면서도 달콤한 맛에 입맛을 다셨던 그는 아들의 체질 검사는 하지도 않은 채 무작정 자신의 약을 나눠 먹였다. 어떤 부작용이 올지 예상하지도 않은 채!

1806년에 런던에서 태어난 밀은 엄마 젖도 떼기 전에 교육의 쓴맛부터 봐야 했다. 아버지 제임스 밀은 세 살밖에 되지 않은 아들에게 희랍어부터 가르쳤다. 어쨌든, 약발이 좋았는지 여덟 살에 플라톤, 크세노폰, 디오게네스를 술술 읽어 내려갔다. 그리고 이어 라틴어를 배우기 시작했다. 밀의 어머니는 아홉 자녀에게 살갑게 대하지 않았다. 어머니의 품에서 떼를 쓰고 어리광을 피워도 시원치 않았을 나이에 누구보다 그에게 차갑게 대했던 어머니는 무표정한 밀로의 비너스상처럼 보였을 것이다. 여덟에서 열두 살 사이에 밀은 아버지의 서재에 가득 꽂혀 있던 다방면의 서적들을 뒤적이며 아리스토텔레스와 아리스토파네스를 섭렵하고, 미적분과 기하학을 마스터했다. 한편, 여가 시간에는 쉬지도 못하고 동생들에게 라틴어를 가르쳐야 했다. 이런 그의 취미는 무엇이었을까? 역사책 읽기였다. 그렇다면 친구는? 조기 교육의 희생자였던 그에게 친구가 있을 턱이 없다.

열네 살이 되자 제임스 밀은 아들을 데리고 산책을 나가 본격적으로 데이비드 리카도의 경제학을 가르치기 시작했다. "아버지는 경제학에 대해 일정 분량을 설명했고, 다음 날 나는 그것에 대한 내 생각이나 의견을 보고서로 작성해 제출해야 했다. 물론 아버지는 이렇게 써낸 보고서에 내 생각이나 의견이 명확하게 드러나지 않거나 논리가 분명하지 않으면, 몇 번이고 반복해서 다시 써 오도록 했다."[1] 어찌 어린 자식에게 이렇게 가혹할 수가! 불쌍하다는 생각이 들지 않는가? 정적이 감도는 숲속을 거닐며 리카도의 복잡한 경제 이론들을 이야기하는 아버지의 뒤꿈치를 따라가며 그의 토씨 하나 놓치지 않기 위해 애쓰는 가련한 소년을 생각해보라.

이런 엄격한 조기 교육의 성과가 으레 그렇듯이 밀 역시 지적 수준은 남달랐으나 감성은 어린애처럼 여릴 대로 여렸다. 그래서였을까. 그는 자신이 명석한 두뇌, 뛰어난 기억력, 열정적인 성격을 지니고 있다는 것을 인정하려 들지 않았다. "내가 타고난 재능은 그렇게 뛰어난 것이 못 된다. 내가 할 수 있는 것은 평범한 애들도 쉽게 할 수 있는 것이다." 그의 재능이 평범한 애들과 다르다는 것을 깨닫게 해준 것 역시 아버지였다. 한번은 제임스 밀이 아들을 데리고 하이드 파크로 산책을 나갔다. 그는 그곳에서 누더기 옷에 코를 흘리며 뛰어노는 평범한 아이들을 보여주며 아들이 그들과 얼마나 다른지 확인시켜주었다. 하지만 제임스 밀은 아들에게 젠체하지 말라며 엄중하게 경고했다. "누구든 너처럼 될 수 있단다. 저들도 나 같은 아버지만 두었다면. 넌 나 같은 아버지를 만난 것을 행운이라고 생각하거라." 이렇게 제임스 밀은 아들의 조기 교육을 통해 동년배들보다 "사반세기 앞서"[2] 나아갈 수 있도록 가르쳤고, 밀 자신이 어떻게 생각했는지 모르지만, 분명히 그에게는 그런 아버지를 둔 것이 큰 수혜였을 것이다. 하지만 그는 조기 교육의 희생자이기도 했다.

머릿속에 방대한 지식을 채우기는 했지만, 마음속은 채우지 못한 것이다. 그는 "나에게는 어린 시절이 없었다"라고 고백했는데,[3] 정말 가슴 아픈 이야기가 아닐 수 없다. 그는 또래 친구들 대신 선거에 낙선한 사람처럼 심각한 표정의 아버지 친구들과 어울렸는데, 그가 그들과 끝말 잇기 놀이 등 아이들이 즐겨 하는 놀이를 하며 시간을 보냈을 리는 없었을 것이다. 제임스는 아들을 1년 동안 프랑스에 보냈다. 그곳에서 그는 벤담의 동생과 머물렀고, 잠깐이지만 "공급이 자신의 수요를 창출한다"라고 가르친 경제학자 장 바티스트 세와 함께 지냈다. 1822년 봄, 열여섯 살이 된 밀은 또래 아이들이 이성에 호기심이 발동할 나이에 오히려 지적 열정을 불태우고 있었다. 그는 벤담의 전 3권으로 된 《도덕과 입법의 원리 서설》을 접하면서 그의 공리주의에 빠져들었다.

마지막 제3권의 마지막 페이지를 덮었을 때 (…) 나는 이미 다른 인간이 되어 있었다. 벤담이 이해하고 현실에 적용한 "공리(또는 효용)의 원리"

는 (…) 내가 가지고 있던 단편적인 지식과 신념을 한데 이어주는 중요한 연결고리 역할을 해주었다. 그것은 내가 사물에 대해 갖고 있던 개념에 통일성을 부여했다. 나는 다양한 의견을 가졌다. 신조, 주의, 철학, 그리고 가장 고차원적인 의미를 갖고 있는 종교뿐 아니라 인생의 주요 목적이 될 수 있는 것에 대한 깨우침과 전개. 그리고 나는 이런 주의를 통해 현재 인류의 상황에서 비롯된 변화들에 대한 대개념을 목전에 두고 있다.[4]

그 뒤로 몇 년 동안 밀은 그의 '유년 시절 친구들'이었던 아버지 제임스 밀과 데이비드 리카도와 함께 〈웨스트민스터 리뷰〉를 통해 제러미 벤담의 공리주의라는 복음을 설파하는 일에 앞장섰다.

〈웨스트민스터 리뷰〉는 세상을 떠들썩하게 만들었고, 여론이나 논의의 장에서 아직 별다른 지지 기반을 갖고 있지 못했던 벤담식 급진주의에 상당한 위상을 부여했다. (…) 필자들의 논의에서 묻어나는 벤담의 공리주의에 대한 강한 신념은, 다른 사람들이 그것에 분명한 확신과 믿음을 갖고 있지 않던 시절에 (…) 대중의 마음을 사로잡으면서 철학과 정치학에서 소위 벤담학파를 창시했다.[5]

성인이 된 밀은 몸이 호리호리했고 왼쪽 눈 위쪽으로는 혹이 나 있었다. 회색에 작고 동그란 눈은 유달리 도드라졌던 매부리코를 내려다봤다. 코가 워낙 커서 입술에 그림자를 드리울 정도였고, 입술이 얇아서 그런지 목소리도 가늘었다. 그리고 머리카락이 빠졌다. 머리카락이 빠진 뒤로는 모르핀 처방에 인색해서 한 번에 작은 알약 하나 겨우 내줄까 말까 하는 고약한 약사 같은 인상이었다. 이런 범상치 않은 얼굴이 주변 사람들을 떨게 하고, 오싹하게 만들고, 그리고 아래에서 살펴볼 소란의 원인이 됐다.

벤담: 쾌락, 고통, 그리고 산술

이런 벤담의 복음이 대중의 마음을 사로잡을 수 있었던 이유는 무엇일까? 벤담은 자연이 지구가 중력의 영향을 받도록 창조한 것처럼, 자연은 "인간이 두 가지 지배자, 즉 고통과 쾌락의 지배를 받도록 만들었다"라고 말했다.[6] 이런 자연의 법칙에서 벤담은 기술적記述的이고 규범적인 종교를 발견했다. 모든 인간은 쾌락을 좋아하고 고통을 싫어하기 때문에(마조히스트를 제외하고. 물론 그들도 쾌락을 좋아한다. 하지만 고통에서 쾌락을 느낀다는 데서 확연히 다르다), 그들은 자신들에게 쾌락을 주는 것을 따르고자 한다. 기존의 규범, 특히 종교 및 도덕 규범에서는 인간이 쾌락의 길을 탐하는 것을 탐탁지 않게 생각했다. 그뿐 아니라 고대 그리스의 철학자 아리스티푸스가 주장한 쾌락주의처럼, 달리 그냥 지나가는 말처럼 들린다. 그러나 벤담은 여기에 한 가지 윤리적 단서 조항을 단다. 즉, 자신의 선택이 다른 사람들에게 영향을 미친다고 할 때, 개개인은 쾌락의 총합을 극대화할 수 있는 대안을 선택해야 한다. 이것이 공리주의 운동이 모토로 삼은 "최대 다수를 위한 최대 행복"이다. 그리고 책임감 있는 정부의 입법자들은 이것을 마음속 깊이 새겨두어야 한다.

벤담은 모든 사람은 행복의 양을 정하는 데 차별이 있을 수 없다고 주장함으로써 민주주의자들에게 감격의 눈물을 선사했다. 다시 말해, 행복과 고통의 정도는 계급이나 신분의 차이에 상관없이 같다는 것이었다. 만일 영국 여왕이 돌부리에 발이 걸려 넘어지면서 발가락 하나를 다쳤을 경우, 고통의 양은 시종 제인이 발가락 두 개를 다쳤을 때 받는 고통의 절반밖에 되지 않을 것이다. 만일 제인이 자신의 다친 발가락에 빨간약을 바르고 붕대를 감으면서 받는 위안이 그사이에 여왕이 발가락을 다쳐 받는 고통보다 크다면, 당연히 제인은 여왕의 안위보다는 자신의 안위를 위해 치료를 받을 것이다. 사정이 이렇다 보니, 아마 귀족들은 벤담이 이런 복음을 전파하지 못하도록 그의 혀가 부러지기를 간절히 기도했을 것이다.

하지만 도덕 세계의 뉴턴이 되고자 했던 벤담에게 이런 정식은 수학적 측면에서 볼 때 그렇게 만족스럽지 않았다. 그래서 벤담은 쾌락과 고통의 양을 계량화할 수 있는 '행복 계산법'이라는 방법을 고안했다. 일상에서 흔히 볼 수 있듯이 쾌락과 고통은 경험에 따라 천차만별이다. 왜 그럴까? 모든 경험은 다음 네 가지 요소의 정도, 즉 강도, 지속도, 확실성, 근접성에 따라 측정할 수 있다. 사람들은 언제 주어질지 모르는 1주일짜리 휴가보다는 그보다 더 길고 확실한 휴가를 선호한다. 그뿐 아니라 사람들을 포복절도하게 만드는 코미디언은 썰렁한 웃음을 선사하는 코미디언보다 더 큰 기쁨을 준다.

이런 계산법을 고안함으로써 큰 기쁨을 맛보았을 그는 다음 세 가지 요소를 추가함으로써 그것을 늘리고자 했다. 즉, 다산성, 불순도, 그리고 다른 사람들에게 미치는 영향. 어떤 쾌락은 또 다른 더 큰 쾌락을 가져다준다. 예를 들어 설명해보자. 만일 마크가 여름 축제에 참가해 새로운 친구를 사귈 기회가 커진다면, 이 축제는 행복 계산법의 다섯 번째 요소인 다산성을 보여준다. 여하튼 마크는 여자 친구를 사귈 수 있다는 기대감으로 축제에 참가했고, 뜻했던 대로 별 어려움 없이 여자 친구를 사귈 수 있었다. 그런데 뒤늦게 알아보니 그녀가 유부녀 아닌가? 그것도 유명한 축구 선수의! 이런 경우 축제는 여섯 번째 요소인 불순도를 보여준다. 즉, 불순도란 기대했던 것과 다른 결과를 가져올 가능성을 의미한다. 마지막으로 자신의 부인에게 치근대고 있는 것으로 착각한 그녀의 남편이 마크에게 다가와 다짜고짜 멱살을 잡고 주먹으로 흠씬 두들겨 패준다고 할 때, 주변에서 그것을 지켜보고 있는 솔로들이 느낄 고소함도 고려해야 한다.

이상의 요소들 외에 벤담은 행복 계산법의 활용 방법에 대해 상세한 설명을 덧붙였다. 얼핏 보면, 미국에 수출되는 일본의 가전제품 뒷면에 붙어 있는, 그것도 오만하게 자신들만 읽을 수 있는 중국어로 되어 있는 사용 설명서를 보는 것 같다. 그런데 아예 중국어로 되어 있으면 그나마 나을 것이다. 왜냐하면 영어로 되어 있는데 읽어도 무슨 소린지 도대체 알 수 없는 것보다 해독 불가능한 일본어가 더 속 편하게 무시하고 넘길 수라도 있을 테니까. 그러나 해독 불가능한 암호가 없듯이, 인내심을 가지고 꼼꼼히 읽어보면 벤담이 전혀 엉뚱한 말을 하고 있는 것이 아니라는 것을 알 수 있다.

어떤 한 사람을 기준에 두고 아래 사항들을 순서대로 고려해보자.

1. 이 사람이 받을 첫 번째 쾌락의 가치에 대해.

2. 이 사람이 받을 첫 번째 고통의 가치에 대해.

3. 이 사람이 받을 첫 번째 쾌락에 이은 두 번째 쾌락의 가치에 대해.
   이것이 첫 번째 쾌락의 다산성과 첫 번째 고통의 불순도를 구성한다.

4. 이 사람이 받을 첫 번째 고통에 이은 두 번째 고통의 가치에 대해.
   이것이 첫 번째 고통의 다산성과 첫 번째 쾌락의 불순도를 구성한다.

5. 한편으로 모든 쾌락의 가치를 합산하고, 다른 한편으로 모든 고통의
   가치를 합산할 것. 이때 둘 사이에서 성립되는 등식에서 쾌락의 합이
   더 크면, 이것은 이 사람의 이해관계라는 측면에서 행동 전반에 좋게
   작용할 것이다. 반대로 고통의 합이 더 크면 행동 전반에 나쁘게 작
   용할 것이다.

6. 이제 이런 상황에 이해관계를 가지고 있는 모든 사람을 고려해보자.
   그리고 이상의 과정을 이들에게 개별적으로 적용해보자. 먼저 쾌락
   이 개개인들의 행동에 좋게 작용하는 정도를 값으로 환산해 합하자.
   (…) 반대로 고통이 개개인들의 행동에 나쁘게 작용하는 정도를 값으
   로 환산해 합하자. (…) 이때 수립되는 등식에서 쾌락의 합이 더 크면,
   이 등식은 공동체의 행동 전반에 좋게 작용할 것이다. (…) 반대로 고
   통의 합이 더 크면, 그것은 같은 공동체의 행동 전반에 나쁘게 작용
   할 것이다.[7]

벤담은 세 번째 단계인 장기적인 쾌락, 즉 첫 번째 쾌락에 이어지는
쾌락을 아주 진지하게 받아들였던 것 같다. 그는 사후 자신의 시신을 런
던대학교에 기증했는데, 소름 돋는 것은 대학 당국의 주요 회의가 있을
때마다 그의 시신이 회의장에 모셔졌다는 사실이다. 그의 시신은 박제

되어 지금까지도 런던대학교에 안치되어 있다. 하지만 불행하게도 모험심이나 항상 뭔가 짓궂은 일을 벌이기를 좋아하는 학생들이 그의 머리를 훔쳐 간 사건이 있었다. 물론 그의 머리는 여전히 찾지 못했다. 이것은 다산성과 불순도를 측정하는 것이 얼마나 어려운가를 역설적으로 보여주는 것이 아닌가 생각된다.

이렇게 벤담은 도덕 분야에서 과학적 엄밀성을 추구했던 존 스튜어트 밀의 열망을 충족시켰고, 그에게 사회관계를 바라보는 새로운 시각을 심어주었다. 그는 곧 벤담과 그의 논리를 지지하는 일부 저명한 의회 의원, 저술가로 구성된 철학적 급진주의자들을* 옹호하고 나섰다. 아이러니한 것은 그 누구보다 쾌락을 주장했던 이들이 실은 오스트리아 프라하(지금은 체코에 속해 있다) 출신의 소설가 카프카만큼 우울했다는 것이다.

정치에서 벤담식 급진주의자들은 민주주의 원리와 언론의 자유를 위해 용감하게 싸웠다. 그들은 언론의 자유로부터 진리가 나온다고 외쳤다. 정기 간행물에 세금을 부과하던 인지조례의 철폐를 주장했고, 집회를 규제하는 각종 조치에 대해서도 반대했다. 밀은 산아 제한 문건을 나누어 주다가 잠시 체포되었고, 훗날 여성 참정권의 기치를 올리기도 했다. 데이비드 리카도의 논의에 기초해 그들은 곡물법의 철폐도 주장했다. 벤담은 야만적인 영국의 감옥 제도를 공공연히 비난했는데, 그는 형벌은 범죄 예방을 위한 수단으로 사용되어야지 마치 그것이 정의인 양

---

* 제러미 벤담을 중심으로 제임스 밀, 존 스튜어트 밀, 그리고 영국 태생의 사회 개혁가 프랜시스 플레이스 등으로 이뤄진 공리주의자들. 공리의 원리는 입법이나 정치 등 모든 개인적 사회적 행위를 규제한다. 그리고 개인적 공리의 추구가 반드시 사회적 공리로 나타나지 않기 때문에 사회적 공리를 실현하기 위해 법은 개인의 행위를 규율하고 조정해야 한다. 그리고 사회적 공리의 실현을 위해서는 정치가들의 부정한 이익을 배제해야 하는데, 여기에서 민주주의 의회 제도가 요구된다. 이런 논의에 기초해 철학적 급진주의자들은 보통 및 비밀 선거에 의한 의회 개혁 운동을 벌였다.

범죄를 단죄하기 위한 수단으로 사용되어서는 안 된다고 주장했다. 벤담은 범죄자도 알고 보면 자신의 범행이 수지맞는 일이라고 생각하는 사람일 뿐이라는 의견을 내놓았다. 결국 벤담이 이야기하고자 하는 것은 범죄자의 인권이나 법 정의가 아니라 바로 비용이다.*

비록 벤담이 정부의 좌우명은 "잠자코 있자be quiet"라고 말한 적이 있었지만, 급진주의자들은 이익이 비용을 초과하면, 즉 정부의 개입으로 얻는 것이 잃는 것보다 많으면 언제고 자유방임주의를 팽개칠 마음의 준비가 되어 있었다. 벤담은 이렇게 말했다. "나는 '정부의 손'('보이지 않는 손'에 빗대어)에 대해 감정적 또는 무정부적 공포를 느끼지 않는다. 물론 느낀 적도 없었고, 앞으로도 그럴 일은 없을 것이다. 천부적 자유의 침해에 대해 왈가왈부하는 사람들이 많은데 (…) 나는 그것이 애덤 스미스에서 이미 끝난 이야기라고 생각한다."[8]

철학적 급진주의자들이 신봉했던 신은 보이지 않는 손이 아니라 공리였다. 하지만 그들은 신은 보이지 않는 손을 통해 신통력을 발휘했다.

말이 나온 김에 한마디 더 하고 넘어가자. 그들이 믿었던 신은 확실히 교회, 유대교 회당, 이슬람 사원 등과는 아무런 관련이 없었다. 제임스 밀은 타락한 현실 세계와 자신이 믿는 선량한 신을 화해시킬 수 없었다. 밀은 아버지가 입버릇처럼 말했던 무신론을 생생하게 기억했다.

---

* 포스트구조주의나 포스트모더니즘을 접한 독자라면 '파놉티콘'이라는 말을 들어 봤을 것이다. 제러미 벤담은 죄수의 인권(?)을 위해 직접 나서서 감옥을 설계하기도 했는데, 그것의 이름이 원형 감옥의 뜻을 가진 파놉티콘이었다. 파놉티콘은 중앙에 위치한 탑에서 간수는 죄수를 감시할 수 있지만 죄수는 간수를 직접 볼 수 없는 독특한 구조의 감시 체계를 가지고 있었다. 프랑스 태생의 철학자 미셸 푸코가 그의 저서 《감시와 처벌》에서 벤담의 파놉티콘을 근대 권력 또는 감시 체계의 전형적인 형식으로 인용하면서 널리 알려졌다.

나는 부친을 통해 모든 시대나 국가를 막론하고 각각의 시대와 국가를 대표하는 사악한 신이 있는데, 세상이 발전할수록 인간은 세상의 사악한 면만을 부각해 결국에는 인간 자신이 상상할 수 있는 가장 완벽한 악의 개념에 도달하고, 그것을 신이라 부르고, 그 앞에 엎드려 숭배한다고 말씀하시는 것을 수도 없이 들었다.[9]

1820년대에서 1830년대에 철학적 급진주의자들은 많은 정치적, 철학적 논쟁에서 다른 학파에 비해 상당한 우위를 점했다. 이것은 누구도 예상치 못했던 결과였는데, 그 선봉에 섰던 밀도 마찬가지였다. 1823년, 그는 생계를 위해 아버지와 함께 동인도 회사에 들어갔다. 그런데 토머스 맬서스도 그랬고, 뒤에 케인스도 그랬지만, 동인도 회사에서* 일하면서 그는 한 번도 인도에 가보지 못했다. 그리고 힌디어나 산스크리트어를 배우지도 않았다. 그는 크게 한눈팔지 않고 열심히 일했다. 매일 아침 10시에 아침 식사로 삶은 달걀 하나를 먹고 일과가 끝날 때까지 아무것도 먹지 않았다.[10] 그리고 같은 해에 그는 공리주의 협회Utilitarian Society를 조직하고, 다른 젊은 벤담주의자들과 정기적으로 만나면서 오랫동안 함께 공리주의에 대해 학습하고, 다양한 사회 문제들에 대해 의견을 나눴다. 급진주의자들의 최대 적수는 낭만주의자들, 공상주의자들, 그리고 사회주의자들이었는데, 이들은 영국의 낭만파 시인 새뮤얼 테일러 콜리지의 시구에서 엿볼 수 있는 뜬구름 잡는 식의 논의를 즐겨 했기 때문에 현실적인 문제에 있어서는 급진주의자들과 상대가 되지 않았다.

---

*   동인도 회사가 아닌 인도청(India Office)을 말한다. 1858년 제정된 인도 통치법에 의해 동인도 회사의 모든 책임과 권한이 영국 왕실로 넘어오면서 새롭게 신설된 관할청이 인도청이다.

삐걱대는 사유 기계

이 시기에 밀은 벤담의 엄밀한 과학적 방법에 너무 깊이 심취한 나머지 공리주의의 궁극적 목표, 즉 행복은 까마득히 잊고 있었다. "벤담주의자들에게 붙어 다니는 단순한 사유 기계reasoning machine라는 꼬리표가, 비록 대다수 벤담주의자들에게는 부당하지만 (…) 내게는 전혀 엉뚱한 것은 아니다." [11]

그는 스무 살의 나이에 이미 중년의 위기를 겪고 있었다. 이 사유하는 기계는 한창나이에 삐걱대기 시작했다. 처음에는 나사가 풀리는 정도였으나 잦은 고장을 일으키더니 급기야 스프링, 벨트, 베어링 등이 튕겨 나왔다. 오랫동안 그는 "진정한 인생의 목표로 사회 개혁가가 되는 꿈을 품고" 있었다. 하지만 1826년 겨울 어느 날, 그는 "무기력 (…) 즉, 여느 때에는 기쁨으로 와 닿았을 것도 무미건조하고 대수롭게 않게 느껴지는 정신적 공황 상태"를 경험했다. 그는 자신에게 운명적인 질문을 던져보았지만, 돌아오는 대답은 참담함 그 자체였다.

당신의 인생 목표가 모두 실현되었다고, 그리고 당신이 기대하는 제도와 의식의 변화가 한순간에 모두 이뤄질 수 있다고 생각해보자. 그런데 이것이 당신에게 비할 데 없는 기쁨과 행복을 가져다줄까? "그렇지 않다!"라고 억제할 수 없는 내 자의식이 저 깊은 곳에서 분명하게 소리쳤다. 순간 내 마음이 우르르 무너져 내렸고, 지금까지 내 인생을 지탱했던 모든 기반이 순식간에 주저앉았다. 내 모든 행복은 목표 그 자체가 아니라 그런 목표가 내 앞에 있다는 것 자체였다. 나는 지금까지 이 목표를 달성하기 위해 앞만 보고 달려왔고, 그 과정을 즐겼다. 그런데 그 목표가 사라진 것이다. 매력을 상실한 것이다. 그런 내게 어떤 낙이 남아 있겠는가? 내겐 삶을 살아갈 이유가 아무것도 남아 있지 않다.[12]

밀은 이렇게 여섯 달을 절망감에 빠져 지냈고, 급기야는 자살 충동까지 느끼기도 했다. 앞서 살펴보았듯이, 그는 아버지의 조기 교육에 힘입어 지적 수준은 남들보다 뛰어났으나 감성은 치기 어린 수준을 벗어나지 못했다. 그는 아름다운 꽃을 보아도 그것이 아름답다고 생각하지 못했다. 낭만주의자들이 세상을 장밋빛으로 물들이고 있을 때, 그는 세상을 온통 회색빛으로 탈색시키려고 애썼다. 훗날 독일 철학자 프리드리히 니체는 "신은 죽었다"라고 선언했지만, 엄격한 아버지와 냉담한 어머니에게 사랑을 박탈당한 채 남은 것이라고는 메마른 이성뿐이었던 밀은 이렇게 느꼈을 것이다. "인간은 죽었다." 이런 밀에게 우리는 이런 말을 해줄 수 있을 것이다. 행복이 빠진 공리주의는 팥 없는 찐빵과 같다고! 그는 아버지 제임스 밀에 대해 이렇게 썼다. "부친은 모든 열정적인 감정, 그리고 그것을 찬양하는 말이나 글을 지독할 정도로 혐오스러워했다. 그는 그것을 일종의 광기로 간주했다." [13]

이성reason이 한창 주가를 올리던 시기에 밀은 열정passion을 갈망했다. 그러나 당대의 합리주의 철학자들은 이런 밀을 나무라지 않았다. 그보다 한 세기에 앞서 흄은 이성은 항상 "열정의 노예"라고 주장했다. 그뿐 아니라 벤담조차도 이성을 열정을 대체하는 수단이 아니라, 그것을 비교하는 수단으로 사용했다. 그런데 그들의 제자들, 즉 실력은 따르지 않으면서 시기심만 앞서 있던 후대의 합리주의자들은 그를 얼간이 바보로 취급했다.

　정신분석학자들에게 밀은 흥미로운 분석 대상일 것이다. 아마 밀은 엄격한 아버지가 어서 죽었으면 하는 바람에서 나오는 죄책감에 시달렸을지도 모른다. 그러나 밀이 처한 상황은 그리스 신화에 나오는 오이디푸스보다 더 처참했다. 적어도 오이디푸스에게는 사랑스러운 어머니라도 있었지 않았던가! 300페이지에 달하는 자서전에서 밀은 어머니에 대해서는 한마디도 언급하지 않는다. 초고를 읽어보면 그 이유를 어느 정도 알 수 있다. 가련한 밀!

> 정말로 마음씨 따뜻한 어머니라면 무엇보다 아버지를 지금과는 완전히 다른 사람으로 바꾸고, 다음으로 아이들을 사랑과 정성으로 키워 남을 배려하고 사랑할 수 있는 인성을 심어주었을 것이다. 하지만 내 어머니는 가족을 위해 묵묵히 희생하는 법만 알았지 그렇게 할 줄은 몰랐다. (⋯) 따라서 나는 사랑이 결여된 채 항상 긴장감만 감도는 환경에서 자랐다.[14]

　밀의 어머니가 자서전을 남기지 않았기 때문에 사실 확인은 할 수 없다. 그녀도 처음에는 마음씨 따뜻하고 사랑스러운 여인이었을지 모른다. 엄한 제임스 밀과의 결혼 이후, 어쩌면 그녀는 남편으로 인해 아들보다 먼저 정신적이고 심적인 파탄을 경험했을 수도 있지 않았을까? 여하튼, 밀의 집안은 잠깐 들러 따뜻한 닭고기 수프 한 그릇 마음 편히 먹고 갈 수 있는 분위기가 아니었다.

낭만주의자로의 변신

합리주의라는 거센 지적 조류에 휩쓸려 갈피를 잡지 못하고 있던 밀은 낭만주의라 불리는 잔잔한 바다에 이르러서야 제정신이 들었다. 니체는《비극의 탄생》에서 인간의 정신을 지배하는 상반되는 두 가지 강력한 힘, 즉 아폴로적인 것과 디오니소스적인 것을 설명한다. 아폴로적인 것은 이성과 질서를 나타내며, 음악으로 치면 모차르트 교향곡 같은 것이다. 디오니소스적인 것은 변덕과 감정을 나타내며, 음악으로 치면 푸치니 오페라 같은 것이다. 18세기 합리주의에 절망감을 느낀 밀은 영국의 낭만파 시인 윌리엄 워즈워스와 콜리지의 시에 눈길을 준다. 워즈워스의 자연미에 대한 관능적인 묘사는 메말라 있던 밀의 감정과 상상력을 자극했다. 마침내 세상이 감각적으로 보이기 시작했다. 아름다움이 무엇인지 느끼기 시작하면서 밀은 지금까지 편협했던 자신의 정신세계를 확장하고, 자신의 고삐를 잡고 있던 아버지의 그늘에서 벗어날 수 있었다.

콜리지의 시에 나오는 노수부ancient mariner처럼* 밀은 어느 날 긴 지적 오디세이에 나서서 스코틀랜드 태생의 수필가이자 역사가 토머스 칼라일을 만나고, 프랑스 태생의 철학자 오귀스트 콩트와 조우한다. 그들은 밀에게 경험주의가 무엇인지 알려주었다. 간혹 이 오디세이에서 밀은 자신의 새로운 지적 대부들을 구름 높이 띄워주면서 그들의 면전에서 이전의 늙은 대부들을 비하하는 말을 속삭이고는 했다. 한편, 이때

* 〈노수부의 노래〉를 말하는 것으로 1798년에 콜리지가 워즈워스와 함께 익명으로 출간한 《서정 담시집》의 맨 처음에 나오는 시다. 노수부는 말 그대로 늙은 선원이란 뜻.

밀과 친구가 된 콩트는 무례를 무릅쓰고 그에게 재정 지원을 부탁했다. 밀은 흔쾌히 그의 부탁을 들어줬고, 주변의 친구들에게도 콩트를 도와 달라고 요청하기도 했다. 하지만 1년 뒤, 밀은 콩트의 재정 지원을 중단했다. 어떤 연유가 있었는지 알 수 없지만, 이에 화가 난 콩트는 그동안 받은 후원에 대해서는 아랑곳하지 않고, 밀을 질타하는 그리고 그가 왜 자신을 후원해야 하는지 그 이유를 조목조목 써 내려간 후안무치한 편지를 보내왔다. 비록 밀이 '합리주의의 성인'으로 불리기는 했지만, 아마 이 일로 '바보 멍청이 성인'이라는 소리를 들었을 것이 뻔하다.[15]

1836년, 아버지가 세상을 떠난 뒤에 밀은 자신이 철학적 급진주의자들에게서 얼마나 멀리 떨어져 나왔는가를 보여주는 글들을 발표하기 시작했다. 1838년에 쓴 〈벤담에 대한 소론〉이라는 짧은 글에서 밀은 벤담주의가 정신을 황폐하게 만들었다고 비판했다. 그는 정신적 완성은 고통이나 쾌락에 상관없이 그 자체로 한 개인의 목표가 되어야 한다고 주장하면서 벤담은 개인의 도덕보다는 법적인 문제에만 신경을 쓰는 것이 더 좋았을 것이라고 점잖게 덧붙였다. 그로부터 2년 뒤인 1840년에 밀은 낭만파 시인 콜리지를 앞세워 낭만주의를 칭송하며 한 번 더 철학적 급진주의자들의 뒤통수를 내리쳤다.[16]

아버지의 죽음은 밀에게는 해방이자 동시에 고통이었을 것이다. 미국 태생의 역사가 거트루드 힘멜파브에 따르면 아버지가 죽던 날, 그는 뇌막염을 앓는데, 이후부터 그에게 눈 경련이 자주 일어났다고 한다. 아버지의 죽음이 너무 반가워서 그랬을까? 정확한 원인이야 정신분석가들의 손에 맡겨야겠지만, 혹시 아버지의 죽음에서 오는 안도감을 밖으로 표출하지 못하고 속으로 삭이려다가 그렇게 된 것은 아닐까?[17]

앞서 밀이 떠난 오디세이는 단순한 지적 여정이 아니라, 한편으로는 심미적인 여정이기도 했다. 이 시기에 밀은 난생처음으로 사랑에 빠진다. 말이 첫사랑이었지 이미 머리가 빠질 대로 빠져 이마가 훤히 드러났던 그에게는 늦깎이 사랑이었다. 그런데 불행하게도 그의 첫사랑 해리엇 테일러는 유부녀였다. 그것도 세 명의 애까지 있는. 그들의 '사랑'은 상식적으로 납득이 가지 않는 '삼각 연애ménage à trois'를* 취했다. 해리엇은 남편 존 테일러와 함께 살았고, 남편이 집을 비우면 그때 밀이 찾아왔다. 그리고 해리엇은 수많은 여름 주말을 남편이 아닌 밀과 함께 보냈다. 이런 관계는 1830년에 시작해 두 사람이 결혼하는 1851년까지 지속됐다. 비록 해리엇의 남편이 두 사람이 결혼하기 2년 전에 사망했지만, 밀은 결혼이 그동안 조심스럽게 이어졌던 은밀한 관계에 종지부를 찍을 수 있을 것이라고 생각했다. 밀은 자신의 거의 모든 저술을 해리엇의 공으로 돌렸다. 밀이 사시 눈을 한 약사를 닮았다면, 젊은 여성이던 해리엇은 디즈니만화에 나오는 공주의 커다란 눈망울을 하고 있었다. 저녁 식사에 동석했던 한 사람은 그의 몸이 "물결이 일렁이듯 우아하게" 움직였고, 사랑스러운 머리는 "백조 같은 가냘픈 목" 위에 올려놓은 것 같았으며, "얼굴이 진주처럼 빛났다."라고 묘사했다. 그의 조용하고, 상냥한 목소리는 사람들의 "마음을 사로잡았다."[18] 조각상같이 차가웠던 어머니에게 기대했던 따스함과 모성애를 그는 사랑스러운 아내에게서 찾았다.

---

*   남편과 아내, 그리고 그들 중 한 사람의 애인이 한 지붕 아래 살면서 성적 관계를 갖는 것을 의미함. 즉, 동성인 세 사람이 같이 동거하는 경우에는 사용하지 않음.

그녀의 정신은 문제의 핵심과 본질을 꿰뚫어 보는 완벽한 도구였다. 그뿐 아니라 본질적인 아이디어 또는 원리를 간파하는 능력도 뛰어났다. 그녀의 감수성과 정신력에 스며들어 있는 정확하고 신속한 계산 능력은 그녀의 타고난 감각과 상상력이 더해져 예술가로 나섰더라면 크게 성공했을 것이다. 열정적이면서도 온화한 정신의 소유자이자 달변가였던 그녀는 마음만 먹었다면 뛰어난 웅변가가 되었을 것이다. 더구나 인간의 본성에 대한 심오한 이해와 삶에 대한 폭넓은 통찰력을 갖고 있던 그녀는 시대를 잘못 만나서 그렇지 시대만 잘 타고 났다면 위대한 정치 지도자가 되었을 것이다. 그런데 내가 그녀의 이런 지적 재능보다 더 높이 사는 것은 정말 고귀하고 균형 잡힌 그녀의 도덕적 성품이다. 나는 지금까지 살아오면서 그렇게 마음씨 따뜻하고 남을 배려할 줄 아는 사람은 만나보지 못했다.[19]

밀의 주변 친구들은 그가 미쳤다고 생각했다. 역사가들 사이에서는 아직도 밀의 업적에 대한 해리엇의 기여를 두고 의견이 분분하다. 사실 우리에게 잘 알려지지 않았지만, 해리엇은 철학자이자 당시에 여성의 권리 향상을 위해 애쓴 시대를 앞서간 페미니스트였다. 그러나 한 가지 분명한 것이 있다. 밀 스스로가 그런 아름다운 여인이 자신을 선택해준 것만으로도 특권이자 영광으로 생각했다는 것이다. 어쨌든, 해리엇은 그런 그에게 지적으로나 감성적으로 정말 많은 영향을 미쳤다.

그렇다면 결혼 후 밀은 어떻게 살았을까? 해리엇의 손을 꼭 잡고 로맨스를 꿈꾸며 그리스의 신들에게 바치는 송시나 쓰며 여생을 보냈을까? 그렇지 않다. 긴 지적·심미적 오디세이를 마친 우리 로맨틱한 영웅은 이전보다 더 늠름해진 모습으로 처음 출항을 나섰던 항구로 돌아온다. 즉, 벤담주의로 다시 돌아온 것이다. 그러나 그는 새로운 출발을 다짐이라도 하듯 벤담주의를 손보기 시작했다. 낡은 거미줄을 걷어내고, 페인트칠을 다시 했다. 이후 그의 저술들과 정치적 행보는 이런 개량된 공리주의를 나타낸다. 밀은 최대 행복은 단순한 쾌락이 아니라 그 이상의 것에 의존한다고 주장했다. 단순한 쾌락만으로는 최대 행복을 누릴 수 없다. 베토벤의 교향곡이나 미켈란젤로의 명작을 감상하는 즐거움은 쾌락 이상의 것이다. 위대한 작품과 행동은 우리 정신을 고양시켜 비할 데 없는 즐거움을 가져다준다.

벤담은 포커를 한 판 치는 것이나 시를 한 수 감상하는 것이, 만일 주어진 쾌락의 양이 같다면, 다를 바가 없다고 주장했었다. 밀은 이것에 동의하지 않았다. 흔한 비유를 동원하면, 밀은 배부른 돼지보다 불만에 찬 소크라테스가 되고 싶다고 맞받아쳤다. 그는 플라톤 철학의 미덕이라고 할 수 있는 명예, 위엄, 자기계발 같은 요소를 받아들여 공리주의를 발전시켰다. 이런 이유에서 그는 공교육의 중요성을 누구보다 앞장서서 주장했다. 그에게 있어 국가를 다스리는 것statecraft은 곧 마음을 다스리는 것soulcraft이었다.

1848년에 밀은 그의 필생의 역작이라고 할 수 있는《정치경제원리》를 출간했다. 이 책은 그가 책에서 다루고 있는 독점 문제를 증명이라도 하듯 수십 년 동안 출판 시장을 독점했다. 옥스퍼드대학교는 1919년까지 이 책을 주요 교재로 사용했는데, 이유는 정확히 알 수 없지만 항상 경쟁 관계에 있는 케임브리지대학교의 앨프리드 마셜이 1890년에《경제학 원리》를 출간해 교재로 사용한 것이 한 이유였을 것이다. 게다가 모든 위대한 경제학자들의 저서들이 오랫동안 학계에서 빛을 발휘해 온 것도 사실이다. 1776년에서 1976년까지 200년 동안, 경제학의 권좌에 올라 그것을 계승 발전시킨 저서들은 손꼽아 봐야 다섯 권밖에 되지 않는다. 애덤 스미스의 《국부론》, 데이비드 리카도의 《정치경제학과 과세의 원리》, 존 스튜어트 밀의 《정치경제원리》, 앨프리드 마셜의 《경제학 원리》, 그리고 폴 새뮤얼슨의 《경제학》이 그것이다. 이미 눈치챈 독자들도 있겠지만, 제목을 보면 세 권의 책이 하나같이 원리principle라는 단어를* 사용하고 있는 것을 알 수 있다. 어쨌든 제목에서는 별다른 특색을 찾아보기 힘들어도 명실공히 오랫동안 경제학계를 좌지우지했던 책들인 것만은 사실이다.

밀의 방법론

밀이 경제학 방법에 대해 논하고 있는 《정치경제원리》는 합리주의와 낭만주의 사이에서 그가 겪었던 지적 고뇌의 산물이었다. 홉스의 전통을 따랐던 제임스 밀은 사회과학도 기하학적 증명과 마찬가지로 엄밀한 과학적 분석이 가능한 분야라고 생각했다. 일반적인 전제에서 제임스 밀은 특수한 결론과 정책을 연역했다. 이런 일반적인 전제는 이기심 같은 인간 본성의 '법칙'에 초점을 두었다. 그는 이런 연역적 추론은, 마치 기하학의 대표적 도형인 삼각형이 세 변과 세 각으로 이루어져 있다

---

* 이 다섯 권에 들지는 못하지만, 앞서 살펴본 맬서스 역시 1820년에 출간한 책 《정치경제원리》에서 '원리'라는 제목을 사용하고 있다.

는 사실을 부정할 수 없는 것처럼 의심의 여지가 없다고 생각했다. 밀은 이런 아버지로부터 삼단 논법식, 또는 합리주의 경제학을 배웠다.

밀이 20대에 인생의 목표를 상실하고 정신적 공황 상태에 빠져 있었을 때, 그리고 초기 공리주의에서 낭만주의를 거쳐 다시 공리주의로 돌아오는 기나긴 지적 항해를 거치는 동안, 그는 연역적 추론보다 다소 엄밀성이 떨어지는 귀납적 추론을 배우게 된다. 많은 경우에 사회과학자들은 자연과학자들처럼 관찰 및 연구 대상에 대해 논쟁의 여지가 없는 확실한 방법이나 법칙을 내놓으려 하기보다는 기본 패턴이라든가 일반적인 흐름을 가정할 뿐이다. 귀납적 추론은 다음 두 가지 목표를 산정한다. 그것은 관찰 대상의 기본적인 행동 패턴을 발견하고, 그것에 기초해 다른 행동 패턴을 예측하는 것이다. 귀납적 추론이 엄밀성이 떨어진다고 해서 그것이 연역적 추론보다 방법론적으로 불완전하다는 것을 의미하는 것은 아니다. 어떤 주제나 대상 중에는 연역적 추론이 불가능한 것들도 있다.

특히 인간과 사회 현상을 주로 연구하는 사회과학은 연역적이지도 엄밀하지도 않는데, 그것은 사람들이 항상 일관되게 예측 가능한 대로 행동하지는 않기 때문이다. 이런 면에서 연역적 추론은 살아 있는 인간보다는 시체의 행동을 예측하는 데 더 적합할 수 있다. 밀은 이미 죽은 아버지를 향해 항변이라도 하듯, "현명한 학자는 보편적인 것으로 간주되는 일반 행동 원리에서 특수한 경우 또는 사례에나 적용할 수 있는 행동 방식을 유추하지 않는다. 이런 식의 추론은 항상 준거로 삼아야 하는 과학적 추론의 근본 원리들을 간과하는 것이다"라고 말했다.[20]

귀납적 추론을 하나의 순수한 과학적 도구로 받아들였다고 해서 밀이 연역적 추론을 버린 것은 아니었다. 밀은 솔로몬의 지혜를 발휘해 두 가지 추론의 역할을 나눴다. 즉, 두 추론 모두 나름의 결점이 있기 때문에 서로 보완적으로 사용할 수 있다고 생각한 것이다. 만일 어떤 경제학자가 이미 결함이 있는 선험적 원리에서 어떤 결과를 유추했다면, 경험론자들은 이런 연역적 추리에 반대되는 경험적 사례를 제시함으로써 논리적 오류를 지적할 수 있다. 예를 들어, 맬서스의 인구 법칙은 대표적인 연역적 추론이다. 우리는 슈퍼마켓 선반에 가득 진열되어 있는 상품을 근거로 그의 인구 법칙이 틀렸음을 증명할 수 있다.

다른 한편으로 연역적 이론가들은 논리적 일관성을 통해 경험주의자들의 분석적 오류를 밝혀낼 수 있다. 예를 들어, 한 멍청한 경험주의자가 황새 떼의 이동은 뉴욕의 출산율과 매우 밀접한 관련이 있기 때문에(그렇다고 치자) 인구를 통제할 수 있는 가장 좋은 정책은 황새를 총으로 쏴서 잡는 거라고 주장했다고 하자. 이에 대해 합리주의자(연역적 이론가)는 논리적 추론을 통해 이런 관찰과 제안이 터무니없다는 것을 보여줄 수 있다. 물론, 엄격한 경험주의자라면 황새 떼와 뉴욕의 출산율이 아무런 관련이 없다는 것을 쉽게 알아낼 수 있을 것이다. 어떻게? 직접 황새를 총으로 쏴서 잡은 뒤에 태어난 신생아 수를 계산해보면 바로 밝혀질 테니까!

그렇다고 해서 밀이 항상 이 두 가지 추론을 하나의 추론 과정에서 혼용한 것은 아니다. 사실, 그가 《정치경제원리》에서 생산과 분배 과정을 분석하면서 사용한 방법은 너무 복잡해 정신분열증을 일으킬 정도다. 그의 주장을 간단히 요약해보자. 생산을 지배하는 것은 불변적인, 즉 보편적인 법칙이다. "그런 법칙에는 예외, 또는 임의적인 것이 끼어들 여지가 없다." 따라서 생산에 대해서는 연역적 추론을 적용한다. 그러나 "국부의 분배는 이와 다르다. 그것은 전적으로 관례의 문제다. 그래서 분배에 있어서 인간은 개인적으로든 집단적으로든 어떤 법칙을 따르기보다는 기존의 사회적 관례나 개인적 선호를 따른다."[21] 다시 말해, 분배에 있어서는 보편적인 법칙을 적용할 수 없기 때문에 귀납적인 추론을 적용한다. 이것도 일종의 혼용이기는 하지만, 서로 다른 분석 대상에 다른 추론 방법을 적용했다는 측면에서 두 가지 추론을 하나로 혼용한 것과는 다르다.

리카도가 지주, 노동자, 그리고 자본가가 수행하는 기본 역할에 기초해 연역적 추론 형식으로 생산과 분배 과정을 똑같이 분석했던 반면, 밀은 생산은 차치하더라도 분배 과정도 이들 세 계급의 기본 역할을 토대로 분석하는 것은 거부했다. 다시 말해, 밀은 지주가 리카도의 분석대로 지대를 수취할 수 있다는 것은 인정한다. 그러나 그는 사회가 그에게 지대를 수취하지 못하도록 결정할 수도 있기 때문에 연역적인 추론은 할 수 없다고 주장한다.

그러나 밀의 이런 방법론적 이분법은 다음 두 측면에서 오류를 범하고 있는 것 같다. 첫째, 생산 법칙은 고정 불변적이지 않을 수 있다. 예를 들어, 기술적 발전은 예측할 수도 없고, 확실한 것도 아니다. 물론 밀도 이것은 알고 있었지만, 생산 과정 그 자체에 큰 영향을 준다고 생각하지는 않았다. 둘째, 분배를 생산과 분명하게 구분하는 것은 쉽지 않다.

과도한 세금이 개인의 행동을 바꿀 수 있다는 것을 믿지 않는 사람이라고 해서 그가 세금을 많이 내는 것을 좋아하거나 선호하는 것은 아니다. 독일 출신의 테니스 선수 보리스 베커를 예로 들어보자. 베커는, 비록 지금은 은퇴했지만, 한때 여섯 번의 그랜드슬램(주요 메이저 대회인 호주 오픈, 프랑스 오픈, 윔블던, 그리고 U.S. 오픈을 모두 석권하는 것)을 달성하고 올림픽에 출전해 금메달을 따는 등 테니스 하나로 부와 명성을 쌓은 대표적인 스포츠 스타다. 독일은 부유한 사람들에게 과중한 세금을 부과했다. 그렇다면 베커는 얼마나 많은 세금을 냈을까? 놀라지 마시라! 그는 한 푼도 내지 않았다. 어떻게? 모나코로 국적을 옮겼기 때문이었다. 그는 분배 기준 때문에 생산을* 바꿨던 것이다. 그리고 그는 뒤에 법적 분쟁에 휘말렸다. 2013년, 프랑스 출신의 배우로 레지옹 도뇌르 훈장을 받은 제라르 드파르디외가 예고된 75퍼센트의 소득세율을 내지 않으려고 프랑스에 있던 저택을 서둘러 매각한 뒤 벨기에에 새로 저택을 매입했고, 심지어는 푸틴으로부터 러시아 여권도 받았다. 물론 세금이 모든 것을 설명해주지는 않는다. 그렇게 하려는 사람도 없겠지만. 사람들은 여러 이유에서 국적을 바꾸기 때문이다.

러시아의 저명한 발레 무용수 미하일 바리시니코프가 베커처럼 세금 때문에 소련을 떠났다고 보는 바보는 없을 것이다. 2006년, 아일랜드 출신의 록스타 보노와 그가 이끌었던 밴드 U2의 멤버들은 아일랜드의 높은 세금 때문에 사무소를 수도 더블린에서 네덜란드로 소리소문없이 옮겼다. 그 후 보노는 더블린에서 열린 한 콘서트에서 제3세계 빈민 구제를 위해 더 많은 세금을 지출하지 않는 아일랜드 정부와 수상을 비난했는데, 보노의 몇몇 팬들은 이 더블린 콘서트 이후로 실망했을 것이다. U2의 음악이 독창적일지는 모르겠지만, 그들의 세금 전략은 분명히 그렇지 않다. 영국의 록그룹 롤링 스톤스와 리드 보컬 믹 재거는 수십 년

---

* 여기에서 말하는 생산은 '생산 요소'나 '생산 수단'을 의미하는 것이 아니라 넓은 의미에서 개인의 생산 활동 전반을 의미한다. 베커는 세금이라고 하는 분배 기준 때문에 자신의 생산 활동에 영향을 받았다. 다시 말해, 땀 흘려 번 돈(상금)을 세금으로 다 빼앗기다 보니 노동 의욕이 상실될 수밖에 없었다. 한편, 이것은 밀의 주장과 달리 분배를 생산과 분명하게 구분하는 것이 쉽지 않다는 것을 의미한다.

동안 네덜란드와 카리브해의 섬들에서 조세를 회피해왔다.

그러나 이런 입장은 뒤로 갈수록, 특히《정치경제원리》개정판에서 다소 완화돼 생산과 분배 사이의 엄격한 방법론적 구분은 사라진다.

《정치경제원리》에 나와 있는 주요 모델들을 모두 요약 정리하려면 원서의 분량보다 더 두꺼운 책을 한 권 더 써도 모자랄 것이다. 이것은 밀이 기존에 알려진 경제학 원리에 대해 포괄적인 평가를 시도했기 때문이다. 물론 밀은 단순한 평가에 그치지 않고, 그것을 좀 더 발전시키고 정교화하기 위해 많은 공을 들였다. 특히 그는 기업 관리, 비율이 아닌 수식에 기초한 수요와 공급, 세의 법칙, 그리고 리카도의 비교우위론에서 주요 역할을 담당하는 수요에 대해 설득력 있는 주장을 전개했다. 노벨경제학상 수상자인 조지 스티글러가 지적했듯이, 밀이 경제학에서 이룩한 성과는 특별하다. 특히 개별 원리나 이론에 대한 설명이 뛰어나다. 하지만 문제점이 있는데, 그것들이 서로 일관되게 연결되지 않는다는 것이다.[22] 밀은 경제학의 새로운 토대를 구축하기보다는 군데군데 낡고 철 지난 원리나 이론을 조금씩 손봤을 뿐이었다.

이런 면에 있어서는 케인스의 스승이었던 엘프리드 마셜도 마찬가지였다. 그는 밀의《정치경제원리》를 군데군데 손만 봐서 자신의《경제학원리》를 출간했다. 따라서 여기에서는 다소 독창성이 떨어지는 그의 경제학 이론들보다는 조세 정책 등 그만의 독특한 사회 정책에 초점을 맞춰 구체적으로 다뤄보고자 한다. 카를 마르크스를 예외로 하면, 밀은 최후의 '정치경제학자'라고 할 수 있을 것이다. 그는《정치경제원리》로 경제학 분야에 이름을 남기기도 했지만,《자유론》과《공리주의》로 정치학 분야에서도 훌륭한 업적을 남겼다. 다시 말해 그를 최후의 정치경제학자라고 하는 것은, 당시만 하더라도 경제학 자체가 철학이나 정치학과 분명하게 구분되지 않았던 시절로, 그가 경제학뿐 아니라 정치학과 철학에 두루 정통했다는 것을 의미한다. 사실, 앞서 말한 마르크스를 제외하면, 밀 이후로 경제학과 정치학을 비롯한 제반 학문에 정통한 사람은 등장하지 않았다.

특히 19세기 말에 이르러 경제학이 하나의 독립적인 학문으로 자리 잡으면서 정치학이나 철학을 동시에 정통하는 것은 점점 더 어려워졌다. 물론 어려운 것을 떠나 정통한 사람 자체가 없었지만. 그런데 이것은 시간이 지날수록 더 심해져서 20세기 중반에 이르면 경제학 자체만 놓고도 한두 분야에 정통하는 것이 쉽지 않게 된다. 미국 태생의 경제학자로 MIT 경제학과 교수이자 노벨경제학상 수상자인 로버트 솔로가 말했듯이, 우리에게는 오직 한 가지 선택만 있을 뿐이다. 즉, 그는 우리에게는 더 적은 것에 대해 더 많이 말하거나, 더 많은 것에 대해 더 적게 말하는 것 중 하나를 선택해야 한다고 말했다.

밀은 초기 저작인 《논리론》에서 실증적인positive 작업과 규범적인normative 작업을 명확하게 구분한다. 실증경제학은 세상에서 실제로 일어나는 것을 설명하고 예측한다. 반면, 규범경제학은 도덕 철학에 기초해 일어나야 하는 것을 주장한다. 사회개혁가였던 밀은 규범적인 성향이 강했다. 전 5권으로 된 《정치경제원리》에서 밀은 제1~3권에서는 실증적인 분석을 주로 하고, 나머지 제4~5권에서는 규범적인 분석을 주로 하고 있다. 특히 제4~5권에서 밀은 부의 균등한 분배, 여성의 권리 향상, 그리고 교육 등을 통해 인간의 조건을 개선할 수 있는 방향을 모색하는 일에 많은 지면을 할애하고 있다.

우리는 평등, 행복, 또는 오클랜드에 미식축구팀을 창단해줄 것을 요구하는 현수막을 들고 구호를 외치며 시위를 할 수 있다. 하지만 구호를 외친다고 해서 모든 것이 해결되는 것은 아니다. 이것은 시베리아를 '파라다이스'로 개명한다고 해서 날씨가 좋아지지 않는 것과 마찬가지다. 밀이 대단한 것은 실증적인 것과 규범적인 것을 적절하게 조화시킨 것, 즉 규범적인 목표를 실증적인 분석과 적절하게 연결했다는 데 있다.

과세 및 교육 문제

밀은 과세 문제를 다루면서 실증적인 분석과 규범적인 분석을 적절하게 조화시키기 위해 상당한 정성을 들였다. 사실, 소득세에 대한 그의 입장은 1986년에 누진세를 완화하는 것을 골자로 했던 미국의 조세개혁법에 그대로 반영되어 있다. 애덤 스미스와 마찬가지로 밀은 비례세를 주장했다. 비례소득세는 소득 수준에 상관없이 모든 소득 생활자에게 같은 비율의 소득세를 부과하는 것을 의미한다. 반대로 누진소득세는 소득이 오를수록 점점 더 높은 비율의 소득세를 부과하는 것을 의미한다.* 밀의 과세 분석은 앞서 우리가 살펴보았던 믹 재거의 예와 맥락이 닿아 있다. 무엇보다 밀은 누진세가 노동 의욕을 저하시킬 수 있다는 데 우려를 표시했다.

---

* 비례세와 누진세를 다시 정리하면, 비례세는 과세 표준에 대해 동일한 세율로 부과하는 세금을 말하고, 누진세는 과세 물건의 수량 또는 화폐 가치의 증가에 따라서 점점 높은 세율을 부과하는 세금을 말한다.

소득이 많은 사람에게 낮은 사람보다 더 높은 세율을 적용하는 것은 산업과 경제에 세금을 부과하는 것이자, 다른 사람보다 더 열심히 일해 더 많이 저축하는 사람들에게 벌금을 부과하는 것과 같다.[23]

한편, 밀은 비례세를 국민 대다수에게 적용하더라도 가난한 사람들은 조세 대상에서 제외해야 한다고 주장했다.

20세기에 들어와 미국은 밀의 충고를 무시한 채 누진세를 고집했었다. 1980년대 중반까지 미국의 누진세 제도는 납세자들을 소득 수준에 따라 14개의 '세율 구간'으로* 분류하고, 각각의 구간마다 최하 11퍼센트에서 최고 50퍼센트까지 세금을 부과했다. 납세자의 소득이 올라가면, 분류 그룹도 상향 조정되면서 더 많은 세금을 내야 했다. 다행히 레이건 정부와 미국 의회는 밀의 충고를 받아들여 앞서 언급한 대로 1986년에 14개의 납세자 그룹을 2개의 그룹으로 분류해 각각 15퍼센트와 28퍼센트의 세금을 부과하는 조세 개혁을 단행했다. 비록 조세개혁법이 밀이 바랐던 대로 완전한 비례세를 도입한 것은 아니었지만, 납세자를 2개의 그룹으로 분류하면서 어느 정도 과세 표준을 단순화할 수 있었다. 그뿐 아니라 이 법은 가난한 사람들에게 면세 혜택을 주어야 한다는 밀의 또 다른 충고를 받아들여 가능한 많은 가난한 사람들에게 소득세 면제 혜택을 부여하고자 했다. 비록 이후에 이 법이 여러 번 개정되면서 납세자 그룹이 2개에서 조금 더 늘어나기는 했지만, 1960년대

---

* Tax bracket. 누진세율에서는 과세 소득의 증가에 따라 세율을 높이게 되는데, 이때 같은 세율을 내는 과세 소득의 범위를 세율 구간이라고 한다. 소득이 일정 범위 이내 또는 이하인 경우에는 세율이 없고, 소득이 일정 범위 이상인 경우에는 최고 세율을 적용하게 된다.

와 1970년대보다 과세 표준은 단순화하고 세율은 낮춘다는 기본적인 조세 기조에는 변함이 없었다. 오늘날 워싱턴 D.C.는 심하게 나뉘어 있다. 그러나 이 수도의 나이 지긋한 사람들은 1986년에 예외적으로 이뤄진 조세 개혁이 공화당과 민주당이 복잡하고 논란의 소지가 큰 법률을 합의로 처리한 마지막 사례 중 하나였다고 말한다.

그렇다면 왜 미국 의회는, 비록 부분적이고 다소 예상치 못한 결정이기는 했지만, 밀의 주장을 받아들였을까? 미국 의회를 구성하고 있는 여러 위원회의 활동은 정말 예상치 못한 경우가 많다. 그래서 '세계가 혼란스러운 것은 위원회가 곧 신이라는 것을 입증하는 것과 같다'라고 말하는 사람도 있다. 왜? 어느 날 뜬금없이 세상을 떠들썩하게 하는 법안이나 제도를 만들어내기 때문이다. 다시 말해, 민주주의 제도에서 흔히 있을 수 있는 일이기는 하지만, 특히 정치적 로비가 일상화되어 있는 미국에서는 간혹 위원회가 예상치 못한 법안이나 정책을 내놓는 경우가 비일비재하다.

계속 같은 말을 반복하는 것 같지만, 비례세를 주장하는 논자들은 누진세가 납세자의 소득 증대 의욕을 떨어뜨린다고 주장한다. 더구나 누진세는 소득이 오를수록 세금을 덜 내고자 하는 납세자의 탈세 욕구를 부추긴다. 탈세 방법에는 여러 가지가 있지만, 크게는 높은 조세 부담에서 탈출하기 위해 세금 부담이 낮은 나라로 사업이나 시설을 옮기거나 정교한 회계 기법을 통한 합법적인 탈세와 소득 누락 등의 불법적인 탈세가 있다.* 이처럼 누진세 제도하에서 사람들이 갖은 방법으로 탈세

---

* 탈세란 법의 미비점을 이용해 세금을 줄이려는 '조세 회피' 같은 합법적인 탈세가 있지만, 기본적으로 불법적으로 세금을 줄이려는 행위다. 반면, 합법적으로 세금을 줄이려는 행위는 절세라고 한다. 불법

를 할 수 있다면, 그 결과는 누진적이지 않을 것이다. 실제로도 1986년에 조세개혁법이 통과되기 이전에 미국 연방 국세청이 거둬들인 실제 세수는 누진세라기보다는 상대적으로 비례세였다. 납세자들이 다양한 방식으로 탈세를 함으로써 사실상 누진세 제도를 허문 것이다. 민주당과 공화당 양당의 지지를 모두 얻었던 1986년의 조세개혁법은 조세 제도의 허점을 대폭 보완해 탈세 자체를 근본적으로 막기 위한 극약 처방이었다. 그럼에도 세금을 피하기 위해 기발한 탈세 방법들이 새롭게 등장했는데, 예를 들어 기업 중에는 에스키모들의 사업 손실, 즉 부채를 자신들에게 매각하도록 부추긴 다음, 마치 그것을 자신들이 떠안은 것처럼 장부를 조작해 탈세를 하기도 했다.

그러나 누진세를 주장하는 논자들은 비례세가 누진세만큼 공평하지 않다고 주장한다. 이런 공격에도 불구하고, 밀의 유령은, 많은 전투에서 계속 이기고 있다. 미국의 과세 구간은 1986년 이전의 절반인 7단계이고, 영국은 기본 3구간을 유지하고 있다.

이처럼 밀은 부자들에게 소득세 감편 혜택을 줬던 반면, 상속세에 대해서는 다소 엄격했다. 그는 여러 철학 및 경제학 저술들에서 '결과의 균등'보다는 '기회의 균등'을 강조했다. 예를 들어, 부모로부터 막대한 재산을 상속받는 아이들은 그렇지 못한 아이들에 대해 불공평한 우위를 점하게 된다. 그뿐 아니라 부유한 집안의 아이들은 땀을 흘려 더 많은 부를 창출하려고 하기보다는 부모가 가지고 있는 부에 안주할 수도

적인 탈세 행위로는 수입금액 누락, 실물거래가 없는데도 비용을 지출한 것으로 처리하는 가공경비 계상, 실제보다 비용을 부풀려 처리하는 비용의 과대 계상, 허위계약서 작성, 명의 위장, 공문서 위조 등이 있다. 그리고 높은 조세 부담에서 탈출하기 위해 조세 부담이 낮은 나라로 사업이나 시설을 옮기는 것을 '조세 도피처'이라고 하는데, 이것은 일종의 합법적인 탈세다.

있다. 그렇다면 왜 밀은 소득세에 대해서는 신중하고 느슨했던 반면, 상속세에 대해서는 엄격했을까? 밀은 누진세와 달리 상속세에 높은 세금을 물린다고 해서 그것이 노동 의욕을 떨어뜨린다고는 생각하지 않았다. 그는 "상속 재산은 상속받는 자가 직접 노동을 통해 벌어들인 재산이 아니기 때문에 공공선을 위해 제한을 받아야 한다"라고 썼다.[24]

그렇다고 해서 그의 분석에 반박의 여지가 없는 것은 아니다. 사실, 상속세도 여러 방식을 통해 탈세가 가능하다. 예를 들어, 부모는 자신들이 죽기 전에 자식들에게 재산을 증여할 수 있다. 따라서 증여세가 도입되기도 했다. 더구나 과중한 상속세는 노년층의 노동 의욕을 저하시켜 가지고 있는 재산을 저축하거나 생산적인 일에 투자하는 대신 사치스러운 일에 낭비하도록 만들 수도 있다. 다시 말해, 상속세 역시 허점이 있다. 1980년대에 스웨덴의 상속세가 70퍼센트에 달해 세금을 내려면 많은 배우자와 자녀가 살던 주택, 주말 별장, 소규모 사업체를 매각해야 했다. 이케아의 창업자인 잉그바르 캄프라드도 DIY 가구를 챙겨 스위스로 도피했다. 결국 사회민주당, 녹색당, 좌파당의 연립정부가 2005년 1월 1일 자정을 기점으로 상속세를 완전히 폐지했다. 이때 재미있는 일이 벌어졌다. 어쩐 일인지 2005년 1월 1일 사망한 스웨덴인들이 2004년 12월 31일보다 10퍼센트나 는 것이다.[25] 이때 사망한 노인들이 그해 마지막 날 자정에 축배를 들자고 결심했거나 마음 애틋한 상속자들이 세금을 내지 않으려고 생명유지장치를 몇 초 더 꽂아 두었다고 볼 수 있다.

미국 보수주의자들의 지지를 받았던 아들 부시 대통령은 밀이 주장한 상속세에 대해 중과세를 '죽음의 세금'으로 여겼다. 2001년, 취임 직후 가진 의회 연설에서 부시 대통령은 2009년까지 상속세를 순차적으로 낮추고 2010년에 전면 폐지하겠다는 대선 당시의 공약을 재차 다짐했다. 물론 부시의 안은 연방 의회를 통과했고, 따라서 2010년에 완전히 폐지된다. 그런데 이 법안은 2011년에 부활하도록 되어 있다. 무슨 뜬금없는 말인가 하고 고개를 갸우뚱하는 독자도 있겠지만, 부시 행정부의 감세 정책을 총망라하고 있는 '경제성장과 조세경감조정법'에 '일몰 조항'이 들어가 있기 때문이다. 일몰 조항이란 일몰 시간이 지나면 해가 지듯이 일정 기간이 지나면 자동적으로 법률이나 각종 규제의 효력이 정지 또는 없어지도록 하는 것으로 부시 행정부의 상속세 폐지 법안 역시 이런 일몰 조항의 적용을 받기 때문에 2010년 12월 31일 일몰 시간부터 효력을 상실하도록 되어 있다. 그리고 미국의 상속세는 2011년에 2000년 수준(55퍼센트)으로 부활하도록 되어 있다.*
만약 스웨덴의 사례를 "아버지를 계속 숨 쉬게 하기"라고 한다면, 미국의 경우는 "달리는 기차에서 엄마를 내던지는 법"이라고 부를 수 있을 것이다. 그런데 마침 부시, 오바마, 트럼프 대통령 시절 의회가 상속세 공제 한도를 매년 물가 상승을 반영해 기준 금액을 정하도록 하는 법안을 통과시켜 기차에서 떨어지는 엄마를 구했다. 현재 상속세 공제 한도는 1,160만 달러다. 미국의 경제학자이자 노벨경제학상 수상자로 진보적인 정책에 목소리를 높여 온 조지프 스티글리츠는 높은 재산세

---

*   물론 미국 연방 의회에서 이에 대한 논의가 없었던 것은 아니다. 현재 '사망세 영구 폐지 법안'이 하원을 통과해 상원에 계류 중이다. 그리고 여기에서 한 가지 덧붙이면, 빌 게이츠, 워런 버핏, 조지 소로스 같은 미국의 거부들은 오히려 상속세 폐지를 반대하고 있다. 이들은 부의 분배를 통해 지나친 경제력 집중을 억제하고, 기회 균등을 실현하는 것이 시장경제를 유지, 발전하기에 도움이 된다고 생각해서 이에 반대하고 있다.

가 불편한 역설, 즉 불평등을 줄이기보다는 악화시킬 수 있다고 경고한다. 그는 세금을 많이 내는 부유한 가족은 소득 대비 저축을 적게 할 것이고, 이것이 자본 수익을 높인다는 이상한 주장을 한다. 부유한 가족이 더 많은 자본을 보유하는 경향이 있어서 갈수록 한층 더 부유해질 수 있다.[26]

기회의 균등을 저해할 수 있는 부유한 사람들의 재산에 대한 밀의 의심의 눈초리는 상속세 하나로 끝나지 않았다. 누구보다 벤담의 공리주의와 낭만주의의 피가 동시에 흘렀던 그였음에도 불구하고, 밀은 부자들의 사치와 방탕을 참지 못하는 빅토리아 시대의 고지식한 면도 가지고 있었다. 밀은 신분을 과시하기 위한 호화스러운 파티와 사치품에 중과세를 할 것을 주장했다. 미국 태생의 사회학자이자 경제학자인 베블런에 한참 앞서 밀은 "호의나 존경에서 세상의 평판에 이르기까지 (…) 돈이 들어가는" 항목은 "가장 정당한 과세 대상"이라고까지 선언했다.*[27] 이런 면에서 어찌 보면 밀은 부자들이 호주머니가 넉넉한 것에서 얻는 위안과 쾌락을 자신은 그들에게 세금을 부과하는 것에서 얻고자 했던 것은 아닌가 하는 의혹마저 들게 한다. 비록 밀 자신도 결코 가난한 집안 출신은 아니었지만, 그가 부자들의 사치나 과시에 비판적이었고, 나아가 가난한 사람들에 대해 많은 관심을 기울였다는 측면에서 그의 이런 입장을 나무랄 수는 없다. 여하튼, 밀은 사회적 상황이 여론 형성에 상당한 영향을 미친다는 것을 잘 알고 있었다.

* 베블런은 《유한계급론》에서 상층 계급의 소비는 사회적 지위를 과시하기 위해 자각 없이 행해진다고 했는데, 그는 이것을 과시적 소비라고 했다. 보통 이것을 '베블런 효과'라고도 하는데, 이것은 상품의 가격이 오르는데도 일부 계층의 과시욕이나 허영심 등으로 인해 수요가 줄어들지 않고 오히려 증가하는 현상을 말한다.

밀은 가난한 사람들이 사회적 구제를 받으면서 동시에 그들의 노동 의욕을 고취할 방안을 놓고 오랫동안 고심했다. 왜냐하면 가난한 사람들에 대한 구제 기금이 그들의 노동 의욕을 저하할 수도 있기 때문이었다. 즉, 사회로부터 구제 기금을 받으며 생활할 수 있는데 가난한 사람들이 굳이 땀 흘리며 일하려고 할까? 물론 뾰족한 해답은 없었다. 비록 밀이 영국 빈민구제법 개혁 심의회의 이런 우려를 인정하기는 했지만, 장애인들에 대한 구제 기금까지 철폐하는 것은 반대했다.

그럼, 밀의 대안은 무엇이었는지 살펴보자. 밀은 가난한 사람들을 신체 건강한 자와 장애인, 노약자, 아동으로 크게 구분했다. 그리고 신체 건강한 자들에 대해서는 구제 기금을 받는 대가로 노동(일종의 공공근로)을 할 것을 제안했다. 그러나 오랫동안 밀의 이런 제안에 귀를 기울인 나라는 없었다. 그러다가 1988년에 미국 연방 정부와 여러 주 정부에서 사회복지 제도의 일환으로 정부의 생활보조금 대상자에게 공공 근로에 참여하거나 직업 교육을 받도록 하는 '근로(연계)복지' 프로그램을 채택했다. 이 법안의 발의자였던 민주당 상원 의원 대니얼 패트릭 모이니한은 사회복지를 단순한 수혜에서 벗어나 실질적인 고용으로 이어질 수 있도록 하는 방안을 찾기 위해 다년간 연구 조사를 진행했다. 1988년에 이 법안이 처음 채택됐을 때 많은 허점이 드러나면서 전국적인 논란을 불러일으켰다. 레이건 행정부 시절에 이미 생활보조금을 받으면서 캐딜락 같은 고급 승용차를 몰고 다니는 유령 수급자들에 대한 비판이 제기된 상태였기 때문에, 미국인 유권자들의 눈에는 이런 식의 근로복지 프로그램에 반대하고 나오는 공화당원들이 전혀 낯설지 않았다.

이보다 앞서 1985년에 출간돼 일대 논란을 불러일으켰던 《설 자리를 잃어가는 미국의 사회 정책》은 생활보조금이 이미 파탄을 맞은 흑인 가정을 돕기보다는 두 번 울리는 일이라고 주장함으로써 갈채와 지탄을 동시에 받았다. 그런데 여기에서 흥미로운 일은 1992년에 민주당 대선 주자로 나선 아칸소 주지사 빌 클린턴이 대통령에 당선되면 미국의 현행 사회복지제도를 대폭 개혁하겠다는 공약을 내놓았는데, 1994년에 치러진 상하원 선거에서 다수당이 된 공화당이 클린턴 정부의 급진적인 사회복지제도 개혁을 막기 위해 기존에 반기를 들었던 근로복지 프로그램을 지지하고 나왔다는 사실이다. 상황이 이렇게 되자 오히려 민주당은 공화당이 중심이 될 수밖에 없는 사회복지제도 개혁 자체에 반기를 들기 시작했다. 여하튼 클린턴 행정부 시절 미국 연방 의회는 사회복지제도 개혁 입법안을 놓고 몇 년 동안 옥신각신 논란을 벌였고, 1996년 우여곡절 끝에 클린턴은 '개인 책임 및 근로 기회 조정법'에 서명했다.

이 법안은 생활보호 대상자의 보조금 지급 기한을 명시하고, 이 기간에 일자리를 얻는 대상자에게 추가 혜택을 주는 내용을 담고 있었는데, 사실상 기존의 근로복지 프로그램을 지지했던 공화당원들의 입장이 그대로 반영된 것이나 마찬가지였다. 당연히 공화당원들은 법안 통과에 일제히 환호했고, 이것이 생활보호 대상자들에게 다소 가혹한 처사라는 것을 알았던 클린턴 대통령의 일부 보좌관들은 대통령의 서명에 긴 한숨을 쉴 뿐 별다른 반응을 보이지 않았다. 그런데 의외로 이 법안은 지난 30년 동안 미국 경제에서 가장 낮은 실업률(2000년 4월, 미국의 실업률은 3.9퍼센트였다)을 가져다준 신경제의* 등장과 궤를 같이하면서 기대 이

* New economy. 1990년대 미국의 정보통신 기술 발전에 따른 장기 경제 호황을 말하는 것으로 생산성 향상, 물가 하락, 실업률 하락, 그리고 특히 주식시장 활성화를 특징으로 했다.

상의 성과를 거뒀고, 미혼모의 취업률을 63퍼센트에서 73퍼센트로 끌어올려 연방 정부의 복지 예산도 수백만 달러까지 절약할 수 있었다. 샌프란시스코 연방준비은행이 발간한 보고서는 "개혁이 경제적으로 가장 취약한 싱글맘이 자급자족할 수 있도록 했다"라고 결론지었다.[28] 물론, 신경제의 호황에 따른 노동시장 활성화로 생활보호 대상자가 다소 줄어든 것이 분명한 이유이겠지만, 새로운 법안이 실업률을 어느 정도 낮추었다는 사실은 의심의 여지가 없다.

1996년에 클린턴 행정부의 사회복지제도 개혁 법안이 통과되기 전, 위스콘신 같은 곳에서는 이와 비슷한 프로그램을 먼저 시행하고 있었다. 무엇보다 위스콘신 주 정부는 이전의 생활보호 대상자에게 일자리를 얻어 자립할 수 있도록 유도하기 위해 필요에 따라 '임시 직장', 육아, 보건 의료 서비스 등을 제공하면서 이행 기간을 주었다. 1993년, 뉴욕 시티는 위스콘신의 모델을 따라 주 정부 차원의 사회복제 제도 개혁을 단행했는데, 이후 생활보호 대상자가 극적으로 줄어드는 큰 성과를 거뒀다. 이런 개혁안이 도입되기 전, 즉 1960년에서 1993년까지 뉴욕 시티의 생활보호 대상자는 25만 명에서 120만 명으로 계속 증가 추세에 있었다. 2019년에는 33만 명으로 늘었다. 애리조나, 플로리다, 그리고 다른 열한 곳의 주들은 새로운 사회복지 프로그램을 시행하고 있었는데, 이것은 기존에 생활보호 대상자인 부모가 아이를 더 낳더라도 보조금을 추가로 지급하지 않는다는 것을 주요 골자로 하고 있었다. 이런 아동 수당 제한family cap은 한국과 싱가포르에서도 시행 중이다.

러트거스대학교와 프린스턴대학교가 공동으로 진행한 한 연구에 따르면, 이런 엄격한 시책으로 인해 생활보호를 받는 가난한 여성들의 산아 제한을 유도할 수 있었고, 그에 따라 이들의 출산율이 떨어져 주 정부의 복지 예산을 줄여나갈 수 있었다. 사회복지 제도를 개혁하는 것은 경제적으로뿐 아니라 문화적으로 하나의 혁명이다. 매사추세츠는 새로운 복지 프로그램 도입과 함께 부서명을 기존의 사회복지부Department of Public Welfare에서 생활보조관리부Department of Transitional Assistance로 바꾸기까지 했다. 플로리다는 자체의 사회복지 프로그램을 노동과 경제적 자급자족 확립 프로그램work and gain economic self-sufficiency program이라 부르고 있다. 이런 식의 사회복지 프로그램, 특히 생활보호 대상자에게 가혹한 조건을 제시하는 근로복지 프로그램에 비판적인 논자들은 영국 태생의 저널리스트이자 소설가였던 조지 오웰의 소설《1984》에 나타난 암울한 세계를 떠올리며 좀 더 파격적인 사회복지 제도 개혁을 주장한다. 반면, 지지자들은 이런 사회복지 프로그램이 생활보호 대상자에게 새로운 삶을 위한 기회를 제공함으로써 그들이 자신감을 가지고 살아갈 수 있도록 돕는다고 주장한다.

그러나 밀의 구제 수당은 이보다도 훨씬 더 엄격했다. 그는 구제 수당을 받는 빈민(특히 신체가 건강한 빈민)의 노동 의욕을 고취하기 위해 그들이 구제 수당을 받는 대가로 수행하는 노동, 즉 공공근로가 일반 노동자의 노동보다 더 고역스러워야 한다고 생각했다. 비록 그가 오늘날 시행되는 재교육 프로그램을 생각해내지는 못했지만, 밀은 여기에서 다시 한 번 놀라운 통찰력을 보여준다.

그는 구제 수당이 너무 쉽게 분배될 경우, 구제 수당을 받는 가난한 가정의 자식들이 신성한 노동 윤리를 대수롭지 않게 여길 수 있다고 우려했다. 그뿐 아니라 구제 수당이 너무 많으면 빈민들의 출생률만 높일 뿐 생활 조건 향상에는 크게 기여하지 못할 것이라고 내다봤다. 이런 입장에서 밀은 구제 수당이나 임금을 높이자는 사회주의적이고 낭만주의적인 정책들은 반대했다. 이제 밀에게 남은 일은 자신의 규범적인 정책들을 현실적이고 합리적인 모델로 제시하는 것이다.

밀은 아버지의 조기 교육의 쓰라린 기억을 되새겼다. 비록 그가 조기 교육의 희생자이기는 했지만, 지금의 자신을 있게 한 것은 알고 보면 그런 엄격한 교육의 힘이었다. 이런 경험에 기초해 그는 빈민들에 대한 공교육을 지지했다. 당연히 밀에게 있어서 교육은 단지 읽고, 쓰는 능력을 키우거나 기본 셈을 위해 필요한 산수를 가르치고 배우는 것이 아니었다. 그는 자본주의의 가치관을 그들에게 가르치고 설득하는 것도 교육적 측면에서 나쁜 것이 아니라고 생각했다. 자본주의 사회의 의무 중 하나는 상업 사회에서 성공할 수 있는 방법을 모든 시민에게 가르치는 것이다. 뒤에 독일 태생의 사회학자 베버는 이것을 "프로테스탄트 윤리"라 불렀는데, 이런 윤리는 태어날 때부터 타고나는 것이 아니라 만들어진다. 다시 말해, 후천적으로 반복 학습되어야 몸에 익힐 수 있다. 혹시라도 노동 윤리가 선천적이라고 한다면, 이보다 더 가혹한 말도 없다. 가난한 사람들의 마음에서 언젠가는 구빈원에서 벗어날 수 있다고 하는 희망을 빼앗는 것이나 마찬가지이기 때문이다. 밀은 이렇게 말한다. "노동자 계급의 지적 향상, 교육 개선, 독립심 향상은 이에 상응하는 분별 있는 행동 방식, 즉 윤리적 행동 양식이 수반되지 않고는 불가능한 듯하다."[29] 따라서 밀은 도덕 교육과 경제적 동기를 결합할 것을 주장했다. 이를 위해 그는 정부가 가난한 사람들에게 오늘날 주택 개량 대부금 제도 등을 통해 경제적 지원을 아끼지 말 것을 요구했다.

자유방임 정책과 정부의 개입 정책에 대한 밀의 입장을 살펴보는 일은 몇 권의 책을 써도 모자란다. 그래도 간략히 요약하면, 밀은 한쪽에 치우치기보다는 두 입장 사이에서 최대한 중립을 지키고자 노력했다. 극단적인 자유방임주의의 입장을 거부했던 그는 자유방임의 기본 전제만을 받아들였다. 반면, 정부의 개입에 대해서는 더 큰 행복을 위해 어쩔 수 없이 필요한 경우에 한에서만 인정했다. 밀은 "더 큰 선이 필요로 하지도 않는데, 자유방임을 포기하는 행위는 명백한 악이다"라고 주장했다.[30] 물론 과세, 화폐 발행, 국방, 법질서 확립 등 국가가 개입해서 해야 할 일들이 분명이 있다. 하지만 소비자 보호, 교육, 그리고 사업 규제 등은 국가가 반드시 개입해야 하는 분야가 아니다. 따라서 이런 '선택적' 기능들은 각각의 경우에 따라 개입을 결정해야 한다. 예를 들어, 밀은 국가복지보다는 사적인 자선 사업을 선호했지만, 이런 자선 사업이 부분적인 성공밖에 거두지 못하리라는 사실을 알고 있었다. 가난한 사람들은 먹고살기 위해 누가 한 푼이라도 더 준다면 좋아하겠지만, 부자들이 직접 나서서 그렇게 할 가능성은 거의 없다. 이것은 부분적으로 '무임승차' 효과 때문인데, 무임승차란 자신은 비용을 부담하지 않고 다른 사람이 해 놓은 일에 편승해 같은 혜택을 누리는 것이다. 따라서 밀은 국가가 가난한 사람들을 부양하기 위해 과세의 힘을 사용해야 한다고 주장했다.

밀의 이런 주장은 매우 현대적인 것으로 보인다. 그는 오늘날 정부의 주요 기능들과 정책들을 앞서 예견했다. 그럼에도 불구하고 그는 모든 정책적 제안은 기본적으로 검증 과정을 거쳐 확정되어야 한다는 것을 분명히 했다. 왜냐하면 "일부 성미 급한 개혁가들은 지식인들과 여론의 지지를 얻는 것보다 정부를 장악하는 것이 더 쉽고 더 빠른 길이라는 생각하고, 나아가 정부의 기본 역할과 범위를 넘어 계속해서 그것을 확대하고자 하는 유혹을 받는다"라고 생각했기 때문이었다.[31] 그는 프랑스 정치사상가 토크빌의 《미국의 민주주의》를 읽고 중앙집권적인 정치 형태보다는 분권적이고 자유로운 정치 형태의 장점을 배웠다.

여러 측면에서 밀의 입장은 당시 영국 정부의 입장이기도 했다. 영국은 산업혁명의 성공에 힘입어 자국 상품의 해외 수출을 위해 자유시장 경제로 나아가고 있었고, 그에 따른 경제적 착취와 불평등을 막기 위해 다양한 사회적 안전 장치들을 속속들이 마련해 가고 있었다. 영국의 정치가로 4번이나 수상을 역임한 윌리엄 글래드스턴은 1846년에 결국 곡물법을 폐지했고, 소득세 인하를 단행했다. 그리고 자유무역의 기치가 유럽 전역에서 울려 퍼지고 있을 때, 영국 의회는 1802년에 공장법을 제정하고, 1819년과 1846년 두 차례 개정을 거쳐 9세 이하 아동의 취업을 금지하고 노동 시간을 규제함으로써 경제적 착취를 막고 인권을 보호하기 위한 기념비적인 조치를 단행했다.* 밀은 영국 정부의 이런 정책 방향에 대해 신중한 검토를 거쳐, 즉 기본적인 검증 과정을 거쳐 지지했다.

---

* 영국에서 공장법이 처음 제정된 것은 1802년으로 1일 12시간 이상의 아동 노동을 금지했다. 1819년에 개정된 공장법에서는 이를 강화해 아동 노동 시간을 더욱 엄격하게 규제했다. 하지만 별다른 실효를 거두지 못하고, 아동 노동에 대한 착취가 계속되자 1833년 개정을 통해 방직에 9세 이하 아동의 노동을 금지하고, 9~13세 아동 노동은 주당 48시간, 13~18세 아동 노동은 주당 68시간으로 제한했다. 그리고 18세 미만의 야간작업을 불법으로 규정했다.

미래에 대한 전망

　경제학자 대다수는 미래에 대해 장기 전망을 내놓고자 하는 강한 욕구를 가지고 있다. 애덤 스미스, 토머스 맬서스, 데이비드 리카도, 카를 마르크스, 그리고 케인스처럼, 존 스튜어트 밀 역시 인류의 미래를 인상적인 필치로 그려냈다.

　그는 미래를 리카도의 사회 인식과 생시몽의 사회주의, 즉 산업 노동자를 역사의 주역으로 치켜세운 유토피아 운동을 적절히 혼합해 그런대로 밝게 전망했다. 좀 더 구체적으로 이야기하면, 밀은 리카도로부터 자본주의 사회가 어느 순간 정체 상태에 빠질 수 있다는 주장을 받아들였다. 그리고 생시몽의 관점을 빌려 밝은 미래를 보았다. 그래서 밀은 이렇게 확신했다. 정체 상태가 결코 불행한 것은 아닐 수도 있다고. 리카도가 수확 체감, 폐쇄적 시장, 이윤율 저하 경향 등을 이론적으로 모델화하고자 했던 반면, 밀은 거의 지상 천국에 가까운 신학적 모델을 제시했다. 밀은 머지않아 인류가 돈을 수중에 넣고자 하는 무한 쟁탈전을 중단하고, 부를 쌓는 대신 자기 자신을 고양하는 일에 힘을 쏟을 것이라고 전망했다. 케인스 역시 대공황이 한창일 때 이와 비슷한 전망을 내놓은 적이 있었다.

　밀의 공리주의와 플라톤의 이상주의, 즉 밀이 플라톤 철학의 미덕을 받아들여 공리주의를 발전시켰다는 것을 상기하자. 밀은 인류가 노동이나 부 자체보다는 위엄, 고결함, 정의에 더 관심을 기울일 날이 오기를 고대했다.

나는 자본과 부의 정체 상태에 고전파 정치경제학자들이 일반적으로 명시한 것처럼 큰 반감을 가지고 있지는 않다. 오히려 반대로 나는 그런 상태가 전체적으로 지금보다 더 향상 발전된 상태일 수 있다고 생각한다. 고백하건대 나는 성공을 위한 투쟁이 인간의 정상적인 상태라고 주장하는 사람들의 견해, 즉 기존의 사회적 삶을 형성하고 있는 서로의 뒤꿈치를 짓밟고, 뭉개고, 밀치고, 그리고 유린하는 것이 인간의 운명, 산업 발전 단계에서 어쩔 수 없이 겪어야 하는 하나의 징후에 불과하다는 주장에 동의하지 않는다.[32]

마르크스처럼, 밀은 인간이 궁극적으로 '필요의 영역'을 지나 생존을 위한 투쟁이 아닌 인간성 고취를 위해 고군분투하는 시대에 도달할 것이라고 생각했다. 밀은 오직 '후진국'만이 경제적 성장을 더 필요로 할 것이며, 선진국들은 경제성장보다는 분배 정의 또는 최소한의 윤리 도덕을 필요로 할 것이라고 생각했다. 그는 빈곤이 퇴치되기는 했지만 "한쪽 성性은 달러를 벌어들이는 데 혈안이 되어 있고, 다른 한쪽 성은 이런 달러 사냥꾼을 양육하는 데 혈안이 되어 있는"[33] 미국을 공공연히 비난했다. 그렇다면 양성이 모두 평등하게 달러 사냥에 혈안이 되어 있는 오늘날의 세계에 대해 밀은 어떻게 바라볼까?

마지막으로 밀이 살아온 인생을 토대로 그의 초상화를 그려본다면 어떻게 그릴 수 있을까? 당대 누구보다도 파란만장한 인생을 살다간 그였기에 어떤 분명한 결론을 연역하거나 귀납하는 것은 쉽지 않다.《정치경제원론》은 개정을 거듭하면서 사회주의에 대해 다소 동정적인 어조로 바뀌어 갔다. 그렇다고 해서 밀이 사회주의자가 되었다는 말은 절대 아니다! 비록 그가 공상적 사회 개혁론자들에게 동조하기는 했지만, 그들과 나란히 탄원서에 서명하거나 거리 행진에 나설 생각은 결코 없었다. 영국의 낭만파 시인 바이런이 "나는 그들 사이에 서 있지만, 그들에 속해 있지 않다"라고 말한 것처럼, 그 역시 마찬가지였다. 밀은 경쟁에 대한 자신의 신념을 포기하지 않았고,《미국의 민주주의》에서 토크빌이 보여준 중앙집권적 권력에 대한 두려움을 결코 잊지 않았다.

> 나는 사회주의 교리 가운데 경쟁 폐지라고 하는, 가장 두드러지고 강렬한 주장에 절대 동의하지 않는다. (…) 사회주의자들은 경쟁이 없는 곳에 독점만 있을 뿐이라는 사실을 망각하고 있다. [34]

우리 가운데 낙원을 꿈꿔보지 않은 사람이 누가 있을까? 부자들은 열대의 한 작은 섬에서 낙원을 찾으려 할 것이다. 종교인들은 현세가 아닌 내세가 낙원이라 생각할 것이다. 낙천주의자들에게는 오늘이 아닌 내일이 낙원일 것이다. 존 스튜어트 밀은 오늘을 위해 싸우면 언젠가 모든 사람이 함께 행복하게 살아갈 날이 올 것이라고 기대했다.

밀은《정치경제원론》에서 그리고 1860년대에 하원 의원으로 활동하면서 자신의 기본 생각을 관철시키기 위해 싸웠다. 시종일관 인권의 중요성을 외쳤던 밀은 여성과 빈민들의 참정권을 옹호했고, 미국 내전 당시 북군을 지지했다. 영국의 정치가 아서 밸푸어에 따르면, "밀은 영국 학계에서 중세 시절 아리스토텔레스가 누렸던 것에 필적하는 권위를 누렸다." [35]

그의《자서전》에서도 엿볼 수 있듯이, 그는 구태의연한 정치가와는 분명히 다른 면모를 보였다. 하원 의원에 입후보하라는 권유를 처음 받았을 때, 그는 "자신의 정치적 견해를 진심으로 지지해줄 사람이" 거의 없을 것이라고 "확신했다." 따라서 그는, 비록 등에 떠밀려 하원 의원으로 입후보하기는 했지만, 선거운동을 하거나 선거를 목적으로 돈을 쓰는 것은 거부했다. 대신 그는 한 가지 중요한 공약을 내세웠다. 즉, 의원으로 당선되면 편협하고 지엽적인 정책과 이해관계에는 일말의 시간도 허비하지 않겠다고. 당시 한 유명한 작가는 밀의 이런 공약을 전해 듣고 이렇게 말했다고 한다. "아무리 전지전능하신 하느님이라도 이런 공약으로는 절대 당선되지 못할 것이다!"

그렇게 선거운동이 막바지로 접어들고 있었을 때, 밀은 노동자들의 한 대중 집회에 우연히 참석했다. 그날 그곳에는 밀과 반대 진영에 있는 쪽에서 그가 한때 영국의 노동자 계급은 '거짓말쟁이'라고 했던 말을 인용한 플래카드를 치켜들고 선거 유세를 하고 있었다. 하지만 인용은 이것이 끝이 아니었다. 뒤이어 "하지만 그들은 외국의 노동자 계급보다는 낫다. 왜냐하면 적어도 죄의식은 느끼기 때문이다"라는 말이 적혀 있었다. 아마 거의 모든 정치가가 이런 상황에 직면했다면 얼굴을 감추고 도망가기에 급급했을 것이다. 하지만 그는 절대 동요하지 않았다. 그는 그날 있었던 일을 이렇게 기억했다.

"나는 내가 정말 그런 말을 했는지 질문을 받았다. 나는 '그렇다'라고 서슴없이 대답했다."

순간 그의 지지자들은 가슴이 철렁 내려앉았다. 하지만 노동자들의 반응은 의외였다.

"이 두 마디 말이 입에서 튀어나오기가 무섭게 기다렸다는 듯이 사방

에서 우렁찬 함성과 함께 박수갈채가 울려 퍼졌다." [36]

사랑하는 해리엇이 사망했을 때 밀은 카라라 대리석으로 기념비 제작을 의뢰했다. 미켈란젤로의 다비드상과 버킹엄 궁전 입구에 세워져 있었던 마블 아치와 같은 채석장에서 채취한 것이었다. 그가 사망한 뒤 밀은 의붓딸 헬렌 테일러에게 학술적인 조언과 일상적인 업무 처리를 의지했다. 1873년 봄, 프랑스 자택 인근에서 식물 실험을 하던 밀은 치명적인 피부 감염병인 단독에 걸려 사망했다. 그의 죽음에 경제학 잡지들과 철학 잡지들, 그리고 〈포퓰러 사이언스〉가 특별판을 발행해 조의를 표했다. 당시 한 저명한 명문대학 교수는 밀이 지난 20년 이상 "장래가 촉망받는 젊은이들에게 가장 강력한 영향을 미친 저술가"였다고 말했다. [37]

요즘 학생들이 카리스마 넘치는 체 게바라, 우수 가득한 카프카, 또는 여장부 같은 프리다 칼로의 포스터를 기숙사에 걸어놓는 것처럼, 밀의 얼굴은 초췌하기는 했어도 당대의 우상이었다. 그를 존경했던 영국인들은 템스강 변에 동상을 건립하고자 기금을 모았다. 하지만 밀은 프랑스 아비뇽 인근 작은 마을의 공동묘지에 해리엇과 나란히 묻히기를 바랐다. 다섯 사람이 그의 안장식에 참석했다.

비록 밀은 전쟁에 나가 싸운 적도 없고, 언성을 높여 화를 낸 적도 없으며, 누구한테 도전장을 내민 적도 없었지만, 그의 삶은 오로지 투쟁 그 자체였다. 그는 위선자, 엘리트주의자, 합리주의자, 그리고 사회주의자와 맞서 싸웠다. 한편, 그는 어린 시절 아버지의 영향을 받아 자신의 머릿속에 새겼던 고정 관념들을 지우기 위해 애썼다. 영국의 정치가이자 사상가인 에드먼드 버크는 한때 이렇게 탄식한 적이 있다.

기사도의 시대는 지나갔다. 궤변론자와 경제학자의 시대, 무엇보다 이해관계를 우선시하는 시대가 오면서 유럽의 영광은 이제 영원히 사라졌다.[38]

하지만 생전에 무엇보다 밀을 고무시켰던 것은 '기사도'였다. 그리고 그가 가장 용맹스럽게 맞서 싸운 것은 자신의 마음속에 자리 잡고 있던 아버지의 그늘과 세상의 허울이었다. 그리고 그는 끝내 승리했다.

6

카를 마르크스
비운의 혁명가이자
경제학계의 이단아

Karl Marx
(1818~1883)

애덤 스미스는 어린 시절에 불행하게도 심술궂은 집시들에게 납치된 적이 있었다. 다행히 집시들은 그를 몇 시간 데리고 돌아다니다가 그냥 길바닥에 내버리고 도망쳤다. 물론 스미스는 아무 탈 없이 집으로 돌아왔다. 그의 전기 작가는 집시들이 그를 풀어준 이유가 순진하고, 멍청해 보였던 그가 훌륭한 집시로 성장할 싹수가 전혀 보이지 않았기 때문이었을 것이라고 쓰고 있다. 이에 빗대어 카를 마르크스가 자본가들에게 납치된 적이 없었던 것이 불행 중 다행이라면 다행이었을 것이라고 말하는 사람이 있을지도 모르겠다. 잘 아시겠지만, 그는 훌륭한 자본가로 성장하지 못했다. 더구나 그는 훌륭한 소비자도 못되었다. 마르크스는 죽는 날까지 빚더미에 허덕였다.

강한 어조와 선동적인 문체로 마르크스는 자본주의의 붕괴를 예견했다. 그러나 그에 앞서 그는 자본주의의 운동 법칙과 문명의 발전을 지배하는 숨겨진 암호를 철저히 파헤쳐 밝혀냈다.

경제사상사에서 마르크스의 위치를 정하는 것은 다소 어려운 일이다. 오늘날 주류 경제학자들은 부르주아지의 칵테일 파티에서 안주 삼아 마르크스를 입에 올릴 뿐이다. 그러나 아직 수십억 인구가 마르크스주의적이라고 주장하는 정권들의 지배를 받으며 살아남기 위해 안간힘을 쓰고 있다. 어쨌든 마르크스는 정신분석학자 프로이트, 진화론을 주장한 박물학자 다윈과 더불어 20세기 인류에게 가장 큰 영향을 미친 사람 중 한 명으로 꼽히고 있다. 그러나 살아생전 마르크스는 어떤 명성도 추종자도 없었다. 그와 동시대 인물로 누구보다 박학다식했던 존 스튜어트 밀조차 그의 이름을 들어보지 못했다.

카를 마르크스는 1818년 5월 5일, 프로이센의 라인란트 트리어에서 부르주아 집안의 둘째 아들(일곱 남매 중 셋째)로 태어났다. 그의 아버지 하인리히 마르크스는 트리어에서는 꽤 명성 있는 변호사였는데, 포도밭도 소유하고 있을 정도로 부자이기도 했다. 어린 시절 마르크스는 그런 아버지를 둔 것을 자랑스러워했다고 한다. 마르크스의 어린 시절 친구이자 뒤에 아내가 된 예니는 바로 이웃에 살고 있었다. 그녀의 아버지 폰 베스트팔렌 남작은 어린 마르크스에게는 삼촌과도 같은 사람이었다.

형이 네 살에 죽자 마르크스는 뜻하지 않게 집안의 장남이 되면서 어린 여동생들에게 짓궂은 장난을 치면서 못살게 굴기 시작했다. 장남으로서의 부담감 때문이었을까 아니면 우쭐한 마음 때문이었을까! 알 수는 없는 노릇이다. 어쨌든 그중 그가 가장 즐겨 했던 장난은 '말타기' 놀이였다. 그는 여동생들이 말이라도 되는 것처럼 강제로 등에 올라타서는 트리어 거리를 전속력으로 질주하도록 몰면서 말타기 놀이를 즐겼다. 그뿐 아니라 그는 여동생들을 케이크 먹기 대회에 강제로 참가시켰는데, 여동생들이 먹어야 하는 케이크는 다름 아닌 그가 더러운 밀가루와 씻지 않은 손으로 직접 반죽해 만든 것들이었다. 그럼에도 불구하고,

마르크스의 여동생들은 누구보다 총명하고 재미난 이야기를 많이 해줬던 마르크스를 잘 따랐다. 마르크스의 학창 시절 친구들도 그를 좋아하기는 했지만, 짓궂고 냉소적이었던 그를 두려워했다.

평생 마르크스는 상대를 가리지 않고 신랄한 비판과 모욕적인 언사를 스스럼없이 퍼부었다. 그중 유대인에 대한 그의 비판은 가장 악의적이었다. 마르크스의 부모는 둘 다 저명한 랍비의 후손들이었고, 삼촌은 트리어 지역을 대표하는 랍비 지도자였다. 아버지 하인리히는 반유대주의 법령 때문에 기독교로 개종해야 했지만, 그럼에도 유대인들을 항상 '동료 신자'라며 따뜻하게 대했다. 하지만 그의 아들 마르크스는 무엇이 마음에 안 들었는지 유대인 조상들을 대놓고 싫어했다. 오히려 그들을 비판하면서 희열을 느끼기까지 했다. 물론 그가 정말 반유대적이었는지는 학자들 사이에서 논란이 될 수 있겠지만, 마르크스가 동족인 유대인들에 대해 악의적인 비판을 했다는 것에는 의심의 여지가 없다.[1]

존 스튜어트 밀처럼 마르크스는 합리주의와 낭만주의라고 하는 당대의 주류 사상을 받아들였다. 아버지 하인리히는 아들에게 영국의 경험주의가 가미된 18세기 프랑스 합리주의를 가르치면서 "뉴턴, 로크, 그리고 라이프니츠의 신념"에 "복종하라"라고 충고했다.[2] 한편, 상당한 교양인이었던 폰 베스트팔렌 남작은 어린 마르크스와 함께 한가로이 숲을 거닐면서 셰익스피어, 호머, 낭만주의자들의 이야기로 그를 매료시켰다. 아이러니하게 마르크스에게 계급 제도가 철폐된 공상적 사회주의를 가장 먼저 소개해 준 장본인도 바로 뒤에 그의 장인이 되는 폰 베스트팔렌 남작이었다. 아버지 하인리히의 예리하고 명민한 통찰력이 없었다면, 마르크스는 아무런 근거도 없었던 유토피아주의자들의 관념을 받아들였을지 모른다. 다행히 그는 유토피아주의자들이 지상 낙원을 꿈꾸던 곳에서 그와 정반대되는 투쟁이라는 치열한 현실을 직시했다.

본대학교 재학 시절, 그가 직면했던 가장 큰 투쟁은 자신의 주벽과 낭비벽이었다. 결국 그는 이 투쟁에서 패배했고, 아버지 하인리히는 아들 덕분에 항상 호주머니를 털어야 했다. 본대학교에서 법학을 공부하고 있던 마르크스는 자신의 주벽 때문에 의도하지 않게 여러 차례 법률 현장 실습을 쌓기도 했다. 즉, 술을 마시고 주사를 부리다 대학 당국에 의해 여러 번 감금되는 조치를 당했던 것이다. 하지만 대학 당국의 감금 조치라는 것이 그렇게 엄격한 것이 아니었기 때문에, 마르크스는 그를 위로하기 위해 찾아온 친구들과 구금 시설에서 카드놀이를 하거나 거리낌 없이 대놓고 술을 마셨다. 그러나 이런 일탈 행위가 전혀 무익하지는 않았다. 나중에 그는 자신에게 최초의 성치적 승리를 안겨준 트리어 펍 클럽의 회장으로 선출되는 데 그의 이런 탈선이 회장 선출에 상당히 일조했다는 후문이다.

이렇게 본대학교에서 공부는 하지 않고 술독에 빠져 지내는 아들을 보다 못한 아버지 하인리히는 1년 뒤에 아들을 베를린대학교로 전학시켰다. 본대학교보다 좀 더 조용하고 엄숙한 곳이라 생각한 그는 아들이 다시 마음을 가다듬고 공부에 전념하기를 바랐다. 그러나 그의 기대는 오래가지 않았다. 그는 "그 시절에 아무리 부자라고 해도 한 해에 500탈러(15세기에서 19세기 독일 각지에서 발행된 은화) 이상은 지출하지 않았는데, 우리 아들은 어찌 된 게 우리 집이 마치 황금으로 만들어지기라고 한 것처럼 모든 약속과 기대를 저버리고 한 해에 700탈러씩 가져다 물 쓰듯이 썼다"라고 한탄했다.[3] 그런데 이것으로도 모자랐는지 마르크스는 많은 빚을 졌고, 항상 빚쟁이들에게 시달렸다. 베를린에 5년 동안 체류하면서 마르크스는 빚쟁이들을 피해 10번 가까이 이사를 다녔다.

그러나 아버지가 아들에 대해 못마땅해했던 것은 낭비벽만이 아니었다. 마르크스는 제대로 씻지 않아 항상 꾀죄죄하게 하고 다녔는데, 그런 그가 자신처럼 지저분하고 너저분하게 하고 다니는 학생들의 수호신을 자처했다. 더구나 항상 술에 절어 가무잡잡했던 피부색 때문에 학내에서 '무어인the Moor'이라는 별명을 얻었는데, 나중에는 그의 자식들과 가까운 친구들도 그를 그렇게 불렀다. 거무스레한 피부, 길고 윤기 없는 머리를 하고 있던 그는 학생이라기보다는 영락없는 거지였다.

그뿐 아니라 아버지는 아들이 철학과 법학을 오가며 갈피를 못 잡고 학문적으로 방황하는 것을 못마땅해했다. 실제로 마르크스가 베를린대학교 재학 시절 학문적으로 방황한 것이 사실이기는 하지만, 그의 방황은 교실 밖에서 더 심각했다. 마르크스는 베를린대학교를 졸업하기 몇 해 전부터 거의 수업에 참석하지 않았다. 이미 그는 "대학교를 야영장 정도로 생각하는 보헤미안"이 되어 있었다.[4] 그럼에도 불구하고 마르크스는 혼자서 철학을 공부했고, 종교에 대해 매우 비판적이고, 특히 헤겔의 철학 체계를 절충적으로 받아들이고 있던 청년 헤겔파에* 몸담고 있

---

*   Young Hegelian. 청년 헤겔파는 헤겔 사후 1830년대 후반에서 1840년대 초반까지 독일에서 활동했던 급진적 헤겔 학도들을 통칭한다. 보통 헤겔 좌파라고도 불린다. 청년 헤겔파는 이성을 지속적으로 발전하는 하나의 과정으로 간주했고, 스스로 이런 이성의 선구자가 되는 것을 임무라고 생각했다. 그리고 이에 기초해 철학을 사색적 이성주의라 정의했다. 청년 헤겔파는 마르크스의 초기 이념 형성에 많은 영향을 미쳤다. 청년 헤겔파를 대표했던 독일의 신학자이자 철학자 브루노 바우어에게 정치와 경제에 대한 자신의 초기 분석 모델을 제공받았고, 나아가 종교에 대한 그의 급진적인 비판을 수용했다. 그뿐 아니라 포이어바흐에게 헤겔 철학에 대한 비판적 평가와 급진적 휴머니즘을 이어받았으며, 막스 슈티르너의 영향으로 다소 정적인 포이어바흐의 휴머니즘을 뛰어넘을 수 있었다. 나아가 독일 최초의 공산주의자였던 모제스 헤스를 통해 청년 헤겔파의 급진적 이성주의를 경제학으로 확대 적용할 수 있었다.

었다. 독일 태생의 철학자 헤겔은 마르크스가 대학교에 들어가기 몇 년 전에 사망한 독일을 대표하는 관념론 철학자로 베를린대학교에서 철학을 가르쳤다. 마르크스는 헤겔의 방법론을 교묘하게 받아들임으로써 수업을 빼먹는 것이 가끔은 세상을 위해 이로움이 될 수도 있다는 것(비록 금전적으로는 아니었지만)을 입증해 보였다.

그런데 불행하게도 카를 마르크스는 세상 사람들에게는 증명해 보인 것을 아버지 앞에서는 끝내 증명해 보이지 못했다. 즉, 자신의 방황과 방랑을 아버지에게 납득시키지 못했던 것이다. 마르크스의 아버지 하인리히는 1838년 세상을 떠났다. 마르크스는 생전 아버지와 사사건건 갈등을 빚었음에도 아버지의 사진을 항상 지니고 다닐 만큼 아버지에 대해 애틋한 감정을 가지고 있었다. 하지만 어머니에 대해서는 결코 그런 감정을 보인 적이 없었다. 그는 어머니를 그저 인색한 돈줄 정도로 여겼을 뿐이었다. 그래서였을까? 마르크스는 어머니가 죽었을 때 눈물을 흘리기는커녕 장례식조차 참석하지 않았다.

마지막 순간까지 그의 뒷바라지를 마다하지 않았던 아버지가 세상을 뜨자 마르크스는 그동안 질질 끌었던 학업을 마칠 결심을 한다. 갑작스럽게 대학을 떠나고 싶은 마음이 든 그는 서둘러 희랍 철학을 주제로 학위 논문을 쓴다. 그런데 그는 논문을 심사가 엄격했던 베를린대학교에 제출하는 대신 학생들 사이에서 '학위 제조 공장'으로 유명했던 예나대학교에 제출한다. 6주 과정의 통신 강좌도 이보다는 어려울 것이다. 여하튼, 며칠 뒤에 예나대학교는 그의 논문 심사를 통과시키고 박사 학위를 수여했다.*

---

*   마르크스가 예나대학교에서 박사 학위를 받은 것은 1841년 봄으로 그의 나이 스물셋 때였다. 논문 제목은 '데모크리토스와 에피쿠로스 자연철학의 차이'였다.

언론인 마르크스

박사 학위를 취득한 마르크스는 진보적인 성향의 중산층을 겨냥해 1842년 1월에 창간된 〈라인신문〉에 글을 기고하기 시작해, 같은 해 10월 편집장의 자리에 오른다. 아이러니하게 들릴 수 있지만, 그는 당시에 공산주의 성향을 갖고 있는 좀 더 급진적인 저자들의 주장을 반박하는 기사를 많이 실었다. 억압적이던 프로이센 정부는 언론 비평에 대해 매우 엄격하게 검열했기 때문에 마르크스는 기사 때문에 항상 정부의 꼭두각시 노릇을 하는 관리들과 씨름을 해야 했다. 한 번은 독일어로 번역된 이탈리아 시인 단테의 《신곡》을 광고하는 것조차 금지하기도 했다. 이유는 무엇이었을까? 그것은 프로이센에서 신성한 것을 희극, 즉 코미디의 소재로 삼는 것을 신성 모독으로 규정해 금지하고 있었기 때문이었다. 즉,《신곡》의 제목에 들어가 있는 '코미디'라는 단어를 걸고 넘어진 것이다.

〈라인신문〉 재직 시절 마르크스를 줄곧 옆에서 지켜봤던 한 사람은 젊고 패기 넘치는 편집자였던 그에 대해 다음과 같이 묘사했다.

> 트리어 출신의 카를 마르크스는 24살의 정열적인 청년으로 짙은 검은색 머리칼이 뺨, 코, 귀, 어깨 할 것 없이 어지럽게 뒤덮고 있다. 무엇보다 그는 오만하고, 성미 급하고, 열정적이며, 자신감에 차 있었지만, 동시에 매우 성실하고, 아는 것이 많으며, 더구나 유대인 특유의 통찰력으로 청년 헤겔파의 모든 명제를 간단명료하게 정리한 타의 추종을 불허하는 뛰어난 변증론자였다. 그리고 그때 이미 경제학 연구에 빠져 있던

그는 공산주의자로의 전향을 준비하고 있었다. 마르크스의 지도하에서 갓 창간된 신문은 당국의 검열에도 불구하고 사회 전반에 대한 비판적인 기사를 통해 자기 색깔을 내기 시작했다.[5]

프로이센 정부는 마르크스의 거침없는 사회 비판을 잠재우기 위해 신문사에 다음 두 가지 중 하나를 선택하라는 최후통첩을 보냈다. 즉, 신문사가 문을 닫든지 아니면 마르크스가 자기 발로 걸어 나가든지. 이에 마르크스는 과감히 신문사를 그만둔다. 물론 이와 동시에 〈라인신문〉도 1843년 3월에 정식으로 폐간했다.

하루아침에 일자리를 잃기는 했지만, 대신 마르크스는 어린 시절 이웃에 살았던 네 살 연상의 예니와 결혼한다. 그녀의 친척들은 프로이센 귀족 집안 출신인 그녀가 밑지는 결혼을 했다고 수군댔다. 그러나 앞으로 그녀가 얼마나 더 밑지는 삶을 살지 그들은 꿈에도 생각지 못했다.

그리고 바로 두 사람은 파리로 옮겨 간다. 그곳에서 마르크스는 독일 태생의 사상가이자 저널리스트였던 아놀드 루게와 함께 정치평론지 〈독불연보〉를 창간하고 편집을 맡으며 공산주의에 본격적으로 발을 들여놓기 시작했고, 다른 젊고 거만한 급진주의자들과 어울려 지냈다. 독일 시인이자 혁명적 저널리스트였던 하인리히 하이네는 이들을 가리켜 "신을 자처하는 무신론자들의 무리"라고 불렀다.[6] 그러나 〈독불연보〉는 창간호만 출간한 채 바로 폐간됐다. 이유는 마르크스를 비롯해 그가 파리에서 새롭게 사귄 공산주의자들과 아놀드 루게 사이에서 일어난 사소한 불화 때문이었다. 루게는 이에 분풀이라도 하듯 이들 무신론자 무리를 다음과 같이 경멸했다. "그들은 사람들을 해방시키고자 하지만 현재 그들은 재산, 특히 돈에만 눈이 멀어 있다. (…) 그들은 프롤레타리아를 정신적으로나 육체적으로 비참한 상황에서 벗어나도록 한다는 미명 아래 이런 비참함을 일반화하고 모든 인간이 그것을 똑같이 짊어지게 할 수도 있는 조직을 만들 꿈에 부풀어 있다."[7]

물론 마르크스의 평생지기 엥겔스도 이 무리에 끼어 있었다.* 잘 알려져 있듯이, 엥겔스는 마르크스의 생활과 삶에서 매우 중요한 인물이었다. 부유한 공장주의 아들이었던 엥겔스는 이중생활을 했다. 낮에는 아버지의 사업을 거들며 상당한 봉급을 받는 자본가로 살았고, 밤에는 몰래 헤겔과 공산주의 문헌을 탐독했다. 비록 그가 독일 태생이기는 했지만, 아버지의 방직 공장을 운영하면서 영국에 몇 년간 체류한 적도 있었다. 맨체스터에서 얼마 동안 지낸 후, 그는 영국 노동자 계급의 상황을 낱낱이 파헤친 《영국 노동계급의 상황》이라는 책을 쓰기도 했다. 그렇다고 해서 그가 자신의 봉급을 빈민들에게 나눠줬다거나 자신의 부르주아 습성을 버리거나 했던 것은 아니다.

사실 그는 이런 이중생활에 정신적 혼란을 느끼지는 않은 것 같다. 오히려 그는 여우 사냥을 하고, 셰리를 마시고, 펜싱을 하는 것을 인생의 낙으로 삼았다. 그는 최고급 샴페인을 즐기며 거리낌 없이 프롤레타리아를 위해 건배를 올리는 사람이었다. 그뿐 아니라 여자를 좋아했다. 여우를 좇지 않을 때면, 영락없이 그는 여자들 꽁무니를 쫓아다녔다. 그는 이렇게 말하기까지 했다. "내게 5천 프랑만 있다면, 아무것도 하

---

* 마르크스와 엥겔스가 처음 알게 된 것은 1842년이었다. 엥겔스는 1841년 베를린의 근위포병연대에 복무하면서 베를린대학교에서 강의를 들었다. 그리고 1842년 제대하면서 아버지가 운영하던 영국의 방직 공장에 입사하기 위해 맨체스터로 가는 길에 쾰른에 있던 〈라인신문〉 편집실에 들러 마르크스와 만났다. 그리고 그들은 1844년 파리에서 재회했다.

지 않고 몸이 산산이 조각날 때까지 여자들과 놀아날 텐데. 프랑스 여자 없는 인생은 살 가치도 없어."[8] "성찰 없는 삶은 살 가치가 없다"라고 한 소크라테스의 명언에서 한 차원 더 발전한 말이라 하겠다.

1840년대에 마르크스는 세상을 바꿀 이데올로기를 만들기 시작한다. 물론 모든 사람이 그의 이데올로기에 동조한 것은 아니었다. 프로이센 정부는 그에게 반역죄를 씌웠다. 그리고 1년 뒤에 프랑스는 마르크스에게 추방령을 내렸다. 결국 그는 1845년 2월 벨기에 브뤼셀로 향했다.

마르크스와 그의 가족이 한곳에 정착하지 못하고 유럽 국가들을 여기저기 떠돌아다니게 한 것은 무엇이었을까? 왜 프로이센 정부는 마르크스에게 반역죄를 씌웠고, 또 프랑스는 그것에 동조해 그를 추방했을까? 1840년대 마르크스는 자본주의 연구를 위한 역사적 철학적 토대를 수립했다. 그렇다면 그가 자본주의 연구를 통해 얻은 것은 무엇이었을까? 바로 자본주의 토대가 빠르게 무너지고 있으며, 대중이 곧 혁명을 일으켜 자본가들을 몰아내리라는 것이었다.

유물주의 역사가

마르크스의 철학과 역사는 헤겔의 용어를 빌리고 있지만, 그것을 그대로 차용하지는 않았다. 즉, 헤겔과 같은 용어를 사용하더라도 그것의 순서를 달리했다. 그가 어떻게 순서를 달리했는지 이해하기 위해서는 먼저 그의 정신적 지주였던 헤겔의 가르침에 대해 살펴볼 필요가 있다.

헤겔은 철학이란 이념의 전개에 대한 지식을 습득하는 데 있다고 가르쳤다. 역사란 인간의 정신과 이념의 산물이다. 물질세계, 즉 우리가 보고 만질 수 있는 물질, 그리고 사회의 제도는 이런 이념의 길을 따른다. 독일의 사회학자 베버 역시 《프로테스탄트 윤리와 자본주의 정신》에서 이와 비슷한 논지를 폈다. 즉, 베버는 프로테스탄티즘의 등장이 자본주의를 낳았다고 주장했다. 이것은 신에 대한 믿음이 경제 제도의 변화를 초래했다고 주장하는 것인데, 헤겔의 이념과 크게 다르지 않다. 헤겔에 따르면, 우리는 당대의 지배적인 민족주의를 통해 역사의 경로를 추적할 수 있다. 즉 이집트, 그리스, 로마 등등. 헤겔은 공고한 민족주의를 표방하고 있는 프로이센이 이제 그 뒤를 이을 차례라고 생각했다.

마르크스는 헤겔의 관념론을 거부했다. 독일 철학자 포이어바흐를 따라 마르크스는 역사에서 물질의 힘에 주목했다. 포이어바흐의 《기독교의 본질》에 따르면, 신은 단지 인간의 욕망, 필요, 그리고 속성의 투사에 지나지 않는다. 인간이 신을 창조했다. 같은 말이지만, 신이 인간을 창조한 것이 아니라 인간이 신을 창조했다는 것이다. 실존적 존재인 인간이 신이라는 관념을 만들어냈다. 포이어바흐의 영향을 받은 마르크스는 뒤에 종교를 "민중의 아편"으로 선언하기에 이른다.[9] 사람들이 자신들의 열망을 신과 내세에 투영하는 한, 그들은 현실 세계의 물적 조건material condition과 불의injustice를 수동적으로 받아들일 것이다.

이상에서 언급한 내용을 토대로 보면, 마르크스는 청년 헤겔파라기보다는 헤겔학파의 낙제생으로 보일 수도 있다. 그러나 마르크스는 헤겔의 주요 방법론이었던 변증법을 그대로 수용했다.* 헤겔은 역사는 실

---

* 마르크스는 누구보다 헤겔을 옹호했다. 그는 자신의 주저인 《자본론》 서문에서 변증법이 헤겔의 수중에서 신비화되기는 했지만, 변증법의 일반적인 운동 형태를 처음으로 포괄적이고 의식적으로 서술한

재와 마찬가지로 평탄하고, 점진적인 패턴을 따르지는 않는다고 주장했다. 그렇다고 역사가 일련의 독립적인 사건들로 구성되어 있다는 것은 아니다. 모든 관념은 자신의 대립물을 포함한다. 철학자들은 헤겔의 변증법을 다음과 같이 요약한다. 즉, 모든 테제 또는 관념은 그것의 반테제와 한 쌍을 이룬다. 그리고 이들 관념 사이의 대립 갈등이 진테제, 다시 말해 새로운 테제를 만들어낸다. 새로운 테제는 다시 자신의 반테제와 대립한다. 이렇게 세계는 테제(정) - 반테제(반) - 종합테제(합)의 끊임없는 연속이다. 역사는 그 자체로 결코 반복되지 않는다. 오직 말 많은 역사가들만이 자신의 말을 되풀이할 뿐이다.

변증법적 방법과 모든 경제 현상을 불변적인 인과관계로 간주하는 뉴턴적 경제학 접근 방법을 비교해보자. 헤겔의 변증법적 관점에서 오직 불변적인 것은 변화 그 자체다. 다시 말해, 모든 것이 변한다는 사실 그 자체가 불변적인 것이다.

마르크스는 변증법적 방법과 유물론을 결합했다. 뒤에 엥겔스는 이것을 변증법적 유물론 또는 역사유물론이라 이름 붙였다. 헤겔의 머리가 구름 너머 저편에 있었다면, 마르크스는 코를 땅에 박고 문지르고 싶어했다. 마르크스는 역사는 땅에 뿌리를 박고 있다고 말했다. 종교, 윤리, 또는 민족주의가 무슨 상관이란 말인가. 창밖을 내다봐라. 인간이 한갓 목숨을 부지하기 위해 얼마나 애쓰고 발버둥 치고 있는지 똑똑히 보라. 인간 없는 역사는 있을 수 없다. 그리고 빵 없이 인간은 있을 수 없다.

사람은 헤겔이라고 치켜세웠다. 물론 그는 헤겔에게 있어서 변증법이 거꾸로 서 있을 뿐이라는 것을 분명히 한다. 그리고 신비한 껍질 속에 들어 있는 합리적인 알맹이를 찾아내기 위해서는 그것을 바로 세워야 한다고 주장했다.

따라서 "최초의 역사적 행위는 이런 필요를 만족시키기 위한 수단을 생산하는 것이다." [10] 관념론적 역사가들은 《오즈의 마법사》에 나오는 마법의 나라 '오즈'의 역사나 써댈지 모른다.

마르크스는 역사가 노예제 사회에서 봉건제, 자본주의, 그리고 사회주의로 나아갈 것이라고 내다봤다. 이런 역사적 경로는 하늘에 떠 있는 별들이나 어떤 불변적인 법칙에 사이에 나 있는 것이 아니라 생산에 놓여 있다. 좀 더 구체적으로 이야기하면, 그것은 인간과 생산(수단)의 관계(생산 양식 또는 생산제 관계)에 놓여 있다. 각각의 생산 양식은 지배 계급과 피지배 계급을 만들어낸다. 각각의 시대는 지배 계급이 수익을 수취해 가는 특별한 방식으로 특징지어진다. 로마 시대에는 노예를 소유한 자가 노예가 생산한 것에 대해 소유권을 가졌다. 봉건제 시대에는 영주가 농노가 생산한 것에 대해 소유권을 가졌고, 자본주의 시대에는 공장 및 토지의 소유자가 임금 노동자가 생산한 것에 대해 소유권을 가졌다. 이처럼 지배 계급의 생존은 피지배 계급의 노동에 달려 있다. 그런데 이것이 노동자들의 교섭력을 높여줄까? 그렇지 않다. 노동자들은 지배 계급과 협력해야 한다. 왜냐하면 지배 계급이 생산 수단을 통제하기 때문이다. 노동자들은 "구슬을 챙겨 집으로 가지고" 갈 수 없다. 그것은 자신들의 것이 아니기 때문이다.

이런 까닭에 지배 계급과 피지배 계급 사이에 상호 의존이 생겨난다. 그럼에도 불구하고 지배 계급은 마치 노동자들을 별로 필요로 하지 않는 것처럼 보이려고 한다. 오히려 노동자들이 지배 계급에게 애달 복걸하는 것처럼 보인다. 만일 이런 위장 전략이 성공할 경우, 지배 계급은 피지배 계급에 대한 자신들의 지배력을 확장할 수 있다.

지배 계급은 어떻게 자신들의 지위를 보장할 수 있을까? 바로 여기에 헤겔의 관심사였던 윤리, 민족주의, 관념이 끼어든다. 지배 계급은 신념, 법, 문화, 종교, 도덕, 애사심을 조장해 생산 과정을 지탱한다. 애사심이 강한 노동자는 신바람 나게 일할 것이고, 일과 시간에 농땡이를 부리며 생산 수단의 소유자를 기만하지 않는다. 오늘날 미국의 자동차 제조업자들과 양조업자들은 미국을 마치 지상 낙원이라도 되는 것처럼, '하루 동안 충분히, 성실하게 살 수 있는 곳'으로 이야기하기를 좋아한다. 아메리칸 드림은 '야구와 핫도그, 애플파이와 쉐보레 자동차' 같은 것과 동일시된다. 미국에서 쉐보레는 사실상 어머니의 자리를 대신했다. 이게 사실이라면, 오이디푸스적인 아메리칸 드림은 아버지의 자동차에 대한 욕망도 포함하는 것일까?

윤리적, 법적 체계는 우리가 일을 게을리할 경우 죄의식을 갖도록 가르친다. 그런데 왜 생산 수단의 소유자는 우리가 피땀 흘려 생산한 이윤을 수취할 권리를 가질까? 우리는 그가 재산, 즉 생산 수단을 소유하고 있기 때문이라고 답한다. 그런데 우리가 이런 윤리적, 법적 체계를 수용해야 하는 이유는 무엇일까? 마르크스의 의문은 이것에서 시작한다.

마르크스에 의하면 사적 소유 제도에 이해관계를 갖고 있는 지배 계급은 대중을 현혹한다. 예를 들어 미국인들에게 주식이나 채권을 보유하고, BMW를 구매하는 꿈을 꾸도록 한 것은 바로 유인suggestion과 설득persuasion의 힘이다. 그런데 흥미롭게도 개인들은 이런 꿈을 외부의 유인과 설득의 힘이 아닌 자기 자신의 고유한 것으로 생각하고, 따라서 그것들을 내면화하거나 주관화한다. 다시 말해, 그것을 외부에서 주입된 의식으로 바라보지 않는 것이다. 마르크스는 이런 기존 지배 관계의 유지에 관여하는 관념, 법, 윤리를 상부구조superstructure라 불렀다.

마르크스는 《정치경제학 비판 요강》 서문에서 다음과 같은 유명한 말을 남겼다. "물질적 생활의 생산 양식이 사회적, 정치적, 그리고 지적 생활을 조건 짓는다. (…) 인간의 의식이 그들의 존재를 결정하는 것이 아니라 반대로 그들의 사회적 존재가 그들의 의식을 결정한다." [11]

농노는 영주에게 허리를 굽혀 충성을 맹세한다. 단순 기능공들은 높은 긍지를 갖고 숙련된 장인을 섬긴다. 임금 노동자들은 높은 임금을 받거나 승진하기 위해 더욱 열심히 일한다. 이들은 모두 주어진 지배 체제 내에서 힘들게 일하며 더 나은 삶을 추구한다.

마르크스는 지배 계급이 상부구조를 구축하기 위해 의도적으로 모여 공모한다고 주장하지는 않았다. 생산 수단의 소유자들도 그들의 종교를 수단이 아닌 진심으로 믿고 섬길 수 있다. 상부구조는 생산 과정과 밀접한 관련이 있다. 왜냐하면 생산 과정이 사람들의 인식을 왜곡하고 틀 지우기 때문이다. 마르크스는 "인간은 자신의 역사를 창조하지만, 자신이 원하는 대로 하지는 못한다. 즉, 인간은 자신이 직접 선택한 환경이 아니라 과거로부터 이어져 내려온 주어진 환경에서 역사를 창조한다. 모든 앞선 세대의 전통은 살아 있는 사람들의 머릿속에 악몽처럼 자리 잡고 있다"라고 말했다.[12] 여기에 한 가지 덧붙이면, 뒤에 프리드리히 엥겔스는 마르크스와 자신이 간혹 생산(토대)과 상부구조의 인과관계를 지나치게 강조했다는 사실을 인정했다. 관념도 때에 따라서는 실질적인 결과물을 내놓았다.

만일 윤리와 문화가 자동적으로 발생해 기존의 계급 체제를 떠받친다면, 왜 마르크스는 《공산당 선언》의 서문에서 "지금까지 존재했던 모든 사회의 역사는 계급투쟁의 역사"라고 선언했을까?[13] 누군가가 왜 투쟁을 해야 한단 말인가? 누군가가 처음 투쟁을 한다는 것을 어떻게 알 수 있을까? 생산 수단의 소유자들은 단지 노동자들의 고혈을 짜낼 뿐이고, 통일교도들이 교주가 외부 행사에 모습을 드러낼 때마다 항상 몰려나와 꽃을 던지며 환호하고 축복하는 것처럼, 노동자들이 자신의 고혈을 짜내 바치는 행동을 자연스럽게 여길 수도 있지 않은가. 통일교 교도들과 노동자들이 이런 행동으로 인해 조금이라도 이득을 보는 한, 경제는 알아서 굴러갈 것이고, 따라서 생산 수단 소유자들의 통장에는 이윤이 쌓여갈 것이다.

마르크스에 따르면, 생산 과정의 기술이 바뀌면 기존의 생산 과정에 일대 변화가 일어난다. 새로운 생산 기술이나 방법은 토지, 노동, 그리고 자본의 양과 질을 바꾼다. 발견, 발명, 교육, 인구 증가의 직접적인 영향을 받는 물질적 생산력은 동적dynamic이다. 이렇게 새로운 생산력이 더해지면서 오래된 생산 과정은 폐기된다. 예를 들어, 노예제는 토지 대비 노동자의 비율이 높을 때 이윤을 생산할 수 있었다. 그러나 트랙터나 수확기의 생산성이 노예보다 더 효율적이거나 노동자 인구가 상승하면, 노예제는 이윤을 많이 낳지 못할 것이다. 즉, 미래의 생산력은 새로운 생산 과정에 달려 있다.

그러나 정치, 윤리, 그리고 법 제도 전반은 낡은 방법에 의존한다는 것을 잊지 말자. 즉, 생산력이 발전한다고 해서 이런 제도들이 발맞춰 신속하게 바뀌지는 않는다. 산업혁명 이후에도 성직자들은 여전히 노예 제도가 신의 왕국으로 가는 첩경이라고 설교했다. 이것은 성직자들의 마음과 중세 성당의 대리석에 새겨진 영원불멸의 진리였다. 여기에서 엿볼 수 있듯이 상부구조는 정적이다.

오래된 지배 계급이 낡은 관념을 틀어쥐고 새로운 경제 발전을 저해함으로써 역동적인 역사 과정을 방해할 때 투쟁이 일어난다. 마르크스는 수동 제분기가 중세 영주를 낳았고, 증기 제분기가 산업자본가를 탄생시켰다고 주장했다. 그러나 중세 영주는 기존의 기득권을 유지하기 위해 산업자본가들과 대립한다. 뒤에 길드 장인들은 공장 소유자와 대립한다. 용맹한 원탁의 기사 랜슬럿 경과 갈라하드의 이야기는 잊어버리자. 뾰족한 병기를 들고 벌이는 유혈 투쟁은 중세의 기사들 사이에서 일어나는 것이 아니라 영주와 상업 세력들 사이에서 대규모로 일어난다.

지배 계급은 토지, 노동, 자본, 또는 기술이 변할 때마다 위협에 직면한다. 그들은 자신들의 철학이 '영원한 진리'라고 부르짖지만, 그런 사상누각에서 언제 곤두박질칠지 모른다. 역사는 모든 것을 갈아엎는다. 어제 왕의 목을 졸랐던 자가 오늘 도리어 목이 잘려나갈 수도 있다.

좀 더 이해를 돕기 위해 한 가지 예를 들어보자. 옛날옛적에 한 파수병이 숨을 헐떡이며 달려와 신앙심 하면 둘째가라면 서러워할 영주에게 홍수가 일어났으니 얼른 피하라고 보고했다. 영주는 평소의 돈독한 신앙심에 기대어 신께 구원을 빌고자 서둘러 성당으로 발걸음을 옮겼다. 그리고 마냥 살려달라고 기도를 올렸다. 그러는 사이 물은 성당의 계단 끝까지 차올랐다. 그때 성당을 지나치던 배에 타고 있던 한 농노가 계단까지 노를 저으며 영주에게 얼른 타라고 재촉했다. 하지만 영주는 고사했다. "고맙지만 괜찮네. 나는 신과 정의를 믿네. 신이 나를 구해줄 걸세." 물은 계속 불어 올랐고, 영주는 물에 젖지 않기 위해 설교단으로 올라갔다. 이번에는 근처를 지나던 모터보트 한 척이 설교단 위에서 바동거리고 있는 영주를 발견하고 다가왔다. 운전사가 영주를 보고 소리 쳤다. "제가 구해드리겠습니다. 두려워 마시고 이쪽으로 뛰세요." 고귀하고 고매한 영주는 이번에도 고사했다. "걱정하지 말게. 나는 신을 믿네. 그가 나를 구해줄 걸세. 그 시끄러운 기계나 어서 치우게." 이제 물은 차오를 대로 차올라 성당까지 삼켜버릴 기세였다. 영주는 성당 꼭대기에 십자가가 달려 있는 첨탑을 부여잡은 채 거친 물살에 쓸려가지 않기 위해 안간힘을 쓰고 있었다. 이때 헬리콥터 한 대가 날아오더니 조종사가 이렇게 외쳤다. "영주님, 제발 부탁입니다. 이 사다리를 잡으세요." 영주는 다시 이렇게 대답했다. "걱정하지 말게. 나는 신을 믿네. 그가 나를 구해줄 걸세." 그리고 얼마 지나지 않아 물은 첨탑까지도 집어삼켰고, 영주는 끝내 익사하고 말았다.

천국에 간 영주(다행히 착한 영주였던 모양이다)는 신을 만났다. 영주는 하소연하듯 이렇게 말했다. "신이시여, 저는 평생을 당신만을 믿었습니다. 저는 사제가 제게 해준 모든 말씀을 하나도 어기지 않고 그대로 따랐습니다. 다른 사람이 당신을 의심해 기계에 의탁할 때에도 저는 당신이 저를 구해줄 것이라고 믿었습니다. 그런데 어찌하여 저를 버리셨나이까."

그러자 신이 호통을 치듯 이렇게 말했다. "멍청한 놈! 너에게 노 젓는 배, 모터보트, 헬리콥터를 보낸 이가 누구라고 생각하느냐!"

역사유물론의 흐름을 거부하는 자는 그것에 빠져 익사하고 만다. 마르크스는 그 흐름을 다음과 같이 묘사했다.

사회의 물질적 생산제력은 어떤 발전 단계에서 기존의 생산제관계와 대립하게 된다. (…) 이런 관계들이 오히려 자신들의 발목을 잡는다. 이

때 사회 혁명의 시기가 도래한다. 경제적 토대의 변화와 더불어 거대한 상부구조 전체가 다소 빠르게 변한다. 그런 변화를 고찰함에 있어서 토대와 상부구조, 즉 엄밀한 자연과학을 통해 확인할 수 있는 경제적 생산 제조건의 물질적 변화와 법적, 정치적, 종교적, 예술적 또는 철학적 변화, 간단히 말해 인간이 이런 갈등에 대해 의식적으로 되고 끝까지 결판을 내야 하는 이데올로기 형식들을 분명하게 구분할 수 있어야 한다.[14]

마르크스의 논리대로라면, 자본주의는 계급 제도에 의존하기 때문에 혁명은 불가피하고, 노동자 계급의 승리 또한 자명한 것이 된다. 마르크스는 자신의 역작인《자본론》제1권 제1판 서문에서 이것을 "불가피한 결과를 향해 필연성을 가지고 작용하는 경향들"이라고 묘사했다.[15] 오직 무계급 사회만이 혁명을 피할 수 있다. 그리고 마르크스는 그런 무계급 사회에 도달할 수 있다고 확신했다. 그런 사회에서 부패한 자본가들은 궁극적으로 절멸할 것이다. 수 세기에 걸쳐 유지되어왔던 수탈에서 벗어나 노동자들은 마침내 자유를 얻을 것이다.

만일 자본주의가 '필연성'에 의해 몰락하고 사회주의가 도래한다면, 그리고 이것을 역으로 추산해본다면, 자본주의가 도래한 것은 봉건주의가 몰락했기 때문이 아닐까? 이렇게 본다면, 자본주의는 공산주의로 가기 위한 꼭 거쳐야 하는 불가피한 단계가 아닐까? 만일 그렇다고 한다면, 많은 공상적 사회주의자들이 주장하는 것처럼, 자본주의는 그다지 불필요한 살육자, 또는 인류에게 닥친 불행이 아니다. 마르크스는 자본주의를 사악한 인간에 의해 악의적으로 고안된 체제로 묘사하는 비과학적 낭만주의자들을 비판했다. 사실 마르크스는 자본가들에게 몇 가지 그럴듯한 찬사를 보내기도 했다. 특히 그는 자본주의가 인간이 봉건제의 열악한 물질적 상황과 환경에서 벗어날 수 있도록 해주었다는 사실을 명확히 했다. 이런 인식 때문이었을까. 마르크스는《공산당 선언》에서 공상적 사회주의자들을 가장 신랄하게 비판했다.

> 부르주아지는 모든 생산 수단의 급속한 발전, 통신 수단의 손쉬운 활용을 통해 가장 미개한 사회를 포함해 모든 나라를 문명화시킨다. 부르주아지의 값싼 상품은 중국의 만리장성을 무너뜨리고 외국인에 대해 뿌리 깊은 증오의 감정을 가지고 있는 미개인들을 강제로 굴복시키는 대포와 같다. (…) 부르주아지는 100년 남짓 하는 지배 기간 동안 이전의 모든 세대보다 더 크고 더 많은 생산력을 창출했다.[16]

비록 마르크스가 부르주아지를 비판하기는 했지만, 그가 더 가혹하게 비판했던 대상은 자신과 생각이나 견해가 달랐던 동료 사회주의자들이었다. 애당초 타협이나 협력과는 거리가 멀었던 마르크스는 자신의 절친한 친구들에게조차 독설을 퍼부었다. 마르크스가 지금까지 살아 있었다면, 녹색당에 대해서도 똑같은 증오를 보이며 당원들을 향해 친환경 식품이나 배불리 처먹으라며 독설을 내뱉었을지도 모른다.

마르크스는 자본주의가 "인구의 상당 부분을 무료한 농촌 생활에서 벗어날 수 있게 해주었다"라고 썼다.[17] 그는 "자연으로 돌아가자"라고 주장하는 사람들에게 역사책을 펼쳐 놓고 전산업사회가 얼마나 비참했었는지 똑똑히 보라고 타일렀을 것이다. 나아가 마르크스는 프랑스의 공상적 사회주의자 프루동의《곤궁의 철학》에 대해《철학의 빈곤》이란 책을 써서 신랄하게 비판했다. 지적인 사람은 역사의 제단계들을 지우거나 '리콜'하려 하지 않으며, 그것을 고치기 위해 신의 작은 공장, 즉 에덴동산으로 돌아가려 하지는 않는다.

마르크스도 인정했듯이, 자본주의는 사회주의 필수 불가결한 전제조건이다. 그러나 자본주의는 생산에 너무 집착하기 때문에 그것을 스스로 감당하지 못하고 생산보다는 분배를 더 강조하는 사회주의에 자리를 내준다. 그런데 마르크스의 역사 발전 논리대로라면, 전前자본주의 사회에서는 공산주의 혁명이 일어나 봉건 영주나 차르를 무너뜨리는 것을 기대할 수 없다. 때문에 마르크스는 러시아에서 최초로 사회주의 혁명이 일어날 것이라고 예상하지 못했다. 그는 독일에서조차 곧 혁명이 일어나리라고는 내다보지 않았다. 당시 독일은 남성 노동력의 4퍼센트만이 공장 노동자로 일하고 있었다. 대신 그는 당시 가장 앞선 자본주의 사회였던 영국과 프랑스에서 혁명의 불꽃이 가장 먼저 일어날 것이라고 예상했다. 프랑스는 독일에 공산주의 혁명이 무르익었다는 사실을 알려주는 신호를 보낼 것이다. "내부 조건이 충분히 성숙했을 때, 프랑스의 암탉이 울어줌으로써 독일 부활의 아침을 환하게 밝혀줄 것이다." [18]

자본과 자본주의의 몰락

마르크스는 거드름 피우며 닭이 울기만을 기다리지는 않았다. 대신 그는 자본주의 해부의 결정판이라고 할 수 있는《자본론》을 묵묵히 써내려갔다. 1850년대, 마르크스는 런던에 있는 영국박물관 서고의 경제학 서적들을 뒤지면서 그곳에서 살다시피 했다. 그의 가족은 그가 프롤레타리아의 고통을 추상적으로 분석하는 사이에 실제로 주린 배를 움켜잡고 고통스러운 삶을 살아야 했다. 마르크스의 가족은 런던 빈민가의 허름한 아파트에서 살았다. 마르크스를 몰래 염탐했던 한 비밀경찰이 쓴 보고서에는 당시 그의 가족이 얼마나 비참하게 생활하고 있었는지 자세하게 기록되어 있다.

> 마르크스의 집에 들어가니 석탄 연기와 담배 연기 때문에 방안이 잘 보이지 않았다. 마치 깜깜한 동굴에 들어간 것 같은 착각이 들 정도였다. (…) 방안은 지저분했고 온통 먼지투성이였으며, 어디 한 군데 엉덩이를 붙이고 앉아 있을 데가 없었다. 마침 의자 하나가 보였는데, 한쪽 다리는 어디 갔는지 보이지 않았고, 다소 온전해 보이는 다른 의자는 아이들이 기어 올라가 뛰어놀면서 음식을 장만하고 있었다.

그리고 이어 마르크스에 대해 이렇게 보고했다. "그는 매우 어수선하고, 냉소적인 성격인 데다가 손님을 접대할 줄 모른다. 꼭, 집시처럼 생활한다. 제대로 씻지도 않고, 옷을 단정히 입지 않으며, 속옷도 잘 갈아입지 않는다. 가끔 아무것도 하지 않고 종일 빈둥거리며 놀기도 하지만, 일을 하기 시작하면 밤낮 가리지 않고 쉬지 않고 일한다." 부인 예니는, 비록 귀족 집안에서 태어나 자랐지만, "이런 비참한 생활에 별다른 불평 없이 잘 지내고 있다."[19]

마르크스는 런던에서 5년 동안 어렵게 살면서 세 명의 자식을 각각 폐렴, 기관지염, 그리고 결핵으로 잃었다. 그러나 무엇보다 더 비참했던 것은 돈이 없어서 세 자식을 묻을 관 하나 제대로 구할 수 없었다는 것이다. 이 때문에 예니는 우울증에 시달리기도 했다. 비록 마르크스가 다른 사람들에게 살갑게 대하지는 않았지만, 그도 아비인지라 자식들에 대해서는 남다른 부정을 갖고 있었다. 자식들의 죽음에 대해 그 역시 비통함을 감추지 못했다.

> 프랜시스 베이컨은 진정 훌륭한 사람은 자연 그리고 세상과 많은 관계를 맺고 있고, 많은 관심 대상을 가지고 있기 때문에 어떤 손실도 쉽게 극복할 수 있다고 말했다. 그런 면에서 나는 훌륭한 사람 축에 끼지 못하는 듯하다. 자식들의 죽음으로 내 가슴과 머리는 산산이 부서져 내렸으며, 아직도 자식들의 죽음이 믿어지지 않는다.[20]

물론 마르크스는 자신의 곤경을 부르주아지 탓으로 돌렸고, 자신의 가족이 겪은 비극과 종기(마르크스는 등에 부스럼이 나서 오랫동안 고생했다)를 포함해 자신이 앓았던 병고에 대해 반드시 대가를 치르게 하겠다고 별렀다.

마르크스는 좀처럼 자기 자신을 탓한 적이 없었다. 그러나 자식의 죽음에 대해 그는 분명히 자신을 탓해야 했다. 마르크스는 한 집안의 가장이었음에도 불구하고 집안 살림에 대해서는 유아적 감정을 가지고 있었다. 즉, 한 가정의 가장으로서 무엇을 어떻게 해야 하는지 아무것도 모른 채 수수방관했던 것이다. 어떤 사람은 유아를 한편으로는 항상 응석받이고, 다른 한편으로는 무책임한 존재라고 정의한 적이 있다.

예니의 어머니가 죽으면서 남긴 상속 재산과 엥겔스의 생활비 지원, 그리고 〈뉴욕 데일리 트리뷴〉에 정기적으로 원고를 기고하면서 받은 원고료 등을 합하면 마르크스의 수입은 당시 중하층 가정의 수입과 비슷했다. 그들이 런던에서 가장 궁핍하게 지낼 때조차 수입은 비숙련 노동자들의 그것보다 3배 가까이 더 많았다. 마르크스와 마찬가지로 독일에서 추방당한 한 급진적 독일 시인은 그 정도의 수입이면 "맛있는 비프스테이크를 먹으면서 망명 생활을 할 수 있었다"라고 쓰고 있다.[21]

하지만 마르크스는 자신의 수입을 가족을 부양하는 데 쓰지 않고 정치 관련 잡지들을 구독하고, 아이들의 피아노, 음악, 그리고 댄싱 레슨에 허비했다. 그럼 예니는 어땠을까. 혁명가의 아내였던 그녀조차 돈을 아껴 쓰기보다는 '폰 베스트팔렌 남작 부인'이라는 문구가 박힌 고급 편지지를 사용했다.

엎친 데 덮친 격으로 마르크스는 집안의 하녀를 임신시키기까지 했다. 마르크스 형편에 웬 하녀라고 생각하시는 독자도 있겠지만, 그녀는 예니의 부모가 보내준 사람이었다. 이번에도 마르크스는 책임을 회피했다. 그는 예니에게 엥겔스가 아버지라고 거짓말을 했다. 하녀는 출산을 위해 잠시 집을 떠나 있다가 다소 가무잡잡하고 텁수룩한 아이 하나를 데리고 다시 찾아왔다. 아이는 다른 집안에 양자로 보내졌다.

이런 상황에서 마르크스가 1850년과 1851년에 집보다 영국박물관에서 더 많은 시간을 보냈다는 것은 어찌 보면 당연한 것이었을 것이다. 그는 경제학과 관련한 책들은 가능한 한 거의 빼놓지 않고 읽었다. 물론 무작정 읽는 데만 시간을 보낸 것은 아니다. 몇 달에 걸쳐 그는 그중 대략 80명의 저술가가 쓴 저술들에서 중요하다고 생각되는 장문의 문장들을 선별해 따로 노트들을 작성해 나갔다. 프리드리히 엥겔스는 친구인 마르크스에게 작업 속도를 높이라고 성화였지만, 마르크스는 이에 아랑곳하지 않고 모든 작업을 무사태평하게 진행했다. 또한 마르크스는 자신이 의도한 대로 《자본론》을 출간해줄 출판업자를 찾는 데도 많은 어려움을 겪었다. 엥겔스는 이 완고한 공산주의자에게 이렇게 훈계했다. "이번에는 조금 상업적 마인드를 보여주게." [22]

카를 마르크스가 몇 번의 병치레를 하면서 자신의 정치경제학 비판 연구, 저술, 편집을 끝냈을 때 달력은 1867년을 가리키고 있었다. 그리고 그해 《자본론》 제1권이 세상의 빛을 보게 되었다. 나머지 세 권은 그의 사후에 엥겔스의 편집으로 정식 출간될 수 있었다.[*]

마르크스의 필생의 업적인 《자본론》이 어떤 책인지 한마디로 정의하는 것은 쉽지 않다. 물론 그것이 자본주의에 대한 정치경제학적 비판을 위해 썼다는 것은 분명하다. 사실, 어떤 사람은 《자본론》을 정의하기 위해 《로제 유의어 분류 사전》의[**] 한 페이지를 택해서 거기에 나와 있는 여러 미사여구나 수식 어구를 갖다 붙일 수도 있다. 무엇보다 《자본론》은 1,500권이 넘는 참고문헌에 2,500페이지에 달하는 인용문을 담고 있는 방대한 저술이다. 문학적 표현이 두드러진 부분이 있는가 하면, 그의 명철한 논리가 빛을 발하는 부분도 있다. 한편, 너무 전문적이고, 불필요하고, 그리고 지루한 부분도 있어서 미국 태생의 작가 트루먼 커포티가 같은 미국 태생의 작가 잭 케루악에게 가했던 비판이 떠오른다. "이건 저술도 아냐. 그냥 남의 글을 타이핑해놓은 거지."

여기에서는 《자본론》을 다음 세 단계로 나눠 살펴보자. 첫째, 자본주

[*] 제2권과 제3권은 엥겔스에 의해 1893년과 1894년에 각각 출간되었고, 제4권으로 기획된 《잉여가치학설사》는 카를 카우츠키에 의해 1895년에서 1910년 사이에 출간되었다.

[**] 영국의 외과 의사 피터 로제가 처음 편찬한 유의어 사전. 이후에도 많은 유의어 사전이 창시자 로제의 이름을 붙여 사용하고 있다.

의의 핵심이라고 할 수 있는 마르크스의 노동착취론을 살펴보자. 둘째, 불가피하게 몰락의 길을 걷게 되는 자본주의의 운동 법칙을 살펴보자. 그리고 마지막으로 자본주의의 심리적 비용에 대해 알아보자.

마르크스는 쉬운 길을 선택하지 않았다. 그는 무소불위의 권력을 휘두르는 횡포한 자본주의 기업을 꼬집거나 완전하고 애덤 스미스적인 자유 경쟁의 시대는 끝났다고 선언하는 데 그치지 않았다. 무엇보다 그가 한때 헤겔주의자였음을 기억하자. 그는 가장 이상적인 자본주의 형태조차 결국에는 붕괴하고 만다는 사실을 철두철미하게 보여주고 싶어 했다. 우선 그는 자본주의 해부에 앞서 다소 무뎌진 철 지난 도구를 꺼내 갈고 닦기 시작한다.

애덤 스미스, 그리고 특히 데이비드 리카도처럼 마르크스는 상품의 가치가 그것을 생산하는 데 필요한 노동량에 의해 결정된다는 것을 '입증한다'. 기계는 쇳조각 형태로 저장되어 있는 과거의 노동일 뿐이다. 제작하는 데 10시간이 걸리는 스테레오는 다섯 시간밖에 걸리지 않는 스테레오보다 2배 더 가치가 있다. 만일 이것이 사실이라면, 노동이 착취되지 않는다면 이윤이라는 것은 있을 수 없다. 이를 토대로 다음과 같은 단순한 삼단논법을 전개해볼 수 있다.

1. 상품의 가치(즉, 가격)는 노동량에 의해 결정된다.
2. 노동자는 자신이 상품 생산에 기여한 만큼의 가치(즉, 임금)를 받는다.
3. 따라서 이 상품의 가치는 노동자가 받는 임금과 동등하다.

그러나 상품의 가치와 달리 상품의 판매 가격은 노동자들에게 분할

되지 않는다. 상품의 소유자가 그 가격의 일부, 즉 자신의 이윤을 가져간다. 보이지 않는 손 따위는 잊자. 오히려 자본가의 눈에 훤히 드러나 보이는 억센 손이 그것을 와락 채간다. 그렇다면 이런 이윤은 어디에서 오는 것일까? 우선 두 번째 전제가 잘못됐다. 즉, 노동자는 자신이 상품 생산에 기여한 만큼의 가치를 받지 못했다. 그들은 착취당한 것이다. 그런데 마르크스를 비판하는 논자들은 오히려 첫 번째 전제가 잘못되었다고 주장한다.

자본가들은 어떻게 노동자들을 속일까? 자본가들은 노동자들이 자신들의 사업에 기여한 만큼 임금을 지불하는 대신 오직 생계를 유지할 수 있는 최저 임금, 다시 말해 목숨을 부지한 채 계속 일을 할 수 있는 만큼만 지급한다. 자본가들은 노동력을 마치 하나의 상품처럼 구입한다. 그런 다음 생산 원료와 마찬가지로 하루에 X시간 동안 생산 과정에 투입한다.

마르크스의 용어를 사용해 다시 설명해보자. 마르크스는 자본가들이 불변 자본constant capital이라 불리는 공장과 설비를 제공하고, 가변 자본variable capital이라 불리는 노동(력)을 고용한다고 정의한다.* 물론 불변 자본과 가변 자본을 공장이라고 불리는 한 곳에 모아 놓는다고 해서

---

* 불변 자본과 가변 자본에 대해 간략하게 다시 짚고 넘어가면, 불변 자본은 자신의 가치가 새롭게 생산되는 상품에 이전되는 자본이며, 가변 자본은 새롭게 생산되는 상품에 새로운 가치를 더하는 자본을 말한다. 보통은 불변 자본을 생산 수단 및 생산 원료, 가변 자본은 노동력이라고 정의하지만, 가치의 이전과 추가 생산으로 구분하는 것이 사실은 더 정확한 정의다. 예를 들어, 이런 이유 때문에 많은 사람이 불변 자본과 가변 자본을 정의하면서 고정 자본 및 유동 자본과 혼동한다. 고정 자본은 기계류와 같이 자신의 가치를 서서히 새롭게 생산되는 상품에 이전되는 자본(감가상각이라 불린다)이고 유동 자본은 원료처럼 한 번에 새롭게 생산되는 상품에 이전되는 자본을 말한다. 고정 자본과 유동 자본의 구분에 따르면, 노동력(가변 자본)은 유동 자본에 속하게 된다. 이런 구분에 기초해 마르크스는 가변적 유동 자본과 불변적 유동 자본, 또는 유동 자본의 가변 부분과 불변 부분을 구분하고 있는데, 가변적 유동 자본은 노동력 또는 노동력에 지불되는 임금을 말하고, 불변적 유동 자본은 생산 재료 또는 생산 재료의 구입에 들어가는 자본을 말한다.

무조건 생산이 이뤄지는 것은 아니다. 자본가는 공장이 돌아가 생산되는 최종 생산물의 가치가 투입된 불변 자본과 가변 자본의 합을 초과해야 본격적으로 생산을 시작한다. 초과 가치, 즉 이윤은 노동자들에게 그들이 생산한 가치보다 적게 임금을 지급한 결과 발생한다. 다른 말로, 노동자들이 자신들이 생산한 상품에 추가하는 가치는 그들이 임금의 형태로 받는 가변 자본을 초과한다. 마르크스는 노동자에게서 강탈한 이런 부정 이득을 잉여 가치라고 불렀다.

예를 하나 들어보자. 재스민은 라디오 시티 뮤직홀에서 재봉사로 무대 의상을 제작하거나 수선하는 일을 하고 있다. 보통 관객들은 배우들이 뜯어진 의상을 입고 무대에 오르는 것을 좋아하지 않는다. 그래서 문제 있는 의상을 수선하는 재스민의 바느질은 공연에 10달러의 가치를 더한다. 그러나 그녀가 바느질에 대한 대가로 받는 보수는 6달러밖에 되지 않는다. 즉, 공연 단장이 매일 공연마다 4달러의 잉여 가치를 재스민에게서 빼앗아가는 것이다. 여기에서 잉여 가치 대 보수(임금)의 비율, 즉 6분의 4가 착취율이다.*

그런데 왜 재스민은 자신이 공연에 온전히 기여한 10달러에 대해 지불을 요청하지 않을까? 그것은 바로 실업 문제에 있다. 자본주의는 필연적으로 실업을 발생시키며, 산업예비군이** 재스민이 더 높은 보수를 요구할 때를 대비해 언제고 대기하고 있다. 더구나 그녀는 생산 수단인 재봉틀, 무대 의상, 또는 무대를 소유하고 있지 않다. 그것을 소유하고

---

* 여기에서 재스민에게 지불된 6달러는 지불 노동, 4달러는 부불 노동이라 불린다.

** 마르크스는 자본주의에서 발생하는 실업자 집단을 산업예비군이라 불렀는데, 그는 이에 대해 자본주의는 자본주의적 착취의 필요를 항상 충족시키기 위해 이들을 비참한 상태에 묶어 두고 있다고 비판했다. 과잉노동인구라 불리기도 한다.

있는 것은 단장이다. 생산 수단을 통제함으로써 단장은 재스민이 속해 있는 노동시장을 지배한다.

그전에 단장은 무슨 기준으로 재스민의 보수를 6달러로 책정했을까? 일단 단장은 자신이 고용하는 노동자들에게 생존에 필요한 임금만 지불하면 그만이다. 재스민의 보수가 6달러로 책정된 것은 그것으로 그녀의 삶을 유지할 수 있기 때문일 것이다. 따라서 그녀는 최저 임금을* 받은 것이다. 만일 그녀가 시간당 1달러를 받는다면, 그녀는 하루 여섯 시간 노동으로 최저 생계수준을 유지할 수 있을 것이다. 그런데 단장은 여섯 시간이 지났는데도 재스민에게 계속해서 일을 시킨다. 그는 그녀에게 더 많은 일감을 안겨주며 더 많은 시간을 일하도록 강요한다. 좀더 구체적으로 이야기하면, 단장은 그녀에게 하루 일당 6달러를 주며 4시간이나 더 많은 10시간 노동을 시킨다. 그 결과 재스민은 자신을 위해 6시간을 일하고, 나머지 4시간은 단장을 위해 일하는 꼴이다. 4시간의 잉여(시간 또는 노동)는 곧장 단장의 호주머니로 들어간다. 단장은 바느질 한 번 하지 않고 손쉽게 돈을 벌었다.

왜 노동자들은 최저 임금만을 받을까? 앞서 말했듯이, 상품의 가치는 상품에 투입된 노동의 가치에 의해 결정된다. 노동(력) 또한 하나의 상품이다.** 따라서 노동(력)의 가격은 노동자의 생산 및 유지, 즉 재생산에

---

* 한 나라에서 정한 노동자에게 지급해야 할 최소한의 임금을 말한다. 각 나라는 자국의 법과 규정에 의해 최저 임금을 정하고 있다. 처음으로 최저 임금제가 실시된 것은 1894년에 뉴질랜드였다. 미국은 1938년부터 시행됐고, 우리나라는 1986년에 최저임금법을 제정해 1988년에 본격적으로 시행했다.
** 더 정확하게 이야기하면 노동이 아닌 노동력(추상적 노동)이 상품이다. 마르크스는 인간의 노동이 하나의 상품이 되기 위해서는 모든 노동이 질적으로 동등해야 한다고 전제한다. 물론 구체적 노동이 없는 것은 아니다. 마르크스는 사용 가치를 생산하는 노동을 구체적 노동으로 가치, 즉 교환 가치를 생산하는 노동을 추상적 노동이라 정의했다.

필요한 화폐량이다. 그리고 그것이 바로 최저 임금이다.

일반적으로 자본가는 노동자들에게 그들이 생산한 것을 구매할 수 있을 만큼 충분한 임금을 지급하지 않는다. 노동자들은 자신들에게 돌아올 일정한 몫을 받기 위해 투쟁한다. 앞서 살펴본 예에서, 공연 티켓 가격이 10달러라고 한다면, 비록 재스민이 공연에 10달러의 가치를 추가에도 불구하고, 그녀가 받는 보수로는 공연 티켓을 구할 수 없다. 혹시 재스민이 공연 배우의 상반신만 보겠다고 약속한다면, 단장이 할인된 가격으로 티켓을 살 수 있게 해줄 수 있을지는 몰라도.

만일 이윤이 노동 착취에서 비롯한다면, 이윤율은 생산된 잉여 가치의 양 대 총투하된 자본(불변 자본과 가변 자본)의 비율이라 정의할 수 있다. 좀 더 쉽게 설명하면, 이윤율을 r, 생산된 잉여 가치의 양을 s, 불변 자본을 c, 가변 자본을 v라고 했을 때, 이윤율 $r=s/(c+v)$라는 공식으로 나타낼 수 있다.* 자본가는 자신이 고용한 노동자들의 노동 시간을 늘림으로써 이윤을 높일 수 있다. 또는 남성 노동 이외에 여성 노동과 아동 노동을 착취함으로써 더 많은 이윤을 취할 수도 있다. 마르크스가《자본론》을 집필하고 있던 시기에 평균 근로 시간은 계속해서 늘어나고 있었고, 더 많은 여성과 아동이 공장 노동자로 투입되고 있었다.**

이제 우리는 이윤이 어떻게 해서 착취에 의존하는지 알게 되었다. 그런데 왜 이런 상황이 계속해서 유지될 수 없을까? 결국 노동자들을 절

---

* 이윤율은 잉여가치율과 다르다. 보통 잉여가치율은 착취율이라고도 불리는데, 잉여가치율은 생산된 잉여가치의 양(잉여 노동, 부불 노동) 대 투하된 가변 자본의 양(필요 노동, 지불 노동)으로 나뉜다. 이것을 공식화하면, 잉여가치율을 r, 생산된 잉여가치의 양을 s, 투하된 가변 자본의 양을 v라고 한다면, $r=s/v$로 나타낼 수 있다.
** 물론, 영국의 상황은 조금 달랐다. 특히 앞 장에서 살펴본 것처럼, 영국은 공장법 재개정을 통해 아동 노동 및 아동 노동에 대한 과도한 착취를 금지하거나 줄여 나가기 시작했다.

망에 빠뜨리고 자본가들을 무릎 꿇게 만드는 자본주의 법칙이란 무엇인가? 마르크스는 사회 혁명이 그저 아무 때나 일어난다고 말하지 않았다. 그는 자본주의에 내재한 경제적 모순들에 대해 자세하게 설명했다. 아래에서는 마르크스가 자본주의를 파국으로 몰아가는 것으로 지목했던 다섯 가지 '법칙' 또는 '경향'에 대해 살펴보자. 보이지 않는 손은 자본주의에 갈채를 보내기는커녕 그것을 파괴한다.

1. 이윤율 저하 경향과 자본 축적

애덤 스미스처럼, 마르크스 역시 자본가들이 서로 경쟁에 직면한다고 보았다. 만일 어떤 기업이 생산 규모를 확장하면, 그만큼 생산의 효율성을 높일 수 있을 것이다. 그 결과 경쟁 기업들도 따라서 생산 규모를 확장하고, 더 많은 노동자를 고용한다. 그러나 노동력에 대한 수요가 증가하면서 임금 또한 최저 임금 이상으로 올라간다. 이때 자본가는 어떻게 대처할까? 그는 노동력을 새로운 기계로 대체한다. 그렇게 하지 않으면 높아진 임금만큼 착취율은 떨어질 것이고, 그 결과 이윤(율)도 떨어질 것이다. 이처럼 자본가들 사이의 경쟁은 노동력을 기계로 대체하는 결과를 초래한다.

그러나 이때 자본가들은 자기 꾀에 넘어간 나머지 딜레마에 봉착한다. 자본가들이 앞다투어 기계를 들여놓음에 따라 어부지리를 얻는 것은 기계 제조업자들이다. 그는 기계에 대한 수요가 증가함으로써 가격을 더 높게 부를 수 있다. 예를 들어, 초고속 필름 현상기가 시간당 더 많은 필름을 인화할 수 있기 때문에 기업의 수입 증대에 기여한다면, 이 장비의 제조업자는 자신이 생산한 현상기의 가격을 더 높게 책정할 것이다. 앞서 마르크스의 이윤율 공식, $r = s/(c+v)$을 다시 살펴보자. 이 공식대로라면, 자본가는 기계(c)를 추가 구입하면, 오히려 이윤이 떨어지게 된다. 그런데 이를 염려해 기계를 추가로 들여놓지 않는다면, 경쟁 업체에 뒤처질 것은 불을 보듯 뻔하다.

> 자본주의적 생산의 발전은 하나의 주어진 사업에 투하되는 자본의 양을 어쩔 수 없이 계속 늘려나가게 만들며, 또한 경쟁은 개별 자본가가 자본주의적 생산의 내적 법칙을 외적인 강제 법칙으로 느끼도록 만든다. 그것은 자본가가 자신의 자본을 보존하기 위해 계속해서 자본을 지출하도록 강제한다.
> 축적하라, 축적하라! 이것이 오늘날 모세가 말하는 예언이다! (…) 따라서 절약하라, 절약하라! 즉, 가능한 잉여가치의 많은 부분, 또는 잉여 생산물을 자본으로 전환하라! [23]

어느 한 자본가가 기계를 개량해도 같은 결과가 발생한다. 재봉틀을 예로 들면, 남보다 앞서 기존의 재봉틀을 개량한 제조업자는 대량 판매를 위해 판매 가격을 낮게 책정할 수 있다. 물론 이때 다른 경쟁 업자들은 서로 경쟁에서 뒤처지지 않기 위해 노동자에게서 강탈한 이윤을 저축해 새로운 재봉틀 개발에 박차를 가해야 한다.

자본가들의 이런 '끝없는 탐욕'이 그들을 파멸로 몰고 간다. 이윤율 감소를 늦추기 위해 자본가들은 노동자에 대한 착취를 더 강화할 수도 있다. 어떻게? 먼저 노동 속도, 즉 작업 속도를 높일 수 있다. 그리고 노동 시간 및 노동 일수를 늘릴 수 있다. 물론 이런 얄팍한 술수들은 노동자들의 인내심을 위험한 수준까지 높일 수 있다.

2. 경제력 집중 증가 *

자본가들이 생산 규모를 확장하고 새로운 기계를 개발하기 위해 경쟁하면서 그들 사이의 싸움은 더욱 격렬해진다. 물론 승리는 상품을 더 저렴하게 생산하는 대기업 쪽으로 돌아간다. 자본가들 사이의 유혈 투쟁은 "항상 많은 소규모 자본가들을 황폐화시킨다. 그리고 그들 자본의 일부는 정복자의 수중에 들어가고, 일부는 자취도 없이 사라진다."[24] 이 투쟁에서 가까스로 살아남은 기업들도 멀지 않아 대기업에 흡수된다.

3. 깊어지는 경기 침체 및 공황

"유치한 말장난, 허튼소리, 엉터리." 마르크스는 수요와 공급의 조화를 통해 자본주의 경제가 안정을 유지할 것이라고 예측했던 세의 주장을 이런 식으로 깎아내렸다. 자본가들이 노동력을 기계로 대체함에 따

---

* 마르크스는 자본주의의 경제력 집중을 자본의 집적 및 집중으로 표현했다. 자본의 집적이란 자본이 잉여 가치 또는 이윤의 일부를 생산 규모의 확대에 사용함으로써 자본 규모 및 생산 규모가 확대되는 것을 말한다. 자본 축적과 같은 말이라고 볼 수 있다. 일반적으로 자본의 집적 증대는 자본의 축적을 증진하지만, 자본가의 재산이 상속에 의해 분할되는 경우 또는 잉여 가치가 원래의 자본으로부터 분리해서 독립된 새로운 개별 자본으로 기능을 할 경우에는 자본가의 수가 증가하고, 자본 축적은 분산하는 형태로 집적된다. 그러나 그 이외의 자본의 집적은 사회적 자본의 축적에 의해 제한된다.

반면, 자본의 집중은 둘 이상의 자본이 각각의 자립성을 잃고 결합, 합병 또는 흡수 등에 따른 자본의 가치 증대이다. 그것은 자본가에 의한 자본가의 수탈로 다수의 소자본이 소수의 대자본에 흡수되는 것이어서 축적이나 집적과는 달리 사회적 자본의 축적 한계에 의해 제한되지 않는다. 이처럼 정의상 집적과 집중은 명확히 구별되지만, 사회적 축적 과정에서 양자는 자본의 축적을 기초로 해서 자본의 집중이 일어나고, 이 집중에 의해 집적이 촉진되는 식으로 서로 작용한다. 그리고 자본의 집적과 집중의 진전에는 경쟁과 신용이 가장 강력한 지렛대 역할을 한다. 또한, 그것은 자본의 동원을 조장해 주식회사 제도의 전개를 촉진시키고, 주식 지분의 지배 집중에까지 이르게 한다. 또한 자본의 집적과 집중의 상호 규정적 진행은 개별 자본의 거대화와 시장 집중도의 고도화를 가져오고 시장 참여를 매우 어렵게 해서 소수 거대 자본의 독점적 시장 지배, 독점화 경향을 초래한다.

라 실업자가 증가한다. 그렇다면 자본가들이 계속해서 생산하는 상품은 누가 구매하는가? 아무도 없다. 상품은 판매되지 않고 창고에 쌓여가기만 한다. 기업들이 곳곳에서 도산하기 시작한다. 투자가 줄고, 주식시장이 폭락하고, 경제가 온통 패닉 상태에 빠져든다. 투자자들이 집 발코니에서 스스로 목숨을 내던진다.

물론 이런 상황은 상품의 가격이 떨어지면서 다시 정상으로 돌아온다. 이런 상황에서 간신이 살아남은 기업들은 사업을 추스르고, 생산을 위해 절망에 빠진 노동자들을 고용한다. 잉여 가치와 이윤이 다시 증가한다. 그러나 그것도 잠시, 경제는 다시 곤두박질치기 시작하고, 불황의 끝은 알 수 없다. 오히려 시간이 지날수록 경기 침체는 더 빨리 찾아오고, 그 골도 더 깊어진다.

4. 산업예비군

노동력을 계속해서 기계로 대체하고 주기적인 불황을 겪으면서 자본가들은 점점 더 많은 사람을 공장에서 길거리로 내몬다. 산업예비군은 처음에는 구세군처럼 전투적이거나 호전적이지 않다. 물론 이들이 계속 자신들이 처한 상황을 숙명적으로 받아들이는 한, 그들은 값싼 노동력의 주요 공급 원천으로 기능할 것이다. 이처럼 저렴하고 풍부한 노동력은 처음에는 자본가들이 주도권을 행사하는 데 도움을 준다.

5. 프롤레타리아트의 궁핍화

"모든 부와 권력이 소수의 자본가에게 집적되고 집중됨에 따라 궁핍, 억압, 예속, 타락, 착취는 가중된다."[25] 노동 시간은 늘어나고, 반대로 여가 시간은 줄어들면서 이미 짓밟힐 대로 짓밟힌 노동자들의 삶은 더욱 비참해진다. 마르크스는 초기 저술에서 노동자들의 '절대적' 생계수준이 시간이 흐를수록 저하된다고 주장했다. 그러나 《자본론》을 쓸 당시 노동자들이 처한 상황은 정반대였다. 그래서 그는 초기 입장에서 일부 후퇴해 노동자들의 생계수준이 '상대적으로' 저하된다고 주장했다.

실직, 소득 감소, 자포자기, 그리고 비참한 생활 끝에 프롤레타리아트는 자신들의 처지를 깨닫는다. 상부구조의 가면이 벗겨진다. 자본주의라 불리는 추한 괴물이 얼굴을 드러낸다. 억압받던 사람들이 반란을 일으킨다. "자본주의적 사적 소유의 종언을 알리는 조종이 울린다. 수탈자들이 수탈당한다." [26]

프롤레타리아트가 수탈자들에게서 쟁취하는 것은 공장만이 아니다. 그들은 인격을 되찾는다. 자본가들은 프롤레타리아트의 주머니만 강탈한 것이 아니다. 그들은 프롤레타리아트의 마음과 정신도 빼앗았다. 마르크스는 노동이 인간의 생활에서 특별한 역할을 한다고 생각했다. 인간은 자연을 통해, 그리고 다른 사람들과의 관계를 통해 자신들의 삶을 창조하고 강화하도록 강제받는다. 인간의 개성은 창조적 노동 없이는 발전할 수 없다. 자본주의에서 노동(력)은 또 다른 상품이 된다. 사람들은 판에 박힌 따분하고 재미없는 일을 강요당한다. 그들은 살아 움직이는 도구가 된다. 그들은 스스로에 대해, 세계에 대해, 그리고 서로에 대해 소외감을 느낀다. 소외alienation 개념은 마르크스주의와 실존주의의 현대 사회 비판에서 핵심적인 개념이 되었다.

《공산당 선언》에서 마르크스와 엥겔스는 프롤레타리아트에게 경제를 손에 넣고 자기 자신을 해방하라고 촉구했다.

공산주의자들은 자신들의 견해와 목적을 감추는 것을 경멸한다. 그들은 자신들의 목표가 기존의 모든 사회적 관계를 무력으로 전복해야만 달성될 수 있다는 것을 공공연하게 선언한다. 지배 계급을 공산주의 혁명 앞에서 무릎 꿇고 떨게 만들자. 프롤레타리아트가 잃은 것은 그들을 단단히 옭매고 있는 쇠사슬 외에 아무것도 없다. 그리고 그들이 얻을 것은 세상이다.

만국의 노동자여, 단결하라![27]

《공산당 선언》이 출간되고 거의 20년 뒤에 자본주의의 해부학이라고 할 수 있는 《자본론》이 출간되면서 프롤레타리아트는 자칫 공허하게 들릴 수도 있는 자신들의 슬로건을 뒷받침할 수 있는 든든한 이론적 토대를 가질 수 있었다.

그런데 프롤레타리아트 혁명 이후에 무슨 일이 일어날까? 모든 사람이 승리에 도취해 서로 부둥켜안고 키스하면서 새로 발견한 인간성에 감사하며 호사스럽게 살아갈까? 모든 사람이 모닥불을 피워놓은 다음 빙 둘러앉아 서로 손에 손을 잡고 〈쿰바야Kumbaya〉를 부를까? 당대의 일부 마르크스주의자들 중에는 이런 공상적인 생각에 빠진 사람도 있었을 것이다.

물론 마르크스는 공상적 사회주의를 비판했고, 그것의 조야한 논리를 비웃었다. 마르크스는 그렇게 감상적인 사람이 아니었다. 그는 소득의 '공정한' 분배나 부의 전면적인 재분배를 갈망하는 것을 경멸했다. 사회주의에서도 노동자들은 자신들의 노동에 대해 '완전히 동등한 대가'는 받지 못할 것이다. 그러나 그들에게 지불되지 않고 남는 부분은 공공 목적을 위해 사용될 것이다.

공산주의가 진정으로 의미하는 것은 무엇일까? 온갖 추측과 논의가 무성했지만, 그것의 진정한 의미를 우리는 알지 못한다. 마르크스는 '미래의 식당'을 위한 자신만의 '레시피'를 일부러 남기지 않았다.[28] 이렇게 조리법이 없이 요리되어 나온 지배 체제로서 마르크스주의는 '정치적 짬뽕 또는 소시지'나 다름없었다. 즉, 그것은 중앙위원회의 여러 목표를 한 데 쑤셔 넣고 인민들을 먹여 살릴 수 있는 형태로 찍어내는 값싼 방식이었다.

마르크스는 궁극적으로 국가 형태는 '쇠퇴해 없어질' 것이라고 내다봤다. 그 사이에 프롤레타리아트 독재가 통치를 대신한다.《공산당 선언》에는 "소유권에 대한 전제적인 침해" 방식으로 다음 10가지 계획이 제시되어 있다.

1. 토지에 대한 소유를 폐지하고, 모든 지대를 공공의 목적을 위해 사용한다.

2. 소득에 대해 높은 누진세를 부과한다.

3. 모든 상속권을 폐지한다.

4. 모든 배신자들과 반역자들의 재산을 몰수한다.

5. 국가 자본과 배타적 독점권을 가진 국립은행을 통해 신용을 국가의 수중에 집중한다.

6. 통신 및 운송 수단을 국가의 수중에 집중한다.

7. 국가 소유의 공장 및 생산 수단을 늘려나간다. 황무지를 개간하고, 공동 계획에 따라 토지의 질을 개선한다.

8. 모든 인민에게 노동에 대한 동등한 의무를 부과한다. 특히 농업 부문에 산업 전사들을 배치한다.

9. 농업과 제조업을 결합한다. 그리고 인구를 전국적으로 좀 더 균등하게 배분함으로써 도시와 농촌의 차이를 점진적으로 폐지한다.

10. 공립학교를 통해 모든 아이에게 무상 교육을 제공한다. 현존하는 아동 노동은 전면적으로 폐지한다. 교육과 산업 생산을 결합한다.[29]

미래의 마르크스주의자들은 이런 계획을 수행해나가는 방법을 발견해야 할 것이다. 유럽의 분열된 사회주의 운동에 대해 별다른 기대를 하지 않았던 마르크스는 자신은 더 이상 마르크스주의자가 아니라고 선언하는 웃지 못할 해프닝을 벌이기도 했다.

성경을 보면, 신은 모세와 그의 동족이 약속의 땅 가나안에 들어가지 못하게 한다. 하지만 이스라엘 백성과 달리 마르크스주의자들은 1883년에 마르크스가 죽고 나자 그들을 인도해줄 여호수아(모세의 후계자) 같은 사람이 없었다.

마르크스 곱씹어보기

마르크스의 정교하고 독창적인 분석을 어떻게 하면 포괄적으로 비판할 수 있을까? 사실 쉽지 않은 일이다. 지난 세기 동안, 수많은 지식인이 수많은 지면을 통해 마르크스를 칭찬하고, 비판하고, 모욕하는 일을 반복했다. 이하에서 다음과 같은 간략한 주제를 중심으로 마르크스를 평가해보고자 한다.

1. 마르크스의 역사유물론은 잉여 노동이라는 관념을 어떻게 왜곡했는가?
2. 노동자 계급의 궁핍화, 실업, 그리고 자본주의 몰락이라는 예언은 어떻게 되었는가?
3. 마르크스는 현대 경제학에 어떤 기여를 했는가?
4. 마르크스는 현대 정치에는 어떤 기여를 했는가?

역사유물론은 잉여 노동이라는 관념을 어떻게 왜곡했는가?

프랑스 작가이자 시인인 빅토르 위고의 《레 미제라블》에서 주인공 장 발장은 자베르 경감의 추격을 받는다. 마치 숙명처럼 자베르 경감은 서서히 장 발장의 목을 조여 들어간다. 문학적 변증법은 두 사람의 극적인 갈등을 창조한다. 서로 숙명적 관계에 있지만, 두 사람에게 다른 한 사람이 없는 삶은 단순하고 무료하다.

마르크스의 역사유물론이 지닌 문제점은 변증법의 대가라고 할 수 있는 그가 관념적인 운동과 물질적인 운동 사이의 갈등을 무시했다는 것이다. 전반적으로 마르크스는 물질적인 원인을 우연적인 것으로 그린다. 그리고 이런 물질적인 원인이 관념 또는 사회의 상부구조를 떠받치고, 또한 주기적으로 그것을 변화시킨다. 그러나 이런 관계를 가정하면서 마르크스는 관념적인 힘들을 너무 경시하는 경향이 있다. 그리고 이런 결점이 그의 경제학에 영향을 미쳤다.

잉여 노동이라는 관념은 마르크스의 자본주의 비판을 관통하는 핵심 개념이다. 앞서 언급했던 간략한 삼단논법을 상기해보자. 노동은 왜 착취되어야 하는가? 그것은 마르크스가 자본가의 이윤 획득 수단으로 '노동가치설'을* 받아들였기 때문이다. 마르크스에 따르면 자본가에게서 가치는 '티끌만큼도' 나오지 않는다.[30] 마르크스는 바느질을 하는 재스민이나 대장간에서 일하는 스미스만 가치를 생산한다고 보았다.

그러면 마르크스가 자신의 노동가치설에서 놓치고 있는 것은 무엇인가? 그는 상상력과 기업가 정신을 간과했다. 부를 창조하기 위해서는 유형재의 투입만으로는 부족하다. VCR을 개발하는 데 새로운 유형의 재료나 더 철저한 노동 착취 방식이 필요하지는 않았다. 당시 비디오 산업은 다음 두 가지를 필요로 했다. 즉, 발명과 투자에 대한 위험을 기꺼이 감수할 수 있는 기업가 정신이 그것이다. 소련 시절에 러시아인들이 미국산 데님 청바지를 그렇게 갈망했던 이유는 무엇일까? 그것은 소련이 질 좋은 옷을 생산할 수 있는 면화나 노동자가 부족했기 때문이 아니었다. 그들에게는 상상력, 혁신, 규율이 부족했기 때문이었다. 이런 비유형적인 요소가 성공적인 기업들과 나라들을 그렇지 않은 기업들과 나라들과 구분하는 기준이다.

마르크스의 유물론은 불행하게도 인적 자본, 지식, 숙련, 또는 이윤

---

* Labor theory of value. 상품의 가치는 그 상품을 생산한 노동에 의해 형성되고, 가치의 크기는 그 사회에 있어서의 평균적인 생산조건하에서 그 상품을 생산하는 데 필요한 노동 시간(사회적 필요 노동 시간)에 의해 결정된다는 학설을 말한다. 노동가치설은 마르크스의 독창적인 이론이 아니라 17세기 존 로크 등에 의해 처음 등장했고, 애덤 스미스와 데이비드 리카도에 의해 계승 발전된 논의로 그는 이것을 토대로 잉여가치설을 주장했다. 한편, 마르크스의 잉여가치설은 자본주의의 운동 법칙을 밝히는 핵심적인 이론이었다. 그러나 노동가치설은 엄격한 의미에서 농업과 수공업이 지배적인 생산 방법이었던 17세기에 등장한 개념으로 산업혁명 이후 자본주의 생산 방식에 그대로 적용하는 것은 시대착오적이라는 비판을 받았다. 왜냐하면 자본주의적 생산 방식에서 가치를 생산하는 것은 노동만이 아니라는 것이 일반적으로 받아들여졌기 때문이었다.

증대에 결정적으로 중요한 관리 기술을 포함해 모든 종류의 자본을 멸시하는 결과를 초래했다. 노동가치설은 인간이 가지고 있는 번득이는 창의력과 아이디어 또는 아래와 같은 예에서 볼 수 있는 내적 통찰력을 어떻게 설명할까?

몇 년 전, 숲속을 산책하던 한 남자가 자신의 모직 양말에 우엉 가시가 달라붙어 있다는 것을 알아챘다. 마침 그의 은행 계좌에는 돈이 넘쳐나고 있었다. 그는 그 가시에서 아이디어를 얻어 벨크로를 개발했다. 이때 그가 벌어들인 모든 이윤은 노동자의 피와 땀에서만 나왔다고 할 수 있을까?

다음 장에서 우리는 위험 감수와 '기다림'이 사회에 더하는 가치를 무시했다며 마르크스를 공격하는 앨프리드 마셜에 대해 살펴볼 것이다. 자본가는 투자를 함으로써 그 돈으로 편하게 앉아 상품을 구매하고 소비하면서 얻었을 욕구와 안락함을 포기한다. 투자에 대한 수익은 바로 그가 자신의 기쁨과 쾌락을 참고 기다린 것에 대한 보상이다. 만일 모든 사람이 수중에 있는 모든 것을 당장 다 써버린다면, 사회는 신제품을 전혀 생산하지 못할 것이다. 따라서 마르크스가 노동자의 고혈을 짜서 나온다고 말한 이윤은 추가 이윤 생산에 결정적, 나아가 정당한 역할을 한다. 덧붙여 말하면, 마셜이 주도했던 한계효용 '혁명'은 가치가 생산이나 공급에서 창출될 뿐 아니라 '수요'에서도 비롯된다는 것을 보여준다. 마르크스 사후에 《자본론》 제2권이 출간되었을 때, 한계효용론자들은 공급 측면에 초점을 둔 마르크스와 고전파 경제학자들을 맹렬하게 공격했다.

노동가치설에 과도하게 의존했던 마르크스는 역동적이고 관념적인 수많은 요인을 논의 과정에서 간과했다. 데이비드 리카도는 이런 문제를 피해갔는데, 그것은 그가 노동가치설을 추론의 한 도구로 보았을 뿐

가치의 결정적인 원인으로 보지는 않았기 때문이었다. 마르크스가 이 이론을 수학적으로 입증하려고 시도했을 때, 결국 그는 가시덤불에 떨어져 이도 저도 못하는 신세가 되고 말았다. 그가 그런 와중에 벨크로를 개발하지 못한 것이 놀라울 따름이다.

노동자 계급의 궁핍화, 실업, 자본주의 몰락이라는 예언은 어떻게 되었는가?

마르크스는 예언보다 입증 가능한 경향들에 기초해 역사의 과정을 투사함으로써 미래에 대해 과학적 예측을 내리고자 했다. 그러나 역사가 그의 예측을 빗겨 나가려고 하자 사후에 그의 추종자들은 그의 저술을 토대로 하나의 사이비 종교를 창시했다. 따라서 어느 순간부터 그의 '여러 법칙'은 역사의 확고한, 불변의 법칙들이 되었다. 이런 법칙들을 모델화한 그의 추종자들은 그의 예언의 정확성을 선언할 수 있었다. 비록 마르크스주의가 처음에는 무신론적 과학에서 시작했지만, 20세기에 들어 그것은 빛을 선택적으로 투과하는 스테인드글라스를 닮아가더니 좀처럼 과오를 인정하려 들지 않았다. 어느 순간 마르크스가 주장한 법칙들이 종교적 교리가 되었고, 그 결과 마르크스주의를 과학적으로 검증하려는 노력 또한 실종되고 말았다.

마르크스는 생전에 그의 일부 지지자들이 자신이 세운 법칙들을 찬양하고, 교단을 만들며 성스럽게 받드는 것을 목격했다. 무정부주의자 프루동은 마르크스에게 과학적 사회주의를 마치 만고불변의 진리인 양 교리 문답으로 이용하지 말라며 다음과 같이 경고했다.

제발, 선험적인 모든 독단을 폐지한 다음에 다른 것은 몰라도 다른 독
단을 사람들에게 주입하는 것만은 하지 맙시다. (…) 품위 있고 진실한
논쟁을 합시다. (…) 하지만 우리가 운동을 주도하고 있다는 이유만으로
새로운 편협을 이끌지도, 새로운 종교의 사도로 군림하지도 맙시다. 비
록 이 종교가 논리의 종교이든, 이성의 종교이든.[31]

비록 우리가 마르크스의 예측을 반박할 수 없다고 하더라도, 마르크
스 사후에 자본주의가 몇 가지 측면에서 그의 예측과는 다르게 발전했
다는 것은 분명하다. 첫째, 지난 100년 동안 주택 소유나 자동차 소유
비율 상승에서 볼 수 있듯이 노동자들의 생계 수준이 놀라울 정도로 상
승했다. 오늘날 빈곤에 대한 정의를 마르크스가 활동했던 당시 상황에
적용한다면, 당시 신흥 부르주아지는 빈곤선상에서 허덕일 것이고, 시
간이 지날수록 '점점 더 비참해질' 것이다. 반대로 마르크스가 활동했던
당시의 빈곤에 대한 정의를 오늘날에 적용한다면, 지금의 노동자들은
부자에 속한다. 이렇게 노동자들의 '절대적' 생계 수준이 상승했다는 것
은 부정할 수 없는 사실이다.

그러나 《공산당 선언》은 노동자들에게 다음과 같이 예고했다. "현대
의 노동자는 산업의 발전과 더불어 상승하는 대신 자신이 속한 계급의
실존 조건 아래로 더욱더 깊이 가라앉는다. 그는 극빈 상태에 처한다."
그러나 마르크스는 얼마 지나지 않아 자신의 예측과 달리 노동자들의
호주머니가 빠르게 불어나는 것을 알아차렸다. 심지어 그는 《공산당 선
언》이 발표된 지 10년 뒤에 농업 임금이 40퍼센트 가까이 상승했다는
것을 인정했다.[32]

이런 이유에서 마르크스는, 앞서 살펴본 대로 자신의 예측을 수정해 노동자들은 자본가들에 비해 '상대적'으로 빈곤해진다고 경고했다. 이후 노동자들에 대한 마르크스의 묵시적 예언은 다음과 같이 바뀌었다. 부자는 더욱 부유해지고, 가난한 자도 더욱 부유해진다. 그러나 부자가 좀 더 빠르게 부자가 된다.*

마르크스는《자본론》에서 시대별 생활양식에 따른 상대적 개념으로서 '생계 수준'(일종의 최저 임금)을 주장함으로써 빈곤에 대해 새로운 정의를 내린다. 20세기에 제조업 평균 '임금-생활자'도 컬러 TV를 구입할 수 있는 상황에서 최저 생계 수준에 컬러 TV가 포함되어야 하는지는 모르겠지만, 절대적 빈곤에서 상대적 빈곤으로 기존의 입장에서 한 발 뒤로 물러선 마르크스는 더 이상 노동자들의 비참한 처지에 대해 절망감을 표시하지 않았다. 가난한 자가 계속해서 부유해질 수 있다는 이런 상대적 빈곤 개념은 가난한 자도 이득을 볼 수 있는 범위 안에서 부자가 이익을 얻을 수 있도록 해야 한다고 하는 철학자 롤스의 '사회 정의'

---

* [저자주] 상대적 빈곤의 정도를 측정하는 것은 쉽지 않다. 첫째, 부자와 가난한 자 사이에 소득 차가 있기 때문에, 비록 가난한 자가 더 빨리 부유해진다고 하더라도, 그들이 수중에 쥘 수 있는 돈의 절대적 차는 더욱 벌어질 수 있다. 지금 수중에 1만 달러가 있고, 이것이 매년 10퍼센트씩 증가하는 사람 A와 수중에 10만 달러가 있고, 이것이 매년 5퍼센트씩 증가하는 사람 B를 비교해보자. 약 7년 뒤에 A는 2만 달러를 벌어들이지만, B는 14만 달러를 벌어들이게 된다.

둘째, 미국에서 한 세대 동안 다른 어떤 나라보다 이 두 계급 간의 상하 변동이 심했다. 한 권위 있는 연구에 따르면, 미국에서 가장 부유한 집안 출신의 아이들 가운데 약 3분의 1은 소득이 전국 평균 이하였다. 반면, 가장 가난한 집단 출신의 아이들 가운데 약 3분의 1은 소득이 껑충 뛰어 전국 평균 이상이었다. 이처럼 20세기에 미국의 모든 계급의 소득은 절대적으로 꾸준히 증가했다. 그럼에도 불구하고, 1974년에서 1982년까지 지속된 스태그플레이션으로 인해 모든 소득 계층이 물적 기반을 상실했다. 이 시기에 여성 가장의 비율이 약 40퍼센트 정도 상승한 것에서 볼 수 있듯이 가난한 사람들은 경제적 이유뿐 아니라 사회적 이유에서 한층 더 고통스러운 시간이었다. 1980년대 중반과 후반에 이르러 미국의 모든 계급의 소득 수준은 스태그플레이션이 일어나기 전인 1973년 수준으로 복귀했고, 또 그것을 능가했다.

로 발전한다.[33]

따라서 현대의 마르크스주의자들은 노동자들의 정신적 빈곤과 소외를 강조한다. 물론 틀린 지적은 아니다. 노동자들은 자신이 하는 반복적이고 지루한 노동을 싫어하거나 혐오할 수 있기 때문이다. 하지만 마르크스 역시 사회주의에서 단순한 쓰레기를 줍는 노동이 어떻게 흥미로운 노동이 될 수 있는지 이야기하지 않았다. 대신 적어도 우리는 자본주의에서, 만약 행복한 노동자가 더 열심히 일한다면, 고용주는 그런 고용인을 만족시키기 위해 인센티브 제도를 활용한다는 것은 알고 있다.

노동자의 행복을 어떻게 정의할 수 있을까? 만일 임금이 상대적이라면, 행복은 더욱 그렇지 않을까? 다음과 같은 절대적 질문을 해보자. "오늘날의 노동자가 100년 전의 노동자보다 더 행복할까?" 물론 다음과 같이 상대적 질문을 해볼 수도 있다. "노동자는 자본가만큼 빠르게 행복해지고 있는가?" 그리고 다음을 고려해보자. 부자는 더욱 행복해지고, 가난한 자도 더욱 행복해진다. 그러나 부자는 조금 더 빨리 행복해진다. 행복을 이런 식으로 분석해서 '과학적' 마르크스주의를 검증하려고 한다면, 오늘날의 세태는 마르크스주의자와 비마르크스주의자 모두에게 통탄스러울 것이다.

한편, 마르크스는 스스로 자신의 '무덤을 파는' 체제로서 자본주의의 붕괴를 예언했다. 그러나 자본주의는 아직 죽지 않았다. 실업률이 1900년대 초보다 다소 높기는 하지만, 노동인구 비율과 여성 노동 인력의 유입을 고려한다면, 실업보다는 고용이 더 높다는 것을 알 수 있다.

게다가 자본주의는 주식시장을 통해 생산수단의 일부를 간접적으로 소유하는 중간 계급을 형성했다. 1980년대 후반, 수백만 명에 달하는 영국의 중하층 계급이 브리티시 텔레콤(1984년 민영화), 브리티시 스틸 (1988년 민영화, 인도 타타 그룹 계열사인 타타 스틸의 자회사 코러스에 합병됨), 그리고 브리티시 에어웨이스 같은 기존 공기업에서 '민영화된' 기업들의 주식을 사들였다. 미국의 노조연금기금의 상당 부분이 기업 주식에 투자된다.

일부 마르크스를 옹호하는 논자들은 자본주의 국가에서 자본주의의 구세주로서 정부 부문의 성장을 강조한다. 특히 그들은 사회복지 지출 증대가 자본가들을 심각한 경기 침체와 혁명에서 보호했다고 주장한다. 물론 그들의 주장도 일리는 있다. 하지만 그들이 기억해야 하는 것은 마르크스가 정치 제도와 상부구조는 정적으로 변화에 저항한다고 선언했다는 점이다. 즉, 상부구조의 경직성이 자본주의의 붕괴에 일조한다. 그런데 거꾸로 상부구조가 자본주의를 구제하는 데 적극적으로 나섰다고 한다면, 마르크스의 예언은 또 빗나간 것이 된다.

마지막으로, 마르크스주의자들은 자본주의의 뜻밖의 성공을 식민지 등 저개발 국가들 덕분이라고 설명한다. 그들은 자본가들이 저개발 국가들의 노동자를 수탈하기 시작했고, 이들 수탈당하는 해외 노동자들이 국내 경제를 뒷받침하는 토대가 되었다고 주장한다. 비록 그들의 주장이 일리가 있기는 하지만, 이 또한 자본주의의 내적, 변증법적 붕괴라고 하는 마르크스의 분석과는 한참 동떨어진 내용이다.

요약하면, 마르크스는 《자본론》에서 자본주의 분석을 위한 과학적인 체계를 고안했다. 그는 자본주의의 발전 경로를 자신 있게 예측했다. 몇 가지 불충분한 점을 인정하고 관대한 해석을 내릴 경우, 마르크스의 예측은 그런대로 옳다고 볼 수 있다. 하지만 다음 한 가지만은 분명하다. 즉, 항상 옳고 그름이 분명했던 마르크스는 종교적 감상주의자들을 몹시 경멸했다. 따라서 이런 식의 지적 관용에 대해 그는 불쾌감을 나타내며 거부감을 표시했을 것이다.

마르크스는 현대 경제학에 어떤 기여를 했는가?

영국의 경제학자 조앤 로빈슨은 동료의 이론이 갖는 현실 타당성을 조롱하기 위해 이렇게 말하고는 했다.

"너른 초원에서 여우의 뒤를 쫓고 있는 개를 생각해보세요. 개는 여우가 달리는 대로 그대로 쫓아갑니다. 내 동료의 이론은 이런 개의 등에 붙어 있는 벼룩과 같습니다."

미국이나 영국의 대다수 주류 경제학자들에게 마르크스의 경제 이론은 이런 벼룩과 같다. 주류 경제학에서 마르크스의 저항은 우파에게뿐 아니라 좌파에게도 껄끄럽다. 폴 새뮤얼슨은 노동가치설을 자명한 또는 형이상학적 궤변으로 간주했다. 대공황 시기에 영국의 극작가 조지 버나드 쇼는 케인스에게 마르크스의 공적을 설득시키고자 애썼다. 하지만 존 메이너드 케인스는 곧이곧대로 듣지 않았다.

《자본론》에 대한 제 감정은 《코란》에 대한 감정과 같습니다. 저는 그것이 역사적으로 중요하다는 것을 알고 있고, 많은 사람이 그것을 일종의 '영원한 반석the Rock of Ages'(예수 그리스도를 가리킨다)처럼 떠받들고, 그것에서 영감을 받고 있다는 것을 알고 있습니다. 물론 저도 그 책을 읽어보기는 했습니다만, 사람들이 왜 그렇게 그 책을 떠받드는지 도저히 납득이 가지 않습니다. 따분하고, 시대착오적이며, 학계에 논란을 일으키는 책이 그럴 만한 가치가 있을까요. 그러나 앞서 말했듯이, 저는 《코란》에 대해서도 같은 생각을 갖고 있습니다. 어떻게 이 두 책이 전쟁과 평화를 일으키며 세계의 절반가량을 잠식해 들어갈 수 있었을까요? 정말 모르겠습니다. 제가 뭔가 잘못 이해하고 있는 것이 분명하겠지요? 선생님께서는 《자본론》과 《코란》을 믿으시는지요? 아니면 《자본론》만 믿으시는지요? 하지만 그것의 사회학적 가치가 무엇이든 저는 그것이 현재 갖는 경제학적 가치는 아무것도 없다는 것을 확신합니다. 물론 《자본론》이 간혹 건설적이지 않고 연속적이지도 않은 번득이는 영감을 준다는 것은 인정하겠습니다. 혹시 제가 이 책을 한 번 더 읽어보겠다고 하면, 선생님도 그렇게 하실 의향이 있으신지요?

물론 마음씨 착했던 쇼는 그렇게 했다. 당연히 케인스도 그렇게 했다. 그럼 이번에 케인스는 《자본론》에서 한 줄기 빛 또는 메카를 보았을까? 이번에도 그는 보지 못했다.

저는 두 사람 중에 엥겔스를 더 좋아합니다. 그들이 일정한 논리 전개 방식과 상대의 논의를 무시하는 비열한 문체를 발명했다는 것은 알겠습니다. 그리고 그들의 추종자들이 이 둘을 그대로 답습했다는 것도 알겠습니다. 하지만 선생님께서 그들이 경제학의 수수께끼를 해결할 수 있는 실마리를 발견했다고 말씀하신다면, 저는 그에 대해서는 달리 드릴 말씀이 없습니다.[34]

똑똑하기로 소문난 케인스마저 마르크스에 대해 도통 모르겠다고 선언한 이후, 대다수 현대 경제학자들은 마르크스를 공부하는 것을 포기해버렸다. 영국 태생으로 자유방임 자본주의를 옹호하는 저명한 경제학비평가인 프랭크 한에 따르면, "대다수 마르크스주의자도 마르크스를 읽지 않는다. 물론 그런 그들을 비난할 수는 없다."

하지만 아직 마르크스는 우리 곁에 살아 있다. 특히 그는《급진 정치경제학 리뷰》를 출간하고, 매사추세츠대학교 암허스트에서 현대 자본주의에 대해 강경한 발언을 서슴지 않고 있는 수많은 급진 경제학자들의 주장을 뒷받침하고 있다. '급진적radical'이란 단어의 어원은 무나 당근 같은 뿌리와 줄기를 뜻하는 'radic'이다. 마르크스처럼 급진 경제학자들은 현대 경제학 이론이 자본주의 분석을 제대로 하지 못하고 있다고 생각한다. 그럼에도 불구하고, 급진 경제학자들은 마르크스가 입 밖에 냈던 모든 말 또는 모든 예측에 대해 어떤 책임도 지려 하지 않는다.

일부 급진 경제학자들은 아직도 마르크스의 노동가치설을 신봉한다. 물론 자본주의의 전방위적인 통제 문제에 대해서는 모든 급진 경제학자들이 별다른 이의 없이 동의한다. 자본가들은 사람들을 '분열시키고 정복하려고' 하며, 작업장 및 기표소를 계속해서 통제하고자 한다. 1940년대 폴란드의 마르크스주의 경제학자 미하우 칼레츠키는 노동자들의 급진적인 요구를 억누르기 위해 정부가 의도적으로 인플레이션과 경기 후퇴를 야기해야 한다고 주장했다. 미국 출신으로 대표적인 급진주의 경제학자를 자처하는 스티븐 마글린은 자본주의가 때로는 경기침체를 선호한다고 주장한다. 만일 마글린이 옳다면, 많은 사람이 마르크스주의적 '허위의식'에 빠져 있는 것이 꼴이 된다. 1980년에 치러진 미국 대선에 대한 마글린의 견해를 한번 살펴보자.

공화당 후보였던 레이건은 경기 침체 없는 낮은 인플레이션을 약속했다. 어리석게도 그는 자본가들이 경기 침체를 싫어한다고 잘못 판단했던 것이다. 어쨌든 자본가들은 레이건을 찍었다. 그럼, 왜 그들은 레이건을 찍었을까? 그것은 레이건이 공약을 수정해 거꾸로 경기 침체를 야기할 것이라는 것을 알고 있었기 때문이었다. 정말 그는 그렇게 했고, 마글린의 가정대로 자본가들은 자신들의 주가가 떨어지는 것을 보고 속으로 즐거움에 소리 없는 비명을 질렀다.[35]

현대의 급진 경제학자들은 동료 주류 경제학자들의 모델에 맞서, 정부에 맞서, 자본가들에 맞서, 그리고 때로는 그들의 정신적 스승인 카를 마르크스의 유물에 맞서 많은 피나는 전투를 벌이고 있다. 그러나 그들이 지금까지 이겼다는 승전보는 한 번도 들어본 적이 없다.

마르크스는 현대 정치에 어떤 기여를 했는가?

오늘날 마르크스주의자들은 공산주의에 대한 논쟁에서 하소연이라도 하듯 누구보다 큰 목소리로 소련과 위성 국가들의 정치를 비난하고 나선다. 그들은 소련과 위성 국가들이 마르크스가 의도했던 공산주의가 아니라고 소리친다. 그들의 하소연에도 일리는 있다. 처음부터 마르크스는, 비록 말년에 후진 농업 국가였던 러시아에서 혁명이 일어날 수 있다는 것을 조심스럽게 점치기는 했지만, 공산주의를 고도로 산업화된 나라들에서나 가능하다고 못 박았다. 러시아 혁명 이후, 스탈린은 유럽에서 가장 후진적인 농업 국가였던 러시아를 산업 국가로 발전시키기 위해 어려운 임무를 수행했다. 그는 프롤레타리아트 독재 체제에서 '소유권에 대한 전제적인 침해' 방식으로 《공산당 선언》에 나와 있는 10가지 계획 가운데 1번(토지에 대한 소유를 폐지하고, 모든 지대를 공공의 목적을 위한 사용한다)과 9번(농업과 제조업을 결합하고, 인구를 전국적으로 좀 더 균등하게 배치함으로써 도시와 농촌의 차이를 점진적으로 폐지한다)에 따라 농민들을 집단 농장 및 국영 농장에 강제로 편입시켰다. 1932년에서 1933년의 추운 겨울 동안, 스탈린은 이런 강제 편입에 대한 저항을 분쇄하기 위해 수백만 농민들을 아사시켰다. 특히 우크라이나에서 저항이 거세게 일어났는데, 그 결과 인명 피해도 다른 곳에 비해 더 컸다.[36]

스탈린 이전에 레닌 역시 사회주의 러시아를 건설하면서 같은 정치적 난관에 봉착했었다. 그의 집권 시기 동안, 마르크스가 주장했던 프롤레타리아트 독재는 정당 독재로 변모했다. 그리고 이 독재는 소련이 붕괴된 1989년도까지 지속됐다.

소련의 체제를 옹호하는 사람들의 말을 빌리면, 1980년대 말 고르바초프는 "70년 동안 계속된 악천후"를 겪은 붕괴 직전의 소련 경제를 살리기 위해 노력했다. 때로 고르바초프는 마르크스를 포기하고, 농지를 장기 임대하고 제조업 공장들을 영리 위주의 사기업으로 전환하는 것을 포함해 일부 자유시장 메커니즘을 받아들일 준비를 하고 있는 것처럼 보였다.* 그러나 자유시장 세력이 소련 경제에 발을 들여놓으면서 상황은 걷잡을 수 없는 방향으로 흐르기 시작했다. 즉, 중앙 계획 경제에 익숙했던 소련의 계획자들은 자유시장 세력의 움직임에 속수무책이었다.

논란의 여지가 있기는 하지만, 냉전을 종식시킨 1등 공신은 다름 아닌 팩스다. 즉, 민주주의 지지자들이 팩스를 이용해 민주주의 가치를 전파하면서 냉전이 허물어지기 시작했다. 고르바초프의 후임으로 대통령

---

* 고르바초프에 의해 추진된 소련의 개혁 개방 정책은 러시아 원어를 그대로 빌려와 페레스트로이카와 글라스노스트로 알려졌다. 페레스트로이카는 개혁을, 글라스노스트는 개방을 뜻한다.

이 된 옐친은 러시아 경제를 발전시키기 위해 부단히 애썼지만, 혼란스러운 정세를 틈탄 마피아의 득세와 각종 권력형 부정부패, 그리고 시장 경제의 도입으로 오히려 공산주의 시절보다 더 큰 어려움에 봉착한 노년 인구로 인해 큰 성공을 얻지 못했다. 이런 연금 생활자들에게 공산주의는 얼마 되지는 않지만, 그런대로 생계를 유지해 나갈 수 있는 돈을 보장했다. 하지만 자본주의는 그들에게 배고픔과 절망 이외에 아무것도 보장하지 않았다. 반면, 러시아 젊은이들에게 자유시장은 기회였다. 그들은 새로운 사업을 시작하고, 자유롭게 여행하고, 자본주의적 기업가 정신을 시험해볼 수 있었다. 이렇게 러시아 사회는 심하게 분열되기 시작했고, 그것은 당분간 치유가 불가능해 보였다. 사실, 이런 분열은 마르크스와 레닌이 강조했던 '자본가 대 노동자'의 대립보다 그 골이 더 깊을 수 있다. 1998년 7월, 옐친은 상트페테르부르크에서 뒤늦게 치러진 니콜라이 황제와 그의 가족에 대한 장례식에 참석했다. 사실 니콜라이 황제와 그의 가족은 러시아 혁명 직후 살해되어 화장당한 채 암매장되어 수십 년 동안 아무렇게나 방치되어 있었다. 옐친은 이날 장례식에서 레닌주의자들에 의한 황제와 황제 가족에 대한 무참한 살육을 비난하면서 러시아의 신구 세대가 공감대를 형성할 수 있는 이슈를 찾고자 안간힘을 썼다. 장기 집권 초기에 푸틴은 노인들에게 남루하기는 해도 튼튼한 콘크리트 건물에서 살게 하는 소련의 퇴직자 보장 정책을 유지하겠다고 약속했다. 2017년 기준 러시아의 은퇴자들은 인구의 3분의 1을 차지한다. 이 가운데 4분의 3 이상은 소련의 붕괴가 나쁜 일이었다고 믿는다.[37] 2018년, 푸틴은 소련의 퇴직 제도를 유지하겠다는 약속이 비용이 많이 들자 철회하고 은퇴 나이를 남성은 60세에서 65세로, 여성은 55세에서 63세로 늘리겠다고 발표했다. 퇴직자 보장 정책을 약속하는 옛날 영상이 유튜브에 돌아다녔지만, 그것을 기억하는 고령의 비판자들이 빠르게 사망해 사라지는 것을 고려했을 것이다.

1949년 혁명 이후, 중국인들은 마르크스를 신처럼 숭배했다. 그들은 대장정의 영웅 마오쩌둥을 마르크스와 같은 제단에 모시고 그와 동등하게 떠받들었다. 그러나 1970년대 후반, 덩샤오핑 치하에서 중국은 중국식 사회주의, 즉 사회주의 시장경제를 표방하면서 마르크스와 마오쩌둥의 오류와 폐단을 지적하고 비판하면서 많은 부문에서 자유기업주의를 발 빠르게 받아들이기 시작했다. 1960년대 마오쩌둥에 의해 시작된 문화 혁명 당시 마오쩌뚱에 의해 구금조치를 당했던 덩샤오핑은 "고양이는 쥐만 잡으면 되지 흰색이든 검은색이든 상관없다"라고* 말할 정도로 철저한 실용주의자였다.[38] 그는 상인들이 자신들이 벌어들이는 이익을 가져가고, 농민들이 자신들이 경작한 곡물을 판매하는 것을 허가했다. 그렇다면 중국인들은 이런 운동을 무엇이라 불렀을까? 그들은 이 용어를 '자유시장'이라 번역했다. 수백만 중국인들에게 '자유시장'이란 원래부터 존재하던 개념이 아니었기 때문에 자신들이 새롭게 만든 새로운 신조어라고 생각했다. 그러나 약 10여 년에 걸친 자유화 이후, 1987년에 보수 세력들이 다시 고개를 들었다.

비록 그들이 베이징의 마오쩌둥 무덤 맞은편에 있는 KFC 체인점을 철거하지는 않지만, 중국의 자유시장은 다시 후퇴하는 것 같았다. 다

---

* 흑묘백묘론으로 이야기되는 이것은 덩샤오핑의 중국식 개혁 개방 정책을 의미한다. 1979년 미국을 방문하고 돌아온 덩샤오핑은 중국을 발전시키는 데 자본주의 경제체제건 공산주의 경제체제건 상관없다는 입장에서 중국 고사를 빗대어 이것을 주장했다.

행히 보수 세력들의 반발은 오래가지 않았다. 덩샤오핑 사후, 주룽지 총리와 장쩌민 주석은 개혁 개방에 더욱 박차를 가하며 사회주의 시장경제를 주도했다. 1998년, 군부를 장악한 장쩌민은 호텔에서 냉장고 제조 공장, 가라오케 바에 이르기까지 모든 부문에 개혁을 단행했다. 중국의 기업가들이 세계 경제를 주름잡기 시작했다. 우리 아이들이 가지고 노는 장난감 대다수는 중국에서 만들어진 것이다. 장난감뿐 아니라 이쑤시개에서 첨단 가전제품에 이르기까지 중국은 이제 세계 시장의 지배자로 군림하기 시작했다. 한편, 이제 중국인들도 머리를 감을 때 미국 P&G의 샴푸를 사용한다. 비록 주룽지와 장쩌민이 자유 기업을 육성하는 데 성공을 거두기는 했지만, 여전히 중국 공산당은 무소불위의 막강한 권력을 행사하고 있다. 최근 중국의 친시장 성향의 경제학자들과 사업가들은 공산당 지도자들이 장래의 계획을 수립하는데 자신들을 배제하고 있다고 불평한다. 그러나 중국 공산당 역시 과거와 같은 공산당은 아니라는 것은 분명하다.

소련과 중국은 마르크스주의를 표방한 마지막 공산주의 강대국이었다. 폴란드, 동독, 체코슬로바키아, 헝가리, 루마니아 등지에서 철의 장막이 걷히면서 더 많은 노동자가 마르크스의 생각과는 반대로, 단결의 자유를 성취했다.

지금까지 마르크스주의를 제대로 구현한 나라는 하나도 없었다. 이스라엘의 키부츠조차 사회주의 관리 방식에서 자본주의 방식으로 바뀌고 있다. 자원 부족, 이기주의, 해악으로 가득한 현실 세계를 벗어나고자 했던 마르크스주의의 이상은 아마 앞으로도 실현되지 못할 것이다. 그것은 프롤레타리아트보다는 천사에게나 더 적합한 일종의 천국 또는 실낙원을 닮은 일장춘몽에 불과하다. 불행하게도 마르크스주의에 대한 허황된 열망은 선량한 사람들을 매혹해 마르크스주의의 복음을 내건 사악한 독재 정권들이 등장하는 결과를 초래했다. 한때 스탈린의 손을 들어주었던 조지 버나드 쇼는 소련의 압제를 목격한 뒤 얼마 지나지 않아 고개를 흔들며 지지를 철회했다.

오늘날 마르크스 하면 떠오르는 것은 경제 변화는 상당한 고충을 수반한다는 것, 권력은 언제든 압제로 탈바꿈할 수 있다는 것, 그리고 피착취 계급이 착취로부터 보호받아야 한다는 것 등이다. 그러나 이런 마르크스의 경고는 오히려 공산주의 국가들에 더 적합한 것처럼 보인다. 마르크스를 추종하는 사람들은 젊은 시절 비과학적이었던 마르크스를 더 좋아한다. 그들은 마르크스를 설득력 있는 경제 이론가나 카리스마 넘치는 정치 지도자로서보다는 사회 정의를 외친 인간미 넘치는 사람으로 기억한다. 이런 마르크스는 퓰리처상 수상자이자 노벨문학상을 받은 소설가 존 스타인벡의 《분노의 포도》에 나오는 톰 조드를 닮았다.

> 네가 어디를 보든 나는 항상 거기 있을 거야. 굶주린 사람들이 먹을 것을 위해 투쟁하는 곳에 나는 있을 거야. 경찰이 무고한 시민을 폭행하는 곳에 나는 있을 거야. (…) 사람들이 격분해 고함을 지를 때도 나는 거기에 있을 거야. (…) 그들이 손수 재배한 곡식을 먹고, 그들이 손수 지은 집에서 살 때도 나는 거기에 있을 거야. 알아둬.[39]

마르크스라는 이름 아래 자행된 여러 기만과 잔혹한 행위에도 불구하고, 지금 여기가 그에게는 아마 최선의 장소일 것이다.

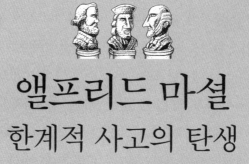

앨프리드 마셜
한계적 사고의 탄생

Alfred Marshall
(1842~1924)

문학과 코미디에서 발췌한 아래의 세 가지 이야기가 신고전파 경제학의* 주요 전개 과정을 이해하는 데 도움을 줄 것이다.

영국 태생의 작가 에벌린 워의 소설 《스쿠프》에는 한 영국인 신문사 소유주가 항상 두 가지 대답밖에 할 줄 모르는 편집자와 대화를 나누는 장면이 나온다. 그는 소유주가 진실을 말하면, "물론입죠"라고 말하고, 진실이 아닌 것을 말하면, "어느 정도는요"라고 대답한다.

"가만있자. 내가 이야기하려고 했던 곳의 이름이 뭐더라? 맞아, 일본의 수도가? 요코하마, 맞지?"

"어느 정도는요, 사장님."

"그리고 홍콩이 우리 거 맞지?"

"물론입죠, 사장님."

---

*   Neoclassical Economics. 신고전파 경제학은 애덤 스미스에서 시작되는 영국의 고전파 경제학의 전통을 중시한 앨프리드 마셜의 경제학을 일컫는 말로 보통 사용되지만, 일반적으로는 기존의 고전파 경제학의 토대 위에 한계 혁명 이후의 효용 이론과 시장 균형 분석을 받아들인 경제학을 가리킨다. 통계 분석을 발전시킨 것이 특징이며, 대표적인 이론으로는 일반 균형 이론과 신고전파 성장 이론 등이 있다.

영국 태생의 미국인 코미디언 헤니 영맨은 철학적 성찰이 돋보이는 수준 높은 대사들을 만들어냈는데, 그는 뼈 있는 농담으로 사람들의 울림을 자극했다.

"부인은 어떻게 지내?"

"무엇과 비교해서?"

독특한 컬트영화 〈카우보이 밴자이의 모험〉에서 주인공 카우보이 밴자이는 친구들에게 형이상학적 동어 반복을 상기시킨다.

"네가 어디에 가든 넌 거기에 있는 거야."

"어느 정도는" "무엇과 비교해서" 그리고 "어디에 가든…"은 19세기 말에 등장한 한계주의marginalism라고 불리는 경제사상의 대대적인 변화를 상징적으로 보여준다고 말할 수 있다. 이 혁명의 주도자 앨프리드 마셜에 대해 본격적으로 살펴보기 전에 이 세 가지 말이 이런 새로운 접근을 어떻게 설명할 수 있는지 살펴보고 넘어가자.

당신이 지금 유럽 여행을 하고 있다고 가정하자. 먼저 그리스에서 멋진 시간을 보냈다. 그다음 이탈리아로 가는 길에 케르키라섬에 들러 모터 달린 자전거 모페드를 빌린 다음 해안선을 따라 아름다운 경관을 감상한다. 이탈리아 피렌체에 도착한 당신은 그곳이 지금까지 가본 곳 중에 가장 아름답다고 생각한다. 이탈리아에 체류하면서 800달러를 지출했지만, 그에 비할 수 없는 기쁨을 만끽했다. 그리고 베네치아를 경유해 국경을 넘어 오스트리아로 갈 생각을 한다. 순간, 고민에 빠진다. 혹시라도 오스트리아가 이탈리아에 비해 흥미롭거나 즐거운 곳이 아니라면 어떻게 하지? 당신은 슈니첼(송아지 고기로 만든 커틀릿. 오스트리아 빈의 대표 음식)보다 칼라마리(이탈리아식 오징어 튀김)를 더 좋아한다. 오스트리아에 갈 것인가 아니면 집으로 돌아갈 것인가?

첫째, 카우보이 밴자이의 충고를 들어보자. "네가 어디에 가든 넌 거기에 있는 거야." 당신은 지금 오스트리아 국경선 앞에 와 있다. 조금 전까지 어디에 있었는지는 잊어라. 이탈리아에서 얼마나 즐거웠는지 그것은 상관없다! 한계주의는 과거는 과거일 뿐 뒤돌아보지 말라고 선언한다. 문제는 앞으로 계속 나아갈 것인가 하는 것이다. 물론 그 출발점은 지금 당신이 서 있는 바로 그곳이다.

둘째, 헤니 영맨의 농담을 떠올려보자. 오스트리아로 갈 것인지 말 것인지 선택할 때 무엇을 비교 기준으로 삼을 것인가? 당신은 이탈리아에서 맛봤던 지난 즐거움은 제쳐놓은 채 다음과 같이 자문한다. 오스트리아에 가서 누릴 수 있는 이득이 그곳에 가서 체류하는 경비를 초과할까? 만일 오스트리아에서 하루 동안 체류하는 경비가 50달러이고, 75달러의 기쁨을 누릴 수 있다면, 그때는 두말할 것 없이 가라! 이탈리아에서 누릴 수 있었던 이득이 경비를 10배 가까이 초과했다고 해도 그렇게 할 것인가? 당연하다. 지금 중요한 것은 오스트리아에 갈 것인지 말 것인지 결정하는 것이다. 이득이 비용을 초과한다면, 비록 이전보다 그 폭이 크지 않다고 하더라도 가야 한다.*

셋째, 《스쿠프》에 등장하는 편집자를 떠올려보자. 어느 정도까지 당신은 여행을 계속할 수 있을까? 한 걸음 한 걸음 내디딜 때마다 얻는 이익이 비용을 초과하는 한, 즉 한계이익marginal benefit이 한계비

---

* [저자주] 여기에서 당신이 즐거움을 더 누리기 위해 이탈리아로 돌아갈 수 없다는 것을 기본 전제로 한다. 그뿐 아니라 여행을 지속하는 데 들어가는 경비에는 기회비용도 포함된다. 예를 들어, 이탈리아 여행을 하면서 많은 즐거움을 얻었지만, 이 경우에 당신은 집에 그냥 편히 머물면서 얻을 수 있었던 다른 즐거움은 포기했다.

용marginal cost과 같아질 때까지 여행을 계속해야 한다. 다시 말해, 오스트리아에서 하루 체류하는 비용이 50달러이고, 누리는 즐거움이 똑같이 50달러라면, 이제 그만 여행을 끝내고 집으로 돌아가야 한다. 한계이익과 한계비용이 같은데도 불구하고 계속 여행을 하는 일은, '바나나'를 어떻게 발음하는지는 알지만, 언제 발음을 멈춰야 하는지 몰라 계속 '바나나나나' 하고 발음하는 것과 같다. 물론 한계비용이 한계이익을 초과하지 않도록 정신을 바짝 차려야 하는 것은 두말할 필요도 없다. 많은 기업이 사업에 실패하는 이유는 언제 지출을 중단해야 할지 모르기 때문이다. 피플 익스프레스가 대표적인 예다. 1980년대 초반에 잘 나가던 이 항공사는 전문가들의 경고에도 불구하고 항공 노선과 보유 항공기 수를 계속 늘려나갔다. 결국 욕심이 과했던 이 항공사는 몇 년 만에 문을 닫고 말았다. 1990년대 후반, 프랜차이즈 업체였던 보스턴 마켓역시 무리하게 사업을 확장하다가 피플 익스프레스 항공사와 같은 운명의 길을 걸었다. 그리고 2019년, 빠르게 변화하는 '패스트 패션'의 흐름에 뛰어든 의류 체인 포에버21이 파산을 선언했다. 800개 점포가 영원forever은 고사하고 일주일도 채 버티지 못했다.

한계주의의 본질은 점진적으로 증가하는 움직임에 분석의 초점을 두려고 한다는 데 있다. 기업들은 얼마나 많은 차량을 생산할지 어떻게 결정하는가? 기업들은 차량을 한 대 더 생산함으로써 벌어들이는 수입이 그것을 생산하는 데 들어가는 비용과 같아질 때까지 계속해서 생산한다. 한계 수입marginal revenue 대 한계비용이라는 규칙은 경제학 내에서뿐 아니라 경제학 외부에서 적용할 수 있는 분야가 무수히 많다. 일부 학생들은 시험을 앞두고 밤을 새우면서 공부한다. 하지만 한밤중에 몰려오는 잠을 억지로 참아가며 한 시간 더 공부하는 데 들어가는 비용(다음 날 느끼는 피로감)이 잠깐이지만 벼락치기 공부를 해서 얻는 이익을 초과한다면, 그냥 책을 덮고 이불 속으로 들어가는 것이 더 나을 것이다.

사실, 한계주의를 발명 또는 발견한 사람은 마셜이 아니다. 그것은 유럽의 공기 중에, 즉 교수회와 지식인의 사교 모임에서 피어나는 자욱한 담배 연기에 섞여 떠다녔다. 뉴턴과 라이프니츠가 17세기에 미적분을 우연히 발견 또는 발명한 것처럼, 프랑스 철학자이자 수학자이며, 계량경제학의 시조로 불리는 오귀스탱 쿠르노와 독일의 농업경제학자 튀넨, 그리고 독일의 경제학자로 한계효용 체감의 법칙과 한계효용 균등의 법칙을 주장한 헤르만 하인리히 고센이 마셜보다 짧게는 10년, 길게는 20년 앞서 한계 분석marginal analysis을 연구하기 시작했다. 영국의 경제학자 윌리엄 제번스는 오스트리아학파의 창시자이자 한계효용이론의 실질적인 확립자인 멩거가 그랬던 것처럼, 마셜의 한계 분석에 상당한 기여를 했다. 누가 원조인가의 문제는 악감정을 일으킬 수 있다. 어느 해 여름, 알프스에서 휴가를 보내던 마셜이 멩거의 제자인 오이겐 뵘바베르크와 이자율에 대해 언성을 높여 싸웠다. 메리와 프라우 뵘바베르크는 남편들이 주먹다짐으로 코피가 터지기 전에 떼어놓느라 애를 먹었다.[1]

그럼에도 불구하고, 이 책에서 특별히 마셜에 주목하는 이유는 다음 네 가지 이유와 관련이 있다.

첫째, 가장 명확하고 포괄적으로 한계 분석을 경제학에 접목했다.

둘째, 오늘날 미시경제학을 지배하고 있는 한계 전통marginal tradition이라는 것을 수립했다.

셋째, 존 메이너드 케인스(케인스의 부친도 그의 제자였다), 아서 피구, 조앤 로빈슨을 포함해 20세기의 저명한 경제학자를 다수 가르쳤다.

넷째, 그의 인생은 앞서 살펴본 존 스튜어트 밀과 완전히 정반대였는데, 그는 당대의 지적 동향뿐 아니라 한계주의 정신을 가장 잘 대변하는 인물이다.

경제학과의 운명적 만남

앨프리드 마셜은 1842년 7월 26일 영국의 버몬지에서 태어났다. 템스강 변의 낙후한 지역으로 당시 무법천지였다. 디킨스의 《올리버 트위스트》(1837)에 나오는 흉악범 빌 사익스가 이곳에서 죽는다. 집들이 다닥다닥 붙어 있다 보니 "작고, 지저분하고, 좁아터진 방들은 오물이 그대로 쌓여 공기에서도 악취가 진동했다."[2] 은행원이었던 그의 아버지 윌리엄 마셜은 자식에게 누구보다 엄격했던 제임스 밀이나 로마 제국 제3대 황제였던 칼리굴라에 비하면 조금 덜하기는 했지만, 그래도 엄격하기로는 둘째가라면 서러워할 인물이었다. 유난히 톡 튀어나온 턱이 인상적이었던 윌리엄은 성격이 거칠고 권위적이었으며, 철저한 복음주의자였다. 성직자였던 앨프리드의 고조부는 우람한 체격에 힘이 장사였고, 우울증 증세와 불가지론의 경향을 보였다고 한다. 앨프리드에게서는 보이지 않는 집안 내력이다.[3] 아버지 윌리엄은 아들의 학교 수업까지 챙길 정도로 간섭이 심했고, 심지어는 밤 11시까지 붙들어놓고 히브리어를 가르치고는 했다. 이런 위압적인 아버지 밑에서 앨프리드가 그래도 온전히 성장할 수 있었던 것은 그의 사려 깊은 숙모 덕분이었다. 그는 긴 여름방학이 되면 숙모 집에 머물곤 했는데, 그때마다 그녀는 골치 아픈 히브리어 대신 보트와 총, 그리고 조랑말 등을 사주며 그의 기분을 전환시켜주었다.

하지만 그는 총과 조랑말을 오래 가지고 놀지 않았다. 그는 치기 어린 카우보이 앨프리드에서 늠름한 청년으로 자라더니 이내 '케임브리지맨'이 되어 있었다. 그가 케임브리지에 들어간 것은 아버지에 대한 일종의 반항심 때문이었다. 자식이 성직자가 되기를 바랐던 윌리엄은 앨프리드가 옥스퍼드에 장학생으로 입학해 라틴어를 공부한 다음 성직자의 길을 준비하기를 원했다. 사실, 겉으로 드러내지는 않았지만, 앨프리드는 나름대로 아버지에 대한 독기를 품고 있었던 것이다. 아버지 윌리엄은 다른 무엇보다 수학을 굉장히 싫어했는데, 그것을 잘 알고 있던 앨프리드는 자기 방에서 몰래 숨어 수학책을 탐독했다. 앨프리드에게 있어 수학은 아버지에 대한 해방을 나타내는 상징이었다. 뒤에 앨프리드 마셜이 경제학자가 되어 논문을 쓰거나 저술을 집필할 때 수학 공식이나 관련 내용은 각주로 처리하거나 구석에 조그맣게 다루고는 하는 버릇이 있었다. 어쩌면 어린 시절 아버지가 싫어하는 수학책을 반발심에서 몰래 탐독했던 버릇이 잠재적 죄의식으로 남아 있기 때문이었을지도 모르겠다. 케인스가 스승 앨프리드 마셜에 관해 쓴 에세이에는 다음과 같은 언급이 나온다. "그렇게 하지 않았다! 그는 장학금 때문에 옥스퍼드에서 죽은 언어에 파묻혀 수도승처럼 지내고 싶지 않았다. 그는 뛰쳐나오듯 도망쳤다. 그는 케임브리지라는 거함의 선원이 되어 기하학이라는 돛대를 기어 올라가 천국을 발견하고 싶었다."[4]

케임브리지대학교 세인트존스 칼리지에서 마셜은 수학에서 모든 우등상을 휩쓸었고, 이를 바탕으로 수학 전공 학생들을 가르쳐 용돈을 벌기도 했다. 대학교 마지막 졸업 시험에서는 2등을 했다. 1등은 뒤에 노벨물리학상을 받은 존 레일리, 3등은 수학·화학용 점자 표기법을 발명한 헨리 마틴 테일러였다. 마셜은 과학에도 관심이 있어 물리학을 전공했다. 그리고 초기 막대-공 모양의 분자 모형이 발표된 1865년에 졸업했다. 이 같은 과학적 발전에 흥분했던 마셜은 분자물리학을 연구할 작정이었으나 형이상학이 끼어들었다. 그로부터 3년 뒤인 1868년, 그는 칸트의 형이상학을 원전으로 직접 접하기 위해 독일로 향했다. 그리고 얼마 뒤부터는 자신의 케임브리지 동료 시지윅의 영향으로 불가지론에도 심취했다. 영국 태생의 공리주의 철학자인 시지윅은 정치경제학에도 일가견이 있었다. 조금 특이한 것은 그리스도에 대한 신념은 없었지만 기독교 윤리와 이상을 인정하면서 기독교적 덕목을 몸소 실천한 인물이었다. 그를 찬미하는 사람 중에는 그의 이름을 토대로 모든 '사악함wickedness' 중에 '시지윅스러움sidgewickedness'이 가장 덜 사악하다고 주장하는 이들도 있다. 케인스에 따르면, 시지윅은 신이 존재하지 않는다는 것을 입증하기 위해 인생의 반을 보냈고, 나머지 반은 그가 틀렸기를 바라면서 보냈다고 한다. 마셜이 시지윅처럼 고통스러운 내적 갈등은 겪지는 않았지만, 성격은 그와 비슷한 구석이 있어서 고결하고 윤리적인 측면이 있었다.

누구보다 그의 아버지 윌리엄이 실망스러워했겠지만, 마셜은 자신을 성직자의 길로 이끌어줄 신의 목소리를 듣지 못했다. 오히려 그는 그에게 경제학을 공부하라고 촉구하는 가난한 자들의 외침을 들었다.

형이상학에서 시작해 내 관심은 윤리학으로 옮겨갔다. 그리고 현재 사회의 실상을 있는 그대로 인정하거나 정당화하는 것이 쉽지 않다고 판단했다. 현재 도덕과학이라 불리는 분야의 관련 서적들을 두루 섭렵한 한 친구는 내게 공공연히 이렇게 말했다. "아아! 네가 정치경제학을 알았다면 그렇게 말하지 못할걸." 그래서 나는 밀의 《정치경제원리》를 사서 읽었는데 상당히 흥미로웠다. 하지만 물질적 불평등보다는 기회의 불평등을 어떻게 정당화할 수 있는지 도저히 이해가 가지 않았다. 그래서 나는 방학 때마다 시간을 내어 여러 도시의 빈민가를 찾아다니며 직접 그 속을 거닐어 보고, 가난한 사람들의 얼굴을 살펴보았다. 그러고 나서 정치경제학을 공부해야겠다는 생각을 했고, 또 정말 열심히 공부했다.[5]

이렇게 경제학을 마치 자신의 소명이라도 되는 것처럼 받아들인 마셜은 정말 혼신의 힘을 다해 공부했다. 이 책의 서두에서 이미 짤막하게 언급했듯이, 중세시대에는 신학, 법학, 의학이 지상의 학문 세계를 지배했다. 신학은 영적 완성을, 법학은 정의를, 의학은 육체의 건강을 목표로 했다. 마셜은 여기에 네 번째 학문을 추가하고자 했는데, 인류의 물질적 복지를 목적으로 하는 경제학이 그것이었다. 비록 많은 경제학자가 서로의 업적과 명예를 드높이기 위해 싸웠지만, 마셜은 업적이나 명예를 탐하기보다는 소명 의식을 갖고 인간의 조건을 향상하는 데 전념했다.

앨프리드 마셜은 평생을 두고 경제학을 역사나 도덕과학의 한 분과가 아니라 별개의 독립된 학문으로 구축하기 위해 싸웠다. 1890년, 그는 런던에서 회의를 소집하고 초창기 전문 저널 중 하나였던 〈경제학 저널〉의 창간을 주도했다. 회의장은 저명한 경제학자, 자선가, 저널리스트, 사업가로 가득 차 발 디딜 틈이 없었다. 심지어는 영국의 극작가이자 비평가인 조지 버나드 쇼도 참석했다.[6] 그는 교과 과정에 경제학을 개설하기 위해 노력하는 동시에 경제학자들을 통합하기 위해 애썼다. 마셜에게 있어 경제학은 항상 경제학자 간의 공고한 협력이 필요한 분야였다. 그래서 그는 경제학자끼리 죽기 살기로 경쟁하는 것을 몹시 싫어했다. 더구나 자신의 연구 결과에 대해 누군가가 비판이라도 하면 매우 민감하게 반응했다. 그는 고전파 경제학자들이 가르친 모든 이론이나 주장은, 서로에 대한 비판을 자제하고 적절히 해석만 할 수 있다면, 틀린 것이 하나도 없다고 항변하고는 했다. 그는 경제학자들이 정략적으로 생각하거나 판단하지 말고 이성과 진리의 수호자임을 자청해야 한다고 생각했다.

> 사회과학을 공부하는 학생들은 대중의 인기에 영합한 무비판적인 승인을 두려워해야 한다. (…) 여기에 어떤 견해들이 있다. 신문사는 이 견해들을 지지함으로써 판매 부수를 올릴 수 있다. 그러나 자신이 태어나지 않았더라도 존재했을 세계, 특히 조국이 지금보다 더 나은 곳이 되기를 바라는 학생들은 그것들을 무조건 지지하기보다는 제약, 결점, 오류 등을 찾아내기 위해 깊이 파고든다.[7]

그러면 경제학을 하나의 독립된 학과로 만들고자 했던 마셜의 노력은 어떤 결실을 얻었을까? 오랜 학풍과 학문적 전통을 자랑하는 케임브리지의 관성은 만만치 않았다. 그러나 열 번 찍어 안 넘어가는 나무 없다는 속담이 있듯이, 1903년 드디어 마셜은 대학 당국을 끈질기게 설득한 끝에 경제학을 하나의 독립된 학과 과정으로 개설할 수 있었다. 그는 1860년대 한 친구의 소개로 경제학을 처음 접한 이래 하루도 쉬지 않고 꾸준히 그것의 이론과 체계를 발전시켜 나갔다. 케임브리지대학교에서 경제학이 독립된 학과 과정으로 개설된 순간, 그것은 거의 40년 넘게 지속해온 그의 일생이 인정받는 순간이나 마찬가지였다. 그가 얼마나 그 순간을 감격스러워했을지 상상이 가는가!

물론 그는 형이상학에도 계속 관심을 가졌다. 깊이 있게 파고든 것은 아니지만, 경제학 공부에 몸과 정신이 지칠 때마다 기분 전환 차원에서 형이상학 관련 저술들을 탐독했다. 그리고 여름방학이 오면 내내 알프스에서 지냈다.

매년 여름방학마다 그는 배낭을 메고 알프스 고산 지대를 산책하며 시간을 보냈다. (⋯) 그는 6월 초 과로로 녹초가 된 몸을 이끌고 케임브리지를 떠나 10월이 되면 어김없이 구릿빛의 건강한 모습으로 다시 나타났다. (⋯) 알프스에 가 있는 동안 그는 매일 아침 6시에 일어나 산책을 나갔다. (⋯) 그는 배낭 하나를 메고 두 시간이나 세 시간 정도 땀이 흐르도록 걸었다. 그러다가 가끔 빙하 위에 앉아 휴식을 취하고, 배낭에서 괴테, 헤겔, 칸트, 또는 허버트 스펜서 등의 저술을 꺼내 한참을 읽었다. (⋯) 이것이 그의 철학적 성찰의 단계다. 그리고 책을 덮고 다시 한참을 걸은 뒤에 휴식을 취하며 이제는 대내외 교역 이론을 연구한다. 그렇게 시간이 지날 때마다 영국에서는 책이 한가득 들어 있는 큼지막한 상자

들이 알프스에 도착한다. 하지만 그는 개의치 않고 1주일이고 2주일이
고 배낭 하나만 짊어진 채 알프스 이곳저곳을 돌아다녔다. 옷이 더러워
지면 흐르는 물에 빤 다음 등산용 지팡이에 걸어 놓고 말려서 입었다.
이렇게 그는 혼자 알프스를 거닐며 복잡하고 어려운 경제학 연구를 해
나갔다.[8]

1875년, 마셜은 삼촌이 준 작은 선물을 받아 들고 미국에서 여름을
보내기 위해 대서양을 건넜다. 그가 여행만 한 것은 아니었다. 여행하는
몇 달 동안 뉴욕, 보스턴, 신시네티, 샌프란시스코, 그리고 중간 기착지
에서 편지를 보냈다. 그리고 난로 주물 공장, 편자 공장, 목공소 등에서
공장 관리자들과 노동조합 활동가들을 만나 신세계의 본질에서 신세계
의 허상을 걷어내려고 했다. 그는 마치 동물원을 방문한 아이처럼 의외
의 미국인들을 만난 것이 신기했는지 어머니에게 편지로 써서 보냈다.
그에게 의외의 미국인들이란 영국식 예절을 따르지 않는 사람들이었다.
사정은 이러했다.

뉴욕에 도착하고 얼마 지나지 않아 모자 가게에 들렀다. 가게 주인이
그에게 모자 크기를 물어보더니 대답을 들을 생각은 하지 않고 그가 쓰
고 있던 모자를 채가 본인 머리에 얹어보고 머리둘레를 가늠했다. 빅토
리아 시대의 감수성을 지니고 있던 그로서는 예의 없는 짓이었다. 알프
레드는 "내 친구는 더할 나위 없는 민주주의자였습니다"라고 쓴 뒤 어
머니에게 "성미 급한 '양키'는 광고에 '우리 가게 점원의 머리는 아주
청결하다는 것을 보장합니다'라는 문구를 넣을 겁니다"라고 덧붙였다.[9]

마셜은 케임브리지대학교 세인트존스 칼리지에서 젊은 남성들에게

경제학을 가르치는 동시에 뉴햄 칼리지에서 여성들을 가르치며 9년을 보냈다. 뉴햄 칼리지는 당초에 여성 숙소 건물로 사용하다가 '여성을 위한 강의'를 열었다. 마셜은 고등 수준에서 여성들을 가르친 최초의, 아마 가장 중요한 경제학자였을 것이다. 당시에 부유한 가문의 여성들은 교양으로 '가정 경제학'을 배웠다. 선데이 로스트를 준비하고 하녀와 정원사를 관리하는 내용이었다. '경제학'이라는 단어의 기원은 '가계 경영'을 뜻하는 그리스어 오이코스oikos다.

마셜은 여성들에게 강연하다가 아내를 만났다. 하지만 이는 독신 서약 위반이었다. 그는 맬서스처럼 교원 자격을 잃었다. 마셜은 세인트존스 칼리지에서 9년 동안 경제학을 가르친 뒤에 결혼했는데, 맬서스가 그랬던 것처럼 그 역시 결혼을 하면서 연구원 자격을 박탈당했다. 그의 부인 메리 페일리는 마셜이 뉴햄 칼리지에서 처음 맡은 과목을 수강한 다섯 명의 여학생 중 한 명으로 한때 맬서스의 지적 맞수였던 가톨릭 부주교 윌리엄 페일리의 증손녀였다. 교원 자격이 박탈되자 앨프리드와 아내, 그러니까 케임브리지대학교 역사에서 첫 여성 강사로 이름을 남긴 메리는 케임브리지를 떠나 브리스톨의 유니버시티 칼리지에서 교편을 잡았고, 이후 옥스퍼드에 잠시 있다가 1885년에 다시 케임브리지로 돌아왔다. 마셜은 케임브리지로 돌아오면서 정치경제학 교수직을 얻었다. 앨프리드와 메리는 함께 연구했고, 1879년에 경제학이라는 용어가 처음 사용된 《산업경제학》을 공동으로 저술했다. 제목 표지를 보면 앨프리드의 이름이 메리의 이름보다 위에 있기는 하지만, 글자 크기가 같은 것으로 봐서는 그가 그렇게 하도록 허락한 것이다. 안타깝게도 마셜은 나이가 들어서는 이런 것을 언짢아했고 신경질적으로 반응했으며, 여성 연구자를 치켜세우지도 않았다.

앨프리드 마셜은 반짝이는 푸른 눈에 다소 이상야릇한 기벽이 느껴지기는 했지만, 상당히 호감이 가는 인물이었다. 그의 제자들은 마셜에 대해 무엇보다 그의 집에 찾아가 차를 마시며 나눴던 무수한 대화들을 자랑스럽게 이야기한다. 무엇보다 교사로서 그는 교과서에 나와 있는 접근 방식보다는 상대방이 알기 쉽도록 사례를 들거나 최근의 사건을 실례로 거론하며 설명하는 것을 좋아했다. 그는 거의 모든 곳에서 경제학적 실례를 찾는 비상한 재주가 있었다. 각종 신문과 서적은 물론이고, 때로는 고대 역사에서, 때로는 케임브리지에서 공연되고 있는 연극에서 적절한 실례를 찾아내기도 했다. 간혹 그는 혼자서 낄낄거리며 이야기하다가 흥분을 감추지 못한 채 커다란 목소리로 이야기를 맺고는 했다.

다음은 한 대학원생이 학위 논문 주제를 논의하기 위해 그의 집에 갔다가 겪었던 일로 유명한 일화 중 하나다.

"들어와요, 들어와"라며 문을 열어주더니 좁은 복도를 지나 안으로 들어갔습니다. 그리고 저는 교수님을 따라 위층으로 올라갔지요. "그래, 무엇을 쓸지 생각해봤나?"라고 물었습니다. 저는 "아직이요"라고 대답했습니다. "그렇군. 그럼, 잘 들어보게"라고 말하며 검은색 수첩 하나를 꺼냈습니다. 교수님은 논문 주제가 될 만한 것들을 불러줄 테니 마음에 드는 것이 있으면 손을 들라고 말씀하시고 수첩에 적혀 있는 목록을 읽어 내려가기 시작했습니다. 약간 긴장했던 나는 첫 번째 주제에서 손을 들었는데, 교수님은 눈치채지 못했는지 계속 읽어 내려갔습니다.

마셜은 이 학생의 두 번째, 세 번째 신호도 무시했다.

교수님은 그렇게 5분여 동안 수첩에 적혀 있는 주제 목록을 읽어내려
갔습니다. 결국 마지막 목록까지 다 읽은 후에야 고개를 들고 이렇게
물었습니다. "그래, 마음에 드는 주제가 있나?" 나는 "잘 모르겠습니다"
라고 대답했습니다. 그러자 교수님은 이렇게 말했습니다. "누구나 다
그렇다네, 하지만 이게 내 방식일세." [10]

이렇게 엉뚱한 구석이 있기는 했지만, 마셜은 다른 사람들을 깜짝 놀
라게 할 정도로 비상한 재능을 보여주고는 했다. 즉, 마셜에 대해 남아 있
는 전설에 따르면, 난해한 수학 논문이 출간될 때마다 그는 논문의 첫 장
과 마지막 장만 읽은 다음, 벽난로 앞에 서서 나머지 본문을 유추해보는
다소 놀랍고 기이한 행동을 보이고는 했다고 한다. 또한 허영심이 있어
서 사진이 자신의 고매한 눈빛을 올바로 표현하지 못한다고 생각했다.

내가 케임브리지대학교 세인트존스 칼리지 대학원생이었을 때 그의
초상화가 내려다보는 자리에서 거의 매일 저녁을 먹었다. 그 초상화는
1908년에 영국의 저명한 화가 로덴스타인이 그린 것이다. 그는 마셜이
"진지한 표정으로 앉아 있었다"라면서 이렇게 덧붙였다. "허영심이 있
는 사람들이 초상화 모델로는 최고다." [11] 마셜은 다른 사람의 초상화를
좋아했다. 명성을 얻기 전인 1870년대에 한 상점 진열장에서 작은 유화
한 점을 발견했다. "아주 삭막하고 우수에 잠긴 표정"으로 아래를 응시
하고 있는 피부가 검게 그을린 무명의 노동자 초상화였다. 마셜은 돈 몇
푼을 주고 이 초상화를 구매했다. 그는 "나는 그것을 내 방 벽난로 선반

위에 세워 두고 나의 수호신이라고 불렀다." 그리고 그와 같은 사람들을 돕고자 "헌신했다"라고 말했다.[12]

점진적 접근 방식

아마 나름대로 '명예의 전당'에 헌정된 위대한 경제학자들 가운데 앨프리드 마셜만큼 세파에 이리 치이고 저리 치였던 존 스튜어트 밀과 자나 깨나 머릿속에는 선전과 선동으로 가득 차 있던 카를 마르크스와 극명한 대조를 보이는 인물도 없을 것이다. 마셜의 인생과 사상은 일요일 오후 나무 그늘 밑에 축 늘어져 누워 있는 늙은 사냥개만큼이나 평온했다. 흥미로운 것은 안팎으로 보이는 그의 이런 조용한 품성이 경제학을 바라보는 그의 견해, 그뿐 아니라 세계를 바라보는 그의 시각을 그대로 보여준다는 것이다. 앞서 살펴본 대로 독일 철학에 대해 조예가 깊었던 그는 자신의 '세계관'을 가지고 있었다. 궤변이나 억지를 부리는 성격이 아니었던 마셜은 1890년에 출간된 《경제학 원리》의 첫 페이지에 자신의 신념을 적어놓았다. "자연은 비약하지 않는다." *

밀의 머릿속에서는 아폴로의 힘과 디오니소스의 힘이 항상 요란하게 맞부딪쳤고, 마르크스의 머릿속에서는 혁명의 꿈이 한시도 쉬지 않고 요동쳤다면, 마셜의 머릿속은 알프스산맥처럼 흔들림 없이 한결같았다. 그는 앞서간 경제학자들과 마찬가지로 세계가 좀 더 나은 곳이 될 수

---

* 이것은 다윈이 진화론을 한마디로 요약하면서 했던 말이기도 하다.

있다고 하는 이상주의적인 기대를 품고 있었다. 하지만 그는 이상에 빠져 현실을 간과하는 우를 범하지는 않았다. 그는 경제 현실 분석에 있어서 다른 누구보다 엄격하고, 신중하고, 또 사려 깊었다.

> 문명의 단계마다 시인들은 인류가 물질에 현혹되어 타락하기 전에 존재했다고 하는 진정한 '황금시대'를 온갖 미사여구를 동원해 묘사하는 것을 즐겼다. 물론 그들이 묘사하는 한가롭고 풍요로운 '황금시대'는 정말 아름답게 느껴지고 고결한 상상력과 결의를 자극하지만, 역사적 진리를 담보하기는 어렵다. (…) 그러나 누구나 자신이 하는 행동에 책임을 져야 한다고 볼 때, 이것은 인간 본성에 남아 있는 불완전함을 무시하는 어리석음보다 더 나쁜 행동이다.[13]

다시 말해, 마셜은 과거에 있었을지 분명치 않은 '황금시대'를 논하기보다는 오히려 세계가 점진적이기는 하지만 꾸준히 발전해 나갈 것이라는 확고한 믿음을 논하는 것을 선호했다. 고전파 경제학자들이 자연의 법칙을 규명하기 위해 사용했던 뉴턴의 과학적 접근 방식을 따랐던 반면, 마셜은 이와는 확연히 다른 진화론적인 접근 방식에 관심을 두었다. 앨프리드 마셜에 이르러 경제학 방법론에서는 다윈과 생물학이 뉴턴과 물리학을 대체했다. 18세기에는 불변적인 자연 현상을 연구하는 '수리물리학'이 지배했는데, 경제학도 이런 지적 분위기에서 예외는 아니었다. 그러나 19세기에 접어들면서 유기적이고 진화하는 현상을 주로 연구하는 생물학이 학계에서 각광을 받기 시작했다. 존 스튜어트 밀을 선두로 많은 경제학자가 이런 지적 조류를 따랐다. 마셜도 예외는 아니었으며, 그는 그것을 순순히 받아들이는 수준을 넘어 한 차원 더 깊게 발전시켰다.

앨프리드 마셜의 한계주의는 경제학에 접목된 진화론이라고 할 수 있다. 사업가와 소비자는 비약할 수 없지만, 차근차근 자신들의 주어진 상황을 향상시키기 위해 노력한다. 개인, 기업, 정부 모두 가격 변화에 적응한다. 기업에도 적자생존의 원리가 적용된다. 계속 적자를 보는 기업은 업계에서 퇴출되고 만다. 다른 기업들과의 경쟁 압력 때문에 역으로 비용 절감의 압박을 받는다. 비록 최종 결과는 애덤 스미스의 뉴턴적 경제학을 닮기는 했지만, 마셜은 우리에게 그 과정에서 개인의 의사결정을 면밀히 조사하는 방법을 가르친다. 한계주의는 미시경제학의 발전을 위해 길을 열어놓았다. 그리고 미시경제학은 경제 행위자들이 자신들의 치지나 위치를 재고하고, 만일 이익이 비용을 초과하면 새로운 의사결정 단계를 밟는 현상을 보여준다. 그러나 현실에서 이익과 비용은 항상 변화하게 마련이다. 즉, 우리는 이익과 비용이 불변적인 경우에만 현실에서 뉴턴적인 행태를 가정할 수 있다.

경제학의 주요 관심은, 비록 그 결과는 좋을 수도 있고 나쁠 수도 있지만 늘 변화하고 발전하려고 하는 인간 그 자체다. 단편적이고 정적인 가설들은 동적이고 생물학적인 개념들을 일시적으로 보조하는 역할을 할 뿐이다. 기초만 놓고 따져본다고 해도, 경제학의 핵심 관념은 생동하는 힘과 운동에 대한 것일 수밖에 없다.[14]

앨프리드 마셜은 점진주의적인 신조를 가지고 인생을 살았다. 특히 그는 매사에 매우 신중하고 조심스러웠다. 어떤 때는 너무 느긋하게 산 것은 아닌가 하는 생각이 들 정도다. 한 가지 예를 들면, 앞서 언급한 대로 그의 역작이라고 할 수 있는 《경제학 원리》는 1890년에 출간되었다. 그러나 한계주의에 대한 그의 주요 관념이 정립되고 발전한 것은 그보다 거의 20년이나 앞선 1870년대 초였다. 따라서 경제학 비평가들은 이 책이 출간되었을 때, 그의 독창성을 의심하고 호된 비판을 가했다. 왜냐하면 이 책은 그의 어떤 새로운 경제학 이론이나 체계를 담고 있기보다는 20년 전에 이미 내놓은 케케묵은 이론과 체계를 한데 묶어 출간한 것처럼 보였기 때문이었다. 매사에 신중하고 모든 일을 느긋하게 처리하는 그의 성격 때문에 빚어진 일이었다. 최근까지도 속속들이 밝혀지고 있듯이, 그의 주요 경제학 원리들은 《경제학 원리》가 출간되기 수십 년 전부터 이미 학생들에게 강의를 통해 전수되었던 것이다.

다행스럽게도 학계의 호된 질타에도 불구하고 《경제학 원리》는 오랫동안 꾸준한 사랑을 받았다. 여러 가지 이유가 있었겠지만, 무엇보다 책에서 다루고 있는 그의 주요 관념들이 그만큼 현실성이 있었기 때문이었다. 1890년에 처음으로 출간되어 매년 꾸준히 판매 부수를 늘려가던 이 책은 1920년대에 절정에 도달했다. 마셜은 생전에 제8판이 나오는 것까지 지켜보았고, 현대 미시경제학 교과서들은 여전히 이 책에 많이 의존하고 있다. 그러나 《경제학 원리》는 몇 가지 측면에서 현대의 경제학 교과서들과는 완전히 다르다. 우선, 마셜은 진부한 도덕적 설교를 버리지 못했다. 마셜은 인생 상담 코너 '디어 애비Dear Abby'에나 어울릴 법한 여러 가지 도덕적 훈계를 책 곳곳에서 하고 있다. 그래서 어떤 때는 애비와 그녀의 쌍둥이 동생 앤 랜더스 사이의 사적인 오해를 해결해주기 위해 나서는 정의의 사도처럼 보이지만, 어떤 때는 치열한 사업 분쟁에 불필요하게 끼어들어 그것을 해결해주고자 하는 분수를 모르는 사람처럼 보이기도 한다. 그래도 다행스러운 것은 마셜이 빅토리아 시대의 한적한 시골의 고지식한 여교사처럼 학생들에게 시시콜콜하게 도덕적 훈계를 남발하지는 않는다는 것이다.

둘째, 학생들과 전문가들을 대상으로 하는 지금의 경제학 교과서들과 정반대로《경제학 원리》는 직접적으로 경제학에 문외한인 사람들을 대상으로 했다. 경제학자들은 순수 이론 뒤에 숨어서는 안 되며, 세상을 직시하고 그들이 개발할 수 있는 도구를 이용해 그것을 개선하려고 노력해야 한다. 마셜이 그런 도구로 자신만의 복잡한 모델을 개발하기는 했지만, 그는 그것을 본문에서 자세하게 다루는 대신 각주나 부록으로 처리했다. 자신의 현학을 뽐내기보다는 독자들의 이해를 최우선으로 했던 것이다. 그는 단순하고, 누구나 이해할 수 있는 쉬운 영어를 사용했다. 마셜은 "길게 질질 끄는 그리고 난해한 추론"은 "실질적인 연구를 위한 기관engine이라기보다는 과학적 장난감"에 지나지 않는다고 경고했다.[15] 만약 마셜이 장난감을 원했다면, 어렸을 적 누구보다 자신을 아끼고 사랑해주었던 숙모를 찾아가 카우보이 놀이를 하거나 인디언 놀이를 했을 것이다. 하지만 그는 자신이 좋아하던 장난감을 미련 없이 내던지고 고귀한 직업을 추구했고, 다른 사람들, 특히 자신의 제자들에게도 그렇게 하도록 충고했다. 비록 초기에 자신의 말을 듣지 않는 제자들 때문에 골치를 앓기는 했지만, 많은 제자가 그의 말을 따랐다.《경제학 원리》가 처음 출간되었을 때, 영국에서 경제학을 가르치는 교수들의 절반 이상은 그의 제자들이었다. 그리고 시간이 지나면서 유수 대학에서 경쟁적으로 경제학과가 개설되면서 그 수는 더욱 늘어났다.

비록 자신이 수학을 공부하기는 했지만, 마셜은 경제학자들이 시도 때도 없이 수학을 남용하는 것을 못마땅하게 생각했다. 마셜에게 데이비드 리카도는 영원한 우상이었는데, 그 이유는 그가 수학자처럼 사고하면서도 절대 애매한 기호나 자신만 알 수 있는 비밀 공식에는 의존하지 않았기 때문이었다. 마셜은 리카도와 밀의 이론을 미적분을 이용해 수학적으로 재해석했지만, 자신의 이론이나 주장은 어떤 경우에도 수학적 증명을 통해 입증하려 하지 않았다. 마셜은 영국 태생의 통계학자이자 경제학자인 아서 라이온 볼리에게 보낸 편지에서 자신이 수학에 대해 어떤 생각을 갖고 있는지 명쾌하게 정리했다.

1. 수학은 탐구의 기관으로 사용하기보다는 속기 언어로 사용하게.
2. 하지만 논의를 마칠 때까지는 버리지 말게.
3. 그것을 문외한인 사람들도 이해할 수 있도록 말로 옮겨야 하네.
4. 그다음 실생활에서 찾아낼 수 있는 실례를 들어 설명할 수 있으면 금상첨화이고.
5. 여기까지 마쳤다면, 이제 수학을 불태워버리게.
6. 4번이 쉽지 않으면, 3번을 불태워 버려야 하네. 나도 종종 그렇게 한다네.[16]

피구는 마셜이 유독 수학 논문은 벽난로 앞에서 읽는다고 했는데, 사실 알고 보면 전혀 엉뚱하거나 기이한 행동은 아니다. 앞서 언급했듯이, 마셜은 아버지에 대한 반발심에서 몰래 숨어 수학을 탐독했다. 그가 그런 행동에 대해 어떤 죄의식을 가지고 있었는지는 알 수 없지만, 그는 또래의 아이들이 자신만의 비밀스러운 것을 침대 밑에 감추듯이 침대 밑에 수학책을 숨겨놓고 꺼내 읽고는 했는데, 어쩌면 아버지에 대한 일말의 죄의식을 누그러뜨리기 위해 내놓고 수학책을 읽지는 않았던 것 같다. 따라서 그가 성인이 되어서 수학 논문을 벽난로 앞에서만 읽은 것도 그런 죄의식이 그때까지 남아 그것을 누그러뜨리기 위해 보인 습관적 행동일 수도 있을 것이다.

앨프리드 마셜은 위의 편지에서 제안한 것보다 경제학 방법에 대해 그렇게 엄격하지 않았다. 밀과 마찬가지로 마셜은 엄격한 경제학 법칙을 수립하고자 하는 경제학계의 오래된 덫에 걸려들지 않았다. 역사는 경제학에서 연역적 분석 방법, 즉 과학적 분석 방법과 더불어 중요한 한 부분이었다. "19세기가 시작되면서 영국의 경제학자들이 범한 중요한 오류는 그들이 역사와 통계학을 간과했다는 것이 아니라, 인간을 소위 수학 공식의 상수로 간주했다는 데 있다. (…) 나는 경제학 이론이나 정리에 어떤 보편성도 부여하지 않는다. 그것은 구체적 진리가 아니라 구체적 진리를 발견하기 위한 기관에 불과하다." [17] 또한 마셜은 사실은 그 자체로 아무것도 전달할 수 없음을 깨달았다. 존 메이너드 케인스의 아버지이자 경제학자였던 존 네빌 케인스에 따르면, 마셜은 "관찰에 의한 연역적인 정치경제학"을 받아들였다고 한다. [18] 상아탑과 술집 사이에서, 순수 이론과 세속적 사실 사이에서 중도를 추구했던 마셜은 경제학을 사회학자들과 도덕론자들의 맹비난으로부터 보호막이 되었다.

마셜은 경제학계에서 뉴턴보다는 다윈이 되고자 했다. 그는 기업들의 행태를 면밀히 조사했고, 특히 그것들이 환경 변화에 어떻게 반응하는

지 눈여겨보았다. "경제학자에게 메카는 경제생물학 속에 있다"라고 그는 과감하게 선언했다. [19]

장기와 단기라는 경제학적 시간

　로마는 하루아침에 이뤄지지 않았고, 인간은 일주일 만에 원숭이에서 진화하지 않았다. 역설적이게도 다윈은 천 년이라는 시간이 생물학적으로 볼 때 그다지 중요하지 않을 수 있지만, 돌연변이의 짧은 인생이 한 종의 미래를 결정지을 수도 있다고 가르쳤다. 마셜은 생물학적 시간과 마찬가지로 '경제적 시간'이 런던의 빅벤의 종소리와 부합하지 않는다는 것을 잘 알았다. 10년이란 시간이 주어졌다고 해서 어떤 기업이 1년에 성취할 수 있는 것을 10배 성취할 수 있는 것은 아니다. 어떤 계약이나 거래에 있어서 1년은 굉장히 긴 시간일 수 있다. 또 어떤 일에 있어서는 1년은 준비 기간도 채 되지 못할 수도 있다.

　이처럼 경제 분석은 단계마다 나름의 시계가 제각각 째깍거린다. 1973년에 OPEC이 처음으로 석유 감산 정책을 발표했을 때, 정치가들은 경제학자들의 목을 부여잡고 앞뒤로 흔들면서 서둘러 해법을 내놓으라고 재촉했다. 소비자들이 언제쯤 인상된 원유 가격에 반응해 소비 지출을 줄일 것인가? 제너럴 모터스, 포드, 크라이슬러 같은 자동차 제조업체들은 언제쯤 연비가 높은 소형 자동차를 생산해낼 것인가? 석유 회사들은 원유 수급의 어려움을 돌파하기 위해 언제쯤 새로운 시추 작업에 들어갈 것인가? 어느 날 하루아침에 일어난 긴박한 경제 상황에서 이런 질문들이 한꺼번에 쏟아져 나왔지만, 그렇다고 해서 이것들은 단번에 해결될 수 있는 문제들이 아니었다.

마셜은 각각의 특별한 경향들과 그것들이 각각 작용하는 시간대를 구분하고자 했다. 시간은 "경제적 문제를 야기하는 주요 원인이다. (…) 그리고 그것은 불가피하게 제한된 능력을 가진 인간이 차근차근 문제를 해결해 나가도록 만든다. 따라서 우선 복잡해 보이는 문제를 하나둘 쪼개보고, 한 번에 하나씩 면밀히 살펴본 다음, 그 과정에서 얻은 해결책들을 문제 전체에 대한 완전한 해결책을 얻기 위해 통합해야 한다." 이런 분석 방법에 기초해 마셜은 한 가지 독창적인 분석 체계를 고안했다. 그는 다른 모든 요인은 '울타리'에 가둬놓고 각각의 요인들을 하나씩 차례대로 끄집어내 집중적으로 분석했다. 그는 이 울타리를 '다른 조건이 같다면'을 의미하는 라틴어 '세테리스 파리부스ceteris paribus'라 불렀다. 즉, "다른 경향들의 존재를 부정하지는 않지만, 그런 경향들이 미치는 예상치 못한 영향들은 잠시 무시한다. 문제가 좁혀지면 좁혀질수록, 그것을 좀 더 정확하게 다룰 수 있는 개연성은 그만큼 커진다." [20]

세테리스 파리부스, 즉 '다른 모든 조건이 같다면'이란 가정은 사실 마셜이 처음 도입한 것은 아니다. 이미 그에 앞서 많은 경제학자가 경제 현상을 분석하면서 이와 똑같은 가정을 사용했다. 하지만 마셜은 이런 가정에 따라 분명한 방법을 고안하고 엄격한 이론들을 구축했다. 지금까지도 많은 경제학 교과서들이 마셜의 이런 방법에 의존하고 있다.

마셜의 방법은 프랑스의 경제학자이자 '로잔학파'의* 창시자인 레

---

* Lausanne scool. 1870년대 레옹 발라를 창시자로 하고, 이탈리아 태생의 경제학자 빌프레도 파레토에 의해 계승 및 발전된 경제학파다. 로잔학파는 일반 균형 이론의 입장에 서 있으며, 스위스 로잔

옹 발라의 '일반 균형' 분석과 정반대였다. 발라의 일반 균형 이론은*
매우 이론적이고 수학적이었기 때문에 학부생들을 위한 경제학 교과서
에서는 거의 다뤄지지 않았다. 그뿐 아니라 그의 이론적 분석은 20세기
들어 노벨경제학상 수상자로 미국 경제학자 케네스 애로, 프랑스 출신
의 미국 경제학자 제라르 드브뢰, 그리고 경제학 비평가 프랭크 한을 포
함한 일부 뛰어난 이론가들에 의해 계승 발전했다. 여담이지만, 발라가
이처럼 매우 추상적이고 복잡한 수학 분석을 즐겨 사용했지만, 대학 입
학시험에서 두 번씩이나 수학에서 낙제점을 받았다고 한다.

마셜의 분석 체계를 좀 더 쉽게 이해하기 위해 다음의 예를 살펴보
자. 한 회사가 '여피 요거트'라 불리는 신상품을 개발한다고 하자. 회사
는 월스트리트에 있고, 제품의 이름에서 엿볼 수 있듯이 이 회사가 겨냥
하고 있는 주요 고객이 누구인지 분명하다. 그뿐 아니라 이 회사는 월스
트리트에서 유명한 고디바 초콜릿을 제품에 넣어 앞으로 고급 요거트

대학교의 교수들이 주축이 되었기 때문에 로잔학파라는 이름을 얻었다. 발라는 한계효용에 입각한 새
경제학을 개척했으며, 경제 수량의 상호 의존 관계와 함수 관계를 중시해 어떠한 조건하에서 그러한
경제 수량이 제일의적(第一義的)으로 결정되는가를 수학을 이용해 밝히는 일반 균형론을 전개했다.
한편, 파레토는 발라가 전제한 효용 대신 '선택의 이론'을 써서 효용불가측성(效用不可測性)의 난점을
극복했으며, 순수하게 경험적인 경제량으로서 가격 관계를 통해 일반 균형론에 도달했다. 이처럼 로
잔학파는 경제학 분석에 수학을 적극적으로 도입했기 때문에 수리경제학파라고도 불리는데 후일 수
리경제학 발전의 기초를 다졌다.

* General Equilibrium. 일반 균형 이론은 자유 기업 제도에서 가격 기구의 기능을 총체적으로 이해
하는 데 유용한 분석틀로 가격 기구가 가장 이상적으로 기능하는 완전 경쟁 시장을 전제로 한다. 일반
균형 이론은 2개의 이론적 지주로 성립되어 있는데, 하나는 효용 및 이윤 극대화 이론이고 다른 하나
는 시장 균형 이론이다. 전자는 사람들이 측정할 수 있는 한계효용 계획을 갖고 있다는 가정에서 개별
주체의 합리적 행동을 통해 전 상품의 수요 함수 및 공급 함수를 도출해냄으로써 개개의 소비자와 생
산자가 주어진 시장가격 아래에서 어떻게 행동하는가를 명백히 했다. 후자는 시장에서 어떤 가격 벡
터가 주어졌을 때 어떤 재화의 수요량이 공급량을 웃돌면 그 재화의 가격은 상승하고, 밑돌면 하락하
여 수요와 공급이 일치하는 점에서 비로소 거래가 이루어지며, 이 수급 일치를 유발하는 가격이 균형
가격이고 그때의 수요 함수 및 공급 함수의 값이 균형 소비량과 균형 생산량을 결정한다고 보았다.

문화를 선도해 나갈 계획이다. 이를 위해 이 회사는 "살찌지 말고 프리미엄을 먹자!"라는 슬로건으로 여피들의 미각을 자극한다. 그러나 하루 단위로 봤을 때, 여피 요거트의 공급은 제한적일 수밖에 없다. 어느 날, 월스트리트의 컴퓨터 시스템이 원인 모를 이유로 오작동을 일으키면서 많은 여피가 일손을 놓고 한가하게 휴식을 취하고 있다고 하자. 일부는 잠을 청하거나 동료들과 커피를 마시며 잡담을 나누지만, 개중에는 휴식을 틈타 요거트를 사 먹으러 나오는 여피도 있을 것이다. 갑자기 평소보다 여피 요거트에 대한 수요가 폭주한다. 이에 회사는 부리나케 요거트 제조에 들어가고, 포장과 출고를 마쳤지만, 이미 해는 져서 여피들은 퇴근해 각자 집으로 돌아간 뒤다. 결국 예상치 못한 이 하루 동안, 여피 요거트에 대한 수요는 폭주했지만 공급은 그것을 뒷받침하지 못했다.

이것을 교훈 삼아 이 회사가 시장 상황에 좀 더 주의를 기울인다면, 회사는 다음번에 이와 비슷한 상황에서 여피 요거트의 수요를 제 때에 맞출 수 있을 것이다. 마셜이 '단기'라 부른 이 두 번째 시기는, 비록 짧은 시간이기는 하지만, 회사가 갑작스럽게 늘어난 수요를 제 때에 충족할 수 있을 만큼 충분한 시간이다. 회사는 공급을 늘리기 위해 더 많은 노동자를 고용하고, 더 많은 원료를 구매할 수 있다. 그렇다고 해서 너무 많은 비용을 지출할 수는 없는 일이다. 즉, 마셜에게 '단기'란 새로운 공장을 신축할 수 있을 만큼 긴 시간이 아니다. 여피 요거트 제조 회사가 텔레비전 광고를 한다고 할 경우, 이것이 수요를 촉진할 수 있을까? 어쨌든 광고 효과에 힘입어 수요가 늘었다고 하자. 단기적으로 회사는 늘어나는 수요를 충족하기 위해 더 많은 노동자를 고용하고, 더 많은 원료를 구입할 수 있다. 그런데 오히려 수요가 떨어졌다면, 회사는 노동자를 해고하고, 원료 구입을 줄일 수 있다.

공장의 생산 능력은 단기적으로 한정되어 있기 때문에 회사는 수확 체감의 법칙에 직면한다. 즉, 더 많은 노동자를 고용한다고 해서 생산성이 무작정 늘어나진 않는다. 오히려 줄어든다. 물론 회사는 한계 법칙을 따라 이익과 비용이 동등해지는 마지막 순간까지 생산을 계속할 것이다.

이때 회사는 마셜이 '장기'라 부른 세 번째 시기에 들어서게 된다. 세 번째 시기는 회사가 새로운 공장을 신축하고, 더불어 노동자와 원료를 추가로 확충할 수 있는 충분한 시간이다. 만일 여피 요거트에 대한 수요가 꾸준하다면, 회사는 공장을 기존의 월스트리트에서 뉴욕항으로 확장 이전하거나 아니면 항구 맞은편에 공장을 하나 더 세울 수 있다. 그리고 최신식 자동화 설비를 도입해 기존의 노동자들을 대체할 수도 있다.

장기적으로 새로운 경쟁 업체들이 요거트 시장에 뛰어들 수 있고, 그에 따라 적자에 시달리는 기존 업체들은 공장 문을 닫을 수도 있다. 치열한 경쟁에서 살아남는 기업들은 이제 적정 이윤을 획득한다. 따라서 장기적으로 공급이 시장을 주도한다.

단기와 장기는 각각 얼마나 긴 시간을 의미할까? 산업에 따라 다르다. 기간은 어떤 산업이 자본과 생산 능력을 전환하는 데 걸리는 시간에 의해 결정된다. 분명히 말하지만, 마셜이 여피 요거트의 사례를 든 것은 아니다. 재미있게도 그는 물고기, 즉 수산업을 예로 들었는데, 마셜은 수산업의 경우 새로운 어선을 도입하는 데 '장기적으로' 1~2년 정도 소요될 것으로 내다봤다. 그러나 기술이 발전함에 따라 이 장기(즉, 대응 시간)는 상대적으로 줄어들 수도 있다.

마셜은 기업의 규모에 대해 비중 있게 다뤘다. 고전파 경제학자들은 기업의 규모가 커져도 평균 비용은 그대로일 거라고 주장했다. 그들에게 성장은 기업에 도움이 되지도 않고 해도 되지 않는다. 마셜이 활동하던 시기에 대다수 경제학자는 수확 체감의 법칙에 관해 이야기했다. 기업의 규모가 어느 정도에 이르면 기업 운영이 비효율적으로 유지될 수밖에 없다고 보았다. 마셜은 수산업을 예로 들어, 물고기의 무분별한 남획은 어족 자원을 고갈시킬 것이고, 그 결과 어선들은 근해에서 점차 원양으로 진출할 수밖에 없다고 주장했다. 그럼에도 불구하고, 마셜은 기업의 규모가 특정 산업에서는 더 효율적일 수도 있지 않을지 반문한다. 거대 기업들은 상대적으로 신용 대출이 쉽고, 효율적인 기계를 구입할 수 있다. 오늘날 미국의 3대 자동차 제조업체 중 하나이며 대표적인 대기업인 제너럴 모터스는 독자 여러분보다 상대적으로 낮은 이자를 내고 돈을 빌릴 수 있다. 더구나 더 효율적인 조립 라인 설비를 구매할 수도 있다.

마셜은 규모에 따른 수확 체증의 원인으로 두 가지, 즉 내부 경제internal economies와 외부 경제external economies를 거론했다. 내부 경제는 노동분업, 공급 물품의 대량 구매, 소규모 기업들은 감히 엄두도 내지 못하는 최첨단 장비의 도입 등에서 비롯한다. 호화스럽기는 하지만 크기는 작은 요트들에 부자들을 태워 대서양을 횡단하는 'A 여객 운송 회사'가 있다고 하자. 이 회사가 보유하고 있는 요트들을 관리 유지하는 데 들어가는 비용은 고객 1인당 3천 달러다. 만일 이 회사가 정기이용 고객 천 명을 확보할 수 있다면, 작은 요트들 대신 '퀸 메리 2세' 같은 초호화 여객선을 도입해서 한 번에 실어 나를 수도 있을 것이다.

이때 소요되는 비용은 고객 1인당 이전보다 저렴한 2천 달러다. 따라서 A 여객 운송 회사가 초호화 여객선을 도입해 한 번에 더 많은 승객을 실어 나를 수 있다면, 작은 요트들을 버리고 좀 더 저렴한 비용으로 회사를 유지할 수 있을 것이다. 그렇다고 회사의 규모를 무작정 확장할 수는 없다. 그럴 경우 관리 문제라든가 마케팅 문제 때문에 다른 곳에서 비용이 상승할 것이다.

초기에 해운 사업은 대량의 화물을 한 번에 운송할 수 있다는 이점 때문에 각광받기는 했지만, 적재나 하역에 많은 시간이 걸렸기 때문에 다소 비효율적으로 여겨졌다. 그러나 이런 인식은 지난 40년 동안 완전히 바뀌었다. 1950년대만 하더라도 화물선이 항구에 들어오면, 배의 크기에 따라 다르겠지만, 대형 화물선의 경우 보통 짐을 부리는 데 100여 명의 하역 인부들을 동원해 일주일가량 소요됐다. 지금은 거의 모든 화물이 컨테이너 단위로 적재되기 때문에 크레인을 조종할 수 있는 항만 노동자 7명만 있으면, 아무리 대형 화물선이라고 하더라도, 하루 만에 하역을 끝낼 수 있다. 이렇게 하역된 컨테이너는 배에서 열차나 트럭에 바로 실려 목적지까지 운반된다. 이런 운송 혁명으로 인해 물류비용이 크게 낮아지면서, 미국인은 피지에서 생수를 수입해 마실 수 있게 됐다.

한편, 외부 경제는 특정 기업 외부에서 발생하는 요인들에서 비롯한다. 만일 어떤 산업이 특정 지역에 밀집되는 경향이 있다면, 그 지역은 이 산업에 숙련 노동을 지속적으로 공급하는 노동시장이 될 것이다. 따라서 이 지역의 기업들은 기계나 연료 등 필요한 물건들을 저렴하게 공급하는 연관 산업들이 등장하면서 기업 운영에 탄력을 받게 된다.

기계의 발명과 개량이 작업 공정이나 사업 전반에 좋은 결과를 가져다 준다는 것은 분명하다. 만일 어떤 사람이 새로운 아이디어를 내면, 다른 사람들은 그것을 토대로 자신들의 아이디어를 결합하고, 이것이 다른 새로운 아이디어가 나올 수 있는 원천이 된다. 그리고 이내 주위에서 생산에 필요한 원료와 기계를 공급하고, 생산된 제품의 운송을 담당하며, 그 외 다양한 방식으로 생산에 도움을 주는 연관 산업들이 등장한다.[21]

이처럼 어떤 산업과 이 산업을 떠받치는 연관 산업들 사이의 관계를 살펴보고 싶다면, 영국 케임브리지대학교와 최첨단 IT 기업들이 밀집해 있는 '실리콘 펜'* 사이의 밀접한 관계를 살펴보기 바란다. 캔자스 위치토와 멕시코 케레타로 같은 도시들이 항공기와 헬리콥터 제조사들의 허브가 되었다. 이보다 조금 오래된 외부 경제의 사례를 들면, 펜실베이니아의 광부들은 석탄을 가공해 철강 채굴 및 제조 원료인 코크스로 만들어 인근 철강 회사들에 공급했다. 이와는 다르게 연결고리가 분명하지 않은 경우가 있다. 브로드웨이는 뉴욕 맨해튼의 북쪽과 남쪽을 잇는 대로다. 물론 브로드웨이는 타임스퀘어 광장 인근 극장들이 모여 있는 약 2.5제곱킬로미터에 이르는 구역을 일컫는 별칭이기도 하다. 그러나 이 구역은 극장만으로 이루어진 곳이 아니다. 브로드웨이 구역 안에는 시간 단위로 임대할 수 있는 연습장이 있고 극장의 제작자, 감독, 홍보 전문가, 보컬 및 댄스 코치의 사무실이 있다. 무대, 조명, 음향 담당

---

* 미국 캘리포니아의 실리콘밸리에 버금가는 영국 케임브리지에 있는 IT 산업의 중심지.

노동자들의 조합도 중심부에 있고, 몇 미터 떨어진 곳에 브로드웨이 사람들에게 만남의 장소 역할을 하는 전설적인 레스토랑 '조 앨런'도 있다. 뉴멕시코 앨버커키 같은 작은 마을에 이와 유사한 단지를 조성하라고 하기는 어렵다.

그러나 마셜이 목격한 것들은 도시에만 한정되지 않는다. 미국 중서부 노스다코타에 자리한 파고는 한때 냉소적인 영화의 배경이 될 정도로* 조롱거리의 대명사였지만, 지금은 미국에서 가장 낮은 실업률을 자랑하는 도시가 되었을 정도로 급성장하고 있는 소프트웨어 산업의 중심이다. 1990년대 초에 파고는 인근 대초원(로키산맥 동부의 캐나다와 미국에 걸쳐 있는 건조 지대)을 끼고 있는 도시들과 마찬가지로 서서히 쇠락하고 있었다. 그러나 얼마 뒤에 황량한 겨울바람만이 도심을 감싸던 이곳에 변화의 바람이 불기 시작했다. 당시 급속히 성장하던 통신망의 발달에 힘입어 일부 기업들이 이곳에 소프트웨어 회사를 설립해 기업 활동을 하기 시작했다. 그러면서 많은 IT 기업이 추가로 들어서기 시작했고, 특히 마이크로소프트가 그레이트 플레인스 소프트웨어를 인수해 설비를 확충하면서 오늘날 파고는 IT 산업의 허브가 되었다. 항상 흙먼지에 낙후된 지역이라는 오명을 안고 있던 노스다코타는 미국의 다른 어느 주보다도 많은 주 정부 수입 대비 예산을 소프트웨어 연구 개발에 지출하고 있다.

만일 마셜의 수확 체증 법칙이 옳다면, 큰 것이 아름답다는 말이 될

---

* 미국 할리우드의 명감독 조엘 코엔이 감독한 1996년 영화 〈파고〉를 말한다. 이 영화는 빚에 쪼들리고 있던 한 세일즈맨이 청부업자를 고용해 아내를 유괴해 돈 많은 장인으로부터 몸값을 받아내려고 공모하는 사건을 내용으로 하는데, 1987년에 파고에서 실제로 일어났던 사건을 소재로 했다.

것이다. 그런데 정말 큰 것이 아름답다면, 경쟁이라는 것은 오래 지속되지 않을 것이다. 왜냐하면 대규모 기업이 항상 소규모 기업을 집어삼킬 것이 뻔하기 때문이다. 예를 들어, 만일 여객 운송 A가 작은 요트들로 사업을 계속 고집한다면, 머지않아 커나드(퀸 메리 2호를 보유한 영국의 해운 회사)에 흡수될 것이다. 그리고 독점이 각 산업을 지배할 것이다. 누구보다 앞장서 경쟁을 옹호했던 마셜은 이런 이론적 모순을 어떻게 극복했을까?

물론 그는 간단히 이 모순을 극복했다. 마셜은 기업들이 영원히 생존할 수 있다고 보지 않았다. 그의 경제생물학이 빛을 발하는 순간이다. 즉, 그는 여기에서 다시 생물학에 의지해 유기적 은유organic metaphor를 빌려다 쓴다. 기업가들은 신생 기업을 잉태하고 낳을 것이다. 그리고 이 기업에 양분을 공급하고, 때에 따라 어르고 달래 성인으로 키운다. 그러나 얼마 뒤에 이들 기업가는 늙어 죽는다. 이들의 대를 잇는 관리자들은 흔히 그렇듯이 전임자들보다 능력이 떨어질 것이다. 그리고 다른 기업가들이 낳은 새로운 기업들이 이 기업의 경쟁 업체로 성장할 것이다.

자연은 창업자의 수명을 제한하는 식으로 민간 기업을 계속해서 압박한다. 더구나 창업자가 자신의 능력을 완전히 발휘할 수 있는 기간은 전체 수명에서 볼 때 상대적으로 짧다는 사실을 기억해야 한다. 그 결과 얼마 뒤에 기업은, 비록 사업을 키우고 번창시키고자 하는 의욕은 전임자에 비해 떨어지지 않지만, 전체적인 활력과 창의성에서 그보다 못한 후임자의 수중에 넘어간다. 이 과정에서 기업이 주식회사 체제로 개편된다면, 노동분업, 최첨단 장비가 갖는 이점을 계속 살려 나갈 수도 있다. 물론 추가 자본 증식을 통해 이런 이점을 키워나갈 수도 있고, 유리한 시장 상황을 이용해 생산에서 영속적이고 두드러진 지위를 지켜나갈 수도 있다. 하지만 기존의 탄력성과 추진력을 상당 부분 상실하고, 더 젊고 규모가 작은 기업들과 경쟁하면서 이런 이점을 계속 유지해나가기는 어려운 일이다.*

앨프리드 마셜에 따르면, 목마르고 배고픈 기업이 뚱뚱하고 게으른 기업의 이윤을 잠식해 들어간다. 마셜의 이론이 제2차 세계대전 이후 미국에서 다국적 기업들이 크게 번성한 사실에 비춰보면 시대에 크게 뒤떨어진 진부한 이론처럼 보이지만, 오히려 오늘날의 상황에서는 더욱 현실 적합성이 있어 보인다. 1970년대에 거대 기업으로 명성을 자자했던 걸프 앤 웨스턴,** ITT,*** AT&T,**** 그리고 IBM 등은 이후 수십

---

* [저자주] 슘페터는 지배적인 기업과 독점 기업이 경제를 도울 수 있다고 주장했는데, 이유는 이들 기업이 자신들의 독점적 지위로 인해 벌어들이는 초과 이윤을 대규모로 연구 개발에 다시 투자할 수 있기 때문이다. 물론 슘페터의 이런 입장은 아직도 많은 논란이 되고 있다.

** 오스트리아 이민자인 찰스 블루던이 1958년에 세운 회사로 1966년에 파라마운트 영화사의 경영권을 인수했으며, 1989년에 파라마운트 커뮤니케이션스로 이름을 바꾼 뒤 1994년에 미디어 거대기업인 비아콤에 인수되었다.

*** 뉴욕에 기반을 두고 있는 ITT는 AT&T의 이름을 모방해 1920년에 카리브해 연안의 여러 소규모 전신 전화 회사들을 합병하면서 설립됐다. 1925년에 이 회사는 AT&T의 대형 해외 제조사인 '인터내셔널 웨스턴 일렉트릭'을 인수해 'ITT 스탠더드 일렉트릭'으로 이름을 바꾸었으며, 이때부터 ITT는 11개 국에서 활약하는 다국적 원거리 통신 제조업체가 되었다. 1960년대와 1970년대에는 미국 군대를 위해 방위 및 감시 체계 제작에 관여했다. 그러나 이 회사는 1987년에 원거리 통신 산업 분야를 프랑스계 회사인 알카텔(현 알카텔-루슨트)에 매각하면서 이 분야에서는 완전히 손을 뗐다. 현재 ITT는 제빵, 제과, 냉동식품 사업뿐 아니라 호텔, 출판, 보험 등 여러 분야의 사업체를 소유하고 있다.

**** 1875년에 최초로 전화기를 발명한 알렉산더 벨은 1877년에 벨 전화 회사를 세운다. 그리고 경쟁사였던 웨스턴 유니언을 물리치고 전화 사업의 주도권을 잡은 후 1885년에 장거리 전화 설비 생산을 위해 자회사로 AT&T를 설립했다. AT&T 산하에 있던 전화 회사들과 웨스턴 일렉트릭, 벨 연구소를 총칭해 '벨 시스템'이라고 불렸는데, 1956년 이후 독점금지법 위반 소송에 휘말리면서 1982년에 법무부와 화해를 통해 22개의 지방 영업 회사를 포기하는 데 동의하고, 1984년에 정식으로

년 동안 지속된 치열한 시장 경쟁에서 모두 옛 명성을 잃고 말았다. 러시아 태생의 미국인으로 라디오의 아버지라 불리던 데이비드 사노프의 장기 지배 체제 아래에서 미디어와 전자 산업을 지배했던 RCA는* 그가 은퇴하면서 바로 업계의 주도권을 내주고 말았다.[22] 그리고 얼마 뒤에 회사 본사가 있던 록펠러 센터 외벽에서 항상 수백만 뉴요커들의 얼굴을 붉게 물들였던 RCA의 네온사인은 온데간데없이 자취를 감추고 말았다.

새로운 기업은 주주들의 눈치를 봐야 하는 기존의 기업들에 비해 더욱 적극적으로 위험을 감수하려고 할 수도 있다. 비록 이제 막 활동을 시작한 기업들이 대개 실패를 맛보기는 하지만(너무 무리하게 위험을 감수하려고 하기 때문에), 간혹 자동차 차고에서 영세하게 사업을 시작해 일약 대성공을 거둔 기업들이 번들거리는 고층 빌딩에서 장기 전략 계획 수립을 위해 머리를 싸매고 일하는 대기업 고위 간부들의 목을 여럿 앗아갈 수도 있다. 지난 30년 동안 미국에서 새롭게 창출된 일자리는 대부분 종

소유권을 이전하면서 벨 시스템은 해체됐다. 이후 AT&T는 정부 규제 대상이었던 시외 및 국제 통신 서비스를 담당하는 AT&T 커뮤니케이션스와 비규제 분야인 통신 및 정보 기기의 개발, 제조, 판매를 담당하는 AT&T 테크놀로지스로 재편되었다. 2000년, SBC 커뮤니케이션스가 AT&T의 7개 지역사 중 하나를 인수하면서 합병 회사가 회사 이름과 브랜드 이름을 SBC 대신 인지도가 높은 AT&T로 이용하기로 함으로써 새로운 AT&T로 태어났다. 그리고 2006년에 조지아에 위치한 정보 통신 기업 벨사우스를 인수한 AT&T는 현재 미국 유무선과 DSL 인터넷 분야에서 미국 내 1위 사업자 위치를 차지하고 있다.

* 1919년에 제너럴일렉트릭이 아메리칸 마르코니를 인수하면서 설립한 기업으로 데이비드 사노프가 50년 동안 경영을 맡으면서 현대적인 통신 복합 기업으로 성장했다. 1920년에 웨스팅하우스가 최초로 상업 방송을 시작하자 사노프는 1921년에 스포츠 방송을 시작하면서 그 뒤를 따랐다. 1926년에 라디오 방송을 하기 위해 NBC를 설립했다. 1929년 빅터 토킹 기계 회사를 인수하고, 1939년 실험적으로 최초의 텔레비전 수상기를 개발했다. 1946년에 흑백 텔레비전 수상기를 시판했으며, 4년 후인 1950년에는 컬러 텔레비전을 실용화했다. 그러나 1970년에 사노프가 은퇴하면서 경영에 어려움을 겪자 제너럴일렉트릭사는 1987년 RCA의 가전제품 사업부를 프랑스 회사인 톰슨에 매각했다.

업원 수가 500명 미만인 기업들이 창출했다.

1950년대에서 1980년대까지 일어난 기업 합병의 물결 이후 많은 기업이 이런 흐름과는 반대로 "몸집을 줄이고, 효율성을 높이기 위해" 계열사들을 매각하는 등 기업 구조 조정을 단행하려고 했다. 과거에 주류를 제조 판매했던 '내셔널 디스틸러스 코퍼레이션'은 주류 제조를 중단하고 회사 이름도 '퀀텀 케미컬 코퍼레이션'으로 바꿨다. 1989년 3월, 〈비즈니스위크〉는 커버스토리로 '귀하의 회사는 너무 비대하지 않은가요?'라는 제하의 기사를 다뤘다.[23] 1990년대 끝 모를 성장을 거듭했던 AT&T는 몸집이 너무 비대해지자 3개의 자회사로 분사를 결정했다. 그렇게 해서 제조 및 연구 개발을 주 업무로 담당하는 NCR 코퍼레이션, 컴퓨터 전문 회사인 벨 연구소, 그리고 서비스 업체인 AT&T 테크놀로지스가 새롭게 등장했다. 이 과정에서 AT&T 테크놀로지스는 루센트 테크놀로지스로 이름을 바꾸었고, 1996년에 AT&T에서 완전히 분리 독립했다. 그러나 흥미로운 것은 AT&T가 경영난에 허덕이는 동안, 루센트 테크놀로지스의 주가는 2000년에 '기술주 붕괴'로* 인해 곤두박질칠 때까지 하늘 높은 줄 모르고 치솟았다는 사실이다. 그리고 결국 2006년 11월, 프랑스의 알카텔에 매각됐다. 이와 동시에 타임과 워너 커뮤니케이션스 같은 많은 기업이 지식과 자산을 효율적으로 공유하기 위해 합병을 단행했다. 그렇게 해서 타임워너가 등장했고, 이어 2000년에 이 회사는 AOL을 흡수했지만, 이미 미국 신경제를 이끌었던 닷컴 기업들이 붕괴하기 시작한 때였기 때문에 별다른 합병 이익이나 효과

---

* 1995년에서 2001년까지 미국 신경제가 나스닥 지수를 주도했던 IT 기업들의 버블이 2000년 3월 10일 정점에 도달한 이후 붕괴되기 시작한 것을 지칭함.

는 보지 못했다. 앨프리드 마셜의 《경제학 원리》가 출간된 지 100년이 지나는 동안, 기업가들은 자신들이 소유한 또는 경영하는 기업들의 적정 규모를 알아내기 위해 기업의 유연성과 규모의 경제 사이에서 부단히 줄다리기를 해왔다.

한계적 소비자

지금까지 우리는 소비자에 대한 고려 없이 기업에 대해서만 논의했다. 아마 마셜은, 그가 상품의 가치가 그것을 생산하는 데 들어간 시간을 반영한다는 데이비드 리카도와 존 스튜어트 밀의 주장을 그대로 답습했던 고전파 경제학자들의 주장에 반대했던 것처럼, 이처럼 한쪽에 치우친 논의를 좋아하지 않을 것이다. 마셜은 한 유명한 비유를 통해 수요와 공급이 둘 다 강력하다고 선언했다. 즉, "가치가 효용에 의해 결정되는지 생산비용에 의해 결정되는지 논하는 것은 종이를 자르는 것이 가위의 위 날인지 아래 날인지 확인하려고 드는 것과 다를 바가 없다."[24] 그렇다면 마셜의 말을 믿고, 한계주의의 도구를 이용해 수요와 공급을 결합해보자.

앞서 여피 요거트의 주요 판매처였던 월스트리트로 돌아가자. 데비는 월스트리트에서 주식 중개인으로 일하고 있다. 그녀는 최근에 새로 출시된 여피 요거트를 무척 좋아한다. 데비의 요거트 수요는 요거트 반 파인트를 먹을 때마다 얼마만큼의 만족을 추가로 얻을 수 있느냐에 달려 있다. 마셜은 이것을 '한계효용marginal utility'이라 불렀다. 그리고 윌리엄 스탠리 제번스는 이것을 '최종 효용final utility'이라 불렀다. 다행히, 두 사람이 같은 곳에서 경제학을 가르치지 않았기 망정이지 행여 그랬다면, 두 사람은 이에 대한 적절한 표현을 두고 지루한 공방을 계속했을 것이다. 잘 알려져 있듯이, 제번스는 1876년에서 건강 악화로 대학 교수직을 사직하는 1880년까지 유니버시티 칼리지 런던에서 정치경제학을 가르쳤다. 여기에서는 이미 경제학계에서 일반적으로 사용되고 있는 한계효용이라는 개념을 그대로 쓴다.

비록 두 사람이 각자 부르는 명칭은 달랐지만, 앨프리드 마셜과 윌리엄 스탠리 제번스는 데비의 한계효용이 요거트를 먹을 때마다 줄어들 것이라고 이구동성으로 주장했다. 즉, 첫 번째 한입을 먹었을 때 그녀는 1달러어치의 즐거움을 만끽한다. 두 번째 한입은 0.9달러어치의 즐거움을 준다. 세 번째 한입은 0.7달러어치 즐거움을 준다. 네 번째 한입은 0.64달러어치의 즐거움을 주고 이렇게 한입씩 먹을수록 즐거움은 줄어든다. 그리고 마지막 남은 한입의 요거트를 그녀는 먹지 않을 수도 있다. 그것을 먹는다고 해서 즐겁지는 않기 때문이다. 데비는 요거트를 살지 말지 결정하면서 판매 가격과 자신의 한계효용을 비교할 것이다. 만일 요거트 한입의 가격이 1달러라면, 데비는 한입만큼만 요거트를 살 것이다. 왜냐하면 두 번째 한입은 비용은 1달러가 들지만, 그녀가 얻을 수 있는 즐거움은 0.9달러밖에 되지 않기 때문이다. 만일 요거트 한입의 가격이 0.65달러라면, 데비는 세 입만큼 요거트를 살 것이다. 세 번째 한입은, 비록 구입 비용은 0.65달러지만, 그녀에게 주는 즐거움은 0.7달러로 0.05달러 높기 때문이다. 그러나 만일 그녀가 더 먹고 싶어 네 번째 한입을 구입한다면, 그것은 그녀에게 0.64달러의 즐거움밖에 주지 않을 것이다. 경제학자들이 이렇게 줄어드는 한계효용을 따라 아래로 떨어지는 하향 수요 곡선을 그렸다. 매번 데비는 요거트의 한계 효용(이익)과 한계비용(가격)을 비교한다.

그리고 마셜은 '수요 법칙'을 발표했다. 즉, "판매되는 양이 많으면 많을수록 가격은 낮아져야 한다. 가격이 떨어지면 수요가 증가하고, 가격이 상승하면 수요가 감소한다."[25]

물론, 마셜은 수요를 결정하는 것은 가격만이 아니라는 것을 잘 알았다. 그는 수요에 영향을 미치는 몇 가지 다른 요인들을 지적했고, 다만 분석을 위해 이것들을 세테리스 파리부스의 울타리 안에 가둬놓았다. 이런 요인들 가운데 그가 가장 비중 있게 다룬 것들은 ①소비자의 기호, 관습, 그리고 선호, ②소비자의 소득, ③경쟁 상품의 가격 등이었다.

월스트리트에서 데비가 일하는 회사의 맞은편 건물에서 일하는 찰스는 벌써 여피 요거트가 출시된 것은 알았지만, 요거트를 별로 좋아하지 않았기 때문에 한 번도 사서 먹은 적이 없었다. 그런데 어느 날 〈월스트리트저널〉에 여피 요거트가 라틴 댄스를 추거나 배우고자 하는 사람에게 몸을 유연하게 해주고 칼로리 섭취에 좋다는 기사가 났다. 평소 라틴 댄스에 관심이 많았던 찰스는 군침을 흘리며 두 번 생각할 것도 없이 여피 요거트를 사 먹을 것이다. 즉, 기사 하나로 그의 기호가 바뀐 것이다. 이런 경우 찰스는 요거트의 가격이 낮아진 것이 아님에도 불구하고 자신의 바뀐 기호에 의존해 계속해서 그것을 사 먹을 것이다. 사정이 이런데도 마셜은 수요 법칙을 설명하면서 기호, 소득, 그리고 다른 경쟁 상품의 가격이 변화가 없다고, 즉 세테리스 파리부스의 울타리 안에 가둬놓으라고 주문했다. 만일 그렇다면 수요 법칙에는 큰 변화를 보이지 않을 것이다. 하지만 세테리스 파리부스가 만고불변의 진리는 아니다. 즉, 울타리 안에 가둬놓은 요인 중 하나에서 변화가 발생하면 수요 곡선에도 변화가 일어날 것은 분명하다.

마셜은 여기에서 다시 한계주의 원칙marginalist principle을 전개하면서 한계주의자 코미디언 헤니 영맨에게 이런 질문을 던진다. "다음에 찰스는 어디로 발걸음을 향할까?" 합리적 소비자는 계속 앞을 주시하면서 하나의 상품에서 얻을 수 있는 추가 만족과 다른 상품에서 얻을 수 있는 그것을 비교한다. 한계주의 원칙대로라면, 만일 요거트에 지출한 1달러가 1달러어치의 즐거움을 가져다주지만, 아이스크림에 지출한 1달러가 1.20달러어치의 즐거움을 가져다준다면, 찰스는 요거트 대신 아이스크림을 사 먹어야 한다. 그럼 얼마나 오랫동안 찰스는 아이스크림을 사 먹어야 할까? 앞서 간략하게 언급하고 지나간 한계효용 체감의 법칙에 따라 찰스가 아이스크림을 사 먹으면 먹을수록 즐거움은 그만큼 줄어들게 된다는 것을 기억하자. 따라서 찰스는 아이스크림에서 얻는 즐거움이 요거트에서 얻는 즐거움과 같아질 때까지 계속해서 아이스크림을 사 먹을 것이다.

이와 같이 한계효용이 균형을 이룬 상태에서 모든 상품에 지출된 1달러가 가져다주는 즐거움은 같게 된다. 만일 상품 A에 지출된 1달러가 상품 B에 지출된 1달러보다 더 많은 즐거움을 가져다준다면, 소비자는 두 제품의 한계효용이 같아질 때까지 상품 A는 더 소비하고 상품 B는 덜 소비할 것이다. 마셜의 말을 그대로 옮기면, 소비자는 "특정 상품에 너무 많은 돈을 지출하고 있는 것은 아닌지, 그 돈의 일부를 다른 상품에 지출하면 더 큰 만족을 얻을 수 있지 않을까 항상 주의를 기울

인다." [26]

　마셜이 젊은 시절 미국의 상점들을 방문했을 때 많이 목격한 것이 바겐세일(떨이 판매)이었다. 그런데 바겐세일이 무엇일까? 마셜은 구매자가 어떤 물건을 기꺼이 지급할 수 있는 가격보다 저렴하게 구매하는 것을 소비자 잉여consumer surplus라고 말했다. 예를 들어보자. 2018년에 미국의 싱어송라이터 브루스 스프링스틴이 브로드웨이에서 단독으로 공연했다. 모든 좌석이 매진됐고, 넷플릭스에서는 특집으로 방영했다. 매표소에서 판매하는 티켓의 공식 가격은 평균 500달러였다. 그러나 많은 팬이 이보다 높은 금액으로 티켓을 구매했을 것이다. 암표상들이 티켓 가격을 장당 2천 달러에 판매했기 때문이다. [27] 운이 좋아서 티켓을 공식 가격인 500달러에 산 팬들은 마셜의 말대로 1,500달러의 소비자 잉여를 누렸다. 마셜은 자신이 독창적으로 고안한 수학적이고 도식적인 틀, 즉 여전히 경제학 시험에 나오는 기법을 적용에 이런 잉여를 설명했다.

　마셜은 공급에 대해서도 비슷한 분석 틀을 만들었다. 생산자가 공급을 늘릴 경우, 비용은 상승하는 경향이 있다. 공급 법칙은 수요 법칙과 정반대 경향을 보인다. 공급은 생산자가 소비자에게서 받는 가격이 상승하는 경우에만 늘어날 것이다. 생산자는 상품 하나를 더 생산할 때 들어가는 한계비용과 한계이익, 즉 가격을 비교한다. 이런 경우 공급 곡선은 위로 향하지만, 수요 곡선은 아래로 향한다.

　소비자가 여러 상품에 각각 1달러를 지출하면서 각각 얻게 될 한계효용을 비교하듯이, 생산자는 자본, 즉 기계류에 1달러를 지출할 경우 얻게 될 한계효용과 노동에 1달러를 지출할 경우 얻게 될 한계효용을 각각 비교한다. 새로운 기계 구입에 지출한 1달러가 노동자를 추가로 고용하는 데 들어간 1달러보다 더 많은 것을 생산한다면, 경영자는 기꺼이 기계류에 투자하고 노동력은 줄일 것이다. 한계효용이 균형을 이룬 상태에서 자본으로부터 얻는 한계 수확marginal return과 노동으로부터 얻는 한계 수확은 같아진다.

자, 이런 균형 상태에 있는 기업이 있다고 가정하자. 그런데 어느 날, 노동조합의 강력한 요구로 임금이 상승한다. 그럼 어떤 일이 벌어질까? 노동으로부터 얻는 한계 수확(한계 생산량을 임금으로 나눈 것)이 자본으로부터 얻는 한계 수확에 비해 떨어진다. 경영자는 한계 수확이 다시 같아질 때까지 노동자를 로봇으로 대체할 것이다. 이런 이유에서 마셜은 임금 인상 등을 이유로 불필요하게 파업을 벌이거나 과잉 고용을 요구하는 조합이 오히려 조합원들에게 피해를 입힌다며 매섭게 비판했다.

간혹 가격 때문에 경영자는 로봇을 폐기하고 노동자를 추가로 고용하기도 한다. 예를 들어, 전기료가 예상보다 많이 인상되거나 임금이 하락할 경우, 경영자는 한계 수확을 고려해 로봇 대신 노동자를 고용하는 편이 나을 수 있다. 간혹 정부가 의도치 않게 상황을 국민에게 유리하지 않은 쪽으로 바꾼다. 간단한 질문을 하나 하자. 만약 당신이 경영자라면, 왜 인간을 고용하는가? 맞다. 인간은 놀라울 만큼 창의적이고 배려심이 있다. 그런데 질병에 걸린다. 공상에 빠진다. 그리고 휴식이 필요하다. 한편, 휴대용 컴퓨터에서 공작 기계에 이르기까지 자본재의 비용이 지난 25년 동안 크게 올랐다. 더구나 금리가 현저히 낮아 새로운 도구를 임차하고 융자하는 비용은 최저 수준으로 떨어졌다. 아마 휴대용 컴퓨터와 공작 기계가 발명되기 전보다도 낮을 것이다. 동시에 연방정부의 조세 정책이 설비 투자에 우호적이다. 이는 신규 설비의 비용을 즉

각 공제할 수 있는 사업에 유리하다. 그런데 인간은 여전히 상대적으로 비싸다. 한 입사 지원자가 회사에 5만 달러의 가치를 가져다줄 수 있다고 하자. 그리고 1년에 연봉 5만 달러를 받고 일할 의향이 있다. 잘 맞지 않는가? 정확히는 아니지만. 미국에서 고용주는 봉급 이외에 7.56퍼센트의 사회보장 및 의료보험세를 납부하고 산재보험료와 실업보험료도 부담한다. 게다가 건강보험료도 내야 한다. 갑자기 육중한 금속 로봇이 환하게 빛나 보인다.

그렇다고 자본과 노동의 균형만 맞춰야 하는 것은 아니다. 경영자는 토지, 새로운 기계, 낡은 기계, 숙련 노동, 비숙련 노동 등의 균형도 맞춰야 한다. 만일 토지 가격이 상승한다면, 경영자는 공장을 옆으로 넓히기보다는 위로 높이려 할 것이다.

앨프리드 마셜의 《경제학 원리》는 모든 생산자가 한계적으로 또는 합리적으로 행동한다고 가정하지 않는다. 그런데 어떤 생산자가 그렇게 행동하지 않는다면, 한계적으로 또는 합리적으로 행동하는 그의 경쟁자가 성공할 확률이 더 높고, 사업을 확대할 가능성도 더 클 것이다. 결론적으로 비합리적으로 행동하는 기업은 실패할 확률이 높다.

소비자든 생산자든, 가장 경제적인 행위자는 끊임없이 한계적 발걸음을 비교하는 헤니 영맨, 에벌린 워, 카우보이 반자이처럼 살아간다.

가격을 결정하는 것은 소비자일까 생산자일까? 가위의 양날처럼, 수요와 공급이 상호 교차하는 지점에서 가격이 결정된다. 고전파 경제학자들이 공급 측면을 너무 강조했다면, 윌리엄 제번스는 수요 측면을 너무 강조했다. 그러나 마셜은 수요 측면과 공급 측면이 똑같이 중요하다고 강조했다. 그는 "지구가 태양을 중심으로 공전한다고 한 코페르니쿠스의 지동설처럼, 수요와 공급이 균형을 이루는 지점을 축으로 경제적 우주를 구성하는 모든 요소가 상호 대립과 상호 작용을 통해 각자 제자리를 유지한다"라고 주장했다. [28]

또한 마셜은 마르크스의 노동가치설을 반박했다. 앞서 마르크스를 이야기하며 잠깐 언급했던 이야기인데, 여기에서 이에 대해 좀 더 깊이 있게 다뤄보자. 우선 그는 인간은 물질을 창조할 수 없다는 점을 분명히 한다. 즉, 인간은 기존에 존재하는 물질을 재배열함으로써 다른 사람에게 더 많은 만족을 줄 수 있을 뿐이다. 자본가들은 자신들이 가지고 있는 돈을 나눠줌으로써 다른 사람들에게 만족을 분배한다. 그들이 벌어들이는 수입은 기다림에 대한 보상이다. 즉, 그들은 자신들이 가지고 있는 돈을 오늘 먹고, 입고, 자고, 마시고 싶은 것에 쓰면서 쾌락을 즐길 수도 있지만 참고 또 참는 것이다. 마셜이 마르크스의 노동가치설을 어떻게 반박하는지 직접 들어보자.

마르크스와 마르크스주의자들은 노동자가 항상 자신이 판매하는 노동력에 대한 대가인 임금과 자본의 소모비용, 즉 기계의 감가상각과 원료구입 비용을 초과하는 '잉여'를 생산한다고 말했다. 나아가 노동자가 생산한 '잉여'는 노동자 자신이 갖는 것이 아니라 다른 사람들, 즉 자본을 소유한 사람들에 의해 착취된다고 주장했다. 하지만 이렇게 생산된 잉여의 전부가 노동의 산물이라고 가정한 것은 그들이 입증해야 할 가정을 오히려 논증의 근거로 삼는 모순을 범한 것이나 마찬가지다. 물론 그들은 그것을 입증하려고 하지도 않는다. 어쨌든 이 가설은 참이 아니다. 방적 공장에서 짜내는 실이, 기계류의 감가상각이 정해져 있다고 할 경우, 방적공의 노동의 산물이라 말하는 것은 옳지 않다. 그것은 방적공의 노동의 산물이면서 동시에 고용자와 관리자들, 그리고 당연한 말이지만 고용된 자본의 공동 산물이다. 그리고 자본 그 자체는 노동과 기다림의 산물이다. 따라서 실을 짜내는 것은 많은 종류의 노동의 산물이자 기다림의 산물이다. 만일 그것이 노동과 기다림의 산물이 아니라 노동만의 산물이라고 한다면 이자, 다시 말해 기다림에 대한 보상은 정당화할 수 없는 냉혹한 논리에 빠질 수밖에 없다. 왜냐하면 노동만이 잉여를 생산한다고 하는 전제 자체가 다른 가능성은 배제하기 때문이다. 노동자에게 추가 노동이 그렇듯이, 욕구 충족을 미루는 것이 일반적으로 희생을 의미하고 비록 초기 비용이 많이 들기는 하지만 욕구 충족을 미룸으로써 그 돈으로 노동력보다는 생산 수단을 추가로 고용할 수 있으며, 노동력의 추가 고용으로 누릴 수 있는 것만큼 기쁨의 총계가 증가한다면, 생산된 상품의 가치가 그것의 생산에 지출된 노동량에 의해서만 결정된다는 것은 사실과 다르다. 이런 전제 자체는 암묵적으로 자본이 수행하는 용역은 '무상', 즉 어떤 희생도 없이 주어지는 효용일 뿐이며, 따라서 그것이 계속해서 자신의 역할을 수행하도록 하기 위한 보상으로 이자 같은 것은 필요치 않다고 가정할 수밖에 없다. 프로이센 태생의 경제학자 로트베르투스와* 마르크스가 노동자들에게 가졌던

* 로트베르투스는 한 국가의 생산성 증가에 따라 임금도 비례해서 상승하도록 국가에서 임금을 조절해야 한다고 주장했다. 맬서스나 리카도가 생계수준이 향상됨에 따라 임금도 자연적으로 상승한다고 봤지만, 그는 임금 노동자들을 자유방임 상태로 둘 경우 임금은 최저생계비 수준에 그칠 것이라고 생각했다. 특히 그는 생산성 증가에 따른 이익이 모두 생산 수단 소유자에게 돌아간다고 믿었기 때문에, 이런 소유자가 소수에 지나지 않는 현실에서 결국에는 소비 부족과 생산 지연 등의 위기가 발생할 수밖에 없다고 보았다. 그의 주장은 사회주의자들의 생각과 비슷하지만, 그가 결코 자본주의제도 자체에 대한 근본적 회의를 가지고 있었던 것은 아니다. 오히려 로트베르투스는 국가가 적극 나서 임금 지급 조건을 법제화해야 한다고 주장함으로써 정부 개입을 뒷받침하는 보수적 근거를 제공했다.

동정심은 정말 존경할 만하다. 하지만 분명한 것은 그들이 자신들의 동정심을 주장하기 위해 채택한 과학적 토대가 실제로는 이자에 대해서는 경제적으로 정당화할 수 없다는 자신들의 입장을 역설한 것이나 마찬가지라는 점이다. 다시 말해, 그들의 논리는 전제에 이미 결론을 포함하고 있는 순환논리일 뿐이다. 물론 마르크스의 경우에 그것은 그가 쓴 《정치경제학 비판 요강》에서 엿볼 수 있는 것처럼, 그가 한마디로 헤겔에게서 거꾸로 서 있는 것을 바로 세운다며 '말장난을 친' 변증법의 불가사의한 문장들에 교묘하게 감추어져 있다.[29]

탄력적 경제

마셜은 수요에 대한 논의를 진행하면서 경제학에서 가장 중요한 분석 도구 중 하나인 탄력성elasticity이라는 개념을 새롭게 가다듬었다. '거시 경제'와 '미시 경제'를 막론하고 오늘날 거의 모든 경제학적 논쟁은 탄력성 문제와 관련이 있다. 모든 정부 정책은 암암리에 또는 드러내놓고 탄력성 문제를 다룬다. 이처럼 오늘날 절대 피해갈 수 없는, 우리 주변을 떠도는 탄력성이라는 유령의 정체는 도대체 무엇인가? 탄력성은 반응도의 또 다른 이름이다. 사람들은 가격 변화에 어느 정도 민감하게 반응할까? 사람들은 가격이 오르거나 떨어지는 것에 맞춰 소비를 조절할까? 아니면 가격에 상관없이 항상 적정 소비 수준을 유지할까? 물론 이에 대한 대답은 상품에 따라 다르다는 것이다.

예를 들어, 어떤 한 상품의 가격이 상승하자 사람들이 그 상품에 대한 소비를 줄였다고 한다면, 그 상품에 대한 소비는 탄력적이라고 말할 수 있다. 반대로 가격이 상승했는데도 소비가 줄어들지 않고 그대로 유지되었다면, 그 상품에 대한 소비는 비탄력적이라고 말할 수 있다. 좀 더 정확하게 이야기하면, 탄력성은 수요에 대한 변화율을 가격에 대한 변화율로 나눈 것이다. 예를 들어, 어떤 한 상품의 가격이 10퍼센트 변하자 소비가 11퍼센트 변했다면, 그 상품에 대한 수요는 탄력적인 것이다. 만일 같은 가격 조건에서 소비가 10퍼센트에도 미치지 못했다면, 그 상품에 대한 수요는 비탄력적인 것이 된다. 한편, 같은 가격 조건에서 소비가 똑같이 10퍼센트 변했다면, 그 상품에 대한 수요는 '단위 비탄력적unit-inelastic'이라고 말한다. 만약 수요가 매우 탄력적이라면, 수요 곡선은 거의 수평을 이루게 될 것이다. 이것은 사람들이 가격 변화에 따라 쉽게 소비를 조절한다는 것을 보여준다. 반대로 수요가 매우 비탄력적이라면, 수요 곡선은 거의 수직을 그릴 것이다. 이것은 사람들이 가격에 상관없이 평소 소비 수준을 유지할 것이라는 것을 보여준다.

그런데 왜 이것이 중요할까? 몇 가지 단순한 예들을 살펴보자. 거의 모든 〈007〉 시리즈에서 주인공 제임스 본드는 다음과 같은 대사를 한다. "보드카 마티니 한잔. 섞지 말고 그냥 흔들어서." 만일 본드가 술한 잔, 그것도 항상 보드카 마티니만 마실 뿐 진 마티니나 우유는 절대 마시지 않는다고 한다면, 그의 보드카 마티니에 대한 수요는 비탄력적이다. 왜냐하면 가격에 상관없이 그는 언제나 보드카 마티니 한 잔을 마실 것이기 때문이다. 이런 본드의 소비 행태는 바텐더들에게 호기로 작용할 수 있다. 왜냐하면 그들은 본드가 마시는 보드카 마티니 한 잔에 100만 달러를 부를 수도 있기 때문이다. 물론 현실적으로 이런 일이 일어날 가능성은 없지만, 실제로 이런 일이 일어난다면, 본드는 좀 더 저렴한 보드카 마티니를 마시기 위해 다른 술집을 찾아 전전긍긍할 것이다.

그러나 독점이 제임스 본드 같은 비탄력적 소비자와 조우할 경우 곤란한 문제가 발생한다. 예를 들어, 인슐린을 공급하는 업체가 전 세계에 한 곳뿐이라면, 그 업체는 인슐린에 터무니없는 가격을 매길 수도 있다. 이처럼 독점이 비탄력적인 소비자를 상대할 때, 정부는 가격 규제를 위해 시장에 개입한다. 이 때문에 제약 회사들과 정부 사이의 관계는 소원해진다. 정부는 제약 회사들이 연구 개발을 통해 질병 치료에 필요한 신약을 많이 개발해주기를 바란다. 반면, 제약 회사들은 정부가 자신들이 많은 시간과 비용을 들여 개발한 신약의 가격을 규제함으로써 회사를 파산까지 몰고 가는 일은 없도록 보장해주기를 바란다. 이런 경우 그들은 정부의 개입을 싫어한다. 다른 한편, 정부는 가난하고 절망에 빠져 있는 환자들을 터무니없는 약값으로 두 번 고통을 당하는 일이 없도록 보호할 책임이 있다.

2016년 8월, 새 학기 시작을 앞두고 제약 회사 마일런이 자사의 인기 의약품 에피펜의 가격을 큰 폭으로 올리겠다고 발표했다.* 에피펜은 생명에 지장을 주는 음식 알레르기와 곤충 쏘임 알레르기 치료제다. 학부모들이 반발했다. 마일런이 주사 메커니즘에 대한 독점권이 있기는 했지만, 약물인 에피네프린에 대해서는 특허가 없었다. 미국 식품의

---

* 마일런은 2007년 에피펜의 미국 내 독점판매권을 확보했다. 당시 판매 가격은 주사제 2개가 든 한 상자에 93.88달러였다. 그러나 이후 계속해서 가격을 인상, 6배가 넘는 608.81달러까지 올렸다. 에피펜의 제조 단가는 주사제 한 개에 1달러 정도라고 한다.

약청이 약 복용자들에게 수억 달러의 비용을 전가할 수 있고 법원의 판결이 나는 데 수년이 걸리는 골치 아픈 절차를 대신할 방안들을 승인해 주는데 미적이고 있었다는 것이 드러났다. 2018년, 새로 부임한 스콧 고틀립 국장이 이 절차를 간소화하고 속도를 높였다. 그 결과 이스라엘 제약사 테바가 에피펜의 복제약을 출시하는 등 경쟁자들이 뛰어들면서 마일런의 에피펜 가격을 50퍼센트 정도 떨어뜨렸다.

이런 이유에서 경제학자들은 대부분 수도와 전기처럼 공익사업의 성격을 띠는 분야의 독점은 규제되어야 한다는 마셜의 충고를 받아들인다. 이런 분야의 독점은 '자연 독점'이고, 이런 경우 여러 수도 공급 업체가 같은 도로에 경쟁적으로 수도관을 매설하는 것은 공익 차원에서 볼 때 비효율적이기 때문에, 마셜은 그런 자연적 독점 분야에 대해서는 정부가 보조금을 지급함으로써 생산성을 높이거나 적어도 적정 이윤을 보장해야 한다고 주장했다.

대체로 상품에 대한 수요는 매우 탄력적이다. 만일 어느 날 양상추의 가격이 상승한다면, 사람들은 그보다 저렴한 쑥갓이나 깻잎에 눈을 돌리거나 아니면 텃밭에 직접 양상추를 재배해 먹을 수도 있다.

그렇다면, 탄력성의 정도를 결정하는 것은 무엇일까? 무엇보다 가장 분명한 것은 대체재의 존재 여부다. 선택의 여지가 많으면 많을수록 소비자들은 좀 더 쉽게 다른 것으로 대체할 수 있다. 내가 가장 좋아하는 영화배우 로버트 드 니로는 비탄력적일 수 있다. 그를 대신할 수 있는 배우는 내가 또한 좋아하는 알 파치노밖에 없는 것 같다. 물론 어떤 사람들은 알 파치노가 로버트 드 니로의 완벽한 대체 배우라고 말할 수도 있다. 헝가리계 미국인인 마이클 커티즈 감독의 〈카사블랑카〉 제작 당시 제작진은 주인공 릭 역에 험프리 보가트 대신 로널드 레이건을 지목했다고 한다. 비록 두 사람이 완벽한 대체 배우는 아니지만, 마셜은 결코 모든 사람이 합리적이라고 주장한 적은 없었다.

두 번째, 대체재를 찾을 수 있는 시간이 많으면 많을수록, 수요는 그만큼 더 탄력적일 수 있다. 1973년 가을에서 1974년 겨울까지 제1차 오일 쇼크 동안 휘발유 가격은 45퍼센트 정도 상승했다. 그리고 그해 휘발유 수요는 8퍼센트밖에 떨어지지 않았다. 그러나 그로부터 몇 년 뒤, 제2차 오일 쇼크가 발생했을 때, 소비자들은 제1차 오일 쇼크 때와 달리 훨씬 더 탄력적으로 대응했다. 그들은 연비가 좋은 좀 더 작은 차량을 구입했고, 교통비를 아끼기 위해 대중교통을 이용했으며, 그리고 주택 냉난방을 위해 단열재 등으로 주택을 개량했다. 항공사들은 항공기 내부에 비치했던 베개, 담요, 잡지 등을 치워 기체를 가볍게 유지했다. 그 외에도 기내식과 음료, 그리고 한 번에 주입하는 연료의 양을 줄였으며, 기체 외부에 칠하는 페인트도 얇게 칠했다.

탄력성의 정도를 결정하는 세 번째 요인은 어떤 상품이 가계 예산에서 차지하는 비중이다. 만일 어떤 상품이 가계 예산에서 별다른 비중을 차지 않는다면, 소비자는 가격 변동에 별다른 신경을 쓰지 않을 것이다. 즉, 그런 상품은 비탄력적일 수 있다. 이쑤시개를 예로 들어보자. 어느 날 이쑤시개의 가격이 갑작스럽게 껑충 올랐다고 하자. 그러나 그것은 가계 예산에서 큰 비중을 차지하지 않는다. 이쑤시개 가격이 갑작스럽게 올랐다고 해서 덩달아 소비를 줄이는 소비자는 별로 없다.

소비재 기업들은 수요탄력성을 계속해서 평가해야 한다. 그래도 틀릴 때가 있다. 2020년, 미국의 생활용품 제조업체인 클로락스가 글래드 쓰레기봉투와 냉동 랩의 판매가 예상보다 저조했다고 발표했다. 회사가 가격을 올리자 소비자들이 등을 돌렸고 상점들이 매대 물량을 줄이면서 판매량이 8퍼센트나 하락했다. 최고경영자는 "저항이 예상했던 것보다 컸다"라고 보고했는데, 이는 회사가 수요탄력성을 과소평가했다는 것을 의미한다.[30]

마셜의 '탄력성 도구'는 수요의 소득 탄력성이라는 다른 통찰로 이어졌다. 이것은 사람들이 소득이 변했을 때 어떤 물건을 더 많이 사거나 적게 사는 것을 측정한다. 예를 들어, 경기가 후퇴해 사람들이 직장을 잃으면 클로락스와 클리넥스 같은 '유명 제품'은 구매를 줄이고 저렴한 스토어 브랜드나* 소위 간단 포장 제품의 지출을 늘린다. 미국 태생의 코미디언 크리스 록은 농담으로 자신의 부모가 아주 인색해서 화려한 상표와 유명인을 앞세워 광고하는 상품보다는 흰색 상자에 아무 상표 없이 담아 판매하는 물건을 산다고 말한다. "상표명은 한 가지만 적혀 있습니다. '쌀이요.' 삼촌도 없고, 선박도 없고, 그냥 '쌀만 있어요.'" 그러면 아침은 어떨까? "흰색 상자에 검정 글자만 적혀 있어요. '시리얼이요.' 이 배에는 선장이 없어요. 이 매력적인 것들에 행운이라고 할 것도 없고요." 그러나 만일 록의 아버지가 임금이 오르면? 아마 그는 얼른 가서 엉클 벤스의 쌀과 캡틴 크런치 또는 럭키 참스 시리얼을 구매할지도 모른다. 그렇다고 한다면, 그의 수요탄력성은 소득의 영향을 받은 것이고, 가족의 아침 식사는 더 달콤해질 것이다.

마셜의 말대로 경제학자들은 매력이 떨어지는 상표 없는 제품을

---

*   판매업체가 자체 기획해서 생산한 제품 또는 하청을 주고 납품받아 판매하는 제품을 뜻한다.

열등재inferior goods라고 부른다. 코로나바이러스 위기가 좋은 예다. 2020년 2월과 3월 사이에 소비자들이 직장을 잃고 투자자들이 주식 자산의 하락을 주시하느라 월마트의 라면 판매량이 578퍼센트나 뛰었다.[31] 갑자기 모든 미국인이 찻주전자 하나만 들고 다니는 가난한 대학생의 요리 방식을 따라서 했다.

이런 탄력성 문제는 정부 정책에서 어떻게 작용할까? 자세하게 설명하기보다는 몇 가지 사례를 드는 것으로 충분할 것 같다.

1. 뉴욕 도시교통국은 수익 저하에 따른 예산 적자를 만회하기 위해 불가피한 조치라고 말하면서 몇 년마다 지하철 요금을 인상한다. 이런 조치는 수요가 상대적으로 비탄력적이라는 것을 전제로 한다. 지하철 요금 인상으로 고객들이 지하철 대신 버스, 택시, 또는 마차 등을 이용할 경우, 총수입은 오히려 떨어질 수 있다.

2. 1998년, 클린턴 행정부는 10대 흡연을 줄이기 위해 담배세 인상안을 내놓았다. 당시 앨 고어 부통령은 담배 가격이 10퍼센트 오를 때마다 10대 흡연율은 7퍼센트 줄어든다고 주장했다. 이런 탄력성 평가를 토대로 백악관은 담배 가격을 한 갑당 1.5달러 인상하는 안을 내놓았고, 그리고 이것이 향후 5년 동안 흡연 인구를 42퍼센트까지 줄일 수 있을 것이라고 내다봤다. 일부 정치가들과 논자들은 미국에서 흡연 인구의 절대다수를 차지하는 것이 하층 계급이기 때문에 결국 담뱃값 인상에 따른 세 부담을 이들이 떠안을 수밖에 없다고 주장하면서 담뱃값 인상안에 반대했다. 한편, 미국의 정치가들 사이에서 이 문제를 두고 설전이 벌어지고 있을 때, 스웨덴

같은 경우에는 담배세를 인상하면서 오히려 주변국에서 담배를 밀수입해 판매하는 암시장이 형성되자 거꾸로 담배세를 인하했다.

3. 마셜의 탄력성은 국제무역에도 적용된다. 러시아 태생의 영국 경제학자 아바 러너라고 하는 사후 동료posthumous partner가 이를 발전시켰다. 러너는 1930년대부터 1970년대까지 여러 대학을 돌아다니며 신고전파 경제학의 결함을 찾아내고 사회주의 경제이론의 구멍을 메꾸려고 했다. 러너는 마셜의 탄력성 공식을 이용해 특정 조건에서 만일 한 나라의 통화 가치가 하락하면 무역 수지가 향상될 수 있다는 것을 보여주었다. '마셜-러너 조건'은* 현재 모든 국제경제학 교과서에 실려있다. 그리고 고성이 오가는 외교정책 대결에서도 제 몫을 톡톡히 한다. 1980년대 초부터 현재까지 미국은 대규모 무역 적자를 보고 있다. 1985년에 많은 경제학자가 '높은' 달러를 비판했다. 즉, 높은 달러 때문에 미국 상품이 외국인들에게는 비싸게 보이고, 반대로 미국인들에게 외국 상품은 싸게 보인다는 것이었다. 당시 경제학자들은 미국의 대외 적자를 줄이기 위해 외화를 사들여 달러의 가치를 떨어뜨리는 정책을 펼 것을 제안했다. 그렇게 해야 수출하는 미국 상품이 저렴해 보이고, 그 결과 외국인들이 미국 상품을 더 많이 구매하도록 자극할 수 있을 것이기 때문이었다. 반대로 이 경우 외국 상품은 미국인들에게 비싸게 느

---

*   Marshall-Lerner condition. 자국 통화가 10퍼센트 평가 절하되면 달러 표시 수출 가격은 10퍼센트 하락하고, 자국 통화 표시 수입 가격은 10퍼센트 상승한다. 이 때문에 자국 통화가 10퍼센트 평가 절하될 때 무역 수지가 개선되려면 수출량 증가분과 수입량 감소분의 합이 10퍼센트 이상 되어야 하는데, 이 조건이 충족되지 못하면 평가 절하했어도 무역 수지가 악화하는 'J-커브 효과'가 나타난다는 이론이다.

껴질 것이다. 이런 주장은 외국 상품에 대한 미국 내 수요가 탄력적이라는 것을 전제로 한다. 1985년 봄부터 1987년 가을까지 달러 가치는 다른 선진국 통화 대비 40퍼센트 정도 하락했다. 그러나 이런 달러 기조가 효력을 나타낸 것은 1987년 말에 이르러서였다. 미국이 대외 적자를 줄이는 데 시간이 이렇게 오래 걸린 것은 외국 상품에 대한 미국 내 수요가 예상과 달리 탄력적이지 않았다는 것을 반증한다. 또한 경제학자들은 외국 기업들이 이윤 저하를 감수하더라도 미국 내 시장 점유율을 유지하고자 하는 의지를 과소평가했다. 외국 기업들은 미국 내 시장에서 가격 경쟁력을 확보하기 위해 미국 내 수출 상품의 가격을 인상하지 않았던 것이다.[32]

1995년에서 2002년까지 미국은 이전과는 반대로 가치 절상을 추구해 달러가 25퍼센트 이상 상승했다. 결과적으로 무역 적자가 크게 악화했다. 2019년에 트럼프 대통령이 중국을 공식적으로 환율 조작국으로 지목하면서 중국의 값싼 위안화 전략이 "세계사적으로 가장 큰 도둑질"의 하나라고 덧붙였다. 무심결이기는 했지만, 그가 가난한 영국인 출납원의 아들과 몰도바 농민의 아들이 합작해 만든 마셜-러너 조건을 언급한 것이다.

탄력성은 모든 경제학적 논쟁의 밑바탕을 이루고 있다. 마셜은 항상 경제학자들이 이론의 세계가 아닌 현실의 세계를 주시해야 한다고 경고했다. 정교한 이론적 모델이 논리적으로는 그럴듯해 보일지 몰라도 실제 탄력성 문제가 고려되면 전혀 설득력이 없을 수도 있다. 탄력성이라는 개념을 새롭게 가다듬으면서 마셜은 경제학자들에게 이론과 현실을 하나로 통합하는 것이 왜 중요한지 직접 보여주었다.

거시적 안목

앞서 깊이 있고 치밀하게 분석한 미시경제학적 문제들과 달리 거시경제학과 관련한 문제들에 대해 앨프리드 마셜은 별로 깊이 있게 다루지 않았다. 그는 세의 법칙과 화폐수량설을 따랐고, 이 둘을 케인스에게도 가르쳤다. 케인스는 이 둘을 몇 년 동안 신봉했지만, 스승인 마셜의 한계효용이론에 주목하면서 관심을 두지 않았다. 이에 대해서는 뒤에 다시 논의할 것이다.

비록 마셜이 경제가 그 자체로 순조롭게 유지된다고 생각했지만, 경기 순환이 일어날 수 있다는 것을 인정하기는 했다. 경기에 대한 낙관론과 비관론이 경기 순환을 가속화시키거나 증폭시킨다. 경기가 상승 국면에 있을 때 은행들은 사업 초보자를 비롯해 누구에게나 대담하게 돈을 빌려준다. 그러나 경기가 하강할 때 은행을 비롯한 투자자들은 투자한 돈을 거둬들이게 되고, 이로 인해 경기는 더욱 빠르게 둔화된다. 마셜은 이것을 비유적으로 "사람이 운집해 있는 극장에 뻘겋게 불붙은 성냥불이 하나 떨어지면 (…) 극장은 순간 공포의 도가니에 휩싸인다"라고 표현했다.[33] 다행히 마셜의 오랜 친구인 '시간'이 모든 것을 해결하고 치유한다. 그리고 경기는 다시 살아난다. 비록 케인스는 세상의 분위기가 경기를 좌우할 수 있다는 것은 인정했지만, 뒤에 그는 불이 진화된 뒤에도 극장은 오랫동안 폐허로 남아 있을 것이라는 점을 지적했다. 즉, 아무리 시간이 약이라고 하더라도 경기 침체와 그것의 영향은 오랫동안 지속될 수 있다.

앨프리드 마셜과 미국 태생의 경제학자로 예일대학교 교수를 역임한 어빙 피셔는 한 가지 거시경제학적 구분을 했는데, 오늘날까지도 정치가들은 두 사람의 이런 구분을 제대로 이해하지 못하는 경우가 많다. 이에 대해 잠깐 살펴보고 넘어가자. 경제학자들은 이자율을 명목 이자율과 실질 이자율로 구분한다. 명목 이자율은 보통 은행 벽면에 공지되어 있는 대출 금리를 말한다. 실질 이자율은 명목 이자율에서 물가상승률을 감한 수치를 말한다. 즉, 은행의 대출 금리가 10퍼센트이고, 물가상승률이 7퍼센트라면, 실질 이자율은 3퍼센트가 된다.

그런데 보통 정치가들은 실질 이자율이 무엇인지 물어보면 십중팔구 은행에서 돈을 대출받을 때 실제로 지불해야 하는 이자라고 대답한다. 그들의 무식을 누구에게 탓하랴!

《경제학 원리》가 이론적으로 경제학의 다양한 분야를 다루고 있음에도 불구하고, 마셜은 경제학은 다른 무엇보다 실질적이고 실용적이어야 한다고 거듭 강조했다. 마셜은 간혹 여러 왕립위원회 위원으로 임명돼 공직에서 일하기도 했고, 의회에 직접 출석해 경제 현안에 대해 증언하기도 했다. 앞서 언급했듯이, 그가 경제학을 공부한 것은 가난한 사람들을 도울 수 있다는 생각에서였다. 뒤에 그는 왕립빈민법위원회에 출석해 다음과 같이 말했다. "저는 지난 25년 동안 빈민 문제에 전념해 왔습니다. 제가 지금까지 해온 일은 모두 이 문제와 직결되어 있습니다." [34] 그는 공교육을 지지했고 "현재 이 나라가 보유 중인 자본의 최고 투자는 다음 세대를 교육하는 것이다"라고 주장했다. [35]

마셜은 부의 적절한 재분배가 생산성과 사회적 행복을 높일 수 있어서 지지했지만, 사회주의와는 상당한 거리를 두었다. 오히려 그는 사회주의를 '인류가 당면한 가장 큰 위협'이라고 비판했다. 아리스토텔레스 이후 많은 철학자와 경제학자가 그랬던 것처럼, 마셜은 공동 소유에 대해 두려움을 표했다. 그는 "공동 소유 제도를 도입하기 전에 인류가 이기심을 버리고 공공선에 헌신할 수 있는 마음가짐이 되어 있지 않다면, 그것은 인류의 활력을 빼앗고, 경제 발전의 발목을 잡을 것"이라고 예견했다. 특히 마셜은 자신의 점진적이고 진화론적인 세계관에 기초해 "인내심 강한 경제학도라면 삶의 경제적, 사회적, 정치적 조건을 갑작스럽고 폭력적으로 재조직화하려는 계획이 이로움보다는 오히려 더 해로운 결과를 초래할 것이라는 것을 잘 알 것이다"라고 못을 박았다.[36]

앨프리드 마셜에게 조급함은 부정직만큼이나 모욕적인 것이었다.

마셜은 염세적인 고전파 경제학자들과 낙관적인 마르크스주의자들 모두 틀렸다고 생각했다. 정체 상태는 아직 도래하지 않았다. 인구 증가가 식량 생산을 앞지르지도 않았다. 세상을 지배하는 것은 더 이상 지주가 아니다. 비록 일부 시민들이 빈곤에 시달리고 있기는 하지만.

> 19세기에 노동자 계급의 생활수준이 꾸준히 향상되었다는 엄연한 사실에서 우리는 빈곤과 무지가 점차 자취를 감출 것이라는 희망을 가질 수 있다. 증기 기관의 개발로 인간은 소모적이고 반복적인 노동에서 어느 정도 벗어날 수 있었다. 임금은 올랐고, 교육은 향상, 보급되었다. 철도와 인쇄기의 발달로 다른 지역에서 같은 직종에 종사하는 노동자들이 서로 손쉽게 교류할 수 있게 되었고, 광범위하고 장기적인 정책을

수립하고 수행할 수 있는 토대를 만들었다. 한편, 지적 노동에 대한 수요 증대로 장인 계급이 빠르게 성장하면서 지금은 비숙련 노동자들의 수를 초과했다. 상당수 장인은 과거와 달리 더 이상 '하층 계급'에 속하지 않는다. 그뿐 아니라 일부 장인들은 1세기 전 대다수 상층 계급들이 누렸던 생활보다 더 화려하고 귀족적인 생활을 영위하고 있다.[37]

카를 마르크스를 제외하고 자본주의에 대해 이보다 더 열렬한 찬사를 보낸 사람도 없다.

비록 마셜이 자본주의를 지지하기는 했지만, 마르크스주의자들이 우려할 만큼 그렇게 심성이 나쁜 사람은 아니었다. 그는 자신이 무엇을 해야 할지 잘 알았다. 그는 제자들에게 간청하듯이 경제학을 인간의 삶의 조건을 향상시키는 데 필요한 도구가 될 수 있도록 갈고 연마하라고 부탁했다. 그는 자신이 목격한 빈곤이 사라지지 않고 계속되는 것에 몸서리를 쳤지만, 그렇다고 이런 개인적인 감정에서 경제학 논리를 전개하지는 않았다. 생물학에서 말하는 것처럼, 자연이 하루아침에 비약하지 않듯이 빈곤도 일순간에 해결될 수 있는 성질의 것이 아니다.

마셜은 1908년에 은퇴했다. 하지만 자신의 저술을 계속해서 수정하고 보완했다. 그는 케임브리지의 매딩리 스트리트에 있던 자택에 틀어박혀 소화기와 호흡기 계통의 만성 질환과 씨름했다. 케임브리지의 위대한 노교수로 지내던 그는 1924년에 82세 생일을 몇 주 앞두고 사망했다. 메리에게 유산을 남긴 그는 정원사와 하녀에게 매년 한 차례씩 평생 선물을 주고, 케임브리지대학교에서 여성들을 가르친 초기 교원 가운데 한 명으로 자신의 입지를 다진 뉴햄 칼리지에 기부금을 내달라고 부탁했다. 메리는 1944년에 사망했다. 그는 경제학과 학생들에게 장학금을 주었는데, 그 가운데 4분의 1은 뉴햄 칼리지의 여학생들에게 주라고 했다. 그리고 경제학과 교수들을 위해 마셜도서관을 건립했다. 메리는 마셜 사후 20년을 수채화 풍경을 그리고 자전거를 타고 도서관에 가서 사서 봉사자로 일하며 보냈다. 그는 87세에 은퇴했다. 오늘날 마셜도서관을 찾는 사람들은 앨프리드의 수호성인, 즉 그가 150년 전에 한 작은 상점에서 돈 몇 푼 주고 구매한 무명의 노동자 초상화를 관람할 수 있다.

나는 이 책의 초판을 준비할 때 케임브리지 매딩리 스트리트에 있는 마셜의 오래된 집까지 자전거를 타고 가봤다. 메리 사후 거의 50년이 지난 터라 내가 찾아간 곳이 그의 집인지 확실치 않았다. 문을 두드리자 엄숙한 표정의 나이 지긋한 여성이 나왔다. 마셜 부부가 자녀가 없었다는 것을 몰랐다면, 그가 이제 노년이 된 딸이지 않을까 생각했을 것이다. 나는 마셜에 관한 책을 쓰고 있다며 찾아온 이유를 설명했다. 그는 머뭇거리다가 갑자기 쓱 웃더니 나를 거실로 안내했다. 이 거실에서 마셜은 제자들에게 《경제학 원리》에 "___에게, 적절한 때가 되어 이 책을 철 지난 유물로 만들길 기대하며"라는 글귀를 써서 나누어주고는 했다. 이어서 뒤뜰로 나갔다. 부인은 "교수님은 소택지 근처에서 생활하는 것을 좋아했습니다. 습지가 호흡기에 도움이 된다고 생각했지요. 앨프리드와 메리는 정원과 제자들을 좋아했습니다. 그들은 정원을 돌봤고 제자들도 보살폈습니다"라고 말했다.

앨프리드 마셜은 케임브리지대학교에서 저명한 노교수로 명성을 날리며 여든두 살까지 살았다. 케인스는 온갖 미사여구를 동원해 스승 마셜을 칭송했다. 케인스는 경제학의 대가라고 한다면, 마셜처럼 수학자이자 역사학자여야 하며, 나아가 정치가이자 철학자여야 한다고 지적했다. 즉, 그는 "경제학의 대가는 미래를 위해 과거의 견지에서 현재를 연구해야 한다"라고 썼다.[38]

카를 마르크스와 성은 같지만, 유머 감각에 있어서는 그보다 몇 배는 더 뛰어났던 코미디언이자 영화배우 그루초 마르크스가 한번은 누군가에게 다음과 같은 항의를 받은 적이 있었다. "선생님, 제 인내심을 시험하지 마십시오." 이에 그루초는 이렇게 응수했다. "내가 그랬나? 일부러 그런 것은 아니라네. 그럼 자네도 내 인내심을 시험해보지 그러나."

모든 경제학자는 마셜이 가졌던 것과 같은 인내심을 당연히 시도해야 한다.

그는 답을 기다리는 대신, 답을 찾아다녔다. 그는 자신이 찾은 답이 정책에 반영되기를 기다리는 대신, 그것을 각종 왕립위원회나 의회에 출석해 정책에 반영될 수 있도록 적극 나섰다. 그러나 그는 언제나 신중에 신중을 기했다. 그는 자신의 생각이 모두 옳다고 생각하지 않았다. 그는 고전파 경제학과 한계주의 경제학을 통합하고 싶어 했다. 그는 상승과 하강을 반복하는 경기 순환, 변화와 균형, 발전과 안정을 이해하고 싶어 했다. 결국 그는 유연한 황금 같은 마음과 다이아몬드처럼 단단하고, 예리하고, 투명한 정신을 조화시켜 이 모든 것을 다 이뤄냈다.

8

베블런 & 갤브레이스
자신이 친 그물에 걸려든
제도학파

Thorstein Bunde Veblen
(1857~1929)
John Kenneth Galbraith
(1908~2006)

경제학에서 '구old'와 '신young'의 개념 차이는 그렇게 크지 않다. 앨 프리드 마셜이 가르쳤듯이, 경제학의 시계는 일반적으로 우리가 알고 있는 시계와 다르게 작동한다. 예를 들어, 85년의 전통을 자랑하는 기업 이 제대로 시장 조사도 하지 않고 덜컥 신기술을 도입했다가 하루아침 에 망했다고 하자. 이 기업은 구기업인가, 신기업인가?

보통 고전파 경제학과 신고전파 경제학이 구분되기는 하지만, 경제학 에서 유달리 신구를 나누어 부르는 학파가 있다. 제도학파 또는 제도주 의가 그것이다. 제도주의란 무엇인가? 그리고 왜 '구'제도주의와 '신'제 도주의를 나누는 것일까? 사실, 이 둘을 분명하게 정의하거나 선을 긋 는 것은 불가능하다. 일반적으로 제도학파 경제학자들은 지대, 이윤, 소 득, 자본, 임금 같은 일반적인 경제적 범주들을 다루기보다는 사회의 법, 윤리, 제도 등에 관심의 초점을 둔다. 20세기 초에 등장한 구제도학 파 경제학자들은 마셜의 뒤를 잇는 경제학자들을 곱지 않은 시선으로 바라봤다. 그들은 마셜의 제자들이 현실 세계를 탐구하기보다는 자신 의 서재에서 커튼을 친 다음 책상머리에 앉아 자와 컴퍼스를 들고 실생활에 아무런 도움도 되지 않는 수학 곡선이나 그리고 있다고 비판했다. 이렇게 배은망덕한 제자들 때문에 도리어 손가락질당한 것은 스승 마셜이었다. 구제도학파 경제학자들은 마셜의 추상적 이론이 현실 세계의 많은 부분을 간과하고 있다고 호되게 비판했다. 마셜주의자들이 철없이 순진하게 수학 곡선에서 미끄럼을 타며 노는 동안, 현실 세계의 제도들은 계속해서 변화 발전했고, 그에 따라 경제 이론은 폐물이 되어 갔다.

신제도학파는 구제도학파와 완전히 다르다. 구제도학파 경제학자들과 마찬가지로 신제도학파 경제학자들 역시 사회의 제도에 주목했지만, 그들은 구제도학파 경제학자들이 신랄하게 비판했던 마셜의 분석 도구를 그대로 사용한다.

베블런과 구제도학파

먼저 구제도학파를 대표하는 노르웨이계 미국인 사회학자이자 경제학자인 베블런을 통해 이 학파에 대해 살펴보자. 마르크스를 제외하고, 지금까지 다룬 경제학자들은 대체로 온순한 사람들이었다. 아마 그들은 온화한 성품만큼이나 주위 사람들에게 마음씨 착한 이웃사촌으로 다가왔을 것이다. 개중에는 애덤 스미스나 앨프리드 마셜을 명랑하고 유쾌한 보이스카우트 대장으로 적임자라고 생각하는 사람들도 있을지 모르겠다. 그러나 여기에서 다룰 베블런은 이들과 많이 다르다. 그는 매사에 활기차고 생기 있었지만, 짓궂은 성격 때문에 어딘가 모르게 악마 같은 느낌이 묻어나는 사람이었다. 어쨌든 그는 매서운 비평으로 경제사상사에 뚜렷한 족적을 남겼다.

베블런의 제도주의적 접근은 신고전파 경제학을 떠받치고 있던 두 기둥, ①어떤 한 상품의 가격이 하락하면 소비자들은 그 상품을 더 많이 구매한다고 하는 마셜의 수요 법칙, ②노동자들은 그들이 임금을 받기 때문에 일하지 '일 그 자체를 위해서' 일하지는 않는다는 가설을 정면으로 강타했다.

그뿐 아니라 베블런은 수요와 공급이 점진적이고 순조롭게 균형점에 도달한다고 가정한 한계주의자들의 주장을 공격했다. 구제도학파 경제학자들은 균형이란 존재하지 않으며, 경제는 항상 변화한다고 항변한다. 균형이란 현실 세계에 관심을 갖지 않는 경제학자들의 일장춘몽에 지나지 않는다. 다시 말해, 그들이 보기에 균형이란 바람일 뿐이지 현실은 아니다.

베블런은 자신만의 이론을 구축하기보다는 기존의 이론을 비판하는 데 더 소질이 있었던 것 같다. 그는 구시대의 유물이 된 경제학을 어떻게 재건할지 그 방법을 확실히 하지는 못했지만, 이전 시대에 마셜과 그의 제자들이 경제학을 수렁에 빠뜨린 주범이라는 것은 절대 의심하지 않았다. 베블런은 경제학자들이 자신들의 분야에 너무 매몰되어 있기보다는 사회학자들, 인류학자들, 심리학자들을 만나 의견을 교환할 때 더 좋은 이론을 만들어낼 수 있다고 생각했다.*

---

* [저자주] 프랑스 철학자 오귀스트 콩트도 존 스튜어트 밀에게 같은 충고를 했다고 한다. 그러나 신고전파 경제학자들은 그의 충고를 귀담아듣지 않았다. 오히려 그들은 인문학을 생기 없고 무기력한 과학이라고 조롱했다. 아이러니한 것은 오늘날 신제도학파 경제학자들이 똑같은 비판을 받고 있다는 사실이다. 그들은 다른 사회과학자들과 마찬가지로 경제학은 다소 경시한 채 인류학, 범죄학, 사회학 등에만 매달리고 있다.

이처럼 신고전파 경제학을 신랄하게 비판한 베블런은 어떤 사람이었을까? 그는 1857년에 미국 위스콘신의 한 가난한 농가에서 노르웨이 이민자의 아들로 태어났다. 그가 여덟 살 되던 해에 그의 가족은 치즈의 질은 떨어지지만, 그래도 곡물이 풍부하게 나는 미네소타 주로 이주했다. 다른 미국 이민자들이 그렇듯이 베블런의 집안도 가난했다. 하지만 어린아이들이 그런 사정을 알 리 없었다. 먹을 것은 그런대로 풍족했고, 이웃들도 그들과 마찬가지로 단출하고 소박한 삶을 살았기 때문이었다.

전기 작가들이나 비평가들은 베블런의 비판적 태도를 항상 이민자의 아들로 가난하게 살았던 그의 성장 환경과 결부시킨다. 특히 그들은 베블런을 정신 이상자 다루듯 하면서, 한 치의 주절임도 없이 그를 미국 사회의 부랑아 정도로 취급했다. 서로 긴밀하게 조직된 위스콘신과 미네소타의 이민자 공동체에서 영어는 외국어나 다름없었다. 베블런을 부랑아로 취급하는 비평가들은 그가 미국 경제에 대해 선입관 없이 독특한 시선으로 바라볼 수 있었던 것은 미국 사회의 아웃사이더로서 그가 지녔던 독특한 지위와 관련이 있다고 평가한다. 여하튼, 그는 겉으로 드러나 있는 자본주의의 다양한 현상 이면에 존재하는 작은 균열들까지도 바라볼 수 있었다. 베블런 자신도 〈현대 유럽 유대인들의 지적 탁월성〉이라는 소논문에서 자신의 처지와 비슷한 가설에 근거해 유대인들을 분석했다.

그의 성장 배경과 아웃사이더로서의 지위가 그의 비판적 태도에 어느 정도 영향을 미쳤다는 것은 의심의 여지없는 사실이다. 하지만 이것만으로 그의 비판적이고 냉소적인 태도를 모두 설명할 수 있을까? 단적인 예로, 베블런을 제외하고 11명이나 되는 그의 형제자매는 그와 같은 환경에서 태어나 자랐음에도 불구하고 그런 특출한 재능을 보이지 못했다.

사실, 베블런은 어려서부터 어려운 환경 때문에 움츠려 있기는 했지만, 괴짜 기질이 다분했다. 그가 미국이 아니라 노르웨이에서 태어나 자랐다고 해도 괴짜 같은 그의 성격은 그대로였을 것이다. 조숙한 아이였던 베블런은 부모님을 구슬려 형제 누이들이 들판에 나가 구슬땀을 흘리며 일할 때 다락에 올라가 혼자 책을 읽고는 했다. 열일곱 살 되던 해에 베블런은 근처 칼턴 칼리지 아카데미에 입학한다. 조합 교회가* 주축이 되어 1886년에 설립된 칼턴 칼리지는 베블런이 위스콘신과 미네소타의 이민자 공동체에 살면서 친숙했던 루터주의에 기반을 둔 스칸디나비아의 종교적·문화적 배경과는 거리가 멀었다.

여하튼 괴짜에 성격 또한 괴팍스러웠던 그는 항상 말썽꾸러기였다. 그는 학교 공식 행사에 정장 대신 너구리 털가죽 모자를 쓰고 나타나는가 하면, 수업 시간에 갑자기 자리에서 일어나 멀쩡한 정신으로 학생들에게 술이나 먹으러 가자고 부추기는 등의 기행을 일삼았다. 한편, 그는 학생들에게 인육을 먹으라고 선동하기도 했다. 특정 종파의 정신에 입각해 설립된 대학에서 그의 이런 기행이 받아들여질 리 없었다. 따라서 대학 당국이 이교도에 말썽꾸러기인 그를 같은 또래의 동기들보다 앞서 내쫓듯이 졸업시킨 것도 어찌 보면 당연한 처사로 보인다.

하지만 베블런은 우등으로 대학을 졸업했다.

생각지 못한 조기 졸업으로 인해 전교생을 알코올 중독자나 식인종으로 만들기 위한 그의 계획은 수포로 돌아갔다. 그러나 대학 재학 시절, 잠

---

* Congregational Church, 영국 청교도주의에서 파생해 발달된 프로테스탄트교회의 하나로 독립파, 분리파라고도 한다. 각 교회의 독립 자치의 원칙에 입각해 교회 상호 교류를 존중하기는 하지만 각 교회에 대한 위로부터의 지배를 부정하고, 국가로부터의 분리를 주장한다.

시 이 대학에 몸담고 있던 미국의 신고전파 경제학자로 뒤에 저명한 미국의 한계주의자로 명성을 얻는 존 베이츠 클라크는 그에게 경제학을 공부하라고 설득했다. 처음에 베블런은 경제학에 흥미를 느꼈으나 이내 포기하고 예일대학교에 진학해 철학을 공부하기로 결심한다.

의도야 어떻든 결론만 놓고 보자면, 그는 시시포스 신화부터 공부하는 편이 나았을 것이다. 왜냐하면 그는 철학 박사 학위를 받은 뒤에도 몇 년 동안 일자리를 얻지 못한 채 미네소타에 있는 집에 돌아와 형제와 누이들이 들판에 나가 구슬땀을 흘리며 일하는 동안 아무것도 하지 않은 채 빈둥거리며 좌절의 나날을 보냈다. 물론 일자리를 얻기 위해 노력하지 않은 것은 아니지만, 줄줄이 낙방이었다. 아마 그가 시시포스 신화를 공부했더라면, 자신의 불쌍한 신세를 그에 비유하며 위로를 삼지 않았을까? 어쩌면 그는 아무짝에도 쓸모없는 철학을 공부한 것을 뒤늦게 후회하고 있었을지도 모른다.

하지만 오랜 기다림 끝에 베블런은 코넬대학교에서 강사 자리를 얻을 수 있었다. 아마 철학 박사 학위가 없었다면 이마저도 힘들었을 것이다. 그런데 흥미로운 것은 그가 가르친 과목이 철학이 아닌 경제학이었다는 것이다. 당시 코넬대학교 경제학과 교수로 뒤에 베블런의 정신적 스승이 되는 제임스 로런스 라플린은 베블런과의 첫 만남을 이렇게 회고했다.

> 내가 연구실에 앉아 있는데, 너구리 털가죽 모자를 쓰고 코르덴 양복바지를 입은 창백한 얼굴을 한 사람이 들어오더니 부드러운 목소리로 이렇게 말했다. "제가 소스타인 베블런입니다."[1]

그로부터 2년 뒤에 라플린은 베블런을 데리고 시카고대학교로 자리를 옮겼다.

이제 30대 중반에 이른 베블런은 칼턴 칼리지 총장의 조카딸과 결혼한다. 결혼 뒤 그는 저술 활동과 강의에 전념하면서, 특히 대학교수라는 안정된 직장을 무기 삼아 여자 뒤꽁무니를 쫓아다니는 것을 취미 생활로 삼았다. 특히 이 가운데 두 가지는 베블런에게 식은 죽 먹기나 다름없었다.

먼저 그의 저술 활동에 대해 살펴보자. 그는 〈여성 의류에 대한 경제 이론〉과 〈여성의 야만적 지위〉 등과 같은 나름대로 색다른 주제로 많은 리뷰와 논문을 써댔다. 그렇다면 강의는 어땠을까? 그는 물을 만난 고기처럼 괴짜로서 자신의 재능을 유감없이 발휘했다. 혼자 중얼거리기, 학생들을 귀찮게 괴롭히기, 또는 면전에서 비웃거나 욕설 퍼붓기 등이 그의 강의의 특징이자 전부였다. 이런 그에게 강의는 정말 식은 죽 먹기였지 않을까?

물론 그는 학생들이 자신의 강의에 질색을 하고 다른 강의로 옮기는 것에 전혀 개의치 않았다. 오히려 그는 학생들이 그런 반응을 보이는 것을 지켜보며 즐거워했다. 이처럼 학생들에게 가학적이고 언제나 무례했던 그는 매 학기 개강 첫날 칠판을 온통 책 제목으로 도배를 해놓고 다음 주 시험을 칠판에 적혀 있는 책들 범위에서 내겠다고 당당하게 공표했다. 특히 그는 우등생들에게 좌절감을 안겨주기 위해 그들에게만 항상 C 학점을 주었다. 마지막으로 연애는 어땠을까? 아쉽게도 그의 여성 편력에 대해서는 소문만 무성할 뿐 아직 제대로 밝혀진 것이 없다.

유한계급의 탄생

이처럼 베블런이 보인 기이한 행동이나 여성 편력에도 불구하고, 다음 한 가지는 분명했다. 그의 첫 저술인《유한계급론》은 강의에서 혼자 중얼거리고 학생들을 귀찮게 괴롭히고 면박을 주는 그에게 남다른 문장 구사 능력이 있다는 것을 보여주었다. '제도에 대한 경제학적 연구'라는 부제를 달고 있는 이 책에서 베블런은 신고전파 경제학의 수요 모델을 정면으로 비판했다. 베블런에 따르면, 신고전파 경제학자들은 각각의 소비자들이 물건을 구매하면서 그에 따른 비용과 이익을 개별적으로 저울질한다고 가정했다.《유한계급론》에 앞서 쓴 한 논문에서 베블런은 신고전파 경제학의 이런 가정을 감각적이고, 매우 고차원적인 은유를 통해 이렇게 표현했다.

> 인간을 기본적으로 쾌락주의자라고 생각하는 것은 인간이 쾌락과 고통을 번개같이 계산할 수 있다고 말하는 것과 같다. 그리고 쾌락을 추구하는 이런 인간은 자신의 주변을 계속해서 맴돌지만, 절대 접촉하는 일이 없는 무수한 자극들에 이끌려 시도 때도 없이 요동치는 둥근 구슬과 같은 존재다.[2]

베블런의 말도 듣고 보니 일리가 있다.

이런 신고전파 경제학 모델이 갖고 있는 오류는 무엇인가? 개인은 하나의 독립적인 구슬이 아니다. 각각의 구슬은 어디로 굴러갈지 결정하기 전에 다른 구슬을 이미 바라보고 있다. 일부 유행을 선도하는 사람들과 반사회적인 인물들을 제외하고, 거의 모든 사람은 다른 사람들에게 지지 않기 위해 허세를 부리거나 적어도 남들이 집안에서 무엇을 하며 지내는지 궁금해한다. 어떤 한 상품이 갖는 효용에 대한 개개인의 평가는 이웃들이 그 상품에 대해 어떤 생각을 할지도 한몫한다. 예를 들어보자. 마크는 남에게 과시하기를 좋아한다. 하루는 집에서 친구들을 불러 초호화 파티를 열고, 비싼 캐비아 요리를 내놓았다. 항상 호들갑이 심한 친구가 캐비아 요리를 보고 탄성을 자아낸다. 비록 캐비아 요리가 비싼 것은 알지만, 그날 초대된 친구 중에 소금기 가득한 물고기 알을 아이스크림이나 초콜릿 쿠키보다 좋아하는 사람이 몇이나 될까?

베블런의 이런 냉철한 관찰력은 패션에서도 십분 발휘된다. 폴리에스테르로 만든 레저 슈트를 입고 월스트리트를 어슬렁거리는 사람은 정말 가엾은 사람이다. "촌스럽게 요즘 누가 폴리에스테르를 입고 다녀!"라고 지나가는 사람마다 한마디씩 할 것이다. 물론 레저 슈트는 한때 크게 유행한 적이 있었다. 그렇다면, 레저 슈트의 품질이 떨어지기라도 한 것인가? 아니다. 유행이 바뀐 것이다.

베블런은 《유한계급론》에서 에조의 아이누족,* 닐기리 힐스의 토다족,** 오스트레일리아의 부시먼족을 언급하면서 폭넓은 인류학적 연구를 수행한다. 미국 태생의 인류학자 루이스 모건과 독일 태생의 인류학자이자 마거릿 미드의 스승이었던 프란츠 보아스의 연구에 일부 의존

---

* 오늘날의 일본 홋카이도, 혼슈의 도호쿠 지방에 정착해 살던 소수 민족이다. '아이누'는 신성한 존재인 '카무이'와 대비되는 '인간'이라는 의미의 홋카이도 지방의 아이누어 방언에서 비롯됐다. 일본어로는 '에미시' '에조'로 불리는데, 이는 사할린 아이누의 '인간'을 뜻하는 '엔츄' 또는 '엔주'의 원형으로 여겨진다. '아이누'란 단어가 일본 내에서 차별적 의미로 쓰이고 있다는 생각에서 스스로를 친척, 동포를 뜻하는 '우타리'라고 부르는 일부 아이누 사람들도 있다.
** 인도의 한 종족. 인도 데칸 반도의 닐기리 산지와 스리랑카에 거주하며, 살빛이 밝고 키가 크다.

해 베블런은 인간에게 공통적으로 내재한 '모방 본능'을 발견한다. 베블런은 잔디는 항상 수풀 옆에서 더 푸르름을 뽐내고, 토다족은 항상 다른 토다족에게 지지 않으려고 잔뜩 허세를 부린다고 힘주어 말한다.

물론 자기 보존은 모든 생물의 가장 기본적인 본능이다. 그러나 진화 과정에서 인간은 침팬지에게서 떨어져 나오자마자 사유 재산을 통해 자신들의 사회적 지위를 판단하기 시작했다. 동족을 약탈한 사람이 부와 사회적 명성을 동시에 거머쥐었다.

결국, 어떻게 재산을 확보하느냐가 중요한 문제가 되었다. 피땀을 흘려 재산을 모으는 자는 존경받지 못했다. 베블런에 따르면, 땀 한 방울 흘리지 않고 그냥 앉아서 부와 재산을 늘리는 사람이 사회에서 존경과 부러움을 한 몸에 받았다. 그렇게 해서 유한계급이 태어났다. 베블런은 부자들이 수영장에서 느긋하게 시간을 보내는 모습을 머릿속에 그리면서 가난한 사람들도 이들처럼 술잔에 장식용 우산을 꽂아 마시며 여유를 즐길 수 있기를 바랐다. 그는 시계 광고로는 지팡이가 가장 좋은 수단이라고 생각했다. 작업 공구보다는 지팡이를 쥐고 있는 사람이 손목에 찬 시계가 더 근사해 보이기 때문이다.

오늘날, 베블런의 이런 발견은 한 탈취제 생산 업체가 사회적 지위 상승을 위한 황금률이라며 "당신이 땀 흘리는 모습을 절대 남에게 보이지 마십시오"라는 카피의 광고로 이용할 정도로 호소력이 있다. 뭔가를 얻기 위해 땀을 흘리는 사람은 이런 황금률을 어기는 것이다. 아무런 수고 없이 부와 명예를 획득하는 것이 진정한 목표이자 존재의 고귀함이다. 덥고 습한 주방에서 수플레 요리를 하는 요리사가 행여 요리에 땀이라도 떨어지지 않을까 쾅 하고 닫히는 문소리에 신경을 곤두세우듯이 귀족들은 누군가가 흘리는 땀만 봐도 몸서리치며 부들부들 떤다.

베블런은 피땀 흘리며 일하지 않는 삶을 유지하기 위해 밤낮으로 애쓰는 유한계급의 두 가지 극명한 행태를 소개한다. 첫째, "품위가 손상되어서는 안 된다는 강박 관념 때문에 자신들의 손으로 음식을 가져다가 입에 넣기보다는 차라리 죽음을 선택하는 폴리네시아 추장들이 있다." 둘째, "이보다 더 좋은, 또는 적어도 좀 더 확실한 예는 한 프랑스 왕을 들 수 있다. 그는 왕으로서 품위와 체통을 지켜야 한다는 도덕적 강박 관념 때문에 정말 자신의 목숨까지 내놓은 인물이다. 어느 날 자신이 앉아 있는 옥좌에 불이 붙었다. 그런데 그날따라 옥좌를 운반하는 시종들이 자리를 지키지 않았다. 불은 훨훨 타오르고 있었지만, 왕은 옥좌를 운반할 시종들이 올 때까지 자리를 지켰다. 하지만 그는 절대 호통을 치거나 호들갑을 떨지 않았다. 그 또한 자신의 체통을 떨어뜨리는 행동이기 때문이다. 결국 그는 자신의 품위와 체통을 지키려다 불에 타 죽고 말았다."[3]

베블런은 이렇게 겉으로 분명하게 드러나는 '현시적 여가conspicuous leisure' 외에도 '현시적 소비conspicuous consumption'에도 비판의 칼날을 세웠다.

오늘날 우리는 도처에서 현시적 소비를 목격한다. 몇십 년 전만 해도 옷 상표는 옷 안에 부착해서 겉으로 보이지 않았다. 그러나 오늘날에는 셔츠, 넥타이, 블라우스, 그리고 바지 할 것 없이 겉에 상표가 떡하니 붙어 있다. 물론 옷 상표나 옷을 디자인한 사람을 광고하는 것에 어떤 규제가 있는 것은 아니다. 중요한 것은 이런 광고 비용을 억울하게도 소비자가 부담한다는 것이다. 미국 태생의 패션 디자이너 랠프 로런의 이름을 딴 브랜드의 옷을 사람들이 입고 다닌다는 것은 그가 이렇게 비싼 옷을 살 수 있는 경제력이 있다는 것을 대변한다. 아마 사람들은 고가의 스웨터에 랠프 로런이라는 브랜드 대신 그의 본명 랠프 리프싯이 들어가 있으면 매우 의아하게 생각할 것이다. 1985년에 개봉돼 흥행한 영화 〈백 투 더 퓨처〉를 보면, 주인공이 과거로 돌아간 1950년대에 한 여학생이 미래에서 온 그를 보고 이름이 '캘빈'일 거라고 생각하는데, 이유는 그가 입고 있는 청바지 뒤에 캘빈 클라인이라는 글자가 새겨져 있었기 때문이었다.

오늘날 자동차는 단순한 운송 수단이 아니다. 미국 태생의 코미디언 재키 매슨에 따르면, 캐딜락은 베벌리힐스와 롱아일랜드 시더허스트를 제외한 미국 전역에서 명차 중 하나로 인정받고 있다. 그런데 이 두 곳에 사는 유명 인사들은 캐딜락 대신 메르세데스 벤츠를 소유하고 있다. 그들에게 캐딜락은 명차에 속하지도 않는다. 벤츠만이 유일한 명차이고, 부와 명성을 대변한다. 만일 자기 집 차도에 캐딜락이 세워져 있다면 대뜸 이렇게 반응할 것이다.

"이건 제 차가 아닙니다. 누구 건지 모르겠네요. 아마 이 근처 사는 사람인 것 같은데…. 정말 예의가 없네요. 간밤에 주차해 놓고 간 것이 분명해요. 쓰레기 수거인을 불러 당장 치우라고 해야겠어요."

그런데 이 동네 사는 사람들은 왜 메르세데스 벤츠를 좋아할까? 그들은 '공학 기술' 때문이라고 주장한다. 그런데 그들이 정말 메르세데스 벤츠의 공학 기술을 알고 있을까? 아마 그들은 7만 달러짜리 고가 차량의 채 1,000분의 1도 되지 않는 토스터기가 어떻게 작동하는지조차 모르고 있을 것이다.

미국의 워싱턴 정가에 떠도는 한 풍문에 의하면, 정치인들 가운데 가장 먼저 차량에 카폰을 설치하고, 그것을 자랑하기 위해 시도 때도 없이 동료 의원들에게 전화를 해댄 인물이 있었으니 그가 바로 공화당 출신의 상원의원 에버렛 덕슨이었다. 한편, 이에 질세라 덕슨 상원의원의 것보다 더 좋은 카폰을 설치하고 자랑하고 다닌 사람이 있었으니 그는 다름 아닌 당시 민주당 상원의원이자 1964년에 제37대 대통령에 당선되는 린든 존슨이었다. 그는 카폰을 설치하자마자 가장 먼저 덕슨에게 전화를 걸었다. 그렇게 1분 동안 통화를 하다가 존슨이 큰소리로 이렇게 말했다. "에버렛 의원님, 죄송합니다. 잠시만 기다려주셔야 할 것 같습니다. 지금 다른 전화가 걸려오고 있거든요!"

베블런의 이런 날카로운 관찰력이 가장 먼저 도입된 것은 경제학이 아니라 사회학이었다. 그리고 1950년에 우크라이나 태생의 미국인 경제학자 하비 라이벤스타인이 〈소비자 수요 이론에서 유행, 속물, 그리고 베블런 효과〉라는 논문에서 처음으로 베블런의 이론을 경제학에 접목했다.[4] 라이벤스타인은 이 논문에서 어떤 한 상품의 가격이 떨어지면 그에 대한 수요가 증가한다는 앨프리드 마셜의 수요 법칙은 그대로 따랐다. 그러나 일부 상품, 즉 '베블런 재화'(앞서 언급한 벤츠 같은 과시적 소비가 적용되는 상품)는 소비자의 수요가 상품의 효용뿐 아니라 그 소비자가 다른 소비자가 기꺼이 지불할 것이라고 생각하는 가격, 즉 예상되는 현시적 가격expected conspicuous price에 의해 결정된다.

펜실베이니아 우르시누스 칼리지는 등록금을 거의 18퍼센트까지 인상했다. 왜 그랬을까? 이 대학은 등록금 인상을 통해 학교의 위신을 크게 높이고 싶어 했다. 나아가 대학 입학 전형료도 35퍼센트까지 올렸다. 이런 조치를 직접 지시한 당사자인 이 대학의 총장은 "좀 별스럽게 구는 것 같기도 하고, 저 자신도 당혹스럽습니다"라고 대답했다.[5] 만약 구찌 핸드백의 시장가격이 하락하고, 그래서 아무 백화점에서나 쉽게 구입할 수 있다면, 오히려 구찌 핸드백에 대한 수요는 하락할 수도 있다. 왜냐하면 시장가격이 하락하고, 어디에서나 쉽게 구할 수 있게 되면서 베블런식의 매력, 즉 현시적 가치를 상실하기 때문이다.

상류층이 주로 회원으로 있는 컨트리클럽에 출입하면서 일반 할인점에서 쉽게 구입할 수 있는 이름도 없는 싸구려 옷을 입고 나타나면 아무도 상대해주지 않을 것이다. 그리고 베벌리힐스에 있는 레스토랑에 근사한 저녁을 먹으러 가면서 캐딜락을 몰고 가면 아마 레스토랑 직원들도 선뜻 나서 발레파킹을 해주려고 하지 않을 것이다.

창의력이 필요한 엔지니어들

제조업자들은 부러움과 동료 압력peer pressure(동료 집단에서 가해지는 사회적 압력)이 소비자의 행동에 영향을 미친다는 것을 안다. 베블런과 그의 제자들에 따르면, 경영자는 어떤 상품의 효용을 높이기보다는 예상되는 현시적 가격을 높일 방안을 찾기 위해 많은 시간을 투자한다. 제도주의자들은 이것은 싸구려 상품을 마치 고가의 명품인 것처럼 과대포장하는 것이기 때문에 상도에 어긋나는 행위일 뿐 아니라 시간과 재능의 낭비라고 비판했다.

나아가 이것은 자연적 욕구를 악용하는 행태이기도 하다. 카를 마르크스와 마찬가지로 베블런은 인간이 창조적 욕구, 다시 말해 인간이 솜씨나 기량을 뽐내고 싶어 하는 본능을 갖고 있다고 생각했다. 그러나 불행하게도 현시적 여가와 현시적 소비가 사회에 파고들면서 이런 창조적 욕구가 사라지고 있다.

베블런은 마르크스가 했던 계급투쟁 같은 분석은 하지 않았다.* 베블런에게 있어 그의 적은 자본가들이 아니었다. 그리고 당연하겠지만 그에게 노동자들이 영웅일 리도 없다. 그는 전혀 다른 인물들을 기용했다. 그에게 나쁜 사람은 경영자들이었다. 그들이 기업체를 소유하고 있든 그렇지 않든 상관없다. 그리고 좋은 사람은 엔지니어들이었다. 그는 경영자들과 엔지니어들을 앞세워 선악 대결을 그린다. 현대 세계에서 창조, 향상, 생산의 욕구를 받아들이는 사람들은 엔지니어뿐이다. 반면 그들의 위에서 항상 지시하고, 감독하고, 군림하는 경영자들은 창조성을 억압한다. 경영자들은 현시적 소비에만 관심이 있다. 그들은 한 가지 이유, 즉 돈을 벌 목적에서 사업을 한다. 만일 그들은 물건을 생산하지 않고도 돈을 벌 수 있다면, 더 행복해할 것이다.

엔지니어의 꿈과 경영자의 꿈을 비교해보자. 엔지니어는 매일 밤 윗옷 호주머니에는 펜을, 바지 뒷주머니에는 계산기를 낀 채 잠자리에 든다. 그는 완벽하고 가장 효율적인 모터를 발명하는 꿈을 꾼다. 반면, 경영자는 줄무늬 파자마(전통적으로 실업가들이 즐겨 입었다고 함)를 입고 잠자리에 든다. 그는 사람들이 갑자기 그의 케케묵은 상품을 다시 찾고 열광하는 꿈을 꾼다. 그렇게 되면 그는 새로운 기술이나 혁신에 돈 한 푼 들이지 않고 수백만 달러를 벌 수 있을 것이다.

---

*   [저자주] 비록 베블런이 마르크스의 착취 이론을 받아들이지는 않았지만, 사적 소유 제도가 사회 질서를 해친다는 마르크스의 비판은 받아들였다. 그러나 그의 행동은 또 정반대였다. 그는 한적한 시골에 산장 하나를 소유하고 있었는데, 그것을 얼마나 애지중지했던지 지나가는 사람이 얼씬거리기만 해도 도끼를 휘두르며 내쫓고는 했다고 한다.

IBM의 역사는 설립자인 토머스 왓슨 경과 아들 토머스 왓슨 주니어 사이의 피 튀기는 싸움으로 점철되어 있다. 1950년대에 왓슨 경은 천공기* 판매에 전념하고 싶어 했다. 하지만 아들은 새로운 엔지니어들을 고용해 컴퓨터(당시 기준으로는 전자계산기)를 개발하고 싶어 했다. 왓슨 경은 컴퓨터가 IBM의 주력 상품인 천공기를 구시대의 폐물로 만들어 버릴 것이라고 우려했다. 반면, 아버지를 이어 IBM의 경영권을 물려받은 아들 토머스 주니어는 회사의 모든 자산을 컴퓨터 개발에 투자했다. 아들의 과감한 투자 덕분에 IBM은 급격한 기술 변혁의 시대에 살아남을 수 있었지만, 부자 관계는 거의 파탄을 맞고 말았다.[6] 그렇다면 IBM의 사례에서 얻을 수 있는 교훈은 무엇일까? 그것은 경쟁자가 나 자신을 구시대의 폐물로 만들기 전에 스스로 몰락하는 편이 낫다는 것이다.

　　베블런은 20세기에 과학에 조예가 깊은 엔지니어의 부상이 자본주의의 철학적 토대를 잠식해 들어갈 것이라고 생각했다. 그는 기계가 현대인의 기본 정신을 지배하고, 자본주의적 미신과 신념에 의구심을 불러일으킬 것으로 내다봤다. 왜냐하면 엔지니어들과 기계 조작이 서툰 단순 기능공들조차도 과학이 무엇을 의미하는지 잘 알기 때문에 베블런은 그들이 상징주의, 허례 의식, 신, 국가, 사유 재산에 대한 추상적이고 집단적인 믿음에 반기를 들리라 예상했다.

　　따라서 기계 산업이라고 하는 분야가 노동자의 삶의 습관과 사고 습관

---

*　　Punch-card machine. 사람이 키보드를 조작해 컴퓨터용 카드에 구멍을 내는 기계. 크게 키를 누르면 즉시 천공되는 것과 카드 1매분의 입력을 모아두고 천공하는 것 등 두 종류가 있다. 컴퓨터에 대한 프로그램과 데이터 입력의 대부분을 카드나 종이테이프에 의존하고 있었던 시대에 대량으로 사용됐다.

에 되풀이해서 가르치는 것은 일련의 연속적인 규칙성과 기계적 정확성이다. 그리고 그에 따라 노동자는 측정 가능한 인과관계에 습관적으로 물들게 되고, 따라서 기계 산업에서 크게 주목하지 않는 지적 능력의 활용이나 적용에 대해서는 상대적으로 무시하거나 얕보게 된다.[7]

베블런은 엔지니어와 경영자 사이의 갈등은 자본주의의 철학적 토대를 잠식하는 데서 그치지 않고 예상보다 훨씬 더 참혹한 결과를 낳으리라고 예측했다. 경제는 황폐화되고, 결국에는 자취를 감추어버릴 것이다. 산업의 수장들, 즉 경영자들은 고수익을 올리기 위해 고군분투한다. 이런 목표를 달성하는 데는 다음 두 가지 방법이 있다. 첫 번째는 독점을 통한 생산량 규제다. 두 번째는 생산비용을 낮추는 것이다. 경영자들은 기계에 대해 잘 알지 못하기 때문에 효율성을 무시하는 경향이 있다. 베블런은 드러내놓고 효율성을 무시하는 경영자들의 태도를 강도 높게 비판했다. 경영자들은 낙후된 기술에 투자한 뒤에 생산을 줄이고 현 수준을 유지하려 한다. 반대로 엔지니어들은 조금이라도 앞으로 나아가려 한다. 경영자는 기존 제품보다 저렴하고, 다른 기능 향상보다는 외양만 그럴듯하게 바꾼 신제품을 선호한다. 엔지니어들은 필요를 충족하고 싶어 한다. 그들은 쥐덫을 하나 만들어도 외양만 그럴듯한 것이 아니라 뭔가 쓸모 있는 것, 실용적인 것으로 만들고 싶어 한다. 그런데 경영자들은 소비자를 함정에 빠뜨리고 싶어 한다. 단기 이익에 눈이 먼 경영자들과 금융업자들은 장기적으로 경제성장에 걸림돌이 된다.

베블런은 정부가 이런 비양심적인 악덕 경영자들을 법이나 제도를 통해 통제할 수 있을 것이라는 기대는 품지 않았다. 그는 그렇게 하기에는 이미 늦었다고 판단했다. 왜냐하면 경영자들이 이미 정부 관료들을 올가미로 옭은 다음 우리 안에 처넣은 지 오래되었기 때문이다. 베블런은 "국민을 대표한다고 떠벌리는 정부도 사실은 공공연하게 경영자들의 이익을 대변할 뿐이다"라고 썼다.[8] 신고전파 경제학에 대해 신랄하게 비판했음에도 불구하고, 그는 간혹 애덤 스미스의 입장을 따랐는데, 특히 무역 규제에 관한 입장을 적극 옹호했다.

> 주권 국가는 자국의 경제적 이해관계를 전반적으로 관장해야 할 책임이 있다. 이것은 모든 문명화된 국가들 사이에 똑같이 적용되는 책임이다. 물론 이를 위해서는 각 국가의 입법부와 행정부가 항상 경영 방식에 의해 그리고 경영 목적을 위해 산업에서 당연히 일어날 수밖에 없는 파괴 및 방해 활동을 관리해야 할 책임을 나눠 갖는다.[9]

베블런은 노동조합과 그 지도자들을 정부만큼이나 경멸적인 시각으로 바라봤다. 그는 경영자들과 마찬가지로 노동조합 역시 기계의 효율성을 무시하고, 경제활동을 저해한다고 말했다. 그뿐 아니라 일반적으로 노동조합은 노동자 일반의 이해관계를 대변하기보다는 조합원들의 이해를 위해 비조합원들의 의사를 무시한 채 임금 인상 등에만 혈안이 되어 있다고 비판했다.

> 조합의 지도자나 간부가 아닌 일반 조합원들은 그들이 조합원으로서 누릴 수 있는 특전이나 특권을 유지하는 데 적극적인 입장에 있지 않다. 그들은 기존에 체결된 합의 사항들이 유지되는 한 비조합원들에게

돌아가는 것보다 조금 더 많은 혜택을 누릴 수 있지 않을까 하는 생각
에 조합에 가입한다.[10]

1921년에 출간한 《엔지니어들과 가격 제도》에서 베블런은 경영자들
의 쓸모없고 터무니없는 생산 방해 활동에 격분한 엔지니어들이 경영
자들을 쫓아내고 공장과 사무실을 점거할 가능성이 있다고 예측했다.
사실, 경영자들이 엔지니어들을 필요로 하지 엔지니어들이 경영자들을
필요로 하는 것은 아니다. 인구의 1퍼센트를 차지하는 기술 전문가들은
대학교에서 정치학 과목을 수강한 적이 없어도 베블런이 구상하는 공
화국의 '철인 왕'이* 될 수는 있다. "개인적인 치부에만 관심이 있는 경
영자들의 손에 통제를 맡기거나 적절한 교육을 받은 기술 전문가들, 다
시 말해 상업적 이익에 관심이 없는 엔지니어들이 아닌 그 외 다른 사
람들에게 계속에서 관리 책임을 맡기는 것은 (…) 더 이상 실질적인 방
안이 될 수 없을 것이다."[11]
　마르크스가 자본주의 이후 공산주의 또는 사회주의 사회가 어떻게
운영될지 제대로 된 안을 제시하지 못했던 것처럼, 베블런 역시 엔지니
어들로 대표되는 새로운 경영자들이 기업을 어떻게 이끌어 나갈지 구
체적인 안을 내놓지는 않았다.
　베블런은 마치 엔지니어들과 경영자들을 완전히 다른 두 부류인 것
처럼 간주했지만, 이런 구분은 시간이 흐르면서 현실성을 잃고 말았다.
〈포천〉이 발표한 자료에 따르면, 오늘날 기업의 최고경영자 대다수가

---

*　Philosopher kings. 그리스 철학자 플라톤의 《국가》에 나오는 이상적인 정치 지도자.

말단 엔지니어나 연구원에서 시작했으며,[12] 또한 MBA를 공부하는 대학원생들 역시 대다수가 엔지니어 출신이다.

아마존, 넷플릭스, 구글의 최고경영자들은 공학 아니면 컴퓨터과학 학위가 있다. 마이크로소프트와 페이스북 설립자들은 대학 중퇴자들이다. 그러나 나는 빌 게이츠와 마크 저커버그가 하버드대학교를 수료할 수 있을 만큼 충분히 똑똑했다고 생각한다. 2020년에 코로나바이러스가 발생해 미국의 병원들이 인공호흡기 부족으로 절망적인 상황에 놓였을 때 경제학과 물리학 졸업장이 있는 일론 머스크가 테슬라의 엔지니어들에게 자재 창고에 있는 차량 부품으로 인공호흡기를 제작하도록 지시했다. 그들은 1주일 만에 호스, 밸브, 센서의 용도를 변경해 인공호흡기 시제품을 개발했고, 차량의 인포테인먼트 시스템과 연결했다. 원래대로라면 음악 선곡표를 보여주었을 비디오 스크린이 산소 수치와 심장박동을 보여줬다. 비즈니스, 과학, 공학 감각의 절묘한 조합이었다.

그리고 베블런은 경영자들의 지위를 넘겨받는 엔지니어들은 결코 사리사욕을 앞세우지 않을 것이라고 가정했다. 그럼 그들이 이전의 경영자들과 달리 편파적으로 행동하지 않는 이유는 무엇일까? 정말 엔지니어들이 사리사욕 없이 모든 사람을 위해 공정하게 행동하고, 계속해서 창조적인 일에만 전념할까? 2019년에 737 맥스 항공기가 소프트웨어 결함으로 추락하는 사고가 발생하자 책임을 물어 최고경영자를 해고했다. 보잉은 새로운 여객기 출시와 조종사 교육을 급하게 진행하다가 실수했다. 이 최고경영자는 대학생 인턴 시절부터 줄곧 보잉에서 항공우주 엔지니어로 일한 사람이었다.

베블런은 이전의 위대한 경제학자들과 달리 정밀한 경제학 모델을 만들지 않았다. 그는 자신을 포함해 누구도 그런 모델을 만들 수 있다고 생각하지 않았다. 그래서 그는 앞선 세대의 경제학자들이 내놓은 정교한 이론들과 모델들을 깨부수는 데 더 많은 시간을 보냈다. 앞 장에서 살펴본 것처럼, 앨프리드 마셜은 비통화적 요인nonmonetary factor을 세테리스 파리부스라는 울타리에 가두어놓았다. 베블런은 과감하게 이 울타리 안에 들어가 마셜이 가정했던 비본질적인 요인들을 이리저리 휘젓고 다니면서 그것들을 똑같이 비중 있게 다뤘다. 베블런은 경제학의 예측 불가능한 인간적인 측면을 무시했던 경제학자들을 향해 낄낄거리며 조소를 보냈다. 사업가이자 영화 제작자였던 하워드 휴즈는 생전에 딱 한 번 만나본 적이 있는 같은 미국 태생의 사업가 존 록펠러에 대해 이렇게 기억했다. "하지만 그분의 얼굴을 보는 순간 저는 무엇이 오늘날의 스탠더드 오일을 만들었는지 알 수 있었습니다." 베블런의 비판이 틀렸다고 할 수는 없다. 하지만 여기에서 분명한 것은 최고경영자의 얼굴을 수량화하거나 경제학 모델로 만들 수는 없다는 것이다. 그리고 최고경영자의 표정이 기업의 생산성에 변화를 줄 수 있다는 것을 어떻게 예측할 수 있겠는가!

베블런의 책은 재미있다. 사실 다루는 주제들이 재미있다. 그의 수제자 중 한 명은 그에 대해 이렇게 묘사했다. "그는 한쪽 눈은 자신의 분석이 갖는 과학적 장점들을, 다른 한쪽 눈은 머리를 긁적이며 아리송해하는 독자들을 응시했다." 베블런으로부터 뭔가를 배우는 것은 마취도 하지 않은 채 생체 해부를 당하는 것과 같았다. 누가 감히 그러겠다고 할까? 정말 그런 일을 당한 사람이 있다면, 그것을 꿈에서도 잊지 못할 것이다.[13] 베블런은 아직도 우리 주위를 배회하고 있다. 베블런은 재계의 거물들이 번쩍이는 고급 리무진 안에서 시가를 피우며 위스키를 마시는 한편, 가난한 사람들이 스산한 비가 내리는 거리의 포장마차에서 축 늘어진 어깨로 소주잔을 기울이는 모습을 보며 허탈한 웃음을 지을 것이다.

갤브레이스와 광고의 유혹

베블런은 많은 저명한 제자들을 길러냈는데, 미국 태생의 경제학자 웨슬리 미첼, 미국 태생의 경제학자이자 노동사학자인 코먼스, 그리고 역시 미국 태생인 사회학자 밀스 등이 가장 대표적인 인물들이다. 그중 일반인에게 가장 잘 알려진 인물로는 캐나다 태생의 미국인 경제학자 갤브레이스를 들 수 있다.

그는 말투나 성격에서 그의 스승을 그대로 빼닮은 사람이었다. 갤브레이스의 동료들은 그가 가장 우위를 점하고 있는 분야는 키와 유머밖에 없다고 우스갯소리로 이야기했다. 캐나다 시골에서 태어난 갤브레이스는 스승인 베블런과 출생 환경도 비슷했다. 그는 훌륭한 아버지는 튼튼한 몸과 유약한 마음을 가져야 한다고 썼다.

갤브레이스는 자신의 어린 시절을 회고하면서 어느 여름날 자신의 사춘기 호기심을 자극했던 한 가지 일화를 소개했다. 성적 호기심으로 가득하던 시절, 그는 같은 동네에 사는 예쁜 소녀를 꾀어내어 근처 농장을 함께 거닐고 있었다. 농장에는 소들이 한가롭게 풀을 뜯어 먹고 있었다. 그때 갤브레이스는 흰 황소 한 마리가 발정 난 암소에게 열심히 '봉사'하고 있는 것을 목격했다. 순간 옆에 서 있는 소녀를 보니 그녀도 그것에 흥미를 보이는 것 같았다. 이에 그는 용기를 내어 이렇게 말을 꺼냈다.

"나도 저렇게 해보고 싶은데. 재미있을 것 같지 않니?"

소녀는 눈 하나 깜짝하지 않고 이렇게 대꾸했다.

"그렇게 해. 너희 집 소잖니."[14]

2006년, 아흔일곱의 일기로 세상을 떠난 갤브레이스는 하버드대학교 교수, 대통령 경제자문위원, 소설가, 사회평론가로 활동하면서 캐나다 태생이었음에도 미국에서 많은 시간을 보냈다. 흥미로운 것은 그가 이런 감투를 기회가 있을 때마다 쓴 것이 아니라 거의 항상 동시에 쓰고 다녔다는 것이다. 그래서 많은 경제학자가 그의 업적을 피상적이고 수박 겉핥기식 경제학이라고 깎아내렸다. 많은 감투를 한꺼번에 쓰기 위해서는 머리도 커야 하지만, 여러 개의 뇌가 필요하다. 그래서 그들은 그런 일은 천재 케인스만이 할 수 있다며 갤브레이스를 깎아내렸다.

하지만 그들이 그렇게 깎아내리기에 앞서, 갤브레이스에게는 그런 초인적인 재능이 없었다. 한 가지 일화를 살펴보자. 트루먼 대통령이 임금과 물가 규제를 위해 그의 도움을 청하기 위해 갤브레이스에게 전화를 건 적이 있었다. 소문에 의하면 젊은 갤브레이스는 이렇게 대답했다고 한다.

"각하, 그런 일이라면 저보다 더 적임인 경제학자가 족히 10명은 됩니다."

그러자 트루먼 대통령이 버럭 소리를 지르며 이렇게 말했다.

"누가 그걸 몰라서 그러오! 아무도 그 일을 맡으려 하지 않으니까 이러는 거 아니요!"

갤브레이스는 트루먼의 청을 받아들였다. 그리고 거대 정부에 걸맞은 정치 및 경제 철학을 연구했다. 그는 《풍요한 사회》《새로운 산업국가》

《경제학과 공공 목적》이라는 세 권의 주저에서 현대 자본주의와 그것의 주요 대변자들, 즉 신고전파 경제학자들을 신랄하게 비판했다. 갤브레이스의 저술들은 베블런이 조롱했던 대상들을 똑같이 비판하고 조롱했다. 거대하고 탐욕스러운 기업들 앞에서 애덤 스미스식의 완전 경쟁이라는 것이 도대체 가능하기나 한 걸까? 그는 의문을 품었다. 그리고 결론은? 갤브레이스에게 있어 앨프리드 마셜류의 경쟁 이론은 팅커벨, 산타클로스, 백설 공주 같은 동화 속 주인공들의 이름과 어깨를 나란히 한다. 창턱 너머에 존재하는 세상을 보지 못하는 지적 난쟁이들만이 제너럴 모터스 같은 거대 기업들의 막강한 파워를 부인할 것이라고 갤브레이스는 주장했다.

그뿐 아니라 소비자 주권, 즉 소비자가 기업들이 무엇을 생산할지 결정한다고 하는 미신과도 같은 주장을 여전히 믿는 사람이 있을까? 갤브레이스는 이와는 정반대로 기업이 자신이 생산하는 상품의 공급에 맞춰 소비자들의 수요를 조작한다고 주장했다.

다음과 같은 시나리오를 생각해보자. 당신이 아침 식사 대용으로 옥수수 식빵을 구입하기 위해 제과점에 들어갔다. 당신은 평소에 옥수수가 알알이 박혀 있는, 갓 구워서 구수한 냄새가 나는 옥수수 식빵을 좋아한다. 좋아하는 차원을 넘어 아침마다 하루도 거르지 않고 먹을 정도로 마니아다. 당신은 생각할 것도 없이 옥수수 식빵을 들고 계산대로 향한다. 이때 갤브레이스가 그가 평소 즐겨 먹는 유기농으로 재배된 건강에 좋은 무당, 무미의 오곡 식빵을 들고 계산대 앞 당신 뒤에 줄을 선다. 당신은 뒤에 서 있는 갤브레이스를 돌아보며 이렇게 말한다.

"오곡 식빵을 고르셨네요? 저는 아침에 옥수수 식빵을 주로 먹습니다. 정말 좋아하거든요."

이에 갤브레이스가 발끈한다. 그리고 뜬금없이 '필요'와 '욕구'는 구분해야 한다며 일장 연설을 늘어놓는다. 우선, 당신은 옥수수 식빵을 필요로 하는 것이 아니다. 단지 욕구할 뿐이다. 모든 필요는 우리 내부로부터 나온다. 그러나 욕구는 그렇지 않다. 욕구는 외부에서 올 수도 있다. 옥수수 식빵을 소비하는 것, 즉 필요로 하는 것은 우리의 내부에서 비롯하는 자연적인 욕구가 아니다. 당신은 단지 식빵을 원할 뿐이고, 사실 욕구는 필요보다 덜 중요하다. 둘째, 갤브레이스는 당신이 옥수수 식빵에 대한 당신의 욕구를 스스로 결정했다는 것을 부정한다. 그것은 착각이다. 그렇다면 당신이 옥수수 식빵을 욕구하도록 또는 선택하도록 한 것은 무엇인가? 그것은 뉴욕의 광고회사들이 몰려 있는 매디슨 애비뉴의 광고업자들이다. 그들이 광고를 통해 당신이 옥수수 식빵을 구매하도록 유도한 것이다. 광고와 판매 정책은 "스스로 뭔가를 결정하고자 하는 욕구라는 관념과 양립 불가능하다. 왜냐하면 이 둘의 핵심 기능은 욕구를 창조하는 것, 즉 이전에는 존재하지 않았던 욕구를 새롭게 창출하는 것이기 때문이다."*

갤브레이스는 자신이 앨프리드 마셜의 '한계효용과 수요 법칙'을 멋지게 타파했다고 생각했다. 시장은 어떤 상품에 대한 소비자의 진정한 수요를 읽을 수 없기 때문이다. 이런 진정한 수요는 심적인 것이다. 다시 말해, 시장은 광고업자들이 소비자들에게 인위적으로 심어주는 욕구만 읽을 수 있을 뿐 그들의 주관적인 심리는 읽을 수 없다. 갤브레이스

---

* [저자주] 그의 강경한 비판적 태도에도 불구하고, 갤브레이스가 자신의 책을 양장본으로 내는 것에 동의했다는 것은 아이러니다.

는 이것을 의존 효과라고* 불렀다.

물론 갤브레이스는 이렇게 단언만 하고 끝내지는 않았다. 그는 이것에서 다음과 같은 그럴듯한 결론을 도출해냈다. 기업들은 욕구에 투자하고 그것을 주입한다. 그러나 욕구는 그렇게 절박한 것이 아니다. 따라서 정부는 사적 소비를 제한하고, 공공시설을 늘리고 개선하는 데 자원을 사용해야 한다. 갤브레이스는 도로 하나 제대로 정비되지 않은 공원과 슬럼가를 유유자적 활주하는 고가의 리무진들을 공공연히 비난하면서 미국의 공공 부문은 쇠락해 가고 있는 데 반해 역겨운 냄새가 물씬 풍기는 사적 부문은 나날이 번성해 나가고 있다고 주장한다. 미국인들은 사실 이런 공공 부문과 사적 부문의 불균형을 원하지 않는다. 기업들이 그들을 현혹하고 있는 것이다.

갤브레이스는 만약 정부가 민주적 사회주의와 계획 경제의 원리들을 채택하지 않는다면, 미래는 더욱 암담할 것이라고 예측했다. 그는 기술이 노동자들을 대체하면서 실업률은 높아지고, 오염은 더욱 심해질 것이며, 집마다 "새롭고, 기능은 향상되었지만" 전혀 쓸모없는 가전제품들로 넘쳐날 것이라고 내다봤다. 그런데 도대체 누가 자동 펌프식 치약과 자동 칫솔을 필요로 한단 말인가? 기존에 손으로 눌러 짜서 쓰는 치약이 귀찮고 사용 방법이 어렵단 말인가? 손으로 잡고 좌우 위아래 구석구석 닦아야 하는 기존의 칫솔이 그렇게 불편하고 성가시단 말인가? 근래에 자동으로 진동하는 칫솔이 많이 유행하고 있지만, 아마 몇 번 제대로 사용하지 않고 화장실의 천덕꾸러기로 전락한 가정이 더 많을 것이다.

*   Dependence effect. 소비자들이 독자적인 판단으로 상품을 구매하지 않고, 기업의 광고나 선전에 따라 구매하는 것을 말한다.

갤브레이스는 신고전파 경제학의 신경 중추를 향해 비판의 집중포화를 퍼부었다. 그는 한계효용 분석을 오즈의 마법사만큼이나* 무기력한 것으로 비하했는데, 아마 그는 앨프리드 마셜을 거기에 등장하는 뇌는 없지만 말은 할 줄 아는 허수아비 정도로 치부했을 것이다.

그렇다면 동쪽에서 날아와 갤브레이스의 이론에 찬물을 끼얹는 착한 마법사** 역할을 맡은 사람은 누구일까? 그것은 오스트리아 태생의 경제학자이자 철학자였던 하이에크였다.

하이에크는 〈의존 효과의 불합리성〉이라는 논문에서 모든 중요한 욕구는 외부가 아닌 내부에서 비롯한다는 갤브레이스의 주장을 반박한다.[15] 그는 사실상 자연스럽게 표출되는 필요는 몇 가지밖에 되지 않는다고 주장했다. 그렇다면 갤브레이스는 먹을 것과 섹스만이 실생활에서 중요하고, 그 외 다른 것은 사소한 욕구에 지나지 않는다고 본 것일까? 여하튼, 하이에크는 욕구를 이야기하면서 외부의 환경이 욕구에 미치는 영향을 사소한 것으로 치부한 갤브레이스의 논의에 납득할 수 없다는 반응을 보였다.

만일 갤브레이스의 주장이 옳다면, 문화는 사소한 것이 된다. 18세기에 생존했던 사람들 가운에 아침에 단잠에서 깨자마자 이렇게 말하는 사람이 있었을까? "참, 모차르트 교향곡이 있었으면 좋겠어." 모차르트는 음악을 작곡했고, 사람들이 자신의 음악을 원하도록 욕구를 불러일

---

* 잘 알려져 있듯이, 《오즈의 마법사》에서 주인공 도로시 일행이 찾아간 오즈의 마법사는 진짜 마법사가 아니라 평범한 인간이다.

** 도로시 일행에게 집으로 돌아가는 방법을 가르쳐 주는 마법사 글린다를 말한다. 그러나 《오즈의 마법사》에서 글린다는 북쪽에 사는 착한 마법사다. 여기에서 토드 부크홀츠가 동쪽이라 말한 것은 하이에크가 오스트리아 출신이기 때문에 그렇게 말한 것 같다.

으켰다. 즉, 그와 그의 음악은 누군가의 필요에 의해 나타난 것이 아니다. 그는 태어났고, 음악을 만들었고, 사람들에게 그의 음악을 듣고 싶어 하는 욕구를 불러일으켰다. 그의 음악은 단지 부자들만의 사치였을까? 아니면 인류 전체의 감성에 지대한 공헌을 했을까?

한 가지 예를 더 들어보자. 오랫동안 PBS는 요리 프로그램 〈프랑스 요리사〉에 미국 태생의 요리사 줄리아 차일드를 진행자로 고집했다. 그런데 그녀가 이 프로그램에 진행자로 결정되기 전에, 시청자 중에 혹시 한밤중에 자다가 일어나 텔레비전을 켰을 때 큰 키에 얼빠진 얼굴을 하고 있는 여자가 우스운 목소리로 요리 강습을 하고 있었으면 하고 바랐던 사람들이 있었을까? 물론 아무리 악몽을 꾸었던들 그런 사람은 없을 것이다.

우리가 문명이라 부르는 것은 주로 우리 뇌의 관심과 애정을 받기 위해 서로 경쟁하는 외적 요소들의 산물이다.

갤브레이스는 공립학교를 더 많이 지을 것을 촉구했다. 추측건대, 공립학교는 문학이나 음악처럼 '중요치 않은' '외부에서 인위적으로 만들어진' 것들을 가르치는 데 많은 시간을 허비할 것이다. 나아가 현대의 가정들이 실생활에는 별로 소용없는 잡동사니, 가전제품, '대화 작품'으로* 가득 차 있다는 것은 의심의 여지가 없다. 그렇다면 강압적이거나 모순적인 방법을 동원하지 않고 이런 것들을 치유할 수 있는 가능한 방법이 있을까? 혹시 갤브레이스는 그런 방법을 알고 있었을까?

---

* Conversation piece. 이것은 18세기에 영국에서 주로 그려진 소형 단체 초상화로 초상화에 등장하는 인물들이 마치 친근한 대화를 나누고 있는 듯이 설정되어 있어 이렇게 불렸다. 그러나 뒤에 이것은 그림을 감상하는 관람객이 작품에 대해 어떤 대화를 유도할 정도로 흥미를 자아내는 작품들을 지칭하는 용어로 바뀌었다.

우선, 소비재에 대한 판매를 금지하는 방법이 있을 수 있다. 그러나 이것은 너무 강압적인 조치다. 따라서 갤브레이스는 기업들이 소비재에 대한 광고를 금지해야 한다고 주장했다. 2020년 미국 대선 운동 중에 버몬트주 상원의원 버니 샌더스는 페이스북과 다른 매체들의 맞춤형 광고에 과세하는 정책을 제안했다.[16] 갤브레이스의 충고를 받아들인 정치 지도자들은 소비자에게 돈을 좀 더 현명하고 유용하게 사용할 것을 촉구할 수 있다. 국민들에게 가지고 있는 부를 개인적인 목적이 아닌 공익적인 목적을 위해 써달라고 부탁하거나 설득할 수 있는 뜻이다. 하지만 이런 설득은 모든 중요한 욕구, 즉 필요는 외부가 아닌 내부에서 비롯한다는 갤브레이스 자신의 원칙과 모순된다! 좀 더 신중하게 소비하고 공익을 위해 더 많을 돈을 쓰라고 하는 것은 정치 지도자들이 새롭게 '외부에서 고안된' '절박하지 않은' 욕구를 소비자들에게 주입하는 것이나 마찬가지다. 정치가들이 하든 세일즈맨들이 하든 광고는 똑같은 광고일 뿐이다.

갤브레이스에 대해 이런 비판이 정치가들은 공립학교를 많이 세워야 한다는 그의 주장을 지지해서는 안 된다는 것을 의미하지는 않는다. 그러나 갤브레이스는 자신의 의존 효과설이 갖는 결점을 분명히 드러내면서까지 정치가들에게 이런 정책을 촉구했다.

어쩌면 갤브레이스는 광고의 힘을 너무 과장하고 있는 것일 수도 있다. 외양이나 크기만 다를 뿐 사실상 같은 제품을 광고만 다르게 해서 판매하는 것은 자원을 낭비하는 것이다. 그러나 많은 광고가 겉보기에 요란하고 화려하지만 동시에 유용한 정보를 전달한다. 이렇게 요란하고 화려한 것이 소비자의 관심을 끌지만, 실제로 제품을 판매하는 것은 정보가 아닐까?

한 가지 사례를 들어보겠다. 광고와 안경에 대한 한 유명한 연구 결과에 따르면, 미국에서 안경업자들에게 광고를 허용한 주들이 광고를 허용하지 않은 주들보다 오히려 25퍼센트에서 30퍼센트 정도 낮은 가격으로 안경을 판매했다는 결과가 있다.[17] 광고를 한다고 해서 그 제품의 가격이 반드시 오르는 것은 아니다. 또, 모든 광고가 소비자들의 관심을 끄는 것도 아니다.

다시 말해, 소비자들은 갤브레이스가 우려한 대로 요란하고 화려한 광고에 쉽게 속아 넘어갈까? 미국의 마케팅 역사를 살펴보면 반드시 그런 것 같지는 않다. 대표적인 예가 1957년 출시된 포드 자동차의 야심작 에드젤이다.* 에드젤은 대대적인 홍보에도 불구하고 소비자들로부터 철저히 외면당했다. 따라서 에드젤은 출시 2년 만에 단종되고 말았다. 마케팅 부서는 소비자들의 기호를 선도하기보다는 그들의 기호를 맞추는데 급급한 것이 사실이다. 〈월스트리트저널〉에 따르면, 스니커즈 운동화 제조업자들은 신상품의 본격적인 출시에 앞서 소비자들의 반응을 알아보기 위해 도심 한가운데서 시험 판매를 한다고 한다. 왜냐하면 도시의 젊은이들이 주로 새로운 문화적 유행을 선도하기 때문이다. 1986년에 영국 기사들British Knights, 줄여서 BK's라 불리는 스니커즈가

---

* 포드 자동차는 미국의 소비자층을 하류층, 중하류층, 중류층, 중상류층, 상류층으로 나눈 뒤 중상류층을 겨냥해 에드젤이라는 새로운 차종을 야심 차게 내놓았다. 특히 에드젤 출시일인 1957년 9월 4일을 '에드젤 데이'라고 정하고 대대적인 홍보 행사를 펼쳤으며, 약 한 달 뒤인 10월 13일에는 CBS를 통해 1시간 동안 에드젤을 홍보하는 특별 프로그램 〈에드젤 쇼〉를 편성해 내보내기까지 했다. 그러나 이런 대대적인 홍보에도 불구하고 에드젤은 소비자의 관심을 끌지 못했다. 여러 가지 이유가 있겠지만, 에드젤은 모든 광고가 소비자의 관심을 끄는 것은 아니라는 것을 역설적으로 보여주는 단적인 예다. 현재 에드젤은 실패한 광고의 대표 사례로 자주 인용되고 있다.

유행한 적이 있었다. 이 운동화는 불티나게 팔려나갔다. 그런데 특별한 이유 없이 일단의 갱들이 이 운동화를 브라더 킬러Brother Killers라 바꿔 부르면서 판매량이 곤두박질치기 시작했다.[18]

현란한 광고에 현혹되어 어떤 소비자가 예를 들어 특별한 브랜드의 샴푸를 구매했다고 하자. 그런데 다음번에도 같은 샴푸를 구매한다는 보장이 있을까? 특히 이 샴푸를 사용했다가 심한 모발 손상을 겪은 소비자라면 두 번 다시는 같은 브랜드의 샴푸를 구매하지 않을 것이다. 텔레비전이나 정기 간행물에 나오는 광고는 대개 소비자들에게 꾸준히 사랑받거나 소비자의 충성도가 높은 상품들을 주로 소개한다. 이런 상품들은 '한번' 판매되고 자취를 감추는 것들이 아니다. 상품을 한 번 판매하고 공장 문을 닫고 싶어 하는 제조업자가 과연 있을까? 더구나 소비자들에게 불만을 주기 위해 상품을 생산하는 제조업자는 더욱 없을 것이다. 다른 한편, 자동차같이 고가의 상품은 소비자들에게 구매에 앞서 시험 운전을 해보라고 광고를 내보낸다. 세상에서 가장 어수룩한 사람만이 텔레비전 광고만 보고 덜컥 폰티액(제너럴 모터스가 생산하는 자동차 브랜드의 하나)을 구입할 것이다.

그렇다고 해서 부정직한 광고를 옹호하거나 그런 광고가 실제로 존재한다는 것을 부정하는 것은 아니다. 더구나 광고업자들이 모두 소비자들을 속이는 일에만 열중하는 믿을 수 없는 사람들인 것도 아니다. 갤브레이스 자신도 기업들은 당장의 이윤보다는 장기적인 측면에서 시장 점유율에 더 집중한다고 하지 않았던가! 질이 떨어지는 상품은 경쟁에서 밀려 빠르게 시장 점유율을 잃는다. 소비자들이 광고에 너무 현혹되어서는 안 되겠지만, 모든 소비자가 그것 때문에 어떤 제품을 구매하는 것은 아니다.

갤브레이스도 그랬지만, 많은 사람이 현대의 자본주의가 소비자들에게 부여하는 선택권을 달가워하지 않는다. 그들은 너무 광범위한 선택의 여지에 부담감을 느낀다. 어떤 것을 하나 선택한다는 것은 그에 따른 책임, 그리고 실존적 고뇌를 수반한다.

예를 들어, 디지털카메라를 한 대 구입하려고 한다. 온갖 최신식 전자 및 광학 기술을 탑재한 무수한 디지털카메라가 소비자들을 향해 한없이 손을 흔들고 있다. 과연 어떤 디지털카메라를 구입하는 것이 올바른 선택일까? 우리는 서둘러 궁극적인 선택을 촉구하는 광고업자들을 비난할 수도 있다. 물론, 치약은 이런 복잡한 선택을 놓고 볼 때 정말 손쉬운 수준에 속하는 것일 수 있다.

이런 선택이 안고 있는 좀 더 중요한 원칙을 고려해보자. 만일 갤브레이스가 옳다면, 사람들은 독일 제3제국에서 선전상에 올라 나치를 선전하고 미화하는 책임을 맡았던 파울 요제프 괴벨스 대신 영국의 정치가 처칠을 선택한 것이나 미국의 폭력단체인 큐 클럭스 클랜* 대신 1909년에 창설된 전미유색인종지위향상협회National Association for the Advancement of Colored People를 선택한 것을 자랑스러워할까? 갤브레이스의 비판은 겉으로 보면 광고와 관련 있는 듯하다. 하지만 더 중요한 사실은, 그 비판이 인간의 실존과 관련 있다는 점이다. 이런 측면에서 우리는 러시아 태생의 과학자 파블로프가 조건 반사를 실험하기 위해

---

* 남북전쟁 직후 남부의 옛 노예 소유자 계급이 노예 해방에 반대하고 지주의 권익을 회복하기 위해 세운 무장 비밀 결사의 하나. 흑인과 진보적인 백인들을 폭력으로 협박하고 백인 지상주의의 인종적 편견을 선전하며 반동적인 복고주의를 지향했다. 시대가 흐름에 따라 가톨릭교도에 대한 배척, 노동 운동에 대한 조직적 폭력 등을 전개해 극우 단체로서 기승을 부렸다.

이용한 개보다 자유로울까? 그렇지 않다면, 그리고 갤브레이스가 옳다면, 신고전파 경제학의 논리는 틀린 것이 된다.

갤브레이스는 자신이 베블런과 닮은 구석이 있다는 주변의 평가에 별로 싫은 내색을 하지 않았다. 베블런은 현대 문화와 자본주의에 대해 아주 냉소적이었는데, 갤브레이스 역시 마찬가지였다. 그 외에도 두 사람은 많은 점에서 공통점이 있었고, 특히 항상 태도가 불분명하고 모호하다는 점까지도 닮았다. 두 사람은 경제학자들이 검증하거나 흉내 낼 수 있는 패러다임이나 방법론을 개발하지 않았다. 이들을 통해서 엿볼 수 있듯이 제도주의 경제학자들은 거대한 이론이나 모델을 내놓기보다는 기존의 가설이나 이론을 비판하고 관찰하는 일에 만족하는 듯하다. 두 사람의 업적과 비판 정신은 오늘날 《미국 경제학 및 사회학 저널》과 《후기 케인스주의 경제학 저널》 같은 학술지들을 통해 면면히 이어져 내려오고 있다. 특히 후자에 논문을 기고하는 논자들은 이탈리아 태생의 경제학자 피에로 스라파, 폴란드 태생의 마르크스주의 경제학자 미하우 칼레츠키, 케임브리지대학교 경제학과 교수를 역임한 영국의 여류 경제학자 조앤 로빈슨의 영향도 크게 받았다.

대담한 조앤 로빈슨

조앤 로빈슨은 1970년대에 노벨경제학상 수상과는 거리가 먼 마오주의자였다. 1903년에 영국 서리의 엘리트 집안에서 태어난 그녀는 노년의 앨프리드 마셜 밑에서 잠시 공부했지만, 그의 모델에서 결함을 발견했다. 그녀는 오스틴 로빈슨이라는 영국 태생의 경제학자와 결혼했다. 하지만 학술에 있어 그리고 나중에 로맨스에 있어서 남편을 빠르게 앞서 나갔다. 1933년, 하버드대학교의 에드워드 체임벌린과 동시에 '불완전 경쟁'에 대한 연구 성과를 발표했다. 그녀는 일부 과점 기업이 시장에서 또는 같은 부류의 상품들이 별다른 차이가 없어 서로 경쟁적이지 않은 곳에서 이례적으로 영향력을 행사하는 경우를 발견했다. 미국의 시인이자 소설가인 거트루드 스타인은 "장미가 장미인 게 장미다a rose is a rose is a rose"라고 말했는데, 오늘날 로빈슨이 살아 있다면, "커피는 커피지만, 만일 스타벅스가 폴저스보다 커피 가격을 5배 높게 책정할 수 있다면, 그들은 같은 것을 판매하는 것이 아니다"라고 말할 것이다. 로빈슨과 그녀의 경쟁자였던 하버드대학교의 체임벌린은 이런 경우를 '독점적 경쟁'이라고 불렀고, 상표가 시장의 주목을 받는 데 광고의 힘을 지적했다. 로빈슨의 가장 유명한 개념인 수요독점monopsony이 최근에 미국 연방대법원의 애플 대 페퍼 소송에서* 등장했다. 브렛 캐버노 미국 연방대법원 대법관은 판결문에서 애플이 애플스토어에서 앱이 판매될 때마다 수수료로 30퍼센트를 가져가는 것은 애플이 애플-호환 앱의 유

---

* 애플은 애플스토어에서 앱이 판매될 때마다 수수료로 30퍼센트를 가져간다. 로버트 페퍼를 비롯한 소비자들은 이것이 독점금지법 위반으로 높은 수수료 때문에 앱 가격이 오르고, 이는 고스란히 소비자에게 부담된다고 주장했다. 그런데 소송의 쟁점은 애플의 독점금지법 위반이나 피해보상보다는 애플에 대해 소비자가 반독점 집단소송을 할 수 있는가였다. 미국의 판례에 의하면, 최초 구매자만이 반독점 소송을 제기할 수 있다. 소비자는 애플이 앱 도매업자이기 때문에 자신들이 최초 구매자라고 주장했다. 반면 애플은 앱 개발자와 소비자를 매개하면서 수수료를 챙기기 때문에 구매자도 판매자도 아니고, 앱의 가격을 책정하는 것은 개발자로 엄격히 따지면 앱스토어 생태계에서 최초 구매자는 앱스토어에 앱을 개발해 올려 판매하는 개발자라고 주장했다. 이런 논리대로라면 소비자는 간접 구매자가 된다. 이에 대해 미국 연방 법원은 앱스토어 앱 구매자를 직접 구매자로 판결함으로써 소비자의 손을 들어줬다.

일한 구매자이기 때문에 과도한 영향력을 행사할 수 있고, 따라서 수요독점 소송을 당할 수 있다고 말했다. 독점은 단 하나의 지배적인 판매자다. 로빈슨에 의하면, 수요독점은 단 하나의 지배적인 구매자다. 그녀는 한 고전 문학 교수와 차를 마시다가 그리스어로 하나를 뜻하는 'monos'와 구매를 뜻하는 'opsonia'를 조합한 이 단어를 생각해냈다. 그녀가《불완전 경쟁의 경제학》을 출간한 것은 20대 때였다. 그녀의 사상이 표준 교과서에 등장하면서 바로 존 메이너드 케인스의 핵심 측근이 되었다. 케인스의 측근들은 뛰어난 말재간과 경제나 그 외 문제들을 전통에 얽매이지 않고 탐구한 것으로 정평이 나 있었다. 이들 특성을 종합해 볼 때, 케인스가 연구실에 들어가 바닥에서 나뒹굴던 유부녀 로빈슨과 그녀의 제자 리처드 칸을 깜짝 놀라게 했다는 이야기가 새삼 떠오른다. 케인스는 아내에게 눈짓으로 "대화는 '순수독점이론'에 대한 것뿐이었지"라며 암시를 줬다.[19]

미시경제학을 발전시키는 데 이바지했고, 미국 연방대법원이 인용했던 로빈슨이 80세까지 살면서 왜 노벨상을 받지 못했을까? 주요 학문적 경쟁자였던 밀턴 프리드먼과 폴 새뮤얼슨은 노벨상의 영광을 누렸다. 몇 가지 이유가 마음에 와닿는다.

첫째, 그녀는 빠르게 수식화되어가던 경제학의 경향을 거부했다. 그녀는 "나는 수학을 배운 적이 없어서 생각해야 했다"라고 말했다. 노벨 경제학상을 받은 조지프 스티글리츠는 1960년대 학창 시절에 로빈슨 밑에서 공부했지만, 두 사람의 관계는 "꼴사납게" 끝났다. 그는 로빈슨을 떠나 수학에 노련했던 교수에게 갔다.

둘째, 자신의 초창기 학문적 성과인 불완전 경쟁 이론을 중도에 철회했다.

셋째, 제2차 세계대전 이후 형성된 정치 지형이 그녀의 경제학을 오염시켰다. 다른 저명한 경제학자들도 마르크스주의 경제학을 연구했지만, 로빈슨은 몸소 모스크바, 베이징, 심지어 북한까지 날아가 경제 정책을 조사하는 것도 모자라 그것의 억압적인 결과까지 칭송했다. 그녀는 마오쩌둥의 문화 혁명을 지지하는 글을 썼고, 북한의 김일성을 "독재자라기보다는 구세주"라고 부르면서 찬양했다. 1964년, 북한을 방문한 뒤에는 "북한이 계속 발전하고 남한이 퇴보한다면, 조만간 거짓말의 장막이 틀림없이 걷힐 것이다"라고 예언했다.[20] 사실, 1960년대 이후 남한 사람들은 북쪽에 있는 친척들보다 20배는 더 부유해졌고, 신장도 2.5~7.5센티미터가 더 크다. 마오쩌둥과 김정일을 자기 학문의 본보기로 삼은 것으로 볼 때, 인도 출신의 경제학자로 노벨경제학상을 수상한 개발경제학자이자 철학자인 아마티아 센이 로빈슨을 "똑똑했지만, 너무 편협했던 사람"으로 묘사한 것은 놀랍지 않다. 로빈슨이 노벨경제학상을 받지 못한 마지막 결정타는 마오주의를 추종하는 소농 차림의 옷을 입고 강연을 한 것이다. 노벨위원회가 최종적으로 여성에게 노벨상을 수여하기로 했다고 하더라도 쿨리 모자를* 쓰고 강연하는 서리 출신의 푸른 눈을 가진 여성은 아니었을 것이다.

---

* 동아시아와 동남아시아에서 햇볕을 가리기 위해 쓰는 삿갓 모양의 모자다. 중국에서는 도우리, 일본에서는 스게가사, 베트남에서는 논라로 불린다. 농부 모자라고도 한다. 영어 표현인 쿨리 모자는 다소 비하의 뜻이 있다.

신제도학파와 법경제학

갤브레이스는 구제도학파의 전성기와 후퇴, 그리고 신제도학파의 등장을 동시에 목격했다. 확실히 그는 구제도학파 경제학자들을 더 좋아했다. 그들은 제도를 무시하는 자유시장 경제학과 인간 행동에 대한 앨프리드 마셜류의 가정에 맹목적으로 의존하는 자유시장 경제학자들을 매섭게 비판했다.

신제도학파는 베블런과 갤브레이스 두 사람이 수행한 모든 연구 성과를 완전히 뒤집어 버렸다. 그들은 마셜류의 경제학이 제도와 대립한다고 보지 않았다. 오히려 마셜류의 메스와 가위로 제도를 해부하려고한다. 사정이 이렇다 보니 베블런과 갤브레이스에게 신제도학파는 배신자들이나 다름없다. 한편, 신제도학파 학자들은 그 학문적 스펙트럼이 너무 넓기 때문에 출신이나 소속을 정확히 나누기란 쉽지 않다. 대다수는 경제학자들이기는 하지만, 일부는 경제학을 공부한 법학자들도 있다. 그들을 하나로 묶는 끈은 그들이 사회제도에 대해 깊은 호기심을 갖고 있고, 신고전파 경제학에 대해 신뢰감을 품고 있다는 사실이다.

신제도학파 경제학자들은 다음과 같은 기본적인 질문에서 시작한다. 경제가 발전을 시작하려면 어떠한 구조가 자리 잡고 있어야 할까? 상선 해병 출신으로 캘리포니아대학교 버클리 캠퍼스 시절 평범한 학생이었던 더글러스 노스는 1960년대에 경제학자들에게 새로운 연구 대상, 이름하여 역사를 제시했다. 그와 그의 동료들은 이 전공을 그리스 신화에서 역사를 담당하는 여신 클리오의 이름을 따서 클리오메트릭스Cliometrics, 즉 계량경제사라고 불렀다. 그들은 18세기 선박의 '선하

증권'에서* 면화 꾸러미와 위스키 담는 용기의 영수증까지 오래된 자료를 찾아냈다. 1960년대와 1970년대에 시카고대학교 경제학과 교수로 뒤에 노스와 노벨경제학상을 공동으로 수상하는 로버트 포겔이 철도와 노예제도의 중요성에 의문을 제기하는 논쟁적이면서 반직관적인 연구 결과들을 내놓았다. 노스는 재산권과 직업 선택을 자유롭게 할 수 있는 시민의 능력에서 경제 발전을 설명했다. 그는 영국과 네덜란드가 산업혁명을 주도한 것은 이들 국가에서 길드 체제가 취약해 노동자들이 쉽게 일자리를 옮겨 다닐 수 있었기 때문이라고 봤다.

제도라는 것을 경제사 초기까지 거슬러 올라간다면, 사람들이 서로 이익을 얻는 거래에 관여할 때 발전이 가능하다고 주장할 수 있을 것이다. 이런 거래는 비영합적nonzero-sum이다. 영합적zero-sum 상황에서는 한쪽이 이득을 보면 다른 한쪽은 손실을 본다. 예를 들어, 내가 당신의 자동차를 훔쳐 가는 경우다. 펠로폰네소스 전쟁의 역사가 투키디데스는 고대 그리스의 황금기 이전에도 유목민은 상업이란 것이 없어 자기들끼리만 지냈고, 영토를 이곳저곳 옮겨 다닐 뿐 씨를 뿌리지 않았으며, 따라서 생계 수준을 높이지 못했다고 지적했다. 무엇이 영합적 거래를 가능하게 할까?《다시, 국가를 생각하다》(2011)에서 나는 네 가지 요소를 지적했다.

첫째, 부족 지도자에 의해, 법원에 의해, 또는 사회적 낙인에 의해 계약 이행을 강제하는 법률. 둘째, 기꺼이 결과를 기다릴 수 있는 의지, 즉 인내. 셋째, 사람들에게 보상을 기다리는 것이 가치 있는 일인지 아닌지

---

* 해상운송 화물의 선적이나 수령을 인증하고, 그 화물의 수화자와 인도청구권을 문서로 만든 증권을 말한다.

측정할 수 있게 하는 금리 체계. 넷째, 가장 중요한 것으로 반복적인 거래, 또는 누군가와 다시 거래할 수 있다는 기대. 어떤 사람이 당신과 다시 거래하리라고 예상한다면, 당신을 속일 가능성은 아주 낮다. 식당의 단골손님이 우연히 들른 손님보다 팁을 더 많이 준다. 반복의 규칙이 낯선 사람을 동업자나 거래 상대로 바꾼다. 사람들이 이방인을 환대하고 공동체의 확장을 자극하는 것도 거래다. 그리고 교역을 하는 사회가 전근대적인 농민 사회보다 폭력이 덜한 이유와 현대 유럽의 살인율이 서기 1300년의 10분의 1 정도인 이유, 기대수명이 거의 3배 이상 늘어난 이유를 설명한다.[21]

화려한 스타일, 범상치 않은 예의범절, 예리한 통찰력을 가졌던 슘페터는 현대 경제의 성장은 기업가에 의지한다고 가르쳤다. 하이에크와 같은 오스트리아학파 출신인 슘페터는 1930년대에 나치의 압박을 피해 미국으로 건너가 하버드대학교에 정착했다. 베블런과 의견을 공유하지는 않았지만 이설을 만들어내는 유전자는 공유했던 것 같다. 한번은 학생들이 도서를 쉽게 이용할 수 있는 권리를 놓고 도서관 사서와 싸움을 벌였다. 그리고 인생에서 세 가지 큰 야망을 품고 있다고 자랑했다. "나는 세계적으로는 가장 위대한 경제학자, 오스트리아에서는 위대한 기수, 빈에서는 최고의 사랑꾼이 되고 싶었다. 그런데 이 가운데 하나는 이루지 못했다." 슘페터는 교수회의에 승마용 부츠를 신고, 케이프, 스패츠, 실크 셔츠를 입고 참석했다. 아마 그는 오스트레일리아 출신의 영화배우 에롤 플린이 주연한 오래된 할리우드 영화 속 조연처럼 당당하게 걸어 들어왔을 것이다. 그러나 슘페터는 그저 그런 멋쟁이가 아니었다. 20세기에 가장 박식한 경제학자였다. 슘페터가 열등감을 느낄 만큼 뛰어난 업적을 쌓은 케인스조차 슘페터의 박식에는 견줄 수 없었다. 그는 독일어, 프랑스어, 영어, 이탈리아어, 라틴어, 고대 그리스어로 쓰인 경제학 문헌에 정통했다.

1932년, 미국으로 이주하기 전에 슘페터는 고위직 두 자리에 있다가 쫓겨났다. 하나는 오스트리아 재무장관이었고, 다른 하나는 비데르만은 행의 총재였다. 쫓겨난 이유는 이미 잘 알려져 있다. 은행 총재였을 당시 그는 성 한 채를 임차해 이용했고, 본인 봉급을 크게 올렸으며, 행실을 바르게 하라는 말을 듣고도 한낮에 덮개 없는 마차를 빌려 한쪽 무릎에는 금발의 예쁘장한 매춘부를, 다른 한쪽에는 갈색 머리의 매춘부를 앉히고 빈의 중앙대로를 내달렸다.[22] 슘페터의 경제 성장 모델은 성과 대형 은행에 의존하지 않았다. 대신 그는 현재 상황에 밀려와 부딪히는 경제적 파고의 운전자로서 창조적 파괴creative destruction의 폭풍 속에 새로운 아이디어를 가지고 뛰어드는 기업가를 치켜세웠다. 그가 생각하는 이상적인 기업가는 자신의 증조부, 조부와 아주 많이 닮았다. 두 분은 방직공장을 운영했다. 슘페터는 베블런이 기업가들에 대해 왜곡된 생각을 하고 있다고 봤다. 그래서 그를 "기업가적 이득을 약탈로 보는 시각", 즉 이들 주요 행위자를 무의미한 기생충으로 치부한다고 비난했다.[23] 갤브레이스와 달리 그는 거대 산업들을 우려하지 않았다. 그것들이 새로 등장한 기업가들에 의해 조만간 정복될 것으로 봤다. 그 사이 시장을 지배하는 대기업들은 초과 이윤을 혁신에 재투자할 수 있다. 슘페터는 1955년에 〈포천〉 선정 500대 기업에 들었던 기업들이 2020년에 합병이든, 파산이든, 또는 규모가 줄어들어 거의 소멸했다는 사실에 놀라지 않을 것이다.

슘페터가 순수 경제이론을 장려하고 계량경제학회Econometric Society의 설립을 돕기는 했지만, 무미건조한 수학적 기호들 이면에 놓여 있는 인간 사회에 대해 아주 많은 것을 알고 있었다. 실제로《경제발전의 이론》(1911)에서 그가 묘사하는 기업가는 애덤 스미스와 리카도보다는 베버와 니체의 계보를 잇는다. 그는 "기업가는 무엇보다 자신의 왕국을 세우고자 하는 야망과 의지가 있다. 이어 정복하고자 하는 의지, 즉 싸워서라도 자신이 다른 사람보다 우월하다는 것을 증명하고자 하는 충동이 있다. (…) 마지막으로 창조하는 즐거움이 있다"라고 썼다.[24] 슘페터가 프로테스탄트의 직업윤리, 특히 개혁 성향의 칼뱅주의가 자본주의의 성장을 자극한다고 주장한 베버를 존경했지만, 공공연히 그와 다투기도 했다. 한 커피점에서 두 사람이 언쟁을 벌였다. 베버는 러시아혁명을 비난했지만, 슘페터는 그것을 "정교한 실험실" 실험이라며 칭송했다. 끝내 화를 참지 못한 베버가 "더는 못 참겠군!"이라고 소리치며 자리를 박차고 일어났다. 슘페터는 웃음기 띤 얼굴로 조용히 음료수를 한 잔 더 주문했다.

슘페터의《경제발전의 이론》을 읽는 대학생들은 많지 않다. 하지만 여전히 많은 사람이 그의《자본주의, 사회주의, 민주주의》(1942)를 읽는다. 이에 대해서는 마지막 장에서 살펴볼 것이다. 이 책에서 슘페터는 자신의 가장 유명한 질문, "자본주의가 살아남을 수 있을까?"라는 질문을 던진다.

제2차 세계대전 제도 전후 새로운 제도적인 접근 방법이 법의 세계를 파고들었다. 비록 독점 금지법이 항상 경제학을 밑바탕으로 하기는 하지만, 경제학자들은 변호사나 판사들에게 거의 모든 법적 판결을 앨프리드 마셜과 그의 추종자들의 눈으로 조사할 것을 강제한다. 경제학 분석이라는 그물망에서 벗어날 수 있는 법률 분야는 없으며, 어떤 법률 전문가도 경제학 분야에 대한 기초 지식 없이 법을 가르치거나 사건의 평결을 내릴 수 없다. 최근의 법률 관련 저널들과 법정 판례들은 한계이익과 한계비용에 대한 논의들로 가득하다. 사정이 이렇다 보니 이런 논의들은 단지 학계에 한정되어 있지 않다. 일부 저명한 법률 및 경제학 전문가들이 연방 법원 판사로 재직하고 있고, 이들의 말 한마디 한마디가 수백만 사람들의 삶을 좌지우지하고 있다. 경제학자들의 레이더망에서 벗어날 수 있는 사람은 아무도 없다. 감옥에 있는 죄수들도 상황은 마찬가지다. 일부 대학원생들이 감옥에 대한 경제학적 분석, 예를 들어 감옥에서 제공되는 빵과 물이 전과자의 사회 복귀율에 미치는 영향을 밝힌답시고 불쑥 나타나 인터뷰를 요청할 수도 있기 때문이다.

1915년에 미국 연방대법원 판사를 역임한 루이스 브랜다이스는 "경제학을 공부하지 않은 법률가는 공공의 적이 되기 십상이다"라고 말했다.[25] 그런 그의 충고에도 불구하고, 불행하게도 미국은 매년 수천 명에 달하는 공공의 적을 양산하고 있다.

아래에서는 경제학자들이 전통적인 법률 분석에 획기적인 변화를 초래한 네 가지 주요 분야, 즉 과실법, 재산법, 형법, 기업 재무에 대해 살펴보고자 한다.

과실법

대다수 사고는 불법행위법으로도 불리는 과실법 범주에 들어간다. 어떤 사람이 슈퍼마켓에 물건을 사러 들어갔다가 바닥에 떨어진 바나나 껍질을 밟고 넘어져 전치 3주의 골절상을 입었다고 하자. 그의 변호사는 과실 책임을 묻기 위해 슈퍼마켓을 상대로 소송을 제기할 것이다. 그리고 법정에서 "슈퍼마켓은 바닥에 떨어진 바나나 껍질을 치웠어야 했습니다"라고 변론할 것이다. 아마 그는 이 당당히 승소할 것이다.

개인이나 기업은 자신의 관할 구역, 예를 들어 사업장에서 일어나는 모든 사고에 책임을 져야 할까? 한 가지 예를 더 들어보자. 길리건은 친구들과 함께 자신 소유의 요트를 타고 바다낚시를 갔다가 예기치 못한 폭우를 만나 배가 좌초되면서 한참을 표류하다가 바나나 나무가 무성하게 자라 있는 어느 섬에 도달했다. 그 섬에는 두 사람이 살고 있었다. 그들은 그곳에서 200마리의 원숭이를 고용해 수출용 바나나 리큐어(달고 향기 있는 독한 술)를 생산하고 있었다. 원숭이들은 일은 매우 열심히 했지만, 부주의했기 때문에 바나나 껍질을 까서 아무 데나 버렸다. 이 때문에 길리건이 표류해 섬에 도달했을 때 이미 그곳은 온통 바나나 껍질로 뒤덮여 있었다. 길리건은 섬이 어떻게 생겼는지 둘러보기 위해 바나나 껍질을 피해 가며 조심스럽게 주변을 돌아봤다. 그러다 그만 바나나 껍질을 밟고 넘어지면서 골절상을 입었다. 길리건은 섬에 사는 두 사람에게 과실 책임을 묻기 위해 소송을 제기한다. 그런데 정말 이 두 사람에게 과실 책임이 있을까? 오늘날 대다수 법정은 이 두 사람에게 무죄를 선고할 것이다. 그 이유에 대해 살펴보자.

먼저, 슈퍼마켓의 사례와 섬의 사례에서 핵심적인 차이는 무엇일까? 첫째, 슈퍼마켓의 통로를 사람들이 지나다닐 가능성은 무인도에서 조난을 당한 사람이 배회할 가능성보다 훨씬 높다. 둘째, 슈퍼마켓을 관리

감독하는 비용은 낮지만 섬의 원숭이들을 감독하는 비용은 높다.

이런 두 가지 조건을 토대로 미국 연방항소법원 제2구역 판사를 역임한 러니드 핸드는 1947년에 있었던 한 소송 사건을* 토대로 과실법에 대해 날카로운 경제적 분석을 시도했다.[26] 핸드 판사는 세 가지 요인, 사고 발생의 가능성(P), 사고로 인한 손해 또는 손실의 정도(L), 사고 예방을 위한 비용(C)을 구분했다. 이 구분에 근거해 그는 사고에 따른 손해 또는 손실 비용이 사고를 예방하기 위해 드는 비용을 초과하면 피고는 과실 혐의가 인정된다는 결과를 도출한다. 이것을 수학 공식으로 나타내면, $PL > C$이면 피고는 과실 책임이 있다.

슈퍼마켓에서 어떤 사람이 바닥에 버려진 바나나 껍질을 밟고 미끄러져 넘어질 확률이 20퍼센트라고 하자. 그리고 이때 입은 상해가 병원비, 결근에 따른 손해, 일상생활에서 오는 불편 등을 고려해 2만 달러라고 하자. 따라서 PL은 4천 달러(0.2×20,000=4,000)가 된다. 만일 슈퍼마켓이 4천 달러 이하로 이 사고를 예방할 수 있었다면, 슈퍼마켓은 분명한 과실 책임이 있다. 사실, 3달러짜리 빗자루 하나만 있었어도 이런 사고는 미리 예방할 수 있었을 것이다.

---

* 　미국 정부와 캐롤 토잉 사 사이에 있었던 항소심 재판을 말한다. 1944년 1월 3일 초저녁 뉴욕항, 한 바지선 선장이 '안나 C'(미국 정부가 임차한 바지선)라는 이름의 바지선을 이미 그곳에 정박해 있던 다른 여러 척의 바지선과 함께 줄로 묶어 부두에 정박시켰다. 다음 날, 예인선 '캐롤'(캐롤 토잉사 소유의 예인선)이 같은 부두에 정박해 있던 자사의 바지선을 예인하러 갔다가 안나 C가 자사의 바지선과 함께 묶여 있는 것을 발견하고 로프를 푸는 과정에서 그만 실수를 저질러 안나 C가 유조선과 충돌하면서 좌초되는 사건이 벌어졌다. 이에 침몰한 바지선 안나 C의 임차인이었던 미국 정부는 예인선 캐롤의 소유주였던 캐롤 토잉사를 상태로 과실 책임을 물어 제소를 했다. 한편, 피고 캐롤 토잉사는 원고측인 임차한 안나 C의 관리인이 당시 바지선을 떠나 있던 것이 원고의 기여 과실에 해당한다고 주장하면서 책임을 면하고자 했다. 이 재판을 맡은 러니드 핸드 판사는 원고가 기여 과실을 범했는지 판단하는 과정에 과실 여부 판단에 적용할 공식으로 '과실 계산' 또는 자신의 이름을 딴 '핸드 테스트'라는 원칙을 제시했다. 현재 이 방법은 '비교 형량'의 고전적인 사례로 자주 인용되고 있다.

그러나 섬은 이와 정반대다. 배가 좌초돼 섬에 떠밀려온 사람이 바나나 껍질을 밟고 미끄러져 넘어질 확률을 1퍼센트라고 하자. 비록 이로 인해 입은 손해가 2만 달러라고 해도 가능한 손실 또는 기대 손실, 즉 PL은 200달러(0.01×20,000=200)밖에 되지 않는다. 따라서 섬에서 200마리의 원숭이를 고용해 바나나 리큐어를 생산하는 두 사람은 200달러 이하로 이 사고를 미연에 예방할 수 있었다고 하더라도 과실 책임이 있다. 물론, 그들은 섬 주변에 울타리를 치고, 출입 금지 푯말을 붙이고, 감시 카메라를 설치해 사고를 예방할 수도 있다. 그러나 이렇게 하기 위해서는 비용이 너무 많이 든다. 200달러로는 턱도 없다(PL<C). 더구나 원숭이들이 설치해놓은 울타리 때문에 부상을 입을 수도 있다. 핸드 판사에 따르면, 섬의 두 사람은 발생 가능성이 높지 않은 사고를 예방하기 위해 돈을 낭비할 필요가 없다. 만일 판사가 그들에 대해 과실 책임을 판결한다면, 그는 그들에게 귀중한 자원을 낭비하도록 부추기는 것이나 마찬가지다.

사회 복지를 극대화하기 위해 법정은 사람들에게 한계이익이 한계비용을 초과할 때까지 안전을 위해 돈을 쓰라고 촉구할 수 있다. 핸드 판사의 공식은 앨프리드 마셜류의 한계 논리를 하나의 법칙으로 공식화한 것이나 마찬가지다.*

* 핸드 판사의 이런 공식은 토드 부크홀츠의 주장과 달리 한계비용과 한계이익의 개념이 아닌 총비용 및 총이익의 개념에 근거하고 있다. 핸드 판사의 공식에 의하면, 행위자는 책임을 면하기 위해 C가 PL에 비등해질 때까지 최대한 주의를 기울여야 한다. 그렇다면, 한계비용이 한계이익을 초과하는 경우에도, 즉 계속해서 PL>C인 한에서는 언제나 주의를 기울어야 한다는 말이 된다. 다시 이야기하면, PL의 비용이 C의 비용보다 크다고 하면 언제나 주의를 기울어야 한다. 이런 경우에 만일에 하나 사고라도 난다면 과실 책임은 절대 피해 갈 수 없게 되기 때문이다. 따라서 이것을 비용 문제로 접근하는 것은 전혀 효율적이지 않다. 오히려 한계비용과 한계이익이 일치하는 수준에서 주의를 기울이는 것이 더 효율적인 것이다. 따라서 본래 핸드 판사의 공식은 부크홀츠의 주장대로 한계 개념에 따라 수정될 필요가 있다.

우리는 모든 사고를 미연에 방지하려고 노력할 수 있다. 발포 고무를 온 몸에 뒤집어쓰고 집 밖 출입을 자제하거나 가스레인지 근처에는 얼씬도 하지 않을 수 있다. 물론 현실적으로 불가능한 이야기다. 그래서 대다수 사람들은 약간의 위험 부담을 감수해야 한다는 사실에 동의한다. 핸드 판사의 공식, 즉 '과실 계산'은 이런 위험 부담이 어떤 때 무모할 정도로 높고 어떤 때는 무시해도 좋을 정도로 낮은지를 잘 보여준다. 이후 50여 년 동안, 많은 법률가들과 경제학자들이 그의 공식을 개량하고 발전시켜 나왔다. 그럼에도 불구하고, 그의 공식은 아직까지도 과실법에서 비중 있게 다뤄진다.

재산법

과거 수십 년 넘게 법학자들과 경제학자들은 판사들에게 부동산과 관련한 사건의 판결이 사회적으로 미치는 영향에 대해 제대로 인식할 것을 강력하게 요구했다. 경제학을 간과하는 판사들은 간혹 사람들에게 판사 자신의 의도와는 정반대되는 결과를 낳는 행동을 취하도록 명령한다. 경제학자들이 변호사들, 판사들, 입법자들에게 자신들의 분석을 재고하도록 분위기를 쇄신했던 두 가지 사건을 예로 살펴보자. 하나는 코스의 정리, 다른 하나는 임대료 규제다.

1960년에 영국 태생으로 노벨경제학상 수상자이자 현재 미국 시카고대학교 경제학과 명예 교수로 있는 로널드 코스는 경제학적 분석을 위해 강력한 분석 도구 하나를 내놓았다.[27] 간단히 말해, 코스는 사진의 분석에서 재산권이 분명하게 명시되어 있더라도 그것이 본래 취지대로 행사되지 못할 수도 있다는 것을 보여주었다. 코스의 정리를 불법 방해 사례에* 적용해보자.

프랭크 시나트라가 나이트클럽을 하나 운영하고 있다고 하자. 그리고 옆집에는 잠이 많은 사이먼이 살고 있다. 매일 밤 시나트라가 목청껏 〈마이웨이〉를 부를 때마다 사이먼은 이가 덜덜거리고 침대가 흔들려 도저히 잠을 자지 못한다. 결국 참다못한 사이먼은 시나트라를 법정에 세우고, 자신이 조용하게 숙면을 취할 권리가 있다는 것을 주장한다. 판사는 사이먼의 권리에 손을 들어주며 시나트라에게 나이트클럽의 문을 닫을 것을 판결한다. 코스의 정리에 따르면, 이야기는 여기에서 끝나지 않는다. 만일 시나트라가 자신의 나이트클럽에 두는 가치가 사이먼이 잠에 두는 가치보다 크다면 시나트라는 어떻게든 다시 노래를 하려고 할 것이다. 코스의 정리의 핵심은 바로 여기에 있다.

이것을 좀 더 계량적으로 표현해보자. 시나트라에게 있어 나이트클럽의 가치는 100만 달러를 호가한다. 반면 사이먼에게 있어 잠은 10만 달러의 가치를 갖는다. 이런 경우 시나트라는 화가 머리끝까지 나 있는 사이먼을 달래기 위해 돈을 써서 매수할 수도 있다. 다시 말해, 이런 경우에 시나트라가 사이먼에게 10만 달러 이상을 준다고 하면, 사이먼은 아마 군말 없이 받을 것이다. 왜냐하면 10만 달러로 사이먼은 집에 방음 장치를 하거나 최고급 귀마개를 구입할 수 있기 때문이다. 코스의 정리는 재산권이 분명하게 명시되어 있다고 하더라도 그것이 원래 취지와

---

* Nuisance Law. 불법 방해 또는 재산 향유 방해라고 한다. 즉, 직접적인 재산상의 손해를 끼치기보다는 정신적인 피해를 끼치는 것을 의미한다.

는 다르게 전혀 다른 용도, 즉 가장 가치 있는 용도로 사용될 것이라는 것을 보여준다. 판사가 사이먼에게 숙면을 취할 권리를 명확하게 인식시켜주었음에도 불구하고, 시나트라는 그 권리를 매수하거나 사이먼에게 돈을 찔러주면서 숙면을 취할 권리를 포기하거나 다른 곳으로 이사를 가라고 종용할 수 있다. 이처럼 비록 판사가 사이먼에게 시나트라의 입을 막을 수 있는 권리를 주기는 했지만, 시나트라에게 목청껏 소리 높여 노래를 부르는 것이 그 어느 것보다 소중하고 값어치가 있다면, 어떤 식으로는 다시 노래를 하려고 할 것이다.

따라서 시나트라와 사이먼은 10만 달러와 100만 달러 사이의 어느 금액에서 서로 합의를 볼 것이다. 만일 사이먼이 100만 달러 이상의 돈을 요구한다면, 시나트라는 나이트클럽의 문을 닫고 노래 부르기를 포기할 것이다. 반대로 시나트라가 10만 달러 미만의 액수를 제시한다면, 사이먼은 이를 받아들이지 않을 것이다.

만일 판사가 시나트라의 나이트클럽이 이웃에 미치는 불법적인 방해는 간과한 채 그의 편을 들어 그가 자신의 나이트클럽에서 목청껏 노래를 부를 권리가 있다는 판결을 내렸다면 어떤 결과가 나왔을까? 이런 경우 시나트라가 소송에서 이기기는 했지만, 그가 노래를 부르지 않을 가능성이 있을까? 가능성이 있다. 예를 들어, 사이먼이 자신의 밤잠에 시나트라가 노래를 부르는 것보다 더 높은 가치를 부여한다면, 사이먼은 시나트라를 매수하려고 들 수도 있다. 코스의 정리에 따르면, 판사가 시나트라의 손을 들어주기는 했지만, 그것이 궁극적으로 어떤 결과를 가져올지 결정하는 것은 아니다. 그것은 누가 권리를 매수하고 누가 권리를 판매할지 결정할 뿐이다. 시나트라의 열성 팬들은 그의 노래를 한 번이라도 더 듣기 위해 돈을 낼 수도 있지만, 그의 이웃들은 그의 입을 막기 위해 돈을 더 쓰려고 할 수도 있다.

로널드 코스는 이것을 공해 문제에도 똑같이 적용한다. 앞의 사례에서 볼 수 있듯이, 어떤 사람에게는 근사하게 들리는 노래가 다른 사람에게는 그저 하나의 소음으로 들리는 경우가 있다. 사이먼에게 시나트라의 노래는 숙면을 방해하는 소음일 뿐이었다. 매연을 내뿜는 공장이 있다고 하자. 이웃 주민들은 그런 공장에 불평불만을 가질 것이다. 그러나 만일 공장이 오염 물질을 자유롭게 배출할 수 있는 권리에 주민들이 깨끗한 공기를 마실 권리보다 더 높은 가치를 부여한다면, 또는 공장이 이웃 주민들이 다른 곳으로 이사를 가서 정착할 수 있도록 충분한 보상을 해줄 준비가 되어 있다면, 공장은 계속해서 오염 물질을 배출할 수 있을 것이다. 그럼 이것이 의미하는 것은 무엇일까? 판사는 법정에서 어느 한쪽의 손을 들어주거나 권리를 인정해줄 수 있다. 그렇다고 해서 그것이 궁극적으로 어떤 결과를 가져올지 결정할 수 있다는 말은 아니다. 이상에서 알 수 있는 것처럼, 이후 경과는 법정 판결과 아주 판이하게 진행될 수 있다.

간혹 '겉으로 드러나는' 주민의 태도나 행태가 긍정적일지 부정적일지 사전에 판단하는 것이 불가능할 때가 있다. 2003년 10월, 미국 태생의 유명 건축가 프랭크 게리가 설계를 맡고, 독특하게 외벽 전체를 스테인리스 스틸로 마감한 월트디즈니 콘서트홀이 로스앤젤레스 한복판에 멋진 위용을 뽐내며 자태를 드러냈다. 처음에 주민들은 2억 7,400만 달러의 공사비가 들어가는 콘서트홀이 들어선다는 소식을 듣고 그로 인해 자신들의 재산 가치가 크게 상승할 것이라 기대했다. 그런데 막상 홀이 개관하고 나서 한 가지 큰 문제가 발생했다. 외벽을 스테인리스 스틸로 마감하면서 반사되는 햇빛 때문에 인근 아파트에 사는 주민들이 불평불만을 토로하기 시작했다. 그 건물에서 반사되는 햇빛이 얼마나 강했던지 인근 아파트의 실내 온도가 상승하고, 주변 도로의 경우 온도가 60도까지 치솟았다. 그뿐 아니라 이 홀을 지나는 보행자가 건물에서 반사되는 햇빛 때문에 피부에 화상을 입기도 했고, 쓰레기통에서 불이 피어올랐으며, 도로에 세워놓은 콘traffic cone(도로 공사 또는 보수 구간 등에 설치하는 원뿔 모양의 표지)이 녹아내리기까지 했다. 이 홀의 관리자들은 홀에 대한 인근 주민들의 부정적인 인식을 긍정적인 것으로 되돌려놓기 위해 번뜩이는 콘서트 홀 외벽을 거칠거칠하게 다듬었다.

앞서 러니드 핸드 판사의 '과실 계산' 공식과 마찬가지로 코스의 정리는 한편으로는 많은 비판을 받았고, 다른 한편으로는 여러 사람의 손을 거치며 많은 개선이 있었다. 코스의 정리에서 가장 많은 비판을 받은 것은 사람들이 막대한 거래 비용 없이 서로 손쉽게 돈으로 권리를 사고팔고 할 수 있다는 가정이었다. 특히 광범위한 지역에서 수많은 사람이 영향을 받을 수밖에 없는 공해의 경우, 그 많은 사람이 오염 물질을 배출하는 공장과 협상을 벌이기 위해 한 자리에 모인다는 것은 말처럼 쉬운 일이 아니다. 외부효과가 사람들에게 영향을 미치는 경우 그들은 정부에 이런 행위에 세금을 부과하라고, 즉 앞서 맬서스를 다룬 3장에서 살펴본 대로 '피구세'를 거두라고 로비를 할 수 있다. 하지만 이런 기본적인 한계에도 불구하고, 코스의 정리가 법적 판결이 개개인들에게 어떤 영향을 미칠 수 있는지 검토하고 분석할 수 있는 뛰어난 방법이라는 데에는 이의가 없다.

배울 만큼 배운 그의 동료들도 그의 접근이 금시초문이라 틀렸을 수 있다고 생각했다. 미국의 경제학자로 1982년에 노벨경제학상을 수상한 조지 스티글러에 의하면, 코스가 이런 주장을 시카고대학교 교수회원 21명에게 설명했지만 모두 말도 되지 않는 이설로 치부했다고 한다. 밀턴 프리드먼의 처남 집에서 두 시간 동안 논쟁한 끝에 코스가 모두를 굴복시켰다. 스티글러는 "그가 이를 기록으로 남길 만한 혜안이 없었다는 걸 나중에 후회했을" 정도로 짜릿한 순간이었다고 기억했다.[28]

코스의 정리 외에 경제학자들이 부동산 문제를 분석하면서 신중을 기했던 것이 대도시 임대료 규제법안Municipal Rent Control Law이었다. 정치가들은 유권자들에게 표를 얻는 방법은 잘 알면서도 정작 그들에게 필요한 법안을 입안하고 통과시키는 데 있어서는 자주 미숙성을 드러낸다. 1970년대 미국의 일부 정치가들은 주택 소유주가 임대료를 마음대로 인상하지 못하도록 규제함으로써 주택 공급을 원활히 할 수 있을 것이라는 판단에서 임대료 규제법을 통과시켰다. 물론 그 취지만 놓고 본다면 이 법안은 그럴듯해 보인다. 그러나 이 법안은 허점투성이였다.

결론적으로 말해, 임대료 규제 법안은 불행하게도 주택 공급 부족 현상을 초래할 수밖에 없다. 임대료가 낮으면 낮을수록 주택 수요는 늘어난다. 그러나 이런 법안은 궁극적으로 집주인들에게 주택 공급을 제한하도록 만든다. 즉, 낮은 임대료로 인해 주택 수요는 늘어나지만, 다른 한편으로 공급이 줄어든다는 사실이다. 처음에는 집주인들이 수요를 맞추기 위해 주택을 더 지을 것이라고 생각할 수 있다. 그러나 실제로 집주인들은 주택 공급을 늘리기는커녕 줄여나간다. 주택 임대료가 낮은

데 돈벌이도 되지 않는 주택 공급을 늘릴 이유가 어디에 있는가? 그뿐 아니라 기존 주택의 관리 및 보수를 소홀히 할 수도 있다. 아니면 기존의 임대 주택을 콘도미니엄, 공동 아파트, 요양소, 또는 상가 등으로 용도 변경할 수도 있다. 집주인들이 돈을 벌기 위해 용도를 변경하는 것에 누가 뭐라고 할 수 있겠는가. 따라서 임대료 규제는 주택 공급을 줄이는 결과를 초래할 수밖에 없다. 미국의 도시들에 대한 한 경제학적 연구에 따르면, 주택 공급의 장기적인 가격 탄력성은 0.2라고 한다. 이것은 만일 정부가 임대료를 강제로 10퍼센트 인하하면, 집주인들은 임대 주택의 공급을 2퍼센트 줄인다는 것을 의미한다.[29] 장기적으로 집주인들은 가격 변화에 맞춰 임대 주택의 공급을 조정한다.

스웨덴의 수도 스톡홀름이 집계한 자료에 의하면 임대료 규제 주택에 입주하려는 대기자는 거의 60만 명에 달한다. 스톡홀름 인구의 절반을 넘는 수치다. 대기자 명단에 등록하고 연락이 오기까지 9년에서 20년을 기다려야 한다. 스톡홀름에서 음악 스트리밍 서비스를 시작한 스포티파이가 정책전문가들에게 이 규제를 완화하지 않고 주택 공급을 장려하지 않으면 스톡홀름이 텅 비어버릴 수 있다고 경고하는 공개 편지를 썼다.[30]

1979년, 캘리포니아 샌타모니카 당국은 미국 전역을 통틀어 가장 강력한 주택 임대료 통제 법안을 통과시켰다. 이 법안은 집주인들이 기존의 임대 주택을 다른 용도로 전환하거나 철거했을 경우 새로운 임대 주택을 한 채 더 짓도록 의무화함으로써 주택 공급 부족 현상을 사전에 막고자 했다. 그 결과 부동산 가격에 일대 변화가 일어났다. 주택 부지용 공터는 60만 달러에 거래되는 데 반해, 동일 면적의 임대 아파트 건물은 거래 가격이 20만 달러도 채 되지 않았다.

〈포브스〉는 당시 이런 현상을 다음과 같이 보도했다.

> 50만 달러를 호가하는 주택들 옆에 작은 아파트 건물들이 버려진 채 을
> 씨년스럽게 서 있다. 부유층과 유명 인사들을 상대로 명품 의류와 수입
> 자동차를 판매하는 상점이 들어서 있는 거리에 인적이 끊긴 지 오래된
> 황폐한 임대 주택들이 나란히 서 있다.[31]* 비록 집주인들이 공급을 줄이
> 지는 않는다고 하더라도, 그들은 교활한 방식으로 임대료를 올릴 수 있
> 다. 즉, 임대료는 기존대로 받되 새로운 세입자에게 여러 명목으로 '고
> 정 비용'을 청구할 수 있다. 집주인들은 "아파트 임대료는 매달 400달
> 러입니다. 하지만 윈도우 셰이드를 구입해서 달아야 하는 조건입니다.
> 가격은 1만 달러고요"라고 말한다.

그렇다면 임대료 통제 법안으로 인해 이득을 보는 사람이 있을까? 단
기적으로는 다음 두 집단이 가장 큰 이득을 본다. 첫 번째 집단은 정치
가들이다. 그들은 임대료 통제 법안을 통과시키면서 마치 자신들이 악
덕 집주인들을 단죄한 영웅처럼 행동한다. 두 번째 집단은 임대료 통제
법안이 통과되기 전에 이미 임대 주택에서 살고 있던 세입자들이다. 그
들은 앞으로 임대료 인상 걱정 없이 기존 임대 주택에서 마음 편히 계
속 살 수 있다. 그 결과 이들 세입자는 여간해서는 이사를 가려고 하지
않는다. 반대로 이들 때문에 새롭게 집을 임대하려고 하는 사람들은 좀

---

* [저자주] 지대 통제는 자유주의적 성향의 경제학자와 보수주의적 성향의 경제학자 모두의 공통 관심
사다.

처럼 집을 구하기 힘들다.

1980년에 주택 임대료 통제 법안이 시행되면서 캘리포니아대학교 버클리 분교 학생 상당수는 학교 근처에서 집을 얻지 못해 인근의 다른 도시에서 통학하는 실정이다. 따라서 1995년에 일부 지역의 임대료 통제를 완화하는 주 법안이 통과됐다. 뉴욕시티의 경우도 사정은 마찬가지다. 한때 아이들과 함께 사느라 커다란 아파트를 임대해 들어온 부부들이 나이가 든 뒤에도 계속 살고 있는 경우가 허다하다. 그들은 이미 아이들이 커서 독립했음에도 불구하고 작은 아파트로 이사를 가기보다는 기존의 큰 아파트에서 그대로 살고 있다. 사실, 임대료 인상 없이 그대로 거주할 수 있는데 굳이 이사를 가려고 하는 사람들이 있을까? 사정이 이렇다 보니 뉴욕시티로 새로 이사 오는 대가족들은 적당한 임대 주택을 구하는 것이 쉽지 않다. 이곳에 거주하는 대다수 사람들은 맨해튼에서 아파트 한 채를 얻기 위해서는 부동산 중개업소를 찾아가기보다는 신문의 부고란을 확인하는 것이 최선의 상책이라는 것을 안다.

결국, 주택 임대료 통제 법안은 관리 소홀과 공급량 감소로 인해 주택 사정을 악화시킬 수밖에 없다. 보통 이런 통제 방법은 가난한 서민들을 돕기보다는 오히려 도시를 황폐화할 뿐이다.

형법

지금까지 우리는 경제학자들이 과실법과 재산법을 어떻게 다루는지 살펴봤다. 그러나 욕심 많은 경제학자들의 감시망에서 벗어날 수 있는 법은 없다. 미국의 경제학자이자 노벨경제학상 수상자인 게리 베커는 앨프리드 마셜류의 경제학을 가족법과 형법에 적용했다. 상당히 흥미로운 시도라고 할 수 있다. 베커의 범죄 모델은 범죄자들이 범죄를 저지르기 전에 먼저 비용과 이익을 저울질한다고 가정한다. 베커의 가정대로라면, 범죄 문제가 일상화되어 있다는 것은 범죄를 저지르는 비용보다 그에 따른 이익이 더 크다는 것을 의미할 것이다. 그렇다면 범죄를 예방할 수 있는 방법은 무엇인가? 다음 두 가지 변수가 가장 중요해 보인다. 즉, 검거율과 형량의 경중이다. 이 중 어느 것이 범죄 예방에 효과적인지는 범죄의 유형에 따라 다르다. 일부 범죄에 대해 경찰은 범인을 검거하는 일에 역량을 집중해야 한다. 물론 범인 중에는 검거율에 크게 신경 쓰지 않는 자들도 있다. 대신 그들은 형량을 두려워한다. 그래서 범죄 기도를 중도에 포기하는 이들도 있다.[32] 베커식의 이런 범죄 분석에 이의가 없는 것은 아니었다. 통계상으로 베커의 범죄 모델과 모순되는 많은 사례가 밝혀졌기 때문이었다. 그럼에도 불구하고, 그의 분석은 거의 "모든 범죄는 심미적 표현에 대한 억압된 욕구 때문에 일어난다"라고 한 영국 태생의 풍자 작가 에벌린 워의 엉뚱한 이론보다는 훨씬 더 신빙성이 크다.

범죄자들은 그들의 미래에 대해 별다른 희망이 없기 때문에 범죄를 저지르는 경우가 더러 있다. 그렇다고 해서 그들이 순순히 경찰의 손에 잡히느냐! 그것은 아니다. 그들은 경찰의 검문을 피하고, 날아오는 총탄을 요리조리 피해 달아나려고 하며, 쉽게 얻은 이득은 학업이나 직업 훈련 등 미래를 위해 투자하기보다는 유흥비 등 비생산적인 일에 탕진하고 만다. 범죄를 연구하는 범죄학자들과 경제학자들은 시간 지평time horizon에 크게 관심을 두지 않는다.

1980년대에 직접 개발한 한 경제 모델을 통해, 나는 시간 지평이 줄어들수록 정직하게 행동함으로써 얻을 수 있는 이득이 줄어들고, 결국에는 경제적 몰락에 이른다는 결론을 얻었다.[33] 주일학교 교사에게 응당 존경심을 갖고 있다고 해도, 만일 개인적인 목표가 가장 적은 노력으로 가장 많은 이득을 얻는 것이라고 한다면, 그에게 정직하게 행동하는 것이 항상 최선의 선택은 아닐 수 있다. 애초에 도덕과는 거리가 먼 이기주의자가 사업상 남을 속이거나 남의 물건을 훔치는 짓을 못하도록 방지하는 두 가지 억제력이 있다.

첫 번째는 형벌에 대한 두려움이다. 두 번째는 나쁜 평판으로 인해 앞으로 사업을 하는 데 어려움을 겪을 수 있다고 하는 두려움이다. 실제로 사업에서 한번 평판이나 신용을 잃으면 회생하기 쉽지 않다. 누가 평판이나 신용이 나쁜 사람과 손을 잡고 사업을 하려고 하겠는가? 그런데 그가 미래에 대해서는 크게 개의치 않는 사람이라면? 그는 기꺼이 범죄를 저지를 것이다.

이것은 여행 중에 한 레스토랑에 우연히 들른 관광객들보다 정기적으로 찾는 손님들이 웨이트리스에게 팁을 더 후하게 주는 이유에도 적용할 수 있다. 어떤 레스토랑을 정기적으로 이용하는 손님은 다음번에도 좋은 서비스를 받기 위해 웨이트리스에게 팁을 후하게 주는 경향이 있다. 간혹 사회는 시간 지평을 축소시키는데, 이것은 많은 사람들에게 범죄를 더욱 매력적인 것으로 보이게 한다. 어떻게 그것이 가능할까? 미래가 없기 때문이다. 붕괴 직전의 국가들, 예를 들어 1975년의 남베트남,* 1998년의 인도네시아,** 2002년 이후 이라크*** 등에서 실제로 그런 현상이 벌어졌다. 붕괴 직전의 국가들에서는 치안 부재와 내일에 대한 희망이 없기 때문에 일반적으로 범죄가 더 극성을 부린다.

사회가 시간 지평을 축소시킬 수 있는 또 다른 방법은 금리 인상을 방치하는 것이다. 금리가 계속 오르면, 사람들은 다가올 미래를 신뢰하지 않는다. 즉, 지금 1달러의 가치는 내년에 금리가 오르면 그만큼 떨어지게 마련이다. 나는 이런 논의를 토대로 '부크홀츠 가설'이라고 하는 한 가지 가설을 세웠다. 이것은 금리가 오르면 미래 가치가 떨어지기 때문에 범죄 발생 건수가 더 늘어나는 경향이 있다는 것을 나타낸다. 대공황 동안 명목 금리가 떨어졌는데, 이것은 경제적으로 매우 어려운 시기였음에도 범죄율이 왜 떨어졌는지 그 미스터리를 설명해준다. 1960년대와 1970년대 내내 금리가 꾸준히 상승했는데, 흥미로운 것은 이 당시에 범죄율도 덩달아 상승했다. 특히 금리가 가장 많이 올랐던 1980년에 폭력 범죄 역시 최고조를 보였다. 그리고 잠시 주춤하던 금리가 1980년대 후반 다시 오르자 범죄율 역시 같이 상승했다. 1990년대, 금리가 급격하게 떨어지면서 폭력적인 범죄 역시 발생 건수가 줄어들었는데, 이

---

* 1975년에 남베트남은 북베트남과 통합돼 지금의 베트남 사회주의 공화국으로 재탄생했다.

** 다민족 국가로 이뤄진 인도네시아는 1997년에 일어난 금융 위기의 여파와 1998년에 민주화 운동이 발발하면서 35년 동안 지속된 하지 모하메드 수하르토의 철권통치가 붕괴했고, 1999년에는 동티모르 독립과 이에 고무된 여타 지역의 분리 독립 운동이 일어나면서 걷잡을 수 없는 사회적 소요에 휘말렸다.

*** 미국은 9·11테러 사건이 일어난 뒤 4개월 뒤인 2002년 1월에 북한, 이라크, 이란을 '악의 축'으로 규정하고, 이후 이라크의 대량살상무기를 제거함으로써 자국민 보호와 세계 평화에 이바지한다는 대외 명분을 내세워 동맹국인 영국, 오스트레일리아와 함께 2003년 3월 17일 48시간의 최후통첩을 보낸 뒤, 3월 20일 오전 5시 30분 바그다드 남동부 등에 미사일 폭격을 가함으로써 대 이라크 전쟁을 개시했다. 이 전쟁의 작전명은 '이라크의 자유'였다.

당시 범죄율과 금리는 30년 만에 가장 낮은 수치였다.

물론 금리가 범죄율에 영향을 미치는 유일한 요소는 아니다. 인구 통계, 경찰 업무, 실형률 등이 중요한 영향을 미친다. 그러나 사회가 잠재적인 범죄자들에게 내일은 중요치 않다는 신호를 보낼 때, 미래에 대한 희망이 없는 사람들이 범죄를 통해 당장의 이익을 취하려고 하는 것도 어찌 보면 전혀 이상할 것도 없다.

한 가지 더 예를 들어보자. 마약 밀매 문제를 연구 조사하는 경제학자들은 이런 불법 행위를 근본적으로 해결하지 못하는 잘못된 정부 정책을 비판한다. 지난 20년 동안, 연방 정부는 마약의 원료가 되는 양귀비 같은 작물을 강제로 불태우고, 국경 검문검색 강화를 통해 마약 공급을 근절하고자 부단히 노력해 왔다. 비록 마약단속국이 매년 수 톤에 달하는 마약을 단속해 압수하고 있지만, 여러 이유에서 공급 측면에 초점을 둔 단속은 별로 효과적인 것 같지 않다.

첫째, 코카인 같은 마약은 세계 도처에서 쉽게 재배가 가능한 식물들에서 추출된다. 따라서 재배 지역을 모두 불태우거나 감시하는 것은 말처럼 쉽지 않다. 둘째, 도심 뒷골목에서 거래되는 코카인의 가격은 국경을 몰래 통과하는 비용의 10배를 상회한다. 이미 마약은 시장에서 높은 가격이 형성되어 있다. 정부가 가격 상승을 통해 수요를 떨어뜨릴 목적에서 마이애미 항구의 검문검색을 강화한다고 한들 시카고 뒷골목에서 은밀히 거래되는 코카인의 가격에는 별다른 영향을 주지 못한다. 셋째, 비록 단속 강화 또는 재배 지역을 불태우는 등의 조치로 인해 암흑가에서 비밀리에 거래되는 마약의 가격이 상승할 수도 있지만, 마약 상습 복용자나 중독자는 사실 가격에 크게 신경 쓰지 않는다. 앨프리드 마셜의 용어를 빌려 표현하면, 이들은 비탄력적인 수요 행태를 보인다. 오히려 마약의 가격이 오르면 그들은 마약을 살 돈을 마련하기 위해 버젓이 강도짓을 일삼을 수도 있다. 특히 갓 마약에 맛을 들인 복용자는 높은 마약 가격에 더 민감하게 반응할 수 있다.

마약과의 전쟁에서 승리하기 위해, 또는 최소한 비기기라도 하기 위해 연방 정부와 주 정부는 공급 측면보다는 수요 측면에 초점을 두어야 한다. 이것은 마약 상습 복용자들에게 단죄를 내리는 것을 의미한다. 앞서 말한 것처럼 그들은 마약 가격에는 크게 상관하지 않을 수 있다. 오히려 감옥에서 보낼 지루한 나날에 더욱 민감하게 반응할 것이다. 물론 그들을 감옥에 수감시켜 사회와 격리시키는 것으로 끝날 일이 아니다. 재발을 방지하기 위해 마약 중독자들에 대한 상담과 치료가 병행되어야 한다. 그뿐 아니라 도심에서 마약을 밀매하는 사람들 역시 적발하고 처벌해야 한다. 미국인들이 마약 복용에 대한 욕구를 포기하기 전까지 마약과의 전쟁은 어떤 수단을 동원하더라도 승리할 수 없다. 예를 들어, 마약 재배 지역을 불태우고, 국경이나 항구의 검문검색을 강화한다고 해서 될 일이 아니다. 오히려 마약이 직접 거래되는 미국 도심의 뒷골목을 철저히 단속해야 마약과의 전쟁에서 승리할 수 있다.

경제학자들이 법학 연구의 지평을 넓혔다는 것을 부정할 사람은 아무도 없을 것이다. 그러나 일부 비판적인 논자들은 경제학에 빠져 있는 법률가들이 두 분야의 경계를 허물어뜨리고 있다며 곱지 않은 시선으로 바라본다. 법은 정의에 주안점을 둔다. 경제학은 효율성을 중시한다. 그렇다면 효율성과 정의는 동등할 수 있을까? 비효율적인 법은, 비록 그것이 정의롭다고 해도, 폐기되어야 할까? 죄수들에게 태형을 가하는 것이 범죄 재발을 방지하는 데 효율적이라면 어떻게 해야 할까?

반면 이런 흐름에 별다른 이의가 없는 논자들은 오히려 경제학과 법학의 경계가 무너지는 것을 적극 옹호한다. 특히 극단주의자들은 효율성이 정의와 동등하다고 주장한다. 이것은 신경 쇠약에 걸리기 전 존 스튜어트 밀의 태도를 연상시킨다. 미국 태생의 법경제학자이자 미국 연방 항소법원 제7구역 판사를 맡고 있는 리처드 포스너는 자신이 쓴《법경제학》초판에서 효율성은 아마 정의의 '가장 일반적인' 의미일 것이라고 주장했다. "우리는 사람들이 재판 없이 어떤 사람을 무작정 죄인으로 모는 것, 적절한 보상 없이 남의 재산을 빼앗는 것을 '부당한' 처사로 간주할 때 (…) 그런 부당한 처사들이 실은 자원의 낭비를 의미하는 것으로 해석될 수 있다는 것을 알 수 있을 것이다." 그런데 여기에서 포스너 같은 뛰어난 학자의 견해치고는 조금 이상한 데가 있다. 왜 그런 처사들이 자원의 낭비란 말인가? 아니나 다를까. 그는 1986년에 출간된《법경제학》제3판에서 다음과 같이 이야기했다. "그런 처사들은 경제학적인 것보다는 정의의 문제와 더 관련이 있다." [34]

한편, 온건주의자들의 입장은 다음 두 가지로 나뉘어 있다.

첫째, 많은 법적 판결, 특히 상법과 결부되어 있는 판결에서 판사들은 효율성에 주안점을 둔다. 법학과 경제학은 상부상조할 수 있다. 지난 수십 년 동안, 판사들은 판결에서 효율적으로 행동하려고 노력했지만, 경제학적 무지가 그들의 시야를 가렸다.

둘째, 정의의 문제가 대두하는 소송에서 도덕적인 판결 시스템은 적어도 판결이 어떤 결과를 초래할지 알아야 한다. 도덕적인 관점에서 우리는 올바른 '행동'과 올바른 '행위자'를 구분해야 한다.

올바른 사람은 심사숙고한 뒤에 올바른 선택을 한다. 연구실의 쥐는 적절한 행동을 취할 수 있지만, 그 행동이 만일 심사숙고한 끝에 취해진 것이 아니라면 올바른 것이라고 말할 수 없다. 결과를 무시하는 판사는 실험실의 쥐와 마찬가지로 올바르지 않다. 비록 판사가 효율적인 결과를 강제하는 것을 거부할 수 있다고 하더라도, 그는 자신이 효율성을 무시하고 있다는 것을 알아야 한다. 너무 뜬구름 잡는 식의 논의를 하고 있는 것 같은데, 여하튼 이런 삼천포로 빠지는 논의는 포즈너와 칸트에게 맡기고 우리는 기업 재무에 대한 흥미로운 논의로 옮겨가도록 하자.

기업 재무

구제도학파와 달리 앞서 다룬 법학자들과 경제학자들은 제도를 연구하면서 앨프리드 마셜류의 분석 도구를 사용한다는 점에서 신제도학파에 가깝다. 그러나 구제도학파와 신제도학파가 한 목소리로 이야기하는 분야가 하나 있다. 1932년, 당시 컬럼비아대학교에서 법학을 가르치던 아돌프 벌과 하버드대학교에서 경제학을 가르치던 가드너 민스는 기업의 소유주와 전문경영인 사이에 치명적인 불화가 존재한다는 사실을 알아냈다.[35] 주주들을 포함한 기업 소유주들은 자신들이 직접 기업을 경영하기보다는 전문경영인들을 고용해 기업 경영 및 관리에 대한 책임과 권한을 위임한다. 그런데 문제는 전문경영인들에게 맡긴 기업이 더 이상 효율적으로 기능하지 않는다는 것이다. 뒤에 갤브레이스는 전문경영인들이 기업의 몸집을 불려 자신들의 경력과 몸값을 높이는 등의 개인적인 목표만을 추구하는 경향이 있다고 비판했다.

기업 소유주들과 전문경영인들 사이에 존재하는 불화가 비참한 결과를 가져올 것이라는 것을 부정하는 신제도학파 경제학자들은 기업 소유주들이 전문경영인들을 감시해야 한다는 것을 인정한다. 그러나 감시를 위해서는 비용이 들어갈 수밖에 없는데, 기업 소유주가 경영자들을 직접 감시하기보다는 주로 대리인을 고용해 감시하는 경우가 많기 때문에 이때 들어가는 비용을 대리인 비용agency cost이라 부른다.

대리인 비용을 낮추기 위해 기업 소유주들은 전문경영인들이 실적을 끌어올릴 수 있도록 인센티브를 부여한다. 대다수 고위 임원들은 급료의 일부를 주식 형태로 받는다. 만약 그들이 실적을 높이면, 주식 가격은 상승할 것이고, 따라서 그들은 더 많은 돈을 벌게 될 것이다. 게다가 회사 중역들은 종종 주식평가차액보상권을 받는다. 즉, 주식 가격이 상승할 경우 회사는 중역들에게 성과급 형태로 현금 보너스를 지급한다. 이런 경향이 시작한 1990년대에 주가와 연계한 최고경영자 보상 비율은 10퍼센트 미만이었지만, 2003년에 70퍼센트까지 껑충 뛰었다. 갈수록 많은 기업들이 일반 직원들에게도 주식을 통한 인센티브를 부여하고 있다. 그 중 가장 대표적인 것이 스톡옵션이다.* 1990년대 엔론,** 타이코

---

* Stock Option. 법인의 설립과 경영 기술 혁신 등에 기여했거나 기여할 능력을 갖춘 법인의 임직원에게 특별히 유리한 가격으로 해당 법인의 주식을 매입할 수 있는 권리(자사 주식 매입권)를 말한다. 부여 대상자는 법인의 임직원이 해당하며, 상장법인은 발행주식 총수의 15퍼센트, 벤처기업은 발행주식 총수의 50퍼센트까지 스톡옵션을 부여할 수 있다. 부여받은 주식은 3년이 경과한 후 재직 기간 중 행사가 가능하며 스톡옵션 부여자의 사망 시 상속 외에는 타인에 대한 양도가 금지된다.

** 미국 텍사스 휴스턴에 본사를 둔 미국의 에너지 회사로 2001년에 부도가 나기 전까지 2만 2천여 명의 직원과 2000년에 1,110억 달러의 매출액을 기록한 적이 있는 전기, 천연가스, 펄프 및 제지, 통신 사업 분야에서 세계적인 기업이었다. 그러나 2001년 말에 엔론이 보고한 재정 보고서가 제도적, 조직

(통신 관련 전문 업체), 페니매(주택 금융 기관) 등에서 드러난 기업 부정은 교활한 임원들이 스톡옵션을 소급 적용하거나 기업의 장기 발전보다는 단기 실적을 위해 주식시장에 개입해 주가를 뻥튀기하는 식으로 주식을 통한 인센티브를 자신들에게 유리하게 조작할 수 있다는 것을 보여주었다.[36] 몇 년 전, 미국의 다국적 금융 기업 웰스파고가 직원들에게 기존 고객 명의로 새로운 은행 계좌 수백만 개를 당사자 동의 없이 개설하라고 압박했다는 사실이 드러났다. 이런 사기 행각은 주식시장에 이 은행이 고객을 더 유치했고, 따라서 주가뿐 아니라 경영자들의 보너스가 오를 것이라는 잘못된 신호를 발산했다. 주주들이 전문경영인들에게 부여하는 인센티브를 미세조정을* 할 수 있는 여지는 충분히 있다. 스톡옵션, 부정직한 임원들, 그리고 무능력한 이사회는 주주들이 가장 경계해야 하는 기업 내부의 위험 요소다.

부정한 일이 경영자 사무실에서만 일어나는 것은 아니다. 한번은 하겐다즈 아이스크림을 판매하는 제너럴밀스의 그린 자이언트 상품이 문제가 된 적이 있다. 냉동 완두콩에서 곤충 사체 조각이 나온 것이다. 회사 마스코트 졸리 그린 자이언트가 제품에서 죽은 곤충의 다리와 흉부가 나온 것이 유쾌했을 리 없다. 소비자들도 마찬가지였다. 회사는 혹시 모를 나머지 곤충 사체 조각을 찾아내는 직원에게 보상

적, 체계적, 창의적으로 계획된 명백한 분식 회계로 지탱된 것이 드러나면서 일대 파장이 일었다. 이 사건으로 당시 엔론의 회장이었던 케네스 레이와 최고경영자였던 제프리 스킬링은 연방법원에서 사기와 내부자 거래 등으로 유죄판결을 받았다. 당시 엔론의 감사를 맡고 있던 미국의 5대 회계법인 중 하나였던 아서 앤더슨 역시 이 사건으로 인해 파산하게 되었다. 이후 엔론은 기업 사기와 부패의 상징이 되었다.

* Fine-tuning. 보조적인 금융, 재정 수단을 세밀히 활용해 총수요 변동을 억제하고 거시 경제 정책의 목표 달성을 위해 노력하는 것을 말한다.

금을 주는 인센티브 프로그램을 도입했다. 그런데 인센티브의 유혹이 심했던 것 같다. 일부 직원이 자신의 집 정원에서 곤충 사체 조각을 찾아 공장으로 가지고 와서 완두콩 사이에 끼워 넣은 뒤 "찾아내" 보너스를 챙겼다.[37]

1980년대에는 차입매수가 인기를 끌면서 주식이 더욱 강력한 인센티브로 떠올랐다. 차입매수란 경영자들이 인수하고자 하는 기업을 담보로 돈을 대출받아 그 기업의 주식을 모두 사들인 다음, 기업에 대한 소유권을 행사하는 것을 말한다. 그리고 대출받은 돈을 갚기 위해 경영자들은 구조조정 차원에서 경비를 줄이고, 비생산적인 자산을 처분한다. 중역들도 구조조정에 동참하는 뜻에서 기업 소유의 전용기 대신 일반 여객기를 이용한다. 그 결과 주주들이나 기업 소유주들과 전문 경영자들 사이의 치명적인 불화는 해소된다. 대리인 비용은 전문경영인들이 기업 실적에서 큰 몫을 가져가기 때문에 대폭 줄어든다. 헤르츠(렌트카 업체), 리바이스(의류 제조 업체), 블랙 엔터테인먼트 텔레비전(케이블 방송 업체)은 초기 차입매수 물결에 동참했다. 블랙 엔터테인먼트 텔레비전의 차입매수 이후 얼마 지나지 않아 설립자 로버트 존슨은 미국 최초의 흑인 억만장자가 되었다. 최근에 애완동물 용품을 판매하는 슈퍼마켓 체인 펫스마트와 델[*] 차입매수를 통해 비상장회사로 전환했다.

물론 차입매수에 대해 비판이 없는 것은 아니다. 비록 주주들이 자신들의 보유 주식을 경영자들에게 매각할 때 차입매수 이전의 주가에 상

---

[*] 2000년대 초에 전 세계 PC 시장을 주도했던 델은 2000년대 중반 HP와 레노버 같은 경쟁자들에게 시장을 빼앗기면서 주주들에게 실적 압박을 받았다. 이에 기업 혁신을 이유로 2013년 자발적 상장폐지를 결정했다. 현재 델은 기업 솔루션 제공 업체로 변신했다.

당한 프리미엄을 얹어 받는 것이 보통이지만, 이에 비판적인 사람들은 주식의 차입매수 가격이 공정하게 결정되는지에 대해 의구심을 갖는다. 아마 경영자들은 차입매수가 이뤄지기 전에 공표할 경우 주가에 상당한 영향을 미칠 수도 있는 기업 내부 기밀을 알고 있으면서도 일부러 숨길 수도 있다.[38]

게다가 차입매수에 따른 위험부담도 있다. 차입매수 과정에서 경영자들은 막대한 채무 부담을 떠안기 때문에 경기 상황에 따라 잘못하면 파산 위험에 직면할 수도 있다. 이것이 사실이기는 하지만, 이들 기업에 돈을 빌려주는 채권자들은 기업의 신용 등급이나 재무 건전성 등 리스크 계산에 있어 누구보다도 철저하고 꼼꼼한 보험 회사와 금융 기관이다. 애초에 리스크 부담이 크다고 한다면, 보험 회사나 금융 기관이 돈을 빌려줄 리 만무할 것이다.

현재 브로드웨이나 할리우드의 많은 연극과 영화가 투자자들에게 투자를 받거나 융자를 받아 제작 상영되고 있다. 사정이 이렇다 보니 제작자들은 제작 관련 경비를 모두 정산한 뒤에 남은 수입을 출연진과 연출자들에게 나눠준다. 따라서 제작에 관여하는 모든 사람이 관련 경비를 줄이기 위해 함께 노력한다. 더구나 불필요한 엑스트라를 추가로 고용해서 제작 비용을 쓸데없이 높이려는 제작자는 아무도 없다. 할리우드의 재무 담당자들은 이것을 '불확정 거치'라고 부른다.

기업 재무에 대해 구제도학파 경제학자들은 한 가지 문제점을 지적했다. 그리고 50년 뒤에 신제도학파 경제학자들이 그에 대해 다음과 같은 해결책을 내놓았다.

거의 모든 제도와 사회적 현상은 경제적 함의를 가지고 있다. 1988년에 보고된 한 연구 결과에 따르면, 역사적으로 전쟁 포로에 대한 취급은 포로를 죽이거나 살려두는 데에 따르는 비용 또는 이득과 밀접한 관련이 있었다고 한다. 중세 시대에 전쟁 포로는 우리가 예상했던 것과는 달리 매번 끔찍한 대우를 받지는 않았다. 왜냐하면 간혹 포로들을 되돌려 보내는 조건으로 거액의 몸값을 받아 챙길 수 있었기 때문이었다.[39] 그렇다고 중세 시대에 모든 전쟁 포로들이 살아서 되돌아갈 수 있었던 것은 아니다. 그들의 몸값이 비싸지 않고 별다른 소용이 없다면, 그들의 목은 여지없이 날아갔다.

'시간'도 경제적 의미를 갖는다. 만일 내일 세상의 종말이 온다면, 사람들은 어떻게 행동할까? 새로운 법제도, 즉 계약을 강요하거나 범죄자를 처벌하지 않는 법이 다음 주에 시행될 예정이라고 한다면, 또한 사람들은 어떻게 행동할까?

사람들은 여러 이유에서 서로에게 예의 바르게 행동하는 경향이 있다. 그 이유 중 한 가지는 사람들은 자신이 다른 사람에게 신뢰감 있는 존재로 비치기를 바라는 경향이 있기 때문이다. 이것은 비즈니스에서 특히 중요하다. 그러나 세상에 종말이 다가오고 있고, 새로운 세상에서는 평판이라고 하는 것이 별로 중요한 것이 아니라고 할 때, 일부 사람들은 약속을 어기고 다른 사람을 이용하려 들 것이다. 건강한 시장경제는 일정 정도 약속을 존중하고 신성시할 것을 요구한다. 미래를 내다보지 않는 사회는 경제적 붕괴를 맞이하게 될 것이다.[40]

경제학이 다루는 분야는 가격, 이윤, 지대, 비용 등에 한정되지 않는다. 법, 도덕, 유행, 철학 등도 모두 경제학과 밀접한 관련이 있다. 이들 분야는 경제학을 뒷받침할 수도 있고, 또는 그것의 정체성에 손상을 줄 수도 있다. 베블런과 갤브레이스는 경제학의 정의 또는 범위를 확장했고, 동료들이 더 넓은 사회 현상에 눈을 뜨도록 촉구했다. 경제학은 앨프리드 마셜이 생각했던 것만큼 쉬운 학문이 아니다.

신제도학파 경제학자들은 경제학이 쉬운 학문이 아니라는 것은 인정한다. 그러나 그들은 마셜의 분석 도구가 얼마나 강력한 것인지 보여준다. 그들은 경제를 규정하는 데 도움이 되는 복잡한 제도들을 이해시키기 위해 그의 여러 방법들을 사용한다.

앞서 살펴본 대로, 미국 연방대법원 판사를 역임한 루이스 브랜다이스는 경제학에 문외한 법률가들이 사회를 위험에 빠뜨린다고 경고했다. 구제도학파와 신제도학파가 오늘날 우리에게 남긴 유산은 무엇일까? 그들이 우리에게 보여주고자 했던 것은 경제학이 그것의 대상이 되는 사회 자체만큼이나 깊고 넓다는 것이었다.

케인스
경제학계의 구세주

John Maynard Keynes
(1883~1946)

케임브리지대학교는 아마 세계에서 가장 아름다운 대학교일 것이다. 매년 수만 명에 달하는 관광객들이 찾아와 중세풍의 교정을 거닐며 산책을 즐기고, 강에서 뱃놀이를 하고, 사진을 찍으며 추억을 담아간다. 그리고 한편에서는 학생들이 푸른 잔디 위에서 크리켓 게임을 하며 인생의 가장 아름답고 즐거운 한때를 보낸다.

간혹 학생들은 크리켓 방망이를 내려놓고 관광객들을 상대로 짓궂은 장난을 치기도 한다. 몇 년 전, 장난기 심한 몇몇 케임브리지대학교 학생들이 종이를 붙여 만든 둥근 공을 캠 강에 걸쳐 있는 교량에 매달린, 무거워 보이는 시멘트 덩이처럼 칠한 다음, 일본인 관광객들을 태운 배가 그 교량 밑을 지날 때 큰소리로 환호성을 지르면서 그것을 아래로 떨어뜨렸다. 물론 배를 타고 있던 관광객들은 영문도 모른 채 벽돌처럼 생긴 공이 떨어지자 혼비백산하며 앞뒤 가릴 것 없이 물로 뛰어들었다. 그것도 저마다 손에 카메라 한 대씩 든 채로.

이렇게 간혹 관광객들을 놀래키는 학생들의 짓궂은 장난을 제외하면, 케임브리지는 정말 평화롭고 여유로운 곳이다. 가운을 걸친 연구원들과

466

학생들은 헨리 8세, 엘리자베스 1세, 뉴턴, 다윈, 워즈워스 등 동문들의 초상화가 걸려있는 16세기에 지어진 홀에서 식사를 한다.

영국의 물리학자로 노벨상을 받은 존 콕크로프트가 거리로 뛰쳐나와 지나가는 사람들을 부둥켜안고 이렇게 외친 곳도 이곳이었다. "원자를 쪼갰어! 드디어 원자를 쪼갰다고!" 미국의 분자생물학자 제임스 왓슨과 영국의 분자생물학자이자 물리학자, 그리고 신경과학자인 프랜시스 크릭이 DNA 모델을* 통해 생명의 비밀을 밝혀낸 곳도 이곳이었다.

그러나 지금까지 케인스만큼 케임브리지의 문화, 재미, 공공에 대한 의무와 책임 정신을 한몸에 구현한 사람은 아무도 없었다. 그보다 더 똑똑하고 매력적인 사람도 없었다. 20세기 경제학자 가운데 그만큼 정치가들에게 큰 영향을 미치고, 경제학의 진로를 바꿔 놓은 사람도 없었다. 영국의 가장 저명한 철학자 중 한 명인 버트런드 러셀은 케인스를 자신이 알고 있는 지식인 가운데 "가장 날카롭고, 가장 명석한" 사람이라고 칭송했다. "그와 논쟁을 할 때, 나는 마치 생사의 갈림길에 놓여 있는 사람처럼 긴장했는데, 논쟁을 하는 내내 이런 어리석은 생각에서 좀처럼 헤어나질 못했다"라고 했을 정도였다.[1] 케인스의 동기 중에 찰스 라이페이라는 딱한 친구가 한 명 있었다. 그가 케임브리지대학교에 입학해서 가장 처음 만난 친구가 공교롭게도 케인스였다. 즉, 케인스의 뛰어난 지적 재능을 감지한 페이는 자신의 동기생들 모두가 케인스처럼 자신보다 더 똑똑하고 뛰어날 것이라고 생각했다. 후일 그는 자신이 대학교에서 처음 만난 사람이 그가 평생 만난 사람 중에 가장 똑똑한 사람이

---

* 제임스 왓슨과 프랜시스 크릭은 유전의 비밀이 담겨 있는 DNA의 이중 나선 구조 밝혀낸 공로를 인정받아 1962년에 노벨상을 받았다.

었다고 옛일을 회상했다.

한마디 더 첨언하면, 케인스는 자신이 똑똑하다는 것을 알 만큼 똑똑했다. 그렇다고 그의 거만한 태도를 나무라는 사람은 없었다. 사실, 케인스는 친구로서 자신을 칭찬하고 치켜세워준 페이에게 응분의 보답은커녕, 오히려 페이가 여행의 동반자로서는 부적합하다는 식의 글을 썼다. "그는 너무 못생겼다. 나는 보기 흉한 얼굴, 손, 몸, 옷, 매너가 쾌활함, 호의, 평범한 지능에 의해 완전히 상쇄될 수 없다는 것을 안다." [2]

비록 케인스가 케임브리지라는 격리된 낙원에서 출발하기는 했지만, 그와 그의 생각은 케임브리지를 넘어 이미 세계를 겨냥하고 있었다. 레이건이 애덤 스미스의 옆모습이 그려진 넥타이를 맸다면, 프랭클린 루스벨트에서 닉슨에 이르는 미국의 모든 대통령은 케인스의 옆모습이 그려진 넥타이를 매고 다녔다고 해도 과언이 아니다. 물론 그들이 케인스의 옆모습이 그려진 넥타이를 진짜로 매고 다니진 않았다. 케네디와 존슨은 대표적인 케인스 신봉자들이었다. 그런데 아이러니하게도 닉슨이 "우리는 이제 모두 케인스주의자들이다"라고 선언한 이후, 어느 날 갑자기 케인스의 영향력이 줄어들기 시작했다. 케인스 경제학에 대한 신랄한 비판을 서슴지 않았던 밀턴 프리드먼 역시 다음과 같이 시인했다. "어떤 의미에서 이제 우리는 모두 케인스주의자들이다. 그러나 우리 중에 케인스주의자는 더 이상 존재하지 않는다." [3]

1980년대와 1990년대에 케인스의 매력이 사라지기 시작했다. 12장에서 살펴볼 합리적 기대이론의 선구자 로버트 루카스는 케인스의 이름이 경제전문가들의 모임에서 조소의 대상이 되기 시작했다고 말했다. 하지만 2008년 금융 위기와 2020년 코로나바이러스 공포로 주식 시장과 경제가 무너졌을 때 누구의 이름이 유행했는가? 루카스는 "글쎄, 나는 모든 사람이 참호에 몸을 숨긴 케인스주의자일 거로 생각한다."고 말했다.[4]

케인스주의자란 어떤 사람을 의미할까? 다음 두 가지 기본 명제를 따르는 사람을 말한다.

1. 민간 경제는 완전 고용에 도달하지 못할 수도 있다.
2. 정부 지출은 경제를 자극해 완전 고용과 불완전 고용의 틈을 메울 수 있다.

어떤 정치가가 정부 지출을 통해 경기를 활성화할 수 있는 정부 프로그램을 지지하거나 소비 진작을 위해 세금 인하를 촉구할 경우 그는 이미 케인스주의자라고 할 수 있다.

그러나 일반적으로 알려져 있는 것과는 달리 케인스는 고용 문제에만 관심을 가진 것은 아니다. 24권이 넘는 그의 전집은 통화 문제, 무역 규제, 전후 재건, 그리고 아인슈타인 및 뉴턴 등과 같은 인물들에 대해 쓴 품위 있는 에세이를 포함해 다양한 주제들을 총망라하고 있다. 영국 태생의 저명한 역사가로 옥스퍼드대학교 교수를 역임한 휴 트레버-로퍼는 케인스를 역사학 방법론 발전에 기여한 주요 인물 중 한 사람으로 꼽았다.

자유로운 영혼의 소유자

　케인스는 1883년에 빅토리아 왕조 시대 가족의 전형적인 모습을 가진 청교도 집안에서 태어났다. 그의 아버지 존 네빌 케인스는 저명한 논리학자이자 경제학자였으며, 케임브리지대학교의 학적 계원을 역임했다. 그의 사상이 앨프리드 마셜에게 깊은 인상을 주었지만, 곤두서 있는 신경은 항상 진정이 필요했다. 어느 시대든 학생들이 그렇듯이 네빌은 시험 당일에 두통, 치통, 가슴 통증을 호소하며 안절부절못했다. 아들이 왕들과 왕자들과 걸음마를 익힐 때 네빌은 도서관 서가 사이를 어슬렁거렸고, 체스와 우표 수집 같은 조용한 취미를 즐겼다. 아들이 남색sodomy과 미동catamite(동성애의 상대인 소년) 같은 단어를 입에 올리며 남몰래 시시덕거리고 있었을 때 네빌은 노르웨이 태생의 극작가 헨릭 입센의 희곡 〈인형의 집〉(1879)에서 주인공 노라가 남편과 자녀들을 떠나는 것이 거북스럽다며 그의 작품들을 거부했다.⁵ 메이너드의 매력 넘치는 어머니 플로렌스 에이다는 목사의 딸로 남편보다 키가 컸고 정신적으로 더 강했다. 뒤에 케임브리지 시장을 역임했다. 두 사람은 67년 동안 결혼 생활을 끈끈하게 유지했다. 네빌의 가족은 금전적으로 여유가 있어서 공연 관람, 도서관 건립, 그 외 빅토리아 시대의 고상한 취미들을 누릴 수 있었다. 두 사람의 결혼은 처음부터 경사가 겹쳤다. 1883년 6월, 신혼여행 이후 얼마 지나지 않아 메이너드를 임신했다.

　한 친척 아주머니가 어린 케인스에게 "'케인스'는 '브레인스brains' 와 발음이 비슷하다"라고 설명해주었다. 비록 케인스가 부모를 존경하기는 했지만, 그는 부모의 도덕적, 지적 영향에서 벗어나 자유분방한 자신의 삶을 추구했다. 케인스는 장난치기를 좋아했고, 그의 친구이자 여류 소설가였던 버지니아 울프의 조부 제임스 스티븐 경의 몸에 밴 철저한 청교도적 삶과 행동거지에는 전혀 관심을 갖지 않았다. 잘 알려져 있는 일화는 아니지만, 제임스 스티븐 경은 담배를 한 번 입에 물었다가 그것이 엄청난 쾌감과 만족을 준다는 것을 알고 두 번 다시 입에 대지 않았을 정도로 철저한 금욕주의자였다. 그럼에도 케인스는 자신이 매우 교양 있는 부르주아 집안 출신이라는 것을 자랑스럽게 생각했다. 러시아 태생의 혁명가 레닌은 영국식 속어인 'wet'(경제와 달리 정치에 대해 열의가 부족한 것을 의미로 원래는 물이라는 뜻이지만 속어로 얼간이란 뜻으로 쓰임. 즉 물처럼 강단 없이 물컹하다는 뜻을 가짐)이라는 단어에 빗대어 그를 '강단 없는 부르주아지bourgeois of the highest water'(얼간이 부르주아지를 에둘러 말한 것)라고 불렀는데, 이에 대해 케인스는 공산주의 혁명이 일어나거든 부르주아 깃대 옆에 당당히 서 있는 자신을 찾아보라며 맞받아쳤다고 한다.

영국의 명문 사립 고등학교인 이튼스쿨 재학 시절, 케인스는 각종 수학 관련 상을 휩쓸었고, 연극 무대에서 뛰어난 연기력을 뽐냈으며, 큰 족적을 남기지는 못했지만 크리켓 투수로 활약하는 등 활동 폭이 넓었다. 케임브리지 킹스 칼리지에 입학한 뒤에 그의 활약상은 물 만난 고기처럼 더욱 돋보였다. 특히 그는 당대의 많은 지식인들과 친분 관계를 유지했고, 학내에서 사도들the Apostles이라 불리는 엄선된 학생들만으로 이뤄진 비밀 모임에 가입해 회원으로 활동했다. 이 모임에는 버트런드 러셀, 철학자 조지 무어, 수학자이자 철학자인 앨프리드 화이트헤드 같은 나이 많은, 또는 '천사' 등급에 오른 저명인사들을 비롯해 리턴 스트레이치, 에드워드 포스터, 버지니아 울프의 남편 레너드 울프와 같이 나중에 문학과 예술 분야에서 이름을 드높이는 케인스의 친구들이 회원으로 가입해 있었다. 사도들은 무어가 《윤리학 원리》에서 설명하는 급진적인 도적 철학에 심취했고, 선goodness은 처방하거나 모세의 석판처럼 돌에 새기거나 선생님의 회초리로 아이들에게 주입할 수 있는 것이 아니라는 주장에 동의했다. 대신 선은 직관, 즉 사도들을 자유롭게 하는 권리였다.

보통 '사도들'은 모임에서 다음 세 가지 주제를 놓고 토론했다. 철학, 미학, 자기 자신들. 그렇다고 이들이 특별히 미학적으로 호감이 가는 외모를 가지고 있어서 그런 주제들을 두고 토론했던 것은 아니다. 케인스를 포함해 대다수는 버지니아 울프가 '육체적 광채'라고 불렀던 모습과는 거리가 멀었다. 조금 혹된 인물 평가이기는 하지만, 이튼스쿨의 한 교사가 케인스의 외모에 대해 했던 말을 그대로 옮겨본다. "그냥 봐도 정말 못생긴 얼굴이었다. 입술은 앞으로 툭 튀어나와 있었는데, 그나마 제대로 생긴 그의 코를 위로 밀어 올려 떠받치고 있는 것처럼 보였다. 그리고 짙은 눈썹은 다소 유인원 같은 인상을 풍겼다."[6] 한편 이튼스쿨 시절 친구들은 입술이 툭 튀어나온 그를 가리켜 주둥이snout라고 놀려댔다. 비록 자라면서 유인원 같은 인상은 그런대로 벗어버리기는 했지만, 타고난 추한 몰골은 어쩔 도리가 없었다. 버지니아 울프는 그를 영장류는 고사하고 배를 빵빵하게 채운 바다표범으로 그리고 나중에는 괴상하게 부풀어 오른 뱀장어를 닮았다고 비하했다. 이런 묘사들은 적절치 않다. 1931년 비디오 영상을 보면 그는 아일랜드의 극작가 조지 버나드 쇼의 희곡 《피그말리온》에 나오는 음성학자 헨리 히긴스도 수긍할 만한 발음과 행동거지를 가진 온전한 사람으로 보인다.[7]

'사도들'은 못생긴 외모에도 불구하고, 그들은 겸손을 떨기보다는 오히려 보는 이의 눈살을 찌푸리게 할 정도로 건방지고 오만했다. 그들은 자신들이 일반인들보다 훨씬 더 우수하다고 생각했을 뿐 아니라 케임브리지와 옥스퍼드를 통틀어 지적으로 자신들과 견줄 수 있는 사람은 없다고 생각했다. 케인스는 스트레이치에게 보낸 편지에서 이렇게 썼다. "남들은 결코 어떤 것도 보지 못하는 것 같아. 너무 어리석거나 아니면 너무 사악해서." [8] 그러나 '사도들'이 자주 불꽃 튀기는 열띤 토론과 논쟁을 벌이는 대단한 지식인 집단이었다는 것은 부정할 수 없다. 한편, 토론모임인 케임브리지 유니언 협회Cambridge Union Society의 회원이기도 했던 케인스는 타의 추종을 불허하는 능숙한 토론 기술과 화술로 각종 세미나와 국가 간 정상회담에서 동료들, 경쟁자들, 정치인들의 코를 납작하게 만들었다.

　　케인스를 포함해 '사도들'에 참여했던 회원 중 일부가 뒤에 따로 '블룸즈버리 그룹'을* 조직했는데, 이들이 보인 반빅토리안적이고, 보헤미안적인 태도는 당대 영국 문화의 발전에 엄청난 영향을 끼쳤다. 경제학에서 그가 이룬 뛰어난 업적 외에도 케인스는 서적 수집, 케임브리지 아트 씨어터 설립, 내셔널 갤러리 이사, 현대미술협회 후원자, 로열 오페라 하우스 이사장 등으로 활약하면서 많은 시간을 보냈다. 그의 극장 사업 보고서를 보면 미시경제에 관심이 많았다는 것을 알 수 있다. 그는

---

*　　1906년부터 1930년경까지 런던과 케임브리지를 중심으로 활동한 영국의 지식인 및 예술가의 모임으로 버지니아 울프, 에드워드 포스터, 케인스, 리턴 스트레이치 등이 주요 멤버였으며, 버트런드 러셀, 조지 무어 등도 깊이 관계했다고 한다. 그들 대다수가 명문가 출신이었음에도 불구하고 19세기 영국의 도덕주의를 예리하게 비판했고, 자유롭고 회의적인 지성, 미와 우정을 존중했다. 그들은 각자 자신의 분야에서 20세기 문화의 선도자가 되었고, 자유인으로 사상, 예술, 생활을 통일하는 것이 그들의 이상이었다.

"술집 매상, 프로그램 비용, 주간 공연 수수료, 커피 판매량에 정신이 팔렸다."[9] 학계와 예술계 후원자, 자금 관리자, 정부 관리로서 동분서주했다. 수년 간 지주들과 사냥하러 다니는 일부터 순회 배우들과 노닥거리기는 일까지 손, 발, 몸뚱어리가 쉴 틈이 없었다. 이처럼 케인스는 아마추어 예술가로서도 동분서주했는데, 그래서 오늘날처럼 전문화되고 세분화된 학계에서 케인스가 태어났다면 경제학을 택했을지 의문을 제기하는 사람도 있을 것이다.

이미 알고 있는 독자도 있겠지만, 케인스는 케임브리지에서 경제학이 아닌 수학을 전공했다. 비록 결과는 그런대로 만족스러웠지만, 적응하는 데 다소 어려움이 있었던 것 같다. 그는 친구에게 보낸 편지에서 이렇게 썼다. "나는 내 머리를 마비시키고, 내 지성을 파괴하며, 내 성격을 더럽게 망치고 있어."[10] 그는 수학 졸업 시험을 통과한 뒤, 태어나서 처음으로 경제학 서적을 손에 집어 들었다. 앨프리드 마셜의《경제학 원리》였다. 그 후 케인스는 마셜에게 경제 관련 논문을 써서 보내기 시작했다. 그때마다 마셜은 논문 여백에 격려의 말을 적어 되돌려 보내 주고는 했다. 무슨 자신감이었을까? 케인스는 친구에게 이렇게 썼다. "나는 수학보다 경제학에 더 소질이 있는 것 같아." 이것은 애덤 스미스가 프랑스에 체류할 때 "무료한 시간이나 달랠 생각으로"《국부론》을 쓰고 있다고 말한 이후, 아마 위대한 경제학자의 입에서 나온 경제학에 대한 가장 겸손한 말 중 하나에 속할 것이다. 그리고 케인스는 이렇게 덧붙였다. "나는 철도 회사를 경영하거나 독점 기업을 조직하거나, 아니면 민간 투자자들 등이나 처먹는 일을 해보고 싶은데." 그리고 며칠 뒤에는 또 이렇게 썼다. "마셜이 나보고 계속 경제학을 공부하면 어떻겠냐

고 부추기는데 (…) 경제학이라고 뭐 별스러운 게 있나? 난 없다고 생각하는데." [11]

이렇게 마셜과 시작한 케인스의 경제학 공부는 8주를 넘기지 못했다. 물론 케인스는 경제학 학위를 받지 못했다. 그러나 그는 이론 수업보다는 현상 실습에 더 소질이 있다는 것을 입증했다.

1905년, 케인스는 공무원 시험에 응시하기 위해 흰 띠로 머리를 감싼 채 공부에 매진하기 시작했다. 수학, 철학, 심리학 등 관련 과목을 공부하면서 케임브리지맨으로서 그의 오만과 편견이 다시 꿈틀대기 시작했다. 그는 옥스퍼드대학교 출신의 철학자가 쓴 철학서를 한 권 읽고 대뜸 이렇게 한탄하듯 썼다. "옥스퍼드야말로 병든 사상의 온상이다." 케인스는 104명의 지원자 중 2등으로 합격했다. 아이러니한 것은, 그의 전공인 수학과 8주 동안 공부한 경제학에서 가장 낮은 점수를 받았다는 것이다. 이에 대한 변명이 필요했을까? 그는 "참된 지식이 성공을 가로막는 가장 큰 장애물인 것 같다"라고 썼다. 즉, 케인스는 시험관들이 경제학에 대해 문외한들이라는 결론을 내렸다. 그는 시험 도중 그들을 가르치려고 들었다. [12]

케인스는 영국 재무성에 1등으로 들어간 뒤 1906년에 런던의 인도청에서 두 번째로 좋은 자리로 발령받았다. 하지만 그는 이곳에서 근무하는 동안 한 번도 인도를 밟아보지 못한다. 그가 처음 맡은 업무는 어린 황소 10마리를 배에 실어 봄베이까지 보내는 것. 그러나 일을 시작하기 무섭게 케인스는 업무에 싫증을 느끼기 시작했다. 그리고 이 때문이었는지는 모르지만, 평소 고결한 케임브리지맨답지 않게 경박한 말도 서슴지 않았다. 그는 스트레이치에게 인도의 도덕적 물질적 발전에 관한 연간 보고서를 작성하고 있다는 내용의 편지에서 이렇게 덧붙였다. "올 연간 보고서는 조금 특별한데 (…) 부록으로 동성애 삽화를 삽입할 계획이라네." [13]

1908년, 이렇게 무료하게 공무원 생활을 하고 있던 차에 케인스는 마셜로부터 강사직 제의를 받는다. 그는 고민할 것도 없이 짐을 싸 들고 서둘러 케임브리지 킹스 칼리지로 돌아온다. 경제학 강사로서 케인스는 그가 실제로 읽은 얼마 되지 않는 교과서 중 하나, 즉 앨프리드 마셜의 《경제학 원리》에 전적으로 의존해 학생들을 가르쳤다. 따라서 초기 그의 경제학은 마셜과 고전파 경제학 전통에서 크게 벗어나지 않았다. 그러나 시간이 지나고, 경제학 저술들을 접하면서 그의 통찰력과 분석력은 날로 발전해 나갔다. 그리고 마침내 권위 있는 학술지 〈경제학 저널〉(1891년 창간)의 공동편집자에 임명된다.

케인스는 1912년에서 1945년까지 공동편집인으로 활동하면서 꼼꼼한 편집과 빼어난 유머 감각으로 좋은 평판을 얻었다. 한번은 해외 기고자에게 라틴어인 '이그젬플리 그래티어exempli gratia'는 'e. g.'로 줄여 쓸 수 있지만, 영어인 '포 인스턴스for instance'는 'f. i.'로 줄여 쓸 수 없다는 것을 설명해준 적도 있다. 그리고 1년 뒤인 1913년에 그는 자신의 첫 저서로 《인도 통화와 금융》이라는 책을 출간했는데, 이것은 그가 인도 청에서 근무하면서 얻은 인도에 관한 지식을 바탕으로 쓴 것으로 그의 무료했던 공무원 생활이 전혀 무익한 시간은 아니었던 모양이다. 오스트리아 태생의 경제학자 슘페터는 이 책을 "금환본위제에* 대해 영국에

---

* 금본위제의 한 형태로 한 나라의 통화를 다른 나라에서 발행된 환어음과 태환할 수 있는 통화 제도. 이때 환어음은 자국 통화를 일정한 환율로 금과 태환할 수 있는 금본위국에서 발행한다. 금환본위제

서 출간된 저술로는 탁월한 책"이라고 평가했다.**14** 일견 칭찬하는 말처럼 들릴 수도 있지만, 전체적인 어감으로 봐서는 케인스에 대해 간혹 질투심을 느꼈던 슘페터가 영국 경제학자들을 무시하는 차원에서 이렇게 에둘러 표현한 것일 수도 있다.

전쟁, 그리고 위험한 평화

제1차 세계대전이 일어나자 케인스는 강단을 떠나 재무부 관리로 복귀한다. 전쟁은 블룸즈버리 그룹에게는 하나의 시험대였다. 즉, 그들의 이상주의적이고 우상 파괴적이며, 비애국적인 태도가 전쟁의 포화 속에서 정치적 심판대에 올랐다. 케인스를 포함해 블룸즈버리 그룹의 거의 모든 남성 회원들은 양심적 병역거부자로서 군 복무 면제를 주장했다. 언제나 그랬듯이, 리턴 스트레이치는 이런 상황에서도 유머 감각을 잃지 않았다. 그는 모든 신체 건강한 지식인들은 영국의 해안을 방어할 책임과 의무가 있다고 일장 연설을 하더니 바로 숨소리를 죽이며 이렇게 말했다. "걱정할 것 없어! 지식인치고 신체 건강한 사람은 아무도 없으니까." 얼마 뒤, 스트레이치는 신체 건강을 떠나 순수 지식인답게 나름대로 전쟁에 기여한다. 그는 자신이 마음에 두었던 한 해군 병사에게 짙은 감색 울 스카프를 손수 짜서 선물했던 것이다.*

를 채택한 나라는 금본위제에서처럼 많은 양의 금을 보유하지 않고도 금과 등가의 통화를 보유할 수 있다.

* 스트레이치는 동성애자였다. 케인스 역시 결혼을 하기는 했지만, 평생 동성애를 즐겼다고 한다.

마침내, 양심적 병역 거부자로 조사를 받기 위해 군사재판에 회부된 스트레이치는 군법무관에게 다음과 같은 질문을 받았다. "독일군 장교가 당신 누이를 강간하려고 하고 있소. 그때 당신은 어떻게 하겠소?" 이런 고전적이고 진부한 질문에 스트레이치는 "제 몸을 둘 사이에 끼워 넣으려 할 것입니다"라고 말하며 법무관에게 윙크를 보냈다.[15]

제1차 세계대전 직후, 케인스는 영국 재무부 대표로 베르사유에서 개최된 파리강화회의에* 참석한다. 이번에도 그는 공무원 생활에 싫증을 느끼는데, 이전과는 달리 지루한 업무 때문은 아니었다. 파리강화회의에서 그는 미국 대통령 윌슨이 영국 수상 로이드 조지와 프랑스 수상 조르주 클레망소의 협잡에 넘어가 패전국 독일에 터무니없는 전쟁 배상금을 물리는 것을 직접 목격했다.** 이때 케인스는 이미 또 다른 전쟁을 예견하고 있었다. 이런 외교적 공포를 맨정신으로 지켜보기 힘들었던 케인스는 재무부에 사표를 낸 뒤 서둘러 당시 기준으로 볼 때, 그뿐 아니라 블룸즈버리 그룹 기준으로도 가장 신랄하고 논쟁적인《평화의 경제적 결과》라는 글을 발표한다. 그의 친구로 영국 태생의 작가이자 비평가였던 리턴 스트레이치가 1918년에 저술한 베스트셀러《빅토리아 시대의 명사들》에서 영감을 받았다. 이 책에서 스트레이치는 현대 간호학의 창시자인 나이팅게일을 포함해 당시 사회 지도층을 가차 없이 비판했다. 케인스는 뒤에 파리강화회의를 회고하면서 전 세계적으로 윌슨 대통령의 명성이 자자해서 경외했다고 말했다. 전쟁의 상처를 치

---

* 1919년에 제1차 세계대전 승전국들이 연합국과 동맹국 간의 평화 조약을 협의하기 위해 개최한 국제 회의. 이 회의는 1919년 1월 18일 개최되어 1920년 1월 21일까지 간격을 두고 지속되었다.

** 처음에 윌슨은 민족자결주의 입장에서 전후 문제를 처리하려고 하였으나 로이드 조지와 조르주 클레망소의 협공에 의해 독일에 대한 보복적인 전후 처리에 합의하고 베르사유 조약 체결을 이끌었다.

유할 수 있는 운명을 타고난 대통령을 보려고 많은 군중이 그가 탄 마차 주위로 몰려 들었다. 하지만 정작 윌슨은 "계획도, 구상도, 어떠한 건설적인 아이디어도 없는 너무 태평한" 장로교 목사 같았다.[16] 케인스가 "아주 동양적"이라고 불렀던 워싱턴 D.C.를 방문했을 때는 윌슨을 "시간 대부분을 하렘에서 보내는 보이지 않는 술탄"으로 달리 묘사했다. 이는 윌슨이 부인들과 첩들의 치마폭에 빠져 있다는 뜻이 아니라 실제로 은둔하고 있다는 의미였다.[17] 클레망소는 베르사유에서 좀처럼 말이 없었다. 하지만 "깊은 기침을 내뱉고 나서 불시에 쏟아내는 말은 설득보다는 힘으로 윽박 지르려는 인상을 줬다."라고 케인스는 전했다. 독일인들은 완전히 낙담한 표정이었다. 독일 대표는 작은 체구에 귀족 같은 용모를 하고 있었다. 자세는 흐트러짐이 없었지만 "명예를 중시하는 동물이 고통에 겨워하는" 눈빛이었다. 바로 카를 멜키오르다. 그는 함부르크에 본사를 두고 있던, 한때 위세 등등했던 바르부르크은행의 변호사로 패전 독일을 대표했다. 협상은 험상궂고 기만적이었다.

하루는 멜키오르와 케인스가 분노와 은행 장부로 가득한 회담장을 빠져나와 작은 방으로 걸어 들어갔다. 케인스는 흥분과 두려움이 교차했다. 서로의 직분과 외교 의례를 어긴 것이었기 때문이었다. 각자 서로에게 이해와 자비를 구했다. 이 방에서 두 사람은 사라예보에서 일어난 총성의 결과, 전쟁 기간 독가스 살포, 2천만 명의 사망자에 대해 어떠한 결론을 냈을까? "나는 그에게, 내가, 적어도, 이 순간만큼은 진심이라는 걸 알아달라고 부탁했다. 그도 나만큼이나 마음이 흔들렸다. (…) 나는 어떤 의미로 그와 사랑에 빠졌다."[18]

그는 세계정세를 제대로 읽지 못하는 각국 지도자들의 무능함을 질타하면서 독일이 전쟁 배상금을 지불할 수 없을 것이라는 입장을 조심스럽게 피력했다. 그는 "우리가 중부 유럽을 고사시키려 들면, 감히 말하지만, 복수가 시작될 겁니다. 이번 독일 전쟁의 공포가 가시기 전이라서 (…) 그땐 어떤 것도 반동 세력을 오래도록 억누르지 못할 겁니다. 그리고 누가 승리하든 문명을 파괴할 겁니다"라고 불길하게 경고했다.[19] 이 책은 영국과 미국에서 불티나게 팔려나갔고, 더불어 케인스의 명성과 자존심도 덩달아 치솟았다. 한 잡지는 이 책에 대해 〈케인스의 솔직함〉이라는 모방 시를 통해 다음과 같이 평가했다. "우리는 아직도 느낀다. (…) 킹스 칼리지 출신의 저자가 뭔가 궁극적인 어떤 것을 숨기고 있을 수도 있다는 것을."[20]

　그러나 케인스가 숨기고 있는 것은 별거 없었다. 그리고 제1차 세계대전 이후, 유럽에는 항상 전운이 감돌기는 했지만, 케인스가 예상했던 것과 달리 전쟁은 쉽사리 일어날 것 같지 않았다. 이후 10년 동안, 케인스는 가르치고, 편집하고, 글을 쓰고, 정부 정책에 자문을 주고, 그리고 한 생명보험회사의 대표를 맡는 등 분주한 세월을 보냈다. 그뿐 아니라 당대의 저명한 정치가들, 학자들, 그리고 예술가들과 계속해서 친분을 쌓는 일에 몰두했다. 42세가 되던 1925년, 그는 늦은 나이에 러시아 태생의 유명 발레리나 리디아 로포코바와 결혼했다. 그녀는 러시아 태생의 발레리노 바슬라프 니진스키와 춤을 추었고, 역시 러시아 태생이었던 미술 평론가 세르게이 댜길레프가 창단한 순회 발레단의 주연을 맡았다. 그녀는 생기발랄했고, 태도가 불손했으며, 유명한 말장난꾼이었다. 한번은 동료 댄서에게 춤추는 게 멜론cantaloupe 같다고 말했다. 영양antelope을 멜론으로 바꿔 말장난 친 것이다. 그녀는 영어를 뉴욕 북부에 자리한 캐츠킬산맥에서 배웠다고 한다.

미국 제32대 대통령 프랭클린 루스벨트가 재선한 당일 저녁, 워싱턴 주재 영국 대사관에서 열린 축하 행사에서 그녀는 다른 사람들을 계속 둘러보며 "로지* 좋아하세요?"라고 물었다.[21] 리디아는 메이너드의 블룸즈버리 친구들을 어리둥절하게 했다. 그들은 세계 최정상급 지식인이 뇌가 다리보다 더 현기증 나게 도는 이등 댄서에게서 뭘 본 건지 궁금해했다. 게다가 그는 여성이었는데 메이너드는 젊은 남성들과 더 많은 시간을 보내는 것 같았다. 심지어 영국 서식스로 신혼여행을 가서는 명석한 두뇌를 자랑했던 친구 비트겐슈타인을 비용까지 대주며 엿새 동안 초대했다. 방문 기간 내내 비트겐슈타인은 완전히 비트겐슈타인처럼 행동했다. 리디아가 해맑은 표정으로 "정말 아름다운 나무군요!"라고 말한다. 괴짜 철학자는 다정하게 "무슨 의미죠?"라고 묻는다. 리디아가 소리친다. 그런데도 아무 문제 없다. 케인스와 리디아는 신혼여행 내내, 그리고 1946년에 그가 사망할 때까지 20년 이상 아무 문제 없이 잘 붙어 지냈다. 결혼식 날, 친구들은 리디아가 바로 임신할지 아닐지 내기를 했다. 케인스의 친구로 예술 평론가이자 버지니아 울프의 시숙이었던 클리브 벨은 "메이너드는 방아쇠를 빨리 당기는 편인데"라고 말하며 오래 걸릴 거라는 쪽에 내기를 걸었다.[22] 결국 메이너드와 리디아는 아이를 낳아 기르지 않았다. 대신 오페라, 발레, 연극, 그 외 영국 전역에서 일어나는 예술 활동을 위해 자금을 키웠다.

한편, 재테크에 남다른 재주를 갖고 있던 그는 전후 주식시장 호황을 틈타 상품 거래와 주식 투자로 많은 돈을 벌었다. 그는 정통 영국식 영

---

* 프랭클린 루스벨트 대통령의 이복형으로 외교관이었던 제임스 루스벨트를 칭한다.

어를 구사했을 뿐 아니라 고무, 면화, 주석, 금 사정에 밝았다.[23] 그는 자신의 지식을 굳게 믿었고, 사회학자 밀스가 "파워 엘리트"라고 부른 사람들과 관계가 돈독했다. 그래서 사업에서 좋은 기회를 얻었고, 시세에 확신이 들면 수중에 있는 돈에 은행에서 대출까지 받아 주식을 살 수 있는 대로 샀다. 그는 매일 아침 침대에 걸터앉아 신문을 읽으면서 중개인들한테서 오는 전화를 받고 지시를 내렸다.

그가 1920년대 후반과 1930년대 후반에 거의 파산까지 했지만, 1946년에 사망했을 때는 40만 파운드에 달하는 견실한 포트폴리오를 남겼다. 게다가 피카소와 브라크의 탐나는 작품을 포함해 남다른 안목의 예술 수집품도 있었다. 그는 예술 작품 경매에 자주 참석했다. 한번은 영국 내셔널 갤러리 관장과 함께 비밀리에 파리로 여행을 갔다. 갤러리 관장은 다른 입찰자들에게 신분을 들키지 않으려고 수염을 깎고 안경도 썼다. 또 다른 여행에서는 "내 여행 가방에 세잔의 그림이 있는데" 라고 이야기하며 그게 너무 무거워 "수문 뒤쪽 배수로"에 잠시 놔뒀다고 덧붙였다.[24] 이 배수로에서 회수한 작품을 포함해 그의 수집품은 현재 시세로 약 1억 달러의 가치가 있다.

그의 수집품들은 케임브리지대학교 피츠윌리엄 박물관에 기증됐다. 일부 비평가들은 경제학자들 면전에 대고 돈에 대해 그렇게 잘 알면서 왜 정작 당사자들은 돈을 벌지 못하는지 "직접 증명할 수 없으면 닥치고 있으라"라며 거세게 항의한다. 만약 얼마나 많은 돈을 벌었는지를 기준으로 경제학자들의 능력을 판단한다면, 케인스는 리카도 다음으로 유능한 경제학자의 반열에 놓일 것이다. 그러나 많은 경제학자가 꼴찌를 면하기 위해 서로 설왕설래하리라는 것은 불 보듯 뻔하다.

대공황과 고전파 경제학의 몰락

케인스는 1923년에 《통화개혁론》을 집필했고, 이어 1930년에 두 권 짜리 《화폐론》을 썼다. 이처럼 그는 경제학에 있어서 주로 통화 정책에 초점을 두었다. 《화폐론》은 투자에 대한 케인스 자신의 초기 연구 성과와 저축 및 투자의 상관관계에 대한 새로운 통찰력을 가미해 완성한 책이다. 그러나 이 책이 화폐에 대해 포괄적으로 다루고 있음에도 불구하고, 1930년이라고 하는 특수한 상황으로 인해 그는 더 이상 자신의 기존 연구와 저서에 안주할 수 없었다. 다시 말해, 대공황이 발생한 1930년은 경제학자로서 그에게 새로운 도전 과제를 안겨주었다. 비록 케인스의 타고난 행운이 고갈된 것처럼 보이지는 않았지만, 세계의 행운은 분명히 고갈된 상태였다. 그리고 세계 각국은 대공황의 빚과 절망에서 허우적대고 있었다.

한참 앞서 다뤘던 토머스 맬서스의 인구론을 다시 떠올려보자. 세계가 반에 반으로 쪼개지면서 사람들이 어떻게든 살아남기 위해 비명을 지르며 안간힘을 쏟고 있다. 멀지 않은 옛날에 그리고 우리에게 친숙한 한 나라에서 거의 이와 비슷한 상황이 벌어졌다. 1929년에서 1933년까지 미국에서 자유시장의 보이지 않는 손이 미국의 뺨을 세게 후려쳤다. 이 충격으로 미국의 실업률은 약 3퍼센트에서 25퍼센트까지 치솟았고, 국민 소득은 반토막이 났다. 많은 사람이 집과 직장을 잃고 거리로 내몰렸다. 많은 주식 중개인들을 죽음으로 몰아넣은 1929년의 주식시장 붕괴는 이후에 불어 닥칠 엄청난 규모의 불황, 즉 대공황을 알리는 전조에 지나지 않았다.

1920년대 말, 하늘 높은 줄 모르고 기세등등하던 세계 경제가 갑자기 삐거덕거리며 위축되기 시작했고, 대공황의 거센 폭풍우가 막 지난 1933년에 전 세계 국민 소득은 대략 10년 전인 1922년만도 못했다. 노동자들은 일자리를 얻을 수 있지 않을까 하는 실낱같은 희망을 안고 온종일 직업 알선소와 공사장을 어슬렁거렸다. 무료 급식 시설이 거리를 매우기 시작했다. 그리고 경제적 공황이 장기화되면서 정신적 공황이 뒤따랐다.

뒤에 배우이자 가수인 주디 갈랜드가 불러 명성을 얻은 영화 〈오즈의 마법사〉의 주제곡 〈오버 더 레인보우〉를 작사한 싱어송라이터 입 하버 그는 대공황 당시의 좌절과 낙담을 그린 〈한 푼만 주시겠소?〉라는* 노래를 작사하기도 했다. 그의 생애 최고 걸작으로 꼽히는 이 노래는 황량한 미국에 지금의 발전된 문명을 건설하기 위해 피땀 흘려 일한 사람들을 노래한다. 그러나 지금 '시간에 맞서며' 철도 건설 역군으로 일했던 이 가수는 직업이 없다. 이런 상황에서 긍지와 위엄이 무슨 소용이란 말인가? 물론 그것은 직업을 잃었기 때문이 아니라 개인의 능력 부족 때문이었다. 하루아침에 무너진 경제가 그의 전 재산을 앗아갔다.

경제사가들은 대공황의 '원인'을 놓고 오랜 기간 논쟁을 벌였지만, 해답을 찾는 것은 쉽지 않았다. 그러나 대공황의 원인을 묻는 질문보다 더 중요한 것은 단순한 경기 침체가 어떻게 해서 악몽으로 치달았는가 하는 것이다. 미국 경제는 대공황 이전에도 경기 활황과 침체를 반복했

---

* 이 노래의 작곡은 연극이나 영화 음악을 주로 작곡했던 제이 고니가 맡았고, 1932년에 뮤지컬 〈뉴 아메리카나〉에서 처음으로 불렸다. 그리고 바로 빙 크로스비와 루비 벌리가 녹음해 음반으로 내면서 대공황 시절 가장 히트한 노래가 되었다.

다. 그러나 그렇게 심각했던 적은 없었다. 대다수 경제학자는 경기에 좋지 않은 일련의 사건들이 동시에 일어났다는 것을 강조했다. 예를 들면, 1920년대에 걷잡을 수 없이 늘어가던 투자 기회가 어느 날 갑자기 바닥을 드러냈고, 이에 발맞춰 소비자들은 소비 지출을 줄이고 대출금 상환을 시도했고, 각국 정부는 서로 앞 다투어 보호무역주의를 채택했으며, 그리고 연방준비제도이사회는 이렇게 경기가 위축된 상황에서 오히려 긴축 재정 정책을 폈던 것이다.[25]

1980년, 보수당 대선 후보로 나선 레이건은 재선에 도전하는 카터와 결전을 벌이고 있었는데, 유세 도중 그는 몇 가지 경제 용어를 재치 있게 정의 내린 적이 있었다. "경기 침체recession란 당신의 이웃이 일자리를 잃을 때입니다. 경제 불황depression이란 당신이 일자리를 잃을 때입니다. 경기 회복recovery은 카터 현 대통령이 그의 일자리를 잃을 때입니다."

아마 케인스는 마지막 문장만 살짝 고친다면 이런 식의 경제 용어 정의에 동의했을 것이다. 그는 세계 경제가 대공황에서 회복하기 위해서는 미국 정부와 영국 재무부의 시대착오적인 경제 관료들이 실직해야 가능할 것이라고 내다봤다. 케인스에게 재무부의 나이 든 관료들은 고전파 경제학이라고 하는 오래 숙성된 와인에 절어 살았는데, 그에게 고전파 경제학은 발효될 대로 발효되어 식초 냄새만 풍기는 상한 와인이나 마찬가지였다. 특히 그는 대공황의 한복판에서 신속한 대책을 내놓는 대신 국민들에게 인내심을 요구하면서 보이지 않는 손의 작용에 의해 결국에는 경기가 정상으로 되돌아올 것이라고 호언장담하는 재무부를 호되게 비판했다. 그런 정부라면 존재할 이유가 무엇이란 말인가? 케인스는 "결국 우리는 모두 죽게 될 것이다"라고 《통화개혁론》에서 썼다.

사실 재무부 관리들이 단지 타성에 젖어 있고 나이가 많은 것은 아니었다. 젊고 영리한 이론가들이 그들을 뒷받침했다. 런던정치경제대학 학장이던 라이오넬 로빈스가 오스트리아 빈을 여러 차례 방문해 미제스와 그의 제자 하이에크가 이끄는 소위 오스트리아학파의 견해를 수용하기 시작했다. 로빈스는 하이에크의 견해가 영국 경제학계를 지배하던 앨프리드 마셜의 분석과 비교해 색다르고 흥미진진하다고 봤다. 그는 32세의 하이에크에게 런던정치경제대학에 자리를 제안했다. 두 사람은 함께 케인스와 맞서 싸웠다. 하이에크가 케인스의 지적 능력에 압도당하기는 했지만, 그가 비영어권 경제학과 유럽 역사에 무지한 것에 깜짝 놀랐다. 1970년대 후반에 가진 한 인터뷰에서 하이에크는 케인스가 "마셜 경제학 외에 아무것도 몰랐고 (…) 19세기를 싫어해서 그 시기에 대해 아는 것이 없었다"라고 떠올렸다. 하이에크에 의하면, 케인스는 자신의 이론에 심취한 나머지 "다른 많은 경제학자를 경멸했다." [26]

1931년에 저술한《가격과 생산》에서 하이에크는 자신의 경기순환론을 제시했다. 이 이론은 중앙은행이 애초에 경기 상승을 부추기기 때문에 하강을 초래하게 된다고 주장한다. 격동의 1920년대에 중앙은행이 실수로 금리를 "자연이자율"보다 낮게 유지함으로써 기업들이 많은 돈을 빌려 너무 위험한 분야에 투기하도록 부추겼다. 자연이자율은 스웨덴 태생의 경제학자 크누트 빅셀이 만든 용어로 저축과 투자가 균형을 이루는 이자율을 뜻한다. 경기는 과열 양상으로 치닫다가 곤두박질쳤다.

뒤에 노벨경제학상을 받는 로널드 코스는 하이에크가 런던정치경제대학에서 처음에 했던 강의를 들었다. 그는 하이에크 효과를 매혹적이었다고 말했다. 그런데 대공황에 대해서는 무엇을 하라고 했을까? 케인스와 하이에크는 저녁 식사 자리에서 사이좋게 술을 마셨고, 각자의 작업에 대해 우호적인 서신과 날이 선 비평도 교환했다. 케인스는 신랄한 논쟁가답게 하이에크의 작업을 "몹시 혼란스러워 아수라장이 되고 말 것"이라고 깎아내렸다. 이런 모욕적인 언사와는 상관없이 두 사람은 전혀 다른 처방을 내렸다. 케인스는 정부가 격랑 속으로 직접 뛰어들어 노동자와 산업에 돈을 쏟아부어야 한다고 말했다. 하이에크와 로빈스는 풍랑이 잠잠해지고 가격이 새롭게 조정될 때까지 기다려야 한다고 조언했다. 미국의 제31대 대통령 로버트 후버는 뒤에 이것을 청산 방법이라고 불렀다. 한편 밀턴 프리드먼은 하이에크와 로빈스의 런던 축London axis이 내놓은 처방은 세계에 "엄청난 해악"을 끼칠 수 있다고 생각했다.[27]

케임브리지 대 런던의 대결은 강의실, 저널, 신문 지상에서 펼쳐졌다. 1932년 10월 17일, 케인스와 지지자들이 런던의 〈타임〉에 공동 서한을 보내 의견을 밝혔다. 이틀 뒤에 하이에크와 로빈스가 반박 기사를 냈다. 그런데 위기의 시기에 "아무것도 하지 말라는 것"은 매력적인 정책이 아니었다. 실업자 수가 치솟고 영국의 수출이 50퍼센트까지 하락하자 하이에크와 로빈스가 싸움에서 물러났다. 그들은 오랫동안 패배의 상처를 견뎠다. 50년이 훨씬 더 지난 뒤에 로빈스는 "내가 틀린 쪽에 있었다"라고 인정했다. 하이에크는 "수입이 실제로 줄어들 수 있다는 신호가 감지되었을 때, 나는 (⋯) 그것이 줄어드는 것을 막기 위해 내가 할 수 있는 모든 것을 해야 했다."라고 말했다.[28]

케인스와의 대결 이후 그리고 제2차 세계대전 이후 하이에크는 정치철학과 법철학으로 눈을 돌려 《노예의 길》과 《자유헌정론》 같은 불후의 명저를 출간했다. 하이에크가 1992년에 사망했지만, 그는 암호화폐의 할아버지로 간주할 수 있다. 비트코인이 나오기 한참 전에, 심지어는 초기 인터넷 연결에 사람들이 열광하기도 전에 비정부 화폐nongovernment money를 옹호했다.[29] 조지 6세가 케인스에게 남작 작위를 수여하고 상원의원으로 지명했다. 하이에크는 아버지 부시에게 대통령 자유 메달을 받았다.

1930년대에 케인스는 편집자들에게 편지를 쓰는 것이 논쟁에서 이기는 방법은 아니라는 것을 깨달았다. 그는 1936년에 고전파 경제학의 관점에서 대공황을 바라보는 잘못된 영국 재무부의 시각을 비판하고 거시경제학 분석에 새로운 기틀을 마련한《고용, 이자 및 화폐의 일반이론》(이하《일반이론》)을 집필하면서 자신이 정치가들에게 했던 충고를 이론적으로 정당화한다. 케인스는 책 머리말에서 고전파 경제학자들이 "내가 아주 엉뚱한 주장을 하고 있다는 믿음과 내가 전혀 새로울 것 없는 진부한 말만 되풀이하고 있다는 믿음" 가운데서 고개를 갸우뚱거리며 긴가민가 해할 것이라고 예측했다. 경제학 개론서인《새뮤얼슨의 경제학》에서 케인스 경제학을 수 세대에 걸쳐 가르쳤던 경제학자 폴 새뮤얼슨은《일반이론》이 갖는 이런 애매모호한 위상을 다음과 같이 재치 있게 요약했다.

한마디로 졸작이다. 구성도 엉망이다. 저자의 과거 명성에 속아 이 책을 선뜻 구매한 경제학 문외한이 있다면, 그냥 책값 5실링을 눈뜨고 떼인 것이나 마찬가지다. (…) 거만하고, 심술궂고, 논쟁적이며, 남을 칭찬하는 데 인색하다. 벌집을 쑤셔 놓은 것처럼 난잡하고 혼동으로 가득하다. (…) 간략히 말해, 천재가 쓴 책이다.[30]

케인스는 이 책에서 앞서간 선배 경제학자들과 케임브리지 동료들, 특히 아서 피구를 때로는 직설적으로, 때로는 익살스러운 풍자를 통해 가차 없이 비판했다. 대공황이 발생하기 이전, 세계 경제가 전례 없는 호황을 구가하고 있을 때 피구는, 마치 경제학에서 풀리지 않은 의문은 있을 수 없다는 듯이, 자신 있게 이렇게 말하고는 했다. "마셜 안에 모든 해답이 있다." 소심한 성격이기는 했지만, 피구는 많은 독창적인 개념을 고안해 냈다. 그리고 최근에 다시 조명을 받고 있다. 다음 장에서 우리는 그의 모델이 2008년 대침체에서 경기가 되살아난 것을 어떻게 설명하는지 살펴볼 것이다.

케인스와 달리 피구는 분필을 내려놓고 교실 밖을 걸어 나오면 경제 문제를 놓고 논쟁하거나 토론하는 것을 좋아하지 않았다. 이런 면에 있어서는 케인스의 친구로 케임브리지가 낳은 불세출의 철학자 비트겐슈타인도 둘째가라면 서러워할 것이다. 비트겐슈타인은 강의가 끝나기가 무섭게 영화를 보러 가고는 했는데, 특히 포르투갈 출신의 삼바 가수이자 배우였던 카르멘 미란다가 출연한 영화를 좋아했다. 당시 미란다는 머리에 열대 과일을 올려놓고 삼바 춤을 추면서 〈치키타 바나나 송〉을 불러 유명했는데, 그녀가 출연한 영화에서 비트겐슈타인이 어떤 심오한 철학적 의미를 발견했는지는 모를 일이다.

《일반이론》은 하이에크를 노르웨이 극작가 헨릭 입센의 1884년 희곡 〈야생 오리〉에 나오는 더러운 호수 바닥까지 자맥질해서 내려갔다가 수풀에 엉키고 마는 "야생 오리"에 비유하면서 그와의 원한을 풀려고 한다.[31] 경제학자 해리 존슨은 케인스가 《일반이론》에서 보인 신랄하고 가공할 지적 반란에 대해 다음과 같이 묘사했다. "《일반이론》은 정체불명의 정통파 바보 멍청이들(고전파 경제학자들)을 불러들여, 그들이 가정하고 공표한, 또는 그들의 입에서 나온 것이라고 볼 수 있는 각종 견해를 천연덕스럽게 비웃는다." [32] 케인스가 보기에 경제학 이론 가운데 가장 바보 같은 것은 세의 법칙이다. 앞서 보았듯이, 토머스 맬서스는 케인스보다 1세기 앞서 세의 법칙을 비판했었다. 한참 앞서 다룬 것 같은데, 천천히 기억을 더듬어보자. 세의 법칙은 상품 생산은 노동자와 공급업자가 생산된 모든 상품을 구입할 수 있는 충분한 소득을 가져다준다고 주장한다. 따라서 어떤 경우에도 상품의 공급 과잉은 일어날 수 없다. 사람들이 생산된 모든 상품을 구입할 수 있는 충분한 돈을 가지고 있기 때문이다. 여기에서 사람들은 생산자이자 동시에 소비자이다.

물론 자본가들은 특정 상품을 더 많이 생산할 수도 있다. 그러나 이것은 총체적인 공급 과잉은 아니다. 그런 과잉 상품은 제때에 소비자를 만나지 못할 경우 점차 가격이 떨어질 것이고, 따라서 얼마 지나지 않아 공급 과잉은 사라질 것이다. 이런 세의 법칙을 믿는 사람에게 장기 실업이나 불황 같은 것은 턱도 없는 소리다. 시간이 지나면 자연스럽게 해결될 것이기 때문이다. 오히려 장기 실업과 불황의 가능성을 믿는 사람들이 제정신이 아닌 사람들이다. 물론 케인스에게 정신병자는 정통파 바보 멍청이들이었겠지만, 그렇다고 자신의 동료들을 매도할 수는 없었다. 대신 그는 그들에게 세의 법칙을 한 번 의심해볼 것을 충고하면서 그냥 어리석은 사람들이라고 혀를 찼다.

그렇다면 정통파 바보 멍청이들이 세의 법칙에서 간과한 것은 무엇일까? 그들은 세의 법칙에서 가정하는 생산자에서 소비자로, 소비자에서 생산자로 끊임없이 이어지는 경제의 주기적인 흐름에서 뭔가 중요한 누수가 있다는 것을 간과했다. 단도직입적으로 말하면, 그들은 가계 저축을 간과했다. 그렇다면 왜 가계 저축이 중요한가? 세의 법칙대로라면, 상품 생산은 생산자와 공급업자에게 소득을 발생시킨다. 그리고 생산자와 공급업자, 즉 소비자들은 이렇게 벌어들인 소득을 그 상품을 구입하는 데 모두 지출한다.

그런데 그들이 벌어들인 소득의 일부를 지출하지 않고 저축한다면? 생산된 상품은 전부 판매되지 않고 창고에 쌓여갈 것이다. 케인스는 그렇게 생각했다. 물론 정통파 바보 멍청이들도 이에 대한 해답은 가지고 있었다. 이에 대해서는 바로 아래에서 논하겠다. 그런데 그들의 해답이 옳았을까? 케인스는 옳지 않다고 생각했다. 그는 정통파 바보 멍청이들의 두 가지 기본 명제를 반박했다.

1. 고전파 경제학자들에 따르면, 가계는 소득의 일부를 소비하고 나머지는 저축한다. 만일 소비자가 소비를 줄이고 저축을 더 많이 한다면, 재화와 용역에 대한 소비는 그만큼 줄어들 것이다. 그러나 이때 자본가들은 더 많은 투자를 하기 때문에 생산과 소비는 다시 상쇄된다. 그렇다면 왜 자본가들은 더 많은 투자를 하려고 할까? 보통 돈을 저축하려고 하는 사람들은 그것을 이불 밑이나 벽장에 보관하지는 않는다. 그들은 그것을 은행에 가져간다. 은행은 그 돈을 자본가들에게 빌려준다. 만일 사람들이 은행에 더 많은 돈을 저축하면, 은행은 그 돈을 빌려주면서 받는 비용, 즉 금리를 낮출 것이다. 그리고 은행이 이렇게 금리를 낮추면, 자본가들은 투자를 위해 더 많은 돈을 빌리려 할 것이다. 대출 금리가 낮기 때문에 돈을 빌

려 투자를 늘릴수록 그만큼 이윤을 낼 가능성도 커지기 때문이다. 따라서 소비자가 저축을 늘리고 소비를 줄일수록, 자본가들은 낮은 금리로 돈을 빌려 투자를 늘릴 수 있다. 앨프리드 마셜류의 논리에 따르면, 변동 금리는 투자와 저축을 하나로 묶는다. 소비자는 저축의 공급자이고, 자본가는 저축의 소비자라고 말할 수 있을 것이다. 저축은 금리(예금 금리)가 오르면 증가한다. 반대로 금리가 오르면 저축의 소비는 줄어든다.

사람들이 소비를 줄이고 대신 저축을 늘리고 있다고 하자. 이것은 조만간 경기 침체가 일어날 수 있다는 것을 말한다. 그러나 이상의 논의대로라면, 저축이 늘어나면서 금리가 떨어질 것이고, 자본가들은 투자를 늘릴 것이다. 물론 이 돈은 다시 사람들의 호주머니로 돌아올 것이고 경제의 주기적인 흐름은 별문제 없이 이전대로 흘러갈 것이다.

2. 가변 임금과 물가는 세의 법칙을 지지한다. 모든 자본가가 절름발이라고 가정해보자. 그들은 소비자들이 서둘러 저축을 늘리고 있는데도 마음만 앞서지 냉큼 은행으로 달려가지 못한다. 따라서 자본가들은 줄어든 소비를 보상할 수 있을 만큼 서둘러 투자를 할 수 없다. 상황이 이렇다 보니 심하진 않더라도 경기 침체는 불가피해 보인다. 그러나 임금과 물가가 자본가들의 구세주로 떠오른다. 즉, 임금과 물가는 재화와 용역에 대한 수요가 줄어든 것에 발맞춰 동반 하락한다. 임금이 떨어지면서 실직한 노동자들이 다시 고용된다. 물가가 떨어지면서 공급 과잉된 상품들이 하나둘씩 팔려 나간다. 언제 경기 침체가 있었냐는 듯 세상은 평온하다.

예술 애호가로도 유명했던 케인스는 이렇게 산뜻하고, 논리적이고, 고풍스러운 명화가 바보 멍청이들인 현실주의학파(고전파 경제학)의 컬렉션이라는 것을 인정할 수 없었다. 이 학파는 이 명화의 진가를 알지 못한다. 단지 그 명화를 보고 추억과 감상에 잠길 뿐. 그러나 세상은 그렇게 감상에 잠길 만큼 아름답지 않다. 더구나 1936년에는 더욱더.

케인스는 고전파 경제학에 대해 양면 공격을 본격적으로 시작했다. 첫째, 그는 저축과 투자가 자동적으로 연결된다고 보지 않았다. 가계와 기업은 완전히 다른 이유에서 저축하고 투자한다. 가계는 습관적으로 또는 자동차 구입이나 노후 대비 같은 특별한 목적을 위해 저축할 것이다. 반면 기업은 정치 상황, 확신, 기술, 환율, 또는 어느 팀이 프로야구 월드시리즈에서 우승할지에 따라 투자 계획을 바꿀 것이다.

이렇게 저축과 투자 목적이 다른 가계와 기업이 이자율 하나로 서로 조화를 이루기를 기대하는 것은 어리석은 일이다. 만일 가계 저축이 기업의 투자를 초과하면, 상품의 공급 과잉 현상이 나타날 것이고, 기업은 이에 맞서 우선적으로 종업원들을 해고할 것이다. 그 결과 소비는 더욱 위축된다. 1997년과 1998년에 일본의 가계는 중앙은행이 단기 대출 금리를 0.5퍼센트 인하했음에도 불구하고 지출을 줄였다. 소득이 줄어들면, 저축은 투자 수준에 맞춰 떨어질 것이다. 하지만 완전 고용 상태에서는 반드시 그렇게 되지 않는다.

둘째, 케인스는 유동적이고 가변적인 임금과 물가에 대해서도 납득할 수 없다는 표정을 짓는다. 물가가 상품의 수요와 공급에 따라 항상 적정 수준에서 오르락내리락할 것이라고 말하는 정치가들이 있다면, 그들은 "수리수리 하면 올라가고, 마수리 하면 떨어질 것이다"라고 주문을 외는 점술가나 마찬가지다. 독점 상황에서 상품의 수요와 공급이 저절로 조절된다는 생각 자체가 무지의 소치다. 고전파 경제학 이론에 따르면, 경기 침체가 닥치면 실질 임금은 떨어져야 한다. 그러나 노동자들은 명목 임금 하락을 납득하지 못하리라고 케인스는 생각했다.

케인스는 경기가 후퇴하면 기업은 투자를 줄인다고 주장했다. 맞는 말이다. 그리고 저축은 결국 투자와 일치하게 된다. 그런데 왜 그렇게 될까? 그것은 고전파 경제학자들이 주장하는 것처럼 투자가 늘어나기 때문이 아니라 노동자들이 일자리를 잃으면서 저축할 여력도 동시에 잃기 때문이다. 게다가 임금과 물가가 서로 조정되기까지는 상당한 시일이 걸리기 때문에 경기 침체나 공황은 상당 기간 오래 지속될 수 있다.

그리고 1930년대 초에 저축과 투자가 일치되는 현상이 일어났다. 즉, 저축도, 투자도 없었다. 한 시대를 풍미했던 고전파 경제학의 화려한 쇼는 이렇게 막을 내렸다.

케인스의 해법

이제 새로운 쇼를 무대에 올릴 차례다. 무엇보다 이번 스테이지에서는 총수요가 집중 조명을 받는다. 무대 밖에는 이런 현수막이 걸려 있다. "재화와 용역에 대한 총수요가 총소득에 미달할 때 불황이 발생한다." 이때 무대는 크면 클수록 좋다. 그러나 기억하자. 불황기에 놀고 있는 무대는 많다는 사실을. 케인스는 자신의 분석을 통해 재화와 용역에 대한 가계와 기업의 수요가 충분하지 못할 수도 있다고 경고한다. 만일 가계와 기업이 충분히 구매하지 않는다면, 자본가들은 노동자들을 해고할 것이고 생산을 줄일 것이다. 그렇다면 어떻게 해야 할까? 생각할 것도 없다. 가계와 기업의 수요를 늘리면 되는 것이다. 이것이 불황에 대한 케인스의 알약 처방이었다.*

케인스의 처방을 간단한 모델로 만들어보자. 먼저 가계에 대해 논하고, 다음에 기업에 대해 논할 것이다. 가계와 기업 중 구매력이 큰 쪽은 가계다. 따라서 가계는 총수요에서 가장 중요한 구성 요소를 차지한다. 그렇다면 가계의 지출 규모를 결정하는 것은 무엇일까? 비록 가족 규모, 기호, 기대가 중요하지만, 케인스는 소득을 가장 중요한 결정 요소로 지목한다.

소득이 증가하면, 사람들은 대체로 지출을 늘린다. 반대로 소득이 줄어들면, 지출을 줄인다. 얼핏 봐도 논리적으로 보이지 않는가? 사실, 케인스는 사람들이 수중에 돈이 들어올 때마다 대부분은 지출하고 나머지 일부만을 저축한다고 가정한다. 케인스는 이렇게 지출되는 몫을 한계소비성향Marginal Propensity to Consume, MPC이라고** 불렀다.

---

* 이것이 케인스의 유효수요이론이다. 유효수요란 실제로 물건을 살 수 있는 돈을 갖고 물건을 구매하려는 욕구, 즉 확실한 구매력이 뒷받침되는 수요를 말한다. 반대로, 구매력과 상관없이 물건을 구입하고자 하는 것을 절대적 수요라고 한다. 또, 돈이 있어도 물자 통제 때문에 물건을 손에 넣을 수 없다거나 가격이 비싸서 손을 댈 수 없지만 가격이 내려가면 구매하겠다거나, 소득이 증가하면 구매하겠다는 등 어떤 사정으로 표면에 나타나지 않은 수요를 잠재 수요라 한다. 케인스의 유효수요이론은 그의 고용 이론의 기본으로 다음과 같다. 첫째, 총고용량은 총유효수요에 의해 결정된다. 실업은 총유효수요의 부족 때문이다. 둘째, 고용이 증가하면 소득이 증가하고, 소득이 증가하면 소비도 증가하지만 소비가 증가하는 액은 소득이 증가하는 액보다 적다. 그러므로 고용의 증가를 유지하는 데 충분한 수요를 갖기 위해서는 소득과 그 소득에서 지출되는 소비와의 차액을 메우기 위한 신투자(투자의 증가)가 있어야 한다는 것이다.
** 소득은 전체 소득 중에서 세금, 의료 보험, 이자 지출 등 비非소비 지출을 뺀 나머지, 즉 가처분 소득

좀 더 정확하게 정의하면, 이것은 소득 증가분에 대한 소비 증가분의 비율을 의미한다. 어느 날 길을 가다가 우연히 1달러를 주웠다고 하자. 당신은 그중 80센트로 캔디를 사고, 나머지는 은행에 가서 저축한다. 이때 당신의 한계소비성향은 0.8(대수학적으로 말하면, 이것은 소비 변화를 소득 변화로 나눈 값이다)이고, 한계저축성향Marginal Propensity to Save, MPS 은 0.2가 된다.

기업 또한 재화와 용역을 구입한다. 장비와 설비에 대한 투자를 통해 기업은 총수요의 다른 중요한 일부를 구성한다. 투자는 무엇에 의존할까? 케인스는 투자는 가계 소비보다 훨씬 더 변덕이 심하다고 생각했다. 기대, 금리, 확신, 날씨, 정치 상황에 따라 모든 투자 계획이 틀어질 수 있다. 이하에서 다루고자 하는 케인스의 가장 단순한 모델에서는 기업의 투자 결정에는 무수히 많은 변수가 작용하기 때문에 단기 소득 변화로 인해 기업이 투자 계획을 바꾸지는 않는다고 가정하자. 물론, 기업과 달리 가계는 이로 인해 단기적으로 소비 행태를 바꿀 수 있다는 것은 잊지 말자.

그럼, 모델이 의미하는 것은 무엇일까? 완전 고용에 도달한 건강한 경제를 달성하려면, 가계는 충분히 소비해야 하고, 기업은 상품의 생산과 판매가 균형을 이루도록 충분히 투자를 해야 한다. 만약 사람들이 소득의 전부를 소비한다면(이 경우 MPC=1이 된다), 세의 법칙에 의해 경제는 완전 고용에 도달할 것이다. 그러나 사람들은 소득의 일부를 저축하기

을 말한다. 한계소비성향은 증가분끼리의 비교로 전체 소득에 대한 전체 소비의 비율인 평균소비성향과는 다른 개념이며, 장기적으로 소득수준이 높아짐에 따라 하락하는 경향을 보인다. 그러나 단기적으로는 소비형태, 경기상황에 따라 민감하게 오르락내리락한다.

때문에 기업 투자가 이 부족한 부분을 메워야 한다. 이론적으로 볼 때, 사람들이 저축한 만큼 소비는 줄어들 것이기 때문이다. 만일 그렇게 하지 않는다면, 생산이 판매를 초과할 것이고, 재고가 늘어날 것이며, 결국 고용주들은 종업원들을 해고할 것이다. 저축이 경기 침체의 주범으로 몰리는 순간이다.

《일반이론》이 출간되기 몇 년 전에 케인스는 국민들에게 지출을 늘릴 것을 촉구했다. 〈레드북〉이라는 잡지에 난 한 기사에서 케인스는 "미국은 지출을 통해 경기를 회복할 수 있습니까?"라는 질문에 "그럼요, 물론입니다!"라고 자신 있게 대답했다. 그러나 그의 대답에 귀를 기울이는 사람은 거의 없었다. 그가 〈리스너〉에 다음과 같은 글을 기고했을 때도 사정은 마찬가지였다.

> 개인이든 시의회든 정부 부서든 누군가가 지출을 줄이면, 다음날 어떤 사람은 자신의 소득이 줄어 있다는 것을 발견하게 될 것이다. 그러나 이야기는 이것으로 끝이 아니다. 아침에 일어나 소득이 줄어들었다는 것이나 직장에서 해고되었다는 것을 안 그 사람은 (…) 자신의 의지와는 상관없이 지출을 줄여야 하는 절박한 상황에 놓인다. (…) 이런 말도 되지 않는 상황이 한 번 일어나면, 멈추는 것은 정말 어렵다.[33]

산업혁명을 전후로 자본주의에 대해 비판적이었던 논자들이 노동자들의 고혈을 빨아먹는 귀족들과 자본가들에게 날카로운 비판의 칼날을 들이댔다면, 케인스는 그와는 정반대였다. 그는 마음씨 착하고 순박한 이웃 할머니를 포함한 선의의 저축가들이 악덕 자본가들보다 경제에 더 큰 해를 입힌다고 비판했다.

그러나 이 해악은 단순한 해악으로 끝나지 않는다. 그것은 또 다른 해악을 낳는다. 상한 음식이 온 동네에 악취를 풍기는 것과 같은 이치다. 이것이 바로 그 유명한 케인스의 승수 이론이다.* 승수 이론은 원래 그의 제자이자 뒤에 킹스 칼리지 경제학과에서 교직원으로 같이 일하는 리처드 칸의 것이었다. 승수 이론의 핵심은 어떤 한 사람의 지출 변화가 시간이 지나면서 눈덩이처럼 불어나 결국에는 국가 지출 전체에 영향을 주는 걷잡을 수 없는 상황에 이르게 된다는 데 있다.

여기에 메이너드 주식회사가 있다고 하자. 이 회사는 남성 화장실을 신축하기 위해 100달러를 투자할 계획이다. 그 결과 국가 전체의 총지출은 이전에 비해 100달러 증가한다. 메이너드 주식회사는 이 돈의 일부를 배관공, 건축가, 실내장식가에게 임금으로 지급한다. 그럼, 배관공, 건축가, 실내장식가는 이 돈을 어떻게 할까? 그들은 일부는 지출하고 나머지는 저축할 것이다. 그들이 지출하는 돈은 식료품점 주인, 텔레비전 세일즈맨, 맥줏집 주인에게 돌아갈 것이다. 한편, 이들도 각각 자신들이 벌어들인 수입의 일부는 지출하고, 나머지는 저축할 것이다. 이런 연쇄 반응이 계속해서 일어난다. 비록 처음에 메이너드 주식회사가 투

---

* Multiplier. 한 경제 변수의 변화가 직접 간접으로 효과를 순차적으로 파급, 경제 체계 전체를 새로운 수준으로 유도할 때 나타나는 다른 경제 변수의 변화에 대한 배수 관계를 나타낸다. 경제 현상에서 어떤 경제량, 예를 들면 투자의 증가 또는 감소가 파급 효과를 낳아 궁극적으로는 처음의 몇 배나 되는 증가 또는 감소를 가져오는 경우가 있다. 승수 이론은 최초의 경제량의 변화가 최종적으로 낳게 되는 총효과, 즉 승수 효과의 크기를 분석하고 이론화한 것의 총칭이다. 일반적으로 독립변수의 변화가 종속변수인 경제 변수에 주는 한계적 효과를 승수 효과라고 한다. 사실 승수 효과에 관한 착상과 정식화는 케인스가 아닌 리처드 칸이 처음이었다. 그는 고용량의 제1차적 변화는 제2차, 제3차 등등의 고용 증가로 파급된다는 사실에서 고용 승수를 정식화했다. 그러나 자신의 경제학 이론 체계의 중추에 승수 이론을 도입한 것은 케인스가 처음이었다.

자한 비용은 100달러이지만, 총수입은 300달러로 늘어날 수도 있다. 그렇게 된다면, 승수는 3이 된다.

케인스는 승수를 쉽게 계산할 수 있는 간단한 공식을 내놓았다. 케인스가 평소에 소비를 찬양한 성향으로 미루어볼 때, 한계소비성향이 이 공식의 핵심이 된다고 해서 이상할 것은 없다.

$$승수 = \frac{1}{1-MPC} \text{ 또는 } 승수 = \frac{1}{MPS}$$

MPC는 한계소비성향, MPS는 한계저축성향을 의미한다. MPC + MPS = 1이므로 MPS = 1 - MPC가 된다.

소비 수준이 높아지면 높아질수록 승수도 커진다. 이런 연쇄 반응은 사람들이 지출을 더 많이 하면 할수록 훨씬 더 빠르게 진행된다. 다시 말하지만, 저축이 이 연쇄 반응의 속도를 늦춘다.

여기에서 놀라운 결과가 나온다. 첫째, 기상 악화나 경영자의 의기소침 등 사소한 이유로 인한 투자 감소가 경제 전체에 엄청난 압력으로 작용할 수 있다. 만일 사람들이 수입의 3분의 1을 저축한다면, 승수는 3이다. 이와 마찬가지로, 기업이 투자를 5천만 달러 줄인다면, 국민 소득은 그것의 3배인 1억 5천만 달러나 급감한다. 기업의 비관주의는 미래를 내다볼 수 있는 자기실현적인 예언이다!* 기분 나쁜 꿈이 악몽이 된다. 미국의 대통령들과 부통령들이 소비 진작을 위해 애쓰는 것도 이상할 것이 없다. 집권 당시 과묵한 성격 때문에 백악관이 "한 유명한 군

---

* 기업이 미래에 대해 부정적인 전망을 하고 있다면, 결과도 부정적일 수밖에 없다는 뜻.

인의 무덤"이라 불렀을 정도였던 아이젠하워 대통령도 1958년 경기 침체 당시 국민들에게 구매를 종용하지 않았던가. 그런데 무엇을 구매하란 말인가? "아무거나!" 1982년, 레이건의 비서관들은 급격한 경기 둔화를 '그로스 리세션'이라고* 불렀다. 그들은 당시 경기 둔화는 경제가 재도약에 앞서 잠시 속도를 줄이는 것일 뿐이라고 말하며 위로를 삼았다. 1991년 경기 침체 당시에는 아버지 부시 대통령이 직접 나서서 소비자들에게 상점에 가서 양말 한 짝이라도 더 구매해 달라고 애걸할 정도였다. 하지만 부시는 이 일로 조롱을 받았다. 이 때문에 후임자들은 경기 침체기에 공개적으로 쇼핑하는 모습을 연출하는 데 조심스러워한다. 오바마 대통령과 트럼프 대통령은 밝은 표정을 짓거나 골프채를 휘두르는 자세를 취하는 것을 선호했다.

그러나 케인스의 충고가 갖는 이런 놀라운 함의들이 모두 나쁜 것은 아니었다. 사실, 일부는 정말 마법과도 같았다. 만약 수요 부족이 경기 침체를 야기한다면, 국민들이 지출을 더 많이 하도록 부추기면 된다. 게다가 한계소비성향을 알고 있으면, 승수를 구하는 것은 어렵지 않다. 따라서 우리는 경제에 지출이라는 활력소를 투입할 수 있고, 그렇게 되면 경제는 다시 활기를 띨 것이며, 그리고 생산과 판매의 초기 간극이 해소됨으로써 마침내 경기 침체에서 벗어나게 될 것이다.

그런데 여기에서 '우리'란 누구란 말인가? 정부를 가리킨다. 사실 정

---

*   Growth Recession. 불충분한 성장. 실질 경제성장률은 플러스일지라도 상승률이 낮고 경기는 하강 국면에 있는 것 같은 상태를 말한다. 미국에서는 고용과 관련해 실질 경제성장률이 낮고, 실업률 상승을 억제할 수 없을 경우를 가리킨다. 한편, 경제의 잠재 성장률에 비해 실제 성장률이 낮을 때에도 그로스 리세션이라 부르고 있다. 모두 경기 침체 상태로 심각한 정도는 아니지만 그로스 리세션 상태로 들어가면 경기 부양책을 검토하게 된다.

부 외에 거센 폭풍우를 만나 좌초될 위기에 처한 민간 부문이라고 하는 선박을 인도하고, 바다로 추락해 살려달라고 아우성치는 노동자들을 구해줄 수 있는 것은 아무것도 없다. 그러나 정부는 좌초 위기에 처한 선박을 구하기 위해 세금을 삭감하거나 아니면 직접적으로 돈을 지출할 수 있다. 만일 소비 부족으로 경기 침체 갭이* 120억 달러이고, 한계소비성향이 3분의 2라면, 승수는 3이 된다. 따라서 정부는 40억 달러의 정부 지출 정책을 수립해서 이 간극을 메우고 경제를 다시 활성화해야 한다.**

사실, 케인스는 대공황 당시 미국의 승수가 약 2.5 정도 될 것이라고 추산했고, 프랭클린 루스벨트 대통령에게 보낸 서한들과 여러 잡지에 기고한 논문들을 통해 대규모 공공부문 지출 프로그램을 시행하라고 촉구했다. 1933년에 대통령에게 쓴 한 서한에서 그는 이렇게 충고했다. "정부의 후원 아래 대규모 지출이 필요합니다. 어디에 지출할지 대상을 결정하는 일은 제가 관여할 일은 아닙니다만, 단기간에 대규모로 결실을 맺을 수 있는 분야, 예를 들면 (…) 철도 같은 분야가 좋을 것입니다. 일단 경제가 제대로 굴러가게 만드는 것이 최우선입니다."[34]

케인스는 경제학자들과 정치가들이 자신의 이런 적극적인 재정 정책을 공격해올 것임을 알고 있었다. 미국과 영국의 재부무 관리들은 균형 예산balanced budget을 중요하게 생각했다. 따라서 케인스의 재정 정책을

* Recession gap. 완전고용수준을 기준으로 인플레이션과 디플레이션을 구별하는 분석 방법을 갭 분석이라고 하는데, 만일 완전 고용 상태의 국민 소득 수준에서 총수요가 총공급에 미치지 못하는 경우 그 차이를 디플레이션 갭 또는 경기 침체 갭이라 하며, 반대로 완전 고용 상태의 국민 소득 수준에서 총수요가 총공급을 초과하는 경우 그 차이를 인플레이션 갭이라 한다.
** [저자주] 감세 승수가 정부 및 투자 승수보다 더 작은 이유에 대한 좀 더 구체적인 증거와 설명에 대해서는 어떤 경제학 입문서만 들춰봐도 쉽게 확인할 수 있다.

따른다는 것은 예산 적자, 즉 정부의 재정 적자를 의미하는 것이었다. 이에 케인스는 "그러면 어떤가?"라고 응수했다. 경기 침체기에 균형 예산 정책을 펴는 것은 그야말로 어리석은 짓이다. 왜냐하면 예산은 세입과 세출, 두 항목으로 되어 있기 때문이다. 경기 침체로 인해 소득이 떨어지면, 정부는 세금을 삭감할 수 있다. 한편, 경기 침체 상황에서도 정부가 균형 예산 정책을 기본 기조로 계속 유지하고자 한다면, 정부 지출을 줄이거나 세금을 인상하면 된다. 그러나 둘 다 승수 효과로 인해 경기 침체를 가속화할 것이다! 케인스는 경기 순환 전체로 보면 정부 예산은 균형을 이루게 될 것이라고 주장했다. 그럼 이와 반대되는 상황, 즉 경기 호황을 상정해보자. 경기가 호황인 경우 정부는 국민들로부터 더 많은 세금을 거둬들일 수 있고, 따라서 재정 흑자를 기록할 것이다. 그러나 경기 침체기에 정부는 재정 적자를 감수해야만 한다. 그런데 미국과 영국의 재무부 바보 멍청이들은 당시 이것을 이해하지 못했다.

레이건은 대통령 재직 기간 내내 2천억 달러의 재정 적자를 안고 있었음에도 균형 예산을 위해 의회에 헌법 개정을* 줄기차게 요구했다. 레이건은 세금을 인상하기보다는 정부 지출을 줄임으로써 균형 예산을 달성하고자 했다. 케인스의 충고를 기억하고 있던 당시 대다수 경제학자는 경기 침체 시기에도 균형 예산을 강제하는 이 법안에 반대했다. 그

---

* 공화당의 필 그램과 워런 러드먼, 민주당의 프리츠 홀링스 의원이 1985년 발의한 '균형 예산 및 긴급 적자 통제법'을 말한다. 보통 줄여서 '그램-러드먼-홀링스 법안'이라고 한다. 주요 내용은 5년마다 재정 적자 감축 계획을 수립하고, 목표에 미달할 경우에는 지출 삭감안을 만들어야 하며, 대통령과 의회가 합의에 실패할 경우에는 적자 목표 초과분의 50퍼센트는 국방비에서, 나머지는 국내 지출 프로그램에서 자동 삭감해 5년 뒤에는 균형 재정을 달성한다는 것이었다. 그러나 연방대법원의 위헌 판정이 내려지면서 1987년에 일부 안이 개정되었고, 특히 1990년 경기 침체가 일어나면서 법이 규정한 목표를 달성하기 위해서는 엄청난 규모의 예산 삭감이 필요하게 되자 실효성에 의문이 생기면서 폐지됐다.

러나 1997년, 미국 경제의 호황과 세금을 헤프게 써대는 정치가들에 대한 여론의 거센 반발이 일어나면서 레이건 시절과 같은 헌법 개정 없이 균형 예산을 달성할 수 있었다.* 이에 대해서는 뒤에 케인스를 비판하고 나선 공공선택학파를 살펴보면서 추가로 다룰 것이다.

또한 케인스는 자신이 인식론적 반대에 부딪힐 것이라는 것을 알았다. 결론적으로 보면, 이상 케인스의 충고는 정부의 시장 개입을 의미하는 것이었다. 정부의 시장 개입은 곧 시장의 자유를 제한하는 것이다. 이것은 자유방임 전통의 기본 인식과 정면으로 대치된다. 그러나 마르크스를 비웃고, 스탈린에 의해 농락당한 그의 추종자들을 조롱했던 케인스는 자신이 자본주의를 생매장시키려고 그러고 있는 것이 아니라 구하려고 애쓰고 있는 것이라고 생각했다.

> 나는 기존 기업들이 모두 파괴되는 것을 막기 위한 실질적인 수단이자
> 개개인의 창의가 성공적으로 발현될 수 있는 기반으로 (…) 정부 기능의
> 확대를 옹호한다. (…) 유효 수요가 부족할 경우, 낭비되는 자원에 대한
> 대중의 비난은 극에 다다를 뿐 아니라 이런 자원을 생산적인 곳에 사용
> 하고자 하는 개별 기업가 역시 대중의 손가락질을 받을 수밖에 없다.[35]

그러나 융통성 없이 원리원칙만을 고집하는 것도 나쁠 때가 있다. 반

---

* 클린턴 행정부는 취임 초기 2,550억 달러의 재정 적자를 안고 있었다. 그러나 1990년대 계속된 미국 경제의 호황으로 1997년에 흑자로 돌아섰고, 임기 마지막 해였던 2001년에는 1,280억 달러의 재정 흑자를 기록했다. 클린턴 행정부는 단기 경기 부양 정책과 장기 재정 적자 감축 플랜을 마련했고, 경기 진작을 위해 1994년까지 300억 달러, 1996년까지 1,600억 달러를 투입했다. 그리고 세금 인상과 재정 지출 축소를 통해 재정 수지를 흑자로 돌려놓을 수 있었다.

대로, 원리원칙에서 벗어나 있다고 해서 모든 행동이 나쁜 것은 아니다. 케인스는 자신에 대한 인식론적 반대를 달갑지 않게 생각했다.

영국 재무부가 낡은 가방에 은행권banknote을 가득 담아 쓰레기로 가득 찬 폐광 여러 곳에 깊이 파묻은 다음 자유방임 원칙에 따라 기업들이 이것을 마음대로 파가도록 놔둔다고 하자. (…) 기업들은 은행권을 파가기 위해 앞다퉈 사람들을 고용할 테고, 이에 힘입어 실업은 사라질 것이며, 사회 전체의 실질 소득과 부 역시 이전보다 훨씬 더 커질 것이다. 그러나 이렇게 돈을 파묻고 파 가라고 하는 것보다 주택 같은 건물을 건설하는 일이 더 의미가 있다. 그러나 정치적으로나 현실적으로 주택 등을 건설하기가 어렵다면, 아무 일도 하지 않는 것보다 위처럼 하는 편이 낫다.[36]

비록 루스벨트 행정부의 정부 지출이 케인스가 기대했던 수준에 미치지는 못했지만,《일반이론》이 출간된 1936년에서 닉슨 행정부에 이르기까지 케인스의 주가는 날이 갈수록 높아갔다. 폴 새뮤얼슨은《일반이론》에 대해 이렇게 기억했다.

《일반이론》은 남양 제도의 어느 고립된 부족을 엄습해 많은 사람의 목숨을 빼앗은 예상치 못한 질병처럼 35세 이하의 대다수 경제학자를 하루아침에 감염시켰다. 그러나 50세가 넘은 경제학자들은 이런 질병에 면역이 된 듯 태연한 반응을 보였다.[37]

하버드대학교는 케인스를 주제로 한 대중적인 세미나를 개최했다. 경제학자들 사이에서 '미국의 케인스'로도 불렸던 경제학자 앨빈 한센 교수의 영향에 힘입어 하버드대학교 경제학과는 케인스주의자들의 온상이 되었고, 폴 새뮤얼슨, 토빈세로* 유명한 제임스 토빈, 턴파이크의 정리로** 유명한 로버트 솔로 등의 케인스주의자들을 배출했다. 케네디와 존슨 행정부 시절의 대통령 경제자문위원회는 하버드대학교 출신의 케인스주의자들뿐 아니라 예일대학교와 미네소타대학교 출신의 저명한 케인스주의자들이 한데 모인 집합소였다. 이들 경제학자는 유럽의 케인스주의자들과 함께 케인스가 남긴 직관과 통찰력에 엄밀함을 더했다. 그 결과 케인스 경제학은 한층 더 발전할 수 있었다.

이렇게 케인스주의자들의 자문을 받은 정치가들은 보이지 않는 손을 뿌리치고 직접 소매를 걷어붙이고 경기 순환과 싸우기 시작했다. 경기가 둔화되면, 그들은 연방 지출을 늘리거나 세금 삭감을 통해 경기를 진작시켰다. 물론 경기가 회복될 때까지 일시적인 재정 적자는 피할 수 없다. 반대로 수요가 공급을 초과해 물가 상승 압력이 발생하면, 그들은 세금을 올리거나 연방 지출 삭감을 통해 경기 과열 현상을 진정시켰다. 그리고 다시 정부 예산은 균형을 이루거나 흑자로 돌아서게 된다. 생각하기 나름이지만, 누가 마술을 부리는 것은 아닌가라고 생각할 수도 있

---

* Tobin's tax. 단기성 외환거래에 부과하는 세금. 경제학자이자 예일대학교 교수를 역임하고 노벨상을 수상한 제임스 토빈이 1978년에 주장한 이론으로 외환, 채권, 파생 상품, 재정 거래 등으로 막대한 수익을 올리고 있는 국제 투기자본(핫머니)의 급격한 자금 유출입으로 각국의 통화가 급등락해 통화 위기가 촉발되는 것을 막기 위한 규제 방안의 하나이다.
** Turnpike theorem. 경제를 다수의 산업 부문으로 나누어 성장을 분석하는 다부문 성장 이론의 중심이 되는 정리로서 경제성장의 최적 경로를 턴파이크(유료 도로)의 예를 들어 도출해낸 경제성장에 관한 이론이다.

다. 정치가들은 재정 통제fiscal control에 대한 자신감이 붙기 시작했다. 1946년에 정치가들은 연방 정부 차원에서 고용 안정을 보증하는 고용 법안을* 통과시키고, '고용, 생산, 구매력을 최대한으로 진작시키는' 책임을 의회에 일임했다.

어느 때보다 케인스의 별이 가장 밝게 빛을 발한 것은 1964년으로 케네디-존슨 행정부의 경제자문위원회 위원들이 경기 둔화 징후를 파악하고 경제에 활력을 불어넣기 위해 케인스식 처방을 내렸을 때였다. 경기 침체 갭은 300억 달러이고, 승수가 2.3이라고 추산한 그들은 개인과 기업의 세금을 130억 달러 정도 삭감했다. 임의 혹은 자유재량으로 실시한 어떤 경제 정책도 이보다 잘 먹힌 적은 없었다. 경제의 모든 생명 신호들, 호흡, 맥박, 혈압이 정상으로 돌아오면서 바로 혈색이 돌기 시작했다. 소비가 늘어나면서 생산도 활기를 띠기 시작했고, 수많은 일자리가 새로 창출되었다. 바야흐로 경제학이 칼라일이 붙였던 '우울한 과학'이라는 오명에서 벗어날 날이 바로 코앞에 다가온 듯했다.

그러나 1970년대, 케인스식 처방이 약발이 다했는지, 아니면 경기 침체가 그것에 면역이 생겼는지 강력한 케인스식 처방도 더 이상 약효를 내지 못하고 승수가 비틀거리기 시작하면서 우울한 칼라일의 유령이 다시 고개를 내밀기 시작했다. 1973년에 미국, 영국, 캐나다, 일본, 그외 국가들을 겨냥한 아랍의 석유 수출 제한은 고용은 정체하는데 물가는 상승하는 '스태그플레이션'을 초래했다. 이 위기가 케인스의 모델을 당황스럽게 했다. 케인스 모델은 이 둘 중 하나와 싸우기 위해 고안한

---

* Employment Act of 1946. 경제 안정에 대한 책임을 연방 정부에 일임하는 것을 골자로 한 연방법. 이것은 고용 안정을 위해 연방 정부가 시장에 개입할 수 있다는 것을 의미하는 것이었다.

것이었다. 다음 장과 12장에서 케인스를 권좌에서 끌어내린 이런 경향을 자세히 살펴볼 것이다.

케인스의 패러다임이 예전만 같지 않지만, 모든 정치 지도자가 경제와 고용 시장에 불황이라는 불꽃이 퍼지기 시작하면 여전히 케인스의 이름이 붙어 있는 '유리 깨기' 비상 계획으로 눈길을 돌린다. 예를 들어, 2008년에 금융 시장이 붕괴했을 때 당대의 여느 대통령과 마찬가지로 반케인스주의자로 살았던 미국의 제43대 대통령 부시는 성인과 아동에게 각각 600달러, 300달러 수표를 발송했다. 2020년에 대중단이 닥쳤을 때 트럼프 대통령과 의회는 성인에게 1,200달러, 아동에게 500달러의 수표를 지급했다. 그러나 대중단은 기존의 경기 후퇴와는 경우가 다르다. 일반적인 경기 후퇴가 과도한 위험 감수, 넘쳐나는 재고량, 중앙은행의 계산 착오로 촉발한다면, 코로나바이러스는 잘 나가던 사업들이 갑자기 문을 닫게 했다. 바이러스가 유입되기 직전에 미국 경제는 견실했다. 인플레이션이 양호했고, 재고 수준이 낮았으며, 실업률은 거의 최저치를 기록했다. 경기부양 보조금은 케인스식으로 낙담한 소비자들의 소비를 촉진하려고 지급한 것이 아니었다. 순전히 공과금을 납부하고 직장 폐쇄로 돈을 벌 수 없게 된 상황을 상쇄하고자 했을 뿐이었다.

자유재량에 따른 재정 정책은 주로 정치인들의 직감에 의존한다. 그런데 그런 희소 자원에 의지한 채 두 다리 쭉 뻗고 편히 잠잘 수 있는 사람들이 몇 사람이나 될까? 이제 경제는 경기 순환의 진폭을 줄일 수 있는 자동 완충 장치가 필요했다. 누진세와 실업 보험 같은 자동 안정 장치가 경기 침체와 인플레이션을 유발하는 과열 경기를 예방하기 위해 도입됐다. 경기가 둔화되고 소득이 떨어지면, 사람들은 자동적으로 지금 수준보다 낮은 세율 구간으로 이동한다. 즉, 정부가 직접 나서서 세금 인하 계획을 공표하거나 하는 식의 대응을 할 필요가 없다. 경기 침체로 인해 노동자들이 일자리를 잃으면, 기존의 소비 수준을 유지하기 위해 그들에게 실업 급여가 지급된다. 경기가 안정을 찾고 그들이 다시 일자리를 얻으면, 실업 급여 지급은 중단된다. 이런 안전장치들은 경기 순환과 역으로 작용하면서 경기 순환의 진폭을 누그러뜨린다. 나아가 불안한 마음에 밤잠을 설쳤던 국민들이 다리를 쭉 펴고 편히 잠을 잘 수 있도록 한다.

케인스는 투자의 활성화가 궁극적으로 국민 투자 수준에 대한 정부의 영향력 증대로 나타나지는 않을 것이라고 보기는 했지만, 한편으로는 그것을 우려했다. 그는 《일반이론》에서 어떤 때는 투자의 '사회화'를 이야기하다가 어떤 때는 현 상태의 구조, 즉 시장 중심적인 구조를 두둔하기도 했다. 이처럼 그가 필요에 따라 경제학에 이중 잣대를 들이대고 있다는 평판을 얻은 것도 알고 보면 전혀 사실무근은 아니다. 그의 저술 가운데 일부는 처음부터 끝까지 애매한 표현으로 가득한 것들도 있다. 케인스의 동료들도 그의 이런 이중적인 태도에 대해 자주 지적했다. 그래서 이런 우스갯소리도 있었다고 한다. "왕립위원회에서 다섯 명의 경제학자에게 정책 조건을 부탁하면 여섯 개의 대답이 나온다. 그 가운데 두 개는 케인스 씨의 대답이다." 애덤 스미스를 다루면서 언급했듯이, 비록 트루먼이 한손잡이 경제학자를 찾고 있었다고 해도 케인스만은 원치 않았을 것이다. 왜냐하면 그는 한손잡이이기는커녕 여러 경제 정책에 문어발처럼 관여하면서 시도 때도 없이 먹물을 퍼부어댔기 때문이었다.

그러나 이런 평판은 다소 불공평해 보인다. 케인스는 다른 어떤 경제학자보다 더 많은 청중을 대상으로 더 많은 글을 쓰고 더 많은 연설을 했다. 상황이 달라지면, 그때마다 처방도 달라져야 한다. 케인스는 경제학자들은 치과의사처럼 실용적이어야 한다고 말한 적이 있었다. 환자나 충치 먹은 이에 상관없이 항상 같은 이에 구멍을 뚫는 치과의사에게 과연 많은 환자가 찾아갈까? 치과의사들은 실수로 성한 이에 구멍을 냈더라도 모든 구강 내 상처는 치유될 수 있다는 것을 한 단어로 차분하게 말한다. "자, 이제 헹구세요rinse." 그러나 거시경제학에서 "헹구세요"라는 말은 쓸 수 없다. 물론 슘페터는 경기 후퇴가 시원한 소나기처럼 오랜 갈증을 해소하고, 기업가들에게 새로운 아이디어를 내고 위험을 감수하도록 함으로써 궁극적으로 경제에 활력을 불어넣을 것이라고 생각했다. 케인스는 자신의 이런 변덕스러운 이중적 태도가 문제시되자 이렇게 응수했다. "저는 입력되는 정보가 바뀌면 결론도 바꿉니다. 선생님은 어떻습니까?"

그러나 변덕스러움은 엉성하거나 변변치 못하다는 사실을 반증하기도 한다. 모든 경제학자는 시간이 희소 자원이라는 것을 알고 있다. 아마 케인스는 이 책에 나오는 학자 중에서 경제학을 공부하고 경제 이론을 연구하는 데 가장 적은 시간을 투자한 사람이다. 그러나 시간 투자 대비 가장 큰 수확을 올린 인물이기도 하다. 그는 다른 경제학자의 이론이나 저술을 읽기보다는 극장에 가서 연극을 한 편 더 보는 편을 좋아했다. 케인스 자신이 설립해 큰 성공을 거둔 케임브리지 아트 씨어터와 무미건조한 학계의 전반적인 분위기에서 볼 때, 그를 무작정 비난할 수만은 없으리라. 분명한 사실은, 케인스가 예술이나 그 외 다른 실용적인 분야에서 보였던 지역 열정과 흥미를 경제학에서는 보이지 않았다는 것이다. 이런 그의 성향 때문에 그는 좀 더 포괄적이고 일반적인 경제학 분석틀을 마련할 수 있는 기회를 잃고 말았다.

비평가들이 케인스를 변덕스럽다고 생각한 것만큼이나 케인스는 주식시장이 변덕스럽다고 생각했다. 《일반이론》의 제12장 '장기 기대의 상태'는 다음 두 가지 이유에서 중요하다.

첫째, 케인스는 경제학에서 수학적 엄밀성을 기대하는 것이 왜 어리석은 짓인지를 설명한다.

둘째, 케인스는 투자라는 것이 본래부터 변덕스럽다고 주장한다.

케인스는 대부분의 투자가 '동물적 감각'으로 불리는 비이성적인 힘에 이끌려 이뤄진다고 생각했다. 기업가들과 투기업자들은 투자를 하는 데 있어 객관적인 데이터보다는 자신들의 동물적인 감각에 의존하는 경우가 많다. 그러나 이런 힘은 일관적이지 않다. 즉, 다음과 같다.

> 수많은 무지한 사람들의 대중 심리에서 비롯한 진부하고 상투적인 판단은 뜬금없는 소문에 의해 갑작스럽게 바뀔 수 있다. (…) 시장은 낙관과 비판의 물결에 맞춰 함께 출렁인다. 물론 이것은 얼핏 보면 불합리하게 보이지만, 합리적 계산을 위한 분명한 토대가 존재하지 않는 상황에서는 정당한 판단 기준이라고 할 수 있다.[38]

케인스는 주식시장에서 돈을 벌 수 있는 방법은 최고의 기업 분석가가 되는 것이 아니라 떠돌아다니는 소문이나 풍문을 제대로 간파해낼 수 있는 사람이 되는 것이라고 생각했다. 그는 한 가지 재미있는 비유를 통해 전문적인 투자자들을 다음과 같이 비유했다.

> 100점의 인물 사진 작품 중에 가장 아름다운 얼굴 여섯 명을 가려야 하는 신문사 주최의 한 대회가 있다고 하자. 수상은 대회 참가자 전원이 평균적으로 선호하는 얼굴에 가장 부합하거나 근접하는 사진 작품을 선택한 사람에게 수여된다. 이때 재미있는 현상이 벌어진다. 각각의 경쟁자는 자신이 가장 아름답다고 생각하는 사진을 고르기보다는 그가 생각하기에 다른 경쟁자들이 가장 선호할 것 같은 사진을 선택한다. 따라서 사실상 모든 참가자들이 같은 관점에서 같은 문제에 접근하게 된다.[39]

이 구절은 대학 시절 형이상학 시험에서 부정행위를 저질러 퇴학당한 영화배우이자 감독 우디 앨런이 대학 당국에 자신은 옆자리에 앉은 학생의 답안을 엿본 것이 아니라 단지 영혼을 들여다봤을 뿐이라고 항변했다는 웃지 못할 일화를 떠올리게 한다. 케인스는 가족과 킹스칼리지를 대신해 상당한 자금을 운용했다. 아이러니하게도 그는 투자에 있어서 경제 전반의 흐름이 향후 어떻게 전개될지 포괄적으로 예측하는 투자 방식보다는 각 기업을 개별적으로 평가하는 상향식bottom-up way에 소질이 있다는 것을 알았다. 다른 말로 케인스는 투자 방식에 있어서는 그다지 케인스적이지 않았다. 그런데 이것이 그와 궁합이 맞았다. "나는 '누군가가 남몰래 뭔가 알고 있겠지'라고 생각하는 기업과 남들이 철저히 신뢰하는 경영 방식에 왕창 투자하는 것이 옳은 투자 방법이라는 확신이 갈수록 든다."[40]

물론 케인스는 이 때문에 경제학에 조금 더 겸손해질 필요는 있지만,

절망할 이유는 없다고 생각했다.

> 우리는 모든 것이 갈피를 잡지 못하는 불합리한 심리 상태에 의존한다
> 고 (…) 결론을 내려서는 안 된다. 반대로, 장기 기대 상태는 종종 안정
> 되어 있다. (…) 우리는 미래에 영향을 미치는 인간의 결정이, 그것이 개
> 인적인 것이든 정치적인 것이든 경제적인 것이든 상관없이, 엄밀한 수
> 학적 기대에 의존하지 않는다는 것을 알아야 한다. 왜냐하면 그런 수학
> 적 계산을 할 수 있는 토대는 존재하지 않기 때문이다. 그리고 세상이
> 제대로 굴러가도록 만드는 것은 활동하고자 하는 우리의 타고난 충동
> 이라는 것, 여러 대안 가운데 최선의 선택을 하도록 하는 것은 우리의
> 합리적 자아라는 것을 알아야 한다. 물론 합리적 자아는 가능한 논리적
> 이고 치밀한 계산을 하지만, 우리의 동기를 일시적인 기분이나 감정 또
> 는 요행에 맡기는 경우도 종종 있다.[41]

미래에 대한 케인스식 전망

제2차 세계대전이 일어났을 때 케인스는 피로감에 자주 아팠다. 그는
지속성 심장 판막 감염을 진단받았었는데, 심장이 그의 큰 체구와 과도
한 일정을 떠받치느라 힘들어했다. 그런데도 1942년 어느 날 밤, 하이
에크와 같이 지붕에서 잠들었다가 깼다. 독일 공군이 런던을 폭격한 이
후 영국 전역을 공습하는 베데커 블리츠 작전을 개시해 작은 도시들, 마
을들, 문화 유적지들을 공격했다. 케임브리지도 대상일 수 있다는 생각

에 대학교는 교수들에게 예상되는 화염에서 건물들을 지켜달라고 부탁했다. 시민방위군은 런던 폭격 당시 소이탄을 지붕에서 쓸어내리면 폭발로 인한 피해를 최소화할 수 있다는 것을 알았다. 하루는 케인스의 순번으로 1515년 헨리 8세에 의해 완성된 킹스칼리지 예배당 지붕에 배치됐다. 하이에크가 나이 든 경쟁자를 찾아왔다. 케인스는 하이에크에게 자기와 같이 올라가자고 했다. 두 사람은 가고일을* 지나 지붕 석회암 난간 위에 올라서서 밤하늘을 바라보며 폭격기들의 공격에 대비했다. 폭격기들은 나타나지 않았다. 그러나 두 경제학자는 밤새 빗자루를 손에 쥔 채 자유세계의 미래에 대해 열띤 토론을 했을 것이다.

전쟁 이후에도 케인스는 쉴새 없이 일했다. 재무부에 조언하고, 낡아빠진 비행기와 요동치는 군용선을 타고 대서양을 건너 미국 관리들에게 영국에 대한 대출 조건을 완화해달라고 설득했다. 전쟁이 끝났을 때 그는 미국과의 절망적이고 지루한 협상을 끌고 가는 일을 도왔다. 그런데 이 협상은 그를 양키들에게 굴복했다는 이유로 비난했던 세상 물정 모르는 귀족들로 구성된 상원에서만 환영받았다.

1942년에 전쟁이 한창일 때, 조지 6세가 그를 상원의원으로 지명하고 틸튼 남작 작위를 수여했다. 며칠 뒤에 케인스는 자신의 틸튼 정원에 있는 꽃이 피지 않은 무화과나무 앞에 서서 마치 신약성서를 염두에 둔 듯 "열매를 맺지 않은 무화과나무, 남작 케인스Baron Keynes"라며 익살을 떨었다. 이런 흔치 않은 순간에 그는 자식이 없는 것을 안타까워했다. 1946년 4월, 리디아와 어머니의 품에서 심장마비로 사망한 케인스

*   Gargoyle. 유럽의 기독교 사원 벽면에 붙어 있는 괴물 형상의 석조상으로 입에서 빗물이 흘러나오도록 배수구 역할을 했다.

는 사후, 자신의 아이디어가 고전파 경제학을 누르고 승리를 거둔 것을 알았다면 매우 감격에 겨워했을 것이다. 물론 평소 그라면 그리 놀라지는 않겠지만. 마르크스주의자들과 고전파 경제학의 광신도들에게 맞섰던 케인스는 진리가 당신을 자유롭게 하리라고 굳게 믿었다. 정부의 경제 정책을 조언하고 자문하는 일로 인생의 많은 시간을 보낸 그는 정신의 힘을 굳게 믿었다. 그는 《일반이론》의 한 유명한 마지막 구절에서 이것에 대해 다음과 같이 말했다.

> 경제학자들과 정치 철학자들의 사상은 그것이 옳을 때나 그를 때나 상관없이 일반적으로 이해되는 것보다 더 강력하다. 사실 세계를 지배하는 것은 이들의 사상이다. 어떤 지적 영향에서도 완전히 빗겨나 있다고 생각하는 실용적인 인간도 실제로는 이미 세상을 떠난 경제학자의 노예인 경우가 많다. 권력에 미친 사람들, 즉 그것이 자신의 타고난 소명이라고 착각하는 사람들은 이미 우리의 기억에서 자취를 감춘 하잘것없는 경제학자들과 정치 철학자들에게서 자신들의 광기를 도출해낸다. (…) 그러나 조만간, 좋고 나쁜 것을 떠나서 위험한 것은 기득권이 아니라 이런 사상이라는 것이 드러난다.[42]

케인스의 주장에 정면으로 이의를 제기한 공공선택학파는 특수한 이해관계(이익집단)가 좋은 아이디어와 좋은 정책을 볼모로 잡을 수 있다고 경고했다.

생전에 '장기적으로'라는 어구를 자주 사용했음에도 불구하고 케인스는 미래에 대해 매우 불확실하게 생각했다. 사실, 미래에 대해 정확하게 예측한다는 것은 누구에게나 어려운 일이다. 케인스는 1930년에 존 스튜어트 밀을 연상시키는 〈우리 자손들이 맞이할 경제적 가능성〉이라는 흥미로운 논문을 썼다.[43] 그는 이 논문에서 수정 구슬을 통해 미래를 내다보는 마법사처럼 자신의 수정 구슬을 문지르며 미래를 예언했다. "맬서스는 틀렸다. 다음 한 세기 뒤에 인류는 경제학의 존재 이유를 밝혀낼 수 있을 것이다. 왜냐하면 각각의 세대는 부모 세대의 어깨를 짚고 올라서서 그들이 이룩한 것을 한 차원 더 개선하고, 그들이 꿈꿔왔던 것을 현실에서 실현했기 때문이다. 그리고 우리의 자손들은 자신들의 모든 물질적 욕구를 충족할 수 있을 만큼 높이 날 것이라는 것이 분명하기 때문이다. 얼마 지나지 않아 거리는 황금으로 넘쳐날 것이다. 보라. 서구 경제는 지난 200년 동안 경기 순환과 끔찍한 전쟁으로 인해 부침이 있기는 했지만, 꾸준히 발전해 내려오지 않았는가!"

여기에서 좀 더 놀라운 것은, 케인스가 시간이 흐를수록 인류가 유순해지면서 성품 또한 부드러워질 것이라고 예언했다는 점이다. 케인스는 인류가 경제학적으로 진화하기 위해 이기적인 호모 에코노미쿠스homo economicus가 될 필요가 있다고 주장했다. 물질적 욕구를 충족함으로써 인류는 그들의 욕구를 친절이나 사랑과 같은 고차원적인 것으로 고양시켜 나갈 수 있을 것이다.

그러나 우리는 이후로도 줄곧 불행하게 살 수도 있다. 케인스는 창고에 먹을 것이 가득하고, 번쩍이는 고급 승용차를 소유하고 있다고 한들 그것으로 무엇을 할 수 있는지 되묻는다. 오늘날, 퇴직자들은 지루한 일상을 불평하면서 뭔가 사소한 일이라도 하고 싶어 한다. 세상 전체가 퇴직자들로 넘쳐난다면 어떻게 될까? 이렇게 넘쳐나는 퇴직자들을 즐겁게 하기 위해 음악가이자 방송인이었던 로런스 웰크를 얼마나 많이 필요로 할까? 세상은 평온하지만, 사람들 마음속에는 실존에 대한 불만으로 가득할 것이다. 인간은 종종 목표 달성보다는 목표를 추구하는 과정에서 즐거움을 느낀다.

아마 이것이 아마추어 예술 애호가였던 케인스, 즉 예술품 수집가, 투자자, 후원자, 큐레이터였던 케인스를 가장 잘 설명해주는 것 같다. 그는 자신이 가장 잘하는 경제학으로 인류를 천국의 문턱까지 인도했을 경우 더 이상 할 일이 없어 실직자가 되는 것을 대비해 보험을 들어놓는 식으로 다양한 분야에 관심을 두었던 것일 수도 있다. 그는 자신이 장기적으로 성취할 수 있는 어떤 것을 하고 싶어 했다.

밀턴 프리드먼
케인스에 반기를 든
통화주의의 창시자

Milton Friedman

(1912~2006)

  코미디언이자 배우인 윌리엄 클로드 필즈가 자기에게 구걸하는 거지를 향해 빈정거리는 말투로 이렇게 말한 적이 있다고 한다. "이거, 미안하게 됐습니다. 현찰은 가지고 있는 게 없습니다. 집안에 고이 모셔놓고 가지고 다니지 않습니다." 우연히 케인스가 길을 지나가다가 이 말을 들었다면, 그 자리에서 펄쩍 뛰었을 것이다. 그는 현금을 쓰지 않고 집안에 고이 모셔 두고 있는 필즈에게 대공황을 악화시키는 주범이라며 열을 올리며 일장 훈계를 했을 것이다.

  돈을 집안 금고에 차곡차곡 쌓아놓는 스크루지 같은 구두쇠들이 대공황을 영속화하고 있다고 생각한 케인스는 소비를 활성화하기 위해 정부가 나서서 예산을 지출해야 한다고 강력하게 주장했다. 케인스주의자들에게 국민 경제는 자동차와 같다. 가속 페달을 밟는 것은 '정부 지출을 늘리고 세금을 삭감하는 것'이다. 반면, 브레이크를 밟는 것은 '정부 지출을 줄이고 세금을 높이는 것'이다. 상황에 따라 가속 페달과 브레이크를 능숙하게 다루는 정부는 경제성장과 물가 안정이라는 두 마리 토끼를 잡을 수 있다.

이번 장에서는 케인스의 모델을 비판했던 경제학의 한 지적 흐름에 대해 살펴보고자 한다. 통화주의는 다음 두 가지 측면에서 케인스의 모델을 비판했다. 첫째, 정부는 대개 훌륭한 운전사가 되지 못한다. 둘째, 경제의 가속 페달과 브레이크는 재정 정책과는 아무런 관계가 없다.

통화주의라 불리는 경제학의 한 지적 조류는 경제가 가속 페달과 브레이크를 가지고 있기는 하지만, 가속 페달은 '화폐의 공급을 늘리는 것'이고, 브레이크는 '화폐의 공급을 줄이는 것'이라고 주장한다. 또한 통화주의자들은 누가 운전석에 앉아야 하는지에 대해서도 케인스주의자들과 의견을 달리한다. 케인스주의자들에 따르면, 정부 지출과 조세 정책에 대해 권한을 갖고 있는 의회가 운전석에 앉아야 한다고 주장했다. 반대로 통화주의자들은 금융 업계를 관장하는 연방준비제도이사회가 운전석에 앉아야 한다며 한 치의 양보도 하지 않았다.

이상의 이견을 두고 케인스주의자들과 통화주의자들은 1950년대에 시작해 1970년대가 끝날 때까지 불꽃 튀기는 설전을 계속했다. 밀턴 프리드먼, 스위스 태생의 미국인 경제학자 카를 브루너, 미국 태생의 경제학자이자 노벨 경제학상 수상자인 앨런 멜처 등이 주도한 통화주의는 로크, 흄, 밀, 리카도를 지적 선구자로 하고 있었음에도 불구하고 케인스주의자들로부터 온갖 비아냥거림을 들었다. 그러나 그들은 이에 굴하지 않고 계속해서 설득력 있는 연구 성과를 내놓았고, 더불어 용기 있는 후학들을 배출하면서 케인스주의를 누르고 학계의 존경과 명성을 획득했으며, 특히 카터 행정부에서는 의회의 요구에 따라 연방준비제도이사회가 통화주의자들의 주장을 심각하게 받아들이기 시작했다. 따라서 연방준비제도이사회 의장도 통화주의자들의 충고를 수용하기 시작했다.

오늘날 케인스주의자들과 통화주의자들의 승부는 어떻게 되었을까? 무승부다. 이하에서 우리는 미국의 연방 정부가 국민 경제를 4개의 페달을 가진, 즉 가속 페달 2개와 브레이크 2개를 가진 자동차로 간주하는 모습을 보게 될 것이다! 가엾은 트루먼이 한손잡이 경제학자를 애타게 찾았다는 일화를 기억하자. 오늘날 정치 지도자들은 한손잡이 경제학자는커녕 오히려 네 발 가진 경제학자들을 고집하는 것 같다. 한손잡이 경제학자도 문제겠지만, 페달이 너무 많은 것도 문제다. 설상가상으로 이런 페달들은 엄격한 통화주의자들과 정통 케인스주의자들의 호언장담만큼 원활하게 작동하지도 않는 듯하다. 한시도 쉬지 않고 엇박자로 삐거덕거리는 통화주의자들과 케인스주의자들의 페달 밟는 소리가 들리는가? 특히 페달이 삐거덕거리는 소리가 커진다는 것은 머지않아 고장 날 수 있다는 암시이기도 하다.

화폐란 무엇인가?

오늘날의 거시경제학을* 이해하기 위해서는 케인스주의자들과 통화주의자들이 어떤 식으로 서로 설전을 벌였는지, 그리고 통화주의 모델이 어떻게 작동하는지 알아야 한다. 이를 위해서는 은행 업무와 연방준

---

* 경제학은 이론적으로 가계와 기업 등 경제 주체들 간의 작용 및 상호 작용에 의한 재화와 서비스의 가격 및 거래량을 설명하는 미시경제학과 모든 경제 주체들 간의 상호 작용 결과로 인해 한 나라 경제 전반에 걸쳐 나타나는 현상에 대한 분석을 통해 국민 소득, 물가, 실업, 환율, 국제 수지 등 경제 전반에 영향을 미치는 변수들의 결정 요인과 이러한 변수들 간의 상호 관련성을 연구하는 거시경제학으로 나뉜다. 물론 거시경제학은 장기적인 측면에서 국민 소득의 변화를 설명하는 경제성장이론과 단기적으로 실업과 밀접한 연관을 가지고 있는 경기변동이론을 다룬다.

비제도이사회에 대해 먼저 알고 넘어갈 필요가 있다. 이 과정에서 앞으로 다룰 몇 가지 개념이 처음에는 생소하고 어렵게 느껴질 수도 있지만, 알아두면 현대 경제학을 이해하는 데 많은 도움이 될 것이다. 특히 통화주의 이론이 지금의 위상을 얻게 된 과정은 현대 지성사에서 가장 흥미로운 대목 중 하나다.

통화주의자들은 케인스가 화폐와 화폐 공급량(통화 공급량 또는 통화량이라고도 한다)을 무시한다고 비판했는데, 조금 불합리한 비판이 아닌가 생각된다. 주식 및 상품 거래로 막대한 부를 축적한 사람이자 거시경제학에 혁명을 가져온 사람이 어떻게 화폐를 무시할 수 있단 말인가? 이는 《모비 딕》의 작가 허먼 멜빌이 고래를 전혀 모른다고 비난하는 행위와 같다. 물론 통화주의자들이 화폐에 대해 일반적으로 알려진 지식보다 많이 아는 것은 사실이다. 하지만 그렇다고 케인스를 화폐에 대해 아무것도 모르는 깡통이라고 비난할 것까지 있을까?

화폐란 무엇인가? 조개 껍질과 구슬 등을 비롯해 어떤 것이든 다 화폐가 될 수 있다. 감옥에서는 종종 담배가 화폐 역할을 한다. 물론 오늘날 거시경제학에서 이야기하는 화폐는 이것과는 조금 다르다. 여기에서는 연방준비제도이사회의 화폐 공급량 또는 통화량에 대한 정의를 따르고자 한다. 화폐의 가장 일반적인 척도는 M1이라 불리는데, 이것은 ①은행 밖, 즉 시중에서 유통되는 통화량과 ②시중 은행에 예치되어 있는 당좌 예금, 즉 요구불 예금 형태로 되어 있는 자금량을 말한다. 기업의 주식이나 채권은 화폐로 간주되지 않는다(물론 M3로 표기되는 가장 광의의 화폐 개념에서는 주식이나 채권도 통화량 계산에 포함된다). 넓은 의미에서 화폐 공급량의 척도(M2)는 저축성 예금과 상호 기금 또는 투자 신탁 같은 덜 유동적인 자산도 포함한다.*

그런데 어떤 바보가 왜 화폐 공급량, 즉 통화량에 대해 문제를 제기할까? 화폐란 많으면 많을수록 좋은 것이 아닌가? 아니다. 절대 그렇지 않다. 화폐가 많으면 많을수록 좋다면, 굳이 통화주의자들이 나서서 문제를 제기했을 리도 없다. 예전의 슬랩스틱 코미디 영화를 보면, 실수 많고 허점 많은 악당이 지폐가 가득 든 가방을 들고 도망을 치다가 놓치는 바람에 지폐가 바람에 날리면서 지나가는 행인들이 앞다퉈 달려와 하나라도 더 줍기 위해 난리법석을 피우는 장면들을 자주 봤을 것이다. 행인들은 환호성을 지르고, 악당들은 울상을 짓는다. 그런데 이런 상황에서 경제학자들도 울상을 짓는다는 사실을 아는가?

돈 가방 몇 개가 열렸다고 해서 울상까지 지으며 심각하게 생각할 이유가 뭐가 있을까 하고 생각하는 사람도 있겠지만, 수많은 돈 가방이 한 마을에서 한꺼번에 열렸다고 가정해보자. 그러면 어떤 일이 벌어질까? 이 마을에 갑자기 돈이 넘쳐날 것이고, 그 결과 인플레이션** 또는 물가 상승이 나타날 것이다. 즉, 경제학자들이 울상을 지으며 우려하는 것은 바로 이런 인플레이션이다. 만일 화폐량이 공급되는 상품의 양보다 많다면, 따라서 호주머니에 돈이 넉넉해진 소비자들이 지출을 늘린다면, 물가는 당연히 오를 것이다. 그런데 흥미로운 것은 이 마을은, 비록 돈

---

* 이것을 간단히 정리하면, 다음과 같다.
  M1 = 현금, 즉 지폐+당좌 예금(요구불 예금).
  M2 = M1+소액 저축성 예금(준통화)+상호 기금(투자 신탁).
  M3 = M2+장기 국공채+거액 저축성 예금.
  L = M3+단기 국공채+상업 어음.
  여기에서 저자가 이야기하는 화폐 또는 통화는 M1을 주로 가리킨다.
** 화폐 가치가 하락해 물가가 전반적, 지속적으로 상승하는 경제 현상을 말한다.

은 많아졌지만, 전보다 부자가 된 것은 아니다.

다른 한편, 모든 사람이 자신들의 봉급에 0을 2개씩 더 붙인다고 해서 그들의 생계수준이 더 높아지는 것은 아니다. 부는 그것이 구매할 수 있는 재화와 용역으로 측정되지 숫자로 측정되는 것이 아니라는 것을 명심하자. 미국 달러는 멕시코 페소화에 비해 가치가 몇 배는 더 높기 때문에 멕시코에서 백만장자 소리를 들어도 미국에서는 중산층에도 미치지 못할 수 있다. 따라서 모든 멕시코인에게 페소화가 가득 든 돈 가방을 준다고 해도 사정은 달라지지 않는다. 다시 말해, 돈이 많다고 해서 반드시 좋은 것만은 아니라는 사실이다.

적정 화폐 공급량 또는 수준이란 무엇일까? 해답은 간단하다. 생산된 모든 상품을 구매하기에 충분할 뿐 아니라 물가 상승 없이 완전 고용을 달성할 수 있는 양이다. 그러나 이 대답은 다음과 같은 결정적인 문제를 간과한다. 그렇다면 완전 고용과 물가 안정을 위해 유통되어야 하는 통화의 양은 얼마나 되어야 할까?

이 질문에 대답하기 위해서는 사람들이 자신들이 가지고 있는 돈을 얼마나 빨리 지출하는지 알아야 한다. 사람들은 수중에 있는 돈을 오랫동안 가지고 있는 편일까 아니면 바로 써버리는 편일까? 돈은 얼마나 빨리 사람들 손에서 손으로 옮겨 다니고, 경제를 관통하며 유통할까? 만일 화폐가 빨리 움직인다면, 비록 사람들이 화폐를 양말 서랍에 넣어놓고 몇 달 동안 쓰지 않는다고 하더라도 그렇게 많은 양을 필요로 하지 않을 것이다. 현재 많은 경제학자와 국민 경제가 이런 단순한 문제에 매달리고 있다. 화폐량이 1년 동안 회전하는 비율은 화폐의 유통 속도velocity of money라 불린다. 경제학자들은 이것을 GDP와 비교하면서 화폐의 소득 유통 속도income velocity of money(이것을 V로 표기한다)에 대해 이야기한다. 따라서 V는 GDP를 화폐 공급량으로 나눈 것과 같다.

예를 들어, GDP가 36조 달러이고 화폐 공급량이 6조 달러라면, V는 6이 된다. 만일 화폐가 1년 동안 6번 회전한다면, 사람들은 현금 또는 당좌 예금 형태로 자신의 연간소득 가운데 약 2개월 치에 해당하는 금액을 보관한다는 뜻이 된다.

그렇다면 화폐의 유통 속도는 왜 중요할까? 이 문제에 대해 정말 진지하고 속 시원하게 논의할 수 있는 사람이 과연 있을까? 만일 화폐의 유통 속도가 안정적이라면, 그리고 중앙은행이 화폐 공급량을 통제할 수 있다면, 정부는 경제의 속도를 높이거나 늦출 수 있는 강력한 도구를 갖는 셈이다. 가속 페달과 브레이크 페달은 엔진을 직접 컨트롤하는 '화폐 공급량'을 나타냈다. 반대로 화폐의 유통 속도가 불안정하다면, 즉 사람들이 현금과 당좌 예금 형태로 많은 돈을 가지고 있어야 할지 적게 가지고 있어야 할지 말지 갈피를 잡지 못하고 오락가락한다면, 화폐 공급량 통제는 별 도움이 되지 못하며, 가속 페달도 제대로 말을 듣지 않게 된다.

이 문제에 대한 양측 입장을 간단히 정리하면, 통화주의자들은 화폐의 유통 속도가 안정적이라고 생각하는 반면, 케인스주의자들은 불안정하다고 간주한다. 이런 면에서 보면, 통화주의자들이 화폐 공급량을 정부가 운전하는 자동차에서 가장 강력한 페달로 간주하는 것도 이상하지 않다. 반면 케인스주의자들은 재정 정책을 무엇보다 가장 중요시하며, 통화주의자들의 통화 정책을 자동차의 앞 유리 와이퍼 정도로밖에 여기지 않는다. 불안정한 화폐의 유통 속도는 이미 브레이크가 말을 듣지 않는 차와 마찬가지라고 생각한다.

통화주의의 역사와 그에 대한 찬반 논쟁을 살펴보기 전에, 먼저 연방준비제도이사회가 화폐 공급량을 어떻게 조절하는지 간략하게 정리하고 넘어가자. 화폐 공급량을 조절하기 위해서는 다음 세 가지 도구가 중요하다. 첫 번째, 연방준비제도이사회는 은행들이 고객들에게 대출해 줄 수 있는 예금의 비율을 통제한다. 이것을 지급준비율이라고[*] 한다.

연방준비제도이사회가 지급준비율을 20퍼센트로 정했다고 가정하자. 그러면 시중 은행들은 고객들이 예금한 돈의 80퍼센트만을 대출할 수 있다. 예를 들어, 크리스가 10달러를 한 시중 은행에 당좌 예금으로 예치했다고 하자. 이것은 화폐 공급량을 의미한다. 화폐 공급량, 즉 M1은 시중에 유통되는 통화량과 당좌 예금(요구불 예금)을 합한 것과 같다는 것을 잊지 말자. 린이 크리스가 돈을 맡긴 은행에서 8달러를 빌리면, 통화 공급량은 8달러만큼 상승한다. 만일 그녀가 8달러를 당좌 예금에 예금하고, 브래드가 6.4달러를 빌린다면, 통화 공급량은 브래드가 빌린 6.4달러만큼 더 상승한다. 그런데 어느 날 연방준비제도이사회가 지급준비율을 기존 20퍼센트에서 25퍼센트로 올린다면, 시중 은행들은 그들이 빌려준 돈의 일부를 회수해야 한다. 이때 화폐 공급량은 줄어든다. 은행이 더 많은 돈을 빌려주면 빌려줄수록, 화폐 공급량은 그만큼 더 늘어나게 된다. 반면, 은행이 연방준비제도이사회의 지급준비율 상향 조정에 따라 고객들에게 빌려준 돈을 회수하면 회수할수록 화폐 공급량은 그만큼 줄어들게 된다.

[*]   Cash reserve ratio. 중앙은행이 시중 은행의 예금 총액에 대해 일정 비율의 현금 준비를 의무화하는 조치로써 공개시장조작, 금리 조정 등과 함께 대표적인 통화정책 수단이다.

두 번째, 연방준비제도이사회는 간혹 시중 은행들에 자금을 빌려준다. 이런 자금에 대해 금리를 인상함으로써 연방준비제도이사회는 은행들의 대출을 억제해 화폐 공급량을 통제한다. 이런 금리 인상을 재할인율이라고* 부른다.

세 번째, 연방준비제도이사회는 공채를 사고 팜으로써 화폐 공급량을 통제한다. 이것을 공개시장조작이라고** 부른다. 공개시장조작은 연방준비제도이사회가 화폐 공급량을 통제하는 데 있어 이상 언급한 세 가지 도구 가운데 가장 중요하게 사용하는 도구다. 법인과 개인을 포함해 일반인들은 1조 달러에 달하는 공채를 보유하고 있으며, 이로 인해 이들은 매년 적정 이율의 이자를 지급받는다. 이상의 도구들을 제대로 이해하기 위해서는 정신 집중이 필요한데, 시각적 교재를 이용하는 것이 이해에 도움이 될 듯싶다. 우선, 1달러짜리 지폐와 종이 한 장을 준비하자. 종이 위에 '채권'이라고 큼지막하게 쓰자. 그리고 테이블 한쪽 끝에 '채권 소유자'가 있고, 다른 한쪽 끝에 '연방준비제도이사회'가 있다고 하자. 누차 이야기하지만, 연방준비제도이사회가 가지고 있는 지폐는 화폐 공급량의 일부가 아니다. 즉, 그것은 통화량에 속하지 않는다. 연방준비제도이사회가 수중에 가지고 있는 자금으로 채권 소유자에게 채권을 구입한다. 당연한 이야기이지만, 이 채권은 화폐 공급량의 일부

---

* 시중 은행이 중앙은행으로부터 차입할 경우 시중 은행은 차용 증서를 발행하거나 또는 민간 대출에 대한 유가 증권으로 그들이 보유하고 있는 기업이나 개인의 약속 어음을 중앙은행에 담보로 제공한다. 이때 중앙은행은 시중 은행이 민간에게 대출 시 대출 이자를 요구하는 것과 같이 시중 은행에 대한 대출에 대해 대출 이자를 요구하는데 이것을 재할인율이라고 한다.

** 중앙은행의 통화 정책 중 하나로 중앙은행이 국·공채나 주식 등의 유가 증권을 매각 또는 매입하는 방식으로 이루어진다. 시중에 통화량이 과도하여 경기 과열의 우려가 있을 경우 중앙은행은 보유하고 있던 유가 증권을 팔아 민간 자금을 흡수하며, 반대의 경우에는 유가 증권을 사들여 시중에 자금을 공급하게 된다.

가 아니다. 물론 채권 소유자는 그 대가로 수표 또는 지폐를 받는다. 이 수표가 현금화되거나 예탁될 경우, 그것은 화폐 공급량의 일부가 된다. 즉, 통화량은 늘어난다. 혹시나 하는 노파심에서 다시 이야기하지만, 시중 은행이 아닌 연방준비제도이사회가 채권을 보유하고 있는 상태에서 그것은 화폐 공급량의 일부로 간주되지 않는다. 다른 한편, 연방준비제도이사회는 보유하고 있는 채권을 개인이나 시중 은행 등 기관에 판매함으로써 개인의 계정에서 인출되는 수표나 지폐를 거둬들인다. 이때 화폐 공급량은 줄어든다. 왜냐하면, 구매자가 받는 채권은 화폐가 아니며, 한편 연방준비제도이사회가 채권 판매를 통해 거둬들이는 자금은 화폐이기를 중단하기 때문이다.

통화주의 모델과 케인스의 비판

1913년에 연방준비제도Federal Reserve System, FRS가 설립되기 훨씬 이전에 고전파 경제학자들과 신고전파 경제학자들은 화폐 공급량의 변화가 경제 전반에 미치는 영향에 대해 그런대로 납득할 만한 설명을 시도했다. 미국 태생의 경제학자로 예일대학교 교수였던 어빙 피셔는 1911년에 존 스튜어트 밀의 분석에서 간단한 수학 공식을 도출함으로써 이 분야에 중요한 기여를 했다. 그가 도출해낸 공식은 $MV = PQ$인데, '피셔의 교환 방정식'이라 불린다. 이것은 일종의 화폐수량설이지만, 이것을 통해 우리는 통화주의 비판과 관련해 많은 것을 이해할 수 있다. 먼저, V는 화폐의 유통 속도를 나타내고, M은 화폐 공급량이다. P

는 물가 수준, Q는 생산된 재화와 용역의 양을 나타낸다. 따라서 PQ는 명목 GDP와 같다. 이 방정식에 이의를 제기하는 사람은 없다. 정의상으로 화폐량, 다시 말해 화폐 공급량(M)에 사람들의 손을 옮겨 다니는 횟수(V)를 곱한 값은 화폐로 구입하는 재화와 용역의 명목 가치와 같기 때문이다. 그러나 이 방정식에 문제가 없다는 것은 아니다. 문제는 바로 이들 변수들이 갖는 성질이다. 경제학자들은 이들 변수의 성질을 두고 끊임없는 논쟁을 이어왔다.

피셔의 교환 방정식이 등장하기 이전에 존재했던 통화주의의 가장 조야한 방정식은 다음과 같았다.

1. 통화의 유통 속도(V)는 일정하다.
2. 단기적으로 생산될 수 있는 재화와 용역의 양(Q)은 한정되어 있다.
3. 따라서 연방준비제도이사회가 화폐 공급량을 5퍼센트 늘리면, 물가는 5퍼센트 인상될 것이다. 이런 조야한 화폐수량설은 앞서 피셔의 교환 방정식에서 V와 Q를 없애버리고(일종의 상수이기 때문에) M에 변화가 일어날 경우 오직 P에만 영향을 미칠 것이라고 결론을 내린다

비록 이런 조야한 방정식도 장점이 있기는 하다. 특히 단기간에 일어나는 심각한 물가 상승 현상인 하이퍼인플레이션을* 설명하는 데 제격

---

*　**Hyperinflation.** 경제학적으로 물가 상승이 통제를 벗어난 상태로 수백 퍼센트의 인플레이션율을 기록하는 상황을 말하며, 이의 원인은 전쟁이나 경제 불안 등으로 인한 재화와 서비스의 희소성이 증가해 가격이 상승하고, 정부가 이를 통제하지 못하고 계속된 화폐 발행을 실행할 때 나타난다.

이다. 독일 바이마르 공화국 시절에 발생한 인플레이션이 대표적인 예다. 1921년에서 1924년 사이에 독일 바이마르 공화국은 무서운 속도로 화폐를 발행했다. 그 결과 화폐 공급량은 대기권을 지나 성층권을 향해 치솟았는데, 그것은 우리가 통상 생각할 수 있는 2배, 3배, 4배가 아닌 무려 25조 퍼센트 이상 증가했다. 물가 지수 역시 덩달아 1년 반 사이에 2억 배까지 치솟았다. 독일 바이마르 공화국의 모든 국민들이 며칠 사이에 억만장자가 되었다. 그런데 흥미로운 것은 거의 모든 백만장자들이 기아에 허덕였다는 사실이다. 벽장, 찬장, 옷장 등 수중에는 돈이 넘쳐났지만, 그것으로 살 수 있는 것이 거의 없었다. 바로 하이퍼인플레이션 때문이었다. 미국의 영화 제작자이자 감독이었던 새뮤얼 골드윈이 "구두 계약은 종이 한 장의 값어치도 없다"라고 말한 적이 있었는데, 당시 독일의 상황이 딱 그 꼴이었다. 당시 독일의 화폐는 종이 한 장의 값어치도 없었던 것이다. 독일 경제는 완전히 붕괴되었다. 최근에 베네수엘라가 초인플레이션 클럽에 가입했다. 2019년에 연간 물가 상승 속도가 1천만 퍼센트에 달했다. 중산층이 먹을 것을 찾아 대형 쓰레기 수납기를 뒤지고 있다. 인구의 10퍼센트는 나라를 떠났다. 베네수엘라가 세계 최대의 원유 매장량을 가지고 있지만, 부패한 정부가 국민에게서 부를 걷어냈고, 가치 없는 종이 화폐를 나눠주는 것으로 보상하려고 했다.[1] 여기에서 한 가지 교훈을 말하자면, 쉽게 돈을 얻은 자 쉽게 망한다는 것이다.

오늘날의 화폐수량설 이론가들이라 할 수 있는 통화주의자들은 자신들의 지적 선구자들이 화폐를 너무 홀대했다고 주장한다. 물론 통화주의자들 역시 선배들과 마찬가지로 화폐의 유통 속도는 일정하다고 가정한다. 그러나 '단기적으로' 화폐는 물가뿐 아니라 경제활동 전반을 지배할 수 있다고 주장한다. 그래도 선배들보다는 한 걸음 더 나아간 것이다. 그러나 한편, 그들 역시 선배들과 마찬가지로 '장기적으로는' 화폐 공급량의 변화는 물가에만 영향을 미칠 뿐이라고 생각한다. 또한, 통화주의자들은 여기에 반케인스주의적 교의를 덧붙인다. 즉, 화폐 공급량에 변화가 없다면, 정부 지출은 물가나 생산량에 아무런 영향을 주지 않는다는 것이다. 모든 문제 해결의 관건은 돈이다.

여기에서 우리는 다음과 같은 세 가지 문제를 생각해봐야 한다.

1. 왜 통화주의자들은 돈에 대해 무한한 신뢰를 보내는 것일까?
2. 왜 케인스주의자들은 돈을 그토록 우습게 보는 것일까?
3. 왜 통화주의자들은 정부 지출을 우습게 보는 것일까?

이에 대해 알아본 다음, 우리는 오늘날 이 두 학파 사이의 통화 논쟁이 어떻게 진행되고 있는지 살펴볼 것이다.

화폐 공급량과 GDP를 직접 연동하는 변속 메커니즘transmission mechanism에 대해 살펴보자. 우선, 화폐의 유통 속도가 일정하다는 통화주의자들의 가정이 옳다고 전제하자. 만일 연방준비제도이사회가 채권을 구입하는 형식으로 화폐 공급량을 늘린다면, 채권 판매자의 수중에는 더 많은 화폐가 쥐어질 것이다. 그러나 평소에 사람들은 화폐 보유량을 일정 수준으로 유지하고 싶어 한다. 이때 통화주의자들에 따르면, 사람들은 일상적인 거래에 필요한 돈만을 수중에 갖고 있다. 그러나 시중에 현금이 풀리면서 여분의 돈이 수중에 들어오게 되면, 사람들은 상품, 재화, 실물 자산 등에 그 돈을 지출할 것이다. 따라서 GDP는 상승한다.

반대로 연방준비제도이사회가 브레이크를 밟으면서 갖고 있던 채권을 매각한다면, 사람들이 수중에 갖고 있는 돈의 양은 줄어들게 된다. 그러나 앞서 살펴본 것처럼 사람들은 화폐 보유량을 일정 수준으로 유지하고 싶어 하기 때문에 대신 씀씀이를 줄일 것이다. 따라서 GDP는 하락한다.

통화 정책이란 본질적으로 민간 부문에서 일어나는 화폐 유동성과 벌이는 게임이다. 사람들이 계속해서 일정 수준으로 유동성을 유지하고 싶어 하는 한, 통화 정책은 GDP를 예측할 수 있으며, 또한 그것에 상당한 영향을 미칠 수도 있다. 연방준비제도이사회는 국민을 부처님 손바닥에 올려놓고 그들의 지출 수준을 마음대로 조작할 수 있다.

그런데 케인스와 그의 추종자들은 왜 이런 모델에 반대했을까? 아이러니하게도 케인스도 한때는 이 모델을 신뢰했다. 그런데 케인스의 경우보다 더 아이러니한 것은 제2차 세계대전 이후 통화주의의 선봉장을 자처했던 밀턴 프리드먼이 한때는 이 모델을 신뢰하지 않았다는 사실이다. 케인스는 통화주의자로 시작해 케인스주의자가 되었고, 프리드먼은 케인스주의자로 시작해 통화주의자가 되었다. 케인스가 학창 시절 친구들에게 '주둥이'라고 놀림을 당하기는 했지만, 케인스나 프리드먼 모두 그렇게 고집불통이지는 않았던 모양이다.

그렇다면 케인스는 왜 통화주의의 원칙을 포기했을까? 케인스는 스승 앨프리드 마셜에게 케임브리지에서 대대로 구전되어 내려오는 공식의 하나인 '케임브리지 방정식'이라는 것을 배웠다. 이 방정식은 피셔의 교환 방정식과 비슷하게 작동한다. 케인스에 따르면, 앨프리드 마셜은 화폐 수요(량)는 "사람들이 항상 구매할 준비가 되어 있는 상품의 평균 구매량"에 의해 측정된다고 "항상 가르쳤다."[2] 독일 바이마르 공화국이 하이퍼인플레이션을 겪고 있었을 때, 케인스는 《통화개혁론》에서 화폐 수량설이 가지고 있는 미덕을 강조했다. 이 책에서 그는 사람들이 빠른 속도로 돈을 지출하도록 만드는 인플레이션이 얼마나 더 빨리 물가를 상승시키는지 증명해 보였다. 그러나 《일반이론》이 출간될 무렵, 대공황이 발생하면서 케인스는 통화 정책이 별다른 효과가 없다고 판단하고 통화주의의 원칙을 포기하기에 이른다.

이때 케인스가 주요 비판 대상으로 삼았던 것이 화폐의 유통 속도였다. 왜 화폐의 유통 속도가 일정하다고 가정해야 할까? 중앙은행이 화폐 공급량과 유동성을 높이면 어떻게 될까? 왜 사람들이 평소 주머니에 가지고 다니는 돈 외에 추가로 생긴 돈을 주로 지출할 것이라고 가정해야 할까? 오히려 그 돈을 이불 밑이나 벽장에 보관할 수도 있지 않은가! 만일 그들이 추가로 생긴 돈을 벽장에 꼭꼭 숨겨 놓는다면, 화폐의 유통 속도는 떨어질 것이고, 중앙은행이 가속 페달을 밟아 화폐 공급량을 늘린 것은 별다른 효과를 얻지 못할 것이다. 결국 GDP에도 큰 변화가 없을 것이다.

케인스는 불황이 닥쳤을 때 이런 일이 벌어질 가능성이 크다고 생각했다. 화폐수량설을 옹호하는 통화주의자들은 사람들이 일상적인 구매를 위해 또는 '만약을 대비해'(예비적 동기) 화폐를 보유한다고 주장했지만, 케인스는 제3의 동기, 즉 투기를 목적으로 돈을 보유할 수도 있다고 주장했다. 보통 전자는 거래적 동기transactions motive라 부르고, 후자는 투기적 동기speculativce motive라 부른다.* 사람들은 주식이나 채권 시장에 투자하기 위해 여분의 유동성을 보유할 수도 있다. 만일 금리가 오르면 화폐에 대한 투기 수요 역시 오를 것이다. 따라서 화폐 공급량이 늘어난다고 하더라도, 이렇게 돈을 쓰지 않고 쌓아두려고 하는 욕구도 덩달아 상승할 수 있다.

케인스는 루스벨트 대통령에게 보낸 한 서한에서 다음과 같은 재치 있는 문장으로 통화의 힘을 비웃었다.

> 일부 논자 중에는 통화량을 증가시킴으로써 생산량과 소득을 증가시킬 수 있다고 (…) 생각하는 것 같습니다. 그러나 이것은 살을 찌기 위해 졸라맨 허리띠를 풀어 헤치는 것과 같습니다. 오늘날 미국의 허리띠는 허리둘레에 비해 너무 헐겁습니다.[3]

케인스는 화폐의 힘을 무시했을 뿐 아니라, 그와 그의 추종자들은 화폐에 대해 전혀 다른 변속 메커니즘을 주장했다. 케인스와 케인스주의자들은 통화 정책은 통화주의자들이 주장하는 것처럼 소비를 통해서가 아니라 금리와 투자를 통해 직접적으로 작용한다고 주장했다. 통화 조작으로 경제에 어떤 변화가 일어나기 위해서는 두 가지 길고 위험한 도약을 거쳐야 한다. 첫 번째 도약은 연방준비제도이사회가 화폐 공급량

---

* 거래적 동기에 의한 화폐수요는 일상의 거래를 위하여 통화를 보유하는 것을 말한다. 가계나 기업은 수입과 지출 사이에 존재하는 시차를 메우기 위하여 어느 정도의 화폐를 보유하고자 한다. 일반적으로 소득이 증가하면 거래 규모가 커져 거래적 화폐 수요도 증가하고, 소득이 감소하면 화폐 수요도 감소한다. 따라서 거래적 화폐 수요는 소득의 증가함수다. 한편, 케인스는 화폐 수요 이론을 예비적 동기, 거래적 동기, 투기적 동기의 3가지로 구분했는데, 투기적 동기는 장래 이익 획득의 기회에 대비해 현금을 보유하려는 것으로 이자율의 감소함수이다.

을 늘릴 경우, 사람들은 그것을 이불 밑에 넣어두어서는 안 된다. 그러나 케인스에 따르면, 사람들이 그 돈을 지출한다고 하더라도, 실물 자산보다는 주식이나 채권 같은 금융 자산을 구입하는 데 지출할 수 있다. 이것은 금리를 낮출 것이다. 기업이나 가계가 은행으로부터 돈을 빌려 그 돈으로 재화와 용역을 구입할 때라야 GDP가 상승한다. 이것이 두 번째 도약이다. 이렇게 큰 위험이 도사리고 있는 두 가지 도약을 기다리는 동안 많은 통화주의자들이 골짜기 아래로 추락할 수 있다.

이와 반대 방향으로 향하는 걸음 역시 길고 험난하기는 마찬가지다.

경기가 과열 현상을 보이자 이를 진정시키기 위해 연방준비제도이사회가 화폐 공급량을 줄인다. 이때 사람들은 자신들의 수중에 돈이 줄어들고 있다는 사실을 크게 인식하지 않을 수도 있다. 비록 그들이 필요한 돈을 마련하기 위해 보유하고 있는 금융 자산을 매각한다고 할 경우, 이것은 금리만 올릴 뿐이다. 즉, 시중 은행에서 돈을 빌리는 사람은 올라간 금리에 크게 개의치 않을 수 있다. 예를 들어, 어떤 기업이 금리가 오르기 전에 중요한 건설 프로젝트를 시작했다고 하자. 그런데 금리가 올랐다고 이 프로젝트를 중단할 수는 없다. 기업의 투자 결정이란 금리에만 좌우되는 것은 아니기 때문이다. 이때 GDP는 계속해서 상승할 수 있다. 다시 말해, 연방준비제도이사회의 의도와는 반대로 과열 경기는 계속될 수 있다.

요약하면, 통화 정책에 대한 케인스주의적 비판은 화폐의 유통 속도 또는 화폐 수요가 변덕스러울 때, 돈을 빌려 쓰는 사람들이 금리에 개의치 않을 때 정당하다고 할 수 있다.

밀턴 프리드먼은 케인스의 영향으로 "화폐수량설이 일시적으로 빛을 잃었고, 통화 이론 및 분석에 대한 경제학적 연구 역시 저조한 수준에 머무르고 있다. (…) 경제에서 화폐는 문제 될 것 없다는, 또는 여하튼 화폐는 그렇게 비중 있는 문제가 아니라는 인식이 광범위하게 자리 잡았다"라고 한탄했다.[4]

앞서 언급했듯이, 프리드먼은 초기에 통화이론을 신뢰하지 않았다. 프리드먼은 오랫동안 케인스와 케인스주의 비판의 본산이었던 시카고대학교 대학원 출신이었음에도 불구하고, 1942년에 인플레이션에 대해 쓴 한 논문에서는 통화에 대해 거의 언급조차 하지 않았었다. 그런데 10년 뒤에 그는 기존 논문에 일곱 문단을 새롭게 추가해《실증경제학》이라는 저술에 함께 수록했다. 프리드먼은 이렇게 덧붙였다.

새로 추가한 내용이 내 입장을 분명히 해줄 것이라고 확신하기는 하지만, 기존에 이 부분을 생략했던 것은 중대한 실수로 변명의 여지는 없다. 솔직히 말하면, 당시 학계에 만연했던 케인스주의 열기에 얼마간 휩쓸렸던 부분이 있다.[5]

밀턴 프리드먼의 반격

성격으로 보나 지적 능력으로 보나 밀턴 프리드먼 외에 케인스와 케인스주의에 대한 통화주의의 반혁명counterrevolution을 이끌 적임자는 없었다. 철저한 논리와 주장으로 학계의 적들을 매섭게 몰아붙였던 희대의 논객 밀턴 프리드먼은 종래의 통념에 절대 아랑곳하지 않았다. 통화주의의 반혁명이 시작되기 직전, 그는 자신의 왜소한 체구만큼이나 경제학계에서 그렇게 알려진 인물은 아니었다. 갤브레이스에 따르면, 1950년대와 1960년대에 통화량의 역할에 대해 '고집스럽게 물고 늘어지는' 사람은 바보 아니면 '괴짜'로 여겨질 정도로 세간의 평가가 그렇게 좋지 않았다고 한다. 하지만 얼마 지나지 않아 그는 학계에서 두각을 드러내기 시작했고, 급기야 1976년에는 노벨경제학상을 수상하게 된다. 갤브레이스는 이런 그를 "20세기 후반에 가장 영향력 있는 경제학자"로 지목했을 정도였다.[6]

프리드먼은 자신을 평소 행운아라고 생각했는데, 그래서였는지는 몰라도 그는 자신과 자신의 부인 로즈 프리드먼의 공동 자서전의 제목을 《두 행운아》라고 짓기도 했다. 그는 1912년에 브루클린에서 가난한 오스트리아-헝가리 출신의 이민자 부모 밑에서 태어났다. 프리드먼이 태어나고 몇 년 뒤에 그는 뉴저지의 주 교도소가 위치한 라웨이로 이사를 갔다. 그곳에서 그의 어머니 사라는 자그마한 옷 가게를 하나 열었고, 아버지 제노는 손에 닥치는 대로 허드렛일을 하며 생계를 유지했다. 이렇게 어린 시절 밀턴과 세 누이는 어려운 환경에서 성장했다. 설상가상으로 밀턴이 고등학교 졸업반이었을 때 아버지가 돌아가시면서 가족들은 더욱 어려운 환경에 처했다. 이렇게 불우한 어린 시절을 보낸 그가 어떻게 자신을 행운아라고 여기게 됐을까? 그것은 자신이 미국이라고 하는 자유로운 나라에서 태어났기 때문이었다.

러트거스대학교에 다니던 시절 그는 장학금을 받아 학비를 충당하고, 식당 웨이터와 가게 점원으로 일하면서 생활비를 벌었다. 러트거스대학교에서 그는 처음에 수학과 회계를 공부했다. 그가 수학에 관심을 갖게 된 것은 고등학교 선생님의 영향이었다. 그 선생님은 수학 시간에 피타고라스의 정리를 영국 낭만주의 시인 존 키츠의 〈그리스 항아리에 부치는 노래〉라는 시와 비교한 적이 있었는데, 그것이 그에게 강한 인상을 남겼던 것이다. 그러나 곧 그는 경제학을 알게 되었다. 그가 대학교에 들어가던 1929년에 경제학은 다른 누군가의 도움을 필요로 했다. 주식 시장 붕괴로 현대 자본주의가 높은 선반에 놓여 있던 항아리가 떨어지면서 산산조각 나듯 붕괴되고 말았기 때문이었다.

당시 러트거스대학교 교수이자 뒤에 연방준비제도이사회 의장에 오르는 아서 번스 밑에서 프리드먼은 고전파 경제학의 이론들을 공부했다. 그리고 졸업 후, 시카고대학교 대학원에 입학한 그는 학생들을 알파벳 순서대로 자리에 앉히는 교수 덕분에 평생의 행운을 얻게 된다. 교수는 그를 로즈 디렉터라는 이름의 여학생 옆자리에 앉혔다. 즉, 이 덕분에 프리드먼은 나중에 그의 부인이 되는 사람 옆자리에 앉을 수 있었다. 비록 두 사람이 결혼해 68년 동안 부부관계를 지속했음에도 불구하고, 어떤 영문인지 밀턴은 자신이 밀턴 주커먼으로* 태어났을 수도 있다고, 다시 말해 로즈 디렉터를 만나지 못했다면 평생 결혼도 못해보고 혼자 초라하게 살았을지도 모른다고 생각했던 것 같다.

밀턴 프리드먼이 케인스보다 키가 45센티미터 작았지만, 그는 확신이 있었다. "아래쪽이 아니라 위쪽을 가격해라"라는 격언이 있다. 이것은 사회적으로 지위가 높은 사람을 상대로 싸우라는 의미다. 한번은 미국공용라디오National Public Radio, NPR이 내게 경제 토론을 하고 싶은 상대를 추

---

* Zucker는 독일어로 설탕을 뜻한다. Zuckerman이라는 성이 없는 것은 아니지만 직역하면 '설탕맨'으로 결혼을 못 해 가정을 이루지 못했다는 것을 비유적으로 말한 것 같다.

천해 달라고 요청한 적이 있었다. 나는 클린턴 대통령의 경제자문위원회 의장인 조지프 스티글리츠에게 물어보라고 했다. 스티글리츠가 동의했고, 우리는 전반적으로 기분 좋은 토론을 했다.* 밀턴 프리드먼은 시카고대학교 대학원생이 되어 처음으로 꽤 유명한 적들에게 비판의 칼날을 겨누었다. 그는 케인스가 편집장으로 있던 〈경제학 저널〉에 피구의 수요탄력성 계산을 비판하는 논문을 보냈다. 케인스는 피구의 편을 들면서 이 논문의 게재를 거절했다. 하지만 케인스는 얼마 지나지 않아 《일반이론》에서 피구를 가차 없이 비판했다. 프리드먼의 논문과 피구의 반박 논문은 〈경제학 저널〉 대신 〈계간 경제학 저널〉에 실렸다. 그의 다른 싸움 상대는 미국의 학협회였다. 그는 이 협회가 다른 협회와의 경쟁에서 우위를 점하기 위해 의사들의 봉급을 보조해주고 있다는 내용이 담긴 책을 한 권 썼다.

책이 출간되기 전에 이런 사실을 알아차린 협회는 출판업자에게 책을 출간하지 말라고 강력하게 요구했다. 그러나 출판업자는 협회의 요구를 거부했고, 이로 인해 프리드먼은 두려움 없는 논객이라는 명성을 얻었다. 프리드먼은 "모든 직업이 (…) 경쟁 상대에 대해 배타적인, 또는 적어도 제한적인 태도를 가지고 있는데" 이것이 오히려 소비자들에게 피해를 줄 뿐 아니라 새로운 경쟁자에게 높은 진입 장벽이 된다고 주장했다. 1900년에 노동력의 4퍼센트만이 '전문 직종'에 종사했지만, 세기 중반에 이르면 의사에서 시체 방부 처리사에 이르기까지 1,200종이 넘는 전문 자격 직종이 등장했다.[7] 전문 자격 직종이란 좋게 말해 전문 인력의

---

* [저자주] 방송이 시작되기 전 그린룸에서 대기 중이던 스티글리츠가 토론 주제가 뭔지 물었다. 나는 그가 클린턴 행정부가 밀고 있는 북미자유무역협정을 대변했기 때문에 청취자들이 미국 일자리를 멕시코에 넘겨주려 한다고 항의 전화를 해올 것이라고 설명했다. 스티글리츠가 놀라며 "뭐라고요?"라고 물었다.

538

양성을 의미하지만, 반대로 보면 그런 자격증을 갖지 못한 사람들을 배격하는 일종의 진입 장벽이다. 요람에서 무덤까지 미국인들은 전문 자격증을 가진 사람들의 손을 거쳐 지나간다.

제2차 세계대전 기간, 프리드먼은 수학을 금속류 검사에 접목하는 일을 하면서 통계학자로서 정부를 위해 일했다. 군 복무의 일종이었다. 이때 그는 이론적 모델은 항상 현실과 결부된 경험적 검증을 통해 증명되어야 한다는 것을 깨달았다. 그리고 어느 날, 그는 무기 용도로 사용될 수 있는 초강력 금속합금을 이론적으로 고안하고 그것을 계량경제학적 검증을 통해 증명했는데, 놀라운 것은 그런 검증을 통해 실제로 제조가 가능하다는 놀라운 결과가 나왔다. 이 덕분에 프리드먼은 정부산하 화학연구소로 자리를 옮겼다. 그는 자신의 터빈 날개가 고장 없이 200시간을 회전할 수 있다고 자랑했다. 그곳에서 그는 다른 연구원들과 함께 자신의 정식에 따라 잘 익은 바나나 하나의 힘을 갖는 금속합금을 만들어냈다. 그는 이 과정에서 실질적인 검증 없는 이론적 통계란 믿을 수 없는 것이라는 것을 배웠다.

그리고 전후, 시력 감퇴로 안경을 쓰게 된 프리드먼은 시카고대학교에서 경제학을 가르치기 시작했다.* 이 당시까지만 해도 케인스의 연

---

* 밀턴 프리드먼을 위시한 시카고대학교 출신의 통화주의 경제학자들을 시카고학파라고 한다. 시카고학파는 미국의 전통적인 하버드학파와 더불어 현대 주류 경제학이라고 일컬어지는 신고전파 경제학의 양대 산맥을 이루고 있다. 시카고학파의 특징은 첫째, 인간의 경제 행위를 가장 잘 설명할 수 있는 분석 도구로서 가격 이론을 신봉하고, 둘째, 자유시장 경제가 자원 배분은 물론 소득 배분을 가장 효과적으로 수행하기 때문에 정부의 시장 개입은 최소화되어야 한다는 믿음에 있다. 시카고학파는 케인스 경제학의 입장을 계승한 신경제학에 대립해 생산, 고용, 가격 등의 수준을 결정하는 요인으로서 통화 공급량을 중시한다. 이 같은 시카고학파의 주장은 미국의 닉슨 행정부에 의해 처음으로 경제 정책에 반영되었고, 1980년대 레이건 행정부에서는 레이거노믹스의 온상이 되는 등 근래 들어 그 영향력을 더해 가고 있다.

구를 높이 샀다. 비록 이후에 그가 케인스의 많은 아이디어를 버렸지만, 그럼에도 불구하고 이 영국인을 위대한 경제학자이자 위인으로 부르면서 계속 찬미했다. 초기에 케인스와 케인스주의자들에게 보여주었던 프리드먼의 지적 관대함은 그가 경제학 논쟁에서 보여주었던 엄격하고 엄밀한 성격만큼이나 그를 대표하는 성격이었다. 그러나 얼마 지나지 않아 그는 이런 지적 관대함을 내버렸다.

밀턴 프리드먼은 일련의 새로운 연구를 통해 화폐수량설을 케인스의 비난과 공격에서 구하기 위해 노력했다. 앞서 살펴본 대로, 케인스는 화폐수량설을 신봉하지 않았다. 그렇다고 고양이가 쥐를 몰듯 그것을 완전히 부정한 것은 아니다. 케인스는 화폐수량설이 빠져나갈 수 있는 구멍은 터주었다. 그러나 그것은 낙타도 지나기 힘들다는 바늘구멍보다 더 작은 구멍이었다. 프리드먼이 화폐수량설을 케인스의 수중에서 구해내기 위해서는 무엇보다 민간 부문이 안정적이라는 것을 보여주어야 했다. 즉, 통화주의가 효력을 갖기 위해서는 화폐의 유통 속도(유동성)와 소비가 하와이 훌라 댄서의 요동치는 엉덩이처럼 기복이 있어서는 안 된다.

1956년, 케인스주의자들이 학계를 주름잡고 있었을 때, 프리드먼은 화폐수량설을 발전시키고 검증하는 일련의 논문들을 연이어 출간했다. 화폐를 물가와 묶는 대신 프리드먼은 화폐 수요를 재정의하는 데 주안점을 뒀다. 그는 화폐 수요가 안정적이라고 주장했는데, 이유는 그것이 건강, 교육, 그리고 개인이 평생 기대하는 소득같이 장기적인 요인들에 의존하는 것이라고 생각했기 때문이었다. 이런 요인들은 장기적으로 볼 때 크게 변동을 보이는 것이 아니기 때문에, 화폐 수요 역시 장기적으로 안정적이라고 주장했던 것이다. 앞서 누차 강조했듯이, 케인스는 이와

반대로 장기적인 영향에 대해 그다지 비중 있게 다루지 않았다.[8]

이듬해부터 프리드먼은 소비에 관심을 두기 시작했다. 케인스의 간단한 소비 모델은 당장의 소득이 오르락내리락할 때마다 소비 역시 그렇게 된다고 가정했다. 만일 소득이 특정한 해에 떨어진다면, 사람들은 지출을 줄일 것이다. 이것은 하나의 자명한 이치처럼 보인다. 그러나 여기에서 프리드먼은 다시 장기적인 관점을 들이댄다. 결국, 매주 금요일에 어김없이 봉급을 받는 사람은 일주일 내내 굶지 않고 지낼 수 있고 그 주의 주말을 즐겁게 보낼 수 있다. 이렇게 그는 장기적인 소득을 기대할 수 있기 때문에 오히려 일정한 소비 수준을 유지할 수 있다고 생각했다. 이것을 항상소득가설이라고* 한다.

밀턴 프리드먼은 개인의 소비 행태가 장기적으로 볼 때 큰 변동이 없다고 주장했다. 다만 미래 소득에 대한 기대가 바뀔 때, 소비 행태도 바뀔 수 있다고 가정한다. 소비자들은 일주일 또는 한 달 또는 일 년 정도의 예상 수입이 바뀐다고 해서 기존의 소비 행동을 바꾸려고 하지는 않을 것이다. 대신, 이때 그들은 자신들이 저축해놓은 돈의 일부를 사용할 것이다. 그러다가 어느 해에 예상보다 소득이 높으면 평상시보다 더 많은 돈을 저축하게 될 것이다. 미래의 기대 수입에 큰 변화를 감지하는 한에서 그들은 평소의 소비 행태를 바꾸게 된다.[9]

소비에 대해 이런 장기적인 관점에서 논의를 했던 사람은 프리드먼

* Permanent income hypothesis. 소득을 정기적이고 확실한 항상 소득과 임시적 수입인 변동 소득으로 구분할 때, 항상 소득은 일정 비율은 소비되며, 변동 소득은 저축으로 돌려지는 경향이 강하다. 그 때문에 소득에서 차지하는 항상 소득의 비율이 높을수록 소비 성향이 높고 저축 성향은 낮아진다. 이에 따라 불경기에 변동 소득의 비율이 작아지고 소비 성향이 커지는 현상, 그리고 고소득자일수록 변동 소득이 크고 소비 성향이 작아지는 경향을 설명할 수 있다.

뿐이 아니었다. 이탈리아계 미국인 경제학자로 케인스주의자이자 노벨 경제학상 수상자인 프랑코 모딜리아니도 비슷한 시기에 평생소득가설을* 통해 프리드먼과 비슷한 결과를 도출해냈다.[10]

그렇다면 프리드먼의 핵심 결론은 무엇이었을까? 그것은 소비 또는 소비 행태는 우리가 예상하는 것과 달리 놀라울 정도로 안정적이라는 것이다.

만약 프리드먼과 모딜리아니가 옳다면, 정부의 임시방편적인 정책은 민간 경제에 별다른 영향을 미치지 않게 된다. 그럼, 이것을 어떻게 검증할 수 있을까? 역사적 사례를 들어 이것을 살펴보자. 1964년에 존슨 행정부에서 단행한 감세 정책은 소비를 진작시키면서 경제를 활성화하는 데 큰 도움이 되었다. 특히 당시 감세 정책은 급여소득세율을 경감시켜주었기 때문에 소비자들은 이 정책이 계속 지속될 것으로 생각했다. 그러나 1968년, 베트남 전쟁의 장기화에 따른 전쟁 비용 증대와 갑작스럽게 늘어난 복지 지출로 인해 정부 예산 적자와 인플레이션이 우려되는 상황에 직면했다. 연방 의회는 과열 경기를 늦추기 위해 단기 세금 인상안을 통과시켰다. 그런데 흥미롭게도 정부의 세금 인상 조치에도 불구하고 소비자들은 지출을 줄이지 않았다. 오히려 기존의 소비 수준을 유지하기 위해 저축해놓은 돈을 인출해서 쓰기 시작했다. 한편, 1975년에 시행된 일시적인 세금 환급 조치 역시 별다른 효과를 내지 못했다. 즉, 민간 부문의 소비를 진작시키는 데 별다른 영향을 미치지 못했던 것이다. 한편, 2001년에 시행된 가구당 600달러의 세금 환급 조치

* **Life-cycle hypothesis.** 개인의 소비 행태는 현재의 소득에 의하여 결정되는 것이 아니라 개인이 평생에 걸쳐서 소비할 수 있는 소득의 총액(평생 소득)에 의해 결정된다는 가설이다.

도 결과는 마찬가지였다. 프리드먼과 모딜리아니의 가정대로 정부의 일시적인 정책은 민간 경제에 별다른 영향을 주지 못했다.

미국 이외에서도 이와 같은 일시적인 정부 정책들이 실패한 경우는 쉽게 찾아볼 수 있다. 일본의 재무성은 1990년대 중반 소비를 진작시키기 위해 일시적인 감세안을 폈지만, 소비자들의 원성만 들었다. 정부가 계속해서 판매세를* 올리는 것에 이미 화가 나 있던 소비자들이 일시적인 소득세 감면이 생색내기에 지나지 않는다고 생각했던 것이다. 결국 소비자들은 돈을 지출하기보다는 은행에 저축하는 쪽을 선택했다. 1990년대 일본이 장기 경기 침체를 겪는 동안, 무려 6명이 넘는 총리가 정책 실패에 대한 책임으로 자리에 오르기가 무섭게 물러나야 했다.

비록 밀턴 프리드먼이 일련의 논문들을 통해 통화주의자들의 주장을 뒷받침할 수 있는 이론적 토대를 마련하기는 했지만, 이것만으로는 부족했다. 그는 제2차 세계대전 당시 통계학자로 일하면서 깨달은 것처럼 경험적 검증을 통해 증명해야 했다. 특히 통화 정책에 회의적이고 비판적인 논자들을 설득하기 위해 꼭 필요한 절차였다. 오랫동안 프리드먼은 진정한 이론 검증은 미래에 일어날 사건을 정확하게 예측하는 것과는 상관없다는 분명한 철학적 입장을 견지하고 있었다. 그는 아무리 멋진 도자기라도 실생활에 쓸모가 없으면 무용지물이라고 생각했다. 1963년, 프리드먼과 미국 태생의 경제학자 안나 슈워츠는《미국의 통화사 1867~1960》라는 방대한 분량의 보고서를 출간했다.[11]

프리드먼은 케인스주의자들이 자신들의 이론을 뒷받침하는 가장 실

---

* **Sales tax.** 물품 자체가 아닌 매상 행위에 부과되며, 보통 판매 가격에 포함시켜 구입자로부터 징수한다.

증적이고 역사적인 사례로 대공황을 들고 있다는 것을 잘 알고 있었다. 앞서 언급한 대로 케인스는 대공황이 통화 정책이 별다른 쓸모가 없다는 것을 입증해 보인 중요한 역사적 사례로 거론했다. 그런데 흥미롭게도 프리드먼은 대공황이 통화 정책의 강점을 증명하는 대표적인 실례라며 역으로 주장하고 나섰다. 다시 말하면, 프리드먼은 케인스주의자들의 수중에서 대공황을 훔친 셈이다. 1929년에서 1933년 사이에 통화량은 3분의 1로 줄어들었다. 프리드먼과 슈워츠는 통화량 급감의 주범으로 연방준비제도이사회를 지목했다. 전례 없는 주식시장 폭락에 겁을 집어먹은 소비자들이 은행 문을 두드리며 맡겨놓은 돈을 돌려달라고 요구했을 때, 연방준비제도이사회는 시중 은행들에 유동성을 제공하는 것을 거부했다. 두 사람은 연방준비제도이사회가 이때 화폐 공급량을 조금 더 늘렸더라면, 소비자들은 훨씬 더 많은 자신감을 갖게 되었을 것이라고 주장했다.

《미국의 통화사 1867~1960》는 지난 세기 동안 발생한 모든 심각한 경기 침체와 인플레이션의 원인이 통화 정책의 실패에 있다고 주장한다. 케인스나 케인스주의자들이 말하는 유효 수요의 부족에서 오는 경기 침체나 인플레이션은 없었다는 것이다. 물론 이것은 그들의 경기 부양책인 정부 지출을 부정하는 것이기도 하다. 여기에서 또한 흥미로운 것은, 프리드먼의 이런 주장으로 어부지리 이득을 얻은 집단이 있다. 그것은 기존에 임금 인상 투쟁 등으로 인한 인플레이션의 주범으로 지목됐던 노동조합이 면죄부를 받았다는 것이다.

프리드먼을 비롯해 앨런 멜처와 카를 브루너 같은 다른 통화주의자들이 케인스의 이론을 조금씩 잠식해 들어오자 다양한 형태의 반응이

나오기 시작했다. 일부 케인스주의자들은 나름대로 연구를 통해 통화주의자들의 주장을 반박했다. 물론 통화주의자들의 주장이 옳다고 인정하는 일부 논자들도 있었고, 여전히 콧방귀를 끼는 논자들도 있었다. 1960년대 후반에 개최된 한 컨퍼런스에서 당시 MIT 경제학과 교수였던 로버트 솔로는 프리드먼의 한 논문에 대해 다음과 같이 평가했다. "밀턴과 저 사이에 또 다른 차이가 있습니다. 그것은 세상 모든 것이 밀턴에게는 화폐 공급량으로 여겨진다는 것입니다. 저에게는 모든 것이 섹스로만 보이는데 말이죠. 하지만 저는 그것을 공공연하게 논문에 옮겨 적지는 않습니다."

그러나 1960년대가 지나면서 통화주의는 더 강력한 힘을 얻기 시작했다. 화폐의 유통 속도가 놀라울 정도로 안정된 패턴을 보였기 때문이었다. 1948년 이후 30년 동안, 화폐의 유통 속도가 매년 3퍼센트 이상 증가하면서 충분히 예측 가능한 행태를 보였다. 프리드먼이 일부 지지자들과 함께 시작한 케인스주의자들과의 성전crusade이 천군만마를 얻은 것이나 마찬가지였다.

이처럼 화폐의 강력한 힘을 입증하고, 화폐수량설에 새로운 활력을 불어넣은 다음, 통화주의자들은 정부 지출이 경제에 활력을 불어넣을 수 있다고 주장하는 케인스주의자들에게 일대 반격을 가하기 시작했다. 케인스라는 거인을 쓰러뜨리기 위해, 이제 그들은 케인스의 승수가 제로라는 것을 보여줄 필요가 있었다.

통화주의자들은 케인스가 다음과 같은 중대한 질문을 교묘히 피해 갔다고 주장했다. 정부의 재정 지출에 필요한 돈은 어디에서 나오는가? 만일 화폐 공급이 일정하고, 정부가 돈을 지출한다면, 다른 사람이 쓸 수 있는 돈은 그만큼 줄어들게 된다. 세상에 공짜 점심은 없다. 만일 연방 의회가 정부의 재정 지출 정책에 필요한 돈을 확보하기 위해 세금 인상안을 통과한다면, 소비자의 수중에서는 세금이 인상된 만큼 재화와 용역을 구매할 수 있는 돈이 줄어들게 된다. 반대로, 만일 연방 의회가 정부 보유 채권을 개인이나 은행 등 기관에 판매함으로써 시중에 유통되는 통화량을 줄인다면, 기업은 그만큼 투자에 필요한 돈을 빌릴 수 없게 된다. 금리가 오르면 투자는 위축된다. 정부 지출이 민간 지출을 저해한다. 케인스 이론의 가장 기본이 되는 승수는 이것을 간과하고 있다.

물론 케인스주의자들은 정부 지출이 갖는 이런 상쇄 효과를 부정하지 않는다. 이 분야는 그들의 주요 종목이 아닌가! 그러나 그들은 이런 상쇄 효과가 정부 지출, 특히 경기 침체기에 그것의 효과를 완전히 무기력하게 만드는 것은 아니라고 반박한다. 사실 문제는 이런 상쇄 효과의 정도에 있다. 1990년대에 케인스 모델에 동조하는 데이터리소스 모델은 정부의 경기 부양 첫해에 승수가 약 1.6이지만 이후에 꾸준히 하락한다고 예측했다. 그리고 최근 들어 케인스 모델을 떠받칠 증거가 더욱 빈약해졌다. 2008년 대침체기에 오바마 대통령은 3,400억 달러의 경기 부양책이 포함된 새해 예산안을 통과시켜줄 것을 의회에 촉구했다. 현재 미국 캘리포니아대학교 샌디에이고 캠퍼스 경제학과 교수인 발레리 레이미는 사후 평가에서 이만큼의 지출이 유발한 GDP가 3,400억 달러가 채 되지 못한다고 추정했다.[12] 돌이켜보면 케인스가 《일반이론》에서 승수 효과의 사례로 현재 추산보다 10배나 높은 것을 거론한 것은 놀랍다.[13] 2020년에 코로나바이러스에 대응하고자 조성한 1조 달러의 긴급 종합대책은 지출을 장려하고자 한 것이 아니었다. 대신 미국 정부가 대다수 상점에 휴업 조치를 내린 상황에서 코로나가 진정돼 집 밖으로 나올 수 있을 때까지 연명할 수 있는 현금을 지급한 것이었다.

1970년대 들어 나타난 스태그플레이션으로* 인해 밀턴 프리드먼이 조금 당황하기는 했지만, 오히려 이것이 더 그를 유명하게 만들었다. 1967년 12월, 그는 전미경제학회에서 행한 연설에서 인플레이션이 높으면 일자리 창출을 자극할 수 없다고 주장했다. 이런 주장은 일반적인 교과서를 읽거나 저술하는 청중에게는 얼토당토않게 들렸다. 그러나 몇 년 뒤에 경제학자들은 그의 연설을 곱씹으며 그가 경제사상사에 지울 수 없는 흔적을 남겼다는 사실을 깨달았다.[14] 1970년대 초까지만 하더라도 학부생들은 사회가 약간의 인플레이션을 용인하기만 한다면, '모든 사람'이 더 많은 일자리를 창출할 수 있다고 배웠다. 이 둘 사이의 관계는 영국 태생의 경제학자 윌리엄 필립스의 이름을 딴 곡선을 통해 증명되었다. '필립스 곡선'이라고** 불리는 이 곡선이 주장했던 것은 만일

---

* 경기 침체를 의미하는 스태그네이션과 인플레이션을 합성한 신조어로 경기는 침체 상황을 보이는데 물가는 오르는 현상을 가리킨다. 스태그플레이션이 심한 것을 슬럼프플레이션이라고 한다. 제2차 세계대전 전까지 불황기에는 물가가 하락하고, 호황기에는 물가가 상승하는 것이 일반적이었다. 그러나 최근에는 호황기에는 물론 불황기에도 물가가 계속 상승하여 이 때문에 불황과 인플레이션이 공존하는 사태가 현실적으로 나타나게 되었다. 예를 들어 미국에서는 1969~1970년 경기후퇴가 지속되는데도 소비자물가는 상승을 계속했다. 이런 만성적 물가 상승은 물가 안정을 경제 정책의 첫째 목표로 여겼던 전전의 풍조가 후퇴하고 물가 안정보다는 경기 안정을 우선으로 하는 경제 정책이 자리 잡는 계기가 되었다. 이런 만성적인 물가 상승은 소수의 대기업에 의하여 주요 산업이 지배되고, 제품 가격이 수급 상태 등과는 관계없이 고정되는 경향, 즉 독과점가격의 하방경직성이 강해졌다는 사실과 관련이 있다. 특히 1970년대에 들어와서는 석유 파동이 경기를 침체시키면서도 물가는 계속 상승했다. 그 외 스태그플레이션의 원인으로는 경기 침체기에 군사비나 실업 수당 등 주로 소비적인 재정 지출이 확대되고, 노동조합의 압력으로 명목 임금이 급상승하며, 기업의 관리비가 상승해 임금 상승이 가격 상승에 비교적 쉽게 전가되는 일 등을 들 수가 있다.

** Phillips curve. 인플레이션율과 실업률 간에 역의 상관관계가 있음을 나타내는 곡선으로 여러 나라의 시대별 자료에 대한 실증 연구를 통해 명목 임금 상승률이 높을수록 실업률이 낮게 나타나는 반비례 관계임을 보여준다.

당신이 약간의 인플레이션을 용납할 수 없어서 많은 사람이 실업에 빠지도록 한다면 당신은 지나치게 인색한 수전노라는 것이었다. 프리드먼은 이런 주장에 동의하지 않았다.

그는 컬럼비아대학교 정치경제학과 교수이자 2006년도에 노벨 경제학상을 수상한 에드먼드 펠프스와 함께, 만약 정부가 인플레이션을 방치한 채 더 많은 일자리를 창출하는 데 정책 목표를 둔다면, 일자리 창출보다는 오히려 물가 상승만을 초래한다는 사실을 증명해 보였다. 실제로 인플레이션은 일자리 창출보다는 오히려 기존의 일자리를 파괴할 수도 있다. 1970년대 스태그플레이션은 미국 가계의 입장에서 보면 큰 재앙이었지만, 프리드먼에게는 자신의 분석이 옳다는 것을 증명하는 또 다른 역사적 실례였다. 저명한 경제학자이자 클린턴 행정부에서 재무부 차관을 지낸 로런스 서머스는 대학생 시절 밀턴 프리드먼은 자신과 같은 진보적인 경제학자들에게는 '악마와 같은 존재'였다고 회고했다. 그러나 서머스가 대학생이었던 1970년대 초와 이후 그가 대학 교수가 되는 10년 동안 '이단시 되었던 프리드먼의 이론異論은 어느덧 정통正統이 되었고', 프리드먼은 더 이상 악마가 아닌, 서머스가 '존경심'으로 우러러보는 거물이 되어 있었다.[15]

겸손한 승리

당신이 밀턴 프리드먼이라고 가정해보자. 당신은 돈이 말을 할 수 있을 뿐 아니라 걸을 수도 있고 경제까지도 운영할 수 있다는 것을 방금 증명해 보였다. 그렇다면 이제 할 일은 경기 침체기에는 화폐 공급량을 늘리고, 반대로 인플레이션이 눈앞에 닥쳤을 때는 화폐 공급량을 줄이도록 연방준비제도이사회를 설득하는 일일 것이다. 그렇지 않은가? 따라서 경기가 침체 기미를 보이면 당신은 화폐 인쇄기를 가리키며 연방준비제도이사회 의장에게 이렇게 소리칠 것이다. "그냥 그렇게 서 있지 말고, 어서 인쇄기를 돌리세요!" 그런데 우리가 알고 있는 프리드먼은 도리어 잠자코 있다. 대신 이렇게 소리친다. "그냥 아무것도 하지 말고 거기에 가만히 서 계세요!" 경기가 침체 기미를 보이는데 아무것도 하지 말고 가만히 있으라니? 지금까지 우리가 다뤘던 것과 다르지 않은가? 뭔가 이상하다.

보통 사람들로서는 이해하기 어려운 겸손함을 가지고 있던 프리드먼은 경제학자들은 화폐 공급량을 적절히 조작할 수 있는 통화 정책에 대해 아직 충분한 지식을 가지고 있지 못하다고 말한다. 즉, 경기 침체 기미가 보인다고 해서 무턱대고 화폐 공급량을 늘리고, 반대로 경기 과열 현상을 보인다고 해서 무작정 화폐 공급량을 줄이는 것이 통화 정책이 아니라는 것이다. 통화 정책이 명목 GDP에 실질적으로 반영되기까지는 어떤 때는 6개월이 걸리기도 한다. 그래서 간혹 경기 침체기나 경기 과열기에 연방준비제도이사회가 성급히 시장에 개입해 경기를 더 악화시키는 경우도 있다. 왜냐하면 연방준비제도이사회의 통화 정책이 언제 경제 전반에 영향을 미칠지 정확한 시간을 예측하는 것이 어렵기 때문이다.

1968년, 연방준비제도이사회는 경기 침체 가능성을 우려하고 있었다. 그래서 화폐 공급량을 늘리기 위해 가속 페달을 힘차게 밟았다. 그런데 경제는 경기 침체가 지나간 뒤에도 연방준비제도이사회의 통화정책에 별다른 반응을 보이지 않았다. 오히려 경기가 회복되는 과정에서 인플레이션만 유발하고 말았다. 반면, 1974년에 연방준비제도이사회는 인플레이션을 막기 위해 브레이크를 밟아 화폐 공급량을 줄이는 정책을 단행했다. 그런데 그 결과는? 바로 이듬해인 1975년에 경기 침체로 나타났다. 1974년에 제럴드 포드가 백악관이라는 차의 운전석에 앉았을 때, 그는 영리하게도 자신을 자동차에 비유해 의회에 큰 기대감을 갖지 말 것을 정중하게 부탁했다. 왜냐하면 그는 일국의 대통령이기는 했지만, '링컨이 아니라 포드'였기 때문이었다. 정말 훌륭한 선견지명이었다. 왜? 그의 재임 시절 경제는 그의 예견대로 에드젤처럼* 삐걱대며 굴러갔기 때문이다.

밀턴 프리드먼이 연방준비제도이사회에 경제가 어떻게 돌아가든 나서지 말고 잠자코 있으라고 충고한 것은 재임 시절 핵 잠수함에서 핵항공기와 핵 순양함 건조에 발 벗고 나서 '핵 해군의 아버지'라 불리는 하이먼 리코버 제독이 펜타곤(미국 국방부)이 실수를 연발하자 했던 한 가지 충고를 연상시킨다. 그는 펜타곤이 3개의 부서로 나누어져야 한다고 주장했다. 첫 번째 부서가 펜타곤 본연의 임무를 모두 맡고, 나머지 두 부서는 온종일 서로에게 위문편지나 주고받는 일을 해야 한다는 것이었다. 비록 그의 충고대로 펜타곤이 3개의 부서로 쪼개진다고 해도 펜타곤은 프리드먼이 연방준비제도이사회에 요구했던 것보다 훨씬 더 많

* 여기에서 링컨과 포드는 대통령 이름을 가리키기도 하고 차를 가리키기도 한다. 대통령으로서 링컨은 우리에게 잘 알려진 인물이고, 차종으로서 링컨은 포드가 생산하는 최고급 승용차의 하나다. 에드젤은 앞서 다뤘듯이 포드가 미국 중상류층을 겨냥해 야심 차게 내놓은 차였지만, 소비자들의 관심을 끌지 못하면서 출시 2년 만에 단종되고 말았다.

은 일을 하긴 했지만.

프리드먼의 이론을 신봉하는 사람들은 연방준비제도이사회를 로봇으로 교체할 것을 제안한다. 이 로봇의 역할은 경제 상황에 상관없이 화폐 공급량을 일정 비율로 유지하도록 가속 페달을 밟고 있는 역할만 한다. 물론 그 비율이 3퍼센트이든 4퍼센트이든 5퍼센트이든 상관없이 일정하게 유지된다면, 연방준비제도이사회의 변덕에 따른 경제 불안은 사라질 것이다. 만약 경기가 급강하고 있다면, 유동성을 일정하게 공급함으로써 지출을 높여 경기를 부양할 수 있을 것이다. 그 결과 경기가 과열 양상을 보이고 인플레이션이 유발된다고 하더라도 그것을 자극할 만큼 더 많은 연료(화폐 공급량)는 공급되지 않을 것이다.

밀턴 프리드먼과 그를 따르는 통화주의자들의 이런 입장은 1960년대 후반에 린든 존슨 행정부에서 대통령 경제자문위원회 의장을 역임하고, 이후 브루킹스연구소에서 연구원으로 일했던 아서 오쿤이 케인스주의의 시각에서 정부가 적극 나서서 시장에 개입하라고 주장했던 것과 비교하면 정말 격세지감이 아니라고 할 수 없다. 1962년에 펴낸《대통령 경제 보고》만 하더라도 미국 경제는 인플레이션이나 경기 침체와 싸우는 데 국한되어 있지 않았다. 이 보고서에서 경제학자들은 정부 기능의 확대를 통해 미국 경제 전반을 새롭게 재조정, 즉 근본적인 체질을 개선해야 한다고 역설했다. 그들은 재정 정책이 영원한 번영의 터전이 될 것이라며 다음과 같이 주장했다.

> 불충분한 수요, 즉 수요 부족은 실업을 의미한다. (…) 과도한 수요는 인플레이션을 의미한다. (…) 안정은 생산과 고용의 봉우리를 깎아내리거

나 골짜기를 메우는 것을 의미하지 않는다. (…) 그것은 생산과 고용의 편차를 최소화하면서 꾸준한 경제성장을 끌어내는 것을 의미한다.[16]

오늘날 정직한 경제학자라면 이런 거만한 글은 감히 쓰지 못할 것이다. 그렇다고 프리드먼의 통화 정책에 동의하는 경제학자들이 많은 것도 아니다. 그들이 통화 정책에 반대하는 이유는 단 하나다. 즉, 인간은 항상 실수를 하지만 그렇다고 인간 대신 컴퓨터를 믿는 것은 정말 어리석은 짓이라고 생각했기 때문이다. 비록 프리드먼이 옳고, 화폐의 유통 속도가 장기적으로 안정적이라고 하더라도, 단기적으로는 불안정할 것이라는 점은 분명하다. 만약 화폐의 유통 속도가 몇 달째 계속해서 떨어지고 있는데 화폐 공급량을 원래대로 계속 유지한다면, 경기는 그대로 곤두박질칠 것이다. 장기적으로는 아니더라도 단기적으로 실업률을 높이지 않기 위해서는 연방준비제도이사회의 개입이 필요할 것이다. 물론 앞서 프리드먼이 지적했던 것처럼 연방준비제도이사회가 개입한다고 해서 그것이 경제 전반에 바로 영향을 미치리라는 보장은 없다. 그런데 연방준비제도이사회가 화폐의 유통 속도가 일정치 않고 기복이 있다는 것을 인지하는 데 얼마나 오랜 시간이 걸릴까? 그리고 연방준비제도이사회의 정책이 시행되어 경제 전반에 영향을 미치기까지 또 얼마나 많은 시간이 걸릴까? 이런 상황에서 연방준비제도이사회는 자신이 무엇을 해야 할지 알고 있을까?

보통 학계에서 말하는 승리란 동료들이 당신보다는 당신을 비판하는 논자들을 가리키며 더 크게 웃을 때를 말한다. 1970년대 후반에 통화주의자들은 학계의 놀림감에서 우등생으로 개과천선했다. 전 세계의 중앙은행들이 통화 공급량에 예의 주시하기 시작했다. 독일의 중앙은행인 분데스방크는 통화주의자들의 본산이 되었고, 1998년부터 업무에 들어간 유럽중앙은행으로 하여금 통화주의의 전통을 따르도록 촉구했다. 주류 경제학은 통화주의자들의 많은 제안을 받아들였고, 화폐를 무시하고 재정 정책만을 신봉했던 기존의 편중된 태도를 벗어버렸다. 경제학자들은 더 이상 통화주의자와 케인스주의자로 정확하게 양분되지 않는다. 리처드 닉슨 대통령이 했던 말을 떠올려보자. "우리는 이제 모두 케인스주의자들이다." 심지어 프리드먼도 이런 닉슨 대통령의 말에 일부 동의했었다. 그런데 세상이 바뀌어서 프랑코 모딜리아니는 "우리는 이제 모두 통화주의자들이다"라고 주장하기도 했다.

대표적인 케인스주의지인 폴 새뮤얼슨은 예일대학교 경제학과 교수인 윌리엄 노드하우스와 함께 펴낸 1985년판《새뮤얼슨의 경제학》에서 다음과 같이 자인했다. "초기 케인스주의는 화폐의 재발견the rediscovery of money에서 도움을 받았다. 화폐는 두말할 것 없이 중요한 문제다. 초기에 케인스주의자들은 재정 정책의 역할에 너무 열중했던 나머지 화폐의 역할을 부당하게 경시했던 것이 사실이다."[17] 새뮤얼슨과 노드하우스는 이들 케인스주의자들이 누구인지 일일이 거론하지는 않았다.

통화주의와 케인스주의의 이런 엇갈린 운명을 잘 설명해주는 일화가 하나 있다. 한 성공한 사업가가 오랜만에 모교를 방문해 자신에게 경제학을 가르쳤던 교수님을 찾아갔다. 연구실에 앉아 서로의 근황을 이야기하던 중 옛 제자는 교수님의 책상에 놓인 기말고사 문제지를 발견하고 훑어보기 시작했다. 순간 제자는 깜짝 놀란 눈으로 교수님을 쳐다보며 이렇게 말했다. "교수님, 이것은 15년 전에 저희에게 냈던 문제와 똑같은데요! 학생들이 옛날 답안을 그대로 외워서 쓰면 어떻게 하시려고요?" 그러자 교수님은 허허 웃으며 이렇게 대답했다. "아니, 상관없네. 문제는 같지만, 답은 매년 바뀌거든."

승리의 결정적 걸림돌

프랑코 모딜리아니와 폴 새뮤얼슨에게 화폐가 정말 중요한 문제라는 것을 성공적으로 납득시킨 통화주의자들은 1981년에 미국의 작곡가 조지 거슈윈이 작곡한 〈그들은 모두 웃었다〉에 나오는 가사 "누가 마지막에 웃었을까?"를 함께 불렀다.

그러나 채 몇 소절을 부르기도 전에 통화주의자들은 합창을 중단해야 했다. 영국의 마가렛 대처 수상과 미국의 레이건 대통령이 인플레이션을 잡기 위해 중앙은행을 압박해 무리한 통화 정책을 폈다. 화폐 공급량을 줄이고 금리 상승은 무시했다. 약발은 바로 먹혔다. 1980년에 12퍼센트 이상이었던 미국의 인플레이션이 1982년에 4퍼센트 아래로 눈에 띄게 떨어졌다. 처음에 경제학자들은 화폐가 그렇게 강력한 위력을 발휘한 것에 놀라움을 금치 못했다. 그러나 곧바로 프리드먼이 우려했던 일이 현실화됐다. 바로 심각한 경기 침체가 뒤따른 것이다. 먼저 통화 정책은 단기적으로는 생산량과 물가에 같이 영향을 미치지만, 장기적으로는 물가에만 영향을 미칠 뿐이다. 미국의 실업률은 10퍼센트까지 치솟았고, 1983년에야 겨우 진정세를 보이기 시작했다. 정부가 어떤 경제 정책을 시행할 경우, 무엇보다 주의해야 할 사항이 있다. 경제 전반에 미칠 파장을 사전에 예측하는 일이다. 레이건 행정부처럼 인플레이션 하나를 잡기 위해 무작정 통화 정책을 펴는 일은 자살 행위나 마찬가지다.

당시 통화주의자들은 연방준비제도이사회가 화폐 공급량을 줄이기 위해 브레이크를 너무 세게 밟았기 때문에 경기 침체와 실업률 상승 문제가 발생했다고 판단했다. 게다가 그들은 당시 폴 볼커 체제의 연방준비제도이사회가 화폐 공급량을 적절히 조절하지 못하고 방만하게 유지했다고 비판했다. 하지만 그들도 당시 브레이크를 점진적으로 밟았다고 하더라도 경기 침체는 막지 못했을 것이라는 점은 시인했다.

어쨌든, 영국의 대처 정부와 미국의 레이건 정부에서 통화량을 줄여 인플레이션을 잡은 것이 어떻게 보면 통화주의자들이 이야기하는 화폐의 위력을 입증한 것이었음에도 불구하고, 왜 그들은 연방준비제도이사회에 불만 섞인 목소리를 토로했을까? 왜 통화주의의 반혁명은 무승부로 끝났던 것일까? 그것은 연방준비제도이사회의 통화 정책을 통한 경기 회복 과정에서 웃지 못할 일이 벌어졌기 때문이었다. 통화주의를 뒷받침하는 중추가 안정된 화폐의 유통 속도라는 것을 기억하는지? 통화주의자들이 케인스주의자들을 물리치고 학계의 왕좌에 올라섰을 무렵, 사람들은 이불 밑을 다시 들추기 시작했다. 1948년에서 1981년까지 화폐의 유통 속도는 매년 평균 3.4퍼센트씩 꾸준한 성장을 보였다. 그러나 1982년, 갑작스럽게 사람들의 이불 밑이 불쑥해지기 시작했다. 사람들이 돈을 쓰지 않기 시작했던 것이다. 결국 화폐의 유통 속도는 5퍼센트나 곤두박질쳤다. 1982년에서 1988년까지 화폐의 유통 속도는 안정을 되찾지 못하고 오락가락하기를 반복했다. 화폐의 유통 속도가 떨어지고, 화폐 공급량이 충분히 늘어나지 않는다면, GDP 역시 동반 하락할 것이다.

그렇다면 연방준비제도이사회는 화폐의 유통 속도 하락에 어떻게 대응했을까? 매년 평균 3퍼센트에서 4퍼센트씩 일정하게 화폐 공급량을 늘리라는 통화주의자들의 충고를 무시한 채 연방준비제도이사회는 화폐 공급량을 늘리기 위해 힘껏 가속 페달을 밟았다. 주춤하는 화폐의 유통 속도를 반전시키기 위해 연방준비제도이사회는 1986년에만 M1을 15퍼센트 이상 공급하기도 했다.

그런데 문제는 연방준비제도이사회가 1986년에 통화주의자들의 충고를 그대로 귀담아들었다면 오히려 경제가 더 파탄 났을 수도 있었다는 것이다. 밀턴 프리드먼의 수제자이자 정통파 통화주의자로서는 처음으로 미국 대통령 경제자문위원회 의장을 역임한 버릴 스프링켈도 1987년에 펴낸《대통령 경제 보고》에서 다음과 같이 시인했다.

> 적절한 실질 성장률, 낮은 인플레이션, 인플레이션이 계속해서 떨어질 것이라는 기대와 화폐의 유통 속도에 대한 불확실성이라는 상황에서 다른 어떤 변수보다 M1을 중요시하지 않은 것은 (…) 당시로서는 적절한 판단이었던 같다. (…) 통화 규제라는 측면에서 연방준비제도이사회가 잘못된 정책을 폈다는 것을 보여주는 증거는 없다.[18]

영국의 대처 정부도 화폐의 유통 속도가 떨어지자 화폐 공급량을 늘리기 위해 가속 페달을 밟았다. 오늘날 많은 중앙은행이 고정 메커니즘보다는 '테일러 준칙'이라고 부르는 경험에 근거한 방정식을 따른다. 테일러 준칙은 스탠퍼드대학교 경제학과 교수 존 테일러의 이름에서 따왔다. 테일러는 프리드먼의 친구이자 백악관에서 나와 함께 일했던 동료다. 테일러 준칙은 중앙은행들이 다음 두 가지 차이, 즉 실질 인플레이션과 목표 인플레이션의 차이, 실질 GDP와 목표 GDP의 차이를 고려해 단기 금리를 조정해야 한다는 것을 나타낸다. 예를 들어, 경기가 침체 상태였다가 막 가열되기 시작한다고 하자. 그러면 인플레이션이 서서히 상승한다. 이 준칙은 인플레이션이 1퍼센트포인트 오르거나 GDP가 잠재 성장률에 1퍼센트포인트 가까워지면 연방준비제도에 금리를 1.5퍼센트포인트 인상하도록 신호를 준다. 2006년에서 2014년까지 연방준비제도이사회 의장을 역임한 벤 버냉키는 재임 기간 내내 테일러 준칙을 철저히 따랐다. 그런데도 그는 모든 방정식이 그렇듯이 이 또한 한계가 있다고 결론내렸다. "나는 조만간 우리가 연방공개시장위원회Federal Open Market Committee, FOMC를 로봇으로 대체하리라고 생각하지 않는다. 나는 분명히 바라지 않는다." [19]

  1990년대와 2000년대에 화폐 유통 속도가 거세게 널뛰기했다. 처음에는 예기치 못하게 뛰어올랐다가 다시 세게 곤두박질쳤다. 화폐의 유통 속도가 언제 다시 안정을 찾을지는 아무도 알지 못한다. 물론 유통 속도의 하락을 설명하는 몇 가지 가설은 이미 나와 있다. 지난 10년 동안 은행업에 대한 규제가 완화되면서 사람들이 이자부 당좌 예금에 많은 자산을 예치하기 시작했다. 사람들이 수중에 있는 돈을 이런 당좌 예금에 예치하면 예치할수록 화폐의 유통 속도는 떨어질 수밖에 없다. 그러나 이런 상황이 역전된다고 해도 화폐의 유통 속도는 떨어질 수도 있다는 몇 가지 연구 결과도 있다. 밀턴 프리드먼과 다른 통화주의자들은

1980년대와 1990년대에 인플레이션과 금리의 급격한 하락이 화폐의 유통 속도를 떨어뜨린 원인이라고 설명한다. 경제학자들은 금리가 화폐의 유통 속도에 민감하게 반응한다는 사실을 과소평가했다. 게다가 주택 담보 대출은 주택 소유자들에게 새로운 유동성 원천이 되었다. 최근 몇 년 동안, 연방준비제도이사회는 경기 조절을 위해 화폐 공급량 조절에 많이 의존했는데, 2006년에 앨런 그린스펀의 후임으로 연방준비제도이사회 의장에 오른 버냉키는 이전에 비해 그것에 크게 의존하는 것 같지는 않다. 그럼에도 불구하고, 전 세계의 중앙은행들은 화폐 공급량이 늘어나든 줄어들든 그것이 정책입안자들에게는 결코 좋은 소식은 아니라는 데 동의한다. 경기가 침체 상태를 보이거나 과열 양상으로 치닫는 것을 보여주는 신호이기 때문이다.

처칠이 했던 말을 조금 바꿔서 말하면, 화폐의 유통 속도는 수수께끼의 신비 속에 감춰져 있는 불가사의가 되었다. 어쩌면 최후에 웃는 자는 케인스도 밀턴 프리드먼도 아닌 화폐의 유통 속도 그 자체일지도 모른다. 화폐의 유통 속도가 종잡을 수 없는데도 불구하고 세계 각국의 중앙은행은 화폐 공급량이 급격하게 증가하거나 줄어들면 크게 경종을 울려야 한다는 데 동의한다. 2002년에 프리드먼의 90세 생일을 맞아 버냉키는 연방준비제도이사회를 대표해 축하 연설을 했다. 그는 프리드먼을 위해 건배를 들면서 그의 원칙을 유념하지 않은 것과 대공황 시기에 화폐 공급에 실패한 것을 사과했다. "당신이 옳습니다. 우리가 그랬습니다. 정말 죄송합니다. 하지만 고맙습니다. 다시는 그러지 않을 겁니다."[20] 이 건배사는 원로 전사에게 예의상 건넨 말로 그날 저녁에 마신 마지막 샴페인 한 모금과 함께 사라졌을 것이다. 2006년에 프리드먼은 심장마비로 사망했다. 2년 뒤에 세계 금융시스템이 붕괴했고, 화폐 공급 증가율이 하락했으며, 미국인 1,540만 명이 일자리를 잃었다. 버냉키는 퉁퉁 부은 눈으로 에너지바를 먹으며 프리드먼에게 했던 약속을 이행하느라 하루 24시간을 꼬박 보냈다.

1990년대 후반과 2000년대 초에 글로벌 부동산 시장이 거품처럼 부풀 대로 부풀어 터지기 직전이었다. 정부가 신용이 확실치 않은 주택 구매자들에게 돈을 대출해 주도록 은행들을 독려했기 때문이었다. 은행들은 구매자들에게 실제 상환 능력이 있는지 없는지 확인하지 않았다. 예를 들어, 1995년에 미국의 주택도시개발부는 자가주택 보유율을 높인다며 국책 보증기관인 패니 메이와 프레디 맥에 은행으로부터 위험부담이 높은 주택 저당권, 즉 모기지를 사들이도록 했다. 은행들은 위험한 모기지를 이들 기관에 떠넘기면 그만이었기 때문에 당연히 해야 하는 대출 조회를 주의 깊게 하지 않았다. 일부는 소득신고서를 제출하지 않고도 모기지를 받았다. 어떤 이들은 닌자 대출NINJA loan을 받았다. 닌자 대출이란 수입이 없고No Income 직장이 없으며No Job 자산이 없는데도No Asset 대출을 받았다는 뜻이다. 2006년에 캘리포니아의 주택 담보 대출 4건 중 1건은 신용등급이 가장 낮은 서브프라임이었다. 주택 가격은 앞서 이미 5년 동안 2배로 뛴 터였다. 대출자들은 상환에 대해 큰 걱정 없이 계속 융자를 받았다. 경제학자들은 이것을 "도덕적 해이"라고 부르고, 일반인들은 "개인 투자금" 부족이라고 부른다. 2008년에 거품이 터졌을 때 은행들이 파산하고 월스트리트의 160년 된 중개회사 리먼브라더스가 증발하면서 패닉셀링을 촉발했다. S&P500 지수가 60퍼센트나 곤두박질쳤다. 리먼브라더스의 이름은 수치의 대명사가 되었고,

심지어 아동용 애니메이션 〈슈퍼배드〉에서는 '악마의 은행'의 전신으로
나오기도 했다. 이 위기를 벗어나기 위해 대공황 전문가였던 버냉키는
프리드먼 교본을 잽싸게 꺼내 들고 금리를 5퍼센트에서 거의 0퍼센트
로 대폭 낮췄다. 다른 중앙은행들도 뒤따라 금리를 내렸다. 영국은행은
1694년 설립 이래 가장 낮은 수준으로 금리를 내렸다. 미국 재무부는 은
행들에 경기 침체에 대비해 충분한 자금을 보유하라며 국채를 인수하도
록 했다. 그러나 이런 조치로도 충분하지 않았다. 금리가 거의 0퍼센트
가 되자 많은 전문가가 연방준비제도가 정책 실탄이 고갈돼 더는 할 수
있는 것이 없다고 회의적인 시각을 피력했다. 이때 버냉키가 프리드먼
이 밑그림을 그린 양적완화Quantitative Easing, QE로 알려진 좀체 사용하
지 않는 수단을 꺼내 들었다. 대침체 전까지만 하더라도 박식한 사람들
조차 QE를 영국 엘리자베스 여왕의 이름을 딴 크루즈 선박 정도로 생
각했을 것이다. 버냉키는 통화주의적 사고를 발휘해 연방준비제도에 모
기지와 채권을 사들이도록 지시했다. 이것으로 대규모 자금을 판매자들
의 수중에 쥐여줬다. 이 기법을 양적완화 또는 QE라고 부른다. 2010년
에 연방준비제도는 전체 경제 규모의 약 15퍼센트에 달하는 2조 달러
상당의 유가증권을 매입했다. 비판가들은 이것이 초인플레이션과 미국
달러의 붕괴를 초래할 수 있다고 주장하면서 연방준비제도를 성토했다.
그러나 이 가운데 어느 하나도 일어나지 않았다. 돈을 시장에 푸는 방식
으로 연방준비제도는 또 다른 대공황의 위기를 벗어났다. 2009년 9월,
GDP가 다시 플러스로 전환했다. 주택 가격이 이전 수준으로 회복하는
데는 4년이 더 걸렸다. 이는 어떤 종류의 회복이었을까?

　2008년에 금융과 경제 드라마가 한창 진행 중일 때 나는 저 옛날 오

래된 이름을 인용하기 시작했다. 그리고 NPR에서 경제는 케인스식 회복이 아니라 그가 무시하고 모욕한 동료의 이름을 따서 피구식 회복Pigouvian recovery을 선호한다고 주장했다.[21] 피구는 1959년에 사망했다. 그는 전성기 시절에도 자신의 사상을 제대로 펼치지 못했다. 처음에는 젊은 스타 교수로서 두각을 나타냈다. 하지만 이후 그의 40년 인생은 케인스의 묵직하고 떠들썩한 명성에 가려 천천히 내리막길을 걸었다.

피구는 1877년에 유력한 집안에서 태어나 자랐다. 아버지가 저명한 군 장교 출신이었는데, 지역 신문은 그의 결혼식을 왕족의 결혼식과 같았다고 묘사했다. 집안의 다른 장손들과 마찬가지로 그는 런던 근교의 고풍스러운 해로스쿨에 들어갔다. 이곳에서 학술상과 체육상을 받았고, '인간계의 신'이라는 소리를 들었다. 집에 펜싱 메달을 가져간 동창생 가운데 한 명이 그나마 성공한 경우라는 것을 생각하면 이는 놀라운 성취였다.[22] 이 동창생이 처칠이다.

성인이 된 피구는 큰 키에 금발이었고 몸가짐과 태도가 대쪽 같았다. 그는 케임브리지대학교에서 난다 긴다 하는 정치경제학자들과 공부했다. 30세에 누구나 탐내던 앨프리드 마셜의 교수직을 물려받을 후계자로 지목됐다. 피구는 그의 스승이 저술한 교과서를 숭배했다. 새로운 경제학 서적들은 그의 흥미를 끌지 못했다. 오히려 건장한 젊은이들을 데리고 알프스로 도보 여행을 다니는 것을 좋아했다. 제자들에 의하면, 그는 중요한 방정식을 풀다 말고 엉뚱한 주제로 빠지고는 했는데, 순간 케인스가 강의실에 들어오기라도 하면 언제 그랬냐는 듯이 문제 풀이로 돌아가는 전환 능력이 빨랐다고 한다.[23] 피구는 당시에 지배적이었던 성차별주의에 동화돼 여학생들보다 남학생들을 선호했고, 정치인들과 미국인들을 포함한 외국인들을 경멸했다고 한다. 그런데 그가 꼭 그렇지만은 않았다. 그는 자신보다 어린 동료였던 조앤 로빈슨과 가깝게 협력했고, 그의 교수 승진을 밀어줬고, 그의 저술을 칭찬했으며, 그가 신경쇠약에 걸린 뒤에는 요양을 할 수 있게 그의 호숫가 별장을 빌려줬다. 또한 그는 졸업한 제자들에게 그의 그림 같은 별장에서 신혼여행을 보낼 수 있도록 배려했다.[24]

제1차 세계대전이 발발했을 때 피구는 스위스 체르마트에 갇혀 오도가도 못 했다. 그의 형은 왕립해군으로 함장까지 지냈다. 케인스가 재무부에 들어가 일하는 동안 피구는 평화주의자를 자처하고 전선 부근, 아마 어니스트 헤밍웨이와 맥도널드의 창립자 레이 크록 같은 유명 인사들이 복무하던 전선 부근에서 구급차를 몰았다. 피구가 양심적 병역 거부자였지만, 생명을 살리는 것을 거부하지는 않았다. 그는 우하향 수요곡선만큼이나 도덕 철학에 관심을 두고 〈니체의 윤리학〉과 〈복음의 윤리학〉 같은 논문을 저술했다. 전쟁 중에는 〈네이션〉에 전쟁에서 패한 독일이 군대를 재편성하고 무장해 향후 훨씬 더 큰 전쟁을 일으킬 수 있다고 경고하는 기사를 썼다.

제2차 세계대전에 대한 그의 예견이 케인스의 《평화의 경제적 결과》에서 언급되기는 하지만, 비평가들은 그를 겁쟁이이자 독일 옹호가라고 비난했다. 이런 반응에 할 말을 잃은 그는 이후 정치에 대해서는 일절 언급하지 않았다. 하지만 그는 겁쟁이가 아니었다. 오히려 용감한 시민에게 수여하는 훈장과 메달을 받았다. 전쟁 이후에 이런 상을 받기라도 하면, 그는 그것을 자신과 도보 여행에 동행한 젊은이들에게 언덕을 오르느라 수고한 공로와 출중한 무능력distinguished incompetence을 인정한

다고 치하하며 줘버렸다.[25]

케인스가 1936년에 《일반이론》을 출간했을 때 피구는 심장 질환을 앓고 있었다. 자신의 사상과 업적을 대놓고 비판하는 이 책이 그의 건강에 도움이 되었을 리 없다. 케인스는 이 책에서 그의 이름을 반복적으로 언급하면서 그를 자신의 새로운 패러다임을 이해하지 못하는 고루하고 진부한 경제학자의 전형으로 만들어버렸다. 이런 비판에 흔들리던 피구는 케인스가 마치 자신이 아인슈타인이라도 되는 것처럼 생각한다고 비꼬았다. 단, 아인슈타인이 뉴턴을 비웃지 않았고 그의 추종자들을 "무능력한 무리"라고 부르지 않은 것을 제외하면.[26] 실제 《일반이론》의 '일반'이 아인슈타인의 '일반상대성이론'에서 따왔다는 것에 주목하자. 이후 30년 동안 피구는 사람들을 피해 은둔하다시피 지냈다. 피구가 킹스 칼리지 연구실 구석에 틀어박혀 지냈지만, 의지가 꺾인 것은 아니었다. 그는 뭔가에 몰두하고 있었다.

2009년 초, 대침체가 한창이던 때 나는 방문연구원 자격으로 케임브리지에 날아가 피구 이야기를 파헤쳤다. 앨프리드 마셜이 강의했던 케임브리지대학교 세인트존스 칼리지의 부탁과 주선으로 킹스칼리지 도서관의 허가를 받아 피구의 개인 서류를 살펴볼 수 있었다. 참나무 향이 나는 서고에 들어가 먼지 쌓인 서류를 들춰보면서 그에 대해 좀 알아낸 것이 있다. 첫째, 그는 매우 사적이었다. 둘째, 자신의 서류를 죽을 때 태우도록 했다. 셋째, 뭐라 썼는지 분간하기 어려울 정도로 악필이었다. 나는 그가 서류에 끄적인 글을 보며 영국의 수학자이자 암호학자 앨런 튜링도 이런 암호는 해독하지 못할 것이라고 생각했다. 그럼에도 나는 그가 케인스의 공격을 받아치기 위해 했던, 즉각적인 반론이 아니라 오랜 시간 공들여 한 작업에서 무엇에 몰두하고 있었는지 알아낼 수 있었다.

1941년, 피구는 긴 은둔생활 끝에 2008년 대침체를 해결한 비밀을 들고 밖으로 나왔다. 리먼브라더스가 파산했을 무렵에 언론은 석유와 식품을 포함한 상품 가격의 붕괴에 호들갑을 떨었다. 많은 경제학자가 가격 폭락이 대공황을 불러올 수 있다고 경고했다. 어쨌든 세계는 1930년대에 겪었던 상품 가격 폭락을 겪었다. 피구는 다른 견해를 가지고 있었다. 그는 가격 폭락이 저축한 돈으로 더 많은 것을 살 수 있어서 잠재적으로 더 부자가 된 것처럼 느끼게 할 수 있다고 주장했다. 저축한 돈이 많으면, 우리는 든든함과 안정감을 갖는다.[27] 쇼핑객들이 더 많은 구매력을 가지고 있는 것처럼 생각하면, 그들이 국가를 경기 후퇴에서 벗어나게 할 수 있다.

예를 들어, 자동차 운전자는 동네 주유소를 지나다가 휘발유 가격이 종전 4달러가 아니라 2달러라는 안내판을 보면 기분이 좋다. 2009년에 휘발유와 난방유 가격이 폭락하면서 3천억 달러 이상의 추가 구매력이 미국인의 호주머니에 들어왔다. 일반 가정에 매달 대략 300달러의 추가 구매력이 생긴 것이다. 칠면조 고기와 닭고기 가격도 내리면서 슈퍼마켓으로 사람들이 몰렸다. 한편, 아마존은 무료 배송을 실시했다. 거의 모든 것을 할인 판매하는 것 같았다. 대규모 정치자금을 기부할 수 있는 사람만 이용할 수 있는 백악관의 링컨 침대를 제외하고. 피구 효과는 통화 공급을 물가 수준으로 나눈다. 더 많은 통화를 찍어내는 버냉키와 물가 하락 덕분에 소비자들은 경기 후퇴를 물리칠 수 있는 돈을 손에 쥘 수 있었다. 불행하게도 피구 효과는 1930년대 초에는 실패했다. 케인스는 "딩동, 자유시장은 죽었다"라고 선언했다. 그리고 피구 이론은 구석에 처박혀 먼지만 쌓여갔다.

그런데 90년 전에 피구 효과는 왜 실패했을까? 중앙은행 직원들이 화폐 인쇄기의 전원을 뽑아버리고 수수방관했기 때문이다. 1930년대에 통화 공급과 물가 수준 둘 다 하수구로 빨려들어 갔다. 미국에서 화폐 공급이 30퍼센트나 줄었다. 은행의 40퍼센트가 문을 걸어 잠갔기 때문이었다. 이것이 버냉키가 프리드먼에게 사과한 잘못이었다. 그러나 버냉키가 실권을 쥐면서 피구 효과가 기회를 잡았다.

충분히 많은 사람이 할인 상품 사냥bargain-hunting에 나서면 피구식 회복 사냥을 시작할 수 있다. 2009년 봄에 주택구입부담지수Housing Affordability Index, HAI가 급등했다. 식당 경영자들이 1년 만에 매출이 엄청나게 늘었다고 이야기했다. 뉴욕, 캘리포니아, 텍사스를 포함한 미국의 절반에 달하는 주에서 실업률이 하향 추세를 보였다. 영국에서는 멸종 가능성이 있는 흰부리딱따구리를 보았다는 사실 확인이 어려운 목격담처럼, 신문들이 실제 그런지 확실치 않은 주택 판매자들의 가점핑gazumping 목격 사례를 보고했다. 가점핑은 주택 판매자가 처음에 어떤 구매자의 구두 제안을 수락한 뒤에 더 높은 가격을 제시한 다른 구매자에게 판매하는 것을 말한다.[28] 2009년 말, 미국의 경제 성장률이 5퍼센트까지 상승했다.

결국 피구가 자신의 전성기를 맞았다. 경제사상사에서 가장 화려하게 복귀한 인물에게 상을 수여한다면, 키가 크고 한때 스위스 체르마트에 고립되었던 이 도보 여행가가 받을 것이다. 그의 업적은 단지 피구 효과만이 아니다. 외부효과에 대한 업적으로도 수상 자격이 충분하다. 외부효과는 오늘날 하버드대학교를 기반으로 온라인상에서 활동하는 피구

클럽에 영감을 줬다.

승리의 뒤안길

케인스 사후 경제학계는 지적 대립과 반목으로 점철됐다. 밀턴 프리드먼은 케인스주의로 고착화되어가던 경제학계에 수 세기 이상 거슬러 올라가는 한 가지 전통, 즉 지적 논쟁이라고 하는 전통을 되살려냈다. 주류 경제학자들은 과거를 부정할 수도 없고, 그렇다고 케인스의 혁신을 모두 거부할 수도 없는 애매한 입장에 처해 있었다. 이때 연방준비제도이사회는 '케인스의 머리를 프리드먼의 몸에 붙이는' 식으로 M2와 잠재적 GDP에 대한 케인스의 판단을 따랐다.

앞 장에서 케인스를 다루며 우리는 '그가 오늘날 태어났다면 경제학을 공부할 생각을 했을까?'라는 의문을 던진 적이 있었다. 그렇다면 이제 우리는 다음과 같은 의문을 제기해볼 수 있다. 만일 케인스가 살아서 통화주의자들의 부활과 연구 성과를 목격했었다면, 그가 과연 온전한 케인스주의자로 남아 있을까? 그의 평소 실용주의적이고 날카로운 통찰력에서 볼 때, 아마 그는 시간이 지남에 따라 통화주의가 갖는 몇 가지 근본적인 원칙들을 수용했을 것이다.

하버드대학교 경제학과 교수이자 이 책의 추천사를 써준 마틴 펠드스타인, 부시 행정부에서 대통령 경제자문위원회 의장을 역임했고 현재 스탠퍼드대학교 경제학과 교수인 마이클 보스킨, 프린스턴대학교 경제학과 교수인 폴 크루그먼, 그리고 로런스 서머스 같은 밀턴 프리드먼과 폴 새뮤얼슨을 잇는 신세대 경제학자들은 케인스주의와 통화주의를 분명하게 구분하려고 하지 않는다. 그들은 프리드먼의 통화 정책과 케인스의 재정 정책이 모두 의미가 있다는 것을 인정한다.

이들은 기존에 총수요를 통제하려고 했던 정책에 대해 왈가왈부 논쟁을 하기보다는 오히려 총공급에 문제를 제기하고 있다. 다시 말해, 그들은 연방 정부가 어떻게 기업의 생산성을 높일 수 있는지에 많은 관심을 두고 있다. 생산성을 높일 수 있다는 것은 그만큼 생계수준이 향상되는 것을 의미한다. 그러나 생산성을 높이기 위해서는 공장, 설비, 연구, 그리고 교육에 대한 투자를 높여야 한다. 미국의 경제학자들은 생산성 향상을 저해하는 주범으로 미국의 주요 정당인 공화당과 민주당의 신중하지 않은 조세 정책을 지목했다. *

이들 대다수는 닉슨 행정부와 포드 행정부에서 대통령 경제자문위원회 의장을 역임한 바 있는 허버트 스타인이 "보잘것없는 공급중시론자"라 비판한 정책 선동가들이나 정치가들과 자신들을 명확히 구분한다. 보통 공급중시론자들은 소득세 인하가 오히려 경제를 활성화시켜 세수를 빠르게 증가시킬 것이라고 주장한다. 이런 세율과 세수의 관계를 '래퍼 곡선'이라고** 부르는데, 이것은 서던캘리포니아대학교 경제학과 교

---

* [저자주] 이에 대한 자세한 내용은 펠드스타인 교수가 편집한 《조세와 자본의 형성》이라는 책을 참고하기 바란다. 이 책에는 클린턴 행정부 시절 재무부 차관을 지낸 로렌스 서머스의 논문들뿐 아니라 레이건과 부시 행정부 시절 주요 참모들이었던 마이클 보스킨, 마틴 펠드스타인, 그리고 로렌스 린지 등의 논문들이 수록되어 있다.

** Laffer curve. 미국의 경제학자 아서 래퍼 교수가 주장하는 이론으로 세율과 세수의 관계를 나타내는 곡선이다. 일반적으로 세율이 높아질수록 세수는 늘어나지만 래퍼 교수에 의하면 일정세율(최적 세부담률)을 넘으면 반대로 세수가 줄어드는 것을 나타내는 곡선으로 레이건 행정부의 등장과 함께 각광받았던 공급 측면을 중시하는 경제학을 대표한다. 레이건은 래퍼 이론에 따라 미국의 세율이 최적 수준을 넘는 것으로 보고 대폭적인 감세를 실시했다.

수인 아서 래퍼의 이름에서 따온 것으로 자주 과대평가되기는 하지만, 높은 세율이 경제활동, 궁극적으로 세수입을 둔화시킬 수 있다는 것을 보여준다. 예를 들어, 정부가 시간 외 수입에 대해 100퍼센트 과세한다면 어떤 사람이 그 마지막 시간을 일하고 싶어 할까? 영국의 영화배우 마이클 케인은 자신의 차기 영화 출연료에 83퍼센트의 세금이 부과되는 것을 피하려고 1970년대에 런던에서 로스앤젤레스로 이주했다. 그는 새로 부임 예정이던 재무부 장관이 부자들 "입에서 곡소리가 날 때까지" 쥐어짜겠다고 말하는 것을 듣고 비행기에 올랐다. 영국 정부는 83퍼센트는 고사하고 이 배우에게서 아무것도 짜내지 못했다. 그는 마거릿 대처가 세금을 삭감하자 고국으로 돌아왔다.[29] 대다수가 〈왕이 되려던 사나이〉에서 주역을 맡은 아카데미상 수상자와 같은 선택을 할 수 없다는 점에서 이런 주장이 과장된 면은 있지만, 이 곡선에 기초해 공급 측면을 중시하는 경제학자들은 주류 경제학자들에게 높은 세율과 낮은 예금 금리가 경제에 나쁜 영향을 미친다는 사실을 설득했다.

미국 태생의 경제학자로 2004년에 노벨 경제학상을 수상한 에드워드 프레스콧은 높은 세율이 프랑스인, 독일인, 이탈리아인들이 미국인들보다 커피숍과 온천 등에서 더 많은 여가 시간을 보내는 이유를 설명해준다고 주장했다. 프레스콧은 서유럽인이 미국인과 일본인보다 3분의 1 정도 덜 일한다는 사실을 발견했는데, 그 이유는 프랑스, 독일, 그리고 이탈리아의 조세 당국이 개인 소득의 60퍼센트를 가져가는 반면, 미국, 케나다, 그리고 일본에서는 40퍼센트밖에 가져가지 않기 때문이라고 보았다. 그는 1970년대 초만 하더라도 프랑스는 지금보다 거의 절반가량 더 일을 많이 했지만, 한계 세율(소득증가액에 대한 조세증가액의 비율)은 훨씬 더 낮았다고 지적한다. 즉, 정부가 개인 소득에서 세금으로 가져가는 양이 많을수록 근로 의욕을 상실해 그만큼 일을 덜 하는 것이다.[30]

그러나 공급 측면을 중시하는 경제학자들을 경멸하는 경제학자들도 1980년으로 돌아가 과세 구간에 따라 최고 70퍼센트까지 소득세를 인상하거나 1960년대 초에 91퍼센트까지 치솟았던 한계세율에는 반대했다. 왜냐하면 높은 과세는 사람들이 각종 수단을 동원해 탈세를 하도록 조장하기 때문이었다. 1980년대 후반에 스웨덴과 오스트레일리아같이 평등주의를 원칙으로 하는 나라들을 포함해 전 세계적으로 50개가 넘는 나라들이 최고 세율 인하를 단행했다. 반대로 레바논은 당시 세율 인상을 단행한 국가 중 하나였는데, 그들에게는 세계 경제의 시계가 거꾸로 흘렀던 것이었을까?

한편, 1990년대에 클린턴 행정부는 부자들에 대한 세금을 인상하기 위해 연방 의회를 설득했는데, 최고 세율을 기존 33퍼센트에서 39.6퍼센트까지 끌어올리는 것을 목표로 했다. 클린턴 대통령이 대선 기간에 1980년대에 공화당이 추진한 공급 중시 정책들을 공공연히 비난하기는 했지만, 소득 세율을 카터 행정부 말년이었던 1980년 수준으로 되돌아가 70퍼센트까지 인상할 생각은 없었다. 또한 주목할 것은 클린턴 대통령이 미국에서는 세금을 인상했지만, 재직 기간 8년 가운데 7년 동안 장기 침체에 빠져 있는 미국 경제를 회생시키기 위해 일본 정부에 소득세 인하를 단행할 것으로 지속적으로 촉구했다는 사실이다.

반면, 아들 부시 행정부는 클린턴 행정부 시절 소득 상위 계층인 부자들에게 부과했던 부유세를 취임 초기 전격 인하했다. 이렇게 정치가들 사이에서는 세금을 사이에 두고 줄다리기가 끊이지 않고 계속되고 있다. 물론 일부 민주당 출신의 주지사 중에는 공급 측면이 갖는 이점을 살리기 위해 주 정부 차원에서 세금 인하를 단행하기도 했다. 법인세율도 이 논쟁의 일부였다. 하버드대학교 경제학과 교수로 오바마 대통령의 수석 경제학자였던 제이슨 퍼먼은 2014년에 1980년대 레이건 행정부의 개혁 이후 주요 국가들이 "세계에서 법인세율이 가장 높은 나라라는 오명을 미국에 덧씌운 채 우리를 앞질렀다"라고 말했다.[31] 퍼먼과 오바마는 미국의 법인세율 삭감을 제안했다. 물론 트럼프는 그의 전임자가 목표로 했던 것보다 법인세를 더 낮췄다.

세금은 우리가 무엇을 하든 항상 우리 곁을 철썩같이 따라다닌다. 1998년, 영국의 록 가수로 롤링 스톤스의 리드 보컬을 맡고 있는 믹 재거는 '브릿지스 투 바빌론Bridges to Babylon'이라는 제목으로 롤링 스톤스의 월드 투어 공연에 나섰는데, 흥미롭게도 모국인 영국에서는 공연을 하지 못하고 포기했다. 이유는 영국의 높은 세금 때문이었다. 영국에서 공연을 할 경우 롤링 스톤스는 모국의 조세법에 따라 무려 1,900만 달러의 세금을 내야 했다. 이것은 롤링 스톤스가 영국에서 한 차례 공연을 하면서 다른 나라에서 벌어들인 공연 수입을 전부 세금으로 내는 것이나 마찬가지였다. 따라서 롤링 스톤스는 세금을 내지 않을 목적에서 모국 공연은 포기했던 것이다. 물론 롤링 스톤스의 35만 팬들은 크게 실망했다. 하지만 재거는 이런 결정에 떳떳했다. 그는 언론과 가진 인터뷰에서 1960년대 초에 명문 런던정경대학교에 다녔던 학생답게 자신의 결정이 전적으로 경제적이었다는 사실을 분명히 밝혔다.

요즈음 나는 소위 '긱 경제'가 강력한 공급 측면의 힘이라고 주장하고 있다. 지난 10년 동안 월스트리트, 메인스트리트,* 연방준비제도는 아일랜드 태생의 프랑스 소설가이자 극작가 사뮈엘 베케트의 연극에 등장하는 인물들처럼 인플레이션이 끓어오르기를 기다렸다. 몇 가지 힘들이 이것을 억누르고 있다. 그 가운데 하나가 공급 측면의 충격이다. 무엇이 긍정적인 공급 측면의 충격일까? 간단하게 예를 하자 들어보자. 여러분이 단 하나밖에 없는 유정에서 연료를 얻는 외딴 마을에 살고 있다고 하자. 그런데 어느 날 제드 클램펫으로 불리는 이웃이 유해 동물을 잡겠다고 엽총을 발사한다. 마침 땅에서 원유 거품이 올라온다. 갑자기 마을에 기름이 두 배로 늘어났다. 당연히 연료 가격이 하락할 것이다. 그럼 유해 동물 사냥은 아니더라도 이와 같은 현상이 다른 분야에서 발생한다면 어떤 일이 벌어질까?

대학교 경제학과 학생들은 '생산 함수'를 배운다. 생산 함수는 산출량이 토지, 노동, 자본, 기술의 관계라는 것을 보여주는 단순한 방정식이다. 투입량을 늘리면 늘릴수록 더 많은 물건을 생산할 수 있다. 인터넷과 세계화가 이들 요소의 규모를 증가시키고 있다. 잠깐, 그런데 토지는 어떻게 늘릴 수 있을까? 바다에 새로운 섬을 건설한 중국이나 14세기에 습지에 제방을 쌓은 네덜란드처럼 개간을 통해서? "신은 세상을 창조했지만, 네덜란드인은 네덜란드를 창조했다"라는 속담이 있지만, 여기서 말하는 토지는 이런 것이 아니다. 여기서는 사용하지 않는 빈방을 시장으로 끌어낸 에어비앤비 같은 기업을 말한다. 이것이 이용할 수 있는 토지의 공급을 늘리고 휴가비 지출을 억제한다. 에어비앤비는 전 세계적

* 월스트리트가 대형 금융회사나 증권사의 경제 활동을 뜻한다면, 메인스트리트는 중소기업이나 중산층의 실제 경제 활동을 뜻한다.

으로 700만 개가 넘는 숙박 목록을 자랑한다. 미국 도시에서 휴가에 이용할 수 있는 숙소의 숫자를 25퍼센트 이상 끌어 올렸다.

이용할 수 있는 숙박 시설이 대규모로 유입되자 호텔 산업이 선호하는 수치들, 즉 객실당 평균 요율과 수입이 GDP 성장률을 밑돌았다. 2019년, 메리어트 호텔이 주택 임대 사업에 뛰어들어 에어비앤비와 정면 승부를 예고했다.

그렇다면 물적 자본은 어떻게 마법같이 성장할 수 있을까? 물론 마법은 아니고, 산업용 장비 임대 업체인 도저와 야드 클럽 같은 업스타트가 불도저와 덤프트럭 임대에 우버처럼 스마트폰을 이용해 승용차 공유 서비스를 제공함으로써 장비 공급을 높였다. 이전에는 노란색 무한궤도 트럭이 예약된 작업 시간을 기다리며 건설 현장에 세워져 있는 것을 보고는 했다. 이제는 이런 트럭을 어디서든 실시간 예약을 통해 작업에 투입할 수 있다. 증기 롤러는 하루 14시간 이상 일해도 현장 감독에게 불평하지 않는다. 기존에 가지고 있는 자본의 사용 강도를 높임으로써 더 많은 자본을 갖는다.

인터넷은 금융 기술과 스퀘어, 페이팔, 세일즈포스 같은 소프트웨어 기업을 통해 자금의 자유로운 흐름을 촉진하고 판매자와 구매자를 빠르게 연결한다. 전 연방준비제도이사회 의장 버냉키는 글로벌 예금이 분출해 국경을 넘어 흘러넘치고 있다고 지적했다. 소비자는 온라인 플랫폼에서 다루기 손쉬운 도구를 갖게 되면서 나름의 역할을 한다. "다른 고객이 함께 본 상품"이라는 아마존의 멋진 기능은 구매자가 한 품목을 쇼핑 중일 때 다른 대체 상품도 살펴보라고 알려준다. 차고를 나서지 않고, 검색 비용을 한 푼도 내지 않고 쇼핑객은 500달러짜리 허니웰 이동식 에어컨을 찾다가 470달러의 괜찮은 성능의 블랙앤데커 에어컨을 발견할 수 있다. 아마존의 이런 기능은 눈으로 직접 확인할 수 있는 대체 품목을 늘림으로써 소비자가 감당하는 지불 가격prices paid을 억누른다. 오바마 행정부에서 경제자문위원회 위원장을 역임한 오스탄 굴스비와 스탠퍼드대학교 경제학과 교수 피터 클레노는 온라인 물가가 표준 소비자 가격 지수보다 1퍼센트 낮다는 것을 알아냈다.[32]

이런 힘들이 모든 것을 설명하지는 않는다. 인플레이션은 밀턴 프리드먼이 가르친 대로 통화 현상monetary event이기 때문이다. 2014년과 2020년 사이에 20퍼센트나 상승한 강달러strong dollar로 인해 수입품이 미국인에게 싸게 보였고, 국내 기업이 가격을 올리는 데 걸림돌이 됐다. 더구나 대침체기에 일어난 부의 붕괴가 가계의 대차대조표를 개선해 저축률이 위기 발생 이전보다 2배 높은 약 7.5퍼센트까지 상승했고, 시장에서 유통하는 화폐의 속도를 늦췄다. 종합하면 공급 측면의 충격이 인플레이션을 약 1.5퍼센트 정도 낮췄을 수 있다. 이 1.5퍼센트가 엄청난 차이를 만든다. 인플레이션이 잠잠하면 연방준비제도가 금리를 낮게 유지할 수 있기 때문이다. 낮은 금리는 주식 시장을 부양했고, 감가상각 규정이 완화된 덕분에 기업이 최신 장비와 기술에 투자를 늘려 생산성을 높였다. 미국의 노동자가 마침내 임금 상승을 목격하기 시작했던 이유가 이것이다.

이런 공급 측면의 충격은 1981년에 레이건이 시행한 개별 소득세 감면 조치처럼 정부가 계획한 것이 아니다.* 오히려 제드 클램펫이 때마

---

* Economic Recovery Tax Act, ERTA. 레이건 행정부의 경제회복조세법을 말하는 것으로 기업이나 개인의 소득세율을 낮추고 자산의 감가상각 규정을 철폐했다.

침 발사한 엽총에 더 가깝다. 그런데 이것이 더 설득력 있고, 생계 수준을 전반적으로 끌어올린다.

우리는 케인스 덕분에 모두 케인스주의자들이 되었다. 우리는 밀턴 프리드먼 덕분에 모두 통화주의자들이 되었다. 우리는 옆 상점의 긱 노동자 덕분에 공급에 관심을 둔다. 그리고 지금과 같이 혼란스러운 세상 덕분에 우리는 모두 절충주의자들이 되었다.

단순한 GDP를 넘어서

밀턴 프리드먼의 싸움은 케인스주의자들과의 통화 논쟁에 그치지 않았다. 자유시장 경제학자들이 간혹 동정심이 없다고 비웃음을 사기도 하지만, 프리드먼은 1962년 후반에 가난한 사람들을 돕기 위해 제정되었지만 제 기능을 제대로 하지 못하는 복지 제도를 대체할 '역소득세'(저소득자에게 정부가 지급하는 보조금)를 제안했다. 그의 이런 제안은 오늘날 '근로소득보전세제'의* 기틀이 되었다.

1953년에 프리드먼은 향후 각국 정부가 환율 정책을 고정 환율에서 변동 환율로 바꿀 것이라고 예측하면서 하루아침에 국제경제학에서 이단아로 취급된 적이 있었다.** 그러나 오늘날 사정은 어떠한가? 현재 전

---

* Earned income tax credit, EITC. 근로소득보전세제는 저소득 계층이 일을 통해 소득을 올리면 그 소득의 일정액만큼 세금 환급 등의 세제 지원을 통해 이들의 생활을 돕는 제도다. 이것은 저소득층의 세금 부담을 덜어주고 더 나아가 소득이 적은 사람일수록 보조금까지 받을 수 있어 복지 성격이 강한 제도라고 할 수 있다.

** 변동 환율제란 각국 통화의 가치, 즉 환율을 고정하지 않고 시장의 추세에 따라 변동하는 제도를 말한다. 프리드먼이 예측한 것보다 한참 뒤의 일이기는 하지만, 1971년 8월 '닉슨 성명'으로 금과 달러의

세계의 거의 모든 나라들이 변동 환율제를 채택하고 있고, 세계 외환 시장과 채권 시장에서 하루에 거래되는 액수만도 수조 달러가 넘는 상황에서 각국의 정부와 중앙은행들은 이것을 효과적으로 통제하는 데 큰 애를 먹고 있다. 또한 그는 2006년에 94세를 일기로 사망하기 몇 년 전에 부인 로즈와 함께 학부모들에게 자녀의 학교를 선택할 수 있는 자유를 부여하고, 이를 통해 지역 학교들의 독점을 대체할 수 있는 학교들 사이의 경쟁 체제를 구축해야 한다고 강력하게 주장했다.

생전에 프리드먼은 케인스주의자들과의 오랜 논쟁에서 이론적으로나 경험적으로 승리를 거뒀고, 나아가 노벨경제학상을 수상하는 영광을 누렸지만, 그가 무엇보다 개인적으로 가장 자랑스러워했던 일은 따로 있었다. 하지만 그것은 경제학과 아무 관련이 없다. 1970년에 있었던 일로 베트남 전쟁과 관련이 있었다. 당시 오랫동안 베트남과 피 말리는 전쟁을 하고 있던 닉슨 행정부는 이 전쟁에 파견할 수만 명에 달하는 미국 젊은이들 추가로 동원하고자 했다. 이때 닉슨 대통령이 프리드먼을 징집위원회 위원으로 임명했는데, 위원회는 처음부터 지원병제에 대한 찬반 세력으로 갈려 내분을 겪고 있었다. 물론 그 중심에는 당시 베트남전 지원군 총사령관을 맡고 있던 윌리엄 웨스트모어랜드 장군과 밀턴 프리드먼이 있었다.

징집제를 지지하던 웨스트모어랜드 장군은 자신이 돈을 받고 싸우는 용병(지원병제 또는 모병제)으로 이뤄진 군대를 지휘하고 싶지는 않다는 의

교환이 정지되면서 기존의 고정 환율제가 붕괴되었다. 그리고 이를 대신하는 것으로 변동 환율제를 도입한 킹스턴 체제(1978년 4월 1일)가 출범되었다. 킹스턴 체제는 1976년 1월 자메이카의 수도 킹스턴에서 개최된 국제통화기금 잠정위원회에서 합의된 새로운 국제통화 협력 체제를 뜻한다.

견을 표시했다. 프리드먼이 끼어들어 이렇게 말했다. "장군, 그렇다면 노예로 구성된 군대를 지휘하고 싶다는 거요?" 그러자 웨스트모어랜드 장군은 자리에서 벌떡 일어섰고 그의 결연한 눈과 청동무공훈장이 번쩍였다. 그는 안경 쓴 프리드먼에게 단호하게 말했다. "어떻게 우리의 애국적인 병사들을 노예라 부를 수 있소." 이에 프리드먼이 응수했다. "오히려 저는 우리의 애국적인 지원병들을 용병 취급하는 당신의 말이 더 귀에 거슬립니다. 하지만 그들이 정말 용병이라면, 저는 용병 교수이고, 장군은 용병 장군이 되는 것이나 마찬가지입니다. 또한, 용병 의사에게 치료받고, 용병 변호사를 고용하며, 용병 도살업자에게 고기를 사는 것이지요." 프리드먼은 이때 일을 이렇게 기억했다. "그 뒤로 장군은 두 번 다시 용병이라는 말을 쓰지 않았습니다." [33] 미국 태생의 영화감독 시드니 루멧의 1957년 영화 〈12인의 성난 사람들〉에 나오는 고집불통의 배심원처럼 프리드먼은 지원병제에 대해, 그리고 자유를 위해 만장일치 표결을 이끌어냈다.

제임스 뷰캐넌
정치는 곧 비즈니스라고
외친 공공선택학파

James McGill Buchanan
(1919~2013)

소설가 마크 트웨인이 정치가를 빗대어 이렇게 말한 적이 있다. "나 오늘 정말 놀라운 장면을 하나 목격했어. 글쎄, 정치가가 양손을 자신의 바지 주머니에 넣고 있는 거야(항상 남의 것, 즉 공공의 재산을 슬쩍하는 정치가들을 빗대어 한 말)."

경제사상사에 이런 트웨인의 조롱을 뒷받침할 만한 학파가 있을까? 1986년, 스웨덴 한림원의 노벨상 선정 위원회는 공공선택학파의 창시 자인 제임스 뷰캐넌에게 노벨경제학상을 수여했다. 공공선택이론가들 은 마크 트웨인의 지적에 기초해 종래의 공공재정이론을 다시 고찰할 것, 아니 오히려 거부할 것을 촉구한다. 그들은 정치에 대한 현실적인 태도가 통화주의자들이 내놓은 어떤 승수 통계보다도 케인스주의 경제 학을 무너뜨릴 수 있는 더 확실한 방법이라고 생각한다. 즉, 그들은 정 치인들을 멀리 날려 보내고 싶을 만큼 그들을 신뢰하지 않았다.

공공선택학파는 공공선택이론이 다음과 같은 정치적, 경제적 문제들 을 설명해줄 수 있을 것이라고 생각한다. 왜 정부는 만성적인 예산 적자 에 시달리는가? 왜 특수 이익 집단이 번성하는가? 왜 매번 대통령 선거

때마다 나오는 공약과 달리 정부 부서들은 축소되지 않고 계속 비대해져만 가는가? 그리고 왜 정부 규제안들은 소비자보다는 기업가를 더 보호해주는가? 대다수 경제학자는 정치를 좋은 정책을 제안하고 추진하는 데 걸림돌이 되는 성가시고, 이해 불가능하며, 비경제적인 존재 정도로 여긴다. 때로는 불필요한 존재로 간주하기도 한다. 반면, 공공선택학파 경제학자들은 정치를 경제학의 도구를 이용해 연구 분석되어야 하는 대상으로 본다. 다시 말해, 그들은 정치를 일종의 경제적 행위로 간주한다. 경제학자들은 정치를 보면서 자포자기가 되거나 불쾌감을 표시해서는 안 된다. 오히려 관료들과 입법자들이 왜 좋은 정책을 무시하거나 채택하지 않는지 물어야 한다. 정치도 넓게 보면 비즈니스의 하나이기 때문이다.

공공선택학파 또는 공공선택이론이 무엇을 의미하는지 감이 잘 오지 않는다면, 애덤 스미스, 존 스튜어트 밀의 아버지 제임스 밀, 그리고 스웨덴 출신의 경제학자 크누트 빅셀을 포함해 정치인들에게 입에 담기 어려운 저주를 퍼부은 사람들이 이 학파의 선구자들이라는 사실을 떠올리면 어느 정도 감이 올 것이다. 그러나 이 학파의 본격적인 연구는 제2차 세계대전 이후부터다. 정부의 조직이나 역할이 비대해짐에 따라 그에 대한 비판자들도 함께 증가했다.

제도학파의 매서운 비판가였던 베블런처럼 제임스 뷰캐넌도 주류 학계에서 이단아 취급을 받았다. 1919년 테네시 머프리스보로에서 태어난 뷰캐넌은 이 책에서 다룬 다른 저명한 경제학자들과 달리 명문 대학에 입학할 형편이 되지 못했다. 대신 그는 자신의 고향에 위치한 현재미들 테네시 주립대학교의 전신인 미들테네시사범대학교에 들어갔다.

뷰캐넌은 아침저녁으로 우유 짜는 일을 하며 필요한 학비를 조달했다. 이렇게 4년을 소와 함께 보낸 그는 테네시대학교 대학원에 입학했고, 그곳에서 경제학 석사 학위를 취득했다. 그리고 제2차 세계대전이 발발하자 잠시 학업을 중단하고 뉴욕에 있는 해군 대학에서 복무했다.

앞서 살펴보았던 갤브레이스 역시 제임스 뷰캐넌과 비슷한 성장 환경을 갖고 있었다. 그는 캐나다 시골 마을에서 태어나 소 떼와 목초지 사이를 뛰어다니면서 소박한 어린 시절을 보냈다. 그러나 이후 성장 과정은 완전히 달랐다. 갤브레이스는 뷰캐넌과 달리 순탄하게 학창 시절을 마치고 곧바로 주류 학계에 발을 들여놓았으며, 경력을 인정받아 하버드대학교에서 강의도 하고 영화 〈007〉 시리즈에서 제임스 본드를 연기한 영국 영화배우 로저 무어와 스위스에서 스키를 타며 휴가를 보낼 수 있었다.

반면, 인생의 부침이 심했던 뷰캐넌은 갖은 고생을 다 하며 어렵게 공부를 해야 했다. 그래서였을까. 뷰캐넌은 평소에 '동부 엘리트'를 썩 좋아하지 않았다. 뷰캐넌은 동부 엘리트의 지적 속물근성에 눈살을 찌푸리고, 남부 출신으로 뉴욕에서 받았던 온갖 차별에 치를 떨었다. 그는 제2차 세계대전 중에 미국 해군사관학교 생도로 훈련받은 이야기를 했다. 알파벳 순서대로 한 그룹에 배정된 600명 가운데 한 명이었다. 20명이 장교로 승진했는데 13명이 아이비리그 대학 출신자들이었다. A와 B라는 별칭으로 불린 뷰캐넌의 소대에 아이비리그 대학 출신들이 배치됐다. 부함장은 뷰캐넌의 소대원들을 무시하면서 R이라는 별명을 가진 남자를 데려와 A와 B 소대의 인솔을 맡겼다. 뷰캐넌은 이런 차별이 자신을 "급진적으로 만들었다"라고 회상했다. 이때 실제로 그랬다면 그는 마르크스주의 진영에 가담했었을 수도 있다. 하지만 그렇게 하지 않고 진주만 지하 지휘소에서 복무하면서 태평양 함대의 이동 경로를 짰다.

그는 체스터 니미츠 제독과 제2차 세계대전의 전환점이 된 미드웨이 해전을 이끈 레이먼드 스프루언스 제독을 보좌했다. 뷰캐넌은 스프루언스 제독이 그를 "대단히 민첩하고 아주 정확한" 부하로 칭찬했다며 자랑스러워했다.[1] 전후에 뷰캐넌은 서부로 향했고, 시카고대학교에서 박사학위를 받았다. 결정적인 기회가 우연히 찾아왔다. 독일어 시험을 마치고 나서 도서관 서가를 기웃거리다 크누트 빅셀이 과세의 정치학에 대해 스웨덴어로 쓴, 누구 하나 손댄 흔적이 없는 논문을 발견했다. 그리고 그 후 그는 남부로 향해 버지니아대학교에서 자리를 잡을 수 있었다. 이곳에서 그는 소위 버지니아 정치경제학파를 창설했다.

제임스 뷰캐넌은 자신의 연구를 동부에 위치한 아이비리그 소속 학자들의 이상주의적 묵상에 대한 반발로 간주했다. 케네디 행정부와 존슨 행정부 시절, 하버드대학교 출신의 경제학자들이 워싱턴 정가에 들락거릴 때, 뷰캐넌은 버지니아대학교 뒷동산에 올라 그들의 아이디어를 곱씹으며 비판의 날을 세웠다. 그때 출간한 책이 버지니아 주에 소재한 조지메이슨대학교 로스쿨 교수를 역임한 고든 툴록과 함께 쓴《국민합의의 분석》이었다.

뷰캐넌에 따르면, "동부 출신의 학계 엘리트들은 자신들이 정부에 고명한 의견을 제시하는 고상한 현자들이라는 잘못된 사고방식을 벗어버리지 못하고 있다. 그들은 항상 자신들이 워싱턴의 조언자라도 되는 것처럼 생각한다."

그렇다면 뷰캐넌은 자신에 대해 어떻게 생각할까? "나는 항상 세상이 어떻게 돌아가는지 알아내기 위해 고군분투하는 위대한 하층민이라고 생각한다."[2] 그는 "낭만을 배제한 정치학"을 바라보고자 했다.

그의 친구들조차도 뷰캐넌이 그렇게 살가운 친구는 아니라고 말했다. 벌판에서 수탉의 첫 울음소리를 듣던 습관이 몸에 배어 있던 그는 아침마다 사무실에 가장 먼저 나타나는 사람이자 자신의 연필을 가장 먼저 깎는 사람으로 통했다. 그의 엄격한 성격과 평소 그가 프랑스산 고급 생수 페리에를 고집하는 풍류 도락가들에 대해 가지고 있는 혐오감에 비춰볼 때, 뷰캐넌이 품위 있고 점잔 빼기 좋아하는 갤브레이스와 한 방에 있는 모습을 떠올리기는 쉽지 않다.

이 장에서는 공공선택학파의 역사를 추적하기보다는 이 학파가 정치경제학에서 가장 논란이 되는 여러 이슈에 대해 어떻게 생각하고 판단하는지 살펴보고자 한다. 공공선택학파의 주요 논지는 매우 간단하다. 즉, 사업가가 이기적이라면, 정부의 관료들 역시 '정치적 사업가'라고 부르지 못할 이유가 없다는 것이다. 다만 서로 추구하는 바가 다를 뿐이다. 사업가들이 이윤 극대화를 목적으로 한다면, 정치적 사업가들은 무엇을 가장 극대화하고 싶어 할까? 그들은 선거에서 승리하기 위해 권력과 능력을 극대화하고자 한다. 경제학자들은 지난 200년 동안 인간의 행동을 연구하고, 그것에 기초해 모델을 만들어왔다. 그렇다면 정부의 행동에 대해서도 인간의 행동에 대해 했던 것처럼 똑같이 연구하고 모델을 만들 수 있지 않을까?

특수 이익 집단의 역설

국회가 회기 중에 있을 때는 의원들을 포함해 누구도 안전하지 않다. 로비스트들은 의원들과 보좌관들을 졸졸 따라다니면서 자기 집단에 유리한 결과를 끌어내기 위해 각종 로비를 한다. 경제학자이자 메릴랜드 대학교 교수를 역임한 멘슈어 올슨은 사회의 효율성을 빨아먹고자 하는 체계적인 동기가 조합들, 협회들, 또는 기업들 같은 특수 이익 집단을 움직이는 원동력이라고 주장했다.[3]

그렇다면 왜 특수 이익 집단들은 애국하는 마음으로 효율성과 국부를 증대시키기 위해 의회에 로비를 하지 않는 걸까? 그것은 돈, 즉 이익이 되지 않기 때문이다. 우유생산자연합 농업정치교육 위원회(이하 우유생산자연합 위원회)를 예로 들어보자. 이 위원회는 미국에서 의회 의원들에게 많은 정치 후원금을 기부하는 대표적인 이익 집단 중 하나다. 우유 생산업자들은 정부의 가격 지지 정책(상품의 가격을 정부 차원에서 일정 수준으로 유지할 수 있도록 지원하는 정책)을 선호하고 지지한다. 가격 지지 정책이란 우유 가격, 즉 우유의 최저 가격을 보장함으로써 우유 생산업자들의 '소득'을 보장하는 정책이다. 그러나 경제학자들은 이런 가격 지지 정책을 싫어한다. 왜냐하면 이런 정책으로 그들은 이득을 볼지 모르지만, 피해를 보는 것은 언제나 소비자들이기 때문이다. 지나가면서 하는 말이지만, 우유를 가장 많이 소비하는 계층은 어린이들이다. 이들 어린이 중 상당수가 하층 계급 출신이다. 즉, 정부의 가격 지지 정책으로 가장 피해를 입는 것은 소비자들 중에서도 이들 하층 계급 출신의 어린이들이다.

이 위원회 소속 회원들이 미국 인구의 1퍼센트를 차지한다고 가정하

자. 그리고 만약 이들이 의회 의원들에게 로비를 해서 미국 국민 전체가 혜택을 누릴 수 있는, 즉 미국의 생산성을 전반적으로 향상시킬 수 있는 조치를 통과시킬 수 있다면, 그들은 이 생산성 향상에 따른 이득의 1퍼센트를 가져갈 수 있다고 하자. 그런데 그들은 이 법안을 통과시키기 위해 위원회가 할 수 있는 100퍼센트의 모든 노력을 쏟아부었다. 특히, 미국에 100만 달러의 새로운 부를 창출하는 이 법안을 위해 위원회는 로비 자금으로 5만 달러의 위원회 예산까지 지출했다. 하지만 인구 대비로 이 위원회 회원들이 가져올 몫은 새로 창출되는 부의 1퍼센트인 1만 달러밖에 되지 않는다. 이 법안 하나로 위원회가 로비 자금으로 쏟아부은 5만 달러보다 20배가 넘는 새로운 소득이 창출되는데도 불구하고 위원회(회원들) 차원에서 돌아오는 이득이 고작 1퍼센트라고? 산술적으로 계산해서 적어도 회원 수 대비 20배가 되는 20만 달러의 이득은 돌아와야 하지 않겠는가? 사정이 이렇다면, 이 위원회는 정치를 통해 사회를 좀 더 효율적으로 만드는 일, 즉 공익적인 일에는 더 이상 관심을 갖지 않을 것이다. 사회를 위해 좋은 일을 했는데도 그에 비례한 이득이 돌아오지 않는데 굳이 많은 시간과 돈을 써가며 의회 의원들을 상대로 로비를 할 이유가 무엇이란 말인가!

이제 반대로 이 위원회가 자신의 몫을 챙기기 위해 로비를 한다고 생각해보자. 앞서 거론한 가격 지지 정책을 다시 예로 들어보자. 위원회는 정부의 가격 지지 정책을 통해 상당한 이득을 볼 수 있다. 그럼, 그런 이득은 누구에게서 나오는가? 물론 소비자들이다. 위원회가 가격 지지 정책을 통과시키기 위해 로비 자금으로 5만 달러를 쓰고, 그 결과 천만 달러의 이익을 볼 수 있다고 하자. 우유 생산업자들은 로비 자금 5만 달러

전부를 부담하지만, 한편 그에 따른 이득을 모두 가져간다. 대침체기에 글로벌 부동산 시장이 폭포수처럼 떨어질 때조차 워싱턴은 사무실 임차인을 계속 끌어당겼다.

사정이 이렇다면, 이 위원회 입장에서 정치가들은 멋진 투자 대상이 아니겠는가! 그리고 우유 생산업자들이 공장에 우유 생산 설비를 새로 들여놓는 대신 워싱턴에 사무실을 차려놓고 의회 의원들 로비에 더 많은 시간과 노력을 들이는 것도 이상하지 않다. 더구나 그들이 많은 변호사를 고용하는 것도 이런 측면에서는 일리가 있다. 수단과 방법이야 어떻든 얻는 것이 크면 클수록 좋다. 희대의 은행 털이범 윌리 서튼은 왜 은행만을 골라서 털었냐는 질문을 받고 "거기 돈이 있기 때문입니다"라고 대답했다고 한다. 많은 이익 집단들에게 워싱턴은 돈이 있는 곳이다. 그것도 털기 쉬운.

이런 정치적 행동은 보통 사회에 해를 끼친다. 그런데 특수 이익 집단들이 그것에 상관할까? 앞서 우리가 예로 들었던 우유생산자연합 위원회는 회원들이 미국 인구의 1퍼센트이기 때문에 입는 피해도 1퍼센트밖에 되지 않을 것이다. 즉, 위원회는 자신들의 로비가 경제에 미치는 해악으로 인해 GDP가 100배만큼 떨어질 때라야, 즉 로비를 해도 아무런 이득을 볼 수 없을 때 비로소 로비 활동을 중단할 것이다. 멘슈어 올슨은 "이익 집단으로 넘쳐나는 사회는 깨지기 쉬운 도자기를 서로 차지하기 위해 서로 싸움을 벌이고 있는 레슬링 선수들로 가득 차 있는 도자기 상점과 같다. 그들이 가져갈 수 있는 것보다 깨져서 버리는 도자기들이 더 많다"라고 말했다.[4]

만약 가격 지지 정책이 소비자들의 지갑을 털어간다면, 왜 소비자들은 이런 정책을 무력화하기 위해 세력화하지 않는 걸까? 사실 별로 돈이 되지 않는 일이기 때문이다. 앞의 예로 다시 돌아가자. 우유생산자연합 위원회는 가격 지지 정책을 로비하면서 5만 달러를 쓰고 천만 달러의 이득을 보았다. 따라서 소비자들이 부담해야 하는 총비용은 천만 달러가 된다. 만일 인구가 2억 5천만 명이라고 하면, 소비자가 1인당 부담해야 하는 비용은 4센트다. 반면, 인구 1퍼센트를 차지하는 위원회의 회원들은 1인당 4달러의 이득을 본다. 즉, 가격 지지 정책에 있어서 우유 생산업자들은 우유 소비자들에 비해 100배 더 많은 관심을 보일 것이다. 더구나 인구 대비 규모가 작은 우유 생산업자들은 소비자들보다 더 쉽게 뭉칠 수 있다.

현재 미국 인구에서 겨우 0.0002퍼센트밖에 되지 않는 설탕 생산업자들은 로비스트들을 고용해 미국의 설탕 가격을 세계 수준보다 3배 더 높게 유지하고 있다. 벤저민 프랭클린이 차에 설탕을 뿌리면서 카리브 해의 설탕섬들sugar islands이 식민지 지배에서 벗어나야 한다고 주장한 때부터 줄곧 부과해 온 관세와 가격 보조금 덕분에 사탕무 재배자들을 포함한 이들뿐 아니라 옥수수 감미료(설탕 대용품인 인공 감미료) 생산업자들도 인위적으로 높은 설탕 가격으로 인해 어부지리로 많은 이윤을 벌어들이고 있다.[5] 메이플 맛이 나는 로그 캐빈이라는 시럽에는 천연 메이플은 전혀 들어 있지 않고 인공 감미료만 가득하다. 라이프세이버스와 젤리벨리 젤리빈 제조업체들은 높은 감미료 가격을 피해 미국 영토 밖에 공장을 설립했다. 이런 인공 감미료를 실험용 쥐에게 주입해 본 결과 암이 발병했다는 과학적 실험 결과도 있다. 이처럼 인위적인 가격 지지 정책은 국가 정치에 암을 유발할 수 있다.

이런 문제는 민주주의 국가들에서 이미 만성화된 문제다. 어떤 하나의 동기에서 똘똘 뭉친 이익 집단들은 국가 차원의 경제 정책에 막대한 영향을 미치고, 그에 따른 결과에서 사소한 몫을 가져가는 개별 소비자들의 이해관계는 철저히 짓밟는다. 그래서 궁극적으로 개별 소비자들은 이득은커녕 국가적 효율성과 소득의 하락으로 인해 가장 큰 피해를 본다. 하지만 그들이 누구를 탓할 수 있겠는가? 분명한 대상은 존재하지 않는다. 왜냐하면 개개 특수 이익 집단들은 공공의 복리에서 아주 적은 몫만을 챙겨가기 때문이다. 물론 그 몫이 하나로 뭉치면 무시 못 할 크기이지만.

소비자가 자기 자신의 무능을 탓하는 것도 별 소용이 없다. 의회의 활동을 감시하는 일도 비용이 든다. 다른 사람들에게 가는 부당한 이득 때문에 내가 입을 피해가 4센트밖에 되지 않는다면 그냥 무시하는 편이 오히려 속 편할 수도 있다. 예를 들어, 특수 이익 집단의 이해를 대변하는 정책으로 인해 당신이 입을 피해액을 알아보기 위해 지역구 의원에게 전화를 거는 것이 몇 배는 더 큰 비용이 들 것이다. 경제학자들은 이것을 미국 주택도시개발부 고문이었던 앤서니 다운스가 만든 용어인 '합리적 무시'라고* 부른다. 우리는 모든 것을 알 수 없다. 우리에게는 모든 것을 배우고 알 수 있을 만큼 충분한 지능, 시간, 돈을 가지고 있지 않다. 사회주의의 문제는 저녁 시간을 너무 많이 빼앗아 간다는 것이다.

---

*   Rational ignorance. 최소 비용으로 최대의 경제적 이익을 얻고자 하는 개인의 합리적 경제 행위가 전체에 불이익을 주고 경제 전반에 부정적인 영향을 주는 경우를 말한다. 이러한 경우는 각종 협회, 조합, 단체와 같이 구성원 공동의 이익을 추구하는 특수 이익 집단들에 의해 발생한다. 특수 이익 집단들이 생산 판매 등 일반적인 이익 외에 홍보나 로비를 통해 독점권을 획득, 가격 인상 또는 보조금 수혜 등 각종 특혜를 받는 경우에 개인은 경제적 판단에 따라 타인의 손해를 합리적으로 무시하게 된다.

그러나 교육받은 유권자educated voter가 되는 것은 어느 체제에서나 피곤한 일이다.

뉴욕시티와 보스턴에 거주하는 시민들은 시에 이용할 수 있는 택시 수가 턱없이 부족하다는 것을 알고 있다. 이 두 도시는 택시 면허 발급을 제한하고 있는데, 이것이 택시 운전사들의 소득은 올려줄지 몰라도 시민들의 불편은 가중시킨다. 시당국은 시민들의 불편은 무시한 채 택시 운전사들의 불평에만 귀를 기울이고 있는 것이다. 그러다 앱 기반의 차량이 운행되고, 승객이 운전사를 평가할 수 있고, 운전사가 5점 만점에 최소 4.7의 고객 평점을 유지해야 하면서 많은 택시 위원회가 저렴한 비용으로 더 나은 서비스를 제공하는 업스타트에 전쟁을 선포했다. 샌프란시스코에서는 시 감독관이 택시 운전사들이 "교대할 때마다 약 15달러 또는 그 이상을 잃고 있다"라고 불평했다. 물론 이를 다르게 바라보는 시각도 있다. 샌프란시스코 주민들과 관광객들은 도시가 생활하고, 일하고, 관광하기 훨씬 더 편리한 곳이 되어가고 있다고 좋아했다. 하지만 공공선택학파는 이것을 비판하기 위해 "우는 아이 떡 하나 더 준다"라는 식으로 문제에 접근하지 않는다. 대신 멘슈어 올슨과 그의 동료들은 이해관계로 똘똘 뭉쳐 있는 집단들이 세력화되어 있지 않은 일반 대중보다 왜 훨씬 더 강력한 목소리를 내는지 가르친다.

올슨은 자신의 주장에 광범위한 역사 법칙을 끌어들임으로써 논쟁의 지형을 넓혀 나갔다. 그는 안정된 사회일수록 특수한 이해관계에 더 많은 영향을 받는다고 가정한다. 그리고 '장기적으로 안정되어 있는' 사회는 상대적으로 새롭게 안정을 이룬 사회보다 더 느리게 성장한다고 주장한다. 시간이 흐를수록 거머리들은 번식에 번식을 거듭해 곳곳에서 국가의 피를 빨아 먹는다. 만약 이것을 방치하면, 어느 순간에는 극단적인 혁명이나 전쟁이 경제를 활성화할 수 있는 수단이 될 수도 있다. 왜냐하면 특수 이익 집단들이 자기 목을 스스로 조를 일은 없을 테니 말이다. 그는 영국을 장기적으로 안정되고, 성장이 지체되어 있는 나라로, 전후 일본을 경제적 기적을 일구며 새롭게 안정을 이룬 나라라고 지적했다. 내 연구는 관료주의를 끌어당기는 것은 단지 시간만이 아니라 번영 그 자체라는 것을 보여준다. 미국의 관료주의는 존슨, 닉슨, 포드 행정부를 거치면서 빠르게 성장했다. 이 시기에 미국 공무원의 수가 46퍼센트나 급증했다. 이보다 앞서 역사적으로 가장 번성한 시기 중 하나인 제2차 세계대전 이후의 호황이 있었다. 이런 경향은 중세 시기 중국에서도 확인할 수 있다. 《다시, 국가를 생각하다》에서 나는 초기 명 왕조의 번성과 중국 선원들이 어떻게 이탈리아 뱃사람들보다 수백 년 앞서 자석 나침판을 사용했었는지 상세히 기록했다. 그러나 1433년에 무역을 장려했던 환관이* 사망한 뒤 관료들이 득세해 경쟁력 있던 선박 건조를 금지하고, 상인들을 천시했으며, 더 많은 권력을 갖기 위해 인쇄소도 폐쇄했다.[6] 경제가 침체하기 시작했다. 명의 마지막 황제가 나무에 목을 매달아 자살했을 때는 기력이 다해 수치스러운 종말을 맞았다.

국가의 흥망성쇠에 대한 올슨의 주장과 결론을 따르는 경제학자는 거의 없다. 그렇다고 해도 특수 이익 집단들에 대한 그의 치밀한 분석은 귀담아들을 필요가 있다.

---

* 중국 명나라 시대의 환관이자 장군이었던 정화를 말한다. 이슬람 출신으로 원래 이름은 삼보였고, 환관의 최고위직인 태감이 되었다. 명나라 영락제의 명령으로 일곱 차례에 걸쳐 동남아시아, 인도를 거쳐 아라비아반도, 아프리카까지 해외 원정을 다녀왔다.

올슨의 주장대로라면, 현대 민주주의 사회에서 이런 특수 이익 집단들이 갖는 역설은 해결 불가능하다. 정말 그럴까? 반드시 그렇지는 않다. 특수 이익 집단들의 주요 로비 대상인 의회가 이들에게 관심을 갖지 않는다면 사정은 달라질 수 있다. 만약 대통령이나 의회 의원들이 일괄across-the-board 정부 예산 삭감이나 각종 정부 보조금, 가격 지지 정책, 그리고 그 외 다양한 보호 제도들을 폐지하거나 바꿀 수 있는 권한이 있다면, 경제의 효율성 증대로 인해 오직 특수 이익 집단들만 누렸던 특혜를 모든 국민들이 같이 누릴 수 있다. 그러나 안타깝게도 이런 역사적 사례는 찾아보기 힘들다. 물론 정치가들은 앞으로도 특수 이익 집단들의 로비에 대해 계속 강경한 발언들을 이어갈 테고, 그때마다 특수 이익 집단들은 잠시나마 목소리를 낮출 것이다. 그러나 사실상 바뀌는 것은 하나도 없다.

규제받는 사람들은 규제하는 사람들을 어떻게 통제하는가?

왜 정부는 많은 산업을 규제할까? 이에 대한 대답은 고등학교 교과서에서 쉽게 찾아볼 수 있다. 즉, 이런 산업들은 독점이거나 과점이기 때문에 소비자들은 이들 독과점의 부당한 착취에서 보호받아야 한다는 것이다. 그러나 이 대답이 함축하는 것은 이런 산업들이 규제를 싫어한다는 것이다.

미국 태생의 경제학자로 노벨경제학상 수상자인 조지 스티글러의 주도 아래 공공선택학파 경제학자들은 이 문제에 또 다른 가능한 해답 하나를 추가했다. 산업들 또는 기업들은 규제가 치열한 경쟁에서 오는 위험에서 자신들을 보호해주기 때문에 선호한다는 것이다. 그들은 실제로 규제를 위해 의회 의원들을 상대로 로비를 한다. 경제학자들은 이것을 '포획 이론'이라고* 부르는데, 규제를 당하는 대상이 규제자들을 '사로잡는' 꼴이기 때문이다.[7]

이것이 어떻게 가능할까? 정부 산하 기관으로 이발사위원회라는 것이 있다고 하자. 이 위원회는 일정한 규정과 기준, 예를 들어, 모든 이발사는 자신들이 사용하는 빗과 가위를 위생적으로 청결하게 유지하고, 머리가 개처럼 덥수룩한 고객은 거부하는 등과 같은 규정과 기준을 주장하고 있다. 위원회의 이런 간섭으로 유지 관리 비용은 조금 상승할 수도 있지만, 이발사들은 이런 규제안을 받아들이는 조건으로 위원회에 좀 더 큰 이익을 보장해 줄 수 있는 다른 규정들, 특히 자격증 발급 기준을 강화함으로써 신규 이발사들의 시장 진입을 규제해달라고 촉구할수도 있다. 이 위원회는 이발사가 되고자 하는 사람들에게 1년 동안 자메이카에서 라스타파리언의** 드레드록스(라스파타리언의 헤어스타일로 머리털을 가늘게 땋아서 오글오글하게 한 것)를 자르거나 공인된 비듬 클리닉에서 3년

---

*   Capture theory of regulation. 조지 스티글러는 규제를 받는 대상이 자신의 이익을 위해 정부를 이용할 수 있다는 점에 착안하여 시장 원리가 제대로 작동하지 않거나 고도의 전문 분야에서 정부가 특수 이익 집단의 주장과 설득, 즉 로비에 넘어가기 쉽다고 지적한다. 이것은 부패와는 차원이 다른데, 그 이유는 특수 이익 집단은 대가성 뇌물이 아닌 전문성이나 정보를 이용해 정부를 설득하려 들기 때문이다. 중요한 것은 이에 따른 정부의 정책이나 규제가 특수 이익 집단을 보호해주는 수단이 될 수도 있다는 것이다. 스티글러는 이런 경우 정부가 공익 차원에서 마련한 정책이 의도하지 않게 공익을 해칠 수도 있다는 것을 지적한다.
** Rastafarian. 에티오피아 황제 하일레 셀라시에를 신으로 신봉하는 자메이카 흑인 또는 운동을 말한다. 하일레 셀라시에의 본명인 레스 터페리에서 따온 말로 흑인들의 고향인 아프리카 복귀를 주장한다.

동안 최저 임금으로 인턴 생활을 하도록 규제함으로써 진입 장벽을 만들 수 있다. 이런 규제는 소비자들을 경험이 일천한 이발사들로부터 보호한다는 명목이지만, 실제로는 이발사들의 상호 경쟁을 방지하고 서로의 이득을 최대화하기 위한 텃세에 지나지 않는다. 물론 미숙한 이발사들 때문에 고객들이 이발 도중 두피에 상처를 입을 수는 있다. 애리조나는 미용업에 진출하고자 하는 미용사들에게 정부 공인 미용 학교에서 1,600시간의 수업을 의무적으로 받도록 규정하고 있다. 그렇다면 애리조나에서 경찰관에게 의무적으로 부과하는 훈련 시간을 얼마나 되는지 아는가? 고작 600시간이다. 다시 말해, 애리조나에서 미용사가 되기 위해서는 경찰관보다 3배나 더 많은 훈련 시간을 이수해야 한다.

2014년, 뉴저지에서 테슬라의 자동차 판매를 금지했다. 테슬라가 통상적으로 대리점을 통해 차량을 판매하지 않고 직접 소비자에게 판매했기 때문이었다. 그해 테슬라가 〈컨슈머 리포트〉의 역대 최고 평점을 받았지만, 뉴저지주 자동차위원회는 자동차 구매 예정자들에게 테슬라 차량을 구매하지 못하게 막았다. 이 위원회가 정계 출신과 중개인 대표로 이뤄져 있었고, 중개인들이 오래전부터 선거운동에 정치자금을 기부해 온 터라 금지 이유는 뻔했다. 중개인들이 갤럽의 신뢰도 조사에서 자동차 정비공들과 변호사들을 겨우 앞섰을 뿐인데도 다소 많은 유권자의 표심을 흔들었다. 이 금지는 뒤에 주지사가 철회했다.

정부 규제가 어떤 산업에 완전히 이롭거나 완전히 해롭거나 한 경우는 거의 없다. 정부는 우유 생산업자들에게 플라스틱 우유 용기 대신 고가의 스테인리스 스틸 용기만을 사용하도록 규제할 수 있다. 이런 규제가 우유 생산업자들에게 골칫거리가 될 수도 있지만, 이런 규제를 받아들이는 조건으로 그들은 정부의 가격 지지 정책이나 보조금 등의 수혜를 누릴 수 있다.

그렇다면 규제를 받는 산업들이 공공의 이익을 대변하는 기관들, 특히 정부를 포획하는 데 성공하는 이유는 무엇일까? 앞에서 다룬 합리적 무시, 즉 특수 이익 집단의 역설을 떠올려보자. 기업들은 정부나 정부 산하 기관들을 설득하기 위해 자신들에게 유리한 학계 자료를 수집할 수 있다. 실제로 경제학자들은 경제 잡지나 법률 잡지에 자신들의 전문 연구 성과를 게재함으로써 어떤 기업을 간접 대변하기도 한다. 정보의 우위나 전문성에 의존하는 것이다. 규제 당국은 종종 기업들의 이런 전략에 속아 넘어가 그들의 설득이나 로비에 넘어간다. 더구나 국민들은 이런 일에 크게 개의치 않는다. 마지막으로 이보다 좀 더 냉소적인 설명도 있다. 규제하는 자들이 규제받는 자들과 모종의 관계를 맺고 있는 경우가 있다. 정부 산하의 각종 기관과 위원회의 소속 위원들은 대다수가 민간 부문 출신들로 임기가 끝나면 다시 민간 부문으로 되돌아간다. 눈살을 찌푸리는 것보다 친구가 되는 것이 서로를 위해 상부상조하는 길이다. 1970년에 환경 운동가 랠프 네이더는 주간통상위원회Interstate Commerce Commission, ICC를 주간통상태만회Interstate Commerce Omission라 불렀는데, 트럭 운송 산업을 감시하고 통제해야하는 연방 기관이 오히려 그것을 감싸고 도는 것을 지적했던 것이다.

포획 이론은 모든 경제학자의 마음을 사로잡지는 못했다. 이 이론은 정치에 대해 다소 협소하고 편향적인 시각을 보여준다. 정치인들이 항상 기업의 편을 드는 것은 아니다. 간혹 기업을 적으로 만들기도 한다. 확실히 전구 산업은 2000년대에 백열전구 생산을 금지하는 정부 규제를 달가워하지 않았다. 패스트푸드 가맹점들은 플라스틱 빨대를 금지하는 규제를 환영하지 않았다. 1970년대와 1980년대에 시장에서 우위를 점했던 많은 산업이 새로운 업스타트와 경쟁하도록 내몬 탈규제의 흐름에 성공적으로 대응하지 못했다. 미국 태생의 대중 가수 프랭크 시나트라가 1960년대 콘서트에서 〈나와 함께 날아요〉를 불렀을 때 여객기를 탈 수 있는 미국인은 얼마 되지 않았다. 연방 정부의 민간항공위원회가 항공료를 높게 유지했고, 항공 노선을 나눠 갖는 대형 항공사들의 유착 관계를 주도했다. 막 하늘을 날기 시작한 화물기들이 땅에 주저앉았다. 미국의 항공 물류 업체인 페덱스는 1977년과 1978년에 코넬대학교 경제학과 교수이자 민간항공위원회 위원장이었던 앨프리드 칸의 촉구로 항공기 규제가 풀릴 때까지 대형 항공기를 띄우는 것이 허락되지 않았다.

그나저나 칸 교수는 워싱턴 D.C.에서는 보기 드문 직설적인 성격 탓에 고초를 겪었다. 카터 대통령의 자문위원으로 활동할 당시 칸은 특정 정책들이 불황을 초래할 수 있다고 대놓고 말했다. 백악관이 '불황'을 입에 올렸다고 쓴소리를 했다. 그는 단어를 '바나나'로 바꿔 말해야겠다고 맘먹고 기자들에게 1973년과 1975년 사이에 "우리가 심각한 바나나를 겪었다"라고 말했다. 그러자 바나나 로비스트들이 반발했다. 그는 경기침체를 '금귤'로 바꿔 불렀다. 이것이 시사하는 것은 공공선택이론에 깊이 스며 있는 관료주의적 규칙과 그것의 귀결에 가끔 개인이 반기를 들 수 있다는 것이다. 어느 날 뜻하지 않게 대중 선동적인 정치가가 등장해 정부나 정부 산하 기관들을 상대로 로비를 펼쳐 온갖 특혜를 독점하는 기업들을 단죄하겠다고 나설 수도 있다. 그는 닭고기 가공 산업이 누리고 있는 각종 특혜를 낱낱이 밝혀내고, 이에 대한 징벌성 규제안을 제안함으로써 시장 질서를 바로잡을 수 있다. 대중의 분노와 관심을 불러일으키는 이런 성난 정치가는 공공선택학파의 가설을 반박할 수 있는 주요 증인이 될 수도 있다.

공공선택학파 경제학자들이 모든 규제가 기업에는 이롭고 소비자에게는 해롭다고 주장하는 것은 아니다. 그들은 순전한 자유방임 경제학을 논의하지 않는다. 그러나 그들은 사람들이 자유시장의 결과를 정부 규제에 대한 현실적인 모델과 비교해야지 공공의 이익을 위해 봉사하는 자비심 많은 정부라는 이상주의적인 시각과 비교해서는 안 된다고 주장한다.

굵직한 공약들, 부풀려지는 예산, 그리고 관료주의

멘슈어 올슨과 조지 스티글러는 특수 이익 집단들이 자신들의 코를 공공의 구유에 처박은 채 먹을 것을 찾아 휘휘 젓고 다닌다고 깎아내린다. 정부가 이들을 먹여 살리는 이유는 무엇일까? 왜 정부는 이들 집단이 요구하는 재화와 서비스를 제공하는 것일까? 공공선택학파 이론가들은 관료주의와 정치가들을 연구함으로써 이런 문제들에 해답을 찾고자 한다.

고든 툴록과 경제학자로 레이건 행정부 시절 대통령 경제자문위원회 의장 대행을 역임한 윌리엄 니스카넨은 관료들을 생물학자가 실험용 쥐를 연구할 때 대하는 것처럼 가까이에서 면밀하게 관찰했다. 이것은 두 경제학자가 자신들의 연구 대상을 얼마나 조심스럽게 다뤘는지 보여주는 것이기도 하다. 니스커넨에 따르면, 관료들은 기업가들이 겪는 것과 비슷한 경쟁 과열에 시달린다. 관료들은 기업가들과 마찬가지로 자기밖에 모르는 이기적인 쥐들이지만, 그들의 이기심이 표출되는 방식은 기업가들의 그것과 많이 다르다. 기업가들은 이윤을 극대화하기 위해 경쟁한다. 물론 정부 관료들은 아마 뇌물을 제외하면 자신들의 이익을 극대화할 수 있는 방법이 별로 없을 것이다. 그래서 그들은 다른 변수들, 예를 들어 봉급, 수당, 권력, 위신, 퇴직 연금 등을 극대화하려고 한다. 관료들은 어떻게 이것들을 극대화할 수 있을까? 각종 예산을 늘리고 부서의 크기를 늘리면 된다. 니스커넨은 정부 부서들과 산하 기관들을 예산을 많이 받기 위해 촉각을 곤두세우는 조직들로 묘사한다. 이런 상황에서 이런 조직들의 규모는 업무 효율을 극대화할 수 있는 것보다 몇 배는 더 비대해질 수 있다. 이에 들어가는 모든 비용은 납세자들의 지갑에서 나온다. 돈, 즉 배당되는 예산이 더 크다는 것은 관료들에게 더 많은 권력을 의미한다. 따라서 관료들은 비용을 줄이는 데 별다른 동기를 갖지 않는다. 뭔가 허술해 보이는 관료주의가 관료들을 까다로운 존재로 만든다.

비록 선출 관료들이 관료주의를 타파하겠다는 공약을 내세우기는 하지만, 쉽게 행동에 나서지는 않는다. 카터와 레이건도 대선 공약으로 관료주의 타파를 외쳤지만, 막상 백악관에 입성해서는 공약을 지키지 못했다. 반대로 두 행정부에서 관료들의 봉급은 이전 행정부에 비해 더 올랐다. 그들은 다음과 같이 말한 러시아 황제의 말이 가슴에 와닿았으리라. "러시아를 다스리는 것은 내가 아니다. 만 명의 서기들이 러시아를 다스린다." 비록 정치 지도자가 어떤 조치를 시행하도록 명령을 내릴 수 있다고 하더라도, 그것을 직접 실행에 옮기는 것은 관료들이다. 간혹 관료들은 정치 지도자가 은퇴하거나 선거에서 패하거나 죽기를 바라면서 그가 내린 조치들을 실행하는 것을 눈치 보며 거부하거나 방해하거나 미룰 수도 있다. 이런 눈에 보이지 않는 신경전은 관료들의 승리로 끝나는 경우가 대부분이다. 트럼프 행정부의 지지자들은 워싱턴 정가를 '늪지'로 부른다. 이곳이 정치를 교살하고 대통령을 음해하려는 더러운 책략을 쓰는 음흉한 자들로 가득하다고 믿기 때문이다.

윌리엄 니스카넨의 이론은 몇 가지 문제를 안고 있다. 그는 카를 마르크스가 모든 노동자를 한데 묶어 취급했던 것처럼 모든 관료를 한데 묶어 취급했다. 다시 말해, 그는 모든 관료가 같은 이해관계를 갖고 있는 것처럼 여겼다. 그러나 실상은 그렇지 않았다. 관료주의 모델은 우리 생각보다 더 복잡할 수도 있다. 예를 들어 관료 조직의 우두머리는 누구인가? 장관인가? 수석공무원인가? 어떤 때는 조직을 축소함으로써 그들도 정치적 이득을 얻을 수도 있지 않을까?

레이건 행정부 시절 초대 내무부 장관이었던 제임스 와트는 자신이 몸담고 있는 부서의 일부를 통폐합함으로써 조직을 축소시키고자 했다. 닉슨 행정부 시절 관리예산청장과 보건교육복지부 장관을 지낸 캐스퍼 와인버거는 '칼 선장'이라는 별명을 얻었는데, 그것은 그가 보건, 교육, 그리고 복지 예산 지출에 칼같이 엄격했기 때문이었다. 그러나 레이건 행정부에서 초대 국방부 장관에 임명된 와인버거는 기존의 별명이 무색할 정도로 국방 예산을 흥청망청 쓰면서 펜타곤을 부정 축재의 수단으로 이용하기까지 했다. 이 때문에 그는 국방 예산을 헤프게 쓴다고 해서 '국자 선장'이라는 별명을 얻기도 했다. 그는 수조 달러에 달하는 국방 예산을 줄이기는커녕, 젤로(미국 제너럴 푸드에서 생산하는 디저트 식품의 일종으로 상표명) 하나 자를 수 있는 방법을 찾아내지 못했다. 와인버그의 이런 태도 돌변을 어떻게 설명할 수 있을까? 니스커넨의 이론은 왜 어떤 경우에는 들어맞고 어떤 경우에는 들어맞지 않는 것일까? 와인버거가 어떤 부서에서는 상황에 따라 예산 규모를 줄일 수도 있지만, 다른 부서는 대통령의 정책 목표를 충족하기 위해 늘려야 한다고 생각했기 때문일지도 모른다. 레이건 행정부 시절, 특히 냉전이 지속되던 상황에서 국방 예산을 줄인다는 것은 사실 엄두도 나지 않았을 것이다. 따라서 윌리엄 니스카넨의 관료주의 모델은 덜 익은 빵 같아서 오븐에서 조금 더 익힐 필요가 있다.

지금부터는 공공선택학파의 선출 정치가들에 대한 이론을 살펴보고자 한다. 한 러시아 이민자가 미국 의회를 둘러보고 이렇게 말한 적이 있다고 한다. "미국 의회는 알다가도 모르겠습니다. 한 의원이 단상에 나가 뭐라고 연설을 합니다. 그런데 잘 보면 아무도 귀 기울이지 않습니다. 그러다가 어떤 이유에서인지 모든 의원이 자리에서 일어나 고함을 지르며 말싸움을 벌입니다." 반대로 제임스 뷰캐넌은 미국 의회가 너무 조용하다고 비판한다. 정치가들은 정부의 예산 낭비, 대국민 사기(특히 무분별한 공약 남발), 그리고 권력 남용 등을 채찍질하는 것을 좋아한다. 1988년 미국 대선 당시 민주당 대통령 예비 선거에서 각각 후보로 나섰던 매사추세츠 주지사 마이클 두카키스는 국세청의 잘못된 조세 징수를 질타했고, 콜로라도 상원의원이었던 게리 하트는 펜타곤의 국방 예산 낭비를 공격했으며, 그리고 미국의 시민권 운동가이자 침례교도 목사인 제시 잭슨은 부자들이 교묘한 방식으로 탈세를 하고 있다고 비난했다. 연방 정부의 누적 예산 적자를 줄이는 문제에 대해 그들은 사전에 입을 맞추기나 한 것처럼 하나같이 공감을 표시했다.

그러나 이렇게 정부의 예산 낭비를 하나같이 비판하던 정치가들도 막상 선거에 당선되고 나면 언제 그랬냐는 듯이 엄청난 예산이 소요되는 온갖 민생 정책들에 찬성표를 던진다. 1958년에서 2006년까지 미국 정부가 균형 예산을 달성한 경우는 여섯 번밖에 되지 않는다. 뷰캐넌에 따르면, 정치인들의 입에 발린 수사는 단지 유권자들의 표를 의식한 것일 뿐 실제로 정책으로 반영되는 경우는 매우 드물다. 그래서 미국 정치의 가장 고질적인 문제는 이처럼 말과 행동이 다른 정치인들의 이율배반적인 행태에 있다고 꼬집는 이들도 있다. 미국 제26대 대통령 시어도어 루스벨트가 미국의 정치인들을 바나나에 비유했던 것처럼, 오히려 정치인들보다 바나나가 더 줏대 있을 수도 있다.

제임스 뷰캐넌이 정치인들을 비방하고 헐뜯기는 했지만, 그것으로 성이 차지 않았는지 그는 정치가들이 위선적으로 행동하도록 만드는 힘이 무엇인지 직접 찾아 나섰다. 그는 현실적으로 이 문제가 의원들 개개인의 문제가 아니라 체제적인 요소가 관여한다는 것을 알아냈다. 뷰캐넌은 정치 체제가 예산 적자를 초래한다고 주장한다.

케인스의 다음과 같은 교훈을 되새기는 것에서 논의를 시작해보자. 케인스에 따르면, 경기 호황기에는 고용과 세수가 증가해 흑자 예산을 기록할 수 있고, 반면 경기 침체기에는 고용과 세수가 줄어 적자 예산을 기록할 수 있다. 그러나 경기 호황기와 경기 침체기라고 하는 경기 순환을 거치다 보면 정부 예산은 대체로 균형을 이루게 된다. 뷰캐넌은 케인스 사망 이후 지난 40년 동안 경기가 좋았을 때도 왜 정부 예산은 흑자를 기록하지 못했는지 그 이유를 추궁한다. 만약 이게 계획이라면 뷰캐넌은 그것의 실패를 어떻게든 만회하도록 할 것이다. 왜 미국은 재정 흑자를 달성한 경우가 거의 없는데도 호황을 맞이했을까? 뷰캐넌은 2013년에 사망했다. 하지만 2019년에 미국이 기록적으로 낮은 실업률과 기록적으로 높은 증시 호황에도 불구하고 GDP의 약 4.5퍼센트에 달하는 연간 1조 달러의 적자를 냈다는 것을 알게 됐더라도 놀라지 않았을 것이다. 이를 카리브해의 자그마한 케이맨 제도의 예산과 비교해보자. 인구가 고작 6,800명이고 국민이 쉽게 지도자들을 감시할 수 있는 문화에도 불구하고 정부는 경제 규모의 약 4퍼센트와 맞먹는 재정 흑자를 장래를 위해 쌓아둘 수 있었다.

의외로 해답은 우리의 생각보다 간단하다. 벤담으로 돌아가보자. 정치인들은 자신들의 유권자들을 즐겁게 해주고 싶어 한다. 그들은 쾌락을 좋아하고 고통을 싫어한다. 정부의 각종 민생 정책들은 즐거움을 안겨주지만, 세금만큼은 고통을 안겨준다. 유권자들이 자신들이 뽑아준 정치인들에게 무엇을 원하는지 추측해보자. 간단하다. 정부 지출은 높이고 세금은 낮추는 것이다. 그리고 이것은 다른 말로 표현하면 예산 적자를 의미한다.

여기에서 뷰캐넌에게 다음과 같은 반론을 제기해보자. 만일 만성 예산 적자로 경제가 타격을 입는다면, 사람들은 고통을 당하게 되는데, 이런 상황에서도 그들은 적자 예산을 원할까?

뷰캐넌은 예산 적자가 경제에 타격을 주기는 하지만, 그 고통은 간접적이고 분산적이라고 대답한다. 반면 균형 예산 또는 흑자 예산에 따른 고통은 직접적이다. 왜 그럴까? 흑자 예산에 따른 직접적인 고통을 예산 적자에 따른 간접적인 고통과 비교해보자. 만일 우리가 균형 예산에서 시작해 흑자 예산을 달성하고 싶어 한다면, 우리는 세금을 더 많이 내거나 정부 지출을 삭감해야 한다. 이런 두 가지 전략은 우리에게 직접적인 고통을 안겨준다. 세금을 높이게 되면 민간 소비는 줄어들 수밖에 없다. 한편, 정부가 지출을 삭감하면 시행 중인 각종 민생 정책들은 중단되거나 줄어들 수밖에 없다. 경기가 호황을 보인다고 해도 그 혜택은 바로 나타나기보다는 늦게 나타난다. 그리고 세금을 높이거나 정부 지출을 줄임으로써 피해를 보는 사람들에게 간접적으로 혜택이 돌아갈 뿐이다.

그럼, 적자 예산일 경우를 예상해보자. 우리는 세금을 낮추거나 정부 지출을 늘려 적자 예산을 편성할 수 있다. 그러나 이렇게 함으로써 납세자들과 적자 예산에 따른 수혜자들은 얼굴에 희색을 띨 것이다. 적자 예산은 사람들이 개인적으로 더 많은 돈을 지출할 수 있도록 한다. 즉, 적자 예산은 경제를 위축시키지만, 그에 따른 효과는 간접적이다. 사람들은 미래에 대해 생각해야 하고, 흑자 예산과 적자 예산의 경우에 각각 어떤 영향을 받을지 자문해봐야 한다.[8]

제임스 뷰캐넌의 설명은 사람들이 미래에 미치는 간접적인 영향에 대해 잘못된 판단을 하고 있다는 전제에 기초한다. 많은 사람이 아인슈타인의 다음과 같은 말을 곧이곧대로 따른다. "저는 미래에 대해 생각하지 않습니다. 미래는 멀리 있는 것이 아니라 항상 바로 코앞에 있습니다." 뷰캐넌은 사람들이 미국 태생의 극작가 테네시 윌리엄스의 《유리 동물원》에 나오는 주인공 아만다 윙필드의 다음 대사를 그대로 따르기를 바랐을 수도 있다. "미래는 현재가 되고, 현재는 과거가 되며, 과거는 당신이 그것에 준비하고 있지 않았다면 영원히 후회하게 될 거야!"

정부가 예산을 적자로 운영하는 것은 미래를 무시하는 것이기 때문에 그것은 미래 세대에게 피해를 줄 것이라고 뷰캐넌은 염려했다. 사실, 그는 여기에서 다음과 같은 도덕적인 문제를 제기한다. 예산 적자란 겉으로는 보이지 않는 과세 아닌가? 오늘날 의회 의원들은 자신을 뽑아준 또는 뽑아줄 유권자들의 당장의 복지를 강화함으로써 다음 세대의 복지를 위기에 빠뜨리는 존재들이다. 아직 태어나지 않은 다음 세대는 투표 자체를 할 수 없다. 그러나 앞으로 태어날 우리 후손들은 모두 손에 재정적인 채무를 떠안고 태어난다.

　미래 세대에 대한 뷰캐넌의 이런 우려 섞인 지적은 다음 장에서 다루게 될 합리적 기대이론학파로부터 거센 비판을 받았다. 본질적으로 합리적 기대이론학파의 이론가들은 사람들이 미래에 대해 올바른 판단을 하고 있으며, 후대 세대에 대해 충분히 고려하고 있다고 주장한다. 그들이 정말 그럴까? 이에 대해서는 다음 장에서 자세하게 다루겠지만, 앞서 한 마디하고 넘어가면, 이런 입장을 갖고 있는 합리적 기대이론학파가 공공선택학파보다 더 많은 논쟁을 불러일으켰다는 사실이다.

　뷰캐넌의 이런 지적에 비판적인 논자들은 클린턴 행정부 시절인 1997년에 연방 예산 적자가 흑자로 돌아섰고, 이후 계속해서 누적 흑자를 기록했다는 사실을 논거로 들었다. 어떻게 이런 일이 일어났고, 공공선택학파에게 어떤 영향을 미쳤을까? 1990년, 1993년, 1997년에 연방의회는 연방정부의 예산 지출을 삭감하는 법안을 통과시켰고, 1990년과 1993년에는 소득세법 개정을 통해 부유층에 대해 높은 세금을 부과했다. 그러나 더 중요한 것은 신경제라 불리는 1990년대 정보통신기술의 비약적인 발전에 따른 장기 호황이 지속되면서 실업률이 떨어지고, 그에 따라 세수가 크게 증가했다는 점이다. 실업률이 떨어진다는 것은 납세자들의 소득이 늘어나면서 더 많은 세금을 낸다는 것을 의미한다. 게다가 장기 호황에 따라 기업들이 높은 수익을 내면서 법인세 수입도 늘어났고, 주식시장 활성화에 따라 각종 금융 소득에 대한 세수도 늘어난 것이 사실이었다. 1995년 6월에서 1998년 6월까지, 미국의 다우존스 지수는 2배로 껑충 뛰어 올랐다. 주식 투자자들은 주식 매매를 통해 '자산을 늘렸고', 이 과정에서 많은 자본소득세를 납부했다. 결론적으로 이야기하면, 정치가들이 정부 지출에 제동을 걸고 나오던 시점에 때맞춰 미국 경제가 엄청난 호황을 구가했다는 사실이다. 다시 말해, 1997년 연방 예산이 흑자를 기록한 것은 정치가들이 정부 예산 지출에 제동을 걸고, 부유층에 대해 높은 소득세를 부과했기 때문이라고 말하는 것은 전적으로 타당하지 않다는 주장이다.

그렇다면 1990년대에 미국 정부의 예산 흑자에 근거해 공공선택학파의 연구 성과들을 완전히 무시해야 할까? 그렇지 않아 보인다. 사실, 이런 흑자 예산은 채 몇 년을 가지 못하고 다시 적자로 돌아섰기 때문이다. 아마 공공선택학파 경제학자들은 연방 정부의 예산이 다시 적자로 돌아선 것에 대해 별로 놀라지 않았을 것이다. 1990년대 말에 이르러 의회 의원들도 정부 보조금에 대한 오랜 목마름, 즉 유혹을 다시 느끼기 시작했다. 1998년에 클린턴 대통령이 서명한 고속도로 건설 법안은* 정치인들의 이와 같은 구태의연한 유혹의 발로였다. 한 연구자의

---

*   아버지 부시 행정부 때 추진한 '종합 육상 교통 효율화법'에 이어 클린턴 행정부에서 추진한 '21세기 교통 형평법'을 말한다. 이 법안은 1998년에서 2003년 동안 지상 수송 부분 공공건설 사업에 총예산 2,180억 달러의 예산을 배정했다. 이 중 1,740억 달러가 고속도로 건설 부문에 배정됐다. 아들 부시 행정부에서는 육상 교통 종합 계획을 시행했다. 육상 교통 종합 계획은 교통 인프라 확충과 유지 관리에 필요한 계획 수립 및 재정 지원 등을 주요 내용으로 하며, 교통안전 문제에 가장 주안점을 뒀다.

계산에 따르면, 이 고속도로 건설을 위해서는 2천억 달러 정도의 예산이 소요되는데, 사실 이 정도의 예산이면 말 그대로 도로를 금으로 도배하는 것이나 마찬가지였다. 그러나 따지고 보면, 이 법안은 도로를 금으로 도배하는 것이 아니라 금딱지를 단 의회 의원들이 자신들의 정치적 경력마저 금빛으로 화려하게 장식하는 것이었다. 왜냐하면 그들은 자신의 지역구에 교량, 터널, 페리, 자전거 전용 도로 등을 건설하기 위해 이 예산을 끌어다 쓰려고 했고, 그것을 자신들의 재직 기간 치적으로 내세워 다음 선거를 위한 발판으로 삼았기 때문이었다. 실제로 이 법안이 통과되고 4개월 뒤에 치러진 선거에서 이 법안을 지지했던 의원들의 98퍼센트가 재선에 성공했다. 한편, 1999년도 회계 연도 예산안에는 켈로그 사의 시리얼 제품인 레이신 브란이 연방정부 차원의 종합 영양 프로그램에 적합한지 타당성을 검토하기 위한 연구 자금으로 30만 달러에 달하는 기업 선심성 예산이 배정되기도 했다.

미국연방의회는 아들 부시가 2001년에 대통령에 취임하자마자 국민의 호주머니를 털기 위해 그들을 거꾸로 매달아 세차게 흔들어대기 시작했다. 콩 재배업자들에게 1,800억 달러의 농업 보조금이 지급됐고, 기존에 중단됐던 염소 사육 농가와 양봉업자들에게 다시 보조금을 지급하기 시작했다. 총 2,180억 달러 규모에 달하는 고속도로 건설 예산 중 10억 달러가 알래스카에서 시행 중인 또는 시행 예정인 119개 특수 프로젝트에 배정됐다. 거주 주민이 겨우 50명밖에 되지 않는 한 섬마을을 알래스카의 번화한 도시 케치칸과 연결하는 길이 1마일의 연육교를 건설하는 데 2억 2,300만 달러의 연방 예산이 책정됐다. 그뿐 아니라 알래스카 앵커리지에 다리 하나를 건설하는 데 2억 3,100만 달러의 예산이 배정됐는데, 이 다리는 알래스카 출신의 공화당 하원의원으로 수송 및 인프라스트럭처 위원회 위원장을 맡고 있는 돈 영의 이름을 따서 '돈 영의 길Don Young's Way'로 입법 제정까지 됐다.

1990년대 후반, 클린턴 행정부의 예산 흑자는 미국인들이 공공선택학과 경제학자들이 믿었던 것처럼 세금 문제에 무지하거나 수동적이지 않다는 것을 보여준다. 미국 텍사스 출신의 억만장자이자 1992년과 1998년에 미국 대선 후보로 나서기도 했던 로스 페로 같은 개개인과 콩코드 연합* 같은 초당적인 조직들이 1990년대 중반에 연방정부의 누적 적자를 비판하기 시작하면서 미국 전역에 걸쳐 유권자들이 연방정부의 예산 집행에 관심을 갖기 시작했다. 그러면서 워싱턴 정가에서는, 만일 자신들이 연방 예산 지출을 줄이지 않으면, 의원직을 잃을 수도 있다는 위기감이 감돌았다. 공화당 주도의 연방의회가 클린턴 행정부에 예산 지출을 줄이도록 압력을 가하기 시작했고, 이에 질세라 펜실베이니아주 의회가 양당의 합의 아래 주정부의 예산 지출을 삭감하는 조례를 통과시켰다. 연방정부도 국민들이 미국의 만성적인 예산 적자에 분노를 표시하기 시작하자 어쩔 수 없이 예산 지출을 줄이지 않을 수 없었다. 이것은 '국민의 권력'이 '공공선택'을 누를 수도 있다는 것을 보여주는 좋은 선례다.

1990년대 말에 클린턴 행정부에서 달성한 균형 예산은 미국만의 현상이 아니라 당시 서구 선진국들에서 나타났던 보편적인 현상이었다. 특히 1990년대 초에 국가 파산 위기에 직면했던 캐나다, 스웨덴, 오스

---

* Concord Coalition. 1992년에 설립된 민주당과 공화당을 아우르는 초당적 조직으로 정부의 적자 예산 편성에 반대하고 균형 예산을 촉구한다.

트레일리아 같은 나라들은 국가 신용 회복을 위해 정부 주도의 각종 정책을 대폭 줄였다. 유럽에서는 유럽연합 회원국들이 '마스트리히트 조약'에* 서명했는데, 이 조약은 회원국들이 자국의 예산 적자를 줄여야 하는 의무 조항을 두고 있었으며** 이를 지키지 못할 경우 기존 회원국들은 새로운 단일 통화 프로그램에 참여할 수 있는 자격을 상실할 수도 있었다. 선진국 가운데 일본만이 이와 반대의 행보를 보였는데, 1990년대 일본은 장기 경기 침체를 겪으면서 경기 부양을 위해 많은 정부 예산을 쏟아부었다. 이로 인해 한때 일본의 재정 적자는 위험 수위까지 치솟기도 했다. 여하튼 1990년대 서구 세계에서는 긴축 예산이 하나의 시대정신으로 작용하면서 정부의 재정 지출을 통한 경기 부양이라고 하는 케인스주의적 환상을 잠재우는 데 일조했다. 불행하게도 2008년 대침체가 이런 노력을 물거품으로 만들었다. 경제적으로 성숙한 유럽 국가들이 예산에 대한 통제력을 회복하지 못했다. 세계 국가부채 지도를 보면 일본과 프랑스 같은 부유한 고령화 국가들이 러시아와 멕시코 같은 가난한 국가들보다 재정 상태가 좋지 않다.

---

* 마스트리히트 조약은 기존의 유럽 공동체가 시장 통합을 넘어 정치 및 경제적 통합 체제로 한 단계 더 나아가기 위해 1992년 2월 7일 네덜란드의 마스트리히트에서 합의한 유럽통합조약으로 유럽동맹조약이라고도 불린다. 이 조약은 첫째, 유럽중앙은행의 창설과 단일 통화인 유로의 사용 등을 내용으로 하는 유럽경제통화동맹의 추진과 둘째, 공동 외교 및 안보, 유럽 의회의 권한 확대, 내무 및 사법 협력, 역내 후진국에 대한 재정지원 확대 등을 내용으로 하는 정치 통합을 내용으로 했다. 이로써 지금의 유럽연합이 출범할 수 있었다.

** 마스트리히트 조약 109J조에는 경제적 수렴조건으로서 물가가 전 1년 동안 평균 인플레이션율이 가장 낮은 3개 회원국의 평균 물가상승률에 비해 1.5퍼센트 이상 되어서는 안 되고, 재정 적자 규모가 GDP의 3퍼센트 이내여야 하고, 환율은 정상적인 변동 폭인 상하 2.25퍼센트 이내로 안정화되어야 하며, 마지막으로 금리는 1년 동안 장기명목금리가 가장 낮은 물가상승률을 나타낸 3개 회원국의 평균 장기명목금리에 비해 2퍼센트를 넘어서는 안 된다는 점을 명시하고 있다.

사회보장제도와 의료보장제도

사회보장제도 및 의료보장제도는 정부 예산의 집행을 두고 특수 이익 집단들 사이에서 첨예한 이해관계의 대립이 벌어지는 또 다른 흥미로운 분야다. 사회보장제도는 대공황 당시에 고령자들이 은퇴한 뒤에도 정부 차원에서 수입을 보조함으로써 인간으로서 존엄성을 유지할 수 있도록 하기 위해 도입된 정책이었다. 연방 정부는 그들의 임금에 새로운 세금을 부과하는 대신 그들이 고령으로 은퇴하거나 더 이상 일을 할 수 없게 되었을 때 정부가 재정적으로 보조함으로써 빈곤층으로 전락하는 것을 방지하려고 했다. 물론 도입 초기에는 미국인의 평균 수명이 65세를 넘지 않았기 때문에 은퇴자 중에 이 제도의 혜택을 받는 사람은 그렇게 많지 않았다. 그러나 다음 두 가지 인구학적 변화로 인해 사회보장제도에 중대한 문제가 발생했다.

첫째, 미국인들의 평균 수명이 늘어났다는 사실이다. 보통 미국인들은 60대에 은퇴했는데, 수명은 거의 80세까지 늘어났다. 둘째, 제2차 세계대전 이후 베이비 붐 세대의 등장으로 인구가 급격하게 증가했다. 이것은 향후 몇십 년 동안 은퇴자의 수가 늘어날 것이며, 상대적으로 적은 노동 인구가 많은 고령 인구를 부양해야 한다는 것을 의미한다. 1950년대에 대략 15명의 정규직 근로자가 사회보장수표를 받는 1명의 비용을 감당했다면, 2035년에는 약 2.5명의 정규직 근로자가 은퇴자 1명을 부양하게 될 것이다. 지금은 전체 인구의 15퍼센트가 사회보장제도의 혜택을 누리고 있다. 이 수는 앞으로 몇십 년 안에 20퍼센트까지 상승할 것이다. 그렇다면 누가 앞으로 미국 고령 인구의 대다수를 차지할 베이비 붐 세대를 부양할 것인가? 그리고 이 세대를 위해 지급되어야 하는 약 27조 달러로 추산되는 사회보장금의 재원은 어디에서 어떻게 마련할 것인가?

많은 미국인들은 자신들이 납부하고 있는 사회보장세가 이미 대규모로 주식이나 채권에 투자되고 있고, 그리고 자신들에게 지급될 사회보장금이 안전한 수익을 올리고 있다는 잘못된 생각을 하고 있다. 사실, 연방 의회는 사회보장제도를 '재원안(또는 세출 절감안) 동시 제출 방식pay-as-you-go'(의원 입법에서 국비 지출을 필요로 하는 법안을 제출하는 의원은 시재원 또는 새 세출 절감안을 동시에 제출하도록 하는 것)으로 비준했는데, 이것은 현재 사회보장세를 통해 거둬들이고 있는 사회보장 재원이 주식이나 채권에 투자되기보다는 수급자들에게 바로바로 지급되고 있다는 의미를 갖는다. 그리고 이렇게 지급되고 남는 재원은 연방 예산으로 편입돼 다른 정부 프로그램에 집행되고 있다.

물론 '사회보장 신탁기금'이 있기는 하지만, 이것은 미국 재무부가 연방사회보장국에 보조하는 차용금이다. 베이비 붐 세대가 거의 모두 은퇴해서 사회보장금을 받게 되는 2012년경에 연방 의회는 사회보장금을 줄일지, 세금을 올릴지, 또는 다른 재원 마련책을 강구할지 결정해야 하는 기로를 맞이하게 될 것이다. 이에 따라 이들 고령자들을 부양해야 하는 지금 또는 미래의 노동 인구는 추가 세금 부담이라는 짐을 짊어지게 될 것이고, 사회보장제도의 혜택을 받게 될 베이비 붐 세대는 자신들이 자식들이나 그 이후 세대에게 과중한 부담을 끼친다는 부담감을 안고 살아갈 것이다. 최근 실시한 한 여론 조사에 따르면 18세에서 24세 사이의 미국 젊은이들이 사회보장제도보다 UFO의 존재를 더 신뢰한다는, 믿지 못할 결과가 나왔는데, 이것은 사회보장제도가 미국 젊은이들 사이에서 큰 신뢰를 얻고 있지 못하다는 사실을 보여준다. 결국, 지금으로부터 한참 뒤인 2100년에도 UFO를 봤다는 사람은 있을 것이고, 사회보장제도 역시 사회 문제로 계속해서 여론의 도마에 오를 것이다.

그러나 근래에 다소 희망적인 목소리가 들리기 시작했다. 정치인들이 지금의 사회보장제도에 대해 전면적인 재검토를 주장하는 목소리를 내기 시작한 것이다. 몇 년 전만 하더라도 미국에서 사회보장제도는 손을 대면 감전되는 '미국 정치의 고압전선'으로 여겨졌다. 사회보장제도의 개혁을 주장하는 사람은 유권자들로부터 매도를 당하기 십상이었다. 현재 미국에서는 4,200만 명이 이 제도의 수혜를 받고 있다. 그런 그들이 이 제도에 손을 대거나 손을 대려고 하는 사람을 좋아할 리 만무하다. 미국 공화당 상원 의원을 역임하고 1964년에 공화당 대선 후보로 지명되기도 했던 배리 골드워터는 대선 운동 기간 중 플로리다 유세에서 사회보장제도를 개혁하겠다는 공약을 내세웠다가 유권자들의 심한 질타를 받으면서 결국 민주당 대선 후보였던 린든 존슨에게 압도적인 표차로 패하고 말았다.

한편, 1980년대 레이건 행정부 시절 공화당원들은 비밀리에 사회보장제도 개혁 문제를 논의했는데, 그들은 이 사실이 민주당원들 귀에 들어가거나 외부로 알려질 경우 큰 사회적 파장을 일으킬 수 있다는 것을 우려해 극비 보안에 붙이기도 했다고 한다. 그러나 이후 두 가지 사회적 변화로 인해 정책 입안자들이 사회보장제도 개혁 문제를 정치적 부담 없이 다룰 수 있는 분위기가 형성됐다. 첫째, 1990년대 연방 의회에서 예산 논쟁이 벌어지면서 정치인들이 자유롭게 정부의 누적 예산 적자를 공격할 수 있는 '정치 시장'이 형성됐다. 둘째, 미국인들이 1990년대 후반의 경기 호황에 힘입어, 비록 2000년에서 2002년 사이에 주식시장이 붕괴되기는 했지만, 개인 예금을 주식시장에 투자하기 시작했다. 그들은 일정 기간 동안 주식 투자가 채권 투자보다 수익이 높다는 사실을 알게 됐다. 사정이 이렇다면, 자신들이 납부하는 사회보장세가 주식에 투자돼 더 높은 수익을 올리지 못하리란 법이 어디 있는가? 보통 맞벌이 부부들은 자신들이 납부하는 사회보장세로 연 1퍼센트의 수익을 기대할 수 있는 반면, 주식 투자로는 연평균 9.5퍼센트의 수익을 기대할 수 있었다. 만약 연방 정부가 사회보장제도 지급급여세를 주식시장에 투자한다면, 미국인들은 은퇴 뒤에 더 높은 사회보장금을 받을 수 있고, 젊은 노동자들에게 그렇게 많은 세금을 부과할 필요도 없다.

비록 연방 의회가 사회보장제도 개혁 논의를 본격적으로 다루지는 않았지만, 1998년에 대니얼 패트릭 모이니한과 밥 케리 같은 저명한 민주당 상원의원들이 변화된 사회적 분위기에 힘입어 노동자들이 자신들의 사회보장제도 지급급여세의 일부를 주식시장에 투자할 수 있도록 하자는 안을 내놓았다. 물론 모이니한은 주식시장이 항상 안정되어 있지 않기 때문에 그에 따른 위험 부담이 있을 수 있다는 사실을 분명히 전제했다. 그러나 산술적으로나 정치적으로 베이비 붐 세대를 부양할 책임을 지금의 젊은 세대가 모두 짊어지기란 불가능하기 때문에, 제도 전체가 붕괴되는 모습을 지켜보는 것보다는 그런 대로 고려할 만한 차선책이었다. 아들 부시 대통령이 개인 사회보장 계정personal social security accounts에 대한 광범위한 지지를 이끌어내려 했다가 실패하기는 했지만, 적어도 그는 역대 대통령들과는 달리 유권자들이나 반대자들의 신랄한 비판 없이 이런 개혁안을 정치적 이슈로 공론화할 수 있었다. 그의 후임인 오바마와 트럼프는 개혁에 대해 계속 침묵했는데, 장차 감당해야 하는 풍선 지불*이 크게 늘었는데도 눈길을 주지 않았다.

의료보장제도 역시 중대한 개혁이 필요한 분야로, 사회보장제도보다 재원 마련에 있어서는 훨씬 더 불안정한 상태에 놓여 있다. 현재 미국의 보건 의료 체계는 퇴직자들이 직장 생활을 하면서 자신들이 낸 보건 의료비가 어디에 어떻게 사용되는지 거의 관심을 가지지 않을 만큼 제 기능과 역할을 하지 못하고 있다. 의료 보험 카드는 당신이 다른 사람의 신용 카드, 즉 다른 사람의 아이들이 소유한 신용 카드를 빌려다 사용하는 것과 같은 착각을 줄 정도다. 경제학자들은 이것을 모럴 헤저드 문제라고** 부른다. 혹시 차를 한 대 렌트해서 사용한 뒤에 세차를 해서 반납해 본 적이 있는가? 고급 호텔에서 휴가를 보내면서 풀장을 이용하는 대신 관리인에게 목욕용 해면, 긴 호스, 양동이를 가져다 달라고 요청해 본 적이 있는가? 물론 그런 적이 없을 것이다. 사실, 사람들은 렌트한 차를 자신이 소유한 차보다 소중하게 다루지 않는다. 교통이 혼잡한 갓길에 주차하기 일쑤인 데다가 시도 때도 없이 가속 페달을 밟아대는 경우가 비일비재하다. 이와 비슷하게 의료보장제도가 당신이 지불해야 하는 의료비에서 80퍼센트를 부담한다면, 티눈 하나를 치료받기 위해 거리낌 없이 병원을 찾을 것이다. 또는 시린 무릎을 치료하기 위해 10달러짜리 전기담요를 사는 대신 250달러를 지불하고서라도 정형외과 진료

---

* **Balloon payment.** 대출을 받을 때 원금의 작은 일부는 조금씩 분할 상환하고, 나머지 큰 부분은 만기에 일시 상환하는 방식을 풍선 대출이라고 한다. 풍선이 부풀 듯이 나중에 갚을 금액이 더 커진다는 의미로 원금 비중이 큰 나머지 부분을 마지막에 전부 상환하는 것을 '풍선 상환'이라고 부른다.

** 피보험자의 부주의 또는 고의 따위의 인위적 요소에 기인하는 보험자 측의 위험.

를 받으려 할 것이다. 그러나 이런 사회적 문제는 의료보장제도에만 국한되어 있지 않다. 사용자 부담 건강 보험 역시 방만하게 유지되기는 마찬가지다. 1948년에 미국 공군의 지원으로 설립된 랜드코퍼레이션의 한 연구 보고에 따르면, 사람들이 다른 사람의 정책에 '무임승차'하려고 하는 경우, 이들로 인해 의료 비용이 45퍼센트 정도 상승한다는 결과가 나왔다. 더 놀라운 것은, 그렇다고 해서 무임승차하는 사람들의 건강이 더 나아지는 것은 아니라는 사실이다. 미국 최대의 휴양지 중 한 곳인 플로리다 마이애미에서 집중 치료를 받는 환자들은 미네소타 미니에폴리스의 같은 환자들보다 2배나 더 많은 의료 비용을 지출하지만, 그들이 더 건강한 것은 아니다.[9] 반면, 라식 같은 레이저 눈 수술, 보톡스 같은 미용 치료, 그리고 치아 미백 치료 같은 의료보장제도의 적용을 받지 않는 분야들은 의료 제공자들 사이에서 경쟁이 치열해지면서 의료 비용이 많이 하락했다는 점에 주목해야 한다.

정치 주기

일부 공공선택학파 이론가들은 제임스 뷰캐넌의 접근 방식을 확장해 정치인들이 자신들의 재선 기회를 높이기 위해 거시 경제 지표를 조작한다고 주장했다. 이런 '정치 주기' 이론을 지지하는 논자들에 따르면, 선거 기간 동안 정치인들은 인플레이션 정책을 통해 실업률을 떨어뜨리고자 애쓴다. 유권자들의 표를 의식해 인플레이션 정책을 펴는 것이기는 하지만, 효과는 언제나 선거가 지난 뒤에 나타난다. 인플레이션을 치유할 수 있는 것은 경기 후퇴다. 물론 경기 후퇴로 인해 실업률은 다시 올라갈 것이고, 이런 높은 실업률은 다음 선거철이나 되어서야 다시 정치인들의 관심사가 될 것이다. 많은 보수적인 정치 이론가들이 정치 주기 이론에 동의하는데 이것을 가장 먼저 제시한 사람은 폴란드 태생의 마르크스주의 경제학자 미하우 칼레츠키였다. 1943년에 등장한 이 이론은 닉슨 행정부 시절 들어 널리 알려졌다. 그 이유는 통화 정책이 국민 경제 부양이라는 순수한 정책 수단보다는 선거 수단으로, 즉 정치인들에 의해 정치적으로 이용되는 경향이 있었기 때문이었다.

닉슨 행정부 말기에 터진 워터게이트 사건과* 관련해 외부에 알려진 백악관 녹음테이프 녹취록에는 이 사건과 직결된 진실 외에도 다른 많은 놀라운 사실들이 담겨 있었다. 이 테이프 녹취록에 따르면 통화 정책에 대한 닉슨의 시각이 약삭빠르면서도 한편으로는 신중했다는 것을 엿볼 수 있다. 닉슨 행정부 시절, 연방준비제도이사회 의장을 맡은 아서 번스는 머리 한가운데로 가르마를 타고 회중시계를 들고 다녔으며, 입에는 파이프 담배를 물고 다니는 멋쟁이 신사였다. 물론 번스는 외모만 멋쟁이가 아니었다. 경력 또한 무시 못 할 정도로 화려했다. 그는 컬럼비아 대학교 경제학과 교수를 지냈고, 아이젠하워 행정부에서 대통령 경제자문위원회 의장을 지냈으며, 전미경제연구소 소장을 역임했다.

---

* 1972년 6월 닉슨의 재선을 꾸미려는 비밀공작반이 워싱턴의 워터게이트 빌딩에 있는 민주당 전국위원회 본부에 침입해 도청 장치를 설치하려다 발각 체포된 정치 스캔들. 이 사건으로 인해 닉슨 행정부의 선거 방해, 정치 헌금의 부정, 수뢰, 탈세 등이 드러났다. 당초 닉슨은 도청 사건과 백악관과의 관계를 전면 부인했으나 백악관 내 관련 대화 녹음테이프가 공개됨에 따라 대통령 보좌관 등이 이 일에 깊게 관여했고, 대통령 자신도 무마공작에 나섰던 사실이 폭로되면서 1974년 8월 5일 하원 사법위원회에서 대통령 탄핵안이 가결되었고, 4일 뒤인 8월 9일 닉슨은 대통령직을 사임했다. 워터게이트 사건은 미국 역사상 재임 중인 대통령이 사임하는 초유의 사건이었다.

닉슨 대통령은 1972년에 치러진 대선을 앞두고 화폐 공급량을 늘리기 위해 번스를 설득하기 시작했다. 앞서 다뤘듯이, 화폐 공급량을 늘린다는 것은 시중에 유통되는 통화량의 증가를 말하며, 이것은 소비자들의 수중에 돈이 늘어난다는 것을 의미한다. 따라서 소비자들은 더 많이 소비할 테고 경기는 활기를 띨 것이다. 그러나 인플레이션이라는 부작용을 가져올 수 있다. 여하튼, 그는 1960년에 치른 대선에서 케네디에게 패한 요인을 불경기 탓으로 돌렸는데, 이번에도 그것을 반복하고 싶지 않았다. 아서 번스가 닉슨에게 연방공개시장위원회를 설득해 할인율을 낮추도록 설득했다고 보고하자 닉슨은 다음과 같이 환호했다. "잘했습니다. 잘했어요. 조금 더 분발할 수 있도록 뒤에서 힘 좀 써주세요."

더구나 닉슨 대통령은 통화 정책이 효력을 발휘하는 데 시간이 조금 걸린다는 것을 잘 알고 있었다. 따라서 그는 번스에게 선거가 있기 1년 전부터 경기 활성화를 위해 가능한 모든 통화 정책을 펴도록 연일 촉구했다. 그러나 1972년 2월, 재선에 성공한 그는 아서 번스에게 이렇게 말했다. "사실 나는 당신이 4월에 하고자 하는 것(인플레이션을 잡기 위한 금리 인상)에 개의치 않겠소." [10] 닉슨이 재선을 준비하는 동안, 미국의 화폐 공급량은 1970년 7.4퍼센트에서 1971년 13퍼센트까지 껑충 뛰어올랐다. 물론 이로 인해 선거가 있던 해인 1971년에 미국 경제는 7.7퍼센트라고 하는 고성장을 기록했다. 그러나 불행하게도 인플레이션 역시 피해 갈 수 없었다. 번스가 백악관의 압력에 굴복해서 화폐 공급량을 늘렸는지 또는 경기 흐름을 잘못 읽어서 그랬는지 정확한 내막을 알 수는 없다. 그러나 이 사건으로부터 한 가지 분명한 교훈을 얻을 수 있다. 즉, 대통령이 통화 정책의 지렛대를 좌지우지하도록 놔두어서는 안 된다는 것이다.

닉슨 행정부에서 백악관과 연방준비제도이사회의 유착 관계가 드러난 이후, 정치 주기 이론을 입증하는 증거들이 조금씩 늘어나기 시작했다. 다음 장에서 논의하겠지만, 각종 정보에 가장 빠르게 반응하는 '채권 시장 자경단원들'로 인해 중앙은행 관리들과 정치가들 사이의 모종의 공모 관계도 갈수록 더 긴밀해지고 있다.

아버지 부시 재임 시절, 나는 그의 경제담당 비서관으로 일하면서 재무부 장관 니콜라스 브래디가 연방준비제도이사회 의장 앨런 그린스펀에게 보내는 각종 공문서들을 검토하는 일을 했다. 브래디와 부시는 대통령 선거를 앞두고 있던 1991년과 1992년에 그린스펀이 화폐 공급량을 늘릴 것이라는 믿음을 갖고 있었다. 그러나 그린스펀은 백악관의 외압으로 인헤 연방준비제도이사회의 독립성이 훼손되는 것을 원치 않았다. 비록 결국에는 그가 금리 인하를 단행하기는 했지만, 너무 늦은 뒤라 부시에게는 큰 도움이 되지 못했다. 1997년, 당시 영국 총리였던 토니 블레어와 당시 재무부 장관이자 현 영국 총리인 고든 브라운은 영국은행이 재무부의 입김을 받지 않는다는 사실을 공표함으로써 그해 노동당이 총선에서 승리할 수 있는 견인차 역할을 했다. 브라운 재무장관은 이것을 영국은행이 설립된 1694년 이래 가장 급진적인 개혁으로 불렀다. 한편, 영국은행의 독립성 보장은 세계 투자자들에게 파운드화의 신뢰성을 높이는 계기가 되기도 했다. 예상 인플레이션율은 0.5퍼센트 넘게 하락했다.[11] 반면, 2019년에 튀르키예의 리제프 타이프 에르도안 대통령은 임기가 남은 중앙은행장을 해임해 은행의 독립성을 훼손했다. 튀르키예 리라화의 가치가 곧바로 2.5퍼센트 하락했고, 예상 인플레이션율도 껑충 뛰었다. 중앙은행이 선거에 매몰된 정치인들한테서 벗어나야 시민들에게 낮은 인플레이션을 안길 수 있다는 것을 증명하는 연구가 세계 곳곳에서 나오고 있다. 도널드 트럼프 대통령이 연방준비제도 이사회 의장 제롬 파월에게 금리를 낮출 것을 요구하며 궁지로 몰아 경제학자들을 불편하게 하기는 했지만, 이 기구의 독립성을 훼손하는 일은 하지 않았다.

공공선택학파의 연구 논문과 문헌은 해가 거듭할수록 계속 늘어나고 있으며, 그들이 다루는 주제들 또한 많은 흥미를 자아내고 있다. 그런데 인구는 계속해서 늘어나고 있는데 미국연방의회 의원 수는 왜 435명에서 더 이상 불어나지 않는 걸까? 어떤 선거구가 가장 많은 정부 보조금을 받을까? 정치 후원금은 정치 프로그램들에 어떤 영향을 미칠까? 등등.

대다수 경제학자는 공공선택학파를 회의적인 시각에서 바라본다. 그러나 공공선택학파에 가장 비판적인 논자들조차 다음과 같은 이 학파의 가장 중요한 주장은 인정한다. 정부가 정치적 이해관계를 무시하고 경제적으로 신중한 정책을 취할 것이라고 가정하지 말라는 것이다. 제2차 세계대전 이후 20년 동안 쓰인 경제학 교과서들은 독점과 공해 같은 시장 불완전성을 지적했다. 그리고 이런 불완전성은 정부의 적극적인 개입에 의해 치유되거나 피해 갈 수 있다고 주장했다. 나아가 정부가 효율성을 보장하기 위해 이론적으로 어떻게 행동할 수 있는지 보여주었다. 그러고는 끝이었다.

공공선택학파 이론가들은 이렇게 질문한다. "정부는 실제로 주어진 본연의 임무를 수행하는가, 아니면 정치적 압력과 유인들로 인해 본연의 임무를 저버리는가?" 시장이 불완전할 수 있는 것처럼, 정부도 불완전할 수 있다. 시장경제의 현실적 결과들은 정부의 개입이나 조치에 따라 나타날 수 있는 결과들에 대한 현실적 예측과 비교되어야 한다. 지금까지 경제학 교과서들은 민간 경제를 추잡한 것으로, 정부는 깨끗한 것으로 그려왔다. 결국 우리는 워싱턴의 정치인들이 도시의 지하철 바닥보다 깨끗하지 않다는 사실을 인정하게 되었다.

왜 케인스는 공공선택학파의 출현을 예견하지 못했을까?

공공선택학파가 20세기 후반에 출현했지만, 그 뿌리는 정치인들이 거대 기업과 결탁하고 있다고 경고한 애덤 스미스, 다수가 소수에게 세금을 부과하기 위해 집단행동을 할 수 있다고 걱정한 크누트 빅셀, 그리고 투표 제도에 관한 최적의 계산법을 찾던 중 루이스 캐럴이라는 필명으로 저술한 동화 《이상한 나라의 앨리스》로 더 유명해진 말더듬이 옥스퍼드대학교 수학과 교수 찰스 도지슨에 두고 있다. 왜 초기 경제학자들은 정치 제도에 대해 전혀 의심하지 않았을까? 특히, 정부 개입을 누구보다 강력하게 주장했던 케인스는 왜 정부의 구조적인 결함에 대해 경고하지 않았을까? 케인스는 정치적으로 순진했거나 영악했을 수도 있다. 그는 뜻하지 않게 이런 결점 있는 정치 제도를 지지하거나 장려했을 수도 있고, 아니면 결점을 알면서도 일부러 모른 척했을 수도 있다. 여기에서는 빅토리아 왕조 시대의 가치관과 현대 사회의 가치관 사이에 사로잡혀 있던 케인스를 재조명해보고자 한다. 아마 이것이 공공선택학파가 20세기에서 차지하는 독특한 위상을 이해하는 데 도움이 될 것이다.

정부 개입이라는 케인스의 처방

케인스는 정부의 적정 역할에 대한 자신의 입장을 다음과 같이 간결하게 피력했다. "개개인들이 이미 하고 있는 것을 하는 것이 아니라 (…) 현재 전혀 행해지지 않은 것을 하는 것"이다. 예를 들어, 소비와 투자를 늘림으로써 완전 고용을 달성하는 것이 대표적이다.[12] 케인스는 어떤 경우에도 자본주의의 파괴나 붕괴는 바라지 않았다. 그는 마르크스가 경제학에는 아무런 기여도 한 것 없이 정치를 혼란에만 빠뜨렸을 뿐이라고 생각했다. 그러나 그는 자본주의 제도에는 결함이 있고, 그것은 정부의 개입에 의해서 해결될 수 있다고 보았다. 케인스는 자신의 정파적 입장을 잘 보여주고 있는 1929년에 쓴 〈로이드 조지가 그것을 해낼 수 있을까?〉라는 제목의 팸플릿에서 실업률을 낮추기 위해 정부가 대규모 공공사업을 벌일 것을 촉구했고, 그리고 이에 근거해 정부 지출이 일자리를 창출하기보다는 오히려 민간 투자를 위축시킬 뿐이라는 신고전파 경제학의 견해를 고집하고 있던 영국 '재무부의 시각'을 호되게 질타했다. 미국 태생의 마르크스주의 경제학자 폴 스위지는 케인스의 접근 방식에 대해 "국가를 자본주의적 게임 규칙에 따라 행동하는 인간들이 딜레마에 빠질 때마다 그들을 구하기 위해 짠 하고 나타나는 전지전능한 신으로 여기는 경향을 보인다"라고 지적했다.[13]

케인스는 정부의 적정 규모가 어느 정도 되어야 하는지 선험적으로 판단하는 것은 어리석은 짓이라는 것을 알고 있었다. 그럼에도 불구하고 그는 국가는 소득세나 금리를 통해 소비를 통제해야 한다고 주장했다. 1925년 초에 케인스는 현대 국가는 새로운 유형의 행정 기관들이 필요하다는 사실을 인식했다. "나는 미래에 정부가 과거에는 회피했던 많은 책무를 떠안게 된다고 생각한다. 이런 측면에서 보면 현재의 행정 부서와 의회 조직은 그에 부합하지 않는다." [14] 케인스는 궁극적으로 의회에 책임이 있는 정부의 새로운 기관들이 총투자의 적어도 3분의 2에서 4분의 3까지 직접 집행을 하거나 적어도 그것에 영향을 미친다고 생각했다.

그러나 케인스는 이런 정부의 개입이 가져올 부정적인 영향에 대해서는 거의 언급하지 않았다. 그는 하이에크가 쓴 《노예의 길》에 답하는 형식으로 쓴 편지에서 다음과 같이 주장했다. 먼저 하이에크는 이 책에서 정치가 경제에 과도하게 개입하는 것은 전체주의를 불러올 수 있다는 우려를 표시했다. 이에 케인스는 "우리는 분명히 정부가 경제에 더 많이 개입하기를 원합니다. 하지만 정부의 개입은 가능한 한 많은 사람, 즉 정치 지도자들과 국민들이 당신과 같은 도덕적 입장을 공유하고 있는 사회에서 이뤄져야 합니다. 웬만한 정부 개입은 그것을 수행하는 사람들이 심신을 바르게 한다면 별다른 문제없이 안전할 것입니다"라고 썼다. [15] 그럼에도 불구하고, 케인스는 국민들이 어떻게 '올바른 몸가짐과 마음가짐'을 가지고 있는 사람을 가려낼 수 있는지, 또는 정말 국민들이 자신들에게 더 많은 혜택을 약속하는 사람보다는 이런 올바른 몸가짐과 마음가짐을 가지고 있는 사람을 선호할지에 대해서는 어떤 설명도 하지 않았다.

케인스에게 미친 문화적·지적 영향

케인스가 자신의 언급에 대해 경솔하게 처신한 원인을, 그의 성장 배경이 되었던 문화적 및 지적 요소들로 설명할 수 있을까? 앞서 케인스를 다루면서 나는 그가 빅토리아 왕조풍의 가정에서 성장했다는 것을 강조했었다. 옥스퍼드대학교 출신의 경제학자이자 케인스의 첫 번째 전기를 쓴 작가이기도 한 로이 해로드는 케인스의 생가가 있는 케임브리지 하비 로드에 빗대어 만들어진 '하비 로드의 전제'에* 대해 언급했다. 비록 케인스가 자신과 관련한 이런 전제를 부정하기는 했지만, 자신에게 그런 전제가 꼬리표처럼 따라다니는 것을 자신에 대해 몰지각한 사람들 탓으로 돌렸다. 그렇다면 '하비 로드의 전제'란 무엇일까? 그것은 마치 보이스카우트 맹세와 비슷해 보인다. 즉, 절약, 도덕적 건전성, 공공의 의무, 그리고 규율. 케인스는 영국의 지식인들이 일반적으로 이런 덕목들을 잘 따른다고 생각했다.

그러나 케인스 자신과 '사도들'로 알려진 케임브리지대학교의 엘리트들은 철학자 조지 무어의 《윤리학 원리》 출간으로 인해 빅토리아 왕조 시대의 낡은 도덕이 치명적인 손상을 입었다고 생각했다. 무어는 케인스와 사도들에게 아리스토텔레스, 예수, 밀, 칸트를 단번에 짓밟을 수 있는 새로운 종교를 제공했다. 무어에 따르면, 최고의 선은 특정한 행동이 아니라 의식의 상태를 말한다. 케인스는 무어의 새로운 윤리를 다음과 같이 해석했다. 아름다운 대상을 느끼고 인간적인 교제를 누리는

---

* **Presuppositions of Harvey Road.** 케인스의 지적 엘리트주의를 비판하는 사람들이 만들어낸 말로 정부 정책의 입안에 관여하는 관료들은 지적으로나 도덕적으로 우월한 정예라고 하는 전제를 말한다.

것이 전통적인 도덕 행위에 우선한다. 케인스는 자신과 사도들이 무어를 타락시켰다는 사실을 인정했는데, 그는 "우리가 무어에게서 얻은 것은 결코 그가 우리에게 제공한 것이 아니었다. (…) 우리는 무어의 종교를 받아들였고 (…) 그의 도덕을 버렸다"라고 주장했다. 아이러니한 것은 영국 태생의 경제학자이자 포스트-케인스주의자였던 조앤 로빈슨은 현대의 케인스주의자들이 케인스를 타락시켰다고 비난했다.

또한 케인스는 그와 자신의 친구들이 마음가짐을 선하게 갖는 것과 '선을 행하는 것'을 전혀 별개로 여겼다는 것을 공공연하게 시인했다. 그들의 이런 이중적인 태도는 퀘이커 교도들을 연상시킨다. 보통 퀘이커 교도들은 미국에 선을 행하러 왔다가 결국에는 성공해 부자가 되었다는 소리를 자주 들었다. 이런 허위-무어적 접근 방식은 귀족적이고 배타적인 태도로 나타났다. 그런데 케인스를 포함해 사도들은 자신들의 마음의 상태가 선하다는 것을 어떻게 알았을까? 그들은 서로 의견이 불일치하면, "어떤 사람은 최고급 와인을 분별할 수 있지만 그렇지 못한 사람이 있는 것처럼", 그들은 보통 사도들 가운데 누군가가 더 고차원적이고 고귀한 판단 능력을 가지고 있을 것이라는 식으로 결론내렸다. 그렇다면 그들을 한데 묶는 일반적인 도덕 규칙이 있었을까? 아니, 없었다. "우리는 통상적인 도덕, 풍습, 그리고 전통적인 지혜는 받아들이지 않았다. 우리는 (…) 부도덕주의자였다."[16] 이런 측면에서 우리는 케인스가 1905년에 친구에게 쓴 편지를 통해 경제학에 관심을 가지고 있다는 것을 암시하는 다음과 같은 문장이 어떤 의미를 갖는지 이해할 수 있을 것이다. "나는 철도 회사를 경영하거나 독점 기업을 조직하거나, 아니면 민간 투자자들 등이나 처먹는 일을 해보고 싶은데."[17]

1938년, 케인스는 자신의 '종교'는 몇 가지 미흡한 점이 있기는 하지만 다른 어떤 것보다 "진리에 가깝다"라는 생각을 피력했다. 문제는 그의 종료가 선했는지 악했는지, 또는 무어를 타락시켰는지가 아니다. 본질적인 문제는 다음과 같다. 즉, 케인스 자신은 이기적인 의식 상태를 고양하는 종교를 받아들이면서 다른 사람들은 어리석게도 자신이 기꺼이 내팽개친 소멸해가는 낡은 도덕에 아직도 얽매어 살아가고 있다고 가정하는 모순된 생각을 하고 있었을까? 이에 대해 명확한 해답을 얻을 수는 없다. 그러나 이런 의문에서 엿볼 수 있듯이, 그는 다른 사람들은 진리의 빛을 볼 수 없다고 가정한 철저한 엘리트주의자였을 수도 있고, 스스로 자가당착에 빠져 있는 모순적인 존재였을 수도 있다. 케인스는 자신이 엘리트라는 사실을 의심하지 않았다. 물론 그가 엘리트임을 부정할 수 없다. 그럼에도 불구하고, 케인스는 정치인과 관료들이 국민을 등에 업고 그가 했던 것과 같은 방식으로 자신들의 의식 상태를 고양하기 위해 행동하지 않을 수도 있는 이유를 설명하지 않았다. 비록 케인스가 엘리트주의에 빠져 있기는 했지만, 스스로 마음가짐과 행동거지가 이율배반적일 수 있음을 시인하고 정당화했다면, 정치인들과 관료들 역시 그럴 수 있는 개연성이 있지 않은가?

왜 케인스는 정치인들과 관료들의 일탈에 대해 아무런 의심도, 걱정도 하지 않았을까? 두 가지 중요한 이유가 있다.

첫째, 케인스는 정치와 관료주의에 대해 베버적인 입장을 견지하고 있었던 듯하다. 비록 정치인들이 절대적인 칸트주의적 윤리, 즉 "하늘이 무너져도 선을 행하라"라고 하는 언명에 얽매이지는 않는다고 하더라도, 그들은 여전히 책임의 윤리, 다시 말해 "공공선이 최고의 법칙"이라고 하는 결과론consequentialism에 얽매여 있다. 그는 개인적인 이득을 위해 공공의 이해관계를 해치는 것이 초래할지도 모르는 결과를 무시할 수 없었다. 즉, 케인스는 개인과 관료에게 다른 윤리 잣대를 들이댔던 것이다.

또한 케인스는 관료들은 상부에서 하달되는 명령을 성실하고 공평무사하게 수행하는 것을 의무로 해야 한다는 베버의 생각을 받아들였다. 베버는 "공무원의 영예는 상부의 명령이 마치 자신의 소명인 것처럼 양심적이고 성실하게 수행하는 능력에 달려 있다"라고 말했다.[18] 물론 베버가 강조한 것처럼 이것은 관료에 대한 이상형을 이야기한 것으로 현실에서 그것을 찾는다는 것은 결코 쉬운 일이 아니다. 사실, 이상형은 이상형일 뿐이다. 그럼에도 불구하고, 케인스는 마치 이상형이 현실적으로 존재할 수 있다고 착각했던 것 같다.

둘째, 케인스는 정부는 지식인 엘리트에 의해 통치될 수 있다고 하는 '하비 로드의 전제'를 받아들였다. 케인스에게 지식인 엘리트들이란 아둔한 이기심을 벗어버리고 긴급한 사회 문제들에 대해 지적인 논쟁에 관여하는 사람들이다. 말은 이렇게 했지만, 케인스에게 정부란 지식인 엘리트들이 모여 최고급 와인을 골라내기 위해 온갖 지식을 동원해 격론을 벌이는 장소였을지도 모른다. 케인스는 생전에 많은 정부 관료들, 영국은행 이사들, 영국의 주요 기관들의 책임자들과 자주 모임을 갖고 접촉했는데, 이런 모임은 종종 옥스퍼드-케임브리지 연합 동문회를 방불케 했다. 비록 이런 사회 지도층 인사들이 케인스가 관여했던 사도들에 비견될 수는 없겠지만, 모두 공공선에 관해서는 목에 핏대를 세웠던 유능한 설교자들이었다.

따라서 케인스가 《일반이론》에서 이렇게 외친 것도 이상할 것이 없다. "기득권의 힘은 아이디어의 점진적인 침해와 비교해볼 때 상당히 과장되어 있다."[19] 그러나 케인스는 다음과 같은 오래된 질문은 절대 던지지 않았다. "관리인들은 누가 관리할 것인가?" 다시 말해, 케인스는 관료들이나 정치인들을 누가 관리할 것인지 의문을 품지 않았다. 그뿐 아니라 정부가 비대해짐에 따라 자신이 마음속에 그렸던 각종 정부 부서들을 채우고 자신의 복음을 성실하게 전파할 사도들, 성직자들, 성가대원들을 케임브리지와 옥스퍼드가 충분히 만들어낼 수 있을지 묻지도 않았다.

아마 케인스가 정부에 대해 갖고 있던 생각은 제2차 세계대전 이전 영국의 행정 능력이나 규모에 비춰볼 때 정당하고 옳은 것일 수도 있다. 만일 그렇다고 한다면, 우리가 그에 대해 비난할 수 있는 것은 관료들이 공공선이 아닌 이기심에 기초해 행동할 수 있다는 것을 예측하지 못한 그의 판단력의 한계일 것이다. 생전에 케인스는 관료들이 정치적으로 편법을 사용하는 것을 거부하는 사례를 여러 번 목격했다. 그러나 시간이 흐를수록 공무원들이 낡은 신념을 고집하고, 새롭고 매력적인 제안을 거부한 채 고지식하게 행동하는 것을 자주 목격했다. 1925년, 영국 정부는 높은 실업률을 감수하면서까지 1914년 이전의 금본위제로 회귀했다. 그로부터 몇 년 뒤에 케인스는 경기 부양을 위해 정부 지출을 늘려야 한다는 자신의 제안을 귀담아듣지 않는 정부 관료들을 강하게 질타했다. 왜 그들은 케인스의 제안을 받아들이지 않았을까? 분명한 것은 높은 실업률이 그들에게 더 좋은 평판, 더 많은 권력, 또는 더 많은 부를 가져다주는 것이 아니었을 텐데도 말이다.

케인스는 그들이 순수한 동기에서 그렇게 하기는 했지만, 실제로는 경제에 대해 어떤 확신을 가지고 있지 못하기 때문에 선뜻 나서지 못하는 것이라고 생각했다. 당시 정치 지도자들과 공무원들은 그들이 배웠던 대로 자유방임 원칙을 고수했다. 즉, 그들에게 있어 가장 큰 걸림돌은 지나친 야심이 아니라 전통을 그대로 고수하려는 고집과 타성이었다. 케인스는 지인들에게 보낸 편지들과 대공황에 대해 심층적으로 다룬 논문들에서 관료들이 제1차 세계대전 이전에나 통용 가능한 낡은 공리나 표어에 집착하고 있다고 비판했다. 경제성장의 길목을 막고 서 있는 사람들은 "프록 코트의 단추를 끝까지 채워 입은 노신사들 외에 그 누구도 아니다. 그들을 존경심을 가지고 대할 필요는 없다. 그렇게 되면 그들은 볼링의 나인핀스처럼 와르르 무너져 내릴 것이다."

정부의 구태의연한 행정 역시 경제적 진보를 가로막았다. 케인스는 정부의 건설적인 조치를 위해서는 고위 관료들보다는 하급 공무원들이 더 중요하다는 견해를 밝혔다. 사실, "실행할 가치가 있는 일도 하급 공무원들의 보조 및 선의지 없이는 제대로 이뤄질 수 없다. (…) 오늘날 영국의 행정은 전통과 경험을 중시하고, 모든 형태의 지적 폐단에 능수능란한 재무부 고위 관료들에 의해 지배되고 있다. (…) 그들은 우리의 에너지를 속박하고, 우리의 아이디어를 망쳐놓거나 폐기해버린다." 하이에크와 제임스 뷰캐넌이 관료주의의 폐단에 대해 가졌던 섬뜩한 우려는 케인스가 보기에는 단순한 기우에 불과했다. 왜냐하면 고위 관료들과 하급 공무원들은 "국민들을 구속하거나 속박하는 데 시간을 쓰는 것이 아니라 여론이 진심으로 요구하는 것을 어떻게든 외면하기 위해 가능한 핑곗거리를 찾는 데 더 많은 시간을 보내기" 때문이다.[20]

이처럼 케인스는 정부 관료들이 공공 지출을 통해 자신들의 권력을 강화하고 지지자들을 최대한 늘릴 수 있는 기회를 스스로 박탈하고 있다고 생각했다. 반면, 그는 뒤에 나타나게 되는 정부 관료들의 권력 남용 가능성에 대해서는 전혀 언급하지 않았다. 오히려 그는 프록코트를 입은 신사들이 코트를 벗어던지고 자유방임주의의 원칙을 포기하는 순간, 그들은 "처음에는 어색해하겠지만 (…) 그것이 얼마나 편안하고 즐거운 일인지를 만끽할 수 있을 것"이라며 익살스러운 비유를 들어 설득에 나섰다.[21] 반대로 공공선택학파는 그들이 이제 습관적으로 플록 코트를 벗어던진다고 나무랐다.

케인스는 또한 합리적 사고에 대해 강한 신념이 있었다. 그는 항상 자신의 판단이 옳다고 생각했다. 따라서 케인스는 정치인들이나 학자들이 자신의 의견에 동의하지 않을 경우, 자신이 아닌 그들이 올바르지 않게 생각하고 있다고 간주했다. 그는 설득을 통해 그들의 생각과 판단을 바꿀 수 있었다. 케인스는 자신의 신념이 조금 지나친 감이 있다는 것을 인정했으며, 그것이 무어의 영향이라는 사실을 공공연히 시인하기도 했다. 그는 "우리는 우리 자신을 포함해 인간의 본성에 대해 완전히 잘못 이해했다. 우리가 인간의 본성으로 간주한 합리성은 우리의 판단뿐 아니라 감정을 피상적이고 천박한 것으로 만들었다. (…) 지적으로 우리는 전前프로이드적이었다. (…) 나는 아직도 다른 사람들의 감정과 행동, 그리고 내 자신의 감정과 행동이 합리적이라고 생각하는 터무니없는 우를 범하고 있다"라고 고백했다.[22] 물론 오늘날 합리적 기대 이론가들에 비하면 케인스의 합리성은 종교적 신비주의처럼 들린다.

케인스가 평소에 고상한 동기와 합리성을 가정했기 때문에 그는 거의 항상 나쁜 정책을 논리적 오류, 또는 적어도 '늙은 신사들'(재무부 고위 관료들)이 가지고 있었던 것과 같은 논리적 오류에 기초하는 습관 탓으로 돌렸다. 24권이 넘는 케인스의 전집은 어리석고 비논리적인 정책을 수행하는 관료들을 비판하는 편지들로 가득하지만, 케인스는 한 번도 그들이 돈과 권력에 눈이 멀었다거나 사리사욕을 위해 행동한다고 질타한 적은 없다. 그는 제1차 세계대전 이후 패전국 독일에 터무니없는 전쟁 배상금을 부과한 파리강화회의를 "정치적 무지를 드러낸 중차대한 실수"라 불렀다. 1925년 재무부 장관에 임명된 처칠이 이미 사형 선고를 받은 금본위제 복귀를 결정했을 때, 케인스는 처칠에게 왜 '그런 어리석은 짓'을 하는지 물으면서 세상 물정 모르는 그의 참모들을 비난했다. 1928년, 재무부의 어리석은 행동에 더 이상 참다못한 케인스는 처칠에게 다음과 같은 짤막한 서신과 함께 논문 한 편을 보냈다.

친애하는 재무장관 귀하.

정말 어처구니없는 통화 법안을 제출하셨더군요.

이에 처칠은 케인스에게 그가 동봉한 논문을 꼼꼼히 읽어보겠다는 내용의 정중한 답장을 보냈다.[23]

간혹 케인스는 올바른 추론을 하지 못하는 관료들에게 화를 내기도 했다. 이런 경우 그는 자신의 의견에 동의하지 않는 사람들을 미치광이로 몰아붙이거나 그들을 설득할 수 있는 타당한 근거를 찾기 위해 많은 시간을 보내며 심사숙고했다. 그러나 그는 절대 그들의 고상한 동기에 대해서는 의문을 품지 않았다. 다시 말하지만, 케인스는 비록 관료들이 자신의 충고를 듣지 않을지언정 그들의 고상한 동기와 합리성에 대해서는 추호도 의심하지 않았다. 1911년 초에 스코틀랜드 출신의 화가이자 블룸즈버리 그룹의 멤버였던 친구 덩컨 그랜트에게 쓴 편지에서 케인스는 이렇게 단언했다. "내가 정치인들과 가까이 지낼 거라고 생각하지 말게. 그들은 끔찍해 (…) 그들의 어리석음은 인간의 상상을 초월한다네." [24]

케인스는 자신의 합리적 사고에 대한 강한 신념과 더불어 자신의 설득력에 대해 강한 자신감을 갖고 있었다. 그는 자신이 다른 누구보다 사람들을 잘 설득할 수 있다고 하는 신념과도 같은 황금률을 가지고 있었다. 물론 이런 황금률은 자주 들어맞았다. 1920년대에 들어서면서 케인스는 〈체스터 가디언〉 〈네이션〉 〈타임스〉 같은 권위지들을 포함해 신문사와 잡지사 편집장들에게 편지를 보내기 시작했다. 영국 태생의 경제학자로 오스트리아학파와 로잔학파를 영국에 도입하고 케임브리지학파와의 융합을 시도했으며, 런던정경대학교 경제학과 교수를 역임한 라이오넬 로빈스에 따르면, 케인스는 일시적인 관세 철폐라는 난감한 문제에 대해 다음과 같이 응수한 적이 있다고 한다. "나는 관세 문제에 대해서는 한 번도 이야기한 적이 없다." [25]

하이에크는 1946년 케인스가 사망하기 몇 주 전에 직접 대면했던 일을 평소에 자주 화제에 올렸다. 이때 케인스는 그에게 다음과 같이 확신에 찬 말을 했다고 한다. 1930년대에 고안한 자신의 이론들이 국가나 경제에 조금이라도 해를 끼친다면, 그는 그것들을 고치거나 수정하기보다는 먼저 여론을 설득해 사태를 수습할 수 있다고 했다는 것이다. 하이에크에 따르면, 케인스는 "음악의 대가가 자신의 악기를 다루듯 그는 자신이 여론을 다룰 수 있다"라고 생각했다. [26] 케인스는 인간의 합리성에 대한 지나친 확신과 "사소하지만 정말 어리석어 보이는 의사표현 (…) 즉, 항상 뭔가에 이의를 제기하고 싶은 충동"에 대해 반성하기도 했다. 즉, 그는 "〈타임스〉에 편지를 보내고, 런던시 청사에서 회의를 소집하고, 일부 기금에 서명하는 등 (…) 나는 내가 크게 소리치기만 하면 내 호소가 그대로 먹혀들 수 있는 권위나 기준이 실제로 존재하는 것처럼 행동한다. 아마 이것은 기도의 효험을 믿었던 옛 사람들의 피가 내 몸에 흐르고 있기 때문인지도 모른다"라고 썼다.[27]

요약하면, 비록 정치인들과 관료들이 간혹 고집스럽고 어리석게 처신하기는 하지만, 곧이곧대로 공공선을 위해 일한다고 생각한 것은 케인스의 성장 배경과 경험에서 비롯한 것이었다. 게다가 케인스는 관료들이 가지고 있는 문제점은 이기주의가 아니라 행동하지 않는다는 것이라고 생각했다. 마지막으로 대중에 대해서는, 비록 그들이 무지하기는 하지만 편견 없이 너그럽기 때문에 올바른 판단과 입장에 수긍할 줄 아는 존재로 간주했다. 그러나 문화적 지적 성장 배경이라고 하는 것이 어떤 한 사람을 설명하는 데 있어 결정적인 것은 아니기 때문에 그가 정치인들과 관료들에 갖고 있던 생각이나 편견을 그의 개인적인 성향이나 책임으로 돌릴 수만은 없다.

정치적 보이지 않는 손

케인스는 자신이 무의식적으로 정치적 이기심과 공공선의 조화를 끌어내는 '정치적 보이지 않는 손'의 존재를 믿었기 때문에 정치인들과 관료들의 동기에 대해 별다른 문제를 제기하지 않았을 수도 있다. 예를 들어, 어떤 정치가는 X라는 정책을 공공선을 위해서가 아니라 대중의 인기에 영합하고 지지자들을 끌어모을 수 있기 때문에 지지할 수도 있다. 그러나 역으로 그 정책이 대중적으로 인기가 있다는 것은 대중들이 자신들의 열망을 제대로 인식하고 있다는 것을 반증하는 것일 수도 있다. 따라서 대중은 자신이 원하는 것을 얻게 되고, 그 결과 대중이 원하는 것은 선이 된다. 마찬가지로 정치가는 자신의 역할에 대해 별다른 주의를 기울이지 않고도 자신이 원하는 것을 얻게 된다.

제2차 세계대전 이전까지만 하더라도 정치적 보이지 않는 손은 실제로 존재하면서 제 역할을 톡톡히 해냈을 수도 있다. 만일 그렇다고 한다면, 케인스가 정치적으로 순진했다고 해도 그것은 비난받을 일은 아니다. 왜냐하면 정부는 앞서 케인스가 언급했던 '영국 재무부'의 시각처럼 탐욕이나 사리사욕 때문이 아니라 별다른 생각 없이 공공선을 저버리는 행동을 할 수도 있기 때문이다. 물론 관료들은 권력이나 돈에 이끌려 응당 해야 하는 정책, 또는 적어도 대중 영합적인 정책을 시행할 수도 있다.

독일 출신의 미국 정치 철학자이자 신보수주의자들에게 네오콘의 정신적 지주로 알려져 많은 관심을 끌었던 레오 스트라우스가 최초의 근대적 정치 철학자라고 불렀던 마키아벨리는 덕virtue의 개념을 새롭게 정의한 인물로 잘 알려져 있다. 중세 스콜라 철학자들에게 덕은 도덕적 완벽성을 의미하는 것이었던 반면, 마키아벨리에게 덕은 기교나 능력, 즉 정의나 관대함 등과는 상관없이 목적을 달성하기 위해 온갖 수단과 방법을 동원해 완벽을 기하는 것을 뜻했다.[28]

제1차 세계대전 이후, 전후 문제를 논의하기 위해 프랑스 베르사유에 모인 영국의 로이드 조지 수상, 프랑스의 조르주 클레망소 수상, 미국의 윌슨 대통령에 대한 케인스의 인물평은 정치적 보이지 않는 손의 문제를 단적으로 제기한다. 지금까지 그렇게 다양한 인물들에 대해 그렇게 생생하게 묘사한 사람은 거의 없었다. 케인스가 보기에 하늘은 두 명의 정치적 달인과 한 명의 고결한 사람을 그날 그곳에 내려보냈다.

클레망소는 '미적으로 가장 고상한 인물'로 누구보다도 가장 강경하게 평화를 요구했다. 지적으로 가장 뛰어났던 조지는 '웨일스의 마법사'로 무시무시한 마법에 휩싸여 있는 고대 켈트족의 숲에서 현세로 걸어 나온 반인반마 같았다. 윌슨은 '멍청한 구식 장로교 신자'이지만 도덕적으로는 가장 고매한 인물이었다. 이렇게 상반되는 성격을 갖고 있었는데도 파리강화회의에서는 자신들의 입으로 직접 국민들에게 이야기한 것처럼 하나같이 국가의 이익을 대변하기 위해 최선을 다했다. 클레망소는 독일이 두 번 다시는 프랑스를 넘보지 못하도록 정치적으로 작살을 내고 싶어 했다. 조지는 엄청난 배상금을 물림으로써 영국 시민들에게 깊은 인상을 남기고 싶어 했다. 윌슨은 미국 국민들이 원했던 대로 세계 평화를 달성하고 싶어 했다. 그런데 불행하게도 하늘이 보낸 두 명의 정치적 달인, 즉 클레망소와 조지는 독일에 대한 엄격한 평화가 결국은 세계 평화라며 윌슨을 꼬드겼다.

케인스에 따르면, 회담 막판에 이르러 윌슨은 터무니없는 전쟁 배상금에 기초한 엄격한 평화가 독일에 너무 잔혹한 조치라는 것을 깨달았지만, "그 늙은 장로교 신자를 다시 속여 넘기기란 처음 속일 때보다 훨씬 더 힘들었다."[29] 비록 세 사람이 완전히 다른 속셈을 갖고 파리강화회의에 참석했지만, 클레망소와 조지는 정치적 보이지 않는 손에 이끌려 자국의 국민들이 바랐던 대로 국가의 이익을 극대화하려고 했던 반면, 도덕적으로 가장 고매한 윌슨은 국민들이 바라지도 않았고, 그렇다고 정치적 보이지 않는 손에 이끌린 것도 아니면서 의도하지 않게 국가의 이익을 대변한 꼴이 되었다. 결국 세 사람은 독일에 막대한 전쟁 배상금을 청구하는 일에 합의했다.

그러나 반대로 정치적 보이지 않는 손이 제대로 작동하지 않는다면, 케인스의 정치적 순진성은 비난을 면할 수 없다. 그뿐 아니라 그는 지금의 관료주의의 폐해를 예견하지 못하고, 또는 경고하지 않은 것에 대해서도 응당 책임을 져야 한다. 어째서? 통상의 조직적인 세력들, 즉 정치인들과 관료들이 그런 폐해 뒤에 숨어 누구도 선뜻 나서서 책임을 지려 하지 않기 때문이다. 충격적이고 무시무시한 결과를 초래할 수 있다. 그러나 이는 더 큰 문제를 낳을 수 있는 문제다.

정치적 이기심은 왜 공익에서 벗어나는가? 정부가 규제, 보조금, 관세, 각종 인허가를 통해 소규모 정부 지출을 늘려나감에 따라 정부나 국민 모두에게 이에 필요한 정보 비용-information cost(일종의 기회비용)은 높아질 수밖에 없다. 다시 말해, 정부의 공공 지출과 정책에 대해 알고 싶어 하는 시민들은 그에 대한 정보를 수집하기 위해 많은 시간과 노력을 투자해야 한다. 그러나 대다수 시민에게 이런 투자는 경제적으로 비합리적일 것이다. 왜냐하면 이때 들여야 하는 정보 비용이 그로 인해 얻을 수 있는 이익을 초과하기 때문이다. 국민 100명에게 100만 달러를 지원하는 정부 프로그램이 있다고 하자. 뭔가 이상한 낌새를 차린 누군가가 온종일 이 프로그램의 뒷조사를 하러 다닌다. 그러나 국민 개개인의 입장에서 이 프로그램을 반대하든 지지하든 각자가 지불해야 하는 세금은 정말 눈곱만큼도 되지 않는다. 오히려 이 프로그램의 뒷조사를 하는 데 개인적으로 더 많은 비용이 들어간다. 사정이 이렇다고 한다면, 앞서 언급한 합리적 무시가 더 속 편한 처사일 수 있다. 따라서 정부의 규모나 정부 지출 증대 경향은 정치인들의 행동이 국민들의 알 권리에서 계속해서 멀어지는 것을 의미한다. 특히 이런 상황에서 관료들은 나쁜 일이건 좋은 일이건 국민들에게 알리지 않고 더 많은 일을 할 수 있다. 그런 행동은 정치적 보이지 않는 손의 손가락 사이로 빠져 나간다.

　미국 정부는 GDP의 약 25퍼센트 정도만 그 용도를 밝힌다. 게다가 연방 정부 차원의 각종 기관과 규제가 속속들이 민간 부문을 잠식해 들어오고 있다. 상당히 많은 집단이 연방 정부와 접촉할 수 있게 되면서 정치 체제를 자신들의 목적에 맞게 이용하는 데 들어가는 비용이 많이 하락했다. 과거처럼 비누 상자를 밟고 올라가 정부에 호소하거나 대중을 설득하거나 입법부에 행동을 촉구할 필요가 없다. 지금은 정부가 임명한 각 부처의 주요 인사들과 은밀한 만남을 통해 이해관계를 관철할 수 있다. 즉, 뉴욕시에 있는 센트럴 파크에 비누 상자를 놓고 밟고 올라가 고래고래 소리를 지르기보다는 양키 스타디움에 특별석을 마련해놓고 뉴욕 양키스의 홈경기를 관람하며 은밀한 대화를 나누는 것이 더 효율적이고 손쉬운 방법일 것이다.

　원래 정부 각 부처와 특수 이익 집단들 사이의 견제와 균형은 이익 집단과 같은 정치적 행상인들의 접근을 막기 위한 것이었다. 미국 건국의 아버지 중 한 명이었던 제임스 매디슨은 《연방주의 교서》 제10권에서 정치적 파벌이 경제적 이득을 목적으로 정치 체제를 이용할 수 없도록 헌법에 명시해야 한다고 주장했다. 그러나 매디슨의 이런 구상은 연방 정부의 권력이 계속 비대해지고 이익 집단이 늘어나면서 수포로 돌아갔다.

　정치적 보이지 않는 손은 복잡한 세계에서는 그 기능을 상실한다.

　미국 태생의 경제학자로 노벨 경제학상 수상자인 케네스 애로가 지적했던 것처럼, 어떤 후보에게 투표하는 것은 시장에서 어떤 한 상품을 구매하는 것과 다르다. 경제학자들은 시장 질서를 그대로 반영하는 논리적인 정치 체제를 고안할 수 없다.[30] 민주주의에서 유권자들이 특정 후보에 투표하는 것은 전자레인지 같은 특정 상품을 구매하는 것을 의미하는 것이 아니다. 오히려 그들은 패키지 상품을 구입하는 것과 같다. 보통은 유권자가 뽑은 후보가 유권자가 원하는 정책을 입안하거나 시행하지만, 반드시 그럴 것이라는 보장은 없는 것이다. 사실, 유권자는 자신이 무엇을 얻을지 확신할 수 없다. 민주주의는 슈퍼마켓 선반과 복주머니 사이 어딘가에 존재하는 무엇이다.

　정부 지출의 실질적인 증대와 적극적인 시장 개입을 주장했던 케인스는, 비록 자신이 의도한 것은 아니지만, 정치적 보이지 않는 손의 효과를 약화했다. 그리고 이로 인해 정치인들과 관료들의 동기에 대해 기존에 가졌던 무한 신뢰가 손상을 입었다. 케인스가 생존했던 당시에 공무원들의 순수한 동기를 유지 강화하는 요소는 공공의 지식과 오랜 규칙이었다. 만일 케인스가 정치 권력의 남용에 대해 어떤 견제가 필요하다고 생각했다면, 그것은 평소 정치적 과정보다는 야당이 제기하는 각종 혐의에 대해 재집권을 노리는 행정부가 적절한 대답을 내놓아야 하는 주기적인 선거 과정을 통해서였을 것이다.[31] 이런 견제는 분명히 의미가 있다. 그럼에도 불구하고, 주기적인 선거를 통한 견제 기능이 갖는 한계는 정권에 상관없이 자신들의 영향력을 확대하고자 하는 또는 선거에 별다른 영향을 받지 않는 관료들의 힘을 간과한다는 것이다. 그뿐 아니라 정부의 재정 지원 규모가 작은 프로그램들을 일일이 비판하는 것이 유권자들의 관심을 끌어야 하는 선거 과정에서 별다른 호소력을 갖지 않을 수도 있다는 사실을 무시한다는 데 있다.

정치적 보이지 않는 손에 대한 케인스의 맹목적인 가정에서 비롯한 이런 한계는 미시 경제적 측면과 거시 경제적 측면에서 각각 비판할 수 있다. 미시 경제적 측면에서 관료들은 유권자들이 정부 프로그램에 대해 조사하기 위해 들어야 하는 정보 비용이 그것으로부터 얻을 수 있는 이익에 비해 높다고 판단될 때 정치적 사리사욕을 위해 각종 정부 프로그램과 규제를 자신들에게 유리한 쪽으로 왜곡할 수 있다. 특히 중요한 것은 정부의 기능과 역할이 확대될수록 이런 비용도 상승한다는 것이다. 더구나 국민 스스로 정부와 이익집단 사이에서 이뤄지는 미시 경제적 거래로 인해 자신들이 입게 되는 폐해를 인식하지 못하는 이상, 그들은 정부 활동에 대한 지식을 얻음으로써 얻을 수 있는 이익을 별로 중요하게 생각하지 않는다. 거시 경제적 측면에서 공공 재정은, 유권자들이 정부의 재정 및 통화 정책의 간접 비용과 이득을 과소평가하는 한, 세금 인하와 정부 지출 증대 쪽으로 편파적으로 사용될 수 있다. 이와 같은 정치 권력의 남용과 관련한 논의에서 거시 경제적 남용보다는 미시 경제적 남용이 더 중차대한 문제가 될 수 있는데, 미시 경제적 남용이 국민들의 비합리성 또는 환상보다는 합리적 무시에 더 의존하기 때문이다.

케인스에 대한 최종 판결

만약 공공선택이론이 옳다면, 케인스는 정치적으로 매우 순진했다고 말할 수 있다. 비록 공공선택이론이 전적으로 옳은 사실은 아니지만, 그리고 그의 사후에 본격적으로 공론화되기는 했지만, 케인스는 공공선택학파가 제기한 많은 문제에 대해 크게 개의치 않았다. 심지어 생전에 그를 추종했고 그의 첫 번째 전기를 쓰기도 한 로이 해로드조차 이를 인정했다.[32] 그러나 공무원으로 영국 정부에 몸담은 적이 있었던 케인스의 개인적 경험과 역사적 맥락 등에 비춰볼 때, 우리가 그를 비판할 수 있는 것은 그가 정치적 남용 또는 관료주의의 폐해에 대해 정확히 예측하지 못했다는 부분이다. 더구나 이런 측면에서 케인스에 대해 비판적인 사람들은 그의 경제학 이론에 대한 비판과 공공선택이론에 기초한 그의 비판을 다소 구분해야 한다. 케인스가 정치가들에게 손가락질하며 불신을 표시했다고 해서 그의 경제학이 틀렸다는 뜻은 아니기 때문이다.

만약 이런 식으로 케인스를 비판하는 사람이 있다면, 그는 준비성이 부족한 소방관이 불을 끄러 오면서 소방 호수를 놓고 왔다는 말을 핑계 삼아 엉뚱하게도 물이 불을 끈다고 하는 만고불변의 진리를 부정하는 바보와 같다. 지금의 위상을 떠나 케인스의 경제학, 즉 대공황에 대한 그의 경제학적 처방이 옳았던 만큼, 그는 경제적 화재를 진압할 수 있는 충분한 물을 공급해주었다. 그러나 그는 당장의 화재 진압에만 그치지 않고 또 다른 화재가 언제든 다른 곳에서 일어날 수도 있다는 경종을 울렸어야 했다.

합리적 기대와 불확실성이
동시에 지배하는
기상천외의 세계

여기에서는 앞서 다뤘던 이론들과는 다르게 다소 엉뚱하게 보일 수도 있는 이론들을 검토해보고자 한다. 예를 들어, 비자발적 실업은* 절대 일어나지 않는다고 주장하는 이론은 어떨까? 투자할 주식을 다트를 던져서 선택하자고 제안하는 이론, 또는 정부가 경제에 전혀 영향을 미칠 수 없다고 주장하는 이론도 다뤄볼 만하지 않을까? 더구나 경제사 또는 경제사상사에 대한 공부를 조금 색다르게 끝내는 것도 재미있을 것 같지 않은가?

우선 우리는 정부가 경제를 돕는다고 주장하는 중상주의자들에서 논의를 시작했다. 그리고 반대로 정부가 경제를 해친다고 주장하는 애덤 스미스와 그의 추종자들에 대해 살펴보았다. 바로 전까지 살펴본 케인스와 케인스주의자들은 정부가 경제를 돕는다고 역설했다. 반면, 통화주의자들은 정부가 경제를 도울 수도 있지만, 또 해를 줄 수도 있다고 주장했다. 한편, 바로 앞장에서 다룬 공공선택학파는 관료주의의 폐해를 이야

---

* Involuntary unemployment. 일할 능력도 있고 현재의 임금 수준에서 일할 의사가 있는데도 불구하고 취업의 기회를 갖지 못하고 있는 상태를 말한다.

기하면서 정부가 대체로 경제에 해를 입힌다고 의견을 피력했다. 그런데 이번 장에서 다룰 합리적 기대이론학파 또는 새고전파 경제학자들은* 자신의 전임자들을 깡그리 비웃으면서 정부의 개입이 경제에 이로움이나 해로움을 준다는 주장은 환상에 불과하다고 말한다. 즉, 정부의 개입은 마법사의 트릭과도 같아서 현실을 어떤 식으로든 바꿔놓을 수 없다는 것이다.

이런 놀라운 결론에 도달하기 위해 새고전파 경제학자들은 다소 교묘한 논리를 사용한다. 그런데 그들이 내놓은 모델은 논리정연함을 떠나서 이론적으로 아름답기까지 하다. 그러나 그들을 비판하는 논자들은 그들의 모델이 조잡하고 비현실적이라고 비판하면서 대통령 경제자문

---

*   이 책에서 다루고 있는 경제사상사는 마르크스주의 경제학을 제외하면 크게 고전파 경제학과 케인스학파로 나눌 수 있다. 이미 논의한 대로 고전파 경제학은 시장경제는 흔히 말하는 보이지 않는 손에 의해 자체 교정 능력을 가지고 있기 때문에 정부의 개입은 오히려 경제를 왜곡한다고 주장한다. 반면, 케인스학파는 1930년대 대공황이 발생하면서 시장경제의 자체 조절 능력으로는 불황을 극복하는 것에 한계가 있다는 사실이 대두되면서 정부가 재정 정책과 통화 정책 등을 통한 총수요 증대를 통해 시장의 불안정성을 보완해야 한다고 주장한 케인스에 의해 발전되었다. 그리고 이 두 학파를 거점으로 다양한 학파들이 형성되었는데 고전파 경제학에서는 앨프리드 마셜로 대표되는 신고전파 경제학이 등장했고, 케인스학파에서는 1960년대에 신케인스학파가 등장했다.
    신고전파 경제학은 한계 혁명 이후의 효용 이론과 시장 균형 분석을 받아들였다. 한편 고전파 경제학을 잇는 또 다른 학파로 밀턴 프리드먼으로 대표되는 통화주의는 케인스 또는 케인스주의자들이 주장하는 재정 정책이 민간 부문의 구축 효과를 야기한다는 이유로 거부하면서 인플레이션이나 디플레이션에 대해 통화량 증가율을 경제성장률에 일정 비율로 유지하는 준칙에 따라 통화 정책을 시행할 것을 주문했다. 그리고 이 장에서 다루고 있는 합리적 기대이론학파로 대표되는 새고전파 경제학은 1970년대에 케인스 경제학에 미시적 기초가 결핍되어 있다는 점을 지적하면서 출발했다.
    한편, 케인스학파의 뒤를 이은 신케인스학파는 보통 신고전파종합이라 불리는데, 이것은 케인스 이전의 신고전파 경제학과 케인스학파를 결합한 것으로 케인스의 재정 정책에 의해 완전 고용이 달성되면 시장가격 기구가 복원되어 신고전파 경제학 이론 역시 타당성이 증명된다는 견해를 피력했다. 그리고 1970년대 새고전파 경제학에 대한 대응으로 신케인스학파가 등장했는데 이 학파는 불완전한 시장에 대해 수요 조절의 필요성을 보여줌으로써 케인스 경제학에 대한 미시적 기초를 제공하려고 시도한다. 그뿐 아니라 초기 케인스보다 더 케인스적이라고 불리는 포스트케인스학파는 정부의 직접적인 개입을 통한 시장경제의 통제를 강조한다.

위원회보다는 미술관으로 보내는 것이 더 낫겠다며 깎아내린다.

경제학계의 늙은 파수꾼들, 즉 제임스 토빈, 프랑코 모딜리아니, 폴 새뮤얼슨, 밀턴 프리드먼 같은 위대한 학자들의 업적을 대수롭지 않게 생각하는 이들 새로운 경제학자들은 카네기멜론대학교의 전신이었던 카네기공과대학의 젊고 패기 있는 경제학 교수였던 존 무스가 1961년 에 쓴 〈합리적 기대와 가격 운동〉이라는 논문에서 그 기원을 찾아볼 수 있다. 당시 갓 태어난 합리적 기대이론 운동은 그것의 수학적 엄밀성과 새로운 경제학적 발견 가능성에 매료당한 많은 신진 학자들의 시선을 끌어당겼다. 당시 나이든 케인스주의자들은 50년 전에 자신들이 케인 스를 따르기를 거부하는 고전파 경제학자들을 헌신짝 버리듯 버렸듯이 새로운 학자들이 자신들을 등지고 떠날지도 모른다는 두려움과 위기감 을 느꼈다. 현재 주류 경제학은 합리적 기대이론이 이룩한 몇 가지 이론 적 성과를 받아들여 그것을 주류 이론에 접목하려는 시도를 하고 있다.

그렇다면 주류 경제학이 합리적 기대이론을 무시하지 못하는 이유는 무엇일까? 그 이유에 대해 잠시 살펴보고 넘어가자.

첫째, 합리적 기대이론은 모든 시장은 완전하다고 주장한다. 이것은 가격이 시장에서 상품의 공급 과다나 공급 부족 현상이 나타날 경우 수 요와 공급이 균형을 이루도록 바로 조절 작용을 한다는 것을 의미한다. 다시 말해, 어떤 경우에도 공급 과다나 공급 부족 현상은 나타날 수 없 다. 만약 상어가 갑자기 너무 많은 알을 낳아 캐비아가 많이 생산되었 다면, 가격은 하락할 것이다. 만일 노동력에 대한 수요가 하락하면, 임 금은 떨어질 것이다. 현재 대다수 경제학자는 모든 시장이 사실상 완전 하다는 데 동의하지만, 통화주의자들과 케인스주의자들은 시장에서 수요와 공급이 완전한 균형을 이루는 데는 오랜 시간이 필요하다고 주장한다. 케인스주의자들은 '경직적 임금'(노동시장의 상황 변화에 대해 조정이 매우 느린 임금)을 주장한다. 통화주의자들 역시 통화 정책이 제대로 효과를 발휘하기까지는 다소 시간이 걸린다고 주장한다. 그런데 합리적 기대이론의 겁 없는 애송이들은 잠꼬대 같은 소리라며 콧방귀를 뀐다.

둘째, 합리적 기대이론은 사람들이 경제적 결정을 내리는 데 있어 가능한 모든 정보를 수집하고 분석하며, 경제에 대한 자신들의 모델 또는 기대를 계속해서 갱신한다고 주장한다.

잠시 합리적 기대이론의 합리적 기대를 유행이 지난 적응 기대 가설과 비교해보자. 사람들이 적응이라는 측면에서 행동할 경우, 그들은 각종 변수의 지난 행동을 살펴본 다음에 점진적으로 자신들의 견해를 조정하려 들 것이다. 만약 물가가 지난 몇 년 동안 매년 6퍼센트씩 상승했는데, 올해는 유달리 10퍼센트 상승했다면, 사람들은 과거의 자료를 비중 있게 다루는 적응 모델에 기초해 내년에 물가가 7퍼센트 상승할 것이라고 기대할 수 있다. 이 경우 사람들은 보통 새로운 정보에 기초해 자신들의 기대를 바로 바꾸려고 하기보다는 과거의 경험이나 정보에 기초해 상황을 조금 더 지켜본다. 물론 그 결과는 기대에 부합할 수도 있고, 부합하지 않을 수도 있다. 만약 그들이 연방정부가 화폐 공급량과 재정 지출을 대폭 늘릴 계획이라는 소식을 들었다면 어떤 식으로 반응할까? 적응 기대 가설에서 그들은 결정적인 증거를 찾을 때까지 자신들의 예측을 바꾸려 하지 않을 것이다.

월트 디즈니의 만화 주인공 미키 마우스가 집으로 돌아가기 위해 할리우드의 어느 길모퉁이에 있는 버스 정류장에서 버스를 기다리고 있다고 하자. 그리고 버스 정류장 뒤에는 몇 달째 애니메이션 전용관 신축 공사가 진행 중이었다. 그는 요 몇 달 동안의 경험에 비추어 매일 오후 5시 30분만 되면 버스 정류장 뒤로 두 발짝 물러서서 버스를 기다린다. 매일 그 시각만 되면 버스 정류장 뒤편 공사장에서 벽돌 한 장이 꼭 그 앞에 떨어진다는 것을 알고 있기 때문이다. 그런데 하루는 5시 30분이 되었는데도 벽돌이 떨어지지 않았다. 처음에는 이상하게 생각했지만, '오늘은 그냥 지나치려나 보다'라고 생각한 미키 마우스는 별 의심 없이 같은 자리에서 꼼짝 않고 버스를 기다렸다. 그런데 5시 45분이 되었을 때 느닷없이 머리 위에서 벽돌이 떨어지는 것이 아닌가! 피할 겨를도 없이 그는 벽돌에 맞고 말았다.

미키 마우스는 적응 기대를 믿는다. 그렇다면 다음 날, 같은 승강장에 모습을 드러낸 미키 마우스는 어제 벽돌을 맞은 5시 45분에 어떤 행동을 취할까? 그는 이렇게 생각할 것이다. 과거의 경험에 비춰볼 때 5시 45분에 벽돌이 떨어진 경우는 어제 단 하루뿐이다. 따라서 오늘 5시 45분에 똑같이 벽돌이 떨어지리라는 법은 없다. 그가 이렇게 생각하고 별다른 의심 없이 서 있던 찰나 또다시 같은 시각에 벽돌이 떨어지는 것이 아닌가! 그렇게 일주일 동안 같은 시각에 벽돌을 맞은 미키 마우스는 그제야 공사장에서 벽돌이 떨어지는 시간이 바뀌었다는 것을 알아채게 된다.

반대로 미키 마우스가 합리적 기대를 했다면 어떤 식으로 반응했을까? 그는 평소 5시 30분이 아닌 5시 45분에 예상치 않게 벽돌에 머리를 맞자마자 공사장에 찾아가 평소와 달리 왜 벽돌이 15분이나 늦게 떨어졌는지 알아내려고 할 것이다. 그리고 새로운 정보에 기초해 자신의 예측을 재조정하려고 할 것이다. 그뿐 아니라 그는 새로운 정보로 인해 기존의 정보가 쓸모없게 될 경우 과거의 정보를 미련 없이 기억에서 지워 버릴 것이다.

합리적 기대이론의 창시자라고 할 수 있는 존 무스는 미국 중서부에서 태어나 성장했고, 흥미롭게도 처음에는 돼지 전문가로 학계에서 명성을 쌓았다. 돼지를 연구하면서 경제학의 기초를 다졌던 무스는 그의 동료들, 특히 미국 태생의 정치학자이자 노벨경제학상 수상자로 '관심 경제'라는* 개념을 가장 먼저 사용한 것으로 알려진 허버트 사이먼, 이탈리아계 미국인 경제학자로 케인스주의자이자 노벨경제학상 수상자인 프랑코 모딜리아니, 미국 태생의 경제학자로 노벨경제학상 수상자이자 시카고대학교 교수를 역임한 머튼 밀러, 그리고 미국 태생의 저명한 수학자이자 노벨상 수상자이며《뷰티풀 마인드》라는 소설과 동명의 영화의 실제 주인공인 존 내시 등이 성취한 영광에 별다른 관심을 갖지 않는 것처럼 보였다.

모딜리아니는 무스의 정신을 높이 샀지만, 턱수염 덥수룩하고 약간 등이 굽어 있는 그가 그것으로 부족했는지 "별스럽게 보이려고 무지 애썼다"라고 회고했다.[1] 무스가 인디애나대학교 비즈니스 스쿨에서 강의하고 있었을 때, 그의 제자들이 학장실을 찾아가 무스를 해고하라며 피켓을 들고 시위를 한 적이 있었다. 이유는 그가 자신들로서는 도대체 알아들어 먹을 수 없는 수학 공식을 남발하면서 자기 과시를 하는 돼먹지 못한 교수라는 것이었다.

---

* Attention economy. 소비자의 관심을 파악한 후 그에 맞는 관심 서비스 등을 제공해 소비자를 유인하는 시장을 형성하는 것으로 소비자에게 맞는 서비스를 개인화해서 제공함으로써 소비자로 하여금 해당 서비스를 선택하거나 구매하게 하는 것으로 요즘 많이 등장하는 맞춤형 서비스가 이에 속한다. 관심 경제에서 무엇보다 중요한 것은 소비자의 선택과 연관성이다.

돼지가 고등 수학을 안다고 해서 그것을 어디에 써먹을 수 있을까? 무스가 돼지 연구로 명성을 쌓기 전까지만 하더라도 사람들은 돼지 시장이 알 수 없는 공급 과잉으로 파탄 직전에 몰려 있다고 생각했다. 당시 돼지 시장 상황이 이렇게 된 이유는 베이컨 가격이 갑자기 폭등하자 농민들이 너 나 할 것 없이 돼지를 기르기 시작한 데 있었다. 이후 갑자기 모든 돼지가 동시에 시장으로 출하되면서 공급 과잉 현상이 나타났고, 그 결과 베이컨 가격은 곤두박질쳤다. 이렇게 돼지 가격이 떨어지자 농민들은 돼지 사육을 중단했고, 그로 인해 얼마 뒤에 다시 공급 부족 현상이 나타나면서 베이컨 가격이 다시 상승했다. 이런 돼지 같은! 무스의 결론이었다. 그는 지난 몇 년 동안 돼지 가격 추이를 면밀하게 검토하기 시작했다. 그리고 농민들이 지금 당장 돼지 가격이 높다는 사실에서 다음에도 가격이 높을 것이라고 생각하는 것이 전혀 어리석은 판단이 아니라는 것을 보여주었다.[2] 무스는 농민들이 뼈는 통뼈이지만 정신은 나약하다고 했던 갤브레이스의 시각을 반박하면서 거꾸로 농민들은 그 누구보다 합리적이라고 주장했다.

만약 사람들이 합리적 기대를 한다면, 그들은 어리석은 실수를 반복해서 하지 않을 것이다. 그들은 딱 한 번 바보 소리를 듣거나 덜컥 놀랄 수도 있지만, 똑같은 실수를 반복하지 않기 위해 노력할 것이다. 1966년 TV 시리즈로 시작해 1979년 영화로도 개봉해 큰 인기를 끌었던 〈스타 트렉〉 시리즈의 우주선 선장 조나단 아처가 말한 대사가 생각난다. "날 바보로 만들다니 꼴도 보기 싫네. 하지만 두 번 당하지는 않을걸."

다트판 위의 주식 중개인들

합리적 기대이론에 가장 그럴듯한 예를 제공하는 분야는 주식시장이다. 강단 경제학자들은 시중에 유포되는 정보를 가장 빠르게 흡수하는 곳이 주식시장이라고 입 모아 꼬집는다. 다른 말로, 정보가 소문을 타기 무섭게 주가가 바로 그것을 반영한다. 만약 당신이 어제 일자 조간신문에서 미국의 중견 백화점 체인인 시어스의 금년 매출이 호조를 보인다는 기사를 읽었다면, 그 정보를 이용하기에는 이미 늦었다는 사실을 알아야 한다. 시어스 사의 주식은 내년도 예상 매출까지 감안해 곧바로 상승할 테고, 모든 사람이 그 정보를 알게 되었을 때는 이미 무용지물이 된 상태다.

또 다른 예를 들어보자. 당신이 대학생 수백만 명이 추수감사절을 앞두고 보스턴에서 뉴욕으로 몰려든다는 정보를 알고 있다고 하자. 그리고 그들 대다수가 키디 에어라인을 이용한다는 것도 알고 있다. 그래서 당신은 추수감사절이 끼어 있는 11월에 키디 에어라인의 주식이 천정부지로 치솟으리라 예상하고 추수감사절을 두 달 앞둔 9월에 키디 에어라인의 주식을 미리 사둔다. 그러나 이는 쓸데없는 바보짓이다. 이미 9월에 키디 에어라인의 주가는 추수감사절 기간에 예상되는 기대 이윤을 반영한 가격이다. 왜냐하면 모든 사람이 키디 에어라인이 추수감사절 기간에 다른 항공사들에 비해 높은 특수를 누릴 예정임을 알고 있기 때문이다. 그리고 주가는 예상 수익과 배당금에 기초해 결정되지, 지금 당장의 금융 정보에 의존하지 않는다.

만약 주식시장과 관련한 이런 효율적 시장 가설이라고* 불리는 모델이 옳다고 한다면, 어떤 기업을 졸졸 쫓아다니면서 재무 상태를 확인하거나 과거의 주가 변동을 분석한들 그 회사의 주식으로는 평균 수익 이상은 벌어들일 수 없다. 왜냐하면 시장은 이미 효율적으로 그 기업의 미래 수익까지도 평가하고 있기 때문이다. 만약 모든 사람이 그 기업의 특징에 대해 잘 알고 있고, 아직 그 기업에 대해 밝혀지지 않은 새로운 정보가 없다면, 그 회사의 주식은 '과대평가'되거나 '과소평가'될 수 없다. 새로운 정보가 등장해 가격에 변화를 줄 때까지 시장가격은 절대 변화가 없다. 그럼에도 불구하고, 1987년 10월의 주식시장 폭락과** 2000~2002년 기술주 붕괴는 주식 중개인들의 빳빳한 흰색 셔츠 아래 원시 시대의 '동물적 감각'이 아직도 살아 숨 쉬는 것을 보여주는 증거일 수도 있다.

주식 투자에 앞서 어떤 주식을 살지 주식 중개인의 조언을 듣거나 아니면 그를 다트판에 던져 나오는 결과에 따라 선택할 수도 있다. 물론 그를 다트판에 던지는 것이 돈을 절약하는 방법이 되겠지만.*** 만일 합

* Efficient market hypothesis. 자본시장이 이용 가능한 모든 정보를 즉각적으로 받아들여 반영한다는 가설로 이런 시장에서는 시장 평균 이상의 수익을 얻는 것이 불가능하다.
** 당시 이 폭락을 가리켜 블랙먼데이라 불리는데, 1987년 10월 19일 월요일 뉴욕증권시장은 개장 초부터 대량의 팔자 주문이 쏟아져 뉴욕의 주가는 그날 하루 동안 폭으로는 508포인트, 비율로는 전일 대비 22.6퍼센트가 폭락했다. 세계 대공황의 계기가 된 1929년 10월 24일(목요일)의 뉴욕증권시장의 대폭락을 상회하는 폭락이었다.
*** 〈월스트리트저널〉은 2000년 7월부터 2001년 5월까지 전문 펀드매니저 4명, 아마추어 투자자 4명, 그리고 '원숭이'가 참가하는 주식 수익률 게임을 진행한 적이 있었다. 사실, 원숭이가 직접 참가한 것은 아니고 눈을 가린 기자가 주식 시세표에 다트를 던져 종목을 찍는 것으로 대신했다고 한다. 결과는 원숭이의 완승이었다. 원숭이는 평균 2.7퍼센트의 손실을 봤지만, 펀드매니저는 평균 13.4퍼센트, 아마추어는 28.6퍼센트의 손실을 입었다. 승률에서는 더 큰 차이가 났다. 원숭이가 고른 4개 종목 중 3개 종목이 상승하고 한 종목이 폭락했지만, 펀드매니저는 4개 종목 중 3개가 하락, 아마추어는 4개 모두 급락했다. 여기에서 중요한 것은 원숭이 한 마리와 주식 시세표만 준비되면 주식 투자로 승산이

리적 기대 가설을 믿는다면 다음과 같은 방법으로 어떤 주식을 살지 결정할 수도 있다. 이것은 주식 중개인에게도 마찬가지로 해당된다. 당신이 기르는 개에게 밥 그릇 두 개를 갖다 놓는다. 하나에는 IBM의 이름이 쓰여 있고, 다른 하나에는 모빌의 이름이 쓰여 있다. 당신은 개가 선택하는 밥그릇에 쓰여 있는 기업의 주식을 사면 된다. 만일 개가 배고파하지 않는다면, 주식을 사기보다는 회사채를 구입하면 된다.

다우존스 지수가 1993년 평균 3,500포인트에서 2000년 1월 평균 1만 1,700포인트로 상승했던 1990년대 주가 폭등은 인덱스 펀드index fund(또는 지표채, 일정 기간의 시장 평균 주가에 연동해 운영되는 투자 기금)가 전문적인 스톡피커stock-picker(시장 정보나 기업 정보를 이용하여 주가 상승 가능성이 높은 주식에 집중적으로 투자하는 사람)가 예상한 것보다 높은 수익을 올리면서 머니 매니저들이 얼굴을 들지 못하게 했다. 누가 주식시장이 이렇게 폭등하리라고 예상이나 했겠는가?

물론 펀드 수익에서 광고 비용, 연구 비용, 그리고 수수료 등을 제외하고 나면, 거의 대다수 뮤추얼 펀드들은 그다지 높은 수익을 올리는 것은 아니다. 오래전에 폴 새뮤얼슨은 "대다수 포트폴리오 매니저들은 업계를 떠나야 한다. 대신 배관 기술을 익혀 공사장에 나가거나 그리스어 강사 자리를 알아보는 것이 더 나을 것이다"라고 주장한 적이 있다. 물론 효율적 시장 가설에 따르면, 아무리 실력 없는 포트폴리오 매니저라고 하더라도 완전히 낭패를 보리라는 법은 없다. 왜냐하면 전혀 예상치 못한 고수익을 올릴 수도 있기 때문이다. 그러나 분명한 것은 실력 없는

있다는 것이 아니라, 주식시장은 말 그대로 예측 불허라는 것을 뜻한다.

배관공은 실수를 연발하면서 상황을 더 악화시킬 뿐이다.

많은 주식 중개인들과 홍보 담당자들은 자신들의 예측 능력을 자랑하고 다닌다. 그러나 수많은 연구 결과에 따르면, 그들의 예측 능력을 믿을 이유나 근거는 어디에도 없다.[3] 물론 일부는 자신들의 예측 능력으로 우연한 행운을 맛볼 수도 있을 것이다. 라스베이거스에서 도박사들이 간혹 돈을 따는 것처럼. 그렇다고 해서 주식 중개인들이 대개는 돈을 잃는다는 것을 문제 삼으려는 것은 아니다. 중요한 것은 그들이 꾸준히 주식시장 평균 이상의 수익을 올리지 못한다는 데 있다. 어느 날 정말 뛰어난 주식시장 분석가가 기존의 데이터를 분석해 높은 수익을 올릴 방법을 찾아냈다고 해도 그것은 오래가지 않는다. 왜냐하면 다른 사람들이 그것을 모두 따라 할 것이기 때문이다. 결국 그 방법은 다시 사람들의 기억에서 자취를 감춘다. 그렇다면 사람들은 왜 고작 평균 수익밖에 얻지 못하는 주식에 투자하기 위해 수수료와 중계료 등의 돈을 지불하는 걸까? 오히려 예기치 못한 위험에 대비해 분산투자 방법을 따르는 포트폴리오에 투자할 수도 있고, 또는 시장 평균에 맞춰 연동되는 포괄적 시장 지수에* 투자할 수도 있을 것이다. 찰스 슈밥 같은 대형 중개회사는 이런 논리에 직면해 2019년에 주식 거래 수수료를 0으로 낮췄다.

경제학자이자 시카고대학교 교수, 1995년에 노벨경제학상을 수상한 로버트 루카스와 미국의 경제학자 토머스 사전트를 포함한 합리적 기대이론가들은 정부가 시장에서 행사할 수 있는 힘은 극히 미미하다고 주장한다. 그들은 주식시장에서 시작해 경제 전반을 분석 대상으로 삼

---

* Broad market index. 재정채시장, 공유채시장, 회사채시장, 저당부증권시장 등 4개 시장을 포괄적으로 추적해 투자 전략을 구사하는 것을 말한다.

는다. 만일 정부가 키디 에어라인의 주식을 매입함으로써 주가를 일시적으로 끌어올리려고 한다면 어떤 일이 일어날까?

키디 에어라인의 원래 주가는 미래의 기대 수익과 배당금이 감안된 적정 가격 수준을 반영한 것이었다. 그리고 이 가격은 주식 투자자들에게 적절한 수익률을 보장할 것이다. 그런데 정부가 주식시장에 개입해 키디 에어라인의 주식을 매입함으로써 주가가 뛰었다면, 주식 투자자들은 주가가 정부로 인해 인위적으로 과대평가되었다고 판단해 곧장 주식을 내다 팔 것이다. 반면, 정부가 기존에 보유한 키디 에어라인의 주식을 한꺼번에 매각한다면, 주식 가격은 갑자기 폭락할 것이고 주식 투자자들은 정부의 과도한 투매로 인해 키디 에어라인의 주식이 인위적으로 과소평가되었다고 판단해 곧장 주식을 매입하려고 할 것이다.

결국 정부가 시장에 어떤 식으로 개입을 하든지 간에 새로운 정보가 흘러나와 투자자들에게 새로 형성된 주식 가격이 정상 가격이라는 확신을 주지 않는 이상 주가는 적정 가격으로 되돌아올 것이다.

이런 합리적 기대이론가들의 비유를 거시경제학에 적용하기 전에 다음 두 가지 주요 사항을 검토해보고 넘어가자.

첫째, 효율적 시장 가설은 내부 정보, 즉 기업 임원들이 가지고 있을 수 있는 미래 수익 또는 손실에 관한 주요 정보를 포함하지 않는다는 것에 주목하자. 외부에 알려지지 않은 비밀 정보를 입수한 투자자들은 평균 수익보다 더 높은 수익을 올릴 수 있을 것이다. 이것은 논리적으로는 합당한 것처럼 들리지만 불공정한 것이다. 결국 기업의 주요 정보를 알고 있는 임원들이 그렇지 않은 사람들보다 더 높은 수익을 올릴 수 있기 때문이다. 보통 이것을 '내부자 거래'라고 하는데, 대다수 자본주의 사회에서는 이것을 불법으로 규정하고 있다.

미국의 증권거래위원회는 내부자들의 주식 거래를 철저히 감시하고, 불법 행위를 저지른 사람들에 대해서는 구속이나 과징금 등 민사상 책임을 묻는다. 물론 모든 사람이 내부자 거래를 하다가 적발되는 것도 아니고, 법이 내부 정보를 이용하는 모든 사람에게 효력이 미치는 것도 아니다. 당연한 것 아닌가?

2004년, 미국 출신의 사업가로 자신의 주택을 솔방울로 장식해 크리스마스 분위기를 연출한 다음에 크렘브륄레를 토치로 그을리는 위험한 방법을 텔레비전 시청자들에게 보여줘 유명세를 탄 문화 아이콘 마사 스튜어트가 5개월 동안 구금되고 추가로 가택 연금을 당했다. 스튜어트의 주식을 관리하던 중개인의 비서가 그녀에게 한 제약회사 대표가 그녀의 보유 주식을 매각했다는 사실을 이야기해주었기 때문이었다. 이회사 대표는 미국 식품의약청에 제출한 신약 승인 신청이 반려될 것이라는 내부 정보를 가지고 있었다. 스튜어트는 그녀가 보유한 이 회사의 주식을 매도해서가 아니라 그녀가 이 비서와 나눈 대화에 대해 FBI에거짓말했다는 이유로 기소됐다. 그의 사건은 〈마사: 비하인드 바스〉라는 영화로 제작됐다.

파이도가 스팟이 소유한 회사의 주식을 매입해 비밀리에 경영권을 인수하고자 하는 계획을 세웠다고 가정하자. 파이도의 회사가 스팟의 회사를 지금보다 더 효율적으로 운영해 그것의 자산 가치를 지금보다 더 높일 수 있다는 확신 때문이다. 이런 이유에서 파이도는 스팟이 소유한 회사의 주식을 시가보다 더 높은 가격에 구입할 의향도 있다. 이런 경우 스팟 회사의 주주들은 자신들의 주식을 파이도에게 매각함으로써 더 많은 돈을 벌 것이다. 물론 이런 인수 계획은 파이도 회사의 내부 기밀이다. 소유주인 파이도와 부회장, 담당 변호사만 이 계획을 알고 있다. 그런데 우연찮은 기회에 파이도 회사의 임원들이 회사의 스팟 회사 인수 계획이 공표되기 전에 개인적으로 파이도 회사의 주식을 매입한다면, 그들은 내부자 거래 혐의로 체포될 수 있다. 그러나 한 인쇄소 직원이 파이도의 스팟 회사 주식 매입 계획이 담겨 있는 언론 보도 자료를 인쇄하던 중에 이 사실을 알고 곧장 주식 중계소에 달려가 스팟 회사의 주식을 매입했다면 어떻게 될까? 그는 내부자 거래 혐의로 체포되어 벌을 받아야 할까? 연방최고법원은 그에게 내부자 거래 무혐의 판결을 내렸다. 이 사건은 실제 미국에서 있었던 일로 빈센트 키아렐라라는 이름의 인쇄공이었다.

그런데 아이러니한 것은 연방최고법원에서 무혐의 판결을 받은 이 인쇄공이 몇 년 뒤에 그와 비슷하게 내부자 거래 혐의로 체포된 이반 보스키가*가 처벌을 받아야 하는지 질문을 받고 이렇게 대답했다. "당연히 감옥에 보내야 합니다."[4]**

둘째, 효율적 시장 가설은 다음과 같은 또 다른 아이러니를 가지고 있다. 어떤 주식이 더 높은 수익을 낼지 고르는 것은 사실 비효율적이다. 왜냐하면 많은 사람이 수익이 높은 종목을 선택하기 위해 주식을 연구

* 러시아계 유대인 출신 미국인으로 1986년 증권거래위원회로부터 내부자 혐의로 고발되어 10억 달러의 벌금형과 3년 6개월의 징역형을 선고받았다. 물론 2년 복역 후 출소하기는 했지만, 더 이상 주식시장에는 발을 들여놓을 수 없었다. 이반 보스키의 내부자 거래는 매우 조직적이고 규모가 컸기 때문에 앞서 인쇄공 빈센트 키아렐라의 경우와는 단순 비교할 수 없다.
** 미국 연방 대법원은 1997년 기업 내부자 거래와 관련한 한 소송에서 증권거래위원회 규칙에 의거에 내부자 거래에 대해 처벌을 강화하는 엄격한 판결을 내렸다. 이 판결에 따르면 앞서 인쇄공과 같이 내부 정보를 남용하는 자도 처벌 대상에 들어간다.

하고 정보를 분석하기 때문이다. 현재의 주식 가격은 많은 사람이 이용할 수 있는 정보에 기초해 주식을 사고팔기 때문에 시장의 기대를 '정확하게' 반영하고 있는 값이다. 당신이 이미 주어진 정보를 다른 사람보다 더 유리하게 분석하고 해석할 가능성은 희박하다. 그러나 당신 혼자만 주어진 정보를 분석하고 해석한다면, 당연히 의외의 결과를 성취할 수도 있다. 다른 사람들이 모르는 정보를 당신만 가지고 있는 것이기 때문이다. 그러나 한편, 이런 주식 선정의 비효율성 때문에 정보 분석을 포기하고 아무 종목이나 선택해서 투자한다면 어떻게 될까? 이것도 모든 사람이 정보 분석 없이 아무 종목이나 선택해서 투자하려고 드는 순간 무용지물이 되기는 마찬가지다.

월스트리트에 간 경제학자들

최근까지 월스트리트의 머니 매니저들과 경제학자들은 서로에 대해 극도로 말을 아꼈다. 그러나 폴 새뮤얼슨 같은 경제학자들이 이들에 대해 먼저 비판의 포문을 열었다. 앞서 잠깐 언급하기는 했지만, 새뮤얼슨은 포트폴리오 매니저들에게 업계를 떠나 배관 기술이나 배우라며 그들의 얼굴에 찬물을 끼얹었다. 그리고 미국 태생의 경제학자로 프린스턴대학교 교수이자 투자 이론의 대가로 알려진 버튼 맬키엘이 효율적 시장 가설을 주장하는 《랜덤 워크 이론》이라는* 제목의 책을 출간하

---

* 버튼 맬키엘 교수는 주가를 움직이는 변수들은 시장 참여자들이 예측할 수 없는 우발성을 갖고 있으며 과거의 주가와 현재 및 미래 주가는 아무 연관성이 없다는 랜덤 워크 이론의 창시자다. 그는 1973년

자 이에 질세라 월스트리트의 머니 매니저들이 경제학자들에게 반격을 하고 나섰다.

그들은 실물경제에 관해서는 제대로 알지도 못하는 학자들이 추상적인 이론에 의지에 모든 것을 판단하려 한다며 비판의 날을 세웠다. 그뿐 아니라 케인스를 예외로 하면, 그들 대다수가 경제 운운하면서 정작 주식시장에는 큰돈을 걸어볼 배짱이 없는 사람들이라며 신경을 건드렸다. 사실 데이비드 리카도나 케인스를 제외하면 경제학자들 가운데 주식 투자로 큰돈을 벌었다는 사람은 들어보질 못했다. 그러나 두 사람이 주식 투자로 큰돈을 번 시기는 경제학자로서 명성을 쌓기 이전이었다.

일부 경제학자들이 월스트리트의 스톡피커들을 조롱하기는 했지만, 개중에는 포트폴리오 투자 전략을 고안하고 기업 가치를 높일 수 있는 스톡옵션 등 여러 아이디어를 내놓은 학자들도 있다. 그러나 이런 작업은 고등 수학과 경제학을 동시에 알아야 하기 때문에 매우 어려운 기술적 도전이었다. 1960년대와 1970년대에 이 분야의 초기 연구자들이 봉착했던 가장 거대한 난관은 수학과 경제학의 접목이었다. 그러나 수학과 경제학이 서로 협력하기란 쉽지 않았다. 경제학이 수식으로 도배되는 것을 우려했던 경제학자들은 자신들의 작업이 너무 기술적이라고 생각한 반면, 순수학문을 하고 있다는 자부심을 갖고 있던 수학자들은 자신들의 연구가 너무 현실 영합적이라고 생각했기 때문이다.

하지만 1990년에 스웨덴 한림원의 노벨상 선정 위원회는 월스트리

에 쓴 이 책에서 주가에 대한 기술적 분석뿐 아니라 기업 가치에 대한 기본적 분석 역시 주가를 예측할 수 없다고 단언했다. 대안으로 효율적인 분산 투자를 통해 위험을 감소시키는 포트폴리오 전략과 일정한 기준을 정해 자동적으로 투자 의사를 결정하는 포뮬러 전략을 기관 투자가들에게 제시했다.

트의 투자 기법 개발에 대한 선구적인 업적을 인정했다. 그 결과 재무경제학자 3명에게* 노벨경제학상을 수여했다.

1952년, 당시 대학 졸업생이었던 해리 마코위츠는 〈저널 오브 파이낸스〉에 〈포트폴리오 선택〉이라는 논문을 게재해 재무 및 금융 분야에 일대 혁명을 불러일으키기 시작했다. 이 논문은 다음과 같은 간단한 경구로 하나의 분석 틀을 구축했다. "모든 계란을 한 바구니에 담지 말 것." 얼핏 보기에는 이솝 우화에나 나올듯한 너무나도 당연한 이치로 들리지만, 이 경구 하나로 마코위츠는 노벨경제학상을 거머쥘 수 있었다. 500년 전, 셰익스피어의 희곡《베니스의 상인》에 나오는 주인공 안토니오가 우리에게 이렇게 말했었다.

> 다행스럽게도 난 화물을 한 배에만 실은 게 아니고, 내 거래처도 한두
> 군데가 아니거든.
> 또 전 재산이 금년 한 해의 운수에만 달려 있는 것도 아니고.
> 그러니까 내 물건에 문제가 생겨서 그 때문에 울적한 것은 아닐세.

그렇지만 이렇게 오래된 지혜도 마코위츠가 논문에 쓰기 전까지는 그저 스쳐 지나가며 하는 말에 지나지 않았다. 사실, 위대한 경제학자 케인스도 이런 생각을 거부했는데, 그는 한 기업에 큰돈을 뭉텅이로 투자하는 것이 여러 기업에 조금씩 분산 투자하는 것보다 더 안전하다고

---

* 캘리포니아대학교 교수인 해리 마코위츠, 스탠퍼드대학교 명예 교수인 윌리엄 샤프, 그리고 머튼 밀러는 포트폴리오 투자 기법 개발에 대한 공로를 인정받아 1990년에 노벨 경제학상을 공동으로 수상했다. 특히 마코위츠는 포트폴리오 투자의 아버지로 불린다.

생각했다.

그런데 마코위츠는 큰돈을 분산 투자하는 것이 더 좋다는 것, 다시 말해 포트폴리오 투자가 더 안전하다는 것을 보여주는 데 그치지 않았다. 그는 주식 투자로 높은 수익을 올리거나 안전한 투자를 원한다면 분산 투자를 하더라도 같은 종목에 투자하는 것이 아니라 다른 종목에 투자해야 한다는 것을 입증해 보였다. 실제로 다양한 투자 종목, 즉 서로 상관관계가 없는 종목이나 분야에 투자해야 높고 안전한 수익을 올릴 수 있다. 예를 들어, 같은 업계에 속하는 두 항공사나 두 제약회사의 주식에 투자하기보다는 종목이 전혀 다른 US항공과 존슨 앤 존스의 주식에 투자하는 것이 더 수익이 높고 안전하다.

정리하면, 마코위츠는 포트폴리오 투자를 하더라도 같은 업종이나 업계에 속한 기업에 분산 투자하는 것은 좋지 않다고 충고한다. 처음에 월스트리트는 마코위츠의 이런 충고에 긴가민가했지만, 사실상 지난 30년 동안 월스트리트는 그의 충고를 그대로 따랐다.

그러나 어느 한 분야에서 개척자가 된다는 것은 쉬운 일이 아니다. 마코위츠는 시카고대학교 경제학과 대학원에서 박사 학위 심사를 받던 중에 밀턴 프리드먼을 매우 난처하게 만들었다고 한다. 논문 심사를 앞둔 마코위츠는 속으로 이렇게 생각했다. "논문 심사가 쉽지는 않을 거야. 하지만 밀턴 프리드먼도 내 논문에 뭐라고 하지 않을걸." 그러나 논문 심사가 시작된 지 얼마 지나지 않아 프리드먼이 파이프 담배에 불을 붙이며 먼저 말을 꺼냈다.

"해리 군. 난 자네 논문에서 수학적으로 어떤 문제점이나 오류를 발견하지 못했네. 하지만 한 가지 문제가 있네. 자네 논문은 경제학 논문으로 보기 어렵네. 무슨 뜻인지 아는가? 경제학 논문이 아닌 논문에 경제학 박사 학위를 줄 수는 없다네. 자네 논문은 수학 논문도 아니고, 경제학 논문도 아니네. 그렇다고 경영학 논문은 더더욱 아니고."

그의 논문 심사에 참가한 다른 심사위원들도 평가는 매한가지였다. 마코위츠는 혼자 홀에 앉아 심사위원들의 최종 결과를 기다렸다.

그렇게 몇 분이 지났을까. 심사위원 중 한 사람이 그가 앉아 있는 홀에 들어오더니 그를 바라보며 이렇게 말했다. "축하하네. 마코위츠 박사!" **5** *

앞서 언급한 대로 마코위츠는 포트폴리오 투자 전략에 대한 연구 업적을 인정받아 1990년에 윌리엄 샤프, 머튼 밀러와 함께 공동으로 노벨 경제학상을 수상했다. 스탠퍼드대학교 명예 교수인 윌리엄 샤프는 자본자산가격결정모델을** 만들었는데, 이것은 기업 금융에 대해 언급하는 모든 저술의 첫 장에서 다뤄질 만큼 중요한 모델이며, 투자자들에게 특정 주식이 얼마나 위험할 수 있는지 알아내는 데 도움이 되는 베타 계수*** 개념이기도 하다.

---

* [저자주] 여담이지만, 1990년에 프리 프레스 출판사에서 내게 재무경제학자들에 대한 책을 같이 출간해보자는 제안을 한 적이 있었다. 그러나 당시 나는 백악관 경제담당 비서관으로 일하고 있었기 때문에 제안에 응할 수 없었다. 대신, 피터 번스타인이 같은 제안으로 《세계 금융시장을 뒤흔든 투자 아이디어》이라는 훌륭한 책을 펴냈다. 일독을 권한다.

** Capital asset pricing model, CAPM. 자본시장이 균형을 이룰 때 자본 자산의 기대 수익과 위험의 관계를 설명하는 모형. 자본자산가격결정모델은 주식시장이 경쟁적이라면 예상 위험 프리미엄은 시장 위험, 즉 베타 계수에 따라 비례해서 변화한다고 설명한다. 이 모델은 개별 종목의 총위험을 시장에 연관되어 나타나는 위험(체계적 위험)과 시장과 상관없이 나타나는 위험(비체계적 위험)으로 분류하고 시장과 상관없이 나타나는 위험은 분산 투자에 의해 제거될 수 있다고 본다. 따라서 체계적 위험에서 보상받을 수 있는 방법은 시장과 관련된 베타 계수뿐이다. 이런 의미에서 모든 투자자는 동시에 동일한 내용의 정보를 입수할 수 있다는 효율적 시장가설을 전제로 하고 있으며 어떤 분석에 의해서도 주식시장을 상회하는 것보다 저가의 주식을 계속해서 찾아낸다는 것은 곤란하다고 한다.

*** Beta coefficient. 개별 주식 또는 포트폴리오의 수익이 주식시장 전체의 움직임에 대해서 얼마나 민

특히 베타 계수는 어떤 주식이 주식시장 전체와 맞물려 변동할지 아닐지 여부를 말해준다. 예를 들어보자. 여객 운송 업체인 카니발 크루즈를 소유하고 있는 카니발은 1.0의 베타 계수를 가지고 있다. 이것은 뉴욕증권거래소의 종합 주가 지수가 10퍼센트 상승하면 카니발 사의 주가 역시 10퍼센트 오를 것임을 의미한다. 이것은 주식시장이 강세를 보이면서 경제 전반에 좋은 신호를 보내기 때문에 전혀 터무니없는 예측은 아니다. 그리고 이런 신호를 감지한 사람들은 자신들이 사놓은 주식이 오를 것이라는 판단에서 여유 있게 카니발사의 카니발 크루즈를 이용할 수도 있다.

물론 낮은 베타 계수를 가지고 있는 주식들이 있을 수 있다. 평소에 캔디를 즐겨 먹는 사람은 경기가 좋지 않아도 계속 캔디를 사 먹을 것이다. 막대 사탕 제조업체로 유명한 투시롤이 0.69라는 낮은 베타 계수를 가지고 있다고 하자. 이것은 종합주가지수가 10퍼센트 떨어질 경우 투시롤 사의 주가는 6.9퍼센트 하락한다는 것을 의미한다. 따라서 자신의 금융 자산을 포트폴리오에 분산 투자한 사람들은 기업의 베타 계수를 계속 확인하면서 자신들이 투자한 주식들이 한꺼번에 오르거나 떨어지지 않는지 확인할 수 있다.

1990년에 해리 마코위츠, 윌리엄 샤프와 공동으로 노벨경제학상을

감하게 반응해 변동하는가를 나타내는 수치. 종합 주가 지수가 1퍼센트 변할 때 개별 주가 지수가 몇 퍼센트 변하는가를 나타낸다. 즉, 베타 계수가 1인 종목의 주가는 종합 주가 지수와 거의 동일한 움직임을 보이고 1보다 큰 것은 시장 수익률의 변동보다 더 민감하게 반응한다. 주식 포트폴리오를 구성할 때 베타 계수를 이용하면 개별 종목의 시장위험을 최소화하는 데 도움이 된다. 주식시장이 강세 국면에 진입할 경우 베타 계수가 큰 종목의 편입 비율을 높이는 반면, 약세 국면이 예상되는 경우에는 베타 계수가 작은 종목의 편입 비율을 높여 위험을 최소화해 투자 수익을 극대화할 수 있는 포트폴리오를 구성하는 것이다.

수상한 세 사람 가운데 먼저 세상을 떠난 머튼 밀러는 기업들이 자신들을 조직하는 방식에 대한 연구로 명성을 쌓았다. 머튼 밀러와 프랑코 모딜리아디의 공동 연구가* 나오기 전에 많은 기업의 회계 담당자들은 기업이 주식 발행을 줄이는 대신 채권 발행을 늘림으로써 운영에 필요한 자금을 조달할 수 있다면 더 높은 수익을 올릴 수 있다고 생각했다. 주주가 적으면 적을수록 그들에게 분배되는 이윤이 그만큼 줄어든다는 의미다.

그러나 밀러와 모딜리아니는 아무리 기업 수익이 주주들에게 분배된다 하더라도 기업의 총가치는 결국 미래 수익에 달려 있음을 보여주었다. 예를 들어, 만일 기업이 채권을 다량으로 발행함으로써 부채를 늘린다면, 그에 따른 이자부담도 높아질 수밖에 없다. 왜냐하면 채권 발행이 높을수록 위험 부담을 느낀 채권 소유자들이 더 높은 이자를 요구할 것이기 때문이다. 이는 주식 발행을 줄여 얻을 수 있는 혜택을 상쇄하는 결과를 가져올 것이다.[6]**

머튼 밀러는 우유가 가득 들어 있는 우유 통을 예로 들어 이를 설명했다. 농부는 우선 우유 통에서 우유가 가라앉아 생긴 크림만 따로 판매할 수 있다. 이 크림이 소비자들에게 인기가 좋아 더 높은 가격에 팔리기 때문이다. 크림만 따로 팔고 나면 탈지유만 남는다. 그러나 탈지유

---

* 1958년에 모딜리아니와 밀러가 발표한 기업 금융에 관한 모딜리아니–밀러 정리(이것을 두 사람 이름의 첫 글자를 따서 보통 'MM 모델'이라 부른다)를 말한다. 이 정리로 인해 자본 구조라는 현대적인 개념이 새롭게 등장했다. 이것은 기업의 가치를 산출하는 데 필요한 할인율을 최소화하는 최적 자본 구조가 존재하는지에 대한 연구로 초기 정리에서는 기업의 가치가 부채의 존재 유무와는 관련이 없다는 것을 보여주었다.

** [저자주] 초기 MM 모델은 법인세법을 고려하지 않았는데, 따라서 이에 대한 수정이 필요했다. 왜냐하면, 법인세법은 기업이 이자 지급을 공제한 만큼 채권을 더 발행할 수 있도록 하기 때문이다.

는 소비자들에게 별로 인기가 없어서 낮은 가격에 팔린다. 결국 크림과 탈지유를 각각 판매한 가격은 우유 1통을 통째로 판매한 가격과 똑같다. 즉, 우유 1통을 통째로 판매하든 크림과 탈지유로 나누어 판매하든 결과는 다를 것이 없다. 기업의 이윤 흐름도 마찬가지다. 아무리 수지가 맞아떨어진다 하더라도 한쪽이 더 많이 가져가면 한쪽은 덜 가져가게 되는 상쇄적인 결과를 얻게 될 뿐이다.

이렇게 1990년에 노벨 경제학상을 공동으로 수상한 세 사람은 일찍이 경제학을 금융시장에 적용함으로써 자신들도 돈을 벌고 월스트리트를 먹여 살렸다. 그렇다고 해서 그것이 경제학자로서 그들의 경력에 크게 문제가 되지 않았다. 윌리엄 샤프와 머튼 밀러는 대학 강단에 서는 경제학자들이지만, 동시에 월스트리트의 많은 주요 투자회사들의 자문으로 일했다. 월스트리트의 대표적인 뮤추얼 펀드 운용 회사인 뱅가드 그룹의 존 보글 회장은 투자자들에게 경제학자들을 무시하지 말라고 훈계했다.

"학계는 정체를 알 수 없는 얼치기들로 가득하지만 (…) 진정한 학문적 성과와 지식은 (…) 궁극적으로 현실을 설명하며 투자시장에서 그 진가를 발휘하게 된다." [7]

그런데 불쌍하게도 노벨상 수상자 역시 겸손의 미덕은 배워야 한다. 1997년에 파생금융상품에 대한 연구로 노벨경제학상을 수상한 로버트 머튼과 마이런 숄스는 1994년에 함께 롱텀 캐피털 매니지먼트라* 불

---

*   Long-Term Capital Management, LTCM. 국제 증권 및 외환 시장에 투자해 단기 이익을 올리는 민간 투자 기금으로 위험성은 높으나 많은 이익을 기대할 수 있는 금융 상품으로 운영하는 것이 특징이다.

리는 헤지 펀드 회사의 이사직에 취임했다. 처음에 10억 달러의 자금으로 투자를 시작한 이 회사는 첫해에 40퍼센트가 넘는 수익을 올리면서 성공하는 듯했으나, 1997년에 아시아 금융 위기를 시작으로 세계 금융 시장이 붕괴하면서 그해 8월에 파산하고 말았다. 이 회사는 무모하다 싶을 정도로 막대한 자금을 빌려 국제 금리의 변동 폭이 줄어들던 시기에 금리 스왑* 같은 파생금융상품에** 뭉칫돈을 투자했다. 그러나 1997년 아시아 금융 위기로 촉발된 세계 금융 시장 위기로 롱텀 캐피털 매니지먼트는 4개월도 채 안 되는 짧은 기간 동안 46억 달러라는 천문학적인 투자 손실을 입으면서 파산했다.

그렇다고 해서 머튼과 숄스가 노벨상 수상자라는 사실을 탓할 수 있을까? 물론 롱텀 캐피털 매니지먼트에 막대한 돈을 빌려준 은행들은 그들이 노벨상 수상자라는 사실에 더 신뢰감을 가졌을 것이다. 그들이 당시 투자 위험 또는 아시아 금융 위기 가능성에 대해 잘못된 판단을 내리리라고 감히 생각했겠는가? 하지만 이렇게 생각해보자. 아인슈타인이 금세기 최고의 과학자라는 사실에 이의를 달 사람은 없을 것이다. 그렇다고 그에게 우리 집 보일러를 바꿔달라고 믿고 맡길 수는 없지 않은가! 마찬가지로 누가 노벨경제학상을 수상했다고 해서 그에게 무작정 내 돈을 대신 투자해달라며 믿고 맡길 수는 없는 노릇이다.

*   Interest rate swap. 일정한 명목 원금에 대해서 미리 합의한 기간 동안 고정이자와 변동이자를 서로 맞교환하는 계약을 말한다.
** 경제 여건 변화에 민감한 금리, 환율, 주가 등의 장래 가격을 예상하여 만든 상품으로 변동에 따른 위험을 소액 투자로 사전에 방지해 위험을 최소화하고자 하는 목적에서 개발됐다. 국제통화체제가 변동환율제로 전환되면서 환차손을 피하기 위해 1972년 미국에서 처음 도입되었으며, 계약의 형태와 거래 시장의 특성, 기초 자산의 종류 등에 따라 다양한 유형으로 분류된다. 대표적인 것으로는 선물, 옵션, 스왑, 선도 등이 있는데, 이들 파생 상품을 대상으로 하는 선물 옵션, 스왑 선물, 스왑 옵션 등 2차 파생 상품은 이외에도 약 1,200여 종에 달한다.

루카스의 비판

합리적 기대이론에 대한 반론을 제기하기 전에 이것이 거시경제학에서 갖는 놀라운 함의에 대해 살펴보자. 우선, 합리적 행위자들은 자신들의 경제 모델을 새로운 정보에 기초해 계속해서 갱신한다는 사실을 상기하자.

첫 번째 함의는 계량경제학 모델들은 과거의 자료에 의존하기 때문에 새로운 정부 정책이 가져올 결과를 제대로 예측하지 못하므로 별로 쓸모가 없다는 것이다. 예를 들어보자. 만약 정부가 야구 경기와 GDP 사이에 밀접한 상관관계가 있다는 것을 알아차리고 야구 경기 수를 늘려 GDP를 끌어올리려고 시도한다면, 경제 행위자들은 이러한 정부의 정책변화에 따라 자신들의 기존 모델을 바꿀 것이다. 따라서 과거의 행위를 바탕으로 수립된 새로운 정책은 사람들이 과거와 다른 행동을 하도록 만듦으로써 의도한 효과를 가져오지 못한다. 이것을 '루카스 비판'이라 부른다.[8]

미국 태생의 경제학자이자 시카고대학교 교수인 루카스는 자신이 합리적 기대이론의 훌륭한 전도사가 될 수 있다는 것을 몸소 보여준 대표적인 인물이다. 1995년 10월, 루카스는 그해 노벨경제학상 수상자로 선정되었는데, 흥미로운 것은 그의 전 부인이 그의 노벨상 수상 가능성을 미리 점치고 있었다는 사실이다. 루카스가 노벨상을 받기 7년 전, 그는 부인과 이혼에 합의하는 조건으로 자신이 노벨상을 받을 경우 상금의 절반을 지급해야 한다는 요구 사항을 받아들여 그것을 이혼 서류에 명시했던 것이다. 하지만 누가 알았으랴? 어쨌든, 전 부인의 합리적 기대

이론에 기대 만들어진 이 조항으로 인해 그는 상금의 절반인 50만 달러를 전 부인에게 지급해야 했다.

미국 태생의 경제학자로 스탠퍼드대학교 교수인 로버트 홀은 루카스 비판을 따라 과거의 소득, 재산, 금리, 인플레이션에 의존하는 주류 경제학의 소비 모델들이 다음 두 변수, 즉 작년의 소비와 확률 변수에 기초한 단순 모델만큼 예측력이 떨어진다고 솔직히 고백한다. 홀은 올해 소비 수준과 이듬해 소비 수준의 차이는 예측 불가능했던 새로운 사실, 즉 새로운 정보에 의해 설명될 수 있을 뿐이라고 주장한다.[9]

두 번째 함의는 정부의 물가, 고용, 금리 등 안정화 정책이 별다른 효력이 없다는 것이다. 오직 국민들이 전혀 예측할 수 없는 기습 전략만이 효력을 발휘할 수 있다. 경제가 높은 실업률을 보이며 깊은 침체로 빠져들고 있다고 가정하자. 주류 경제학자들은 팽창 정책을 촉구할 것이다. 대다수 경제학자에 따르면, 총수요가 증가하면 생산량과 고용이 증가하고, 따라서 경제는 침체 상태에서 벗어날 수 있다.

그러나 합리적 기대이론가들에 따르면 사정은 그렇지 않다. 그들은 경제 행위자들은 경기 침체 시기에 정부는 항상 수요 진작을 통해 어떻게든 그것에서 벗어나려 한다는 것을 이미 알고 있다. 따라서 기업들은 경기 침체 시기에 제품 가격을 낮추거나 생산량을 늘리기보다는 오히려 제품의 가격을 올릴 것이다. 기업들은 항상 정부가 어떤 정책을 취할지 예측한다. 다시 말해, 경기 침체 시기에 정부가 총수요를 늘리는 정책을 채택할 것이 분명한데 굳이 제품의 가격을 낮출 필요는 없는 것이다. 이것은 정부가 실업률이 7퍼센트에 도달할 때마다 연방준비제도이사회가 화폐 공급을 늘리는 가속 페달을 밟도록 법으로 정해놓은 것과 마찬가지다. 그렇다면 이런 주장을 뒷받침할 수 있는 역사적 사례가 있을까?

합리적 기대이론가들은 제2차 세계대전 이전에 발생한 경기 침체 상황에서는 물가가 하락했던 반면, 제2차 세계대전 이후에 발생한 경기 침체 상황에서는 오히려 물가가 안정을 보였다는 것을 중요한 역사적 증거로 든다. 고용 극대화를 골자로 해 채택된 미국의 1946년도 고용법은 기업들에 연방 정부가 직접 나서서 실업 문제를 해결하겠다고 선언하는 것이나 다름없었다. 간략하게 정리하면, 미국인들은 경기가 침체 상태를 보이거나 과열 현상을 보일 때, 정부가 어떤 정책을 펼 것인지 예상하고 있기 때문에 결국은 아무것도 하지 않은 채 정부만 바라본다. 결국 정부 정책이 시장에서 효과를 나타내기 위해서는 국민들이 이미 예측하고 있는 정책이 아니라 기습 전략을 채택할 필요가 있다.

합리적 기대이론이 케인스주의자들과 통화주의자들에게 얼마나 큰 충격을 주었을지 생각해보자. 합리적 기대이론가들에게 케인스주의자들과 통화주의자들의 충고는, 코미디언 그레이시 앨런이 서로 멀리 떨어져 있는 캘리포니아와 플로리다가 있지도 않은 주 경계를 놓고 분쟁을 한다고 가정하고 그것을 해결하고자 내놓은 엉뚱한 제안만큼이나 귀담아들을 가치조차 없는 코미디였다.

충격은 이것만이 아니다. 만일 합리적 기대이론이 옳다면, 연방준비제도이사회는 인플레이션 문제를 쉽게 해결할 수 있을 것이다. 어째서? 주류 경제학적 접근에서는 통화 긴축 정책은 처음에는 경기 침체를 야기하지만, 뒤늦게 인플레이션을 진정시키는 효과가 있다. 그러나 합리적 기대이론에 따르면, 연방준비제도이사회가 화폐 공급량을 0퍼센트 수준에서 유지하겠다고 선언하면, 기업들은 물가가 자동적으로 떨어질 것으로 기대하고 상품의 가격과 임금을 스스로 낮춘다. 즉, 그들은 화폐 공급량 감소에 따른 경기 침체가 오지도 않았는데 연방준비제도이사회의 정책에 기초해 자동적으로 낮은 인플레이션 수준을 받아들이는 것이다. 이것은 그들이 '적응 기대'가 아닌 '합리적 기대'에 의존하기 때문이다.

이제 왜 케인스주의자들과 통화주의자들이 합리적 기대이론에 충격을 받았을지 이해가 됐을 것이다. 그렇다면 합리적 기대이론가들이 공공선택학파 경제학자들에게 어떤 공격을 가했을지 간략히 살펴보자. 앞서 살펴본 대로, 제임스 뷰캐넌은 정치인들이 자신들의 정치적 이기심을 충족하기 위해 정부 예산을 무분별하게 지출함으로써 과도한 재정 적자를 초래하고, 그 부담을 다음 세대에게 떠넘기고 있다고 주장한다. 스위스 태생의 경제학자이자 공공선택학파 이론가인 브루노 프라이는 민주주의에는 선거를 축으로 하는 정치 주기가 있고, 그에 따라 정치인들은 선거에서 이기기 위해 인플레이션율과 실업률을 조작한다고 주장한다.

그러나 이런 두 가지 공공선택학파의 핵심 주장은 합리적 기대이론과 정면으로 충돌한다. 먼저, 정치 주기에 대해 살펴보자. 정치인들이 선거에서 당선 기회를 높이기 위해 정책 수단을 가지고 장난을 친다고 하자. 합리적 기대이론에 따르면, 유권자들은 정치인들의 이런 교묘한 속임수를 바로 알아챌 것이다. 그들은 선거를 앞두고 나타나는 경기 호황으로 인해 선거 후에 인플레이션이 초래될 것임을 알아채는 것이다. 그리고 이런 비정상적인 경기 호황에 나름대로 대비를 할 것이다. 왜냐하면 유권자들은 선거가 끝나자마자 정부가 인플레이션을 잡기 위해 화폐 공급량 감축이라는 브레이크를 밟을 것이라는 것을 알고 있기 때문이다.

합리적 기대이론의 이런 설명이 전혀 터무니없는 것은 아니다. 그뿐 아니라 역설적으로 들릴 수도 있지만, 근래 들어 이런 정치 주기가 눈에 두드러지지 않는 것은 합리적 기대이론이 어느 정도 타당하다는 것을 반증하는 것일 수도 있다. 물론 양심적인 정치인들이 유권자들을 기만하는 정책을 스스로 포기했을 수도 있지만, 역으로 생각하면 유권자들의 합리적 기대가 정치인들의 기만적인 정책 장난을 미연에 방지하고 있는 것일 수도 있다.

미국의 경제학자로 하버드대학교 교수인 로버트 배로는 연방 정부의 적자 예산 편성 정책을 적극 지지하면서 합리적 기대이론에 근거해 투자자들과 예금 고객들이 장기 금리를 기초로 자신들이 미래에 짊어질 조세 부담을 계산한다고 주장한다.[10] 장기 금리가 높을수록 당장의 경제 상황에 미치는 영향도 훨씬 높다. 따라서 미래의 바람이나 기대는 지금의 자본시장에 그대로 반영된다. 배로의 주장은 사실상 데이비드 리카도의 주장, 즉 공공 부채와 세금은 크게 다르지 않다는 말과 맥락을 같이한다. 왜냐하면 합리적인 사람들은 당장의 빚, 즉 채무가 어느 순간에 높은 세금 부담으로 다가온다는 사실을 알고 있기 때문이다. 따라서 재정 적자를 충당하기 위해 사용되는 국채는 세금에 대한 미래의 기대를 바꾼다. 하지만 제임스 뷰캐넌은 미래 세대는 정치적 의사를 표시할 수 없다는 점을 들어 이를 비판했다. 미래 세대가 채권 시장에서 간접적으로 의사 표시를 할 수 있겠지만 말이다. 결국 뷰캐넌은 이 문제를 단순한 경제적 문제를 넘어 도덕적인 문제로까지 확대한다.

일본 재무성이 국민에게 수표를 발행하는 것만으로는 경제를 자극할 수 없는 이유를 설명하기 위해 '리카도의 대등 정리'를* 인용한 적이 있다. 일본은 부채가 아주 높다. 부채비율이 GDP 대비 약 200퍼센트로 국가별 부채 순위 최상단에 자리한다. 일본 재무성은 일본의 가계들이 가외 수입을 지출하지 않고 쌓아둔다고 믿고 있었다. 그들이 언젠가 자신들이나 자식들이 쌓여가는 나랏빚을 갚아야 한다는 것을 알기 때문이었다.

한 가지 부연하면, 합리적 기대이론가들은 유권자들이 정치인들이 어떤 식으로 정책 수단을 가지고 장난을 치는지 쉽게 알아챈다는 사실을 보여주는 증거도 가지고 있다. 1980년대 초에 마가렛 대처 전 영국 총리는 정부의 재정 적자 규모를 줄이겠다는 선거 공약을 이행하기 위해 경기 침체 상황인데도 세금 인상을 단행했다. 그리고 그녀는 이후 두 번이나 재선에 성공했다. 이 사례는 영국인들이 정치인의 정책적인 기만을 눈치챘고, 더불어 당시 노동당의 예측 가능한 정책들을 거부한 적극적 행동을 잘 보여주고 있다.

'채권 시장 자경단원들'도 합리적 기대이론을 뒷받침하는 하나의 실례를 제공한다. 이름만으로는 다소 무시무시하게 들리는 이들의 역할은 무엇일까? 그들은 총이나 칼을 지니고 다니는 폭력 단체가 아니다. 그럼에도 그들은 한 나라의 재무 장관을 그들의 발아래에서 부들부들 떨게 만들 수 있다. 채권 시장 자경단원들은 한 국가의 경기 상황과 향후 추이에 기초해 국채를 사고 판매하는 트레이더trader(자기 판단에 따라 주식을

---

* Ricardian equivalence. 정부 지출이 고정된 상태에서 조세를 감면하고 국채를 발행해 지출 재원을 조달하더라도 경제의 실질 변수에는 아무런 영향을 미칠 수 없다는 것을 말한다.

매매하는 증권업자)와 투자자다. 그들은 무모한 재정 정책을 추구하는 정부에 일종의 경각심을 심어주는 중요한 역할을 한다.

1990년대 초에 채권 및 외환 트레이더들은 대규모 무역 적자를 기록하고 있는데도 별다른 대책을 내놓지 않고 있던 스웨덴을 집중 공략했다. 특히 스웨덴 통화가 너무 강세를 보였기 때문에 스웨덴 수출업자들은 해외 시장에서 고전을 면치 못하던 상황이었다. 결국, 몇 년 지나지 않아 스웨덴의 공공 부채, 즉 대외 채무는 2배로 상승했고, 무역 적자 규모는 10배 가까이 껑충 뛰어올랐다.

채권 시장에서 자경단 역할을 하는 트레이더들은 스웨덴이 누적되는 무역 적자로 인해 대외 채무를 상환할 능력이 없다고 판단했고, 향후 스웨덴에 큰 금융 위기가 닥칠 수도 있다고 내다봤다.[11] 이에 발맞춰 스웨덴의 최대 금융 기업인 스칸디아 그룹이 "기록적인 예산 적자와 계속 늘어나고 있는 대외 채무로 인해 더 이상 국채를 구매하지 않겠다"라고 선언하고 나왔다.[12] 그리고 바로 채권 및 외환 트레이더들이 스웨덴 자산을 매물로 쏟아내기 시작하면서 금리가 치솟자 당황한 스웨덴 정부는 금융 구조 조정이라는 극약 처방을 단행했다.* 이런 극단적인 구조 조정에 힘입은 스웨덴 정부는 1994년에 무려 GDP의 12퍼센트에 달했던 국가 채무를 1997년에 2.4퍼센트까지 줄일 수 있었다. 그리고

---

* 1990년대 스웨덴의 강력한 구조 조정을 '스웨덴식 해법'이라 부르는데, 정부가 나서 문제가 된 금융 기관을 국유화하고 강력한 구조 조정을 단행해 기업 가치를 높여 공적 자금을 회수하는 방식을 말한다. 특히 스웨덴 정부는 부실이 심각했던 노르드방켄과 고타방켄 등 은행 두 곳을 합병해 노르데아를 설립하고, 경영진 교체와 인력 감축 등 고강도 구조 조정과 경영 혁신을 단행했다. 고타 은행의 전 경영진에 대해서는 부실 경영에 대한 책임을 물어 손해 배상을 청구했다. 또 은행에서 넘겨받은 악성 부실 채권 처리를 전담하는 세쿠룸이라는 기구를 설립해 전문적이고 체계적으로 대처했다. 이처럼 스웨덴 방식은 기존에 부실 금융 기관이나 기업의 부실 채권을 구입해주는 일종의 퍼주기식 대응과는 크게 다른 대응 방식이다.

1999년에는 순채권국으로 전환됐다. 1990년대 중반 이래, 스웨덴은 강력한 구조 조정의 성공에 힘입어 국제 금융 시장에서 강력한 경쟁자로 부상하기 시작했고, 채권 시장 자경단원들에게 다소 불만 섞인 신뢰를 보내기 시작했다.

주류 경제학의 역습

이제 합리적 기대이론을 비판할 때가 되었다. 앞서 케인스주의자들과 통화주의자들에게 가차 없이 못매를 가했으니 그에 응당한 대가를 받아야 하지 않을까? 거의 모든 경제학자는 경제 학계의 이단아들이라고 할 수 있는 합리적 기대이론가들에게 모욕감을 느낀다. 여기에서는 먼저 합리적 기대이론이 갖고 있는 몇 가지 이론적 한계에 대해 살펴보고, 실질적인 경제 문제로 돌아오자.

합리적 기대이론가들과 논쟁을 벌이기는 어렵다. 그들과 논쟁하기 위해서는 다소 좌절감을 맛보는 일도 각오해야 한다. 이슬람 근본주의 세력 중 하나인 시아파 교도들처럼, 합리적 기대이론가들은 어떤 질문에도 신속하고 단호하게 대답한다. 그들의 연구는 시장이 순식간에 균형을 이룬다거나 경제 행위자들이 초인간적인 능력을 발휘해 정보를 흡수하는 등과 같은 다소 기상천외의 가정들을 담고 있다. 만일 이런 가정들을 곧이곧대로 인정하고 받아들인다면, 그들의 이론에 어떤 이의를 제기하거나 반박하기란 거의 불가능하다. 그렇다면 어떻게 그들의 이론을 공격할 수 있을까?

일단 우리는 합리적 기대이론의 가정들이 비현실적이라고 웃어넘길 수 있다. 그러나 하나의 경제 모델을 비판하고 대안을 내놓기 위해서는 비현실적으로 보이는 가정들을 비웃는 것만으로는 한계가 있다. 밀턴 프리드먼은 오스트리아 태생의 영국인 철학자이자 논리실증주의에 대한 비판으로 반증주의를* 제시한 포퍼를 따라 다음과 같이 주장했다.

> 어떤 모델에 대한 진정한 검증은 그것의 예측성에 있지 현실 경제에 대한 자세한 기술이나 묘사에 있지 않다.[13]

합리적 기대이론이 견인차 구실을 하기 시작했을 무렵인 2001년에 노벨경제학상을 공동으로 수상한 조지프 스티글리츠와 조지 애커로프가 비즈니스 거래에서 자주 발생하는 문제, 즉 한쪽이 다른 한쪽보다 더 많은 정보를 갖는 문제를 지적했다. 예를 들어, 당신이 중고차를 구매한다고 해보자. 중개인은 그 차가 결함이 있는 차인지 아닌지 당신보다 잘 안다. 화재보험을 판매하는 보험 회사는 당신이 침대에서 담배를 피우는지 아닌지, 어떤 담배를 피우는지 알 수 없다. 이러한 정보의 비대칭성이 합리적 모형을 복잡하게 만든다.

합리적 기대이론은 정부의 경기 부양 정책이 경제에 별다른 도움을

---

* Falsificationism. 과학 이론은 그 이론을 뒷받침하는 정합 사례들이 제시되어도 참임을 인정받을 수 없으나, 반대로 단 하나의 부정합 사례만 제시되어도 그 이론은 거짓으로 확정된다는 주장. 포퍼가 반증주의를 내세웠던 당시에는 논리실증주의의 검증 원리가 과학 이론의 수용 기준으로 받아들여지고 있었다. 논리실증주의의 검증 원리는 과학 이론의 수용 여부는 그 이론을 뒷받침하는 정합 사례에 의해 결정된다는 것인데, "모든 까마귀는 검다"라는 언명에서 볼 수 있듯이 검은 까마귀를 찾는 식으로 어떤 과학 이론에 맞는 사례를 아무리 많이 제시한다고 해도 그 이론을 수용하는 데는 다소 무리가 있다. 그에 반하는 사례가 존재할 수 있기 때문이다. 따라서 포퍼는 과학 이론의 검증 원리는 정합 사례를 통한 것이 아니라 반증이어야 한다고 주장했다.

주지 않고, 정부의 긴축 정책이 경제에 별다른 해를 주지 않는다고 주장한다. 정부의 긴축 정책부터 살펴보자. 1982년의 레이건 행정부 시절로 가보자. 그해 실업률은 10.6퍼센트라는 기록적인 수치를 나타냈다. 1980년과 1981년에 정부가 긴축 정책을 펴면서 먼저 경기 침체 현상이 나타난 것이다. 포드 행정부 시절인 1975년에도 정부는 긴축 정책을 폈는데, 이때도 상황은 마찬가지였다. 합리적 기대이론에 따르면, 정부가 긴축 정책을 펴더라도 경제에서는 별다른 징후가 나타나서는 안 된다. 이 시기에 채택된 정부의 긴축 정책으로 인플레이션 기대는 낮아졌지만, 반대급부로 실업률은 천정부지로 치솟았다. 역사적 실례가 이렇다면, 합리적 기대이론가들의 주장은 현실과 부합하지 않는 것 아닌가?

시카고대학교 경제학과 교수인 루카스와 그의 지지자들은 이런 원인을 정부의 '기습적인' 긴축 정책 탓으로 돌릴 수 있을 것이다. 즉, "연방준비제도이사회가 긴축 정책을 계속 고수할지 누가 알았겠습니까?"라고 그들은 오히려 반문할지도 모른다. 이런 반론에도 불구하고, 사람들이 정부 정책에 기초해 자신들의 인플레이션 기대를 조정하기까지는 다소 긴 경기 침체 시기를 거쳐야 한다. 합리적 기대이론이 모든 경제 현상을 정부의 기습 정책으로 돌리면서 비판을 피해간다면, 공허하고 무의미한 이론에 불과할 따름이다. 그런 이론이라면 굳이 존재해야 할 이유가 무엇이란 말인가?

반대로 정부가 경기 부양책을 내놓을 경우에는 어떻게 될까? 만일 합리적 기대이론가들이 옳다면, 정부의 감세 정책은 정책이 시행되는 동안 소비에 별다른 영향을 주지 않을 것이다. 감세안이 통과되는 순간, 실제 감세 효과는 한참 뒤에 나타나는데도 소비자들은 자신의 소비를 조정할 테니 말이다. 그러나 케네디 행정부와 레이건 행정부에서 실시한 감세 정책은 정책이 시행되기 전에 이미 소비가 안정을 보였다가 오히려 시행 이후에 상승했다. 케인스주의 경제학자이자 프린스턴대학교 교수인 앨런 블라인더는 정부의 재정 정책을 무시하는 합리적 기대이론가들에게 다음과 같은 불만을 털어놓았다.

> 배로 교수가 정부의 재정 정책이 효과가 있다는 것을 실질적으로 보여주는 증거는 존재하지 않는다고 내게 말한 적이 있다.
>
> 그런데 주위를 둘러보면 정부의 감세 정책과 재정 지출 확대가 경제에 상당한 영향을 미친다는 것을 보여주는 증거는 수도 없이 많다. 제2차 세계대전만 해도 그렇지 않은가? 제2차 세계대전은 자본주의에 엄청난 생산력 증대를 가져왔다.

또한 블라인더는 모든 시장이 항상 완전하다는 그들의 주장을 이렇게 반박한다.

> 터무니없는 주장이다. 이 세상에는 엄연히 비자발적 실업이라는 것이 존재한다. 그리고 주기적으로 경기 침체가 일어난다는 사실은 누구나 알고 있다. 공급 과잉이나 수요 부족으로 상점에서 판매되지 않고 먼지만 쌓여가는 상품들은 또 어떤가? 시장이 그들의 말대로 완전하다면, 비자발적 실업이나 주기적인 경기 침체, 즉 경기 순환 같은 일 자체가 일어나지 말아야 한다." [14]

12년 동안 지속된 대공황에 대해서도 합리적 기대이론가들은 '새롭고' 놀라운 정보로 인해 소비자들이 미처 예측하지 못해 나타난 상황이라며 얼버무리고 넘어갈 수 있을까?

그런데 합리적 기대이론과 관련해 흥미로운 사실이 하나 있다. 대다수 경제학자가 위와 같은 거시 경제 문제에 있어서는 합리적 기대이론가들에게 열을 올리며 반박하면서도 주식시장에 대해서만큼은 그들에게 다소 수긍하는 경향을 보인다는 것이다. 왜 그럴까? 그 이유는 주식시장은 다른 시장들보다 조금 더 효율적인 시장이기 때문이다. 주식시장은 유동적인, 다시 말해 융통성 있는 시장이다. 사람들은 누구나 쉽게 주식을 사고팔 수 있다. 거래 비용도 거의 들지 않는다. 심지어 투자자는 할인 중개인discount broker에게 주식 매매를 위탁할 수도 있다. 반대로 재화와 용역이 거래되는 실물 시장은 주식시장보다 더 복잡하고 경직되어 있다. 예를 들어, 당신은 당신의 주식을 팔듯 잘 다니던 직장을 하루아침에 내던질 수 있는가? 기업이 주식을 사고팔듯 간단하게 종업원들을 해고하거나, 공장을 폐쇄하거나 새로운 공장을 설립할 수 있을까? 당연히 그럴 수 없다.

실물 시장에서는 계약이 중요한 역할을 한다. 계약은 노동, 자본, 그리고 설비의 명목 가격에 확실성을 부여한다. 반대로 유동성과 유연성을 감소시킨다. 앞서 언급했던 키디 에어라인을 다시 예로 들어보자. 키디 에어라인이 물가와 임금이 떨어질 것으로 예상하고 있다고 하자. 그러나 이미 노조와 3년 동안 임금을 동결한다는 계약을 맺고 있다. 다시 말해, 키디 에어라인이 경영진들이 합리적 기대를 하고 있다고 하더라도, 사전에 맺은 임금 계약이 시장 상황에 적응하는 데 걸림돌이 되는 것이다. 합리적 기대이론을 비판하는 논자들은 다음과 같은 두 가지 의문을 제기한다.

1. 사람들은 오랜 습관(적응 기대)보다는 합리적 기대에 더 의존하는가?
2. 비록 그들이 합리적 기대에 의존한다고 하더라도, 그들이 생각한 대로 민첩하게 행동할 수 있는가?

이 둘 중 어느 한쪽이라도 '아니오'라는 대답이 나온다면, 합리적 기대이론은 현실 경제를 제대로 설명할 수 없다.

행동경제학

합리적 기대이론에 반발심을 갖고 있는 것은 주류 경제학자들만이 아니다. 심리학자들 역시 합리적 기대에 대해 별다른 호감을 가지고 있지 않다. 그들이 합리적 기대이론에 대한 비판에 뛰어들려고 하는 이유는 쉽게 이해할 수 있다. 만약 사람들이 정말 합리적으로 사고하고 행동한다면, 굳이 심리학자가 필요할까? 필요하다고는 하더라도 그렇게 많은 심리학자는 필요하지 않을 것이다. 다시 말해, 합리적 기대가 판을 치는 세상에서는 심리학자는 당장 실업자 신세가 될 것이다. 이성에 무한 신뢰를 보냈던 칸트는 제정신이 아닌 사람들은 철학자들에게 특별수업을 받아야 한다고 주장했다. 제정신이 아닌 사람은 다른 사람들이 납득할 수 없는 이상한 사고나 행동을 보인다. 따라서 그런 사람을 가장 잘 도울 수 있는 사람은 논리적 추론과 이성적 판단에 능숙한 전문가들, 즉 철학자들이라고 생각한 것이다.

그러나 칸트 이후 심리학이 발전하면서 우리는 사람들이 정신적으로 혼란한 상태에서 분별 있게 사고하거나 행동하지 못하는 경우, 단지 제 정신이 아닌 사람이어서가 아니라 아니라 정서적으로 큰 문제가 있거나 신체의 화학 작용에 이상이 발생해서 그럴 수 있다고 배웠다. 다시 말해, 심리학자들은 그런 사람들이 사고나 판단에 문제가 있기보다는 정서 상태나 몸의 화학 작용에 문제가 있을 수 있다고 보았던 것이다. 따라서 그런 사람들을 칸트나 데카르트 같은 철학자와 같은 방에 두면, 철학자는 그들을 돕기보다는 같이 미쳐버릴 수 있다. 원인을 모르면 처방을 내릴 수 없다.

칸트가 합리적 사고의 능력을 강조했던 것처럼, 일부 경제학자들 역시 그것을 강조한다. 당신이 디지털카메라 하나를 장만할 생각을 하고 있다고 가정하자. 당신은 ABC라는 마트와 XYZ라는 마트가 당신이 구입하고자 하는 모델을 취급하고 있다는 정보를 가지고 있다. 그런데 ABC가 같은 모델을 XYZ보다 10달러 '더 싼' 200달러에 판매하고 있다. 한편, 당신은 이참에 자동차도 새로 구입하려고 생각 중이다. 알아보니 ABC가 같은 모델을 XYZ보다 10달러 '더 비싼' 3만 10달러에 판매하고 있다. 이 둘의 차이는 무엇일까? 대상은 다르지만, 두 문장이 이야기하고자 하는 대상은 똑같다. 다만, 앞의 문장은 10달러 "더 싸다"라고 표현했고, 뒤의 문장은 10달러 "더 비싸다"라고 표현했다. 그런데 여기에서 중요한 것은 사람들 대부분이 이 차이, 즉 '더 싸고' '더 비싼 것'의 어감 차이를 간과한다는 사실이다. 똑같이 10달러의 차이임에도 불구하고. 심리학자들은 이런 의문을 제기한다. 왜 10달러 더 싼 카메라는 바로 구입하면서 10달러 더 싼 XYZ의 자동차는 구입할 생각을 하지 않는 것인가?

이스라엘 출신 연구자 두 사람이 1950년대에 군 복무 중에 힌트를 얻어 각종 인터뷰와 개인적인 경험을 바탕으로 비합리적 경제 행동에 대해 광범위한 연구를 진행했다. 학사학위 취득 후 21살에 이스라엘 공군 장교로 복무하면서 자국군을 대상으로 심리 적격 검사psychological screening test를 고안했던 인지심리학자이자 심리학을 경제학에 통합한 공로로 2002년에 노벨경제학상을 수상한 대니얼 카너먼, 그리고 인지심리학자이자 경제학자인 아모스 트버스키는 사람들이 위험 회피형에서 위험 추구형으로 빠르게 전환할 수 있다는 것을 보여주었다. 두 사람은 위험과 두려움에 대해 아주 잘 알았다.

카너먼은 어렸을 때 가족과 함께 나치 친위대와 프랑스의 나치 부역자들을 피해 프랑스에 숨어 있다가 도망쳤다. 그의 가족 중 일부는 살아남지 못했다. 그리고 어느 시점에 아버지가 강제수용소로 보내져 처형되기 일보 직전이었다. 아버지가 가스처형실을 피하기는 했지만, 가족은 계속해서 도망쳤다. 그는 "사냥꾼에 쫓기는 토끼처럼 마음을 졸였다."라고 말했다. 어린 카너먼에게 이는 추상적인 은유가 아니었다. 가족들이 한동안 닭장에서 살았기 때문이다.[15]

카너먼보다 몇 살 아래였던 트버스키는 진짜 전쟁 영웅이었다. 1956년, 그가 19살에 이스라엘 방위군 낙하산병으로 복무 중일 때 한 어린 병사가 가시철조망 아래에 수류탄을 놓아두고 그 자리에서 "얼어버렸다." 말 그대로 그 폭발물 위에 누워 꼼짝하질 못했다. 수류탄이 몇 초 안에 폭발할 것을 알았던, 장차 위험 전문가가 될 이 젊은이가 그의 몸을 들어 안전한 데로 던졌다. 그때 수류탄이 폭발해 트버스키가 상처를 입었다. 이스라엘 정부가 무공훈장을 수여했다.

물론 카너먼은 사람들이 일반적으로 토끼처럼 생각하지 않는다고 보았다. 하지만 그들이 합리주의 교과서의 완벽한 모델인 호모 이코노미쿠스처럼 생각하지 않는다는 것도 분명했다. 이스라엘에서 군 복무를 마친 그는 스트레스와 인체의 관계에 초점을 둔 새로운 연구 결과를 발표했다. 이 연구는 사람들이 오롯이 집중해야 할 때 동공이 커진다는 것을 보여줬다.[16] 그가 경제학자가 아니라 심리학자로 훈련을 받았지만, 스트레스가 한 사람의 동공 크기를 바꿀 수 있다면, 그의 경제적 결정에도 영향을 줄 수 있을 거라고 어렵지 않게 추정했다.

두 이스라엘인이 함께 힘을 합쳐 이스라엘 전투기 조종사들과 일하며 그들의 이론을 발전시켜 나갔다. 한 연구 조사에 따르면 사람들은 실업률이 5퍼센트에서 10퍼센트로 상승하는 것보다는 인플레이션이 상승하는 것을 그냥 용납하는 경향이 있다고 한다. 그러나 질문을 바꿔서 취업률이 95퍼센트에서 90퍼센트로 떨어지는 것보다 인플레이션율이 상승하는 것이 더 낫다고 생각하는지 묻자 응답자들은 "그렇지 않다"라고 대답했다.[17] 표현만 바꿨을 뿐 같은 내용의 질문에 그들은 다른 대답을 한 것이다.

이와 비슷한 맥락에서 두 사람은 1981년에 한 실험을 했다. 프로그램 A와 프로그램 B를 제시하고 사람들에게 아시아 전염병이라 불리는 전염병이 발병했을 때 어떤 식으로 대처할지 설문 조사를 했다. 프로그램 A는 200명을 구할 수 있다. 프로그램 B는 600명을 구할 수 있는 확률이

3분의 1이고 아무도 구하지 못할 확률이 3분의 2다. 총 응답자 가운데 72퍼센트가 프로그램 A를 선택했다. 이유는 그것이 프로그램 B보다 확실하다고 생각했기 때문이었다.

사람들은 확실한 것을 좋아한다. 행동경제학)은* 사람들이 뭔가를 잃는 것을 죽도록 싫어하고, 때로는 사소한 데에 과도하게 집착하는 경향이 있음을 밝혀냈다. 주식 투자자들은 자신들이 보유한 주식이 약간 손실을 입었다고 해서 바로 보유한 주식을 매각하지 않는다. 이런 반응은 주식 전문가들이 현재 상황으로 볼 때 더 큰 손실을 입을 가능성이 있다고 경고해도 마찬가지다. 그들은 정서적으로 자신들이 보유한 주식, 주택, 직장에 집착을 보이는 경향이 있다.[18]**

1996년에 사망한 아모스 트버스키는 이상의 실험에 대해 모든 중고차 세일즈맨과 광고업자들이 이미 알고 있는 것들을 실험했을 뿐이라고 겸손하게 이야기했다. 그에 따르면 평소에 사소하게 보였던 문제들이 의미상으로, 또는 수학적으로 구성되고 만들어지는 것이 베스트셀러인 작품과 베스트셀러가 아닌 작품의 차이를 결정지을 수도 있다.

트버스키는 1988년에 농구의 '핫 핸드 이론'을 반박하는 연구를 통

---

*   Behavioral Economics. 심리학의 통찰력을 경제 현상, 특히 인간의 경제 행태에 대한 연구에 적용한 것으로 최근 들어 인기를 끌고 있는 경제학의 한 분야다. 행동경제학은 인간을 합리적인 이익 극대화 추구자가 아니라 만족 추구자로 여긴다. 언제나 최선의 합리적 선택이 아니라 그때그때 상황에 따라 충분히 좋은 선택, 즉 만족스러운 선택을 한다는 것이다. 행동경제학의 핵심 개념은 제한적 합리성으로 인간의 인식 능력의 한계(인지적 한계)로 인해 문제 해결 능력에 제약이 있다는 것이다. 이런 주장은 기존의 주류 경제학이 논의의 기본 전제로 했던 완전한 합리성과는 완전히 구분된다. '행태경제학'이라고도 번역한다.

**   1973년에 카너먼과 트버스키는 '휴리스틱스 이론'을 발표했다. 이 이론은 불확실한 조건에서 판단을 내릴 때 인간은 확률이나 효용 극대화 이론을 복잡하게 따지려 들기보다는 경험 법칙에 비추어 어림짐작으로 가장 그럴듯한 방법에 의존한다는 것이다. 다시 말해, 인간은 합리적으로 판단하거나 행동하지 않는다는 것이다. 그리고 이 과정에서 각종 인지상의 편의가 의사 결정을 지배한다.

해 언론의 1면을 장식하기도 했다. 핫 핸드 이론이란 농구 선수가 경기를 하면서 연속해서 골을 넣을 때 다음에도 골을 넣을 확률이 높은 것을 지칭한다. 보통 연속해서 골을 넣는 농구 선수를 핫 핸드 상태에 있다고 말하는데, 트버스키는 1년 반 동안 필라델피아 세븐티 식서스의 경기를 지켜보면서 모든 득점을 일일이 분석하고 연구해 핫 핸드 이론이 맞지 않다는 것을 보여주었다. 그러나 2018년에 다른 연구자들이 이 데이터를 다시 조사해 정반대의 결론을 도출했다.[19]

그렇더라도 트버스키의 최대 업적은 친구였던 카너먼과 함께한 것이었다. 카너먼은 2002년 노벨경제학상 수상자 자서전에서 "아모스와 나는 황금알을 낳을 수 있던 거위를 함께 소유하는 기적, 즉 각자의 마음보다 더 중요한 한마음joint mind을 공유했다"라고 말했다.[20]

행동경제학자이자 시카고대학교 교수로 대니얼 카너먼과 공동 연구를 많이 했던 리처드 탈러는 지난 몇 년 동안 〈저널 오브 이코노믹스〉에 기존의 이론으로는 설명할 수 없는 이례적인 경제 현상들, 즉 행동경제학과 관련한 많은 논문을 발표했는데 경제학계에서 많은 논란이 되었다. 그러나 스웨덴 한림원의 노벨상 선정 위원회가 2002년에 카너먼에게 노벨경제학상을 수여하면서 행동경제학이 많은 대학원생과 기업 후원자들을 끌어들였고, 이후 경제학 분야에서 가장 인기 있는 한 분야로 자리를 잡았다.

듀크대학교 경제학과 교수로 대표적인 행동경제학자인 댄 애리얼리의 《상식 밖의 경제학》과 카너먼의 《생각에 관한 생각》 같은 책들이 베스트셀러에 올랐다. 취업 면접에서 따뜻한 커피를 건네받는 면접관이 찬 음료수를 받은 면접관보다 구직자에게 호감을 보인다는 연구 결과를 알고 있는 독자들은 이런 대중서를 읽으며 흥미로워한다. 애리얼리와 카너먼은 실험 대상들에게 빙고bingo와 고대ancient처럼 노년과 관련이 있는 단어를 보여주면 그들이 실험실을 나갈 때 천천히 걸어 나간다는 것을 보여주는 연구를 인용했다. 머그잔과 오래된 단어들에 노출된 피실험자들은 그들이 만나는 사람들을 '미리 가르치려 들었고', '틀에 가두려 했으며' 편견을 갖게 했다.

경제학자들이 진지하게 관심 두는 주제가 '서로 다른 시점 간 선택intertemporal choice'이다. 즉 사람들이 미래를 어떻게 평가하는지에 대한 것이었다. 행동경제학자들은 사람들이 미래에 대해 등한시하는 경향이 있다고 주장한다. 사람들은 미래의 만족보다 지금 당장의 만족을 선호하며, 그 결과 노후 대비라든가 자신들의 소비 성향에 대해 무감각한 경향을 띤다.

행동경제학자들은 미국 노동자들의 3분의 1 정도는 401(k)* 퇴직연금 제도에 별다른 관심을 가지고 있지 않다고 지적한다. 401(k)는 불입 금액만큼 세금 공제 혜택을 받고, 만기가 됐을 경우에 비과세 혜택까지 제공한다. 그뿐 아니라 노동자가 불입하는 금액에 따라 회사가 일정 비율을 보조하기 때문에 더없이 훌륭한 퇴직 연금 제도라고 할 수 있다. 2006년에 미국 의회는 행동경제학자들의 연구에 근거해 기업들이 손쉽게 401(k)에 자동 가입할 수 있도록 관련 법안의 개정안을 통과시켰다. 그 이전까지만 하더라도 노동자들은 401(k)에 선택적으로 가입을

---

* 미국에서 가장 인기가 높은 연금제도로 401(k)는 노동자에게 과세 대상 소득의 일정 부분을 과세 이전에 연금 제도에 적립할 수 있도록 하는 대표적인 확정기여형 퇴직 연금 제도이다. 중도에 해지가 가능하지만, 불입 기간에 따라 과세되며, 만기가 되어 찾을 때는 세금을 내지 않는다. 401(k)란 명칭은 1978년 과세 혜택을 담은 미국 국세법에 401조 k항이 추가된 데서 유래했다.

할 수 있었다. 현재 미국에서는 자격 조건을 충족하는 모든 노동자가 자의에 의해 탈퇴하지 않는 이상 401(k)에 자동으로 가입된다. 합리적 기대이론가들이 관성, 즉 개인적으로나 사회적으로 일정 기간 지속되는 인식이나 습관에 큰 의미를 부여하지 않는 반면, 행동경제학자들은 관성에 상당한 의미를 부여한다.

확실히 간시간적 연구 조사intertemporal surveys는 혼란을 초래할 수 있다. 미국 태생의 행동경제학이자 '신경경제학'* 전문가이며, 현재 하버드대학교 교수로 있는 데이비드 레입슨은 당신이 사람들에게 오늘 초콜릿을 먹고 싶은지 과일을 먹고 싶은지 물어보면, "초콜릿"이라고 대답할 것이라고 말한다. 그러나 다음 주에 똑같은 질문을 던지면 "과일"이라고 대답한다고 말한다.[21]

오늘 우리가 해변에서 일광욕을 즐기며 존 그리샴의 추리소설을 읽는다면, 다음에는 프랑스 소설가 프루스트의 소설을 읽을 것이다. 독자 중에는 이것이 도대체 무슨 소린가 하고 의아하게 생각하겠지만, 행동경제학자들은 이런 행동을 문제 삼는다. 왜냐하면 이것은 사람들의 기호가 합리적 기대이론가들이 생각하는 것처럼 관성적이지 않다는 것을 보여주는 예이기 때문이다.

그럼에도 불구하고, 자기 나름의 원칙을 정해 놓고 사는 나이 든 사람들에게 초콜릿을 줄이고 건강식품인 그래놀라를 먹는 것이 더 행복한 일이 아닌가라는 질문에 많은 응답자가 "아니오!"라고 대답한 연구 결

---

* Neuroeconomics. 신경경제학은 경제학과 신경과학을 결합한 경제학의 새로운 분야다. 경제 주체의 감성적 행동을 다루는 신경경제학은 신경경제 시대의 대표 학문이라 할 수 있다. 신경경제학은 기능적 자기 공명 영상FMRI 같은 뇌 영상 장치뿐 아니라 뇌파, 호흡, 피부, 얼굴 근육의 미세한 움직임 등 인체의 생리 현상을 분석해 감정이 의사결정에 미치는 영향을 탐구한다.

과도 있다. 돌이켜 생각해보면, 그들은 건강보다는 자신들이 '먹으면서 즐거운 것'을 더 원하는 것이다.

그렇다면 대니얼 카너먼과 아모스 트버스키가 밝혀낸 심리학적 게임들과 질문들은 지금까지 알려진 모든 경제이론을 반박하는 것일까? 그리고 그들의 주장이 옳다고 한다면, 연방준비제도이사회를 미국심리학회로 대체해야 할까? 철 지난 수요-공급 곡선이 최면마술사의 마술 지팡이를 쫓아갈 수 있을까? 그렇지는 않을 것이다. 주류 경제학이 모든 사람이 항상 합리적이라고 가정할 이유도 필요도 없다. 대신 '경제적 힘'들이 사람들과 제도들을 좀 더 합리적으로 행동하도록 항상 강제한다고 가정할 필요는 있다. 1930년대에 슘페터는 "행동은 즉각적이고, 합리적이라는 것은 어떠한 경우든 허구다"라는 가정을 수용했다. 하지만 그는 허구는 "뭔가가 논리를 사람에게 주입할 시간을 가지면, 충분히 현실에 가깝다"라고 덧붙였다.[22] 반복의 규칙을 기억하자. 이것은 사람들이 결국에는 다른 사람들의 명성을 따라간다는 것을 시사한다. 늑대가 나타났다고 외친 소년은 처음 몇 번은 위대한 행동주의 심리학자였을 수 있다.

1950년대에 박학다식한 결정이론가였던* 허버트 사이먼이 제한된 합리성bounded rationality이라는 개념을 만들었다. 그는 많은 사람이 최대 만족추구자가 아니라 충분한 만족추구자satificer라는 것을 알았다. 만족추구자란 '만족하다satisfy'와 '충분하다suffice'의 합성어다. "좋은 것을 충분히" 하는 것이 많은 사람에게 충분히 좋은 것이다. 그들은 너무 바

---

* 수학적으로나 통계학적으로 불확실한 상황에서 어떤 결정을 내려야 할 때 어떤 정보를 어떻게 이용할 것인가를 다루는 이론으로 통계적 결정이론이라고도 부른다.

빠서 이용할 수 있는 모든 정보를 조사하거나 소화할 수 없다.

여러분이 골프를 시작했다고 하자. 그런데 연습할 시간도 없고 잘하고 싶은 생각도 없다. 그래서 72타 코스에서 평균 100타를 치는 데도 만족할 수 있다. 그런데 충분한 만족이 경쟁적인 시장에서 장기간 지속할까? 시어스는 한때 미국에서 가장 잘나가는 소매업체였고, 세계에서 가장 높은 초고층 빌딩에 자사의 이름을 내걸었으며, "미국이 쇼핑하는 곳"이라고 홍보했다. 1990년대까지 시어스는 칙칙한 분위기에 서비스의 품질은 그저 그랬다. 최고경영자들이 충분한 만족추구자처럼 행동했기 때문이다. 코스트코, 월마트, 타깃의 최고경영자들이 새로운 공급망 구축에 투자하고 있을 때 시어스의 최고경영자들은 파산법원의 맨 앞줄에 앉아 있었다. 그들은 장사 실력보다 골프 실력이 더 나았을 수 있다.

2018년에 사망한 앤서니 부르댕은 그렇게 대단한 셰프는 아니었지만, 음식 작가로서는 훌륭했다. 그는 베스트셀러 《키친 컨피덴셜》(2000)에서 월요일에는 식당에서 생선 요리를 먹지 말라고 경고했다. 생선 필레가 주로 금요일에 배달되기 때문이다. 더 심각한 것은 대구 테린, 고등어 무슬린, 송어 갤런틴 같은 근사한 이름에 쫀득한 맛이 나는 깜짝 요리다. 셰프들은 약간 상한 생선 재료를 처리하기 위해 믹서에 넣고 갈아 이런 요리를 만들어 선데이브런치로 내놓는다. 부르댕의 폭로 이후 사회적으로 논란이 일자 메뉴로 말장난 치는 일이 소용없게 됐다. 식당 경영자들이 노력하는 수밖에 없었다.

사람들이 주식에서 손실을 볼 경우 그것에 비이성적으로 집착하는 경향이 있다고 하는 행동경제학자들의 주장이 옳을 수도 있지만, 주식 투자 전문가들은 주식 손실에 대해 그렇게 과도하게 반응하지 않는다.

주식시장의 흐름을 읽으면서 언제 주식을 사고 판매해야 하는지 정확하고 냉정하게 판단하는 주식 투자 전문가들을 아마추어 투자자들은 따라갈 수 없다. 그럼에도 아마추어 주식 투자자들은 전문 투자자들에게 다음 두 가지 교훈 중 하나는 배울 수 있을 것이다. 아예 주식 투자를 포기하거나 너무 감정에 치우치지 말 것.[23]

주식 투자와 관련한 또 한 가지 예를 들어보자. 1980년대 초에 몇몇 연구자들이 중소기업의 주식이 좋은 성과를 내면서 대기업의 주식보다 투자자들에게 높은 수익을 안겨주는 것 같다는 연구 결과를 내놓았다. 그런데 이런 연구 결과는 효율적 시장 가설에 근거해서 볼 때 다소 비합리적인 것처럼 들린다. 극단적으로 이야기하면, 사실 이런 연구 결과는 효율적 시장 가설을 뒤집는 것이다. 그러나 이런 연구 결과가 발표된 이후, 많은 사람이 중소기업 주식에 투자했고, 이런 현상은 1990년대 들어서도 계속 이어졌다. 주식 가격은 낮으면서도 수익이 높은 주식을 찾아다니는 합리적 투자자들이 비합리적인 역사적 흐름, 즉 비합리적 기대가 지배하는 기상천외의 세계에 뛰어든 것이다.

행동심리학자들과 경제학자들은 방법론에서도 가끔 실수했다. 2012년에 카너먼이 사회과학계에 논란의 서신을 보냈다. 그는 자신의 베스트셀러에서 인용했던 실험 대상자들에게 노년과 관련 있는 단어들을 보여준 뒤 실험실을 걸어 나가는 것을 관찰한 연구를 포함해 학술지들에 공개된 많은 실험이 반복할 수 없는 것들이라 학계 전체가 신뢰를 잃어가고 있다고 경고했다. 카너먼은 공개 서신에서 '프라이밍'을**"심

* **Priming.** 하나의 자극에 노출되었을 경우 의식적인 지침 또는 의도 없이 후속 자극에 대한 반응에 영향을 미치는 현상을 뜻한다. 프라이밍 효과 또는 점화 효과라고 부른다.

리학 연구의 진정성을 의심하는 포스터 아이"라고 불렀다.[24]*

최초의 연구가 언론의 주목을 받고, 소셜 미디어가 이를 퍼 나르기 시작하면 대중도 관심을 가진다. 그러다가 추가 검증에 실패하면서 이런 흐름을 유지하지 못하는 경우가 많다.

〈네이처〉와 〈사이언스〉 같은 학술지에 게재돼 자주 인용되는 21건의 행태 연구 가운데 13건만 반복 실험에서 통계적으로 유의미한 결과를 냈다고 하는 대학교 공동 조사 보고서도 있다. 여기에는 실험 대상자들에게 좀 더 분석적으로 행동해달라고 미리 주문한 경우, 신의 존재를 믿는 정도가 떨어진다는 2012년 연구도 포함된다. 이 초기 연구에서 연구자들은 캐나다 대학생 12명에게 로댕의 〈생각하는 사람〉 사진을 보여주고 나서 신을 믿는지 물었다. 다른 대학생 집단에는 평범한 조각상 사진을 보여줬다. 역시나 로댕의 사진을 분석적으로 본 집단이 평범한 조각상 사진을 본 집단보다 신앙심이 떨어졌다.[25] 이 논문은 "오바마케어가 더 많은 무신론자를 양산할 수 있었던 이유"라는 제목의 기사에서 인용된 것을 포함해 수백 번이나 인용됐다.[26] 실험 대상의 규모가 작은 것과는 별개로 이런 연구는 한가지 고질적인 문제를 공통으로 가지고 있다. 연구 대상이 대학생들이란 것이었다. 사회적으로 팽배한 편견을 입증한다는 많은 연구가 대학교 기숙사라고 하는 사회의 좁은 단편에 의지한다.

젊은 두 학파, 즉 합리적 기대이론과 행동경제학은 서로 자주 다툰다. 우리는 낯 두꺼운 합리적기대학파가 겉이 바싹해질 때까지 장작불

---

* Poster child. 어떤 상황이나 의도를 가장 잘 나타내는 인물이나 사물을 뜻하는 것으로 자선 광고나 포스터에 자주 등장하는 전형적인 아이들에서 나온 표현이다.

에 굽는 행동경제학자들의 유효한 통찰을 활용할 수 있다. 반대로 특별한 편견과 변칙을 지적하지만, 일관되고 탄탄한 패러다임을 내놓지 못한 행동주의자들을 살을 발라 저밀 수 있다.

행동경제학자들의 통찰을 통해, 합리적 기대이론의 기본 사상이 바삭바삭해질 때까지 통째로 구워버릴 수 있다. 물론 그것에 죄책감을 가질 필요는 없다. 왜냐하면 그것은 합리적 기대이론이 응당 받아야 할 대가이기 때문이다. 만약 완전한 정보와 완전하고 투명한 시장이라고 하는 가설을 조금 완화할 수 있다면, 우리에게 남는 것은 주류 경제학자들이 자신들의 표준 모델에 접목하고자 시도하고 있는 합리적 기대이론의 몇 가지 아이디어들이다. 사람들은 다소 시간이 걸릴 수 있지만 정치인들이 자신들에게 가하는 정치적 및 경제적 기만을 눈치챈다. 사람들은 점진적 적응 모델이 이야기하는 것보다 더 빠르게 새로운 정보에 기초해 이전의 기대를 버리거나 가다듬는다. 그렇다면 이제 남은 문제는 이런 통찰에 기초해 모든 시장에서 이뤄지는 각종 계약과 불완전 정보의 문제를 인식하는 것이다.[27]

합리적 기대이론가들의 주장은 마치 만화에 나오는 초능력을 가진 주인공들의 이야기 같은 느낌을 준다. 인간이 철저하게 합리적으로 행동한다고 정말로 믿는다면 인간이 벽을 뚫어 보는 투시 능력과 공중부양 능력을 가지고 있다고 믿지 못할 이유도 없을 것이다. 물론, 한 가지 확실한 것이 있다. 슈퍼맨의 고향 크립토나이트에는 인플레이션이라는 것이 없다는 것이다.*

---

* 마블은 스파이더맨, 헐크, 아이언맨 같은 유명 캐릭터들을 소재로 한 만화들을 출간해 인기를 끌었다. 슈퍼맨은 배트맨, 원더우먼 등의 인기 캐릭터를 보유하고 있고 마블 사와 오랜 기간 경쟁 관계에 있는

급진적인 측면에서 볼 때, 합리적 기대이론은 현실에 접목하기에는 너무 완벽한 모델이다. 우리가 사는 세계에 기상천외의 일들이 많이 일어나기는 하지만, 합리적 기대이론이 발을 들여놓기에는 아직 역부족이다. 이론과 현실의 불일치 문제를 간과해서는 안 되기 때문이다.

저명한 케인스주의 경제학자이자 토빈세를 역설했던 제임스 토빈이 주장했던 것처럼, 현실 세계를 설명하기 위해 이런 순수하고 완벽한 이론을 사용하는 것은 밝은 가로등 불빛 아래에서 잃어버린 지갑을 찾는 것과 같다.[28] 대부분의 경우 지갑은 가로등 불빛이 닿지 않는 어두운 구석에 떨어져 있기 때문에 이런 상황에서 지갑을 찾기란 어려운 일이다. 오히려 밝은 가로등 불빛 아래에서 지갑을 찾는답시고 허리를 구부리는 순간, 가로등 기둥, 즉 현실에 꽝 하고 머리를 부딪칠 수도 있으니 무조건 조심할 일이다.[29]

DC의 캐릭터다. 토드 부크홀츠는 합리적 기대이론가들의 합리적 기대 가설을 이런 초인적인 영웅들에 빗대어 비판하고 있다.

먹구름,
그리고 한 줄기 햇살

이제 애덤 스미스에서 시작한 경제사상사의 긴 여정을 마무리할 시간이다. 프랑스 루브르 박물관에 전시되어 있는 수 세기에 걸친 명화들을 롤러스케이트를 타고 번개 불에 콩 구워 먹듯이 후다닥 둘러본 것 같은 기분이 든다. 그 유명한 모나리자의 수수께끼 같은 미소를 제대로 감상하고 음미할 시간도 가져보지 못한 채 빠르게 달렸다. 불쌍한 경제학자에게 동정심을 갖자. 경제학자는 얽히고설킨 역사의 타래에서 '진리'를 찾아내 국가의 수장에게 자신 있게 조언해야 하는 위치에 있다.

경제학은 냉철한 지성조차 어리둥절하게 만든다. 그리고 이것이 역사의 '진리'다. 꼭 경제학에만 해당하는 것은 아니지만, 언제나 호언장담은 화를 부르기 마련이다. 무모한 경제학자들은 스스로 프로메테우스 역할을 자처하며 독수리에게 자신의 간을 쪼이도록 하지만, 그들에게 무엇보다 필요한 것은 영웅 심리가 아니라 겸손함이다. 경제학은 왜 이렇게 난해하고 복잡할까? 생물학자들과 달리, 경제학자들은 대조군 같은 기준 그룹을 설정해놓고 치밀한 관찰을 통한 과학적 실험을 할 수 없다. 그렇다고 모든 자연 과학이 대조군을 가지고 있다고 말하는 것은 아니다. 경제학자들이 가정주부들을 무작위로 추출해 실험할 수 없듯이 천문학자들도 행성들을 실험 목적에 맞게 추출해 뜯어보거나 굴려볼 수 없다.

그러나 적어도 천문학자들은 가정주부들과 달리 행성들이 갑자기 변덕스럽게 움직일 가능성에 대해서는 염려하지 않을 것이다. 그들은 핼리 혜성이 언제 지구에 근접할지 정확하게 예측할 수 있다. 반면 경제학자들은 가계 저축률을 정확하게 예측하지 못한다. 소련의 농담 중에 이런 것이 있다. 어떤 사람이 이렇게 물었다. "공산주의는 생물학자들이 발명했을까 아니면 정치가들이 발명했을까?" "물론 정치가들이다. 생물학자들이라면 쥐들에게 먼저 그것을 시험하려고 했을 것이다." 불행하게도 쥐들은 경제학자들에게 그다지 도움이 되지 못한다. 쥐가 인간과 비슷한 순환계를 가지고 있을지는 모르지만, 경제학은 해부학보다는 정신과 더 관련이 있다.

경제학은 애덤 스미스와 그의 합리주의적 계승자들이 묘사하려고 했던 것처럼 정확한 법칙에 의해 지배되는 과학이 아니다. 굳이 말하자면, 경향을 연구하는 학문이라고 할 수 있을 것이다. 어떤 상품의 생산량이 많으면 그 상품의 가격은 하락한다. 그러나 예외 없는 준칙은 없다. 여기에도 예외가 있다. 베블런 재화(현시적 소비를 부추기는 상품)가 여기에 끼어들 경우 이런 경향은 들어맞지 않는다. 화폐 공급량이 많다는 것은 보통 금리가 낮아진다는 것을 의미한다. 물론 여기에도 예외는 있다. 인플레이션 압박으로 인해 금리가 더 높아질 수도 있기 때문이다. '동물적 감각'이 투자자들을 당황하게 만들거나 흥분하게 만들어 비이성적으로 판단하도록 만드는 경우를 제외하면, 주가는 보통 미래의 현금 흐름에 대한 합리적 기대를 나타낸다. 보통 투자자들은 한계이익과 한계비용이 같아질 때까지 최대한 위험을 감수한다. 시장보다 가치에 대한 인식이 더 뛰어나다고 하는 슘페터적인 초인적 기업가들, 즉 혁신적 기업가들을* 제외하면. 과학적 접근을 방해하는 이런 부정확한 힘들이 반드시 불합리한 것, 즉 미친 듯이 움직이는 것들은 아니다. 그것들은 양자 물리학에서 전자들이 불확정적이기는 하더라도 미친 듯이 날뛰는 것은 아닌 것처럼, 단지 비합리적이고 예측 불가능한 것일 뿐일 수도 있다. 그것들은 단지 우리가 현재 사용하고 있는 모델화 방법들에 문제를 제기할 뿐이다. 경제학자들처럼 우리는 모든 것을 알아낼 수 없다. 다른 한편, 이런 이유 때문에 '명예의 전당'에 입성한 위대한 경제학자들이 발견한 경향들을 일부러 무시하는 것은 오히려 경제적 재난을 자초하는 것과 마찬가지일 수 있다. 가격 지지 정책, 보호주의, 자유방임적인 공해 정책들은 물가 상승, 세금 인상, 대기 오염 등을 초래할 수 있다. 논쟁 좋아하기로 정평이 나 있는 경제학자들이라고 해도 이런 정책을 지지하는 이들은 거의 없을 것이다.

경제학자가 되는 것은 쉽지 않다. 케인스는 위대한 경제학자를 다음과 같은 번득이는 말로 정의했다. "위대한 경제학자는 예술가처럼 초연하면서도 청렴해야 하지만, 때로는 정치가처럼 세속적이어야 한다."[1] 정의는 그럴듯하지만, 이렇게 완벽한 경제학자는 지금까지 존재하지 않았다.

* 슘페터는 이윤은 혁신적인 기업가의 창조적 파괴 행위로 인한 생산 요소의 새로운 결합에서 파생되며, 이윤이란 바로 창조적 파괴를 성공적으로 이끈 기업가의 정당한 노력의 대가라고 말했다. 기술 혁신을 통해 낡은 것을 파괴하고 새로운 것을 창조하는 창조적 파괴 과정이 기업 경제의 원동력이라는 것이다.

앞서 우리가 살펴본 위대한 경제학자들 모두 일반/특수, 미래/현재, 또는 하늘/땅을 완벽하게 균형 잡을 수는 없었다. 그뿐 아니라 미시경제학과 거시경제학 분석에 동시에 정통한 사람도 없었다. 그들은 모두 나름대로 한계가 있었다. 그중 일부는 그것을 잘 알고 있었다.

그러나 그들 모두는 다음과 같은 한 가지 사실은 분명히 알고 있었다. 정부와 경제는 상호 작용하는 관계에 있다는 것이다. 그들은 이 둘의 작용과 반작용을 무시하지 않았고, 무시할 수도 없었다. 애덤 스미스는 정부가 길드의 무역 규제를 지지하고 있다고 비난했다. 맬서스는 빈민구제법이 빈곤을 조장하고 있다고 강하게 주장했고, 리카도는 보호주의가 영국을 새로운 중세의 심연으로 가라앉힐 수 있다고 경고했다. 마르크스는 정부가 착취와 억압의 수단일 뿐이라고 주장했다. 케인스는 정부 관료들을 깊고 위험한 잠에서 깨우려고 노력했다.

극단주의자들의 외로운 외침에도 불구하고, 우리는 정부가 필요악이나 선이 아니라는 것을 배웠다. 비록 정부가 추구하는 정책들이 경우에 따라서는 구원적 또는 사탄적 결과를 초래할 수도 있지만, 정부의 본질은 구세주도 사탄도 아니다.

우리가 앞서 다룬 경제학자들은 서로 다소 차이가 있기는 하지만, 정부가 항상 호조를 보이고 있는 경기 상황을 망칠 수 있는 조치들을 취하도록 하는 정치적 압력에 직면한다는 사실을 경고했다. 미국 의회 의원들은 자신들의 임기를 자신들이 추진한 경제 정책으로 피해를 입은 사람들을 위로하고 구제하느라 허비할 수 있다. 자유로운 국제 무역은 일부 국내 생산자들에게, 낮은 인플레이션은 채무자들에게 해를 준다. 반면, 금리 하락은 채권자들에게 해를 준다. 기술 혁신은 일부 노동자들에게 해를 주고, 공해에 세금을 부과하는 공해세는 기업들에 해를 준다.

물론 정부의 경제 정책으로 인해 피해를 보는 사람들이 있는 반면, 그로 인해 이득을 보는 사람들도 있다. 그러나 이런 주장에 현혹되어서는 안 된다. 좋은 경제 정책이란 잭에게 돌아갈 몫을 빼앗아 줄리에게 주는 제로섬 게임이 아니다. 비록 피해자들이 발생할 수 있다고 하더라도, 우리는 훌륭한 경제 정책을 다수에게 이득을 가져다주는 정책으로 정의할 수도 있다.

아무리 훌륭한 정책이라 하더라도 간혹 피해자들이 발생할 수 있기 때문에 경제학자들은 민주주의적 정부가 그런 피해자들을 최소화할 수 있는 최선의 정책을 선택하고 집행하도록 조언하는 데 많은 애를 쓴다. 좋은 경제 정책은 단기적으로 대중의 기대와 꼭 부합하지 않을 수도 있다. 낮은 인플레이션과 높은 투자에 따른 이익이 국민 전체, 특히 텔레비전에 출연해 하소연을 늘어놓는 낙담한 농민들과 주택 소유자들 (1970년대 인플레이션으로 인해 자산 가치 상승을 누렸지만, 1980년대에는 자산 가치 하락으로 어려운 시대를 보낸, 그리고 1990년대 후반과 2000년대 초에 다시 자산 가치 상승을 누렸던 이들)에게 영향을 미치기까지는 일정 시간이 소요된다. 설상가상으로 방송 매체들은 행복에 겨운 장면을 내보내는 것보다 고통스럽고 폭력적인 장면을 내보내는 것을 선호한다.

훌륭한 경제 정책은 방송 프로그램들의 15초짜리 보도에서는 잘 다뤄지지 않는다. 오히려 방송 매체들은 경제 정책의 실패를 보도하는 데 더 많은 시간과 노력을 기울인다. 사실 방송 프로그램에서 15초면 특수 이익 집단들을 대변하는 로비스트들과 한통속에 있는 사람이 나와 인터뷰를 통해 애꿎은 경제학자를 바보로 만들기 충분한 시간이다. 경제학자들이 실제로 필요로 하는 것은 각종 슬로건과 팸플릿 속에 담겨 있는 교훈들이다. 한편, 방송 프로그램들이 필요로 하는 것은 각기 다른 주장에 공평하게 귀를 기울이는 인내심이다.

그러나 말은 똑바로 하랬다고 정직해지기로 하자. 사실 방송 매체는 화제에 민감하게 반응하는 시청자들의 요구를 반영할 뿐이다. 분명히 사람들은 섬뜩하고 소름 끼치는 뉴스를 즐겨본다. 이것은 그들이 공포 영화를 즐겨 보는 것과 마찬가지다. 따라서 우리는 시장경제에 동정심을 보내면서 방송 매체가 여론을 호도하고 있다고 비난할 수는 없다.

여론의 일부이기도 한 우리는 경제 정책을 제대로 이해하는 데 있어 다음과 같은 세 가지 심리적 장벽을 가지고 있다.

첫째, 우리는 간략하고 번쩍이는 정보를 선호한다.

둘째, 우리는 즉각적인 결과를 선호하고, 쉽게 인내심을 버린다. 장기적인 관점에서 미래를 부정적으로 예측한 케인스는 틀렸다. 케인스는 《통화개혁론》에서 "결국 우리는 모두 죽게 될 것이다"라고 예언했다. 그러나 우리 또는 적어도 우리 후손들은 죽지 않고 살아남을 것이다. 하지만 우리가 지금 당장의 욕구에 굴복한다면, 미래를 위해서는 아무것도 남아 있지 않을 것이다. 필요한 돈을 벌기 위해 일을 하거나 다음을 위해 저축은 하지 않고 필요한 돈을 모두 대출받아 충당한다면, 한순간의 쾌락을 위해 오늘 하루를 아무런 대책 없이 흥청망청 보낸다면, 내일은 길고 힘든 하루가 될 것이다. 사회는 장기적인 안목을 가지고 있을 때만 번영할 수 있다. 그렇다고 구두쇠들로 이뤄진 사회가 항상 번성한다는 뜻은 아니다. 중세 시대가 사후 세계에 너무 집착한 나머지 현세에서 혁신하고 발전하고자 하는 에너지를 엉뚱한 곳에 탕진했다면, 21세기를 살고 있는 우리는 지금을 지상천국이라 생각하고 미래는 안중에도 없이 당장의 쾌락을 위해 모든 에너지를 소모하고 있는지도 모른다.

셋째, 단기적인 관점에서 볼 때, 지금 우리가 호시절을 누리고 있는데도 불구하고, 지금이 정말 호시절인지 인식하는 것은 쉽지 않다. 경제적 행복은 부의 폭발적인 증가와는 관련이 없다. 인류 역사에서 가장 극적인 경제적 사건이라고 할 수 있는 산업혁명은 우리가 예상하는 것과 달리 그렇게 폭발적이지 않았다. 잘 알려져 있는 사실이지만, 당시 경제성장률은 연간 5퍼센트 정도였다. 경제가 매년 5퍼센트씩 성장한다고 해도 거지가 당장 일류 호텔의 스위트룸을 빌려 지낼 수 있는 것은 아니다. 더구나 그에게 윤기가 좔좔 흐르는 쌀밥에 고기반찬이 그득한 진수성찬은 그림의 떡이나 마찬가지다. 변화는 서서히 일어난다. 그러나 거지가 나이가 들어 세상을 하직할 때쯤, 그는 자신의 생계수준이 처음보다 4배 정도 더 나아졌다는 것을 깨닫게 될 것이다. 비록 높은 생계수준이 우리에게 행복을 가져다주는 요소 중 하나라고 하더라도, 대체로 그것은 우리에게 너무 느지막이 찾아온다.[2] 마침내 행복이 우리를 찾아왔을 때, 우리는 "아, 옛날이여" 같은 과거를 회고하는 노래나 부를 나이가 되어 있을 것이다. 인생이라는 기나긴 여정을 지나오면서 우리는 앞에 있는 유리창은 근시안으로 바라보지만, 백미러는 핑크빛 안경을 쓰고 흘긋흘긋 본다. 이런 식으로 앞으로 나아가는 것은 어렵다. 그리고 경제학자들이 우리에게 올바른 방향을 가리켜주리라고 기대하는 것도 어려운 일이다.

언론은 좀처럼 좋은 때를 다루지 않는다. 오직 역사책만이 그것을 다룰 수 있을 뿐이다. 돌아보건대, 경제가 가장 절정을 이뤘던 때는

1960년대 중반이었다. 일련의 경제성장이 수년 동안 지속됐다. 케인스의 이론이 무엇보다도 가장 설득력이 있어 보였다. 그러나 당시의 언론은 절망과 경제적 불확실성을 앞다퉈 보도했다. 그렇게 경제적 호시절은 세간의 주목을 받지 못하고 지나갔다. 물론 우리는 그보다 더 길고 풍요로운 경제성장을 갈구하고 있는지도 모른다. 하지만 호시절조차 부정적인 필치로 글을 써대는 언론은 경기 침체기에는 물 만난 고기처럼 더 날뛴다. 독일 태생의 철학자 쇼펜하우어가 지적했던 것처럼, 역사책은 띄엄띄엄 언급되는 평화로운 시기를 제외하면 거의 전쟁과 혁명, 즉 피로 물들어 있다. 이탈리아 태생의 경제학자이자 법학자인 체사레 베카리아가 더 함축성 있게 주장했듯이 "행복은 역사 없는 국가"다.

할리우드의 유명한 영화 제작자였던 새뮤얼 골드윈은 어떤 예측도, 특히 미래에 대해서는 절대 예측을 하지 말 것을 경고했다. 그러나 이런 엄격한 경고는 무시하고 넘어가자. 지구적인 기아, 빈곤, 절망이 도래할 것이라는 묵시론적인 예언이 넘쳐난다고 하더라도, 미래에 대해 너무 절망적일 필요는 없다. 미래가 반드시 희망적일 것이라는 어떤 보장도 없지만, 희망을 가질 만한 이유는 있다. 국민 소득이 노동, 자본, 천연자원, 기술에 의존한다는 것을 상기하자. 근래에 이들 생산 요소들이 하루가 다르게 발전하고 있는데, 이것은 장기적으로 경제가 계속해서 성장할 것이라는 것을 보여준다.

미국뿐 아니라 다른 서구 민주주의 국가들에서 노동자들은 몇십 년 전에 비해 경영자들에 대해 더 많은 것을 알게 되었다. 일본의 독특한 관리 기법의 영향으로 서구에서도 대기업의 노동자들은 생산 과정을 설계하고 조정하는 데 있어 중요한 역할을 담당하고 있다. 더구나 노동조합도 이제는 조직의 존폐가 생산성 증대 여부와는 상관없이 무조건 높은 임금을 받아내는 데 있는 것이 아니라 기업의 성공에 달려 있다는 것을 인식하고 있다. 현재 미국의 노동조합은 경기 침체기에 감원보다는 임금 삭감을 받아들임으로써 기업의 운명에 동참하려고 한다. 반대로 경영자들도 노동자들이 기업의 성과에 따라 합당한 보상을 받아야 한다는 사실을 인정해 이를 실행에 옮기고 있다. 많은 노동자가 자신들이 받는 보수의 일부를 스톡옵션 형태로 받고 있다. 이렇게 노사 간의 협력 관계가 강화될수록 경제는 더 크게 성장할 것이다.

자본시장은 10년 전보다도 더 효율적으로 바뀌었다. 국제 금융 자본은 예전보다 더 쉽게 국경을 넘나든다. 비효율적인 정부와 기업은 자신들의 기존 관행, 즉 법과 제도를 바꿔야 하는 강력한 압력을 받고 있다. 그렇지 않을 경우 그들은 투자자들을 끌어들이지 못할 것이다. 기업들이 새로운 공장을 설립하거나 새로운 설비를 구매하기 위해 자금을 끌어모으는 것도 더 쉬워졌다. 한때 기업은 공장 설립이나 설비 구입을 위해 필요한 자금을 확보할 수 있는 곳을 지도 위에 원으로 표시할 수 있을 정도로 한정적이었다. 한 세기 전만 하더라도 그 원의 반경은 10마일 정도밖에 되지 않았다. 그 반경 안에 있는 지역에 저축되어 있는 돈이 충분하지 않다면, 기업이 은행에서 돈을 빌리는 것은 좀처럼 쉽지 않았다. 그러나 한 세기 뒤에 그 반경은 전 지구적으로 확장됐다. 오늘날 피츠버그에 있는 한 기업은, 비록 그곳 주민들이 수중에 있는 돈을 은행에 예탁하거나 뮤추얼 펀드에 투자하는 대신 이불 밑에 꼭꼭 숨겨놓고 있더라도, 저 멀리 오스트레일리아에서 채권을 팔아 자금을 융통할 수 있다.

기술은 생산 함수에서 가장 매력적이고 예측 불허한 일부를 담당한다. 언제 제2의 앨런 튜링이나 존 폰 노이먼이 나타나 우리를 더 나은 세계로 이끌지 누가 알겠는가? 비록 두 사람이 우리에게 인류 최대의 이기인 컴퓨터를 가져다주었지만, 그들도 현재 인터넷이라는 것이 얼마나 빠르고 강력하게 세계를 하나로 연결하고 있는지 알면 놀라움을 금치 못할 것이다. 인도네시아 자카르타에 사는 한 학생은 마우스 클릭 한 번으로 디즈니 월드의 가상 체험관을 둘러보거나 나사의 우주 왕복선에 대한 간단한 설명을 들을 수 있다. 아프리카 콩고 인민 공화국에 사는 전립선 환자는 존스홉킨스대학교 병원에서 관련 연구 자료를 다운로드받아 그것을 자신의 주치의에게 보여줄 수 있다. 현재 물리학자들과 화학자들은 마찰이라고 하는 인간이 지구상에 머무는 한 꼭 필요하면서도 피할 수 없는 장벽을 벗어날 수 있는 초전도성 연구에 전력을 다하고 있다. 초전도 물질과 나노테크놀로지는 우리의 신체 및 정보를 믿기지 않는 속도로 전달할 수 있을 것이다. 생물학자들은 영양이 풍부하고 질병에 강한 새로운 품종을 개발하기 위해 유전자 조작 및 재조합에 몰두하고 있다. 그러나 유전자 조작이나 재조합이 인류에게 어떤 결과를 가져올지 아직 정확히 예측할 수 없는 상황이기 때문에 그들에게 주의를 당부하고 싶다. 산학협동 역시 나날이 발전하고 있다. 대학과 기업 두 기관의 두뇌들이 머리를 맞대고 진행하는 각종 연구와 실험이 이미 빠르게 발전하고 있는 과학 기술을 더욱 가속화하고 있다. 그리고 기술 발전으로 인해 지구의 자원(그리고 우주의 자원)을 채취하고, 복구하고, 또는 보충할 수 있는 새로운 방법들이 개발되면서 이용 가능한 천연자원도 배로 늘어날 것이다.

사정이 이렇다고 해서 분별없는 낙관론으로 미래를 맞이해서는 안 될 것이다. 아무리 발전 가능성이 무궁무진하다고 하더라도 항상 난관과 위험이 따르기 마련이다. 생산 함수를 다시 떠올려보면, 노동조합이 경영자들과 항상 협력 관계에 있는 것은 아니다. 기술 개발로 인해 일부 노동자들이 기계로 대체될 수 있다. 그로 인한 장기 파업이 일어날 수 있다. 자본시장은 내부자 거래와 다른 비리로 붕괴할 수 있다. 천연자원은 무책임한 기업의 무분별한 남용으로 인해 고갈될 수 있다.

이외에도 우리는 우리의 생각과 판단에 영향을 미치는 정치적, 심리적, 제도적 요소들을 모두 고려해야 한다. 기술은 발전에 발전을 거듭할 수 있지만, 사소한 터부에 의해 발목이 잡힐 수 있다. 예를 들어 우리가 모래를 신성한 것으로 여겼다면, 우리는 유리나 반도체는 물론 마이애미 해변에 별장 하나 짓지 못했을 수도 있다. 고대와 중세 시대에 대부 행위를 금지한 것이 수 세기 동안 경제성장을 저해했다는 것은 분명한 사실이다. 게다가 노벨경제학상 수상자인 로버트 솔로가 발견한 것처럼, 경제성장은 교육받은 대중을 필요로 한다. 1980년대 중반에 기술혁신으로 지속적인 성장이 가능하다는 '신성장이론'을 주창해 관심을 끈 폴 로머는 경제학자들에게 공장과 도로 부족이 경제 전반에 미치는 영향을 연구하는 데 들이는 노력만큼, '아이디어 갭'이* 경제에 어떤 영향을 미치는지 깊이 있게 연구할 것을 촉구했다. 로머는 대다수 기술이

---

* 폴 로머는 개발도상국이 선진국과의 소득 격차를 줄이기 위해서는 물질적 격차를 줄이는 것 못지않게 아이디어 갭(즉, 지적 격차)을 메우는 것이 중요하다고 주장한다. 그는 물질적 격차를 줄이기 위해 들어가는 시설 투자비용을 감안할 때 지적 격차를 줄이는 비용이 훨씬 적게 들 수 있다고 지적한다. 그리고 로머의 지식 기반 신성장이론에 대해서는 데이비드 워시의 《지식경제학 미스터리》를 읽어보기 바란다.

요술 방망이로 뚝딱하면 우리 앞에 전개되는 것이 아닐뿐더러 프로메테우스가 인류에게 불을 가져다준 것처럼 누군가가 우리에게 가져다줄 수 있는 것도 아니라고 주장한다. 많은 사람이 트랜지스터나 화학 요법의 발견으로 혜택을 누릴 수 있기 때문에 사회는 과학자들과 엔지니어들에게 세제 혜택이나 일정 기간 독점적 이익을 보장하는 특허권 등을 제공하고 보장함으로써 기술 개발을 장려해야 한다. 아이디어는 번뜩이는 통찰에서 나오기도 하고 땜장이의 땜질처럼 오래 만지작거려야 나오기도 한다. 공항에 가서 수많은 사람이 여행용 가방을 손쉽게 굴리는 것을 보라. 새로운 보잉 737기가 1967년에 만든 첫 모델과 외관은 비슷해 보이겠지만, 승객들은 달라 보인다. 초기의 보잉 737이 조립되어 나왔을 때 승객들은 여행용 가방luggage을 손으로 끌거나 들어서 운반했다. 'Lug'는 동사로 뭔가를 힘겹게 끈다는 뜻이다. 바퀴를 단 여행용 가방이 특허를 받은 것은 1972년이었다. 이후 바퀴와 높이 조절 손잡이가 많은 사람이 물리치료사와 약국을 찾게 하는 횟수를 줄였다. 몇 년 전 나는 아이들이 숫자 계산을 좀 더 직관적으로 할 수 있도록 하는 아이디어가 번뜩 떠올랐다. 1에서 100까지의 숫자를 매스 애로우라고 부르는 특별한 지그재그 매트릭스에 배열했다. 찾아보니 누구도 이런 식으로 숫자를 배열한 적이 없었다. 이 매트릭스가 1학년 학생들의 시험 점수를 올리자 수학자들은 학년에 따라 숫자열을 바꿀 수 있는지 궁금해했다.[3] 그런데도 새로운 아이디어를 받아들이도록 교육 행정가들을 설득하는 일은 쉽지 않다. 대개 가장 중요한 발견들은 순간의 번득임이 아니라 수년을 실험실에서 꼬박 매달려야 나온다. 미국의 의학자인 조너스 소크는 7년 동안 실험실에서 고생한 끝에 1955년 생명을 구하는 소

아마비 백신을 개발할 수 있었다.

또한 경제성장은 슘페터가 노벨 경제학상이 제정되기 이전에 가르쳤던 것처럼 기업가 정신을 필요로 한다. 지적 및 정신적 힘들이 우리를 앞으로 이끌지 다시 야만으로 몰고 갈지 누가 알겠는가? 탈레반이나 북한의 "친애하는 지도자" 김정은의 지독한 감시를 받는 기업가들이 얼마나 자유를 느낄까?

슘페터는《자본주의 사회주의 민주주의》라는 자신의 주저에서 자본주의의 미래에 대해 논의했다. 슘페터는 자본주의의 최대 위협은 이윤율 저하 같은 경제적 요소들이 아니라 정치적 요소들에 있다고 보았다. 실제로 자본주의의 성공 자체가 자본주의를 파괴할 수 있다. 풍부한 여가 시간을 가지고 있는 고등 교육을 받은 계급(유한계급)이 등장함으로써 자본주의는 도덕적 문제에 봉착하게 될 것이다. 이런 계급은 자본주의의 소득 불평등, 정의, 환경오염 등에 의문을 제기할 수 있다. 어느 순간, 그들의 신랄한 문제 제기는 자본주의의 취약한 도덕적 토대를 잠식해 들어오게 될 것이고, 궁극적으로는 지구상에서 정의를 갈망하는 자신들에게 물질적 풍요와 도덕적 지지를 약속하는 사회주의를 적극 지지하고 나올 수도 있다. 슘페터는 한 유명한 구절에서 다음과 같은 질문을 던진다. "자본주의는 살아남을 수 있을까? 아니다. 나는 그렇게 생각하지 않는다." [4]

1960년대 후반, 장발, 하드록 뮤직, 사이키델릭 색채, 마약 등이 서구 사회에 만연하면서 슘페터의 예언이 현실로 다가오는 것처럼 보였다. 유럽의 제국주의 국가들로부터 주권을 되찾은 제3세계 국가들이 사회주의로 돌아섰다. 1970년대 초까지 많은 박사 학위 소지자들이 택시 운전으로 생계를 연명하면서 자본주의 체제의 문제점을 비판했다.

그러나 1980년대에 어떤 일이 벌어졌는가? 여피, 단발, 줄무늬 셔츠 등이 유행했고, 사회주의 저개발 국가들이 마르크스의《자본론》을 내팽 개치고 자본주의로 돌아서서《성공하는 남자의 옷차림》같은 책을 읽기 시작했다. 소련조차 침체되고 정체된 경제를 되살리기 위해 안간힘을 썼다. 누구도 더 이상 중앙 집중화된 계획 경제를 주장하지 않는다. 아래 는 1980년대 말에 〈뉴욕타임스〉에 실린 특집 기사들의 제목이다. 한번 주의 깊게 살펴보기 바란다. "유고슬라비아, 자본주의에 구애의 손길을 내밀다" "애덤 스미스가 앙골라에서 마르크스를 몰아내다" "남미의 경 제적 병폐에 대한 급진적 진단: 기업가 정신을 장려하는 책이 폭풍처럼 전역을 휩쓸다",[5] 마지막으로 1987년 7월 19일 자 〈뉴욕타임스〉에 "자 유시장을 향한 전 지구적인 행진: 세계 경제가 갈수록 경쟁으로 치달음 에 따라 자본주의 국가들과 공산주의 국가들 모두 애덤 스미스에 관심 을 기울이고 있다"라는 제하에 실린 기사 중 일부를 잠시 읽어보자.

모스크바에서는 기업에 다니는 동무들이 따로 미용실과 자동차 정비소 를 운영하고 있고, 중국에서는 많은 농민이 공동 생산 방식보다는 자신 들이 직접 작물을 재배해 내다 파는 것을 선호하고 있다. (…) 눈을 씻고 주변을 둘러봐도 거의 모든 나라가 경제에 활력을 불어넣기 위해 애덤 스미스의 보이지 않는 손으로 대표되는 시장 메커니즘에 관심을 기울 이고 있는 것을 알 수 있다. 경제학자들은 자본주의, 공산주의 할 것 없 이 소비자의 욕구를 평가하고, 투자를 장려하며, 비효율적인 생산자들 을 도태시키는 메커니즘이 작동하는 시장에 더 많은 자유를 주는 것이

경제를 활성화하는 데 무엇보다 중요하다는 데 의견의 일치를 보이고 있다고 주장한다.[6]

러시아와 동북아시아 국가들에서 정치적 및 경제적 위기가 닥쳤는데도 불구하고, 1990년대와 2000년대 초에 이런 흐름은 더욱 강화됐다. 예를 들어, 1995년에 폴란드에서 치러진 민주적 선거에서 예상을 뒤엎고 공산당이 집권에 성공했는데도 폴란드는 공산주의로 회귀하지 않았다. 즉, 이념은 공산주의였을지 몰라도 체제는 자본주의였다. 한때 러시아보다도 더 철저하게 공산주의적이었던 루마니아는 튀르키예와 자유무역 협정에 합의했다. 산디니스타(1979년에 군부 지도자 아나스타시오 소모사 데바일레 정권을 무너뜨린 니카라과의 민족 해방 전선)의 지도자 다니엘 오르테가는 자신이 오랫동안 신봉했던 마르크스주의를 내던지고 친자본주의의 기치 아래 니카라과 대선에 출마해 당선됐다. 그 결과 권위주의적 압제로 전락하면서 국제앰네스티의 비난을 샀다. 영국과 캐나다에서는 노동당 정부가 보수당 정부를 대체했는데도 불구하고, 전임 정부의 정책 기조였던 긴축 재정 및 국유 산업 민영화는 그대로 추진했다. 토니 블레어 수상이 집권 초기 가장 우선적으로 추진한 정책 가운데 하나는 중앙은행의 독립성을 보장함으로써 통화 정책에 자율성을 부여하는 것이었다. 물론 전임 수상이었던 마가렛 대처는 블레어의 이런 조치를 군말 없이 환영했다.

비록 시장 메커니즘으로의 회귀가 눈 깜빡할 사이에 빈곤을 풍요로 바꾸어놓지는 못하겠지만, 적어도 많은 정부가 기존에 시장경제 체제에 대해 갖고 있던 완고하고 이데올로기적인 혐오감을 벗어버린 것은 분명하다. 그리고 최근에는 인터넷이라고 하는 커뮤니케이션 기술의 발달로 인해 독재자들이 자신들의 국민을 어두운 나락에 가둬놓는 것도 불가능하게 됐다.

물론 물질적으로 풍요로워진다고 해서 슘페터가 고등 교육을 받은 계급을 애태우게 만들 것이라고 생각했던 자본주의의 여타 문제들이 쉽게 해결되지는 않을 것이다. 불평등과 빈곤은 자본주의의 고질적인 병폐로 계속해서 남아 있을 수도 있다. 그렇다면 이들 계급의 우려를 불식시킬 방법은 무엇일까? 투자와 기업가 정신을 저해하지 않는 수준의 조세 및 재분배 정책이 도움이 될 것이다. 많은 경제학자가 기존의 소득세 대신 소비세를 전면적으로 도입할 것을 주장한다.

그러나 시장이나 철두철미한 정부로도 해결될 수 없는 한 가지 문제가 있다. 인류는 전통적인 일자리와 사람들의 역할을 무용지물로 만드는 새로운 발명과 어떻게 보조를 맞춰 나갈까? 인류는 컴퓨터와 포스트-컴퓨터 시대에 적응할 수 있을 만큼 신속하게 학습할 수 있을까? 아마 대다수는 그렇게 할 수 있을 것이다. 그러나 사회가 더 복잡해질수록, 많은 사람이 사회적 안전망에서 이탈하게 될 것이다. 특히 정신적, 육체적, 지적 장애를 갖고 있는 사람들은 더 낙오자가 되기 십상이다. 지금의 세계는 200년 전보다 물질적으로 풍요로워졌는지는 모르지만 정신적으로는 더 살기 어려운 곳이 되었다. 21세기 도시의 삶은 과거에 농촌의 삶이 그랬듯이 인간의 정신 건강에 그다지 이로운 곳은 아니다. 현대 세계에서 어느 날 갑자기 자신의 설 자리를 잃는 것은 순식간이다. 〈모던 타임스〉에 나오는 찰리 채플린처럼 공장으로 휩쓸려 들어갔다가 떠돌이 부랑자가 되어 나오는 것도 한순간이다.

우리의 생물학적 시계는 더 이상 우리의 생활 방식과 일치하지 않을 수도 있다. 200년 전에 많은 여성이 스무 살의 나이에 아이를 가졌다. 그러나 당시 그들은 세상이 자신들에게 무엇을 제공할지, 자신들이 무슨 직업을 갖게 될지, 자신들의 미래가 어떠할지 알고 있었다. 그들은 자신들의 자식들에게 살아남는 방식을 가르칠 수 있었다. 오늘날 스무 살 청년 중에 자신이 25세에 무엇을 하고 있을지 또는 무엇을 하게 될지 알고 있는 이들이 얼마나 될까? 현대 세계는 우리에게 정말 많은 기회를 제공하고 있다. 하지만 과유불급이라는 말이 있듯이, 너무 넘쳐도 문제가 될 수 있다. 오히려 너무 많은 기회 때문에 자식들의 삶은 둘째 치고 자기 자신의 삶을 제대로 보살피지도 예측하지도 못하고 있을 수 있다. 현재 우리의 아이들은 세상 돌아가는 이치를 제대로 알고 있는 사람들의 보살핌과 안내를 받고 있지 못하다. 그것은 부모들이 무능하거나 게을러서가 아니라 세계가 너무 거대해져 더 이상 그것을 한눈에 파악하는 것이 어려워졌기 때문이다. 부모들은 자신들의 자식들에게 확실성을 보장하는 방법이 아닌 불확실성을 다룰 방법을 가르칠 수 있도록 스스로 배워야 한다.

너무 암담한 이야기만 해서 죄송하지만, 한 가지 더 추가할 것이 있다. 참고 들어주기 바란다. 그것은 자연 재앙을 포함해 다른 많은 불행한 일들이 우리에게 닥칠 수 있다는 것이다. 캘리포니아가 지진으로 인해 태평양으로 떨어져 나갈 수도 있다. 역병이 발생해 수백만 명이 하루 아침에 주검으로 변할 수도 있다. 이보다 더 많은 사람이 가뭄으로 인한 기근으로 굶어 죽을 수도 있다. 전쟁이 일어나 무고한 젊은이들의 목숨을 빼앗아갈 수도 있다. 이처럼 미래에 전 세계에 닥칠 일들을 암울한 필치로 그려내는 것은 별로 어려운 일이 아니다.

하지만 미래를 낙관적으로 예측할 수 없는 상황에서 경제학자들은 이런 모든 가능성을 연구해야 한다. 물론 그 과정에서 그들은 자신들이 만천하에 자랑스럽게 공개할 순간만을 고대하며 오랫동안 심혈을 기울여 그려온 그림, 즉 경제학 모델을 자칫 망칠 수 있는 뼈아픈 순간에 봉착할 수도 있다.

인류의 기나긴 역사에서 볼 때, 지금 두 발로 걷는 인류가 네 발로 걸었을 때보다 더 잘 살고 있다고 말할 수는 없다. 그래도 두 발로 걷고 있는 지금이 네 발로 걸었을 때보다 분명히 나은 것이 있을 것이다. 그것을 찾아내 우리에게 설명하고 납득시키고자 애썼고 애쓰고 있는 경제학자들에게 조금이나마 위로와 신뢰를 보내도록 하자.

감사의 말

이 책은 위대한 경제학자들의 삶과 아이디어를 살펴보는 형식으로 현대의 경제 이론을 설명한다. 오늘날 우리가 경험하고 있는 많은 경제 관련 문제들은 선조들이 앞서 겪었던 것들이기 때문에 애덤 스미스와 그 후손들의 외침은 오늘을 사는 우리에게까지 그대로 와닿는다. 그들의 이론을 제대로 전달하기 위해 나는 독자들이 흥미를 느끼고 쉽게 이해할 수 있도록 최근의 사례를 많이 인용했다.

경제학을 전공하는 학생이 첫날 수업시간에 배우듯이 경제학은 희소성과 선택에 대해 다룬다. 지금까지 지구상에는 많은 위대한 경제학자들이 살다 갔다. 그러나 이 책에서 그들을 모두 다룰 수는 없기 때문에 주로 영미권에서 활동했던 경제학자들에게 초점을 두었다. 따라서 로잔학파의 창시자인 프랑스 태생의 경제학자 레옹 발라, 신고전파 경제학의 효시로 알려진 영국 태생의 경제학자 윌리엄 제번스, 한계효용이론을 확립한 오스트리아 태생의 경제학자 카를 멩거, 그리고 그 외 다른 유명한 경제학자들은 깊이 있게 다루지 못했다. 그래서 나는 독자들이 이들 위대한 경제학자들에게 영감을 받아 다른 책들도 들춰볼 수 있는 계기를 가졌으면 하는 바람이 있다. 영국 경험주의 철학자인 프랜시스 베이컨의 말을 빌려 쓰면, 거창하게 이것저것 설명하기보다는 간단명료하면서도 독자들의 뇌리에 깊이 남을 수 있는 뭔가를 전달하고 싶었다.

706

이 책에서 언급되는 아직 생존해 있는 경제학자들에게는 먼저 사과의 말을 전하고 싶다. 비록 이 책에서 그들의 이름을 직접 언급하거나 그들이 언급했던 말을 인용하고 있기는 하지만, 어떤 사심에서 문제 삼거나 시시콜콜 걸고 넘어지기 위해 일부러 그런 것은 아니다. 즉, 행간에서 그런 것이 읽힌다고 해도 의도한 것은 아니라는 점을 이해해주었으면 한다. 오히려 자신들의 이름이 애덤 스미스, 데이비드 리카도, 존 메이너드 케인스, 그리고 그 외 다른 위대한 경제학자들과 함께 거론되는 것이 영광이라면 또 영광이 아니겠는가. 너그럽게 이해해주길 바란다.

이 책이 나오기까지 물심양면으로 도와준 많은 분과 연구 기관들에 고마움을 전하고 싶다. 마틴 펠드스타인 교수와 아들 부시의 경제 정책 보좌관을 역임한 로런스 린지는 이 책의 집필을 독려하고 하버드대학교 학생들에게 초고를 읽어보도록 권유해주었다. 하버드대학교에서 강의하던 시절 자주 삼천포로 빠지던 내 경제사 수업을 귀담아 들어준 학생들에게도 감사한다. 로널드 코스와 밀턴 프리드먼은 앨프리드 마셜에 대해 유용한 논평을 해주었다. 2006년에 96세의 일기로 작고한 프리드먼은 20세기가 낳은 위대한 경제학자이자 의외로 당대의 경제 현실에 너그럽고 관대했던 학자였다. 그는 자신의 견해를 간략히 정리해 편지로 작성해 보내주었고, 나를 코스에게 소개했다. 코스는 케인스와 그의 경쟁자였던 아서 피구와 하이에크를 모두 알았다. 케임브리지대학교의 제프리 믹스와 같은 대학의 세인트존스 칼리지 학장을 역임한 해리 힌슬리 경은 이 책에 등장하는 많은 주인공이 자주 다녔을 케임브리지대학교의 회랑들을 거닐며 생각에 잠길 수 있도록 허락해주었다. 특히 케임브리지대학교와 떼려야 뗄 수 없는 맬서스, 앨프리드 마셜, 케인스에 대한 장을 쓰기 전에 나는 이들의 기억과 추억이 서려 있는 유서 깊은 뜰과 강당을 돌아다니며 그들이 남긴 유산에 대해 상기하며 계속 곱씹었다. 2009년에 나는 케임브리지로 돌아가 킹스칼리지에서 피구를 조사하며 시간을 보냈다. 그뿐 아니라 벅넬대학교의 마이클 무어 교수와 더글러스 스텀 교수에게도 감사드린다. 두 분은 내가 경제사와 지성사에 관심을 갖도록 이끌어준 분들이다.

마틴 펠드스타인에 대해 덧붙일 말이 있다. 그가 2019년에 세상을 떠났다. 한 저명한 헤드라인 뉴스가 전한 대로 그는 "당대에 가장 영향력 있는 경제학자들 가운데 한 명"이었다. 그는 연방준비은행 총재들, 재무부 장관들, 백악관 경제자문위원회 의장들을 지도했다. 전 연방준비은행 총재 제러미 스타인은 그를 "경제학계에서 가장 출중한 교량 건설자"라고 불렀다.[1] 마르티(마틴 펠드스타인의 별칭)는 레이건 행정부에서 경제자문위원회 의장으로 활동하던 시절 재무부 장관에 반기를 들 정도로 대담했고, 내가 대학원 졸업생에 지나지 않았을 때 이 책의 서문을 써달라고 부탁할 수 있을 만큼 다정했다. 수학자들은 에르되시 수에* 대해 이야기하고는 하는데, 이는 평생 많은 논문을 저술했는데 대다수가 공동 저술이었던 헝가리 태생의 수학자 에르되시 팔과 몇 단계를 거쳐 연결되어 있는지를 나타낸다. 언젠가, 아마도 지금부터, 경제학자들은 펠드스타인 수Feldstein number를 공유할 것이다. 나는 이 책이 펠드스타인

---

* Erdos number. 에르되시는 평생 1,500여 편의 논문을 저술했는데 대다수가 공동 저술로 공동 저자가 무려 509명이었다. 에르되시를 기준으로 공저자와 연결되는 단계를 수로 나타낸 것이 에르되시 수다. 우선 에르되시와 공저자가 에르되시 수 1이다. 이 공저자와 함께 논문을 저술했지만 에르되시와는 함께 저술하지 않은 사람은 에르되시 수 2이다. 에르되시 수가 2인 사람과 공동 작업했지만 에르되시나 에르되시 1인 사람과 저술하지 않은 사람은 에르되시 수가 3이다. 이런 식으로 에르되시 수가 계속 늘어난다.

수 1이 될 거라고 장담한다.

마지막으로 가족에게 감사한다. 가족의 존재, 그리고 그들로부터 받는 위안과 활력은 내가 '우울한' 과학자들 사이에서 몇 가지 교훈과 웃음을 찾아낼 수 있는 희망이 되어주었다. 아마 그들도 생기발랄하고 사랑스러운 나의 아내 데비를 알았더라면 그렇게 우울하지는 않았을 것이다. 그런 아내에게 이 책을 바친다.

옮긴이의 말

부크홀츠는 책머리에서 이렇게 말했다. "경제학자가 되는 일은 쉽지 않다." 그러나 어찌 경제학자가 되는 일만 어렵겠는가. 방대하고 난해한 경제학 및 경제사상사를 이해하는 것 또한 쉬운 일이 아니다. 오늘날처럼 경제학 분야가 세분화되고, 현실 경제가 복잡하게 돌아가는 상황에서 이것은 더욱 어려운 일처럼 보인다.

이 책은 1994년에 국내에 처음 번역, 소개되어 독자들로부터 꾸준한 사랑을 받아온《죽은 경제학자의 살아 있는 아이디어》의 부분개정 4판을 새롭게 번역한 것이다. 2007년에 출간한 전면개정 3판과 비교해 기본 구성이나 내용에 있어서 크게 바뀐 것은 없지만, 그사이 인류와 세계 경제가 겪은 2008년 금융위기와 2020년 대중단의 경제학적 함의를 새롭게 다루고 있다. 초판을 읽고 저자의 경제사상사에 대한 깊이 있는 조예와 그것을 쉽고 재치 있는 입담으로 풀어내는 능력에 깊은 인상을 받은 독자들은 이번 개정판에서 더욱 성숙한 저자의 경제학 지식과 여전히 녹록지 않은 입담에 한층 더 흥미와 재미를 느낄 수 있을 것이다. 물론 이 책을 처음 접하는 독자들에게는 기존에 어렵게만 느껴졌던 경제사상사의 맥락과 진수를 접할 수 있는 최고의 기회가 될 것이다.

이 책은 현대 경제학 흐름 전반을 이해하는 데 있어서는 결코 부족함이 없다. 그래도 부족함을 느끼는 독자가 있다면 그나마 경제사상사를 쉽고, 재치 있고, 그리고 충실하게 전달하고 있다는 사실에서 다소 위안을 삼을 수 있을 것이다. 이 책에서 다루고 있는 위대한 경제학자들과 경제학 이론들을 떠나 경제사상사를 한마디로 정리한다면, 그것은 정부와 시장을 등에 업은 경제학자들 간의 끊임없는 대리전이라고 할 수 있다.

애덤 스미스가 '보이지 않는 손'을 통해 정부의 시장 개입을 비판하고 자유시장의 편을 들면서 시작된 경제학자들 사이의 대리전은 존 메이너드 케인스가 정부의 적극적인 시장 개입을 주장하면서 정점에 올랐다. 카를 마르크스의 자본주의 체제 자체에 대한 총체적인 비판을 예외로 하면, 이 두 사람을 정점으로 인구론으로 세상을 공포로 몰아넣은 토머스 맬서스, 보호무역주의를 비판한 데이비드 리카도, 공리주의를 역설한 존 스튜어트 밀, 한계효용에 기초해 미시경제학을 수립한 앨프리드 마셜, 경제학의 분야를 제도의 문제로 확장한 베블런, 케인스에 비판의 칼날을 들이댄 통화주의자 밀턴 프리드먼, 정치는 비즈니스라 선언하며 특수 이익 집단과 관료주의의 폐해를 비판한 공공선택학파의 제임스 뷰캐넌, 인간의 합리적 기대 가설에 근거해 기존의 모든 경제학파 이론들을 한순간에 무기력화한 합리적 기대이론가들, 그리고 마지막으로 경제학과 심리학을 접목한 행동경제학 등은 땀 냄새와 화약 냄새 진동하는 각개 전투를 연상하게 한다. 물론 그 중심에는 야전 사령관을 자처하는 정부와 시장이 자리를 잡고 있다.

이렇게 보면 경제는 곧 정치고, 전쟁이라는 말이 실감이 난다. 오늘날 우리는 총성 없는 전쟁이라고 하는 경제 전쟁의 시대에 살고 있다. 누가 먼저라고 할 것도 없이 정부와 시장은 서로 앞서거니 뒤서거니 전쟁을 하고 있고, 이 장단에 맞춰 세계 각국이 각축을 벌이며 전 세계 사람들이 끝이 보이지 않는 전쟁에서 살아남기 위해 안간힘을 쓰고 있다.

경제사상사를 이렇게 전쟁으로 비유해놓고 보니 너무 심한 비약을 한 것은 아닌가 생각이 든다. 경제사상사가 정부와 시장을 바라보는 경제학자들의 인식에 따라 크게 대별되고, 그것에 기초해 경제학자들 사이의 주장과 비판으로 점철되어 있는 것은 사실이지만, 결국 경제사상사란 세상의 이치와 진리를 찾고자 하는 인류의 피나는 노력의 산물이자 성과이기 때문이다.

마지막으로 번역과 관련해 언급하고 싶은 것이 있다. 무엇보다 이 책을 번역하면서 전문 경제학 용어들이 쓰는 이에 따라 조금씩 차이가 있어 정확한 번역어를 찾는 데 많은 애를 먹었다. 부족한 점이 있을 수 있지만 최대한 꼼꼼히 번역하려고 노력했고, 그럼에도 미숙한 점이 발견된다면 이에 대해서는 어떠한 질타라도 달게 받겠다.

비록 역자의 입장에서 이 책을 접하기는 했지만, 번역 과정에서 경제사상사와 현실 경제의 많은 부분을 새롭게 공부할 수 있어 뜻깊었다. 부족한 번역이지만, 많은 사람이 이 책을 통해 경제사상사의 진리를 깨닫고, 현실 세계의 경제를 조금이나마 이해할 수 있는 계기와 발판으로 삼을 수 있기를 기대한다.

류현

감수의 말

내가 《죽은 경제학자의 살아있는 아이디어》를 처음 읽었던 때는 대학교 학부생 시절이었다. 경제학이란 복잡한 수학으로 풀어야 한다고 믿는 정통파 경제학도였던 나에게 수식은 하나도 찾아볼 수 없고 글로써 경제학자들의 이론을 설명한 이 책은 뭔가 조금 부족하게 느껴졌다. 그 정통파 학부생이 이제 50대 중반의 경제학과 교수가 되었다. 그리고 경제학은 수식이 아닌 일반인의 언어로 설명하는 것이 가장 어렵지만 가장 중요하다고 생각을 바꾸게 되었다.

많은 경제학자가 경제학은 시간을 초월한 과학적 진리라고 생각한다. 경제학은 1만 년 전의 원시 인류에게도 적용될 수 있고 1만 년 후의 미래에도 적용될 수 있는 영구불변의 법칙이기 때문에 수학으로 풀어야 마땅하다는 것이다. 마치 태양과 별의 움직임이 1억 년 전이나 1억 년 후에도 모두 수학으로 설명될 수 있듯이 말이다. 완전히 틀린 생각은 아니다. 하지만 경제학은 결국 인간 세상에 관한 것이다. 그리고 인간은 자기가 현재 맞닥뜨린 문제를 풀고자 한다. 250년 전 애덤 스미스가 풀고자 했던 영국의 경제 문제와 현재 대한민국이 안고 있는 경제 문제는 분명히 유사점이 있겠지만 당연히 같은 문제일 수는 없다.

《죽은 경제학자의 살아있는 아이디어》는 데이비드 리카도의 경제 이론을 설명하기 전에 데이비드 리카도라는 사람을 설명한다. 그리고 당시의 경제 상황을 서술해준다. 리카도가 해결하고자 했던 경제 문제가 바로 당시 자기가 살던 사회의 문제였으니 이를 설명하지 않고는 독자들이 그의 사상을 제대로 이해할 수 없기 때문이다. 그렇다면 데이비드 리카도의 경제 이론이 현재에는 쓸모가 없다고 생각할 수도 있을 것이다. 물론 현재의 문제와 완벽히 일치하지는 않지만, 오늘날에도 200년 전 데이비드 리카도가 직면했던 경제 문제와 비슷한 문제들이 역시 존재한다. 토드 부크홀츠가 인도하는 경제학적 배움의 세계가 단순한 수학을 뛰어넘어 인간미가 넘치고 현실에서 유용한 이유가 바로 여기에 있다.

이번 개정판에는 지난 30년의 세월을 거치면서 우리 사회에 발생했던 여러 가지 변화가 반영되어 있다. 현대의 젊은 독자들에게 훨씬 이해하기 쉽고 도움이 되는 책으로 다시 태어났다는 느낌이 든다. 감수자로서 아주 안심되고 흡족스럽다. 1989년 원서 초판이 나오고 시간이 지나면서 죽은 경제학자들의 아이디어가 세상에 어떻게 다시 적용되었는지 독자들이 이 책을 통해서 새삼 느낄 수 있다면 경제학자로서 큰 보람을 느낄 것이다.

한순구

주

머리말

1 Albrecht Glitz and Erik Meyersson, "Industrial Espionage and Productivity," *American Economic Review* 110, no. 4 (April 2020), pp. 1055-1103.

2 Maxim Pinkovskiy and Xavier Sala-i-Martin, "Parametric Estimations of the World Distribution of Income," National Bureau of Economic Research, Working Paper 15433 (2009), p. 57, fig. 32.

1. 곤경에 처한 경제학자들

1 William Manchester, *The Last Lion: Winston Spencer Churchill* (New York: Dell, 1983), p. 35.

2 T. S. Kuhn, *The Structure of Scientific Revolutions*, 2nd ed. (Chicago: University of Chicago Press, 1970).

3 John Maynard Keynes, "Alfred Marshall," in *Essays in Biography*, in the *Collected Writings of John Maynard Keynes*, vol. 10 (London and New York: Macmillan/St. Martin's Press for the Royal Economic Society, 1972), p. 173.

4 Todd G. Buchholz, "Biblical Laws and the Economic Growth of Ancient Israel," *Journal of Law and Religion* 6, no. 2 (1988) 389-427.

5 Benjamin Nelson, *The Idea of Usury* (Princeton, NJ: Princeton University Press, 1949).

6 Georges Duby, *The Age of the Cathedral*, trans. Eleanor Levieux and Barbara Thompson (Chicago: University of Chicago Press, 1981), p. 3.

2. 애덤 스미스: 경제학의 창시자

1 Adam Smith, *Lectures on Justice, Police, Revenue, and Arms*, ed. Edwin Cannan (London: Oxford University Press, 1896), p. 179.

2 Adam Smith, *Correspondence of Adam Smith*, ed. Earnest Campbell Mossner and Ian Simpson Ross (Oxford: Clarendon Press, 1987), p. 275.

3 Smith, *Correspondence*, p. 1.

4 Adam Smith, *An Inquiry into the Nature and Causes of the Wealth of Nations*, ed. R. H. Campbell, A. S. Skinner, and W. B. Todd, 2 vols. (Oxford: Clarendon Press, 1976 [1776]), vol. 1, p. 284.

5 Smith, *Lectures*, pp. 172-173.

6 Smith, *Wealth of Nations*, vol. 1, p. 274.

7 Smith, *Correspondence*, p. 102.

8 Peter Gay, *The Enlightenment: An Interpretation*, 2 vols. (London: Weidenfeld and Nicolson, 1967), vol. 2, p. 348.

9 Gay, *Enlightenment*, vol. 2, p. 349.

10 David Hume, *The Letters of David Hume*, ed. J. Y. T. Greig, 2 vols. (Oxford: Oxford University Press, 1932), vol. 2, p. 205.

11   Smith, *Wealth of Nations*, vol. 2, p. 678.

12   Thomas Hobbes, "The Introduction," in *Leviathan* (New York: Collier, 1962), p. 19.

13   Smith, *Wealth of Nations*, vol. 1, p. 341.

14   Smith, *Wealth of Nations*, vol. 1, p. 25.

15   Smith, *Wealth of Nations*, vol. 1, pp. 26-27.

16   Smith, *Wealth of Nations*, vol. 1, p. 456.

17   Recording Industry Association of America, "U.S. Sales Database,"https://www.riaa.com/u-s-sales-database/.

18   Smith, *Wealth of Nations*, vol. 1, p. 15.

19   Smith, *Wealth of Nations*, vol. 1, p. 20.

20   F. A. Hayek, "The Use of Knowledge in Society," *American Economic Review* 35 (September 1945), pp. 526-528.

21   Smith, *Wealth of Nations*, vol. 1, p. 456.

22   프리드먼의 주장은 미국의 경제학자로 경제교육재단(Foundation for Economic Education)을 설립한 레너드 리드가 쓴 다음 수필에 기초한 것이다. "I, Pencil: My Family Tree," Foundation for Economic Education (December 1958).

23   James Ward, *The Perfection of the Paper Clip* (New York: Touchstone, 2015), p. 96.

24   Smith, *Wealth of Nations*, vol. 1, pp. 23-24.

25   Milton Friedman, *Capitalism and Freedom* (Chicago: University of Chicago Press, 1967), p. 109.

26   Smith, *Wealth of Nations*, vol. 2, pp. 782-785.

27   Paul A. Samuelson, "A Modern Theorist's Vindication of Adam Smith," *American Economic Review: Papers and Proceedings*, vol. 67 (February 1977), pp. 43-44.

28   Smith, *Wealth of Nations*, p. 257.

29   Parmigiano Reggiano Consortium, "Specifications and Legislation," https://www.parmigianoreggiano.com/consortium/rules_regulation_2/default.aspx; Cato Institute, "Reign of *Terroir*: How to Resist Europe's Efforts to Control Common Food Names as Geographical Indications," https://www.cato.org/publications/policy-analysis/reign-terroir-how-resist-europes-efforts-control-common-food-names#cite-11.

30   Tanguy Chever et al., *Value of Production of Agricultural Products and Foodstuffs, Wines, Aromatised Wines and Spirits, Protected by a Geographical Indication (GI)*, AGRI-2011-EVAL-042012, October 2012. 앤드인터내셔널(AND International)이 작성해 유럽위원회에 보고한 다음 자료를 참고할 것. http://ec.europa.eu/agriculture/external-studies/value-gi_en.htm.

31   Smith, *Wealth of Nations*, vol. 1, p. 145.

32   Smith, *Wealth of Nations*, vol. 1, p. 137.

33   샘 월튼의 짤막한 일대기에 관해서는 다음 자료를 볼 것. Todd G. Buchholz, *New Ideas from Dead CEOs* (New York: HarperCollins, 2007), pp. 241-259.

34   Steve Jobs, Stanford University commencement address, *Stanford Report*, June 12, 2005.

35   Sam Peltzman, "Industrial Concentration Under the Rule of Reason," *Journal of Law and Economics* 57, no. 4 (2014), article 7.

36   "Antitrust Grows Unpopular," *Newsweek*, January 12, 1981.

37   Smith, *Wealth of Nations*, vol. 1, p. 457.

38 Smith, *Wealth of Nations*, vol. 1, p. 471.

39 Bernie Sanders, "So-Called 'Free Trade' Policies Hurt US Workers Every Time We Pass Them," *Guardian*, April 29, 2015, https://www.theguardian.com/commentisfree/2015/apr/29/so-called-free-trade-policies-hurt-us-workers-every-time-we-pass-them; Tessa Berenson, "Donald Trump Details Plan to Rewrite Global Trade Rules," Time, June 28, 2016, http://time.com/4385989/donald-trump-trade-china-speech/.

40 W. Michael Cox and Richard Alm, "How Are We Doing?," *The American*, July 3, 2008, http://www.aei.org/publication/how-are-we-doing/.

41 Mark Perry, "When It Comes to the Affordability of Common Household Goods, the Rich and the Poor Are Both Getting Richer," American Enterprise Institute, October 3, 2013, https://www.aei.org/publication/when-it-comes-to-the-affordability-of-common-household-goods-the-rich-and-the-poor-are-both-getting-richer/.

42 Tom Jackson, *Chilled: How Refrigeration Changed the World and Might Do So Again* (London: Bloomsbury, 2015).

43 Felipe Garcia Ribeiro, Guilherme Stein, and Thomas Kang, "The Cuban Experiment: Measuring the Role of the 1959 Revolution on Economic Performance Using Synthetic Control," working paper (May 21, 2013), https://onlinelibrary.wiley.com/doi/abs/10.1111/twec.12609.

44 David Dollar and Aart Kraay, "Trade, Growth and Poverty," World Bank, June 2001, p. 2.

45 Heather Long, "Trump's Steel Tariffs Cost U.S. Consumers $900,000 for Every Job Created, Experts Say," *Washington Post*, May 7, 2019, https://www.washingtonpost.com/business/2019/05/07/trumps-steel-tariffs-cost-us-consumers-every-job-created-experts-say.

46 Gary Clyde Hufbauer and Sean Lowry, *US Tire Tariffs: Saving Few Jobs at High Cost*, Peterson Institute for International Economics, https://piie.com/sites/default/files/publications/pb/pb12-9.pdf.

47 Smith, *Wealth of Nations*, vol. 1, p. 468.

48 Smith, *Correspondence*, pp. 245-246.

3. 맬서스: 암울한 예언가

1 William Wordsworth, *The Prelude: 1799* (New York: W. W. Norton, 1979), p. 396.

2 William Godwin, *An Enquiry Concerning the Principles of Political Justice, and Its Influence on General Virtue and Happiness*, 2 vols. (London: 1798), vol. 2, p. 504.

3 Godwin, *Enquiry*, p. 528.

4 Nico Voigtländer and Hans-Joachim Voth, "How the West 'Invented' Fertility Restriction," *American Economic Review* 103 (2013), 2227-2264.

5 Thomas R. Malthus, *An Essay on the Principle of Population*, 1st ed. (London: Macmillan, reprint, 1909), pp. 139-140.

6 Malthus, *Principle of Population*, pp. 6-7, 92.

7 James Bonar, *Malthus and His Work* (London: Macmillan, 1885), p. 127.

8 Thomas R. Malthus, *An Essay on the Principle of Population*, 2nd ed. (London: Everyman Library, 1914), vol. 2, p. 168.

9 Patricia James, *Population Malthus* (London: Routledge and Kegan Paul, 1979), pp. 110-111.

10 Charles Darwin, *The Autobiography of Charles Darwin* (New York: Barnes and Noble, 2005 [1867]), p.

45; Alfred Russel Wallace, *My Life* (London: Chapman and Hall, 1905), vol. 2, p. 232.

11 Paul Bairoch, "Agriculture and the Industrial Revolution," trans. M. Grindrod, in *The Industrial Revolution*, ed. C. M. Cipolla (Sussex: Harvester Press, 1976), pp. 452–501.

12 André Armengaud, "Population in Europe 1700–1914," in Cipolla, *Industrial Revolution*, p. 48.

13 Thomas R. Malthus, *Principles of Political Economy* (Boston: Wells and Lilly, 1821), pp. 4–5.

14 Todd G. Buchholz, *The Price of Prosperity* (New York: HarperCollins, 2016), pp. 28–37.

15 Aristotle, *Politics*, bk. 2, http://www.perseus.tufts.edu/hopper/text?doc=Perseus:abo:tlg,0086,035:2.

16 "Family Planning," Walt Disney Productions for the Population Council, 1968, https://www.youtube.com/watch?v=t2DkiceqmzU.

17 Dennis Meadows et al., *The Limits to Growth* (New York: Universe Books, 1972); Jay Forrester, *World Dynamics* (Cambridge: Wright-Allen Press, 1971); Robert Heilbroner, *An Inquiry into the Human Prospect* (New York: W. W. Norton, 1974).

18 Gerald O. Barney, ed., *The Global 2000 Report to the President* (Washington, D.C.: U.S. Government Printing Office, 1981).

19 Wassily Leontief, *The Future of the World Economy* (New York: Oxford University Press, 1977), p. 6.

20 Ashok Gulati, "Can India Solve Its Food Paradox?," interview by Knowledge at Wharton, March 28, 2019, https://knowledge.wharton.upenn.edu/article/can-india-solve-its-food-paradox/.

21 World Bank, *World Development Report* (Washington, D.C.: World Bank, 1984); Allen C. Kelley, "Economic Consequences of Population Change in the Third World," *Journal of Economic Literature*, vol. 25 (December 1988), pp. 1685–1728.

22 Stephen Buckley, "Africa's Agricultural Rebirth," *Washington Post*, May 25, 1998, p. A18.

23 Charles Kenny, "Is Anywhere Stuck in the Malthusian Trap?," *Kyklos* 63, no. 2, pp. 199–202.

24 Thomas R. Malthus, *An Essay on the Principles of Population*, 2nd ed. (London: J. Johnson, 1803), p. 393.

25 Riham Alkousaa, "Violent Crime Rises in Germany and Is Attributed to Refugees," Reuters, January 3, 2018, https://www.reuters.com/article/us-europe-migrants-germany-crime/violent-crime-rises-in-germany-and-is-attributed-to-refugees-idUSKBN1ES16J.

26 William G. Powderly, "How Infection Shaped History: Lessons from the Irish Famine," *Transactions of the American Clinical and Climatological Association* 130 (2019), https://www.ncbi.nlm.nih.gov/pmc/articles/PMC6735970/.

27 Noel Ignatiev, *How the Irish Became White* (New York: Routledge, 1995).

28 Ignatiev, *How the Irish Became White*, p. 37.

29 Andres Villareal and Christopher R. Tamborini, "Immigrants' Economic Assimilation: Evidence from Longitudinal Earnings Records," *American Sociological Review*, August 2018; George J. Borjas, "The Economics of Immigrants," *Journal of Economic Literature*, December 1994; Rachel M. Friedberg and Jennifer Hunt, "The Impact of Immigrants on Host Country Wages, Employment and Growth," *Journal of Economic Perspectives*, Spring 1995, pp. 26–27.

30 Todd G. Buchholz, *Market Shock* (New York: HarperCollins, 2000), pp. 237–256.

31 Spencer R. Weart, "The Discovery of the Risk of Global Warming," *Physics Today*, January 1997, p. 34. IPCC의 최근 보고서에 관해서는 다음 자료를 볼 것. R. T. Watson, M. C. Zinyowera, and R. H. Moss, eds., *Climate Change 1995: The Impacts, Adaptation, and Mitigation of Climate Change* (New York:

Cambridge University Press, 1996).

32   Robert Mendelsohn, William D. Nordhaus, and Daigee Shaw, "The Impact of Global Warming on Agriculture: A Ricardian Analysis," *American Economic Review* 83, no. 4 (September 1994), pp. 753-755. 지구 온난화에 대한 회의적인 시각에 관해서는 다음 자료들을 볼 것. R. S. Stone, "Variations in Western Arctic Temperatures in Response to Cloud Radiative and Synoptic-Scale Influence," *Journal of Geophysical Research* 102 (1997), pp. 21, 769-770, 776; Matt O'Keefe, "Solar Waxing," Harvard Magazine, May-June 1998.

33   Matthew E. Kahn, *The Review of Economics and Statistics* 87, no. 2 (May 2005), p. 271.

34   Sylvanus Urban, *Gentleman's Magazine and Historical Chronicle*, vol. 94 (London: J. Nichols and Son, 1824), p. 356.

4. 데이비드 리카도: 자유무역의 화신

1   David Ricardo, *Letters of David Ricardo*, ed. James Bonar (Oxford: Clarendon Press, 1887), p. 16.

2   David Weatherall, *David Ricardo* (The Hague: Martinus Nijhoff, 1976), p. 2.

3   British History Online, "The Royal Exchange," https://www.british-history.ac.uk/old-new-london/vol1/pp494-513.

4   David Ricardo, *The Works and Correspondence*, ed. Pierro Sraffa (Cambridge: Cambridge University Press, 1951-1955), vol. 6, p. 231.

5   Robert Lekachman, *A History of Economic Ideas* (New York: Harper and Row, 1959), p. 143.

6   David Davies, *The Case of the Labourers in Husbandry Stated and Considered* (London, 1795); Frederick Morton Eden, *The State of the Poor: A History of the Labouring Classes in England, with Parochial Reports*, ed. A. G. L. Rogers (London, 1928); Gregory Clark, *A Farewell to Alms* (Princeton, NJ: Princeton University Press, 2007), table 3.6, p. 30; Joel Mokyr, "Is There Still Life in the Pessimist Case? Consumption During the Industrial Revolution, 1790-1850," *Journal of Economic History* 48, no. 1 (1988), pp. 69-92; Malthus, *An Essay on the Principle of Population* (1798), ch. 1, p. 25.

7   Harry Anderson, Rich Thomas, and James C. Jones, "Carving Up the Car Buyer," *Newsweek*, March 5, 1984, p. 72.

8   Murray Weidenbaum and Michael Munger, "Protectionism at Any Price?," *Regulation*, July-August 1983, pp. 14-22, cited in Benjamin M. Friedman, *Day of Reckoning* (New York: Random House, 1988), pp. 58-60.

9   "Economic Impacts of the Canadian Softwood Lumber Dispute on U.S. Industries," U.S. Senate, Committee on Commerce, Science and Transportation, Hearing Archives (February 14, 2006), pp. 1-53.

10   Frédéric Bastiat, *Economic Sophisms* (Princeton, NJ: D. Van Nostrand, 1964), pp. 56-57.

11   Emily Glassberg Sands and Vinod Bakhavachalam, "Ranking Countries and Industries by Tech, Data, and Business Skills," *Harvard Business Review*, March 27, 2019.

12   World Health Organization, *Global Status Report on Road Safety 2018*, https://www.who.int/violence_injury_prevention/road_safety_status/2018/en/.

13   Todd G. Buchholz, "Burgers, Fries, and Lawyers," *Policy Review*, February-March 2004, no. 123, p. 54.

14   Paul Krugman, "Ricardo's Difficult Idea," MIT, http://web.mit.edu/krugman/www/ricardo.htm.

15   Ricardo, *Works and Correspondence*, vol. 5, p. 55; vol. 1, p. 265; Mark Blaug, Ricardian Economics (New Haven, CT: Yale University Press, 1958), p. 33.

16   Ricardo, *Works and Correspondence*, vol. 1, p. 97.

17   Ricardo, *Works and Correspondence*, vol. 1, p. 70.

18   Ricardo, *Works and Correspondence*, vol. 1, p. 35.

19   Ricardo, *Works and Correspondence*, vol. 1, p. 120.

20   Ricardo, *Works and Correspondence*, vol. 8, p. 208; also see Ricardo writing in the 1820 *Encyclopedia Britannica*, vol. 8, p. 179.

21   Henry George, *Progress and Poverty* (New York: Schalkenbach Foundation, 1929), p. 545.

22   "Taxing Commercial Properties: Economic Impact Report," Office of the Controller, City and County of San Francisco, Item 19005 (November 11, 2019), p. 4.

23   Eve Baty, "A Castro Restaurant's NIMBY Play to Thwart Competitor Has Failed," *San Francisco Eater*, October 28, 2019, https://sf.eater.com/2019/10/28/20936988/castro-mediterranean-new-falafel-nimby.

24   Malthus, *Principles of Political Economy*, p. 186.

25   Smith, *Wealth of Nations*, pp. 337–338.

26   Malthus, *Principles of Political Economy*, p. 395.

27   John Maynard Keynes, "Thomas R. Malthus," in *Essays in Biography*, in *Collected Writings of John Maynard Keynes*, vol. 10 (London: Macmillan, 1972), p. 100.

28   Ricardo, *Works and Correspondence*, vol. 8, p. 184.

29   Robert Torrens, *Essay on the External Corn Trade* (London: J. Hatchard, 1815), pp. viii–ix.

30   Mark Blaug, *Economic Theory in Retrospect*, 3d ed. (Cambridge: Cambridge University Press, 1978), p. 140.

5. 존 스튜어트 밀: 경제학계의 풍운아

1   John Stuart Mill, *Autobiography* (London: Longmans, Green, Reader, and Dyer, 1873), p. 28. 밀의 생애에 관해서는 다음 자료를 볼 것. Michael St. John Packe, *The Life of John Stuart Mill* (New York: Macmillan, 1954).

2   Mill, *Autobiography*, pp. 28, 30.

3   W. L. Courtney, *Life of John Stuart Mill* (London: Walter Scott, 1889), p. 40.

4   Mill, *Autobiography*, pp. 66–67.

5   Mill, *Autobiography*, pp. 98–100.

6   Jeremy Bentham, *Introduction to the Principles of Morals and Legislation* (New York: Haffner, 1948), p. 1.

7   Bentham, *Principles of Morals and Legislation*, pp. 30–31.

8   Bentham, "Defence of a Maximum," in J*eremy Bentham's Economic Writings*, vol. 3, ed. W. Stark (London: George Allen and Unwin, 1954 [1801]), pp. 247–302. 벤담의 정의론에 대한 비판은 다음 자료를 볼 것. Todd G. Buchholz, "Punishing Humans," *Thought* 59 (September 1984).

9   Mill, *Autobiography*, pp. 40–41.

10   Beckles Willson, *Ledger and Sword*, vol. 2 (London: Longmans, Green, 1903), p. 429.

11   Willson, *Ledger and Sword*, p. 109.

12   Willson, *Ledger and Sword*, pp. 132–134.

13   Willson, *Ledger and Sword*, p. 49.

14   John Stuart Mill, *The Early Draft of John Stuart Mill's Autobiography*, ed. J. Stillinger (Urbana: University of Illinois Press, 1961), p. 184; A. W. Levi, "The Mental Crisis of John Stuart Mill," *Psychoanalytic Review* 32 (January 1945), pp. 86-101.

15   Lionel Robbins, *The Evolution of Modern Economic Theory* (London: Macmillan, 1970), p. 109.

16   John Stuart Mill, "Bentham," in *Essays on Politics and Culture*, ed. G. Himmelfarb (Garden City, NY: Doubleday, 1962 [1838]), pp. 85-131; "Coleridge," in *Essays* (1840), pp. 132-186.

17   Mill, "Bentham," pp. xix-xx.

18   Richard Garnett, *The Life of W. J. Fox* (London: John Lane, 1910), p. 98.

19   Mill, *Autobiography*, pp. 186-187.

20   John Stuart Mill, *On Logic* (1840), p. 617.

21   John Stuart Mill, *Principles of Political Economy*, ed. W. J. Ashley (New York: A. M. Kelly, 1965 [1848]), pp. 199-200.

22   George J. Stigler, "The Nature and Role of Originality in Scientific Progress," *Economica* 22 (November 1955), pp. 293-302.

23   Mill, *Principles of Political Economy*, p. 808.

24   Mill, *Principles of Political Economy*, p. 808.

25   Marcus Eliason and H. Ohlsson, "Timing of Death and the Repeal of the Swedish Inheritance Tax," *Journal of Socio-Economics* 45 (August 2013), pp. 113-123.

26   Joseph Stiglitz, "Notes of Estate Taxes, Redistribution, and the Concept of Balanced Growth Path Dependence," *Journal of Political Economy* 86, no. 2, pt. 2 (1978), pp. S137-S150.

27   Stiglitz, "Notes of Estate Taxes," p. 869.

28   Mary Daly and Joyce Kwok, "Did Welfare Reform Work for Everyone: A Look at Young Single Mothers," *Federal Reserve Bank of San Francisco Economic Letter*, August 3, 2009.

29   Mill, *Principles of Political Economy*, p. 759.

30   Mill, *Principles of Political Economy*, p. 950.

31   Mill, *Principles of Political Economy*, p. 799.

32   Mill, *Principles of Political Economy*, p. 748.

33   Mill, *Principles of Political Economy*, p. 748.

34   Mill, *Principles of Political Economy*, p. 757.

35   Gertrude Himmelfarb, "Introduction," in Mill, *On Liberty* (London: Penguin Books, 1986), p. 10.

36   Mill, *Autobiography*, p. 199.

37   Henry Fawcett, "His Influence at Universities," *Popular Science* 3 (July 1873).

38   Edmund Burke, *Reflections on the Revolution in France* (1790), in *The Works of the Right Honorable Edmund Burke* (London: F. C. and J. Rivington, 1808), vol. 5, p. 149.

6. 카를 마르크스: 비운의 혁명가이자 경제학계의 이단아

1   David McLellan, *Karl Marx: His Life and Thought* (New York: Harper and Row, 1973), p. 4; Karl Marx, "On the Jewish Question," in *The Marx-Engels Reader*, ed. Robert C. Tucker (New York: W. W. Norton, 1978), pp. 26-52; Gertrude Himmelfarb, "The Real Marx," *Commentary*, April 1985, pp. 37-43; "Letters," August 1985.

2   McLellan, *Karl Marx*, pp. 6-7.

3   McLellan, *Karl Marx*, p. 33.

4   Robert Payne, *Karl Marx* (New York: Simon and Schuster, 1968), p. 77.

5   McLellan, *Karl Marx*, p. 53.

6   Saul K. Padover, *Karl Marx: An Intimate Biography* (New York: McGraw-Hill, 1978), p. 179.

7   McLellan, *Karl Marx*, p. 99.

8   Karl Marx and Friedrich Engels, *Collected Works* (New York: International Publishers, 1982), vol. 38, p. 115.

9   Karl Marx, "Introduction to *A Critique of Hegel's Philosophy of Right*," in K. Marx, *The Early Texts*, ed. D. McLellan (Oxford: Oxford University Press, 1971), p. 116.

10 Karl Marx, *The German Ideology*, in Tucker, *Marx-Engels Reader*, pp. 155-156.

11 Karl Marx, *A Contribution to the Critique of Political Economy*, trans. N. I. Stone (Chicago: Charles Kerr, 1904).

12 Karl Marx, *The Eighteenth Brumaire of Louis Bonaparte*, in Tucker, *Marx-Engels Reader*, p. 595.

13 Karl Marx and Friedrich Engels, *The Communist Manifesto*, ed. Samuel Beer (Arlington Heights, IL: Harlan Davidson, 1955), p. 9.

14 Marx, *Critique of Political Economy*.

15 Karl Marx, *Capital*, vol. 1 (Chicago: Charles Kerr, 1906), p. 13.

16 Marx and Engels, *Communist Manifesto*, pp. 13-14.

17 Marx and Engels, *Communist Manifesto*, pp. 13-14.

18 McLellan, *Karl Marx*, p. 98.

19 Padover, *Karl Marx*, pp. 291-293.

20 Payne, *Karl Marx*, p. 295.

21 McLellan, *Karl Marx*, pp. 264, 357.

22 McLellan, *Karl Marx*, p. 284.

23 Marx, *Capital*, vol. 1, pp. 649, 652.

24 Marx, *Capital*, vol. 1, p. 687.

25 Marx, *Capital*, vol. 1, p. 836.

26 Marx, *Capital*, vol. 1, p. 837.

27 Marx and Engels, *Communist Manifesto*, p. 46.

28 Marx, *Capital*, vol. 1, p. 21.

29 Marx and Engels, *Communist Manifesto*, pp. 31-32.

30 Marx, *Capital*, vol. 1, p. 637.

31 Payne, *Karl Marx*, p. 143.

32 Marx and Engels, *Communist Manifesto*, p. 22; Thomas Sowell, *Marxism: Philosophy and Economics* (New York: William Morrow, 1985), p. 138.

33 John Rawls, *A Theory of Justice* (Cambridge, MA: Harvard University Press, 1971).

34 John Maynard Keynes, *The Collected Writings of John Maynard Keynes*, vol. 28 (London and New York: Macmillan/St. Martin's Press, 1973), pp. 38, 42.

35 Stephen A. Marglin, "Radical Macroeconomics," Discussion Paper No. 902, Harvard Institute of Economic Research, 1982, pp. 1-26.

36   Robert Conquest, *The Harvest of Sorrow* (New York: Oxford University Press, 1987).

37   David Masci, "In Russia, Nostalgia for Soviet Union and Positive Feelings About Stalin," *Fact Tank*, Pew Research Center, June 29, 2017, https://www.pewresearch.org/fact-tank/2017/06/29/in-russia-nostalgia-for-soviet-union-and-positive-feelings-about-stalin/.

38   David S. G. Goodman, *Deng Xiaoping and the Chinese Revolution: A Political Biography* (London: Routledge, 1994), p. 3.

39   John Steinbeck, *The Grapes of Wrath* (New York: Penguin Books, 1986 [1939]), p. 537.

7. 앨프리드 마셜: 한계적 사고의 탄생

1   Peter Groenewegen, *A Soaring Eagle* (Aldershot, UK: Elgar, 1995), p. 477.

2   Charles Dickens, *Oliver Twist*, ch. 50 (New York: Dover, 2002 [1839]), p. 318.

3   Peter D. Groenewegen, *Alfred Marshall: Critical Responses*, vol. 1 (London: Routledge, 1998), p. 38.

4   John Maynard Keynes, "Alfred Marshall," in *Essays in Biography* (London: Macmillan/St. Martin's Press for the Royal Economic Society, 1972), p. 164. 마셜에 관한 더 객관적인 사실을 확인하려면 다음 자료를 볼 것. Ronald H. Coase, "Alfred Marshall's Mother and Father," *History of Political Economy* 16 (Winter 1984), pp. 519-527.

5   Keynes, "Alfred Marshall," p. 171.

6   "*Economic Journal* 125th Anniversary Special Issue," *Economic Journal* 125 (March 2015), p. 203.

7   A. C. Pigou, "In Memoriam: Alfred Marshall," in *Memorials of Alfred Marshall*, ed. A. C. Pigou (London: Macmillan, 1925), p. 89.

8   Keynes, "Alfred Marshall," p. 175.

9   *Alfred Marshall: The Correspondence of Alfred Marshall, Economist*, vol. 1, ed. John K. Whittaker (Cambridge: Cambridge University Press, 1996), pp. 21, 48.

10   C. R. Fay, "Reminiscences," in Pigou, *Memorials of Alfred Marshall*, pp. 74-75.

11   C. M. Guillebaud, "Some Personal Reminiscences of Alfred Marshall," in *Alfred Marshall: Critical Assessments, vol. 1, ed. John Cunningham Wood* (London: Routledge, 1993), p. 93.

12   J. M. Keynes, "Alfred Marshall, 1842-1924," *Economic Journal* 24, no. 135 (September 1924), p. 346.

13   Alfred Marshall, *Principles of Economics*, 9th ed., ed. C. W. Guillebaud (London: Macmillan, 1961 [1920]), vol. 1, pp. 7-9.

14   Marshall, *Principles of Economics*, p. xv.

15   Marshall, *Principles of Economics*, p. 461.

16   Alfred Marshall, "Letter to Bowley," in Pigou, *Memorials of Alfred Marshall*, p. 427.

17   Keynes, "Alfred Marshall," p. 196.

18   John Neville Keynes, *The Scope and Method of Political Economy* (London: Macmillan, 1891), p. 217n.

19   Marshall, *Principles*, p. xiv.

20   Marshall, *Principles*, p. 366.

21   Marshall, *Principles*, p. 271.

22   사노프의 화려한 경력에 대해서는 다음 자료를 볼 것. Todd G. Buchholz, *New Ideas from Dead CEOs* (New York: HarperCollins, 2007).

23   John A. Byrne, "Is Your Company Too Big?," *BusinessWeek*, March 27, 1989, pp. 84-94.

24   Marshall, *Principles*, p. 348.

25 Mill, *Principles of Political Economy*, p. 99.

26 Mill, *Principles of Political Economy*, p. 118.

27 Ryan McPhee, "Grosses Analysis: Bruce Springsteen Ends Broadway Residency on High Note," *Playbill*, December 17, 2018, http://www.playbill.com/article/grosses-analysis-bruce-springsteen-ends-broadway-residency-on-high-note.

28 Keynes, "Alfred Marshall," p. 205.

29 Marshall, *Principles*, pp. 587-588.

30 Sharon Terlep, "Clorox Sales Fall as Glad Price Hike Backfires," *Marketwatch*, February 4, 2020, https://www.marketwatch.com/story/clorox-sales-fall-as-glad-price-hike-backfires-2020-02-04.

31 Matthew Boyle, "'Restricted Living' Sparks Online Ramen Frenzy for Walmart," *Bloomberg*, April 3, 2020, https://www.bloomberg.com/news/articles/2020-04-03/-restricted-living-sparks-online-ramen-frenzy-for-walmart.

32 This is a highly complex issue. See Ellen E. Meade, "Exchange Rates, Adjustment, and the J-Curve," in *Federal Reserve Bulletin* 74 (October 1988), pp. 633-644.

33 Alfred Marshall, *Money, Credit and Commerce* (London: Macmillan, 1923), p. 247.

34 F. Y. Edgeworth, "Reminiscences," in Pigou, *Memorials of Alfred Marshall*, p. 70.

35 Alfred Marshall, *Lectures to Women* [1873], ed. Rafaelli Tiziano, Rita MacWilliams Tullberg, and Eugenio Biagini (Aldershot, UK: Elgar 1995), p. 106.

36 Alfred Marshall, Letter to Lord Reay, in Pigou, *Memorials of Alfred Marshall*, p. 462; Marshall, *Principles*, p. 713.

37 Marshall, *Principles*, p. 3.

38 Keynes, p. 173.

8. 베블런 & 갤브레이스: 자신이 친 그물에 걸려든 제도학파

1 Joseph Dorfman, *Thorstein Veblen and His America* (New York: Viking, 1934), p. 79.

2 Thorstein Veblen, "Why Economics Is Not an Evolutionary Science," *Quarterly Journal of Economics* 12 (July 1898), p. 389.

3 Thorstein Veblen, *The Theory of the Leisure Class* (New York: Modern Library, 1934), pp. 42-43.

4 Harvey Leibenstein, "Bandwagon, Snob, and Veblen Effects in the Theory of Consumer Demand," *Quarterly Journal of Economics* 62 (May 1950), pp. 183-207.

5 Jonathan D. Glater and Alan Finder, "U.S. Universities Raise Tuition, and Applicants Follow," *International Herald Tribune*, December 12, 2006.

6 Todd G. Buchholz, *New Ideas from Dead CEOs* (New York: HarperCollins, 2007).

7 Thorstein Veblen, *The Theory of Business Enterprise* (New York: Scribner's, 1904), p. 309.

8 Veblen, *Theory of Business Enterprise*, p. 286.

9 Thorstein Veblen, *The Engineers and the Price System* (New York: Viking, 1921), pp. 18-19.

10 Thorstein Veblen, *The Vested Interests and the Common Man* (New York: Capricorn Books, 1969), p. 165.

11 Veblen, *Engineers and the Price System*, p. 58.

12 T. Pare and Wilton Woods, "The World's Top 50 Industrial CEO's," in *Fortune* 116 (August 3, 1987), p. 23.

13   Wesley C. Mitchell, *What Veblen Taught* (New York: Viking, 1936), p. xviii; Joseph Dorfman, "Background of Veblen's Thought," in *Thorstein Veblen*, ed. Carlton C. Qualey (New York: Columbia University Press, 1968), p. 129.

14   John Kenneth Galbraith, *The Scotch* (Boston: Houghton Mifflin, 1964), p. 26.

15   Friedrich A. Hayek, "The *Non Sequitur* of the 'Dependence Effect,'" in *Southern Economic Journal* 27 (April 1961), pp. 346-348.

16   Bernie Sanders, "Bernie Sanders on His Plan for Journalism," *Columbia Journalism Review* (August 26, 2019), https://www.cjr.org/opinion/bernie-sanders-media-silicon-valley.php.

17   Lee Benham, "The Effect of Advertising on the Price of Eyeglasses," *Journal of Law and Economics* 15 (October 1972), pp. 337-352.

18   Joseph Pereira, "Pricey Sneakers Worn in Inner City Help Set Nation's Fashion Trend," *Wall Street Journal* (December 1, 1988), pp. A1-A10.

19   Robert Skidelsky, *John Maynard Keynes*, vol. 2 (London: Penguin, 1992), p. 449.

20   Marjorie S. Turner, *Joan Robinson and the Americans* (London: Routledge, 2015), p. 90.

21   Todd G. Buchholz, *Rush* (New York: Penguin, 2011), ch. 7, "How Time and Interest Rates Bring Us Closer"; Barbara A. Hanawalt, *Crime and Conflict in English Communities*, 1300-1348 (Cambridge, MA: Harvard University Press, 1979).

22   Richard A. Swedberg, *Joseph A. Schumpeter* (Cambridge: Polity Press, 1991) p. 68.

23   Joseph A. Schumpeter, *History of Economic Analysis* (New York: Oxford University Press, 1954), p. 896.

24   Joseph A. Schumpeter, *The Theory of Economic Development*, trans. R. Opie (New Brunswick, NJ: Transaction, 2008 [1934]), p. 93.

25   Louis Brandeis, "The Living Law," *Illinois Law Review* 10 (1916).

26   United States v. Carroll Towing Co., 159 F.2d 169 (2d Cir. 1947).

27   Ronald Coase, "The Problem of Social Cost," *Journal of Law and Economics* 3 (October 1960), pp. 1-44.

28   George J. Stigler, *Memoirs of an Unregulated Economist* (New York: Basic Books, 1978), p. 76.

29   Werner Z. Hirsch, *Habitability Laws and the Welfare of Indigent Tenants* (Los Angeles: University of California Press, 1978).

30   Maddy Savage, "The City with 20-Year Waiting Lists for Rental Homes," BBC, May 16, 2017, https://www.bbc.com/worklife/article/20160517-this-is-one-city-where-youll-never-find-a-home.

31   Marc Beauchamp, "Bankrupt Landlords in Wonderland," *Forbes* (March 20, 1989), pp. 105-106. Rent control is another issue that unites economists regardless of liberal or conservative politics. See Alan Blinder's lucid *Hard Heads, Soft Hearts: Tough-Minded Economics for a Just Society* (Reading, MA: Addison-Wesley, 1987), pp. 194-195.

32   Gary Becker, "Crime and Punishment: An Economic Approach," *Journal of Political Economy* 78 (March-April 1968), pp. 169-217; I. Ehrlich, "Participation in Illegitimate Activities: A Theoretical and Empirical Investigation," *Journal of Political Economy* 81 (May-June 1973), pp. 521-565; D. L. Sjoquist, "Property, Crime and Economic Behavior," *American Economic Review* 63 (June 1973), pp. 439-446.

33   Todd G. Buchholz, "Revolution, Reputation Effects, and Time Horizons," *Cato Journal* 8 (Spring-Summer 1988), pp. 185-197.

34 Richard A. Posner, *Economic Analysis of Law*, 2nd ed. (Boston: Little, Brown, 1977), p. 22; 3rd ed. (Boston: Little, Brown, 1986), pp. 25-26. See also Todd G. Buchholz, "Punishing Humans," *Thought* 59 (September 1984), p. 290.

35 A. A. Berle and G. C. Means, *The Modern Corporation and Private Property* (New York: Macmillan, 1932).

36 Lucian Bebchuk and Jesse Fried, "Executive Compensation at Fannie Mae: A Case Study in Perverse Incentives, Nonperformance Pay and Camouflage," *Journal of Corporation Law* 30, no. 4 (2005), pp. 807-822.

37 Adam Grant and Jitendra Singh, "The Problem with Financial Incentives—and What to Do About It," Knowledge at Wharton, March 30, 2011, https://knowledge.wharton.upenn.edu/article/the-problem-with-financial-incentives-and-what-to-do-about-it/.

38 Dale Arthur Oesterle and John R. Norberg, "Management Buyouts: Creating or Appropriating Shareholder Wealth?," *Vanderbilt Law Review* 41 (March 1988), pp. 207-260; Michael C. Jensen, "Takeovers: Their Causes and Consequences," *Journal of Economic Perspectives* 2 (Spring 1988), p. 21; Benjamin J. Stein, "Loss of Values: Did Amsted LBO Shortchange Shareholders?," *Barron's* (February 16, 1987), p. 8.

39 Bruno S. Frey and Heinz Buhofer, "Prisoners and Property Rights," *Journal of Law and Economics* 31 (April 1988), pp. 19-46.

40 1975년 북베트남에 통합된 남베트남에 대한 이론적 모델과 연구 조사에 관해서는 다음 자료를 볼 것. Todd G. Buchholz, "Revolution, Reputation Effects, and Time Horizons," *Cato Journal* 8 (Spring-Summer 1988), pp. 185-197.

9. 케인스: 경제학계의 구세주

1 Bertrand Russell, *Autobiography* (London: Unwin Paperbacks, 1975), p. 69.

2 Robert Skidelsky, *John Maynard Keynes*, vol. 1 (London: Macmillan, 1983), p. 180.

3 Milton Friedman, *Dollars and Deficits* (Englewood Cliffs, NJ: Prentice-Hall, 1968), p. 15.

4 Justin Fox, "Bob Lucas on the Comeback on Keynsianism," *Time*, October 28, 2008, https://business.time.com/2008/10/28/bob-lucas-on-the-comeback-of-keynesianism/.

5 Robert Skidelsky, *John Maynard Keynes*, vol. 1 (New York: Penguin, 1983) p. 53.

6 R. F. Harrod, *The Life of John Maynard Keynes* (London: Macmillan, 1951), p. 50.

7 "Professor Keynes Is Optimistic," British Movietone, https://www.youtube.com/watch?v=0PYSFqCSsGU.

8 Skidelsky, *John Maynard Keynes*, vol. 1, p. 118.

9 Dadie Rylands in John Davenport-Hines, *Universal Man: The Lives of John Maynard Keynes* (New York: Basic Books, 2015), p. 293.

10 Harrod, *Life of John Maynard Keynes*, p. 101.

11 Skidelsky, *John Maynard Keynes*, vol. 1, pp. 165-166.

12 Skidelsky, *John Maynard Keynes*, vol. 1, pp. 173, 175.

13 Skidelsky, *John Maynard Keynes*, vol. 1, p. 177.

14 Joseph A. Schumpeter, *Ten Great Economists* (London: George Allen and Unwin, 1952), p. 265.

15 Andrew Sinclair, *The Red and the Blue* (London: Weidenfeld and Nicolson, 1986), p. 17; Michael Holroyd, *Lytton Strachey: A Critical Biography*, vol. 2 (New York: Holt, Rinehart and Winston, 1968), p. 17.

16 John Maynard Keynes, *Economic Consequences of the Peace* (New York: Harcourt Brace, 1919), p. 20.

17 Davenport-Hines, *Universal Man*, p. 91.

18 John Maynard Keynes, *The Collected Writings of John Maynard Keynes* (London: Macmillan/St. Martin's Press for the Royal Economic Society, 1973), vol. 10, pp. 413-415.

19 John Maynard Keynes, *The Economic Consequences of the Peace* (London: MacMillan, 1919), pp. 19, 24-25, 128.

20 Keynes, *Collected Writings*, vol. 17, p. 16.

21 Milo Keynes, *Lydia Lopokova* (New York: St. Martin's, 1983).

22 Skidelsky, *John Maynard Keynes*, vol. 2, p. 208.

23 David Chambers and Elroy Dimson, "John Maynard Keynes, Investment Innovator," *Journal of Economic Perspectives* 27, no. 3 (2013), pp. 213-228.

24 Davenport-Hines, *Universal Man*, pp. 266-267.

25 대공황의 원인에 대한 다른 경제학자들의 관점에 관해서는 다음 자료들을 볼 것. Milton Friedman and Anna J. Schwartz, *A Monetary History of the United States, 1867-1960* (Princeton, NJ: Princeton University Press, 1963); Peter Temin, *Did Monetary Forces Cause the Great Depression?* (New York: Norton, 1976); and Karl Brunner, ed., *The Great Depression Revisited* (Boston: Martinus Nijhoff, 1981).

26 Leo Rosten interviews Friedrich A. Hayek, part 2, November 15, 1978, Hayek Interviews, http://hayek.ufm.edu/index.php?title=Leo_Rosten_Part_II.

27 Gene Epstein, "Mr. Market," *Barron's*, August 24, 1998, https://www.barrons.com/articles/SB903738915698011000.

28 Lawrence H. White, "Did Hayek and Robbins Deepen the Great Depression?," *Journal of Money, Credit and Banking* 40, no. 4 (2008), 763.

29 F. A. Hayek, *The Denationalization of Money* (London: Institute of Economic Affairs, 1976).

30 Paul Samuelson, "Lord Keynes and the General Theory," *Econometrica* 14 (1946), p. 190.

31 Keynes, *General Theory*, in *Collected Writings*, vol. 7, p. 183.

32 Elizabeth S. Johnson and Harry G. Johnson, *The Shadow of Keynes* (London: Basil Blackwell, 1978), p. 102.

33 Keynes, *Collected Writings*, vol. 21, pp. 134, 144.

34 Keynes, *Collected Writings*, vol. 21, p. 296.

35 Keynes, *General Theory*, in *Collected Writings*, vol. 7, pp. 380-381.

36 Keynes, *General Theory*, in *Collected Writings*, vol. 7, p. 129.

37 Samuelson, "Lord Keynes and the General Theory," p. 187.

38 Keynes, *General Theory*, in *Collected Writings*, vol. 7, p. 154.

39 Keynes, *General Theory*, in *Collected Writings*, vol. 7, p. 156.

40 Keynes, *Collected Writings*, vol. 12, p. 57.

41 Keynes, *Collected Writings*, vol. 12, pp. 162-163.

42 Keynes, *Collected Writings*, vol. 12, pp. 383-384.

43 Keynes, *Collected Writings*, vol. 9, pp. 321-332.

10. 밀턴 프리드먼: 케인스에 반기를 든 통화주의의 창시자

1   Valentina Sanchez, "Venezuela Hyperinflation Hits 10 Million Percent," CNBC.com, August 3, 2019, https://www.cnbc.com/2019/08/02/venezuela-inflation-at-10-million-percent-its-time-for-shock-therapy.html.

2   A. C. Pigou, ed., *Memorials of Alfred Marshall* (London: Macmillan, 1925), p. 25.

3   John Maynard Keynes, *The Collected Writings of John Maynard Keynes* (London: Macmillan/St. Martin's Press for the Royal Economic Society, 1973), vol. 11, p. 294.

4   Milton Friedman, "Money: Quantity Theory," in *International Encyclopedia of the Social Sciences* (New York: Macmillan and Free Press, 1968), p. 438.

5   Milton Friedman, "Discussion of the Inflationary Gap," *American Economic Review* 32 (June 1942), pp. 314-320, reprinted in *Essays in Positive Economics* (Chicago: University of Chicago Press, 1953), p. 253.

6   John Kenneth Galbraith, *Economics in Perspective* (Boston: Houghton Mifflin, 1987), pp. 270-271. 프리드먼의 생애에 관해서는 다음 자료를 볼 것. Milton Friedman and Rose D. Friedman, *Two Lucky People: Memoirs* (Chicago: University of Chicago Press, 1998).

7   Milton Friedman and Simon Kuznets, *Income from Independent Professional Practice* (New York: National Bureau of Economic Research, 1945); Todd G. Buchholz, *The Price of Prosperity* (New York: HarperCollins 2016), pp. 119-121.

8   Milton Friedman, *Studies in the Quantity Theory of Money* (Chicago: University of Chicago Press, 1956).

9   Milton Friedman, *A Theory of the Consumption Function* (Princeton, NJ: Princeton University Press, 1957).

10   A. Ando and F. Modigliani, "Tests of the Life Cycle Hypothesis of Savings: Comments and Suggestions," *Bulletin of the Oxford University Institute of Statistics* 19 (1957).

11   Milton Friedman and Anna J. Schwartz, *A Monetary History of the United States, 1867-1960* (Princeton, NJ: Princeton University Press, 1963). 이에 대한 비판적 평가는 다음 자료를 볼 것. Peter Temin, *Did Monetary Forces Cause the Great Depression?* (New York: Norton, 1976); and Karl Brunner, ed., *The Great Depression Revisited* (Boston: Martinus Nijhoff, 1981).

12   Valerie A. Ramey, "Ten Years After the Financial Crisis: What Have We Learned from the Renaissance in Fiscal Research?," *Journal of Economic Perspectives* 33, no. 2 (2019), pp. 89-114.

13   Gary Fromm and Lawrence R. Klein, "A Comparison of Eleven Econometric Models of the United States," *American Economic Review* 63 (May 1973), pp. 385-393.

14   Milton Friedman, "The Role of Monetary Policy," *American Economic Review* 58, no. 1 (1968), pp. 1-17.

15   Lawrence H. Summers, "The Great Liberator," *New York Times* (November 19, 2006), p. 13.

16   *Economic Report of the President* (Washington, D.C.: U.S. Government Printing Office, 1962), p. 68.

17   Paul A. Samuelson and William D. Nordhaus, *Economics* (New York: McGraw-Hill, 1985), p. 331.

18   *Economic Report of the President*, p. 55.

19   John B. Taylor, "Discretion Versus Policy Rules in Practice," Carnegie-Rochester Conference Series on Public Policy 39 (1993), p. 202; Ben S. Bernanke, "The Taylor Rule: A Benchmark for Monetary Policy?," Brookings, April 28, 2015, https://www.brookings.edu/blog/ben-bernanke/2015/04/28/the-taylor-rule-a-benchmark-for-monetary-policy/.

20   Ben S. Bernanke, "On Milton Friedman's Ninetieth Birthday," Federal Reserve Board, November 8, 2002, https://www.federalreserve.gov/BOARDDOCS/SPEECHES/2002/20021108/.

21   Marketplace staff, "It's Time to Ask What Pigou Would Do," December 26, 2008, https://www.

marketplace.org/2008/12/26/its-time-ask-what-pigou-would-do/.

22 D. G. Champernowne, "Arthur Cecil Pigou (1877-1959)," *Royal Statistical Society* 122, no. 2 (1959), p. 264.

23 Karen Lovejoy Knight, *A. C. Pigou and the Marshallian Thought Style* (London: Palgrave MacMillan, 2018), p. 44.

24 Nahid Aslanbeigui and Guy Oakes, *Arthur Cecil Pigou* (New York: Palgrave/MacMillan, 2015), p. 257.

25 Nahid Aslanbeigui and Guy Oakes, "The Great War and the Genesis of Pigou's *A Study in Public Finance*," *OEconomia* 6, no. 4 (2016), pp. 487-488, https://journals.openedition.org/oeconomia/2471.

26 A. C. Pigou, "Mr. J. M. Keynes' General Theory of Employment, Interest and Money," *Economica* 3, no. 10 (1936), p. 115. 피구가 지면으로 케인스에게 반박하려고 했을 때, 케인스는 "오르간 연주자에게 새로운 곡을 휘파람으로 불러주는 것은 소용없다"라고 말했다. *Collected Writings*, vol. 14, September 1936, p. 87.

27 A. C. Pigou, *Employment and Equilibrium* (London: Macmillan, 1941), p. 126.

28 "Gazumping Returns to London Property Market," *Telegraph*, February 6, 2009, https://www.telegraph.co.uk/finance/personalfinance/borrowing/mortgages/4535006/Gazumping-returns-to-London-property-market.html.

29 Royah Nikkhah, "Sir Michael Caine Warns Further Tax Rises Will Force Him to Move Abroad," *Telegraph*, April 25, 2009, https://www.telegraph.co.uk/finance/budget/5219642/Sir-Michael-Caine-warns-further-tax-rises-will-force-him-to-move-abroad.html.

30 Edward C. Prescott, "The Transformation of Macroeconomic Policy and Research," in *Federal Reserve Bank of Minneapolis 2004 Annual Report*, pp. 19-20.

31 Jason Furman, "Business Tax Reform and Economic Growth," September 22, 2014, p. 8, https://obamawhitehouse.archives.gov/sites/default/files/docs/business_tax_reform_and_economic_growth_jf.pdf.

32 Austan D. Goolsbee and Peter J. Klenow, "Internet Rising, Prices Falling: Measuring Inflation in a World of E-Commerce," National Bureau of Economic Research, Working Paper 24649 (May 2018), https://www.nber.org/papers/w24649.

33 Friedman and Friedman, *Two Lucky People*, p. 380.

11. 제임스 뷰캐넌: 정치는 곧 비즈니스라고 외친 공공선택학파

1 James M. Buchanan, *Economics from the Outside In* (College Station: Texas A&M, 2007), pp. 49, 55.

2 David Vesey, "Personality Spotlight: James Buchanan: Nobel Prize Winner for Economics," United Press International, October 16, 1986.

3 Mancur Olson, *The Rise and Decline of Nations* (New Haven, CT: Yale University Press, 1982).

4 Mancur Olson quoted in "The Political Economy of Interest Groups," *Manhattan Report on Economic Policy* 4 (1984), p. 4.

5 Benjamin Franklin, *The Works of Benjamin Franklin*, vol. 10, ed. John Bigelow (New York: G. P. Putnam, 1904 [1783]), p. 72.

6 Todd G. Buchholz, *The Price of Prosperity* (New York: HarperCollins, 2016), pp. 116-117.

7 George J. Stigler, "The Theory of Economic Regulation," *Bell Journal of Economics and Management Science* 2 (Spring 1971), pp. 3-21.

8 James M. Buchanan, *The Consequences of Mr. Keynes* (London: Institute of Economic Affairs, 1978), pp. 20-21.

9   Joseph P. Newhouse, *Free for All: Lessons from the RAND Health Insurance Experiment* (Cambridge, MA: Harvard University Press, 1993); Matthew J. Eichner, "The Demand for Medical Care: What People Pay Does Matter," *American Economic Review* 88 (May 1988); Jonathan Skinner and John E. Weinberg, "How Much Is Enough? Efficiency and Medical Spending in the Last Six Months of Life," National Bureau of Economic Research, Working Paper 6513 (April 1998).

10   Burton A. Abrams, "How Richard Nixon Pressured Arthur Burns: Evidence from the Nixon Tapes," *Journal of Economic Perspectives* 20, no. 4 (June 2006), pp. 181, 187.

11   Mark M. Spiegel, "British Central Bank Independence and Inflation Expectations," *FRBSF Economic Letter*, November 28, 1997, https://www.frbsf.org/economic-research/publications/economic-letter/1997/november/british-central-bank-independence-and-inflation-expectations/.

12   John Maynard Keynes, "The End of Laissez-Faire," in *Essays in Persuasion*, in *The Collected Writings of John Maynard Keynes*, vol. 7 (London: Macmillan/St. Martin's Press for the Royal Economic Society, 1973), p. 379.

13   Paul M. Sweezy, "John Maynard Keynes," *Science and Society* 10 (1946), reprinted in R. Lekachman, ed., *Keynes' General Theory: Report on Three Decades* (London: Macmillan, 1964), p. 303.

14   Keynes, "Am I a Liberal?," in *Essays in Persuasion, Collected Writings*, vol. 9, pp. 301–302.

15   Keynes, *Collected Writings*, vol. 27, p. 387.

16   Keynes, "My Early Beliefs," in Essays in *Biography, Collected Writings*, vol. 10, pp. 436, 437, 446.

17   Robert Skidelsky, *John Maynard Keynes*, vol. 1 (London: Macmillan, 1983), p. xviii.

18   Max Weber, "Politics as a Vocation," in *From Max Weber*, trans. and ed. H. H. Gerth and C. W. Mills (London: Routledge and Kegan Paul, 1948), p. 95.

19   Keynes, *Collected Writings*, vol. 7, p. 384.

20   Keynes, "Can Lloyd George Do It?," in *Collected Writings*, vol. 9, p. 125.

21   Keynes, "Can Lloyd George Do It?," p. 125.

22   Keynes, *Collected Writings*, vol. 10, pp. 440, 448.

23   Keynes, *Collected Writings*, vol. 19, p. 750; *Collected Writings*, vol. 2, p. 92; vol. 9, p. 212; vol. 21, p. 201; Geoff Hodgson, "Persuasion, Exceptions and the Limits to Keynes," *Keynes' Economics*, ed. Tony Lawson and Hashem Pesaran (London: Croom Helm, 1985), p. 23.

24   Robert Skidelsky, "The Revolt Against the Victorians," in *The End of the Keynesian Era*, ed. R. Skidelsky (London: Macmillan, 1977), p. 7.

25   Charles H. Hession, *John Maynard Keynes* (New York: Macmillan, 1984), p. 258. See also D. E. Moggridge, *Keynes* (London: Fontana, 1976), pp. 38–39.

26   F. A. Hayek, *New Studies in Philosophy, Politics, Economics and the History of Ideas* (London: Routledge and Kegan Paul, 1978), p. 287.

27   Keynes, *Collected Writings*, vol. 10, p. 448.

28   Leo Strauss, *What Is Political Philosophy?* (Westport, CT: Greenwood Press, 1973), p. 40; Douglas Sturm, "Process Thought and Political Theory," *Review of Politics* 41 (1979), pp. 383–384.

29   Keynes, *Collected Writings*, vol. 2, pp. 22–23; *Collected Writings*, vol. 10, pp. 22–26, and vol. 17, p. 41.

30   애로우의 '불가능성 정리'에 관해서는 다음 자료를 볼 것. Kenneth Arrow, *Social Choice and Individual Values* (New York: Wiley, 1951).

31   Keynes, *Collected Writings*, vol. 9, p. 295.

32   R. F. Harrod, *The Life of John Maynard Keynes* (London: Macmillan, 1951), p. 103.

12. 합리적 기대와 불확실성이 동시에 지배하는 기상천외의 세계

1   Ike Brannon, "Remembering the Man Behind Rational Expectations," *Regulation*, Spring 2006, p. 18.

2   John F. Muth, "Rational Expectations and the Theory of Price Movements," *Econometrica* 29 (1961), pp. 315-335; Dermot J. Hayes and Andrew Schmitz, "Hog Cycles and Countercyclical Production Response," *American Journal of Agricultural Economics* 69, no. 4 (November 1987), pp. 762-770.

3   P. H. Cootner, ed., *The Random Character of Stock Market Prices* (Cambridge, MA: MIT Press, 1964); Eugene Fama, "Efficient Capital Markets II," *Journal of Finance*, vol. 46, no. 5 (1991), pp. 1575-1617; Paul A. Samuelson, "Challenge to Judgment," *Journal of Portfolio Management* 1 (Fall 1974), p. 17.

4   Chiarella v. United States, 445 U.S. 222 (1980); *Wall Street Journal*, December 16, 1987, p. 29.

5   Harry M. Markowitz, "Portfolio Selection," *Journal of Finance* 7, no. 1 (March 1952), pp. 77-91.

6   Franco Modigliani and Merton Miller, "The Cost of Capital, Corporate Finance, and the Theory of Investment," *American Economic Review* 48 (June 1958), pp. 261-297.

7   David Warsh, "Nobel-est in Economics: Three Americans Share Prize for Corporate Finance Theories," *Boston Globe*, October 17, 1990.

8   Robert E. Lucas Jr., "Understanding Business Cycles," in *Stabilization of the Domestic and International Economy*, ed. Karl Brunner and Allan Meltzer, Carnegie-Rochester Conference Series, vol. 5.

9   Robert E. Hall, "Stochastic Implications of the Life-CyclePermanent Income Hypothesis: Theory and Evidence," *Journal of Political Economy* 86 (December 1978), pp. 971-987.

10   Robert J. Barro, "Are Government Bonds Net Wealth?," *Journal of Political Economy* 82 (December 1974), pp. 1095-1117.

11   Urban Bäckström, "What Lessons Can Be Learned from Recent Financial Crises: The Swedish Experience," Kansas City Federal Reserve Board Symposium, 1997, pp. 1-12.

12   *Financial Times*, July 5, 1994, p. 20.

13   Milton Friedman, *Essays in Positive Economics* (Chicago: University of Chicago Press, 1966).

14   Arjo Klamer, *Conversations with Economists: New Classical Economists and Opponents Speak Out on Current Controversy in Macroeconomics* (Totowa, NJ: Rowman, 1984), pp. 159, 162.

15   David Shariatmadari, "Daniel Kahneman: What Would I Eliminate if I Had a Magic Wand? Overconfidence," *Guardian*, July 18, 2015, https://www.theguardian.com/books/2015/jul/18/daniel-kahneman-books-interview.

16   Daniel Kahneman and Jackson Beatty, "Pupil Diameter and Load on Memory," *Science* 154, no. 3756 (December 23, 1966), pp. 1583-1585.

17   Daniel Kahneman and Amos Tversky, "Choices, Values, and Frames," *American Psychologist* 39, no. 6, pp. 341-350; Peter Bernstein *Against the Gods: The Remarkable Story of Risk* (New York: Wiley, 1996), pp. 270-278.

18   David Genesove and Christopher Mayer, "Loss Aversion and Seller Behavior: Evidence from the Housing Market," National Bureau of Economic Research, Working Paper 8143 (2001).

19   Joshua B. Miller and Adam Sanjuro, "Surprised by the Hot Hand Fallacy? A Truth in the Law of Small Numbers," *Econometrica* 86, no. 6 (2018), pp. 2019-2047.

20   Daniel Kahneman, "Daniel Kahneman: Biographical," Sverges Riksbank Prize in Economic Sciences

in Memory of Alfred Nobel, 2002, https://www.nobelprize.org/prizes/economic-sciences/2002/ kahneman/biographical/.

21   Craig Lambert, "The Marketplace of Perceptions," *Harvard Magazine*, March-April 2006, p. 53.

22   Joseph Schumpeter, *Theory of Economic Development* (New York: Routledge, 2017 [1934]) p. 80.

23   John A. List, "Neoclassical Theory Versus Prospect Theory: Evidence from the Marketplace," *Econometrica* 72 (March 2004), pp. 615-625.

24   Daniel Kahneman open letter, in "Kahneman on the Storm of Doubts Surrounding Social Priming Research," Decision Science News, http://www.decisionsciencenews.com/2012/10/05/kahneman-on-the-storm-of-doubts-surrounding-social-priming-research/.

25   "Open Letter Urges Labs to Replicate Results to Avoid a Looming 'Train Wreck,'" Decision Science News, https://journals.plos.org/plosone/article?id=10.1371/journal.pone.0172636.

26   Chris Mooney, "Why Obamacare Could Produce More Atheists," *Mother Jones*, December 20, 2013, https://www.motherjones.com/politics/2013/12/why-do-atheists-exist/.

27   John Taylor, "Staggered Wage Setting in a Macro Model," *American Economic Review* 63 (May 1979), pp. 108-113.

28   See Mark H. Willes, "'Rational Expectations' as a Counterrevolution," *Public Interest*, special issue 1980, p. 92.

29   United States v. O'Hagan 97 C.D.O.S. 4931 (1997).

13. 먹구름, 그리고 한 줄기 햇살

1   John Maynard Keynes, "Alfred Marshall," in *Essays in Biography*, in *The Collected Writings of John Maynard Keynes* (London: Macmillan/St. Martin's Press for the Royal Economic Society, 1972), vol. 10, p. 173.

2   Richard A. Easterlin, "Does Economic Growth Improve the Human Lot? Some Empirical Evidence," in *Nations and Households in Economic Growth: Essays in Honor of Moses Abramovitz*, ed. Paul A. David and Melvin W. Reder (New York: Academic Press, 1974), pp. 89-125.

3   "Math Arrow to Replace Number Line?," Mathematical Association of America, https://www.maa.org/ news/math-news/math-arrow-to-replace-number-line/.

4   Joseph A. Schumpeter, *Capitalism, Socialism, and Democracy* (New York: Harper and Row, 1976), p. 61; Paul Romer, "Idea Gaps and Object Gaps in Economic Development," *Journal of Monetary Economics* 32, no. 3 (1993), pp. 543-573.

5   John Tagliabue, "Yugoslavia's Capitalist Tilt Becomes a Headlong Plunge," *New York Times*, August 14, 1988, p. E2; James Brooke, "Adam Smith Crowds Marx in Angola," *New York Times*, December 29, 1987, p. A6; Larry Rohter, "A Radical Diagnosis of Latin America's Economic Malaise," *New York Times*, September 27, 1987, p. E3.

6   Steven Greenhouse, "The Global March to Free Markets," *New York Times*, July 19, 1987, sec. 3, p. 1.

감사의 말

1   Rich Barbieri, "Martin Feldstein, One of the Most Influential Economists of His Generation, Has Died," CNN, June 12, 2019, https://www.cnn.com/2019/06/11/economy/martin-feldstein-obituary/ index.html.

찾아보기

● 도서 · 신문 · 잡지

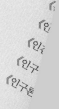